DKV-AUSLANDSFÜHRER NORDFRANKREICH BELGIEN LUXEMBURG NIEDERLANDE

Band 6

4. neubearbeitete Auflage

2013

DKV Wirtschafts- und Verlags GmbH
Postfach 10 03 15 • 47003 Duisburg

Redaktion
Günter Eck, 37213 Witzenhausen

Das Kapitel „Kanufahren in Belgien“ wurde von Ralf Wellens verfasst.

Für Änderungsmeldungen zum Gewässerführer benutzen Sie bitte folgende E-Mail-Adresse:

gewaesserfuehrer@dkvgmbh.de

oder die Eingabemaske unter
http://www.kanu.de/ > Freizeitsport > Gewässer > Korrektur Gewässerführer

ISBN 978-3-937743-37-0

Titelfoto: Auf der Ourthe/Belgien

Foto: Hendrik Dörr

Karten: Erhard Jübermann, Uelzen

Druck: fgb – freiburger graphische betriebe, Freiburg im Breisgau

Vorwort

Nach neun Jahren war eine Überarbeitung des Nordfrankreich- und Benelux-Führers mehr als überfällig. Dabei beschränkte sich die Überarbeitung nicht nur auf einige kleinere Korrekturmeldungen, sondern sämtliche Gewässer und die angegebenen Kilometrierungen wurden auch anhand digitaler Karten und Satellitenbildern überprüft, um einen möglichst genauen Stand zu haben. Dadurch haben sich einige z.T. erhebliche Änderungen ergeben. Bei dieser Gelegenheit wurden auch die Koordinaten für Quelle und Mündung ermittelt, die nun in dezimaler Form erstmals angegeben wurden. Besonders im Bereich Belgien gab es zudem dankenswerterweise etliche Ergänzungen, sodass dieses Werk umfangmäßig deutlich zugelegt hat.

Außerdem wurde das bisherige, noch von Karl Schoderer begründete System der Gewässernummerierung verworfen. Stattdessen befindet sich jetzt im Vorspann jeder Flussbeschreibung die amtliche Gewässerkennzahl, die künftig eine europaweit eindeutige Bezeichnung jedes Gewässers sicherstellt und auch in anderen Bereichen ihren Einsatz findet.

Mein Dank gilt unserem Referenten für Inlandsführer Günter Eck, der mit dieser Ausgabe nun zum zweiten Mal die Überarbeitung eines unserer Auslandsführer übernommen und viele hundert Stunden ehrenamtlicher Tätigkeit in dieses Werk investiert hat. Er hat sich eng mit dem Kartographen Erhard Jübermann abgestimmt, der für diesen Band komplett neue, aussagekräftigere und farbige Karten erstellt hat, die den Gebrauch dieses Buches erleichtern sollen. Sie befinden sich nunmehr – analog zu unseren Inlandsführern – am Ende des Buches.

Darüber hinaus danke ich allen, die mit ihren Rückmeldungen dazu beigetragen haben, diesen DKV-Führer auf einen aktuellen Stand zu bringen. Ich verbinde damit die Bitte, uns auch weiterhin zu informieren, sollten Sie in diesem Band Abweichungen von der Realitiät feststellen oder Ergänzungen machen können.

Ich wünsche allen Benutzern des Buches viel Spaß bei der Fahrtenplanung und der Ausübung unseres wunderschönen Kanusports.

Duisburg, im Mai 2013

Thomas Konietzko
Präsident des Deutschen Kanu-Verbandes

Inhaltsverzeichnis

Zeichen und Abkürzungen

	Deutsch	Englisch	Französisch
≋	befahrbar	navigable	navigable
X	unbefahrbar	impassable	infranchissable
NW	Niedrigwasser	low water	eaux basses
MW	Mittelwasser	average water level	eaux moyennes
HW	Hochwasser	high water flood	crue
ⓘ	Information	information	renseignements
▬	Wehr	weir, dam	barrage
⌧	Schleuse	sluice, lock	écluse
⏏	umtragen	portage	portage
↱	anlanden rechts	landing right	aborder droit
↰	anlanden links	landing left	aborder gauche
⚠	Achtung (allgem. Gefahr)	caution (danger in general)	attention (danger en général)
🛒	Verpflegung	provisions	ravitaillement
🍴	Gasthaus	restaurant	restaurant
✆	Telefon	telephone	téléphone
Ⅱ	Brücke	bridge	pont
⇩	Mündung in	flows into	embouchure dans
←→	Abzweigung, Einfahrt	deviation, branch	embranchement
WW	Wildwasser	rough water, white water	courant rapide, eaux vives
▤	Pegel	Level	Niveau
⬇ ↕ ⬆	Einsetzstelle Aussetzstelle	starting Point pull-out Point	embarquement débarquement
⛺	Zeltplatz	Camping	terrain de camping (non aménagé)
🚐	Camping-Platz	camping	terrain de camping aménagé
🚂, EB	Bahnhof Eisenbahn	railway	chemin de fer
🚌	Bushaltestelle	bus stop	Arrêt de bus
🅿	Parkplatz	car park	Parking
⌘	Sehenswürdigkeit	sights	curiosité
⌂	Bootshaus	boathouse	garage à bateau
⌂⚑	DKV-Kanustation	DKV canoeist stop	DKV- terrain de canoë
⛱	Rastplatz	rest area	Aire de repos
⚡	Kraftwerk	power plant	usine électrique

	Deutsch	Englisch	Französisch
li	links	left	à gauche
re	rechts	right	à droite
s.	siehe	see	voir
WW	Wildwasser	rough water, white water	courant rapide, eaux vives
GKZ	Gewässerkennziffer	short description	description

Es wurden folgende Abkürzungen als Landeskenner benutzt:

B Belgien

D Deutschland

F Frankreich

L Luxemburg

NL Niederlande

Kleiner Sprachhelfer

Diese Aufstellung soll keineswegs ein Wörterbuch ersetzen, aber doch eine Verständigung mit Ausländern erleichtern.

Deutsch	Englisch	Französisch
Abzweigung	deviation	embranchement
allgemeine Gefahr	danger in general	danger en général
Altwasser	bywater, dead	eaux mortes,
branch of a river	bras mort	
anlanden	to land	aborder
anlegen	to land	accoster
aufstützen (mit dem Paddel)	to lean (on the paddle)	appuyer (sur la pagaie)
Autozufahrt	reachably by car	accessible envoiture
Bahnhof	railway station	gare
Berg	mountain	mont
Berufsschiffahrt	commercial navigation	navigationcommerciale
bewegt (Wasser)	rough	houleux
Blasebalg	bellows	soufflet
Blatt (gedrehtes)	feathered paddle	pelles croisées
Boot	boat	bateau, embarcation
Bootsformen	shapes of boats	formes des bateaux
Bootshaus, Klubhaus	boatshouse, clubhouse	garage, clubhouse
Bootskörper	hull	coque
Bootsrutsche, Bootsgasse	–	glissière
Bootsleine	painter	bosse
Bootswagen	trolley	chariot
Bratpfanne	frying pan	poêle à frire
Brücke	bridge	pont
Brückenjoch	arc of bridge	arche de pont
Brückenpfeiler	bridge-pillar	pile de pont

Buhne	groyne,breakwater	épi
Büsche	bushes	buissons
Camping	camping	camping
Canadier	canadian canoe	canoé (canadien)
Einercanadier	single canadian	canoé solo (une)
Zweiercanadier	two seater canadian	canoé biplace (deux)
Holzcanadier	wood canadian	canoé bois
Kunststoffcanadier	fibre glass canadian	canoé plastique
Canadierpaddel	single bladed	pagaie simple paddle
Dampfer	steamer	vapeur
Deck	deck	deck
Deich	dike, dam	digue
Deichsiel	sluice gate	écluse de digue
Doppelpaddel	double bladed	pagaie double paddle
Drahtseil	wire cable	cable métallique
Durchfahrt	passage	passage
Ebbe	ebb-tide	reflux
einsetzen	to embark	embarquer
Einzelteile	parts	bois
Eskimorolle (des Kajaks)	eskimoroll(of the kayak)	esquimautage (de kayak)
erkunden	to investigate	reconnaître
Etappe	stage	étape
eventuell befahrbar	perhaps navigable	éventuellement franchissable
fahrbar	navigable	navigable
Fähre	ferry	bac
Fahrt(Wander-)	cruise	croisière
Fahrverbot	no navigation	défense de naviguer
Faltboot	foldboat, folding kayak	kayak pliant
Feldflasche	water-bottle	bidon
Felsen (Pl.)	rocks	rocs, rochers

festmachen	to fasten (the boat)	amarrer
Floß	raft	radeau
Fluss	river	rivière
Flussabfahrt	to drive down a river	descendre une rivière
Flussmitte fahren	keep to the middle	tenir le centre
Flussführer	river guide	guide de rivière
Fluskarte	river map	carte nautique
Flut	high-tide	flux
Gebirgsbach	torrent	torrent
gefährlich	dangerous	dangéreux
Gefälle	drop (of a river)	niveau chute/pente
Gegenströmung	eddy	contre courant
Geröllbank	gravel bank	banc de galets
Gerüst (des Bootes)	frame work (of a boat)	armature (de kayak)
Gewässerkarte	river map	carte nautique
Gewitter	storm	orage
Golf	gulf	golfe
Gummibeutel	waterproof bag	sac imperméable
Gummimatratze	rubber mattress	matelas
Haut (des Bootes)	skin (of a boat)	peau (de kayak)
Hochwasser	flood	crue
Hotel	hotel	hôtel
Kajak	kayak	kayak
Einerkajak	single kayak	kayak mono (place)
Zweierkajak	two seater kayak	kayak bi (place)
Viererkajak	four seater kayak	kayak à quatre
Plastikkajak	fibre glass kayak	kayak plastique
starrer Kajak	rigid kayak	kayak rigide
Rennkajak	racing kayak	kayak de course
Kanal	canal	canal
Kanuslalom	canoe slalom	slalom nautique
Kehrwasser	eddy	haie

Kentern	capsize	dessaler
Kentersack	stocking spray cover	pontage chausette
Kerze	candle	bougie
Kiel	keel	quille
Kieswerk	gravel works	gravière
Kocher	stove	réchaud
Kochgeschirr	mess tin	popote
Kochtopf	pot	marmite
Kommission	commission	committé
Kraftwerk	power plant	usine électrique
Küste	coast	côte
Länge	length	longueur
Landen	to land	aborder
Landkarte	map	carte nautique
lange Schnelle	long rapide	long rapide
Land ziehen, an	to pull ashore	haler
Langstrecken- Rennen	long distance race	course de fond
Laterne	lantern,lamp	lanterne
Meer	ocean	mer
Mittelwasser	average water mean tide	eaux moyennes
Motorboot	motorboat	bateau à moteur
Mündung in	mouth into	embouchure dans
Nebenfluss	tributary river	affluent
Niedrigwasser	low water/low tide	eaux basses
Oberlauf des Flusses	upper part of the river	haute rivière
oberhalb	above	en amont
Paddelblatt	paddled blade	pale (de pagaie)
Paddelschlag	stroke	coup de pagaie
Paddelschule	canoe school	école de pagaie
Paddler	paddler	pagayeur
Pegel	water gauge	échelle d'eau

Pfähle	piles	pieux, piquets
Planken	planks	clins
Post	postoffice telephone, telegraph	poste, 0téléphone, télégraph
Prallwasser, Prallhang	–	drossage
Quelle	source	source
Rallye	rally	rallye
Regatta	regatta	course de vitesse/ course de ligne
Regen (nur nach)	(only after) rain	(seulement après) (la) pluie
Rückenlehne	back rear	dossier
Restaurant	restaurant	restaurant
Sandbank	sand-bank	banc de sable
sanitäre Einrichtungen	sanitary facilities	installations sanitaires
See (Binnen)	lake	lac
Segeln	sail	voile
Segelboot	sailing-boat, sailing	voilier
Sehenswürdigkeit	worth while seeing, curiosity	curiosité
Sicht	visibility	visibilité
Sitz	seat	siège
Sitzleiste	seat bar	barrot
Sitzluke	cockpit	trou d'homme
Slalomstrecke	slalom course	bassin (de slalom)
Slalomtor	slalom gate	porte (de slalom)
Spanten	ribs	membrures
Spitzenbeutel	buoyancy bag	sac de pofute
Sport	sport	sport
Sportler	sportsman	sportif
Spritzdecke	spray cover	pontage, jupe
Süllrand	coaming	hiloire
Sumpf	swamp	marais

Schaumgummi	foam rubber	caoutchouc mousse
Schiffsfahrer	navigator	navigateur
Schiffsfahrt	navigation	navigation
Schlafsack	sleeping bag	sac de couchage
Schleuse (Kanal)	lock	écluse
Schleuse (Sperr-/Siel-)	sluice	écluse
Schlucht	gorge	gorge
Schnelle	rapid	rapide
Schürze	spray cover	jupe, jupette
Schwall	surging, rapids	gros flots, vogues
Schwelle	rapid	seuil
Schwierigkeitsgrad	class of difficulty	cote de difficulté, degré de difficulté
Schwimmweste	safety vest, life	gilet de sauvetage jacket
stabil	stable	stable
Stander	pennant	fanion
Staudamm	dam, dike	digue, barrage
Stauwasser	reach, slackwater	bief
Steine	stones	pierres
Strafpunkte	penalties	points de pénalisation
Streichhölzer	matches	allumettes
Strömung	current	courant
Stützen	grips	colage
Tal	valley	vallée
Taschenlampe	electric torch	lampe de poche
Technik	technique	technique
Tragfähigkeit	buoyancy	flottabilité
treideln	to wade a boat	haler un bateau
Trinkwasser	fresh water	eau potable
Ufer (Fluss-)	bank	rive
Uferstreifen	river bank	berge

umtragen	to portage	faire un portage
unfahrbar	impassable, unnavigable	infranchissable
Untiefe	shallow place	bas fond
unterhalb	below	en aval
Verband	union, federation	fédération
Verein	club	club
Vordersteven	bow	étrave avant
Vorstoß	push over	écart (de la pagaie)
Wasser	water	eau
bewegtes Wasser	rough water	eau houleux
ruhiges Wasser	quiet water	calme d'eau
Wasserfall	waterfall	chute d'eau
Wasserführung	volume of water	débit
Wasserlinie	water line	ligne de flottaison
Wasserstand	water level	hauteur de l'eau
Wasserstandsauskunft	information about water level	renseignement sur la hauteur d'eau
unerlässlich	indispensable	indispensable
Wasserwandern	canoe touring	tourisme (nautique)
Wasserwerk	water works	usine hydraulique
Wehr	weir, barrage, dam	barrage
Wehrbefahrung	shooting a weir	sauter un barrage
Wehrkrone	sloping weir	déversoir
Welle	wave	vague
Wellenbrecher	breakwater	brise-lames
Widerwelle	stopper	rappel
Wildwasser	white water	eaux vives, courant rapide
Wildwasserfahren	white water canoeing	navigation sportive
Wildwasserrennen	white water race	course de rivière
Wind	wind	vent

Wirbel	whirlpool	tourbillon
Zelt	tent	tente
Zelten	camping	camping
Zeltplatz	camping-place	terrain de camping
ziehen (das Paddel)	to pull the paddle	appeler (avec la pagaie)
Zoll	customs office	douane
Zusammenfluss	junction with	confluent avec

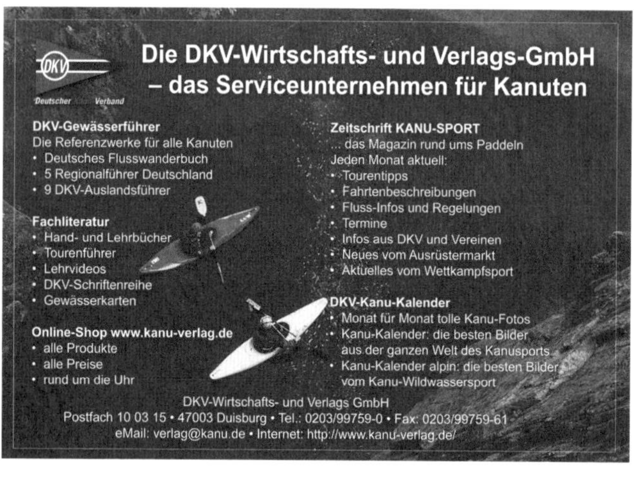

Der Deutsche Kanu-Verband als Interessenvertreter des Kanusports

Der Deutsche Kanu-Verband ist mit seinen 18 Landes-Kanu-Verbänden, den dort organisierten über 1.300 Kanu-Vereinen und ca. 118.000 Mitgliedern der mitgliederstärkste Kanu-Verband der Welt. Er und die Landes-Kanu-Verbände vertreten als Spitzenfachverband im Deutschen Olympischen Sportbund bzw. gegenüber den Landessportbünden alle Belange des Kanusports. Der Deutsche Kanu-Verband kümmert sich in erster Linie ehrenamtlich um den Erhalt der naturnahen Gewässer, ohne die Kanufahren nicht möglich ist. Der DKV bemüht sich um Verhinderung oder Entschärfung gefährlicher und ökologisch bedenklicher Wasserbaumaßnahmen. Er setzt sich ein für den Bau von Wehrüberwindungsanlagen für Kanufahrer und die Wahrung ökologischer Belange.

DKV und Leistungssport

Der DKV ist im Bereich des Leistungssports der erfolgreichste deutsche Sportverband. Die Flotte des Deutschen Kanu-Verbandes ist seit 1992 regelmäßig der erfolgreichste Teil der deutschen Mannschaft bei Olympischen Sommerspielen und erzielte von 1992 bis 2012 25 Olympiasiege im Kanu-Rennsport und Kanu-Slalom. Auch im Vergleich mit den anderen Kanuverbänden steht der DKV weltweit vorne.

Neben den beiden olympischen Disziplinen vereint der DKV Kanu-Wildwasserrennsport, Kanu-Marathonrennsport, Kanu-Drachenboot, Kanu-Polo, Kanu-Segeln, Kanu-Freestyle, Stand-Up-Paddling (SUP), Rafting und Ocean Canoe als Wettkampfdisziplinen, in denen der DKV zumeist Deutsche Meisterschaften austrägt und in denen unter dem Dach des Internationalen Kanu-Verbandes (ICF) Weltmeisterschaften durchgeführt werden.

Der DKV organisiert das Wettkampfwesen in den einzelnen Disziplinen und entsendet Nationalmannschaften zu internationalen Wettkämpfen. Zu den Aktivitäten des DKV gehören neben der Berufung und Betreuung der Kaderathleten in Lehrgängen durch verbandseigene Bundestrainer auch die Aus- und Fortbildung von Trainern und Kampfrichtern und die Festlegung von Wettkampfbestimmungen. Zudem setzt er sich aktiv für Dopingprävention ein.

Als deutscher Spitzensportverband stellt der DKV auch die Finanzierung des Leistungssports sicher. Er koordiniert Bundestrainer, Bundesleistungsstützpunkte und bildet qualifizierte Übungsleiter aus.

DKV und Kanu-Freizeitsport

Die überwiegende Mehrzahl der Mitglieder des DKV betreibt Kanu-Freizeitsport. Es ist daher fast zwangsläufig, dass der DKV auf diesem Gebiet besonders viele Aktivitäten entfaltet. So bietet der DKV ein umfangreiches Veranstaltungsprogramm im gesamten Bundesgebiet. Im jährlich neu erscheinenden DKV-Sportprogramm sind mittlerweile weit über 800 Veranstaltungen aus dem Bereich des Kanu-Freizeitsports aufgeführt.

Der DKV gibt Tipps und Hinweise für ungewöhnliche Touren, Kontaktadressen zu Ausrüstern und Fachhändlern. Diese und die vielen weiteren Angebote des Deutschen Kanu-Verbandes, seiner Landesverbände und Vereine, stehen für Freude am Kanusport.

Im Rahmen des Kanu-Freizeitsports sind die folgenden Leistungen des DKV nicht nur für seine Mitglieder, sondern auch für den breiten Kreis der nicht organisierten Kanuten von besonderem Interesse.

DKV und seine Flussführer

Der DKV verfügt über ein weltweit einmaliges Flussführersystem. So können wir mit Stolz darauf hinweisen, dass nahezu alle kanusportlich nutzbaren Gewässer in Deutschland und im europäischen Ausland ausführlich beschrieben werden. Alle Flussführer sind wie das vorliegende Buch aufgebaut und enthalten alle wesentlichen sicherheits-, umwelt- und fahrtentechnischen Hinweise für den Kanusportler. Neben dem Deutschen Flusswanderbuch für Gesamtdeutschland sind bisher sind folgende Flussführer erschienen: Fünf Regionalausgaben für Deutschland (Südwestdeutschland, Ostdeutschland, Bayern, Nordrhein-Westfalen, Nordwestdeutschland). Außerdem sind acht Auslandsführer erschienen für die Bereiche Österreich, Schweiz (Band 1), Italien, Spanien, Portugal (Band 2), Südfrankreich und Korsika (Band 3), Skandinavien (Band 4), Südosteuropa (Band 5), Nordfrankreich, Benelux (Band 6), Nordosteuropa (Band 7), Großbritannien, Irland (Band 8) sowie Donau und Nebenflüsse (Band 9). Teilausgaben der Flussführer sind unter www.kanu-verlag.de auch als E-Book erhältlich.

DKV und seine Zeitschrift KANU-SPORT

Kein aktiver Kanusportler kommt um die Zeitschrift KANU-SPORT herum. Diese Zeitschrift wird monatlich vom Deutschen Kanu-Verband herausgegeben und kann von jedermann – also auch Nichtmitgliedern – abonniert werden. Die Zeitschrift deckt die ganze Vielfalt des Kanusports ab. Den Schwerpunkt bilden illustrierte Fahrtenberichte und Tourenvorschläge für Kanufahrten in Deutschland, Europa und der ganzen Welt mit hilfreichen Informationen. Außerdem bringt der KANU-SPORT Marktneuheiten, Veranstaltungshinweise sowie Artikel zu Themen wie Sicherheit, Umwelt und Gewässer oder Leistungssport. In seinem Service-Teil gibt es regelmäßig Informationen über neue Befahrungsregelungen oder etwa kurzfristig verhängte Sperrungen aus technischen Gründen. Die Zeitschrift KANU-SPORT ist über die DKV-Geschäftsstelle zu beziehen. Interessenten können dort auch ein kostenloses Probeheft anfordern. Neben der Papierversion gibt es KANU-SPORT auch als E-Book-Variante für iPads und Andoid-Tablets über die jeweiligen App-Stores sowie als PDF-Datei auf der Verlagsseite. Weitere Informationen und die Möglichkeit der Online-Bestellung gibt es unter www.kanu-sport.com

DKV und seine Leistungsabzeichen

Ähnlich dem Deutschen Sportabzeichen, werden auch im DKV Abzeichen für besonders aktive Kanufahrer verliehen. So gibt es das Wanderfahrerabzeichen für erwachsene Mitglieder, das in den Stufen Bronze, Silber und Gold vergeben wird. Für Vielfahrer, die 40 000 Fahrtenkilometer zurückgelegt haben, wurde das Globusabzeichen geschaffen. Auch im Bereich der Schüler und Jugendlichen gibt es ein Wanderfahrerabzeichen in den Stufen Bronze, Silber und Gold. Viele Landesverbände bieten darüber hinaus weitere zusätzliche Möglichkeiten der Auszeichnungen an. Ausführliche Informationen sind in der DKV-Wandersportordnung aufgeführt, die unter www.kanu.de erhältlich ist.

DKV im Internet

Unter der einprägsamen Adresse „www.kanu.de" ist der DKV im Internet vertreten. Der DKV bietet auf dieser Seite umfassende Informationen rund um den Kanusport. Von der Startseite aus gelangt der Nutzer zu den weiteren Menüpunkten „News", „Der DKV", „Freizeitsport", „Leistungssport", „Service" und „Marketing" und Auskünfte aus seinem Interessensgebiet recherchieren.

Unter News besteht beispielsweise die Möglichkeit, ältere Nachrichten zu lesen, sich beim beliebten DKV-Newsletter anzumelden oder in der Downloadbank, die genau wie die Top-Navigation aufgebaut ist, zu stöbern.

Im Bereich „Der DKV" gibt es allgemeine Informationen über die Tätigkeitsfelder des DKV und der Landes-Kanu-Verbände, darüber hinaus zahlreiche Adressen und Ansprechpartner und eine leistungsstarke Vereinssuche, die dem Besucher der Seite ermöglicht, einen passenden Verein in seiner Nähe zu finden. Unter Kartenansicht findet der Besucher eine Darstellung aller deutschen Kanu-Vereine.

Unter „Freizeitsport" gibt es zahlreiche aktuelle und grundlegende Informationen über Kanuwandern, Wildwasser, Küstenpaddeln, Sicherheit, Umwelt und Gewässer. Dabei gehören unter anderem die Pegelstände und Befahrungsregeln (in Gewässer) zur Pflichtlektüre unserer Kanuten, die sorgfältig ihre Fahrtenplanung vornehmen.

Im Leistungssportbereich findet sich eine Darstellung aller Sportarten, die im DKV wettkampfmäßig betrieben werden. Zwischen den olympischen Disziplinen Kanu-Rennsport und Kanu-Slalom sind zudem die Sportarten Kanu-Wildwasserrennsport, Kanu-Polo, Kanu-Drachenboot, Kanu-Segeln, Kanu-Freestyle, Kanu-Rafting, Stand-Up-Paddling, Kanu-Outrigger/Va´a und Kanu-Marathon näher erläutert.

Besonders umfangreich ist der Bereich „Service". Unter „Termine" befindet sich bspw. eines der Highlights der Seite: Über die Termindatenbank lassen sich alle rund 1500 Freizeit-, Leistungssport- und Bildungsveranstaltungen anhand von selbst gewählten Suchkriterien abfragen. Darüber hinaus beantwortet der DKV im Bereich Service Fragen rund um Mitgliedschaften, Ausbildung und Service für Kanu-Vereine. Weiterführende Links helfen dem Kanuten Ergebnisse zu recherchieren oder im Kanu-Forum mitzudiskutieren.

Unter „Marketing“ gelangt man unter anderem in den Shop der DKV-GmbH oder erhält einen Einblick in die Händlerdatenbank, um einen adäquaten Kanu-Händler in der Nähe des Besuchers zu finden.

DKV und seine Pegeldienste

Immer eine Handbreit Wasser unter dem Kiel ist für einen Kanusportler eine wichtige Größenordnung. Wer will schon feuchte Waldwege fahren oder Hunderte von Autokilometern umsonst unterwegs sein? Pegelinformationsdienste sind deshalb ein wichtiges Informations- und Steuerungssystem im Kanusport. Besonders hilfreich ist die Koppelung der aktuellen Pegelhöhe mit einer Richtgröße, im günstigsten Fall ein Mindestpegel und eine Flussstrecke, auf die sich die Pegelhöhe und damit die Befahrbarkeit beziehen. Mindestpegelmarken sind in der Regel nach sportlich-fahrtechnischen Gesichtspunkten ausgelegt, so dienen die Pegelinformationen nicht nur der Natur sondern auch dem eigenen Fahrspaß. Informationen zu den Pegeldiensten finden Sie im jährlich neu erscheinenden DKV-Sportprogramm und im Internet unter www.kanu.de .

DKV und sein Verlag

Über die DKV-Wirtschafts- und Verlags GmbH erhalten Sie eine Fülle interessanter Fachliteratur, Gewässerkarten, die jährlich herausgegebenen Kanu-Kalender sowie natürlich die Flussführer. Die Flussführer und viele andere Verlagsartikel können DKV-Mitglieder zu ermäßigten Preisen bei der DKV-Wirtschafts- und Verlags GmbH bestellen. Fordern Sie den Verlagsprospekt an:

DKV-Wirtschafts- und Verlags GmbH
Postfach 10 03 15, 47003 Duisburg
✆ 0203/99759-0/-53, Fax: 0203/99759-61
E-Mail: verlag@kanu.de

Bestellungen sind auch über den Online-Shop unter www.kanu-verlag.de möglich.

DKV-Kanu-Stationen, -Zeltplätze und -Ferienheime

Viele Vereine, die dem DKV angeschlossen sind, besitzen an ihren Bootshäusern Zeltmöglichkeiten. Soweit es die Platzverhältnisse zulassen sind DKV-Mitglieder dort als Gäste willkommen. Darüber hinaus wurden zahlreiche Vereine als „DKV-Kanu-Station“ anerkannt, was an einem speziellen Schild zu erkennen ist. Sie erfüllen Kriterien wie etwa gute Anlandemöglichkeiten, ausreichend Platz für Kleinzelte, erreichbare sanitäre Einrichtungen wie Toiletten, Waschmöglichkeiten, Dusche und Trinkwasser sowie weitere Serviceleistungen.

DKV-Mitgliedern werden hier besonders günstige Übernachtungspreise angeboten. Es empfiehlt sich, bei den Fahrtenplanungen vorher rechtzeitig mit den Kanu-Stationen Kontakt aufzunehmen. Ein vollständiges Verzeichnis der DKV-Kanu-Stationen ist über die Geschäftsstelle des Deutschen Kanu-Verbandes oder unter www.kanu.de erhältlich.

Der DKV und die Landes-Kanu-Verbände betreiben an verschiedenen Orten des Bundesgebietes Heime und Zeltplätze speziell für Kanusportler. Auf allen DKV-Campingplätzen besteht mittlerweile die Möglichkeit, Kajaks und Canadier zu leihen. Interessenten an Dauerstellplätzen empfehlen wir, Kontakt mit den jeweiligen Obleuten aufzunehmen. DKV-Mitglieder erhalten bei Dauerstellplätzen einen Rabatt von bis zu 25 Prozent.

Der **DKV-Zeltplatz und Ferienheim Edersee** ist in schöner Lage an der Edertalsperre gelegen. Die Einrichtung existiert seit den 1930er Jahren und ist ständig ausgebaut und modernisiert worden. Neben den Dauerplätzen sind stets ausreichend Stellplätze für Zelte und Wohnwagen sowie Übernachtungsplätze im Heim vorhanden. Zur Versorgung des Platzes dient die „Fürstental-Klause", die alle notwendigen Lebensmittel und Getränke sowie Verpflegung einschließlich Mittagstisch anbietet.

Diese (größte) DKV-Einrichtung ist erreichbar über die A 44, Abfahrt Diemelstadt, danach über die B 252 – Diemelstadt Meringershausen – Höringshausen – Sachsenhausen – Oberwerbe – Basdorf. Aus Richtung Marburg B 254 über Frankenberg – Westhausen – Vöhl – Basdorf.

Verwalter ist Reiner Weilepp, DKV-Campingplatz Edersee, 34516 Vöhl-Basdorf. ✆ und Fax: 05635/202, Internet: http://www.dkv-campingplatz-edersee.de.

Der **DKV-Campingplatz am Bodensee** wurde 1995 in Betrieb genommen. Da er in der Hauptsaison immer sehr gut belegt ist, ist eine rechtzeitige Anmeldung ratsam. sollte unter Umständen das Angebot der Kanu-Vereine im näheren Einzugsbereich geprüft werden. In der Vor- und Nachsaison ist sein Besuch allen Kanuten sehr zu empfehlen. Der Platz ist geöffnet von Mai bis September. Bewirtschaftung durch Karina Droste. Platzanschrift: Fohrenbühl 45, 78462 Konstanz, ✆ 07531/33057, Internet www.dkv-camping.de.

Nahe bei Hamburg liegt das **Wander- und Ferienheim Barum** des Hamburger Kanu-Verbandes. Das Heim bietet ca. 12 Schlafplätze mit Tagesraum und kleiner Küche, auf dem Gelände können zahlreiche Zelte aufgestellt werden. Der Platz ist mit Pkw erreichbar über die Strecke Hamburg - Winsen - Lüneburg (B 4) bis zum Abzweig bei Wittorf. Weiter über St. Dionys bis Barum. Oder über Bergedorf - Geesthacht - Elbbrücke - Tespe - Bütlingen. Die örtliche Aufsicht über das Heim sowie den Schlüssel hat Herr Hans Beug in 21357 Barum, Heimweg 11.

Bei mehr als dreitägigem Aufenthalt und Unterkunftswünschen im Heim ist rechtzeitige Voranmeldung bei Inge Soltau, Am See 12 21357 Barum ✆ 04133/ 81 08, Mobil 0162/9 03 86 78 erforderlich. Postanschrift: Kanu-Wanderheim Barum, Heimweg 13, 21357 Barum, Seestraße 2.

Die **Landeslehrstätte Mardorf** des Landes-Kanu-Verbandes Niedersachsen liegt in Mardorf am Steinhuder Meer. Es ist eine Ferienanlage, eine Landeslehrstätte und Kanusegel-Stützpunkt. Das „Walter-Künne-Heim" verfügt über 25 Betten in Zimmern mit oder ohne Dusche und WC. Das Haus ist ganzjährig geöffnet und bewirtschaftet. Für Tagungen und Lehrgänge sind alle notwendigen technischen Geräte vorhanden.

Das Gelände bietet außerdem Platz für Wohnwagen und Zelte. Für Jugendgruppen bietet sich das „rustikale Holzhaus“ mit Schlafkojen, Matratzenlager auf dem Dachboden und Selbstverpflegungsmöglichkeiten an.

Die LKV-Anlage Mardorf ist zu erreichen über die A 2 Dortmund-Berlin, Abfahrt (Hannover)-Neustadt, weiter über die B 6 nach Neustadt, dann über die Moorstraße-Meerstraße nach Mardorf, nach ca. 10 km Hinweisschild Landes-Kanu-Verband Niedersachsen. Mit der Bundesbahn erreichbar bis Neustadt-Rbg., von dort mit dem Bus nach Mardorf, Haltestelle „Lüttgen Mardorf“. Die Postanschrift lautet: Landes-Kanu-Verband, Sport und Jugendheim, DKV-Weg 17-19, 31535 Neustadt, OT Mardorf, ✆ 05036/474, Fax: 05036-925654, www.LKV-Nds.de.

Der Kanu-Verband Nordrhein-Westfalen unterhält bei Wesel seine Sportschule, das **Otto-Vorberg-Haus**. Das Haus ist nach dem langjährigen Vorsitzenden und Ehrenvorsitzenden des Kanu-Verbandes Nordrhein-Westfalen, Otto Vorberg, benannt, der nach 1945 die Wiedergründung des DKV einleitete und ihn anschließend viele Jahre als Präsident führte.

Im Haus stehen 26 Betten in 4 Zwei- und 6 Dreibettzimmern zur Verfügung. Auf dem Zeltplatz können 75 Zelte untergebracht werden. Eine große Terrasse mit offenem Kamin ergänzt den Aufenthaltsbereich im Haus.

Die Sportschule liegt direkt an der Lippe. Unmittelbar benachbart befindet sich ein schönes Waldgebiet von ca. 15 km Ausdehnung, ein Mischwald mit Moor und Heide, in dem die letzten Wacholderbäume am Niederrhein zu sehen sind. Mitten durch das Gebiet führt die am Haus beginnende Wanderstrecke 1. Das Stadtzentrum von Wesel liegt etwa 1,5 km vom Heim entfernt. Trotz der Nähe der Stadt liegen Sportschule und Zeltplatz fernab jeden Verkehrslärms.

Zu erreichen ist die Sportschule über die Autobahn A 3 Oberhausen-Arnheim, Abfahrt Wesel/Schermbeck (Nr. 6). Von hier aus auf der B 58 in Richtung Wesel fahren bis zum Krankenhaus (2. Ampel). Hier links abbiegen in den Aaper Weg, 1. Straße rechts Kick in den Busch, 2. Straße links In der Luft, am Ende rechts in die Brunnenstraße, dann 1. Straße links Am Lippehafen. Eine ausführliche Anreisebeschreibung und weitere Infos bekommt man auf der Homepage des Kanu-Verbandes NRW unter www.kanu-nrw.de .

Postanschrift: Sportschule, Am Lippehafen 16, 46485 Wesel, ✆ 0281/5981. Fax: 0281/2067936 Hausverwaltung: Frau André.

Anmeldungen können über die Geschäftsstelle des Kanu-Verbandes Nordrhein-Westfalen, Duisburg, ✆ 0203/7381-653, Fax: 0203/7381-650 oder per E-Mail an info@kanusportschule-wesel.de erfolgen.

Der **Zeltplatz des LKV Berlin**, nur mit Boot und Zeltgepäck zu erreichen, befindet sich auf der Insel Seddinwall im Seddinsee, im Südosten Berlins. Volle Selbstversorgung ist erforderlich, Trinkwasserpumpe und Toiletten (Plums-Klo) vorhanden.

Der Zeltplatz ist erreichbar über Köpenick-Müggelheim, Gosener Landstraße, Abfahrt Winterweg bis zum Jagen 147. Ab dort zur Insel paddeln.

Zeltplatzleiter: Edelgard Reichenbach, Kietz 15, 12557 Berlin, ☎ 0162/7208011. Gruppen ab 6 Personen bitte 2 Wochen vorher anmelden bzw. generelle Anmeldung erwünscht.

Ein Urlaubsparadies besonderer Art bietet der **Naturzeltplatz Große Birke** des Bayerischen Kanu-Verbandes im Staffelsee bei Murnau in Oberbayern. Ausschließlich für Kanuverbands-Mitglieder steht eine Insel als Natur belassener Zeltplatz zur Verfügung. Im Landschaftsschutzgebiet des Alpenvorlandes gelegen, wurde vom BKV eine grasbewachsene Teilfläche der Privatinsel „Große Birke“ gepachtet und kann in der Sommersaison von allen Verbandsmitgliedern für Kurzbesuche ebenso wie für große Urlaube genutzt werden.

Anreise nur mit eigenem Kanu / Kajak oder Leihkahn ab Seehausen oder Murnau. Der absolut einsam-ruhige Staffelsee liegt direkt am Alpenrand und gilt als einer der wärmsten bayerischen Seen. Gute Erreichbarkeit über die Autobahn A 95 bzw. per Bahn bis Murnau. Landschaft und Kultur laden zu Ausflügen ein: Wandern, Radeln sowie Bootstouren auf Kleinflüssen, da kann man Ferienzeit sehr idyllisch und preiswert genießen.

Infos mit Flyer zu Lageplan, Anreise, Anmeldung und Preisen unter www.kanu.de > Freizeitsport und www.kanu-bayern.de/freizeitsport/Große Birke.

Ansprechpartner: Raimund Rasch, Schultheiß-Schneiderstr. 23, 73312 Geislingen/ Steige, Tel.: 07331 41103 E-Mail: grosse.birke@kanu-bayern.de

Mitgliedschaft im DKV

Eine wirkungsvolle Interessenvertretung für den Kanusport setzt voraus, dass möglichst viele Kanusportler Mitglied im DKV werden. Hierzu gibt es mittlerweile eine Vielzahl von Möglichkeiten. Die nach wie vor einfachste Art der Mitgliedschaft ist die, einem Kanu-Verein beizutreten. Bei 1.300 Kanuvereinen in Deutschland ist auch in Ihrer Nähe ein für Sie geeigneter Verein. Insbesondere Vereine mit der Auszeichnung „Aktiver Kanu-Verein“ bieten regelmäßige Angebote für ihre Mitglieder, sind aktiv im Bereich der Kinder- und Jugendarbeit und haben ein attraktives Veranstaltungswesen. Bei diesen Vereinen sind Neumitglieder besonders willkommen. Über die Bundesgeschäftsstelle des Deutschen Kanu-Verbandes vermitteln wir Ihnen gerne Adressen von für Sie geeigneten Kanuvereinen.

In den Vereinen treffen Sie am ehesten gleichgesinnte Kanusportler, mit denen Sie gemeinsame Fahrten planen und durchführen können. Oftmals verfügen Kanu-Vereine über ein reichhaltiges Sortiment vereinseigener Boote, so dass Sie unterschiedliche Bootstypen für unterschiedliche Gewässer ausprobieren können, ohne sich sofort ein neues Boot anschaffen zu müssen. Mit den Vereinsfahrtenprogrammen können Sie am schnellsten unter fachkundiger Anleitung die Gewässer in Ihrer näheren Umgebung oder ganz Deutschland kennen lernen. Gerade in den Vereinen wird das logistische Problem (Hin- und Rücktransport von

Booten) gemeinsam am leichtesten und schnellsten gelöst. Darüber hinaus bieten die meisten Vereine die Möglichkeit, private Boote in den Bootshäusern zu lagern. Hervorzuheben ist auch, dass neben der Ausübung des Kanusports vielfach Ausgleichssportarten angeboten werden. Aber auch das gesellige Beisammensein wird nicht zu kurz geschrieben.

Eine Alternative zur Vereinsmitgliedschaft bietet die von jedem Landes-Kanu-Verband angebotene **Einzelmitgliedschaft**. Hier besteht die Möglichkeit, ohne Vereinsanbindung die Vorteile einer Mitgliedschaft in Anspruch zu nehmen.

Als Mitglied im Deutschen Kanu-Verband erhalten Sie Flussführer, Karten und Lehrbücher des Deutschen Kanu-Verbandes beim verbandseignen Verlag zu besonders günstigen Mitgliedspreisen. Mit ca. 800 Bootshäusern, davon ca. 300 DKV-Kanustationen, besteht die Möglichkeit, bei Kanufahrten zu günstigen Mitgliedspreisen zu übernachten. Der Deutsche Kanu-Verband bietet seinen Mitgliedern ein umfangreiches Veranstaltungsprogramm im gesamten Bundesgebiet. Zudem hat er für seine Mitglieder die Voraussetzungen für besonders günstige Bootsversicherungen oder Zusatzunfallversicherungen geschaffen.

Diese individuellen Vorzüge sind Grund genug, für einen relativ geringen Beitrag im Kanu-Verein oder als Einzelmitglied den Deutschen Kanu-Verband zu unterstützen. Wenn Sie Interesse haben, wenden Sie sich doch einfach an die Bundesgeschäftsstelle des Deutschen Kanu-Verbandes, bei der Sie entsprechendes Informationsmaterial erhalten.

Anschrift des Deutschen Kanu-Verbandes

Deutscher Kanu-Verband
– Bundesgeschäftsstelle –
Bertaallee 8, 47055 Duisburg
✆ 0203/99759-0, Fax: 0203/99759-60
Internet: www.kanu.de , e-Mail service@kanu.de

Ein aktuelles Verzeichnis aller Landes-Kanu-Verbände finden Sie im Internet unter www.kanu.de . Sie können die Adressen auch über die DKV-Geschäftsstelle erfragen.

Gebrauch des DKV-Auslandsführers

Dieser Auslandsführer beschreibt die Gewässer des Nordteils von Frankreich, Belgiens, der Niederlande und Luxemburgs. Dabei sind die Beschreibungen der einzelnen Gewässer nicht nach Ländern unterteilt, sondern zu den verschiedenen Einzugsgebieten zugeordnet. Die Einzugsgebiete sind:

Allgemeine Informationen zu den beschriebenen Ländern finden sie in den Kapiteln:

Zum **Auffinden eines Gewässers** werden mehrere Möglichkeiten angeboten. Ist der Name des Gewässers bekannt, genügt ein Blick auf das „Alphabetische Verzeichnis der Gewässer", das man ab Seite 508 findet. Eine weitere Möglichkeit bieten die am Anfang eines Fahrtengebietes eingefügten Tabellen, sowie die Kartenskizzen. Hier sind für jedes beschriebene Gewässer die Kartennummer und die Seitenzahl der Beschreibung angegeben. Außerdem gibt es in der Tabelle Hinweise zur Charakteristik des Gewässers.

In der einzelnen Flussbeschreibung wird als Überschrift der **Flussname** genannt. Wenn der Name mehrfach existiert, ist er mit einer in Klammern gesetzten Ergänzung genauer definiert. Darunter folgen Angaben zur Charakteristik des Flusses und in welches Gewässer er mündet.

Seen

Die Fahrt geht fast ausschließlich über Seen.

Schwierigkeiten: bei ungünstiger Wetterlage kann die Fahrt sehr mühsam und auch gefährlich werden; kurze, meist leicht zu befahrende Fließstrecken zwischen den Seen; Umtragestellen an Wehren, Schleusen oder unfahrbaren Abfällen zwischen den Seen.

Wanderfluss

Die Fahrt geht über Seen, Stau- und längere Fließstrecken.

Schwierigkeiten: Im Allgemeinen leicht, bis WW I; einzelne schwierige Stellen sowie Wehre oder kurze unfahrbare Abschnitte müssen umtragen werden. Bei **Kleinflüssen** außerdem enge Kurven sowie Baum- und Strauchhindernisse.

Wildwasser

Längere WW-Strecken, Befahrung nur mit entsprechender Ausrüstung und Erfahrung sinnvoll.

Schwierigkeiten: zwischen WW I und WW VI, Einzelheiten sind den Beschreibungen zu entnehmen.

Es folgt nun eine textliche Beschreibung des Flusses. Hier gibt es, sofern bekannt, auch einen Hinweis zu den **Befahrungsregeln**. Diese sind meistens im Kopf der Flussbeschreibung, manchmal auch in der tabellarischen Beschreibung angegeben. Da die Befahrungsregeln stetigen Veränderungen unterliegen, sollte der Benutzer dieses Gewässerführers sich aktuell im Internet über www.kanu.de , aber auch direkt vor Ort informieren. Es soll hier auch darauf hingewiesen werden, dass im Berichtigungsdienst für diesen Gewässerführer auf der Internetseite des DKV-Verlags Änderungen der Befahrungsregeln nicht geführt werden.

Sofern vorhanden, werden für die Befahrbarkeit Hinweise auf **Pegel** gegeben.
Für die französischen Flüsse stehen folgende Internetadressen zur Verfügung:
http://www.vigicrues.ecologie.gouv.fr/index.php ,
http://www.rdbrmc.com/hydroreel2/listestation.php und
http://www.eauxvives.org/fr/niveaux/en-direct .
Für Luxemburg steht die Internetseite www.inondations.lu zur Verfügung. Weitere Hinweise zu den Pegeln befinden sich bei den Einzelbeschreibungen.

Angaben zur **Begleitung** mit dem PKW und zum Versetzen der Fahrzeuge runden die textliche Beschreibung ab.

Die **tabellarische Flussbeschreibung** besteht aus 2 Spalten. Die linke Spalte beinhaltet die **Kilometerangabe**. Da hier meist nicht auf amtliche Kilometerangaben zurückgegriffen werden konnte, wurden für die Kilometerangaben Karten zu Rate gezogen, wobei sich je nach Messmethode Abweichungen ergeben, die jedoch kaum die Freude am Kanusport mindern.

Die rechte Spalte gibt Erläuterungen zur jeweiligen Kilometerangabe. Angaben zur **Orientierung** sind die **Ortsbezeichnungen**, die zum schnelleren Auffinden einmal pro Ort/Ortsteil fett hervorgehoben wurden. Ebenfalls der Orientierung dienen **Brücken**, die am Symbol Ⅱ zu erkennen sind. Mit Zusätzen wie EB-Ⅱ, Fußgänger-Ⅱ werden der Verwendungszweck oder auch der Name der Brücke gekennzeichnet. Wenn eine Straßennumerierung bekannt ist, wurde sie vermerkt.

Flussverbauungen als Querbauten in den Fließgewässern sind im Allgemeinen ein Hindernis für die Befahrung. Sie gibt es als **Wehre** vom kleinen Abfall bis zur großen Staumauer. Die Bauformen sind vielfältig (z.B. Steil-, Stufen- Schräg-, Klappen-, Schützenwehre) und werden oftmals in den Flussbeschreibungen angegeben. Ebenso werden die verschiedenen Verwendungszwecke (Kraftwerk ϟ, Mühlenwehr, Bewässerungswehr, usw.) erwähnt. Die Wehre werden in den Flussbeschreibungen mit dem Symbol ▬ angezeigt. Auch andere Querverbauungen, wie **Sohlabstürze**, **Sohlschwellen**, **Sohlgleiten** oder **Raue Rampen** (Aufschüttungen von Steinen, Pfahlreihen, Betonschwellen), werden mit diesem Symbol ▬ gekennzeichnet. ⚠ **Alle Querverbauungen sind erst einmal grundsätzlich als besondere Gefahrenstellen unbefahrbar**. Es ist deshalb unbedingt rechtzeitig auszusetzen. Die Boote und die Ausrüstung sind um das Hindernis ⏏ umzutragen. In einigen Fällen ist eventuell ein Befahren des Hindernisses möglich, erkennbar am Symbol ≈. Dabei sind etwaige Hinweise im Flussführer, die jeweiligen örtlichen Gegebenheiten (evtl. Hindernisse, wechselnde Wasserstände), das Bootsmaterial und das eigene Können zu beachten. Auf jeden Fall erfolgt das Befahren einer Querverbauung immer auf eigene Gefahr.

Die bequemste Art ein Wehr zu überwinden ist das Schleusen. Die **Schleuse** wird durch das Symbol ⯐ dargestellt.

Besondere Gefahren werden extra beschrieben und evtl. mit ⚠ gekennzeichnet, z.B. durch das Tosbecken entstehende Walzen mit „gefährlicher Rücklauf ⚠".

Weitere Angaben ergänzen die Beschreibung. Zum Zelten gibt es Hinweise auf **Campingplätze** ⛺ und Zeltmöglichkeiten ⛺. Ergänzend gibt es Verkehrshinweise (Bahnhöfe 🚆, Bushaltestellen 🚌 und 🅿 Parkmöglichkeiten) und Hinweise touristischer Art ⌘, die man jedoch aus speziellen Reiseführern ergänzen sollte.

In den Gewässerbeschreibungen finden sich Angaben zur geographische Länge und Breite. Sie sind in der Form (45.506111, 2.857222) ausgeführt. Dabei zeigt der erste Wert den nördlichen Breitengrad und der zweite Wert den Längengrad an. Dadurch ist gewährleistet, dass die Position jederzeit gefunden werden kann, gleichgültig, welche Karte benutzt wird. Diese einfache Darstellung lässt sich auch gut in Navigationsgeräte und in digitale Kartenprogramme eingeben.

Jeder Flussführer enthält zwangsläufig mehr oder minder viele Fehler. Sie ergeben sich aus mehreren Faktoren, wie z. B. Benutzung überholter Vorlagen, ungenaue Berichterstattung der Mitarbeiter, Änderungen der Schwierigkeiten bei unterschiedlichen Wasserständen, Änderungen im Flussverlauf durch Natur oder Menschenhand. Daher zunächst die grundsätzliche Bitte: Misstrauen Sie jeder Angabe im Flussführer! Er kann und will nicht mehr geben als Anregungen für die Planung einer Fahrt und Hinweise für deren Durchführung. Eigene Verantwortung steht über den Angaben im Flussführer.

Alle Angaben ohne Gewähr!

Zum Schluss noch eine weitere Bitte: Schimpfen Sie ruhig laut und deutlich, wenn Sie festgestellt haben, dass der Führer wieder einmal nicht stimmt. Bitte geben Sie aber anschließend Ihrem Herzen einen Stoß und teilen Sie uns mit, was im Führer falsch ist. Ohne diese Ihre Mitarbeit werden Fehler zwangsläufig noch viele Jahre weitergeschleppt. Wir tun diese Bitte um Ihre Mitarbeit im Interesse all der Sportfreundinnen und Sportfreunde, die nach Ihnen auf den Fluss gehen und ohne Ihre Mitarbeit Ihren eigenen Ärger wiederholen werden. Bitte denken Sie auch daran, dass Ihre Meldung vielleicht nicht nur helfen kann, Schwierigkeiten zu vermeiden, sondern auch Leben und Gesundheit zu bewahren.

Der Herausgeber und die Redaktion haften daher nicht für Schäden, die aufgrund der in diesem Gewässerführer enthaltenen Informationen entstehen können. Daraus folgt aber auch eine zweite Bitte:

Notieren Sie sich bitte alles, was Ihnen an Unstimmigkeiten auffällt, und melden Sie es an die Bundesgeschäftsstelle des DKV (Anschrift: **Deutscher Kanu-Verband** – Bundesgeschäftsstelle – Bertaallee 8, 47055 Duisburg). Dazu steht Ihnen außer dem Postweg auch auf der Internetseite des DKV eine Eingabemaske zur Verfügung (www.kanu.de > Schnellsuche > Flussführer > Korrekturmeldung). Damit ist seit 2011auf digitaler Basis sichergestellt, dass alle Mitteilungen sorgfältig gesammelt und bei einer weiteren Neuauflage nutzbringend verwendet werden.

Schwierigkeitsgrade von Wildwasser

Das Befahren von Wildwassern übt einen besonderen Reiz aus, erfordert andererseits sehr gute kanusportliche Fähigkeiten, für die eine umfangreiche Ausbildung im Verein und/oder bei entsprechenden Wildwasserkursen erforderlich ist. Für die Bewertung der Schwierigkeiten eines Wildwassers hat sich inzwischen eine recht strenge Beurteilung durchgesetzt. Bei der Beschreibung der einzelnen Flüsse des vorliegenden Bandes wurde der Versuch unternommen, die Schwierigkeiten entsprechend der nachfolgenden Tabelle einzustufen, die von einer Kommission der ICF erarbeitet wurde. Die Tabelle basiert auf Pegelangaben, wobei die für jeden Schwierigkeitsgrad angegebenen „Normpegel" das Herzstück der Bewertung bilden. Die Tabelle enthält von links nach rechts die sechs Schwierigkeitsgrade, von oben nach unten ist sie aufgeteilt in

a) Sicht (aus der Perspektive des Kanufahrers)
b) Wasser c) Flussbett d) Beispiele.

Von links nach rechts gelesen zeigt die Tabelle deutlich die steigenden Schwierigkeiten. Die durch die Wasserverhältnisse und den Zustand des Flussbettes bedingten Schwierigkeiten lassen sich nicht scharf trennen und gehen vielfach ineinander über.

Trotz dieser verhältnismäßig klaren Richtlinien für die Bewertung von Schwierigkeiten muss man sich darüber im Klaren sein, dass die im Textteil gemachten Angaben immer nur einen ungefähren Anhalt geben können. Dies hat mehrere Gründe: die Angaben sind durchweg auf „Mittelwasser" bezogen, wenn möglich, wird dies durch eine Pegelangabe gestützt. Durch Änderungen des Pegelstandes ergeben sich ganz erhebliche Änderungen der Schwierigkeiten. Bei der Beurteilung spielt neben diesen objektiven, durch Wasserstand, Flusscharakter und Gefälle gegebenen Schwierigkeiten auch die subjektive Einschätzung eine ganz erhebliche Rolle, insbesondere dann, wenn eine Pegelangabe fehlt. Können, Tagesform, Erst- oder Mehrfachbefahrung desselben Flusses können die Bewertung stark beeinflussen.

Aus all diesen Gründen können die im Text gemachten Schwierigkeitsangaben nicht mehr sein als Hinweise, die keineswegs verbindlich sind, sondern lediglich eine ungefähre Vorstellung von der Schwierigkeit des betreffenden Gewässers vermitteln wollen. Alleinfahrten auf Wildwasser sind unbedingt zu vermeiden, empfehlenswert ist die Drei-Mann-Gruppe. Ein Wildwasserneuling sollte stets, unter entsprechender Anleitung, mit der ersten Schwierigkeitsstufe beginnen und erst nach deren völliger Beherrschung auf den nächsthöheren Schwierigkeitsgrad gehen. Wehre sind keine Wildwasser; sie werden daher auch nicht bewertet. Ihre Befahrung kann ganz leicht oder auch sehr gefährlich sein, vorherige Besichtigung ist fast immer anzuraten.

	I unschwierig	II mäßig schwierig	III schwierig	IV sehr schwierig	V äußerst schwierig	VI Grenze der Befahrbarkeit
Sicht		freie Durchfahrten	übersichtliche Durchfahrten	Durchfahrten nicht ohne weiteres erkennbar, Erkundung meist nötig	Erkundung unerläßlich	
Wasser	regelmäßiger Stromzug, regelmäßige Wellen, kleine Schwälle	unregelmäßiger Stromzug, unregelmäßige Wellen, mittlere Schwälle, schwache Walzen, Wirbel und Presswasser	hohe, unregelmäßige Wellen, größere Schwälle, Walzen, Wirbel und Presswasser	hohe andauernde Schwälle, kräftige Walzen, Wirbel und Presswasser	extreme Schwälle extreme Walzen, Wirbel und Presswasser	im Allgemeinen unmöglich, bei bestimmten Wasserabständen eventuell befahrbar, hohes Risiko!
Flussbett	einfache Hindernisse	einfache Hindernisse im Stromzug kleinere Stufen	einzelne Blöcke, Stufen andere Hindernisse im Stromzug	Blöcke versetzt im Stromzug, höhere Stufen mit Rücksog	enge Verblockungen hohe Gefällstufen mit schwierigen Ein- oder Ausfahrten	
Beispiele	Ammer (Rottenbuch - Peißenberg bei Pegel 90 in Weilheim) Isar (Bad Tölz-Wolfratshausen bei Pegel 65 in Bad Tölz)	Ammer (ab Naturwehr - Rottenbuch bei Pegel 90 in Weilheim) Obere Isar (Hinterauthal bei Pegel 180 in Scharnitz)	Ammer (Scheibum und Naturwehr bei Pegel 120 in Weilheim) Inn (Imster-Schlucht bei Pegel 200 in Haiming)	Loisach Dom und Treppenhaus bei Pegel 120 Gschwandsteg) Ötztaler Ache (Waldschlucht bei Pegel 120 in Tumpen)	Inn (Brail-Schlucht bei Pegel 110 in Tarasp)	Enns (Gesäuse-eingang, NW) Ruetzbach-katarakt (Pegel Medraz 120) Ötz (Langenfeld - Umhausen, Pegel Tumpen 120)

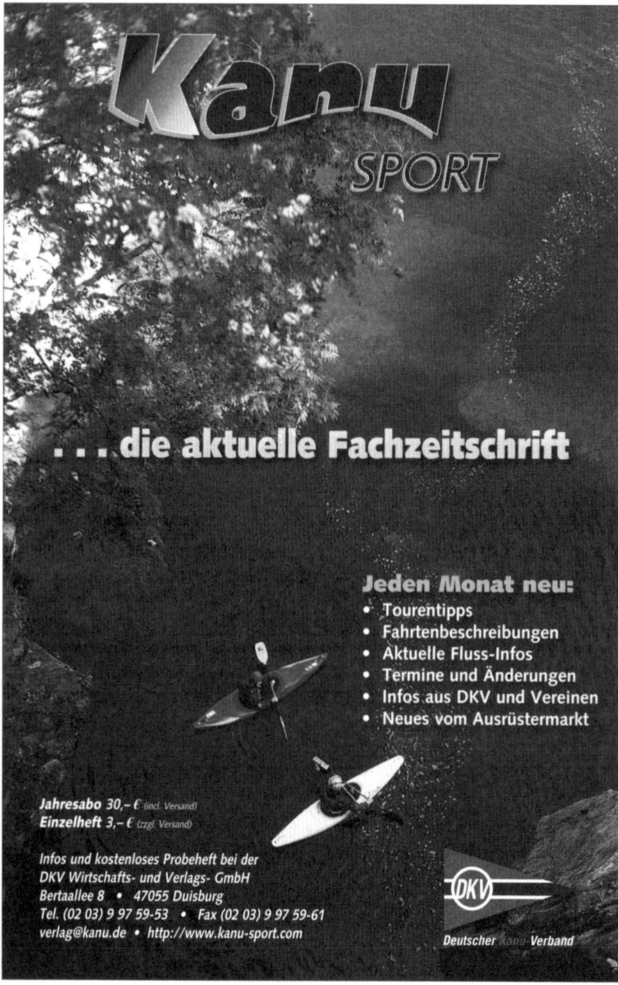
Kanu
SPORT
. . . die aktuelle Fachzeitschrift
Jeden Monat neu:
• Tourentipps
• Fahrtenbeschreibungen
• Aktuelle Fluss-Infos
• Termine und Änderungen
• Infos aus DKV und Vereinen
• Neues vom Ausrüstermarkt
Jahresabo 30,– € (incl. Versand)
Einzelheft 3,– € (zzgl. Versand)
Infos und kostenloses Probeheft bei der
DKV Wirtschafts- und Verlags- GmbH
Bertaallee 8 • 47055 Duisburg
Tel. (02 03) 9 97 59-53 • Fax (02 03) 9 97 59-61
verlag@kanu.de • http://www.kanu-sport.com
DKV
Deutscher Kanu-Verband

Kanusport in Frankreich

Frankreich ist kanusportlich ein außerordentlich interessantes Land. Es hat dies verschiedene Gründe: das Klima ist, insbesondere im Süden, wesentlich wärmer als in Deutschland. Dies erlaubt genussreiche Wildwasserfahrten zeitig im Frühjahr, also zu einem Zeitpunkt, da fast überall mit einem sehr guten Wasserstand zu rechnen ist. Es finden sich hier große Gebirgsketten (Alpen, Jura, Zentralmassiv, Pyrenäen und das korsische Hochgebirge), mit ihren landschaftlich hervorragend schönen Tälern und Schluchten, die durchströmt sind von zahllosen Wildwassern unterschiedlicher Schwierigkeit. Wo sich die Wasser beruhigen, im Vorfeld der großen Gebirge, gehen sie über in ruhige Wanderflüsse, die oft vieltägige durchgehende Befahrungen ermöglichen. Die Flussufer sind in einem Ausmaß, wie dies in dem viel dichter besiedelten Deutschland kaum mehr vorstellbar ist, noch weitgehend unverbaut und naturbelassen, mit wunderschönen, einsamen Zeltplätzen. Hinzu kommt das Gefühl der unbedingten Freiheit. Gewässersperrungen sind, abgesehen von tageszeitlichen Regelungen zwischen Kanufahrern und Fischern, noch sehr vereinzelt zu finden. Es finden sich dann zumeist entsprechende Hinweisschilder an den üblichen Einsetzstellen. Allerdings, man sollte diese Freiheit nicht missbrauchen. Wenn sich, insbesondere Gruppen, sehr stark fühlen, laut grölend durch Ortschaften ziehen, mit Zelten und Booten Flurschaden anrichten, Abfälle liegen lassen, Pkw störend abstellen und sich insgesamt benehmen, als wären sie alleine auf der Welt, dann ist es kein Wunder, wenn, wie jetzt schon in Korsika, Verbote und Einschränkungen geplant sind.

Wohl eine Folge dieser Belästigungen ist die Tatsache, dass in Frankreich zunehmend das schon seit langem bestehende Recht durchgesetzt wird, dass man Uferregionen, die in Privatbesitz sind, nicht betreten darf, also auch kein Ein- oder Ausbooten bzw. Umtragen. Bei Anzeigen ist mit empfindlichen Geldstrafen zu rechnen.

Frankreich ist ein Land, das besonders reich an kulturellen und landschaftlichen Sehenswürdigkeiten ist. Bei den einzelnen Flussbeschreibungen finden sich nur vereinzelt entsprechende Hinweise. Der Flussführer kann einen Reiseführer nicht ersetzen, dessen Kauf daher dringend anzuraten ist.

All dies führt dazu, dass in Frankreich jeder auf seine Rechnung kommen kann, gleichgültig, ob er extrem schweres Wildwasser oder beschauliche Wanderflüsse befahren, ob er sich der Kultur oder dem Erleben der Landschaft auf Bergen und in Schluchten.widmen oder ob er sich dem Studium der in südlicher Sonne gereiften Weine ergeben will.

Für Reisende in Frankreich sind folgende Papiere erforderlich: Reisepass oder Personalausweis, für Kinder unter 16 Jahren Kinderausweis oder Eintragung im Elternpass. Führerschein und Kraftfahrzeugschein. Für Boote ohne Motor ist ein Triptik nicht erforderlich.

Es empfiehlt sich, vor Antritt einer Reise vom ADAC das Blatt „Reiseinformation" (Frankreich) zu besorgen. Es wird stets auf dem neuesten Stand gehalten. Es finden sich darin in Kurzform alle für Reisen in Frankreich wichtigen Angaben, wie z. B. Verkehrsbestimmungen, Zollbestimmungen, Adressen, Straßenhilfsdienste, Benzinkosten usw. Die Autobahnen sind fast durchweg gebührenpflichtig. Wegen der Fahrpläne, der Preise und der verschiedenen Möglichkeiten von Ermäßigungen auf den französischen Eisenbahnen wende man sich an die Reisebüros.

Für die Befahrung der französischen Flüsse genügen im Allgemeinen die Michelin-Karten im Maßstab 1: 200000. Sie sind in Frankreich billiger als in Deutschland.

Zelten, Camping und Unterkunft in Frankreich

In Frankreich sind die Flüsse in einem nach deutschem Maßstab kaum vorstellbaren Umfang noch weitgehend unverbaut mit naturbelassenen Ufern. Man wird daher kaum je, vielleicht abgesehen von der Umgebung der Großstädte, Schwierigkeiten haben, schöne, einsam am Fluss gelegene Zeltplätze zu finden. Da es in Frankreich noch viele, über lange Strecken befahrbare Wanderflüsse gibt, ist hier noch die ursprüngliche Form des Wasserwanderns möglich, nämlich das Auto irgendwo sicher abzustellen und mit Kind und Kegel, Boot und Zelt auf eine längere amphibische Reise zu gehen.

Bei Wildwasserfahrten mit der Unmöglichkeit, das Zeltgepäck im Boot mitzunehmen, wird die Zeltplatzsuche schon schwieriger, man braucht ja einen am Fluss gelegenen und mit Pkw zugänglichen Platz. Mit einiger Geduld wird man damit oft Erfolg haben. Trotzdem wird es sich vielfach nicht vermeiden lassen, auf öffentliche Campingplätze zu gehen. Frankreich ist dafür ein ideales Land. Es gibt nämlich Campingplätze in einer in Deutschland nicht vorstellbaren Anzahl, sie sind zudem erheblich billiger als bei uns und kaum je mit Dauercampern vollgestellt.

Allerdings darf man sich nicht nur auf die in Deutschland erscheinenden Campingführer (wie z. B. ADAC-Camping) verlassen. Es sind darin für Frankreich etwa 1 400 Plätze beschrieben, während in dem französischen Buch „Guide Officiel Camping/Caravaning" 10 200 Plätze nachzulesen sind. Es erscheint jedes Jahr neu. Mindestens ebenso wichtig wie die größere Zahl der beschriebenen Plätze ist jedoch auch die Tatsache, dass in dem französischen Führer gerade die kleinen, einsamen und auch billigen Plätze enthalten sind, die in den deutschen Führern völlig fehlen. Sie liegen recht häufig direkt am Fluss.

Sehr viele Plätze haben im Frühjahr noch geschlossen (steht genau im Führer). Gerade bei den kleinen Plätzen, bei denen der Besitzer neben dem Platz wohnt, kann man vielfach nach einem freundlichen Wort mit der Madame trotzdem am Platz bleiben oder den Schlüssel im Gemeindeamt abholen.

Die Flüsse des französischen Zentralmassivs

Das Zentralmassiv ist eine riesige Gebirgsgegend, die etwa ein Sechstel der Gesamtfläche Frankreichs ausmacht. Es reicht im Osten bis an die Rhône heran, im Süden mit seinen Ausläufern bis in die Nähe des Mittelmeeres, im Westen bis in die Niederungen der Garonne und im Norden bis auf die Breite des Zusammenflusses von Loire und Allier. Geologisch ist es primär ein aus Graniten, Schiefern und Kalken aufgebauter Gebirgsrumpf, der in späteren Zeitaltern der Erdgeschichte mehrfach gehoben und zerbrochen wurde. In erdgeschichtlich sehr junger Zeit entwickelte sich hier eine sehr rege vulkanische Tätigkeit, die zwar jetzt völlig erloschen ist, aber mit ihren kegelförmigen Vulkanbergen (Puys) der Landschaft ihren unverkennbaren Stempel aufgedrückt hat. Die Erosionstätigkeit der Flüsse hat in dieses uneinheitliche Gebirgsmassiv tiefe, zum Teil cañonartige Schluchten eingeschnitten, speziell im Süd-Ostteil des Zentralmassivs, den Cevennen. Das Klima des Zentralmassivs ist, mit Ausnahme der südlichsten Anteile, ausgesprochen unwirtlich und rau, mit starken Niederschlägen im Winter und Frühjahr, die auf den bis zu 1 800 m Höhen ansteigenden Bergen lange als Schnee liegen bleiben. Die Landschaft macht vor allem im Südosten einen karstartigen Eindruck, die Böden über dem Gesteinssockel sind karg und dünn, das Wasser läuft schnell ab. Im Frühsommer kann es daher nach Regenfällen, speziell nach Gewittern, zu einem schnellen Ansteigen des Wassers kommen. Es ist empfehlenswert, vor allem in den Schluchten nicht allzu nahe am Wasser zu zelten. Im Sommer ist das Zentralmassiv niederschlagsarm. Die Landwirtschaft ist verhältnismäßig armselig, bemerkenswert sind die Wälder von Edelkastanien im südlichen Bereich.

Diese hier nur angedeutete geographische und klimatische Grundstruktur des Zentralmassivs führt dazu, dass es das Quellgebiet mehrerer großer und zahlreicher kleiner Flüsse darstellt. Im Osten sind es die rechten Nebenflüsse der Rhône (Gard, Ardèche, Eyrieux), im Norden die Loire mit der Mehrzahl ihrer linken Nebenflüsse, (einschließlich Allier, Cher und Creuse), im Westen die rechten Nebenflüsse der Garonne (z. B. Tarn und Lot sowie die Dordogne), im Süden der Hérault. Diese Hauptflüsse sind praktisch das ganze Jahr hindurch befahrbar, sie stellen das Gros der interessanten Wanderflüsse des französischen Südens dar. Ein großer Teil dieser Flüsse ist im Auslandsführer Südfrankreich/Korsika beschrieben.

Für den Wildwassersportler von ganz erheblichem Interesse sind jedoch die zahlreichen Neben- und Quellflüsse dieser Hauptflüsse. Ihr Flusscharakter ist recht einheitlich: ausreichende Wasserführung nur im Frühjahr z. Z. der Schneeschmelze, glasklares, sauberes Wasser, starkes Gefälle und erhebliche Verblockung, Verlauf durch herrliche, tief eingeschnittene und z. T. sehr schlecht zugängige Schluchten, verhältnismäßig wenig künstliche Hindernisse, Schwierigkeiten zwischen WW III und WW V und VI. Die einzelnen Flüsse liegen z. T. ganz nahe beieinander, so dass von einem Standquartier aus zumeist mühelos mehrere Flüsse befahren werden können. Diese Kleinflüsse des Zentralmassivs stellen ein wahres Paradies für Wildwasserpaddler dar. Ostern ist der ideale Zeitpunkt für ihre Befahrung. Man wird sich dabei auf das verhältnismäßig raue Klima dieser hochgelegenen Gebirgstäler einrichten müssen. Schneefälle und Nachtfröste sind nicht selten.

Das Morvan nimmt eine Sonderstellung ein. Es ist, geologisch gesehen, der nördliche Eckpfeiler des Zentralmassivs, mit seinen Höhen bis 900 m ähnelt es dem Hochschwarzwald und den Vogesen (Parc Naturel Regional du Morvan). Bei seinen Gewässern handelt es sich z. T. um leichte bis mittelschwere Wildwasser, sie sind befahrbar zumeist von November bis April sowie nach Regenfällen, die hier recht häufig sind. Die Flüsse des Morvan werden weitgehend in Stauseen gespeichert, die im Sommer Wasser für die Schifffahrt der Seine ablassen. Zu diesen Zeiten ist dann ebenfalls eine Befahrung möglich. Unterlagen über den Wasserablass finden sich bei den einzelnen Flüssen. Die Gewässer des Morvan, nördlich der Loire und nur 300 km südlich von Paris stellen beliebte Kanuziele für die Pariser Kanuten dar.

Die Flüsse der Ardennen

Bei den Ardennen handelt es sich um ein Mittelgebirge mit den höchsten Erhebungen der gesamten Beneluxländer bei knapp 700 m. Die Hochardennen mit dem Hohen Venn sind charakterisiert durch wellige Hochflächen, in die tiefe Täler schluchtartig eingeschnitten sind. Infolge seiner weit nach Westen vorgeschobenen Lage wirken die Hochardennen als Regenfänger mit hohen jährlichen Niederschlagsmengen. Das Klima ist verhältnismäßig rau, Wälder nehmen mehr als 50 % der Bodenfläche ein.

Die nach Westen anschließenden Vorardennen bilden ein flachwelliges Hügelland, das Klima ist wesentlich milder, Wälder treten in ihrer Bedeutung zurück, dafür ausgedehnte Nutzung des Bodens durch Ackerbau und Viehzucht.

Für den Kanuten bedeutet diese hier nur kurz skizzierte klimatische und geologische Situation, dass die gesamten Ardennen ein kanusportlich sehr interessantes Gebiet darstellen. In den Schluchten des Hohen Venn finden sich schwere bis extrem schwere Wildwasser, im Übrigen sind die Gewässer der Hochardennen landschaftlich sehr beeindruckend, als Wildwasser jedoch nur mäßig schwer. Sie werden von deutschen Kanuten im Frühjahr sehr viel befahren. Im Sommer ist die Wasserführung nur nach stärkeren Regenfällen ausreichend. Allerdings sind die bei den einzelnen Gewässern vermerkten Befahrungsregelungen zu beachten, die in Luxemburg besonders gravierend sind und nur die Befahrung von wenigen Gewässern bis spätestens 31.03. zulassen.

Bei den Gewässern der nach Westen anschließenden Vorardennen handelt es sich zumeist um ruhige Klein- und Wanderflüsse, die ohne besondere Schwierigkeiten zu befahren sind.

Politisch gehören die Ardennen vorwiegend zu Belgien und Luxemburg, Frankreich hat nur einen geringen Anteil im Bereich der Vorardennen.

Die Flüsse der Vogesen

Die Vogesen sind nahezu ein Spiegelbild des gegenüber, auf der östlichen Seite des Oberrheingrabens liegenden Schwarzwaldes. Wie dieser sind die Vogesen ein Mittelgebirge, mit Gipfelhöhen bei 1 400 m, bis in die Gipfellagen bewaldet. Der Abfall zum Rhein hin ist recht steil, während die Westseite sich erheblich flacher zur Mosel hin abdacht.

Aus dieser kurzen Charakteristik ergeben sich fast von selbst die Eigenschaften der Gewässer der Vogesen: Sie sind am besten zu befahren zeitig im Frühjahr und nach stärkeren Regenfällen. Der steile Ostabfall der Vogesen bietet theoretisch gute Voraussetzungen für schwere Wildwasser, praktisch sind sie allerdings weitgehend durch Wehre verbaut, so dass nur kurze Wildwasserstrecken übrig bleiben. Zumeist beginnt ihre Befahrbarkeit erst mit dem Austritt aus dem Gebirge. Sie sind dann Kleinflüsse, die oft nur recht mühsam zu befahren sind.

Im flacheren Westabfall der Vogesen ist die Verbauung weniger intensiv, so ergeben sich hier zwar keine interessanten Wildwasser, jedoch eine Reihe von kleinen, nur mäßig schweren Flüssen, die zum Teil über längere Strecken bis hin zur Mosel zu befahren sind.

Die französischen Kanäle

Es gibt in Frankreich ein sehr ausgedehntes Kanalsystem. Durch Verbindungskanäle zwischen den großen Strömen bestehen Verbindungen zwischen den Meeren. So kann man z. B. über Rhône, Saône, Mosel und Rhein vom Mittelmeer zur Nordsee fahren. Ähnliche Verbindungen gibt es auch zum Atlantik und zum Kanal. Ferner bestehen Querverbindungen zwischen kleineren Strömen und Seitenkanälen zu Flüssen, die in ihrem Urbett für die Schifffahrt ungeeignet sind. Die Mehrzahl dieser Kanäle wurde schon vor längerer Zeit gebaut, sie entsprechen daher nicht den Anforderungen des modernen Verkehrs. Die Schleusen sind jedoch zumeist intakt. Der Schiffsverkehr auf den Kanälen ist gering.

Während in Südfrankreich die Kanäle, vielfach unabhängig von Flüssen, meist ihr eigenes Bett haben, benutzen in Nordfrankreich und den Beneluxländern die Kanäle sehr oft ein vorhandenes Flussbett, wobei sie gelegentlich zur Abschneidung von größeren Windungen, in einer mehr oder minder langen Kanalstrecke neben dem Fluss verlaufen. Bei dieser Situation ist es unvermeidlich, dass bei Beschreibungen von Flüssen mehrfach auch Kanalabschnitte einbezogen werden mussten; diese werden dann allerdings bewusst sehr kurz gehalten. Wenn sich Fluss und Kanal trennen, sollte, wenn irgend möglich, versucht werden, die landschaftlich reizvolleren alten Flussläufe zu befahren.

Auf eine Beschreibung der einzelnen Kanäle wird im Rahmen dieses Führers grundsätzlich verzichtet. An manchen Stellen, an denen die Kanäle parallel zu einem Fluss verlaufen, ergeben sich jedoch sehr reizvolle Rundfahrten: flussabwärts mit Strömung, und auf dem Kanal ohne Strömung, jedoch mit Schleusen, wieder zurück zum Ausgangspunkt. Nachfolgend werden im Text einige dieser Rundfahrten beschrieben. Dieses System der Rundfahrten ist sicherlich noch sehr ausbaufähig.

Die kleinen französischen Kanäle werden sehr oft von Hausbooten befahren. Man kann sie an mehreren Stellen mieten, besondere Vorkenntnisse sind für ihre Benutzung nicht erforderlich. Nach kurzer Einweisung kann man losfahren. Diese von nautisch unerfahrenen Laien gesteuerten Hausboote können recht störend sein, insbesondere bei Überholversuchen der einzelnen Boote mit nur geringem Geschwindigkeitsunterschied.

Unterlagen: Die Führer (Guides et cartes Vagnon de navigation fluviale) sind in Französisch, Englisch und Deutsch abgefasst.

Es handelt sich hierbei nicht nur um ausführliche Detailkarten, sondern um komplette Kanal-Wanderführer mit allen notwendigen Angaben für die Bootsreisenden. Die Guides können in Deutschland über gut sortierte Buchhandlungen bezogen werden.

Kanufahren in Belgien

Durch Belgien fließen mit der Maas und der Schelde zwei Ströme, die viele Nebenflüsse haben und die durch ein engmaschiges Kanalnetz untereinander sowie mit der Nordsee, mit den Niederlanden und mit Frankreich verbunden sind. Die Landschaft wird in Südosten durch die Ardennen, ein beinahe 700m hohes Mittelgebirge, und im Nordwesten von der nordeuropäischen Tiefebene geprägt. Viele Städte (wie z.B. Brüssel, Antwerpen, Gent, Brügge, Leuven, Lüttich, Namur, Mons ...) sind kulturhistorisch interessant und herbergen sehenswerte Museen. Ein Reiseführer sollte deshalb zur Ausrüstung gehören und ein „Landgang" kann eine Bereicherung sein. Wer schnell und preiswert eine warme essen möchte, kann sich an einem „Frittkot" die typisch belgischen Pommes Frits bestellen. Restaurants gibt es in allen Preis- und Qualitätsklassen. Viele Bäckereien bieten herrliche Konditoreiwaren, hausgemachte Schokolade und Pralinen. Bierfreunde sollten die leichten Trinkbiere meiden, die schweren Spezialbiere aber (z.B. Trappistenbiere) in Maßen genießen. Unterkünfte findet man von Jugendherbergen über Budgethotels und Bed and Breakfast bis hin zu Luxusherbergen. In den Ardennen lässt sich ohne weiteres ein Campingplatz finden. In Flandern sind Campingplätze seltener. Lässt sich „wildes kampieren" nicht vermeiden, sollte die Zustimmung des Eigentümers erfragt werden.

Schifffahrtsstraßen in Belgien

Durch das enge Netz von schiffbaren Flüssen und Kanälen können große Teile von Belgien vom Wasser aus erkundet werden. Abgesehen von der Maas werden die Schifffahrtsstraßen in diesem Kanuführer nicht eigens beschrieben. Hierfür wird verwiesen auf die Literatur für Sportschifffahrt. Besonders empfehlenswert ist: *Belgische Vaarwegen, Navigatie Atlas & Gids – Voies Navigables Belges, Atlas & Guide de Navigation,* De Rouck Geocart, Sint-Niklaas 2010. Das Scheldebecken wird bis weit ins Landesinnere von den Gezeiten bestimmt (die Schelde bis Gent, der Rupel sowie die Unterläufe von Nete, Dijle und Senne). Auf den Binnenschifffahrtsstrassen gilt eine allgemeine Kennzeichnungspflicht: Alle Sportboote (außer Segelsurfbretter, Flöße, Schlauchboote ohne Motorhalterung und Faltboote) müssen amtlich registriert sein. Ausländische Boote, die in ihrem Heimatland amtlich registriert sind, sind von einer Immatrikulation in Belgien befreit (deutsche Paddler können ihre Boote in Deutschland freiwillig bei einem Wasser- und Schifffahrtsamt registrieren lassen). Alle anderen müssen beim Verkehrsministerium eine belgische Immatrikulationsplakette erwerben (€37,50) und an ihrem Boot gut sichtbar anbringen.

Flüsse in Flandern

Neben den Schifffahrtsstrassen sind in Flandern folgende Kleinflüsse empfehlenswert:

- **Dijle**
  - von St. Agatha-Rode bis Heverlee (Uferbetretungsverbot in Naturschutzgebiet zwischen Sint Joris-Weert und Korbeek-Dijle) und
  - von Leuven-Wilsele bis zur Mündung in den Rupel und weiter in die Schelde (in Rotselaar Mühle mit E-Werk li ≏; gefährliches ■ in Mechelen).
- **Demer**
  - von Scherpenheuvel-Sichem bis zur Mündung in die Dijle bei Werchter (in Aarchot Gablung re ≋, li ■).
- **Kleine Nete**
  - von Retie (Start in Retie vor 14:00 Uhr) bis zur Wassermühle in Grobbendonk (mehrere ausgewiesene ↕, ansonsten Uferbetretungsverbot).
- **Grote Nete**
  - von Westerlo bis Herenthout (´t Schipke).
- **Zuiderlede und Moervaart**
  - von Wachtebeke aus eine Rundfahrt (ca. 32 km), die Zuiderlede jedoch nicht vom 01.04 bis 30.06.

Flüsse in Wallonien

In Wallonien sind die Kleinflüsse der Ardennen landschaftlich und sportlich die Attraktion (siehe Einzelbeschreibungen). Leider hat die wallonische Regierung durch einen Erlass 2009 die Nutzung dieser Flüsse stark reglementiert. Ganzjährig dürfen in der Regel nur die Unterläufe der größeren Flüsse befahren werden. Die Mittelläufe und einige Nebenflüsse können nur im Winter (1. Oktober bis 15 März) gepaddelt werden. Die für Wildwasserfahrer interessantesten Abschnitte sind nur gelegentlich Mitgliedern belgischer Vereine mit Sondergenehmigung zugänglich. Am Tag der Eröffnung der Forellenfangzeit (dritter Samstag des Monats März) und am Tag der allgemeinen Eröffnung der Fangzeit (erster Samstag des Monats Juni) ist kanufahren generell verboten. Überall gilt ein Uferbetretungsverbot: Ein- und Aussetzen sowie Pausieren ist nur an gekennzeichneten Stellen gestattet. Dort unbedingt die Beschilderung beachten ob (weiter) gepaddelt werden darf. Der vorgeschriebene minimale und maximale Wasserstand muss eingehalten werden. Vorab kann man sich auf der offiziellen Webseite http://kayak.environnement.wallonie.be/index_de.htm über erlaubte und verbotene Flussabschnitte informieren. Der DKV bemüht sich auf seiner Website http://www.kanu.de die aktuellen Befahrungsregeln zu publizieren. Um die strikte Einhaltung dieser Regeln wird nachdrücklich gebeten, denn es drohen hohe Strafen und Regelverstöße schaden dem Ansehen des Kanusports. Trotz aller Regel bieten die Ardennen eine schöne Landschaft und viel Freude auf dem Wasser.

Ralf Wellens

Kanusport in Luxemburg

In Luxemburg gelten strenge Befahrungsregelungen auf den Flüssen. Die Befahrungsregelungen, die dem DKV bekannt sind, findet man unter http://www.kanu.de/go/dkv/home/freizeitsport/gewaesser/befahrungsregeln.xhtml.

Diese sind jedoch nicht vollständig. Deshalb sollte man sicherheitshalber vor Antritt einer Fahrt örtlich Erkundigungen einholen.

Kanusport in den Niederlanden

Der Name sagt schon, was kanusportlich in den Niederlanden zu erwarten ist: sie sind ein weitgehend niedrig liegendes, flaches Land.

Große Teile der Niederlande waren früher den Sturmfluten ausgesetzt, lagen zum Teil sogar dauernd unter Wasser. Sie sind jetzt durch ein groß angelegtes System von Deichen gegen Überflutungen geschützt, so entstanden die Polder, ein sehr fruchtbares, eingedeichtes Land, das weitgehend unter Normal-Null des Meeresspiegels liegt. Eine natürliche Entwässerung ist hier nicht mehr möglich; sie erfolgt daher durch zahlreiche künstlich angelegte Kanäle (z. T. als „Grachten“ bezeichnet), deren Wasser früher durch Windmühlen-betriebene Pumpen in das Meer befördert wurde. Daher die vielen, für Holland charakteristischen Windmühlen. Sie sind allerdings heute durchweg durch Elektropumpen ersetzt.

Auch außerhalb der Polder finden sich zahllose Kanäle, durchsetzt mit kleinen Seen, „Meere“ genannt. Sie entstanden vielfach im Zusammenhang mit der Torfgewinnung aus den großen Mooren wie auch aus den Bedürfnissen des Transportes von Torf und Schilf. Sie ähneln weitgehend den Gewässern Ostfrieslands.

Bei dieser landschaftlich bedingten Grundstruktur der Gewässer der Niederlande muss man sich darüber im Klaren sein, was man von ihnen kanusportlich erwarten kann: Wildwasser sind totale Fehlanzeige, Fließgewässer sind selten, zumeist wird man auf fast strömungslosen künstlich entstandenen Kanälen fahren, die allerdings landschaftlich sehr reizvoll sein können. Neben den größeren Kanälen, auf denen mit regem Sportbootverkehr zu rechnen ist, finden sich zahllose kleinere Kanäle und Gräben, die für den Kanuten besonders interessant sind. Eine erschöpfende Beschreibung all dieser Gewässer ist im Rahmen dieses Führers unmöglich. Es werden zwar Tourenvorschläge gemacht, aber letztlich ist jeder Kanute sein eigener Kapitän, der sich auf der Basis der Grundbeschreibungen und mit guten Karten selbst seine Routen festlegen kann.

Nachfolgend werden zwei große Rundtouren ausführlich beschrieben; sie führen durch touristisch besonders interessante Gebiete und sind als Gepäckfahrten ausgelegt, d. h. der Pkw bleibt am Einsetzort bis zur Beendigung der Rundtour mehrere Tage lang stehen.

Eine besondere Eigenart vieler Städte der Niederlande ist die Tatsache, dass sie in und um das Wasser gebaut wurden. Sie sind daher von zahlreichen, vielfach auch heute noch vorhandenen Grachten durchzogen, die einst als Verkehrswege zu den Handelshäusern dienten, heute jedoch die Möglichkeit öffnen, auf dem Wasserweg mehrere touristisch besonders interessante Städte auf dem Wasserweg zu erkunden und zu besichtigen. Es finden sich daher im Kapitel „Städtefahrten“ eingehend beschriebene Rundfahrten durch die Städte Alkmaar, Utrecht, Leiden, Delft, Haarlem und Amsterdam.

Die Gewässer der Niederlande sind fast alle ganzjährig befahrbahr. Es gibt allerdings auch in den Niederlanden Befahrungsregelungen und Sperrstrecken. Auf einigen Gewässern ist eine Befahrung nur nach Genehmigung möglich, die z. T. durch Erwerb eines örtlichen Kanuführers erfolgt.

Die Befahrungsregelungen, die dem DKV bekannt sind, findet man unter http://www.kanu.de/go/dkv/home/freizeitsport/gewaesser/befahrungsregeln.xhtml.

Diese sind jedoch nicht vollständig. Deshalb sollte man sich sicherheitshalber vor Antritt einer Fahrt bei den örtlichen Fremdenverkehrsvereinen (VVV) erkundigen, die es in fast allen größeren Orten gibt.

Zeltmöglichkeit: freies Zelten ist weitgehend unmöglich, es gibt jedoch in den Niederlanden im Bereich der Wasserwege zahllose Campingplätze, die in den deutschen Campingführern nur ausnahmsweise angeführt sind. Es dürfte daher sinnvoll sein, sich einen Campingführer der Niederlande zu besorgen.

Unterlagen: sehr empfehlenswerte und für manche Fahrten unverzichtbar sind die 14 ANWB-Wasserkarten (Waterkaart) im Maßstab 1:25 000 oder 1: 50 000. Sie erfassen alle wassersportlich interessanten Gebiete der Niederlande. Sie werden herausgegeben vom Koninklijke Nederlandse Toeristenbond (ANWB), einem Partnerclub des ADAC und sind in gut sortierten Buchhandlungen zu erwerben.

In den örtlichen VVV sind vielfach Spezialkarten der örtlichen Wasserwanderwege erhältlich.

Einzelbeschreibungen der Gewässer

Gewässer der Loire

Karten-Nr.	Gewässer	Wanderfluss	Maritimfluss	Kanal	Kleinfluss	WW I-II	WW III-IV	WW V-VI	Seite
4, 5, 6	Loire	o	o			o	o		47
5	Boulogne	o							65
5	Erdre	o		o	o				66
5	Sèvre Nantaise	o							67
5	Maine (de Vendée), Petit Maine	o							71
5	Moine	o							73
5	Evre				o				74
5	Louet	o							75
5	Maine	o							76
5	Mayenne	o							76
5	Oudon	o							80
5	Vicoin				o				81
5	Jouanne				o				82
5	Ernée				o				83
5	Colmont	o				o	o		84
5	Varenne (Mayenne)	o							85
5	Sarthe	o		o		o			86
5	Loir	o							90
5	Conie	o			o				96
5	Erve				o				97
5	Huisne	o							97

Karten-Nr.	Gewässer	Wanderfluss	Maritimfluss	Kanal	Kleinfluss	WW I-II	WW III-IV	WW V-VI	Seite
5	Thouet	o							99
5	Argenton				o	o			103
5	Vienne	o				o	o		104
5	Creuse	o				o			110
5	Claise				o				113
5	Gartempe	o				o			115
128	Anglin	o							119
5	Benaize	o							120
5	Bouzanne				o				121
5	Sédelle						o	o	121
5, 6	Creuse, Petite				o	o			122
	Rozelle						o		124
5	Clain	o							124
5	Vonne	o							126
5	Issoire (Vienne)					o	o		127
5	Gorre					o	o		128
5	Briance				o				129
5	Taurion					o	o	o	130
5	Vige						o		131
5	Combade				o	o			131
5	Indre	o							132
5	Indrois				o				137
5, 6	Cher	o				o	o		138
6	Sauldre	o			o				143
6	Petite Sauldre				o				146
6	Néré (Sauldre)				o				146
6	Arnon (Cher)	o			o				147

Karten-Nr.	Gewässer	Wanderfluss	Maritimfluss	Kanal	Kleinfluss	WW I-II	WW III-IV	WW V-VI	Seite
6	Yèvre	o			o				149
6	Barangeon				o				151
6	Auron				o				151
6	Aumance					o	o	o	151
6	Tardes					o	o		152
6	Voueize					o			154
	Cisse				o				154
5, 6	Beuvron (Loire)				o				155
5, 6	Cosson	o							156
	Vauvise	o							158
6	Aubois				o				158
6	Allier	o				o	o		159
6	Sioule	o				o	o	o	167
6	Bouble					o	o		171
6	Sioulet					o	o		172
	Sichon				o				173
6	Dore	o				o	o	o	174
6	Couze Chambon						o	o	176
6	Couze Pavin					o	o		177
	Couze Valbeleix						o	o	179
6	Couze d´Ardes					o	o		179
6	Alagnon					o	o		180
6	Allanche						o		182
	Desges					o			183
6	Chapeauroux						o	o	184
	Espezonnette					o	o	o	185
6	Aron				o				186

Karten-Nr.	Gewässer	Wanderfluss	Maritimfluss	Kanal	Kleinfluss	WW I-II	WW III-IV	WW V-VI	Seite
6	Alène				o				187
	Somme (Loire)				o				188
6	Besbre	o				o	o		189
6	Arroux	o							191
6	Bourbince	o							193
6	Sornin				o				194
6	Rhins				o				195
6	Aix					o	o	o	195
6	Lignon (Forez)					o	o		196
6	Mare (Loire)						o		197
6	Coise				o				198
6	Semène					o	o		198
6	Ance (Loire)				o	o	o		199
6	Andrable				o	o			201
6	Lignon (Velay)					o	o	o	201
6	Dunières						o		203
6	Ramel						o	o	203
6	Arzon					o	o		204
6	Borne					o	o		205
6	Gazeille						o	o	205

Stromgebiet der Loire

Loire

Zentralmassiv

Wildfluss (Gebirgsfluss) - Wanderfluss (Flachlandfluss) GKZ:FR:----0000
Mündung in Atlantik

Die Loire ist auf einer Strecke von 975 km durchgehend befahrbar. Sie ist damit der längste und unter dem Gesichtspunkt der reinen Wanderfahrt interessanteste Fluss Frankreichs.

Die Loire hat zwei sehr unterschiedliche Abschnitte. In ihrem Oberlauf, im Bereich des Zentralmassivs, ist sie ein ausgesprochenes Wildwasser. Nach ihrem Austritt aus dem Gebirge wird sie zum reinen Wanderfluss.

Ursprung: (44.841528, 4.218611) in 1.408 m

Mündung: (47.269861, -2.184444)

Länge: 1.004 km

1. Die Wildwasserstrecke (km 975,3–723,3).

Die Loire verläuft in diesem Bereich durch mehrere Schluchten von grandioser Schönheit; die „Gorges de la Loire" sind allerdings in einem Stausee ertrunken.

Schwierigkeiten: km 975–956 schweres Wildwasser vom Typ Zentralmassiv mit starkem Gefälle, stufenartigem Abfall, schwierigen Engstellen usw. Das Wasser der obersten Loire wird total zur Fontolière und damit zur Ardèche abgeleitet. Die Loire wird daher erst befahrbar, wenn durch Nebenbäche wieder genügend Wasser in den Fluss kommt. Dies ist meist nur im zeitigen Frühjahr, zur Zeit der Schneeschmelze, und nach stärkeren Regenfällen der Fall.

km 956–942 WW III-IV ebenfalls nur im Frühjahr befahrbar.

km 942–723 WW II bis Frühsommer. Diese Flussstrecke ist immer noch leichtes Wildwasser mit zahlreichen, in der folgenden Beschreibung nicht im einzelnen vermerkten Schwallen, zahlreichen Wehren, die teils zu befahren oder zu umtragen sind, 3 Stauseen, wobei insbesondere das Wehr von Grangent recht mühsam zu umtragen ist. Diese Flussstrecke ist daher als reine Wanderstrecke kaum geeignet. Eine gewisse Wildwassererfahrung und die Bereitschaft, einige Mühen auf sich zu nehmen, sind unerlässliche Voraussetzung.

Pegel: siehe www.vigicrues.ecologie.gouv.fr.

975,3 Straßen-II D 16 (44.819769, 4.047883), davor ■, gute ⬇ bei ausreichendem Wasserstand; ab hier zunächst WW II-III in grandioser Landschaft,
⛺ La Plain de la Loire (44.818011, 4.051402), Moulin du Lac, 07470 Le Lac-d'Issarlès, Tel. +33 6 24 49 22 79, www.campinglaplainedelaloire.fr , **Issarlès** in 3 km.

966,7 Straßen-II D 500 (44.856382, 3.982812), **Salettes**, ⬇ falls das Wasser ab km 975,3 nicht ausreicht; ab hier ≋ meist bis Mai.

961,2 li **Arlempdes**, sehr malerisches Dorf mit Burg, davor li ⇩ Méjanne.

956,3 Beginn der eigentlichen Durchbruchsstrecke der Loire, Klammeingang WW IV+, danach etwas leichter, WW III-IV.

957,3 Straßen-II D 49, **Goudet**, Ende der Hauptschwierigkeiten.

956,9 li ⛺ Au Bord de l'Eau (44.890745,3.919641), Le Chambon, 43150 Goudet, Tel. +33 4 71 57 16 82, www.campingauborddeleau.com .

943,4 ■, verfallen, re gut ≋; danach Verblockung, WW II.

943,0 re ⇩ Gazeille (s. Seite 205).

941,9 II D 27 (44.889183, 3.922108), gute Stelle zur Beendigung der Befahrung der WW-Strecke, re in etwa 1,5 km Entfernung **Chadron**.

939,6 re Natur-■, **X**; in den li Arm fahren und ⌓. Beginn des Staus vom ϟ Coubon.

936,3 Straßen-II.

935,9 ■, 4 m hoch, evtl. ≋, aber Beschädigung der Boote möglich. re ⌓ 10 m vor Ablaufkanal. Auf den folgenden 2 km fließt die Loire durch dichte Buschwände. Durchzwängen durch niedrigen Bewuchs, unangenehme Querströmungen. Je nach Wasserstand WW III bis **X**, nichts für Anfänger, ⚠, ⌓ bis km 933,2 empfehlenswert, jedoch sehr mühsam.

933,2 Ab hier unbehinderte Weiterfahrt.

933,7 ϟ mit kleiner II, evtl. hier wieder ⬇.

931,7 Straßen-II D 37, re und li **Coubon**.

928,6 ■, **X**, re bis an Wehrkante heranfahren und Boote herablassen.

926,1 EB-II (außer Betrieb).

924,7 ■, davor Bojenkette, **X**, ⌓ (keine Angaben), li Kanal zum Kraftwerk.

924,4 zerstörte alte II.

924,3 Straßen-II D 988A, **Brives-Charansac**.

924,1 aufgelassenes ■, davor Bojenkette, keine Angaben.

923,4 ■, davor Bojenkette, keine Angaben.

923,2 historische II Pont de la Chartreuse.

922,8 Straßen-II N 88, **Charansac**.
li in 4 km Entfernung **Le-Puy-en-Velay**, ⌘.

922,7 li ⇩ Borne (s. Seite 205).

922,6 Straßen-II.

921,0 Straßen-II D 103, ⬍-Möglichkeit. Bis km 909,4 folgen zahlreiche Schwalle, die bei NW evtl. nicht mehr befahren werden können.

917,4 Es folgt ein tief eingeschnittenes Tal, genannt „Gorges de Peyredeyre“.

917,8 EB-Ⅱ, darunter Blockwurf-▬, ≋. Später ein weiteres ▬.
913,3 ▬, ϟ St. Simon, wenn Schott offen, li in Kanal einfahren und nach 30 m ⌓, schwierig. Wenn geschlossen, entweder unter Sicherung in die re ▬-Ecke einfahren und hier ⌓, schwierig. Sicherer ist es jedoch, rechtzeitig ↱ und an der Straßenmauer auf Anglerpfad ⌓, ebenfalls schwierig.
912,5 EB-Ⅱ.
911,6 EB-Ⅱ.
910,6 Schräg-▬, ≋. Es folgt dann in 300m eine verblockte Endstelle am Kraftwerk (WW III). Man kann, falls Schott geöffnet, bei nicht zu starkem Stromzug in den Mühlengraben einfahren und dann li ⌓. Sonst re ⌓.
910,0 EB-Ⅱ.
909,4 Straßen-Ⅱ D 103, re **Lavoûte-sur-Loire**, alte romanische Kirche.
908,3 EB-Ⅱ (außer Betrieb).
909,6 li **Larcenac**.
904,5 Hänge-Ⅱ D 26, re **Margeaix**, Schloss.
904,2 Mühlen-▬, verfallen, re in Mühlengraben fahren und nach 50 m li floßgassenartige Durchfahrt im Leitdamm, ≋.
Bei NW strömt das ganze Wasser über eine Kiesbank nach re in eine schmale Rinne unter Büsche und Bäume, Vorsicht, evtl. treideln ⚠.
903,4 Mühlen-▬, bei gutem Wasser evtl. li ≋, bei NW li überheben und etwa 50 m treideln.
901,7 Mühlen-▬, li in einer Bruchlücke ≋; danach nicht li auf der Mühleninsel landen, Schwierigkeiten mit dem Müller!
900,9 ▬ einer Fabrik, re ⌓ oder bei NW li überheben, schwierig, re Bootsgasse nur nach Besichtigung befahren, schwierige Ausfahrt. Bei HW Wehr evtl. ≋. ⚠ auf große Steine im Unterwasser und Rücklauf!
900,5 Straßen-Ⅱ, re **Changeac**, li in 800 m Entfernung 🚆 Vorey.
Auf 10 km eine weitere Serie von Schwallen, die bei NW Schwierigkeiten bereiten können.
899,5 li ⇩ Arzon (s. Seite 204), danach bei NW sehr flach; li **Vorey-sur-Arzon**.
895,0 li Mühle.
894,8 Straßen-Ⅱ D 103, li **Le Chambon**.
894,0 Naturstufe, li in einer Felsrinne ≋, danach verfallenes ▬, ≋.
re ⛺ Pra de Mars (45.20351, 3.943427), 43800 Vorey, Tel. +33 4 71 03 40 86, www.leprademars.com .
890,9 Mühlen-▬, bei gutem Wasserstand evtl. re ≋, bei NW hier treideln, Steine ⚠.
890,5 Mühlen-▬, bei gutem Wasser re in Lücke ≋, bei NW hier treideln, Steine im Unterwasser ⚠.
890,3 re ⇩ ϟ-Kanal.
889,6 re **Chamalières-sur-Loire**, romanische Kirche.
889,2 Straßen- und EB-Ⅱ.
887,5 ϟ, ▬, bei gutem Wasserstand re durch eine Lücke im Anfang des Leitdammes ≋, Vorsicht Steine und Treibholzversperrungen. Bei NW in

den ϟ-Kanal einfahren und 50 m vor dem Einlaufrechen ↱, steile Böschung, etwa 100 m weit ⏏, schwierig.

886,4 li ⇩ ϟ-Kanal.

885,4 EB-Π.

884,6 Winkel-▬, bei HW li ≋, bei MW und NW re durch einen Klappschütz und nachfolgende Slalomstrecke einer Kanuschule ≋. 100 m nach Einfahrt enge li-Kurve vor einer Mauer, evtl. ansehen ⚠. Bei geschlossenem ▬ ↱ an einerTreppe und 300 m weit bis zum Ende der Slalomstrecke mit Bootswagen umfahren.

883,7 Straßen-Π D 103A, li **Retournac**, Post, 🚂, 🛒, an der Π re 🚐 (45.198808,4.039128).

883,4 ▬, li evtl. ≋ oder treidelbar, bei NW **X**. Zum ⏏ gibt es 2 Möglichkeiten:
1. li ⏏ schwierig.
2. re in Kanal bis ϟ fahren, dann ↰ und hinter ϟ über eine kleine Π re ⬇.

882,0 Π mit Rohrdurchlässen, Röhren eng und meist mit Treibgut versperrt, **X**, re oder li ⏏, leicht.

881,7 EB-Π.

877,4 EB-Π.

874,4 Straßen-Π D 42, li **Bransac**, li ✕.

873,8 re ⇩ Ramel (s. Seite 203), ▬, **X**, li ⏏ (wurde bei höherem Wasserstand schon befahren).

873,4 re ⇩ ϟ-Kanal.

870,0 li 🚐 (45.25045, 4.130752).

886,4 re ⇩ Lignon (s. Seite 201), davor Straßen-Π D 461, li **Confolent**, bis km 860,7 schöne Schlucht WW II (III).

897,2 EB-Π, 5 Bogen.

861,2 li ⇩ Ance (s. Seite 199).

860,7 Straßen-Π D 12, re Gourdon.

859,2 li Camping, **Bas-en-Basset**, Post, 🛒.

846,7 li 🚐 Le Port Buission.

845,7 Straßen-Π D 46, re **Aurec-sur-Loire**, Post, 🚂, 🛒.
Je nach Füllung des Stausees Beginn des Rückstaus des Staudamms von Grangent.

843,1 re ⇩ Semène (s. Seite 198).

838,8 Straßen-Π D 3/D 108, re **Le Pertuiset** und **Unieux**. Davor ▬, wenn nicht überstaut. Danach Beginn der „Gorges du Saint-Victor“, Schluchtstrecke. Bis zum ϟ kaum Zugang zum Wasser.

836,8 re ⇩ Ondaine, im Mündungsbereich große Kläranlage.

832,1 re **Saint-Victor-sur-Loire**, ⬍ (45.444284, 4.252363).

830,2 li **Château d´Essalois**, re Insel.

829,7 ▬ und ϟ Grangent, **X**, Straße D 32. Wasserabgabe des ϟ in der Regel ab 8 Uhr. Ab 9 Uhr ist das Flussbett soweit gefüllt, dass eine Weiterfahrt möglich wird. Zum ⏏ Straße nach li gehen, abzweigenden Weg, Richtung „Usine“ benutzen, hinter der Π Pfad zum Fluss, 1,5 km. Es besteht die

Möglichkeit, dass das ↯ zeitweise kaum Wasser abgibt.
Im Mai 2012 wurde am Damm gearbeitet. Ausbooten am Damm unmöglich. ⚠ auf Bauarbeiten.
Die Loire tritt in die Ebene von Forez ein.

825,4 Straßen-⊥⊥ D 8, li **Saint-Rambert-sur-Loire**, ⌘, Kirche, 11. Jahrh., re **Saint-Just-sur-Loire**, Post, ▬, 🛒.
823,8 Blockwurf-▬.
823,4 mehrspurige Straßen-⊥⊥.
822,8 EB-⊥⊥.
822,0 Straßen-⊥⊥ D 498, re **Andrezieux-Bouthéon**, Post, ▬.
818,1 Autobahn-⊥⊥ A 72 Pont Auguste Arsac. Danach ▬ 2 Steinschüttungen (keine Angaben).
815,9 Straßen-⊥⊥ D 54 darunter Blockwurf-▬, **X**, re **Veauche**, li **Veauchette**.
812,7 Straßen-⊥⊥ D 101, re **Le Marendon** und **Rivas**, nach li **Craintilleux**.
807,6 Blockwurf-▬, re ≈.
804,9 li ⇩ Mare (s. Seite 197).
804,5 EB-⊥⊥. re ⇩ Coise (s. Seite 198).
804,2 Straßen-⊥⊥ D 496, re **Montrond-les-Bains**, Schloss, alle Möglichkeiten.

798,0 Blockwurf-▬.
797,5 re **Saint-Laurent-la Conche**.
797,0 re ⇩ Toranche.
789,9 Straßen-⊥⊥ D 1089, re **Feurs**, ⌘ Kirche, 15. Jahrh., alle Möglichkeiten.
789,8 ▬, **X**, li ⌓, in der Mitte Fischtreppe.
787,6 li ⇩ Lignon du Forez (s. Seite 196).
780,4 Straßen-⊥⊥ D 1, re **Balbigny**, alle Möglichkeiten.
Beginn des Rückstaus des Staudamms von Villerest.
777,1 re 🚐 Camping de La Route Bleue (45.825241, 4.16311), 42510 Balbigny, Tel. +33 4 77 27 24 97.
775,8 Straßen-⊥⊥ A 89.
774,8 li ⇩ Aix (s. Seite 195).
774,5 Straßen-⊥⊥ (Viadukt) und Beginn der „Gorges de la Loire". Die Loire durchbricht auf 30 km einen Teil des Zentralmassivs, bestehend aus einem roten porphyrartigen Gestein.
771,0 Straßen-⊥⊥ D 38, ⬆ (45.868,4.14929175), gute Gelegenheit zur Beendigung der Fahrt an Straße D 56, re **Pinay**, weit abseits.
768,3 ▬, Baustelle eines Staudammes und eines ↯ (Keine Angaben).
766,6 Straßen-⊥⊥ D 26.
764,8 Schloss la Roche, Felsdurchbruch der Loire, Breite 12 m.
759,5 re auf dem Berg schöner 🚐 Municipal De Mars (45.915878, 4.060929), RD56, Route du Château de la Roche, 42123 Cordelle, Tel. +33 4 77 64 94 42, www.camping-de-mars.fr . Boote nach Rücksprache am Fluss liegen lassen. Im Bereich des Stausee gibt es kaum einen freien ⛺.
756,6 Straßen-⊥⊥ D 45, danach li ⬍ (45.931879, 4.03062).

751,3 li **Saint-Maurice-sur-Loire**.

749,8 letzte ⇕ mit Straßenzugang (45.969765, 4.010203) vor dem folgenden Staudamm.

746,4 Staudamm des Stausees von Villerest. ⌓ entweder li über die Straße bis zur Ⅱ D 84, 1,5 km, oder re durch das ϟ-Gelände nach Rücksprache mit dem Personal, etwa 800 m, Bootswagen zweckmäßig. ⚠ bei abgesenktem Stausee. Dann aussetzen wegen steiler Ufer unmöglich, vorher erkunden.
Ausreichende Wasserabgabe für die Weiterfahrt (auch für Zweier) meist ab 10 Uhr vormittags, während der Nacht kein Wasserdurchlass. Diese unregelmäßige Wasserabgabe wirkt sich etwa 70 km weit aus. Erst ab Digoin, km 673,9, ist mit leidlich gleichmäßigem Durchfluss zu rechnen.

745,8 li ⛺.

745,3 Straßen-Ⅱ Rue du Pont, li **Villerest**, ⬇-Möglichkeit.
Die Loire wird sehr breit mit mehreren Inseln, zwischen denen häufig wenig Wasser ist.

740,5 EB-Ⅱ.

739,9 Straßen-Ⅱ D 207, li **Roanne**, 🛒, ✕, re Coteau, davor re ⌂ des Ruderklubs mit Anleger (46.02848, 4.081078), hinter dem ⌂ einfacher ⛺ mit ✕ (gutes Essen). Beginn des Loire-Seitenkanals (Canal Roanne). Vom ⛺ 10 Minuten zum 🚂. re ⇩ Rhins (s. Seite 195). Wegen der folgenden Schwierigkeiten ist davon abzuraten, die Wanderfahrt auf der Loire, wie früher empfohlen, in Roanne zu beginnen.

739,2 Walzen-▬, **X**, li ⌓ zwar möglich, jedoch wegen steiler Ufermauern schwierig. Es ist besser, schon beim Ruderclub auszusetzen und etwa 800 m weit zu umkarren. ⬇ am li Ufer nach dem verfallenen ▬ (46.039995, 4.085906), das kurz nach dem Walzen-▬ folgt.
Die folgenden 6 km sind durch Straßen- und Industriebauten, Abwasser, Mülldeponien und Kiesgewinnung unerfreulich.

738,1 Straßen-Ⅱ N 7.

737,0 ▬ aus Trümmern und Betonklötzen, in der Mitte 1,50 m hoher Abfall, nach Besichtigung evtl. ≋. ⌓ auf beiden Ufern möglich, sehr beschwerlich. Danach Stromschnelle.

736,0 Kiesgrube, Industrie.

733,2 Stromschnellen, ≋.

732,7 Straßen-Ⅱ D 482.

2. Die Wanderstrecke (km 723,3–0)

Der folgende Abschnitt der Loire, von Pouilly sous Charlieu bis zur Mündung, ist der wohl am meisten befahrene Weitwanderfluss Europas. Mehrere günstige Umstände sind dafür verantwortlich: Die lange, befahrbare Flussstrecke, das warme Klima, das zumeist doch noch saubere Wasser, die liebliche Landschaft, die zahlreichen am und in der Nähe des Flusses gelegenen Sehenswürdigkeiten, insbesondere die

Loire-Schlösser, die herrlichen einsamen Zeltplätze, ein Gewässer, das sich auf weiten Abschnitten noch im Urzustand befindet. Man sollte sich allerdings für die Befahrung der Loire viel Zeit lassen, an schönen Plätzen auch mal einen Tag verweilen und nicht achtlos an allen Sehenswürdigkeiten vorbeifahren. In den vollen Genuss einer Loire-Fahrt kommt man allerdings nur dann, wenn man seinen Pkw am Einsetzort stehen lässt und mit Kind und Kegel, Boot und Zelt auf eine mehrwöchige amphibische Reise geht.

Schwierigkeiten: Zahmwasser. Gelegentlich kleine, übersichtliche Schwalle, Vorsicht bei manchen Brückendurchfahrten vor Pfählen und Bauschutt. Im Fluss liegen vielfach vom letzten Hochwasser verfrachtete Baumleichen, denen jedoch bei einiger Aufmerksamkeit gut auszuweichen ist. Die Loire teilt sich gelegentlich in mehrere Arme; wenn man dann Pech hat, verläuft sich das Wasser am Ende in einer kaum überspülten Kiesbank, und man muss dann staken oder treideln, was empfindlichen Bootshäuten nicht gut bekommen kann.

Befahrbarkeit: Im Prinzip ganzjährig; in trockenen Sommern können sich die erwähnten Schwierigkeiten bei Flussverzweigungen häufen.

Bootstypen: Sämtliche Boote, auch Faltboot-Zweier, Mannschaftskanadier und Ruderboote möglich. Für Holzboote besteht jedoch vor allem bei NW die Gefahr von Beschädigungen. Für Großboote können einige der Umtragestellen sehr mühsam werden. Kunststoffboote sind daher vorzuziehen.

Wasser: im Allgemeinen recht sauber, warm. Unterhalb der Städte erhebliche Verschmutzung durch Abwässer, jedoch zumeist wieder baldige Reinigung. Unterhalb Orléans länger anhaltende Verschmutzung.

Zeltmöglichkeit: zahlreiche sehr schöne und einsame Plätze am Fluss und auf den Inseln; weiter stromabwärts sind die Inseln vielfach Privatbesitz, so dass dann das freie Zelten schwierig wird. Viele, ebenfalls am Fluss gelegene, deren Benutzung insbesondere bei der Besichtigung von Städten und der meist abseits gelegenen Schlösser ratsam ist. Sie sind allerdings meist im Frühjahr und oft auch ab 15.09. geschlossen. Bis auf Chaumont kaum Ausschilderungen der vom Wasser her. Beim freien Zelten ist davor zu warnen, unter Bäumen zu bleiben. Es hat schon Unfälle dadurch gegeben, dass bei Sturm Bäume umgerissen wurden, die gesünder aussehen als sie wirklich sind. An verschiedenen Stellen nähert sich die Nationalstraße dem Fluss, je nach Windrichtung kann es dann während der Nacht recht laut werden. Es ist dann sinnvoll darauf zu achten, dass man im Schallschatten liegt (Bäume, Steilufer).

Pkw:	Straßen und Bahnlinien begleiten das Nordufer der Loire auf längeren Strecken. Im Übrigen ist die gesamte Landschaft durch sehr gute, nicht überfüllte Straßen gut erschlossen. Das Nachholen der Pkw mit der Eisenbahn ist oft nicht ganz einfach. Die Internetseite der Deutschen Bahn www.deutschebahn.com gibt hier gute Auskunft.
Pegel:	siehe www.vigicrues.ecologie.gouv.fr.

Allgemeine Bemerkungen zur Loire:

Das Wasser ist im Allgemeinen sauber und frühzeitig warm, das Strombett besteht aus reinem, feinem bis grobem Kies, im Juli fallen die Kiesbänke trocken. Die Ufer sind bis Blois (km 313,5) unverbaut, urweltlich, hochwasserverwüstet und wildbewachsen, ausgesprochene Auenlandschaft, schwach besiedelt, selten landwirtschaftlich genutzt. Beim Anlanden an den sandigen Ufern ist unbedingt darauf zu achten, dass es sich teilweise um feinsten Schwemmsand handelt, in welchen man sofort einsinkt. Todesfälle von badenden Kindern sollen hier schon vorgekommen sein. In der nachfolgenden Beschreibung werden lediglich kurze Hinweise auf Sehenswürdigkeiten gegeben, wegen Einzelheiten sei auf ausführliche Führer verwiesen. Besonders lohnend ist die Besichtigung der Schlösser des Loiretales. Soweit sie nicht direkt am Fluss liegen, wird der Zugang durch Fahrräder erleichtert, die an jedem Bahnhof verliehen werden. Das Klima ist milde, mit Wein- und Gemüseanbau. Im Sommer warm bis heiß, aber ohne Dürre. Es münden in die Loire eine größere Zahl von Nebenflüssen, die z. T. samt ihren Sekundär- und Tertiär-Nebenflüssen gesondert beschrieben sind.

Schifffahrt findet auf der Loire nur in geringem Maße im Unterlauf statt. Ab km 943 starker Gezeiteneinfluss. Wer sich nicht mit Fahrten im Grenzbereich Fluss/Meer auskennt, sollte die Befahrung der Loire spätestens in Nantes abbrechen. Ab Nantes Befahrung durch Hochseeschiffe, z. T. mit starker Wellenbildung.

Die Loire wird stark in die Energiewirtschaft Frankreichs einbezogen werden. Dies zeigt sich im Bau mehrerer, am Fluss gelegener Kernkraftwerke, die das Loire-Wasser als Kühlwasser benutzen. Es ist ferner vorgesehen, am Oberlauf der Loire bei Serre de la Fare sowie an zwei Nebenflüssen der Loire Talsperren zu errichten.

⚠ Die nachfolgend an verschiedenen Stellen gegebenen Empfehlungen für die günstigsten Fahrweisen sind zwar im Prinzip richtig, man sollte sich jedoch nicht unbedingt darauf verlassen. Bei geändertem Wasserstand sowie durch natürliche und künstliche Veränderungen im Flusslauf kann durchaus eine von der empfohlenen Fahrweise abweichende Fahrt zweckmäßiger sein. Dies betrifft insbesondere die Durchfahrten durch Brücken. Hier finden sich auch häufig durch Bauschutt von Brücken-Neubauten entstandene Hindernisse.

Im Unterlauf der Loire ist mit zeitweise heftigem Gegenwind zu rechnen.

723,3 Bogen-II D 4, Pfähle, re **Pouilly sous Charlieu**, ⬇ (46.147246, 4.098759). Bei Anreise mit EB bis Roanne Zufahrt mit Bus oder Taxi möglich. Wegen der vorstehend in und nach Roanne geschilderten Schwierigkeiten wird empfohlen, die Wanderfahrt auf der Loire nicht wie früher geraten in Roanne, sondern erst hier zu beginnen.

722,6 re ⇩ Sornin (s. Seite 194), 2 km flussaufwärts befindet sich am Sornin ein 🚐 Le camping municipal, Les Ilots, 42720 Pouilly Sous Charlieu, Tel. +33 4 77 60 80 67, www.pouillysouscharlieu.fr und dort zum Camping navigieren, sehr günstige ⬇ (46.149446, 4.112615) für den Beginn der Wanderfahrt. Pkw kann auf ⛺ abgestellt werden. Bei NW kann die Fahrt bis zur Loire allerdings recht mühsam werden.

716,6 Straßen-Ⅱ D 9, Pfähle ⚠, li fahren. **Iguerande**, 🛒, ✕. An der Ⅱ re ⛺-Möglichkeit.

708,8 li **Artaix**.

705,4 Straßen-Ⅱ D 989, Vorsicht bei NW, dann Felsen und kleine Stufen im Fluss. li **Chambilly**, 🛒, ✕.

703,0 re **Baugy**.

693,0 Straßen-Ⅱ D 130, li **Bonnand**, ✕, ⬆ li vor Ⅱ.

681,1 li **Chassenard**.

676,0 Straßen-Ⅱ N 79.

673,9 Aquädukt des Canal-du-Centre, Verbindung Loire-Seitenkanal mit der Saône. Unter dem Aquädukt Natur-▬, li (7. Bogen) durch weiß-blaue Tafeln und Steinblöcke markierte Durchfahrt, nach Besichtigung gut ≋. Bei NW evtl. **X**, dann treideln oder li ⌓. Für eine Fahrt auf den Kanälen (Canal du Centre, Canal Latéral de la Loire und Canal de Roanne à Digoin) re die Böschung hoch ⌓.

673,0 Stein-Ⅱ D 979E, **Digoin**, ✕, 🛒. Nach der Ⅱ re städtischer 🚐 41 Rue de la Chevrette, 71160 Digoin, Tel. +33 3 85 53 11 49, mit angrenzendem Freibad, gute ⬇ für Loire-Fahrt (46.478758, 3.965271), Pkw kann gegen Gebühr am Platz abgestellt werden, idealer Standplatz für Tagesfahrten (Loire, Arroux), z. T. als Rundfahrten auf den Kanälen. Guter Zugang zum Platz etwa 500 m nach der Ⅱ.

669,2 re ⇩ Arroux (s. Seite 191), re **Le Bas de la Motte**.

667,6 re **Varenne**.

661,8 li **Talenne**.

655,5 li **Les Biosseaux**.

646,0 EB-Ⅱ, ⛺-Möglichkeit auf Landzunge re vor EB-Ⅱ.

645,7 Straßen-Ⅱ D 480, li ⌓-Möglichkeit in den Canal Latéral de la Loire; zurück zum 🚐 Digoin, 20 km mit 5 ▬, evtl. treideln.

644,7 li **Diou**, 🚂, ✕, 🛒.

644,4 am Ortsende li 🚐, vom Wasser aus nicht zu sehen, li großes Hinweisschild, 50 m danach Landeplatz (46.53661, 3.744342) in kleiner Bucht mit gutem Weg zum Platz, geöffnet vom 15.06.-15.09.

642,6 3 Felsstufen, es handelt sich um ein verfallenes ▬, unbedingt besichtigen, mit Kunststoffbooten ≋, wegen scharfkantiger Steine Faltboote die beiden ersten Stufen besser ⌓.

642,3 li ⇩ Besbre (s. Seite 189).
640,3 re **St.-Aubin-sur-Loire**, Kirche auf Anhöhe von weitem sichtbar, 🛒, ✕.
631,3 Straßen-Ⅱ D 973, re **Le Fourneau**, ✕, großer Supermarkt auf der D 973 Richtung Bourbon-Lancy, etwa 1 km.
627,3 re ⇩ Somme (Loire), s. Seite 188.
613,5 Straßen-Ⅱ D 30, im Mittelbogen Steine und Pfähle, re fahrbar.
610,1 re **Thareau**, ⬆-Möglichkeit vor dem Ort re in einer Bucht (46.751962, 3.630027).
Ab hier bekommt die Loire ihr endgültiges Gesicht: weite Schleifen, großartige Uferabbrüche in ursprünglicher Landschaft, sandige Ufer, große Kiesbänke, Auwälder, viele Inseln aber viele Angler und Badegäste, Baumstämme im Fluss. Bis Decize zahlreiche ⛺.
594,0 li: Loire und der Canal lateral de la Loire liegen nur durch ein Wäldchen getrennt 80 m weit auseinander, li **Saulx**.
591,4 li ⇩ eines Verbindungskanals zum Loire-Seitenkanal.
590,9 Ⅱ N 478, re **Decize**, 🚂, alle Möglichkeiten.
589,8 re ⇩ Aron (s. Seite 186). Am Aron re 🚐. Hierzu 300 m stromaufwärts fahren, keine Gegenströmung.
589,6 ➔ Canal du Nivernais (Verbindung Loire-Yonne).
589,4 ▬-Anlage, re ▬, X, Mitte kleines ⚡, li Überlauf-▬, bei HW gefährlich mit starkem Sog, bei NW ↰ vor dem Überlauf-▬ und li ⏢, Sandboden. Einsetzstelle steil. Ansonsten re in Kanal bei km 589,6 einfahren, nach 50 m an Rampe ⬆ (46.838354, 3.450930) und 500 m weit ⏢.
584,7 re **Tinte**, ⬍ (46.831917, 3.39205).
576,1 re **Béard**, 1,5 km entfernt, romanische Kirche, kein Gasthaus.
564,0 re **Imphy**, Industrieort, alle Möglichkeiten.
564,9 Straßen-Ⅱ D 200, 150 m vor der Ⅱ ▬ aus Natursteinen, bei NW **X**. Im Bereich der Ⅱ Bauschutt und Pfähle. Das ▬ und die Ⅱ sollten vor Befahrung zusammen besichtigt werden, evtl. ≋.
561,5 Rohr-Ⅱ.
558,7 Straßen-Ⅱ A 77.
555,5 Steinbogen-Ⅱ D 907 mit 14 Jochen. Unter der Ⅱ in ganzer Flussbreite ▬-artige Verbauungen, Befahrung kaum möglich, die Situation muss unbedingt erkundet werden, evtl. li treideln oder li ⏢. Rechts 300 m vor der Brücke Bootsschuppen des „Kanuclubs Nivernais" (46.985746, 3.165586). Befahrungshinweise mit Fotos und Tipps.
re **Nevers**, ⌘, Kirche St. Etienne aus dem 11. Jahrh., Kathedrale (11.-15. Jahrh.), alle Möglichkeiten, 🚂.
re vor der Brücke ⇩ Nièvre.
li vor der Brücke 🚐 Camping de Nevers (46.982183, 3.160793), 58000 Nevers, Tel. +33 6 84 98 69 79, mit gutem Zugang zum Wasser und zur Stadt, aber laut.
Nevers ist gut geeignet für Fahrtenbeginn mit EB-Verbindung von Nantes.
554,9 EB-Ⅱ, danach auf 10 km Auwälder, kaum ⛺-Möglichkeit.

548,3 li ⇩ Allier, größter Nebenfluss der Loire (s. Seite 159).

541,7 Straßen-Π D 12/D 40, li Joch ♒. re **Fourchambault**, alle Möglichkeiten. re vor Brücke 🚐 (47.01212, 3.078066), ca. 300 m vom Ufer entfernt. Dieser Platz ist, zumindest bei NW, nur zu erreichen, indem man 400 m hinter der Brücke in den ersten re Seitenarm einfährt, und zur Brücke zurückfährt und dann 200 m zum Platz karrt.

540,9 li ⇩ Verbindungskanal.

540,4 re Industriekomplex, Supermarkt und weitere Läden.

532,7 li **Marseilles-des-Aubigny**, kurz vor dem Ort re Seitenarm, ♒, mit guten ⛺-Möglichkeiten, im Ort 🛒.

532,5 li ⇩ Aubois (s. Seite 158).

524,5 re **La Marche**.

519,8 Steinbogen-Π, 10 Bogen, N 151, vor der Brücke Flussteilung, re Arm fahren, unter der Brücke Schwall. Ausgeschilderte, gut fahrbare Durchfahrt im 2. Joch von re, bei NW für Faltboote **X**, evtl. treideln. Nach der Brücke auf der Flussinsel 🚐 (47.177269, 3.010774) mit Schwimmbad, von beiden Armen erreichbar.

519,4 re **La Charité-sur-Loire**, re günstige ⬍ (47.178943, 3.014197) 🚆, reizvolle Kleinstadt, Kirche, 11./12. Jahrh., Kloster, im Mittelalter sehr bedeutend, Museum, Ausgrabungen, ⌘, alle Möglichkeiten. Es folgt eine sehr schöne Flussstrecke. *Bis Tracy-sur-Loire (km 500,7) Naturreservat, absolutes Zeltverbot.*

506,5 Straßen-Π D 59, Vorsicht bei NW, Pfahlreihe und Steinbarre ⚠, Mitte fahren. re **Pouilly-sur-Loire**, pittoresker Ort, alle Möglichkeiten, 🚆.

505,1 Schöner, ruhiger 🚐 (47.287992, 2.943467), schwer zu finden; nach der Brücke bei km 506,5 sofort re in kleinen Seitenarm einfahren. Wenn hier zu wenig Wasser, nach der Insel re 200 m aufwärts fahren.

500,7 re auf einem Höhenzug **Tracy-sur-Loire**, gegenüber im Fluss eine Insel.

496,4 Straßen-Π D 4, unter der Π schräg im Fluss verlaufendes Natur-▬, das bei NW nur knapp überspült ist, Auflaufgefahr ⚠. Evtl. nach Besichtigung li ♒, re treideln oder ⌓. Bei MW und HW kein Hindernis. Davor li ⇩ Vauvise (s. Seite 158). li **Saint-Satur**, 🚐 (47.342432, 2.86682), 🛒, re 🚆 (ca. 1,5 km vom Fluss entfernt). li auf einem Berg Sancerre, ⌘, bekannt durch gute Weine.

496,1 li ⇩ eines Verbindungskanals zum Loire-Seitenkanal. Bis Sully zahlreiche Felsen im Fluss.

489,9 EB-Π, re **Port Aubry**, li Seitenarm durch ▬ versperrt, im re Arm Pfahlreihen im Bereich der Π, li ♒, dort frei.

487,5 li großer 🚐 (47.408254, 2.9176), re **Cosne- sur-Loire**, günstige ⬍ (47.408704,2.921548), 🅿, 🚆, viele Geschäfte, Supermarkt am Ortsende.

487,2 re Fluss-⇩ über Wehr, danach Straßen-Π D 955, unter der Brücke Pfähle, re fahren, davor. Bei NW ist Anlanden mit vollen Booten an der Rampe nicht möglich.

483,2 re **Myennes**, alle Möglichkeiten.

473,6 li Kernkraftwerk Belleville, Beton-Ⅱ mit ▬, Befahrung verboten, re 1 m hoher floßgassenartiger Abfall, vor dessen Befahrung eindringlich gewarnt wird ⚠. Im Unterwasser befinden sich scharfkantige, unsichtbare Reste von Spundwänden, die schon mehrfach schwere Bootsschäden verursacht haben. re ⛀ über Bootsrampe einfach, 50 m weit. Kahn- ⇅ bis 19 h in Betrieb (Kanus werden nicht geschleust). Ca 1–2 km vorher weisen Schilder in einen rechten Arm zur Umtragestelle. Bei NW besser im Hauptstrom bleiben und am rechten Ufer bis zur Umtragestelle fahren. Danach re **Neuvy-sur-Loire**, alle Möglichkeiten.

468,8 Hänge-Ⅱ D 926, re **Bonny-sur-Loire**, 1,5 km entfernt, alle Möglichkeiten.

463,1 Insel, li Arm durch Steinwall versperrt, nicht befahrbar, re Arm kleine Schwalle. re **Ousson-sur-Loire**.

461,6 li ⇅ zum Kanal.

460,8 Hänge-Ⅱ D 50, li **Châtillon-sur-Loire**, re ⇅ zum Kanal, re nach der Ⅱ ⛺, Anlegemöglichkeit am Ende des Platzes.

456,3 Aquädukt des Loire-Seitenkanals (Pont Canal), ⌘, re **Briare**, 🚆, alle Möglichkeiten.

455,8 re günstige ↕ (47.635719,2.733949).

455,3 re ⇅ zum Canal de Briare, danach re ⛺, 30 m vom Fluss an einer Insel, re Arm fahren.

450,4 Bei NW Felsen im Fluss, sonst Schwallstrecke.

447,1 Straßen-Ⅱ D 940.

446,1 Straßen-Ⅱ, 12 Joche, D 941, bei NW meist nur die 3 re Bogen ≋, Stromschnelle. re **Gien**, letzter 🚆 vor Orleans, alle Möglichkeiten, Schloss aus dem 15. Jahrh.

445,4 nach der Brücke li schöner ⛺ Camping Touristique de Gien (47.682307, 2.623115), Rue des Iris, 45500 Pouilly-lez-Gien, Tel. +33 2 38 67 12 50, www.camping-gien.com , Anlegemöglichkeit am Ende des Platzes, laut durch Verkehrslärm der gegenüberliegenden Straße.

444,7 EB-Ⅱ.

444,2 li ⇩ Notre Heure.

436,9 ▬, ✕, Atomkraftwerk, li Arm benutzen, li gekennzeichnete ⛀-Strecke, etwa 250 m weit, mühsam. Bei MW und NW kann man nach ansehen am li Ufer bis kurz vor das ▬ fahren und nach 50 m wieder ⬇, li auch eine Bootsgasse, vor Befahren ansehen.

423,5 li ⇩ Sange, danach sehr schöner, ruhiger ⛺, direkt am Schlosspark, bei NW ca. 200 m vom Fluss.

423,0 Straßen-Ⅱ, li **Sully sur Loire**, Schloss aus dem 12.-16. Jahrh. Alle Möglichkeiten. Bei NW schlechter Ausstieg, mühseliges schleppen. re **Saint- Père-sur-Loire**.

422,7 EB-Ⅱ.

422,1 re ⛺ Hortus le Jardin de Sully (47.771825, 2.362275), 45600 St Père sur Loire, Tel. +33 2 38 36 35 94, www.camping-hortus.com .
412,0 re einfacher ⛺ Le Port, etwas abseits **Saint-Benoît-sur-Loire**, sehenswerte Benediktiner-Abtei.
403,0 li ⛺ La Maltournée (47.85651, 2.231834), 45110 Sigloy, Tel. +33 2 38 58 42 46.
402,3 Straßen-Π D 11, re **Châteauneuf-sur-Loire**, kleines Schloss mit schönem Park, Museum der Loire-Schifffahrt, ⌘.
393,9 Straßen-Π D 921, je nach Wasserstand Steine oder Schwall. li **St. Denis**, re **Jargeau**, in 200 m re günstige ⬍ (47.87101, 2.122968).
393,5 li großer ⛺ Camping L'isle Aux Moulins (47.869049, 2.115362), Rue 44e Régiment d'Infanterie, 45150 Jargeau, Tel. +33 2 38 59 70 04.
383,1 re **Chézy** mit schöner Kirche.
379,3 re **Combleux**, danach ⇩ des ehemaligen Kanals von Orléans.
378,2 re St. Jean-de-Braye. Bei NW ab hier re fahren.
re Beginn von **Orléans**, ⌘ Stadt mit 95 000 Einwohnern, Kathedrale aus dem 13. Jahrh.
🚂 20 Minuten, regelmäßige Züge nach „Les Aubrais Orléans" mit Anschluß an Fernzüge.
Die Loire teilt sich in Orléans in mehrere Arme auf, stets re fahren, evtl. Fahrt vor der 1. Π beenden.
374,4 EB-Π, re starker Schwall, Eisenstangen ⚠, li Steinwall.
374,3 Straßen-Π Pont René Thinat, starker Schwall.
373,1 Steinbogen-Π Pont Georges V. mit heftigem Schwall, re anlanden und besichtigen.
372,4 Straßen-Π D 2020 Pont de Maréchal Joffre.
371,0 Straßen-Π Pont de l'Europe.
369,4 Autobahn-Π A 71.
368,0 re **La Chapelle-Saint-Mesmin**, ⛺ (47.885212, 1.840156).
Unterhalb Orléans bei fast allen, auch kleineren Ortschaften gemütliche und preiswerte ⛺.
364,1 li ⇩ Loiret.
360,5 re **St. Ay**, 🛒, guter ⛺ (47.855661, 1.754637), ruhig, naturhaft, preiswert, gut mit dem Boot zu erreichen. Busverbindung nach Orléans.
355,3 Reste einer alten Π mit Steinen, re schmale Durchfahrt, gut ≈.
354,9 Straßen-Π D 18, re **Meung-sur-Loire**, alle Möglichkeiten, schönes altes Städtchen. Schloss, ⌘.
347,2 Straßen-Π D 9825, 23 Steinbogen darunter Schwälle, vor Befahrung erkunden, welcher Bogen am besten geeignet ist, meist ist der re Bogen ≈, ⌓ durch li Bogen möglich. Vor Brücke li ⛺ (47.777027, 1.642998).
re **Beaugency**, ⌘, Schloss, alle Möglichkeiten, malerische Altstadt.
339,8 li Kernkraftwerk (Centrale nucléaire) St. Laurent des Eaux mit ca. 2 m hohem Beton-▬, **X**, re gekennzeichnete Umtragestrecke (Zwischen den Spundwänden hindurchfahren).

334,4 li **Nouan-sur-Loire**, ⛟ L'Amitié (47.687009, 1.558106), Tel. +33 2 54 87 01 52.

331,6 Straßen-Ⅱ D 112, li **Muides-sur-Loire**, li ⛟ Belle Vue (47.673674, 1.527443), Tel. +33 2 54 87 01 56, ✕.

327,9 li **St.-Dyé-sur-Loire**, li kürzester Weg zum Schloss Chambord, ⌘.

322,0 re **Menars**, durch Bäume verdeckt, Schloss der Madame Pompadour.

319,5 Beginn des Stausees von Blois, Segel- und Motorbootverkehr.

318,1 Pfeilerreste einer alten Ⅱ, li ⛟ (47.611812, 1.381584).

316,9 li ⛟ Camping des Châteaux Lac de Loire, Le lac de Loire, 41350 Blois, ✆ +33 2 54 78 82 05 (47.60489, 1.373527).

315,6 Walzen-▬, **X**, re Floßgasse, wenn Walzen heruntergelassen glatte Durchfahrt, ansonsten befahren verboten. Zum ⏏ je nach Wasserstand bis zum Steg des Bootshauses oder bis zu einer Rampe unmittelbar vor der Floßgasse heranfahren. Vor dem ▬ re großes Bootshaus des Club Canoë Kayak Blois (47.59869, 1.360867), Übernachtung möglich.
In einem neueren Fahrtenbericht wurde das Walzenwehr als nicht mehr funktionsfähig dargestellt.

315,1 Straßen-Ⅱ D 174 Pont Charles de Gaulle.

313,5 Straßen-Ⅱ D 956 Pont Jaques Gabriel, 11 Bogen, vor Befahrung ansehen, der 2. Bogen von re soll meist mit kräftigem Schwall ≈ sein, evtl. ⏏ unter der Ⅱ über die Steine.
re und li **Blois**, 34 000 Einwohner, ⌘, altes Königsschloss, Kathedrale aus dem 17. Jahrh., alle Möglichkeiten. Zum Besuch vor der alten Ⅱ anlegen.

312,0 Straßen-Ⅱ D 951, re 2. Joch gut ≈. Ab Blois ufernahe Fernstraßen.

303,9 re **Chouzy-sur-Cisse**, re Fernfahrerrestaurant.

302,5 Eisenschienen in der li Flusshälfte.

300,6 li ⇩ Beuvron (s. Seite 155).

297,4 ⛟ mit guter Landemöglichkeit am Beginn des Platzes (47.487847, 1.198947).

296,8 Straßen-Ⅱ D 1, unter der Brücke kleine Stufe, ≈, li **Chaumont-sur-Loire**, Schloss aus dem 16. Jahrh. am Berghang.

291,5 li **Rilly-sur-Loire**, re **Veuves**.

289,9 li einfacher ⛟, in 1 km **Mosnes**.

283,0 li ⛟ Camping de Verdeau (47.435367, 1.029786), 37530 Chargé, ✆ +33 2 47 57 04 22, li **Charge**.

281,4 Straßen-Ⅱ D 31, in Richtung der Hauptströmung fahren, danch li Ⅱ-Reste.

280,9 Beginn der langen, bis hinter die folgende Brücke reichenden Insel „Ile d´Ore“ mit großem ⛟ (47.423122, 0.997717), Zufahrt über beide Arme möglich, im li Arm schwieriges Steilufer, im re Arm Rampe zum Anlanden mit Schild Camping aber je nach Wasserstand sehr flach. ⌂ Canoe-Kayak Club d´Amboise

278,9 Straßen-Ⅱ im Bereich der Insel, Brückendurchfahrten li steinig, re Holzpflöcke evtl. re ⏏, vorher ansehen, li und re **Amboise**, ⌘. li Schloss auf hohem Felsen, Kirchen aus dem 12.-16. Jahrh., Museum Leonardo da Vinci. Zur Stadtbesichtigung ↱ vor der Brücke.

266,6 li **Montlouis-sur-Loire**.

265,9 EB-Ⅱ mit 12 Bögen, Schwall, li fahren. Danach li ⛺ am Hochufer über Straße zu erreichen (47.394253, 0.811615).

264,6 EB-Ⅱ.

264,2 Straßen-Ⅱ D 142.

263,7 re **Vouvray**, zum ⛺ Camping Municipal Le Bec de Cisse, Bec de Cisse, 37210 Vouvray, Tel. +33 2 47 52 68 81, die Cisse (siehe km 262,7) ca. 1 km aufwärts fahren (47.408574, 0.796584), kaum Strömung aber Baumhindernisse und Zaun, Busverbindung nach Tours.

262,7 re ⇩ Cisse (s. Seite 154).

260,8 re **Rochecorbon** mit Aussichtsturm aus dem 14. Jahrh., danach li und re Beginn des Stadtgebietes von Tours. Bis km 252,2 insgesamt 7 Brücken, bei Durchfahrt immer ⚠ auf Trümmer und durch Fischer mit Steinen verbaute Stellen. Man sollte für diese Strecke 3 Stunden einplanen (ohne Stadtbesichtigung!).

257,1 Autobahn-Ⅱ A 10, Mitte fahren.

256,4 Straßen-Ⅱ Pont Mirabeau, Mitte bis li fahren.

255,8 Fußgänger-Ⅱ.

255,1 Straßen-Ⅱ Pont Wilson, sehr gefährlich, unbedingt rechtzeitig anlanden. Als Folge des Ⅱ-Neubaus befinden sich überall Moniereisen, vom Boot aus nicht zu sehen, größte Gefahr von Bootsschäden, auch beim Treideln, die Brücken-Durchfahrt ist praktisch **X**, unbedingt erkunden, evtl. ⌓, nach neueren Berichten kann der 4. und 5. Bogen von li befahren werden, aber kräftiger Schwall und Eisenstäbe unter Wasser ⚠.

254,4 Beton-Straßen-Ⅱ Pont Napoleon, Hindernisse im Fluss, Mitte ♒, vorher ansehen. **Tours**, 146 00 Einwohner, sehr alte Stadt, ⌘, viele Sehenswürdigkeiten, u. a. Wallfahrtskirche Saint-Martin, gotische Kathedrale aus dem 12.-16. Jahrh., Reste der gallo-römischen-Stadtmauer, Erzbischofspalast aus dem 17. Jahrh., Museen u.v.a.m.

252,1 li Priorei St. Cosman mit Grab Ronsards.

252,2 EB-Ⅱ, 15 Steinbogen, 4. oder 5. Bogen von re befahrbar, ansehen. Straßen-Ⅱ, danach Pfostenreihe quer im Fluss.

245,2 re **Luynes**, Schloss, Reste eines gallo-römischen Aquädukts.

241,7 re **Pont de Bresme**.

239,8 re ⇩ Bresme.

237,8 re **Cinq-Mars-La-Pilé**, Schlossruine. EB-Ⅱ, alle Joche ♒, Schwall. Die folgenden Brücken über die Loire bieten keine Schwierigkeiten mehr. li ⇩ Cher (s. Seite 138).

235,6 Autobahn-Ⅱ A 85.

231,0 Hänge-Ⅱ, Schwall, re **Langeais**, Schloss aus dem 15. Jahrh., alle Möglichkeiten. Flussteilung; noch davor an Uferpromenade gute ⬆-

Möglichkeit (47.321058, 0.404617), weiter re nach der Brücke, 🚉 nur 50 m.

226,4 li **Bréhémont**, 🛒 am Kai, ✕.

219,6 li Ile St. Martin, in 2 km Entfernung Schloss Ussé, schwieriges Landen, aber schöne Wanderung.

214,1 re la **Chapelle-sur-Loire**.

211,3 bis 209 li Centrale nucléaire (Kernkraftwerk), li Arm fahren, da re Arm durch Steindamm versperrt.

210,9 li ⇩ Indre (s. Seite 132).

209,1 Straßen-Ⅱ D 749, kleiner Schwall, re **Le Port Boulet**.

206,6 re Chouzé-sur-Loire, vor dem Ort gute ⬆-Möglichkeit bei Schrägrampe (47.237298, 0.130361), li Arm fahren, re verfallene Buhnen.

201,5 li ⇩ Vienne (s. Seite 104), li **Candes-St.-Martin**, Kirche aus dem 12/13. Jahrh., schöner Panoramablick auf Montsoreau.

200,6 li **Montsoreau**, Schloss,

200,2 li am Ortsende ⛺ Camping de l'Isle Verte, Tel. +33 2 41 51 76 60, mit Rampe (47.218162, 0.052797).

199,6 Straßen-Ⅱ D 952A.

192,7 re **Villebernier**, ⛺.

190,7 EB-Ⅱ, danach Insel mit Sportanlagen, li Arm fahren, re Arm gesperrt. ⛺ auf der Spitze der Insel (47.259107, -0.063568).

189,0 Straßen-Ⅱ D 947, li und re **Saumur**, 24 000 Einwohner, Schloss, Kirche, Kavallerieschule, 🚉 am re Ufer.
Ab Saumur stecken Schilder im Fluss zur Bezeichnung der Fahrrinne für Motorboote usw. Es ist sinnvoll, sich auch als Kanufahrer daran zu halten.

187,8 Straßen-Ⅱ D 347.

185,5 li ⇩ Thouet (s. Seite 99), 400 m flussaufwärts 🏠 des Club d´Aviron Saumur. Es folgen einige große Inseln.

180,0 li **Trèves-Cunault**, alte romanische Kirche und Schlossturm.

180,5 re ⛺ Camping La Croix Rouge, Rue de la Croix Rouge, 49160 Saint-Martin-de-la-Place, ✆ +33 2 41 38 09 02, www.campinglacroixrouge.com , (47.310409, -0.144711).

173,3 Straßen-Ⅱ D 69/D 59 und D 49, re **Le Rosiers**, li **Gennes**, Kirche aus der Karolingerzeit. li vor Brücke ⛺ Camping "Au Bord de Loire", 11 Avenue des Cadets de Saumur; 49350 Gennes, Tel. +33 2 41 38 04 67, gute ⬆-Möglichkeit (47.341927, -0.229822).

166,7 re ⛺ La Menitre (47.393273, -0.274025), re **Port St. Maur**, re **La Menitre**.

163,1 Straßen-Ⅱ D 55, re **St.-Mathurin-sur-Loire**, re kleiner ⛺ hinter dem Damm, vom Wasser aus nicht zu sehen; vor der Brücke ↱ und über Damm tragen. ✕ li hinter Ⅱ, gute ⬆-Möglichkeit an Rampe (47.408768, -0.319507).

160,1 Insel l'le Blaison, die li in einem sehr romantischer Seitenarm umfahren werden kann.

156,7 re **La Bohalle**, gute ⬆-Möglichkeit (47.420313, -0.391023), 🛒, li Fischnetze.

153,3 re **La Daguenière**.

147,0 Autobahn-Ⅱ A 87, li fahren. Davor größere Insel, im li Arm Abzeig des Louet bei km 147,6. Sehr reizvoller Parallelarm der Loire, 25,4 km (s. Seite 75).

146,7 Pfeiler einer gesprengten EB-Ⅱ. Der re Pfeiler ist eingestürzt, die Steintrümmer sind bei bestimmten Wasserständen nicht zu sehen, Vorsicht, Schwall.

145,6 li und re **Les-Ponts-de-Cé**, kleine Stadt auf mehreren Inseln, malerisch, Reste eines Schlosses aus dem 15. Jahrh. ⚠ im Hauptstrom fahren, li Pfahlreihen. Straßen-Ⅱ Pont de Dumnacus mit 11 Jochen, Durchfahrt markiert. Nach der Brücke Steinbarriere, Schwall. 🚐 re hinter Ⅱ (Hauptstrom), gutes ⬆ (47.422527, -0.525654) an Rampe, jedoch etwa 250 m entfernt. Busverbindung nach Angers.
re in ca. 4 km Entfernung **Angers**, 125 000 Einwohner, ⌘, Schloss, gotische Kathedrale, katholische Akademie.

~140,0 Pfahlreihe über ganze Flussbreite, evtl. Schwierigkeiten bei NW.

139,4 re Pionierübungsplatz.

138,4 re **La Pointe** und ⇩ Maine, 🚐 (47.419558, -0.611318). Auf der Maine kann in 8 km Stromauffahrt Angers erreicht werden, li gute ⛺-Möglichkeit, gute ⬆-Möglichkeit, 🍴 hinter den Uferwiesen. Loire ab hier schiffbar, jedoch wenig Verkehr. Ab hier keine Schwierigkeiten mehr, bis Nantes sehr schöne Landschaft mit Hügeln, Felsen, schöne Aussichtspunkte.

136,0 Beginn einer größeren Insel, auf der Behuard liegt.

133,3 Straßen-Ⅱ D 106, re **Savennières**, auf der Insel **Behuard**.

127,7 EB-Ⅱ, 17 Steinbogen, Schwall; danach Beginn einer sehr großen Insel, auf der auch einige Orte liegen, Motorbootschule.

125,1 li ⇩ Louet (s. Seite 75), danach großer 🚐 (47.350752, -0.748626).

124,0 Hänge-Ⅱ D 961, li **Chalonnes-sur-Loire**.

116,3 Kleine Straßen-Ⅱ (nur über li Arm der Loire).

115,2 Hänge-Ⅱ D 15, li **Montjean-sur-Loire**, Kirche auf Anhöhe, schöner Blick in das Loire-Tal.

110,4 Hänge-Ⅱ D 6, re **Ingrades** (47.402852, -0.920362), Post, 🚆.

101,7 Straßen-Ⅱ D 752, li **St. Florent-le-Vieil**, schöne Aussicht von der Terrasse, re nach **Varades**, Post, 🚆. re 🚐 (47.367192, -1.012588) nach der Insel, die 10 m vor der Ⅱ endet, gute ⬆-Möglichkeit.

100,3 li ⇩ Evre (s. Seite 74).

91,7 Bis hier machen sich - zunächst nur schwach - die Gezeiten bemerkbar. Vorsicht beim Zelten, ⚠.

88,7 Hänge-Ⅱ N 763, re **Ancenis**, Türme, Schlossruine, alle Möglichkeiten. Romantische Altstadt.

88,0 re 🚐 Camping de l'Ile Mochet (47.362323, -1.187156).

81,4 li **Champtoceaux**, ⛺-Möglichkeit, Schlossruine, schöne Aussicht. Ab hier schlechtes Anlanden bei Ebbe.
80,5 Straßen-Ⅱ D 751, re **Oudon**, alter Ort, ⌘, achteckiger Aussichtsturm aus der Römerzeit, ab hier mäßig starker Schiffsverkehr, li vor der Brücke günstige ⬆.
79,5 re am Ortsende 🚐, gute ⬆ (47.342232, -1.291736), direkt am ⛺, 🚉, Versand von Bootsgepäck ohne mitfahrende Begleitperson hier nicht, sondern nur in Nantes möglich.
Der Gezeiteneinfluss macht sich hier schon durch eine Wasserstandsänderung bis zu 2 m bemerkbar.
70,6 Straßen-Ⅱ D 3, re **Mauves-sur-Loire**, 🚉. re Arm durch ■ blockiert, bei HW evtl. ≋, ⚠.
65,3 Straßen-Ⅱ D 37, re **Thouaré-sur-Loire**, 🚉.
63,3 Ab hier fließt die Loire bei Flut mit starker Gegenströmung flussaufwärts.
60,5 Straßen-Ⅱ NB 44.
56,5 EB-Ⅱ, Beginn des Stadtgebietes von **Nantes**.
Davor Flussteilung: Bei Weiterfahrt li Arm fahren, bei Beendigung der Fahrt re Arm fahren. li u. re Stadtgebiet von Nantes, 260 000 Einwohner, ⌘, gotische Kathedrale, Herzogsschloß der Duc de Bretagne aus dem 15. Jahrh., Museen. In Flussmitte von Nantes liegt eine große Insel. Ab Nantes starker Gezeiteneinfluss.

Rechter Arm:
55,6 Straßen-Ⅱ Pont Èric Tabarly.
55,3 EB-Ⅱ.
55,2 Straßen-Ⅱ Pont Willy Brandt.
55,0 re Erdre-⇩ (47.211667, -1.539444) durch ⧗ versperrt (s. Seite 66). Nach Überwindung der Schleuse erreicht man im Erdre-Hafen einen idealen Abbauplatz direkt am 🚉 Nantes, Südeingang.
54,6 Straßen-Ⅱ Av. Jean Claude Bonduelle.
54,0 Straßen-Ⅱ Pont Général Audibert.
53,6 Straßen-Ⅱ Pont Haudaudine.
53,1 Wege-Ⅱ Pasarelle Victor Schoelcher.
52,7 Straßen-Ⅱ Pont Anne de Bretagne.

Linker Arm:
55,5 Straßen-Ⅱ Pont Léopold-Sédar-Senghor.
54,6 Straßen-Ⅱ Pont Georges- Clemenceau.
53,9 Straßen-Ⅱ Pont de Pirmil.
53,5 li ⇩ Sèvre Nantaise (s. Seite 67).
53,4 EB-Ⅱ.
52,5 Straßen-Ⅱ Pont des 3 Continents.

51,3 Zusammenfluss der beiden Arme.

43,7 Auto-Fähre, re **Indre**, li **La Montagne**.
39,4 re **Coueron**, ⬆-Möglichkeit (47.209537, -1.731296), Post, 🚂, 🛒.
Die Loire verbreitert sich immer mehr, bei West- und Südwestwind Schwierigkeiten, sumpfige Ufer, ⬆ zum ⛺ bei Ebbe sehr mühsam.
37,4 Auto-Fähre, li **Le Pellerin**.
35,3 li **La Martinière**, ⬅ eines Kanals, ⯐, Eingang versandet, langes ⏏, viele Fischer, Befahrung nicht ratsam. Der Kanal endet bei Palmboeuf blind.
32,3 li ⇩ Acheneau (47.218889, -1.818056) (s. Seite 65).
23,9 re **Cordemais**. re riesiges Kohle-ϟ. Schräg gegenüber ⬆-Stelle mit Rampe, im Notfall auch ⛺-Möglichkeit.
18,1 re in einem Nebenarm **Lavau-sur-Loire**, kleiner Fischerhafen.
13,0 li **Paimboeuf**, alle Möglichkeiten. Ab hier alle Vorsichtsmaßnahmen für Küstenfahrten beachten (unsinkbares Boot, Steuer, Rettungsweste, Kompaß·usw.) ⚠. Die Loire verbreitert sich auf etwa 3 km.
10,0 **Donges**, Hafen, hoher Glockenturm, 🚂, große Ölraffinerie.
1,8 Point de Saint-Nazaire, 3 km lange Hänge-Ⅱ D 213 über die Loire.
0,0 re **St. Nazaire**, große Hafenstadt, im 2. Weltkrieg fast völlig zerstört, li **St. Brevin**.
⇩ in den Atlantik (47.269861, -2.184444).

Ergänzungen durch Wilhelm Beckert (07/2012)

Boulogne

Wanderfluss GKZ: Fr: M8--0260
Mündung in Lac de Grand Lieu

Die Boulogne ist ein Wanderfluss, der in engem Flussbett mit ruhiger Strömung durch die westfranzösische Ebene zieht. Der Abfluss des Lac de Grand Lieu, der Acheneau, ist nicht beschrieben. Er mündet bei km 32,3 als li Nebenfluss in den Unterlauf der Loire.

Ursprung:	(46.743889, -1.206667) in 102 m Höhe.
Mündung:	(47.068056, -1.676111) in 3 m Höhe in den Lac de Grand Lieu.
Länge:	87 km
Befahrbarkeit:	ganzjährig.

41,9 Straßen-Ⅱ D 18, **Les Lucs sur Boulogne**, empfohlene ⬇.
36,7 ▬, keine Angaben.
35,0 ▬, keine Angaben.
34,5 Wege-Ⅱ.
33,2 Mühlen-▬, keine Angaben, danach Straßen-Ⅱ D 84.
29,3 Straßen-Ⅱ, re **La Dorinière**.
28,6 Wege-Ⅱ.
28,4 Mühlen-▬, keine Angaben.

25,6 Straßen-Ⅱ D 7.
25,5 Straßen-Ⅱ D 937.
23,9 Mühlen-▬, keine Angaben.
23,0 Straßen-Ⅱ, re **La Vacherie**.
18,4 Straßen-Ⅱ D 74.
15,8 Straßen-Ⅱ D 70, **Le Bas Roquet**.
12,0 Straßen-Ⅱ D 178, **Pont James**.
9,3 re Bach-⇩.
8,0 Straßen-Ⅱ.
5,4 Flussteilung.
4,6 Wege-Ⅱ (nur im li Arm).
4,5 Straßen-Ⅱ D 65 (über beide Arme), **St. Philbert de Grand Lieu**, empfohlene ⬆.
4,0 Zusammenfluss beider Arme.
3,7 Straßen-Ⅱ D 117.
0,0 ⇩ in den Lac de Grand Lieu (47.068056, -1.676111).

Überarbeitung nach Kartenmaterial.

Erdre

Kleinfluss - Kanal – Seen GKZ: Fr: M63-0300
Mündung in Loire bei Nant es (re Nebenfluss)

Die Erdre ist in ihrem Oberlauf ein Kleinfluss, geringe Schwierigkeiten durch mehrere kleine Wehre, die entweder zu befahren oder leicht zu umtragen sind. Ab Nort ist die Erdre kanalisiert, mit 3 Schleusen, landschaftlich jedoch recht reizvoll, da sie einen größeren See durchquert und auch in ihrem Unterlauf noch seeartig verbreitert ist. Kurz vor der Mündung unterquert sie das Stadtgebiet von Nantes in einem langen Tunnel.

Ursprung:	(47.549167, -0.844722) in 65 m Höhe.
Mündung:	(47.211667, -1.539444) in 2 m Höhe.
Länge:	97 km
Befahrbarkeit:	ganzjährig.

97 Ursprung in 65 m Höhe. Bis km 45 ist über die Möglichkeit einer Befahrung nichts bekannt; wahrscheinlich dürften bei gutem Wasserstand Teilstrecken zu befahren sein.
42,4 Straßen-Ⅱ Rue du Lavoir, **Joué-sur-Erdre**, empfohlene ⬇.
42,3 Straßen-Ⅱ D 24 Rue de l'Erdre, Verlauf durch eine einsame, reizvolle Gegend, einige kleine Schwellen, z. T. ≈, sonst leicht zu treideln oder zu überheben.
35,1 ▬, X, li ⌓, re Privatgelände!
33,2 ▬, X, re oder li ⌓.

31,5 ⵊ.
28,5 Wege-ⵊ, re Einkaufszentrum, 🅿 (47.441201,-1.496758).
28,3 Straßen-ⵊ D 164 Rue de la Paix, **Nort**, ab hier ist die Erdre kanalisiert, reger Sportbootverkehr, vor allem zum Wochenende.
28,2 Kleiner Bootshafen; von dort zu erreichen Wohnmobilstellplatz.
28,0 Flussteilung, Insel.
23,5 re **La Poupiniére**, See Plaine de la Poupini.
22,4 ➔ Abzweigung des Kanals Nantes à Brest.
20,4 ⇩ in Plaine de Mazerolles, auch nach Durchqueren des Sees in Richtung Süd bleibt die Erdre seeartig verbreitert und landschaftlich recht reizvoll.
15,5 Straßen-ⵊ D 37, **Sucé sur Erdre**, danach erneute Verbreiterungen.
12,1 re ⇩ Le Hocmard, reizender Fluss mit stehendem Wasser. Man kann 2 km weit aufwärts fahren.
8,1 Straßen-ⵊ A 11.
5,7 Straßen-ⵊ N 844, EB-ⵊ, danach Beginn des Stadtgebietes von **Nantes**.
3,2 Straßen-ⵊ.
2,3 Straßen-ⵊ.
2,1 Beginn einer Insel.
1,9 Wege-ⵊ, danach Ende der Insel.
1,6 Straßen-ⵊ.
1,5 Stadtzentrum von Nantes, Beginn eines 800 m langen Tunnels, dessen Befahrung im Einbahnverkehr automatisch geregelt ist. Bei grüner Ampel mit Metall doppelte Lichtschranke unterbrechen. Beim Einschalten der Tunnelbeleuchtung losfahren. Sicherheitshalber befinden sich im und am Ende des Tunnels 2 weitere Lichtschranken, ebenfalls bedienen. Dann 20 m hinter Tunnelende bei gelbem Blinklicht Schnur einmal ziehen. Bei Aufwärtsfahrt zweimal ziehen und warten bis Ampel auf grün schaltet, schwierig, weil Ende der Schnur über Armhöhe.
0,7 Süd-Ende des Tunnels, Straßen-ⵊ, EB-ⵊ.
0,2 Straßen-ⵊ, re ⛫, li ▬, **X**.
0,0 ⇩ in den re Loire-Arm bei km 55,0 (47.211667, -1.539444).

Überarbeitung nach Kartenmaterial.

Sèvre Nantaise

Flachlandfluss GKZ: FR: M7--0240
Mündung in Loire bei Nantes (li Nebenfluss)

Die Sèvre Nantaise ist ein sehr reizvoller Wanderfluss, meist ohne größere Schwierigkeiten, aber sehr viele Wehre. Bei HW kann der Fluss jedoch stellenweise recht munter werden, mit Schwierigkeiten WW II-III, vor allem im Bereich von Evrunes.

Ursprung: (46.6125, -0.49) in 210 m Höhe.

Mündung: (47.197222, -1.547778) in 5 m Höhe.

Länge: 142 km

Befahrbarkeit: Oberlauf nur im Frühjahr. Stets fahrbar ab Boussay.

Zeltmöglichkeiten: am Fluss ausreichend vorhanden, außer in der Umgebung von Nantes.

---

142 Ursprung: les Deux-Sèvres.
124,3 Straßen-Π D 744 bei **Moncoutant**, ⬇ bei ausreichendem Wasserstand. Die Schwierigkeiten der gesamten Flussstrecke liegen bei WW I. Zahlreiche ▬ sind entweder ≋, zu überheben oder zu ⌓, die Schwierigkeitsgrade sind unterschiedlich.
124,1 Wege-Π.
123,2 li ▬, re zur Mühle.
122,8 EB-Π.
122,5 re zur Mühle, li ▬.
122,2 Straßen-Π D 140.
120,6 ▬.
120,2 Straßen-Π.
118,3 ▬.
115,5 ▬.
114,1 Π.
113,9 Π.
113,7 Straßen-Π, li **La-Forêt-sur-Sèvre**, re **La Belle Croix**.
113,2 Furt.
112,1 Flussteilung, re zum ▬, li zur Mühle.
109,8 Wege-Π.
107,9 Straßen-Π D 33.
106,4 EB-Π.
105,7 ▬.
105,6 Straßen-Π D 960B
101,3 Straßen-Π.
96,9 ▬.
96,7 Straßen-Π D149, li **La-Pommeraie-sur-Sèvre**.
92,2 ▬.
91,8 Straßen-Π D 64, re **Saint-Amand-sur-Sèvre**.
88,3 ▬.
83,6 ▬.
83,2 ▬.
82,9 ▬.
82,7 Wege-Π
82,0 ▬.
81,7 Straßen-Π D 11, **Mallièvre**.
81,6 ▬.
80,0 ▬.

79,4 li 🚐.
78,2 ■.
76,4 ■.
76,1 ■.
75,9 ■.
75,7 ■.
75,3 ■.
75,1 ■, Fabrikanlage.
74,9 Straßen-Ⅱ.
74,5 Aquadukt, danach Wege-Ⅱ und ■.
74,4 Straßen-Ⅱ, **Saint-Laurent-sur-Sèvre**.
74,2 Straßen-Ⅱ D 752.
73,8 ■ und Straßen-Ⅱ.
73,3 ■.
73,1 Wege-Ⅱ.
73,0 ■.
72,6 ■.
72,5 ■.
71,9 ■, Moulin de Le Domain.
71,1 ■, danach EB-Ⅱ (Viadukt).
70,9 Straßen-Ⅱ A 87.
70,1 ■.
69,7 ■ und Wege-Ⅱ.
69,3 ■.
69,0 ■.
68,7 Straßen-Ⅱ D 92.
68,6 ■.
68,2 ■.
67,9 ■.
67,8 Wege-Ⅱ
67,7 ■.
66,7 ■.
66,2 Straßen-Ⅱ D 160 bei **Mortagne**.
65,9 ■.
65,3 Straßen-Ⅱ.
65,0 ■.
64,5 ■.
63,9 ■.
63,8 Wege-Ⅱ.
63,6 ■.
63,5 ■.
63,3 ■.
62,7 ■.
61,9 ■.

61,4 ▬.
59,5 ▬.
59,4 Straßen-Ⅱ D 53.
56,9 ▬, **X**, re ⌓.
53,9 Fabrik-▬, 2,5 m, **X**, ⌓ re 200 m über Werksgelände.
53,4 Straßen-Ⅱ D 91.
52,0 ▬.
50,9 ▬.
50,0 ▬.
49,5 Ⅱ D 753, li **Tiffauges**, davor ▬, überhebbar, vor und hinter der Brücke insgesamt 150 m verblockt.
49,2 ▬, ≋, ⌓ oder überheben.
48,1 ▬, ≋, ⌓ oder überheben.
47,5 ▬, ≋, ⌓ oder überheben.
47,0 ▬, ≋, ⌓ oder überheben.
46,0 Straßen-Ⅱ D 102.
45,9 ▬.
45,0 ▬, 1,5 m, **X**, ⌓ li über Wiese und Steinwall.
43,1 ▬, ≋, ⌓ oder überheben.
42,8 ▬, 2 m, dahinter Felsen, überhebbar oder li ⌓.
42,6 Straßen-Ⅱ D 62, re **Boussay**.
42,4 ▬, 1,5, m, **X**, dahinter Steine, re überhebbbar.
42,3 ▬.
42,0 ▬.
41,1 ▬, Wege-Ⅱ.
40,0 ▬.
39,5 Wege-Ⅱ.
39,4 ▬.
39,3 ▬.
39,1 EB-Ⅱ.
38,0 Fabrik-▬, 2,5 m, **X**, re ⌓ 200 m durch Tor über Wiese aus weiterem Tor hinaus.
36,3 ▬.
35,4 ▬.
34,4 Straßen-Ⅱ D 77/88, re **Gétingé**.
34,2 ▬, Bootsrutsche.
33,5 ▬, 1,5 m, evtl. re ≋, re ⌓, Bootsclub.
33,1 ▬, 1,0 m, dahinter Steine, re ⌓.
32,8 ▬, 1,5 m, evtl. Mitte ≋, li überhebbar.
32,6 Straßen-Ⅱ.
32,5 ▬, 1,5 m, dahinter Steine, re überhebbar, Es folgen bis Clisson:
32,3 ▬, 1 m, re überhebbar.
31,9 ▬, 1 m, re überhebbar.
31,2 re ⇩ Moine (s. Seite 73), danach ▬, li Bootsgasse und ⌓-Möglichkeit.

31,1 Straßen-Ⅱ, **Clisson**, ⌘
30,7 Straßen-Ⅱ D 117.
30,6 ▬.
30,2 ▬, 1 m, re ⌂ oder Mitte überheben. Schöner ⛺ re darüber auf bewaldeten, 50 m hohen Felsen, zu erreichen über Route de Nantes.
29,5 Straßen-Ⅱ D 917.
28,3 ▬.
27,9 Straßen-Ⅱ D 113, li **Gorges**.
26,6 ▬, **X**, re **Le Guisseaux**.
23,8 EB-Ⅱ.
22,4 ▬, re **Le Pallet**.
22,1 ▬.
21,3 Straßen-Ⅱ D 7, li **Monnières**.
16,0 Straßen-Ⅱ D 74, re **La Rairie**.
11,5 Straßen-Ⅱ D 59.
11,1 li ⇩ Maine (s. Seite 71).
9,1 Straßen-Ⅱ, li L'**Herbray**.
7,0 Straßen-Ⅱ D 115.
6,7 ▬ (li) und ⯐ (re), re **Vertou**.
4,1 Straßen-Ⅱ N 844, Beginn des Stadtgebietes von re **Saint-Sébastien-sur-Loire** und li **Rezé**.
3,1 Straßen-Ⅱ
2,5 Straßen-Ⅱ.
2,1 Straßen-Ⅱ.
0,3 EB-Ⅱ, 2 Straßen-Ⅱ,.
0,2 ▬ Sperrwerk, keine Informationen über Öffnung.
0,0 ⇩ in Loire im Stadtgebiet von Nantes, km 53,5 li Arm (47.197222, -1.547778).

Überarbeitung nach Kartenmaterial.

Maine (de Vendée), Petite Maine

Wanderfluss — GKZ: FR: M74-0300
Mündung in Sèvre Nantaise (li Nebenfluss)

Die Petite Maine und die nachfolgende Maine werden meist zusammen befahren; sie werden daher auch durchlaufend beschrieben. Sie sind ohne besondere Schwierigkeiten zu befahrende Wanderflüsse.

Ursprung:	der Maine (46.870556, -0.975) in 140 m Höhe.
Mündung:	(47.152778, -1.445) in 6 m Höhe.
Länge:	der Maine 68 km
Befahrbarkeit:	ab km 11,8 der Petit Maine im Frühjahr und nach Regenfällen, ab km 13,0 der Maine ganzjährig.

Petite Maine

11,8 Straßen-Ⅱ D 61 bei **Chavagnes**, übliche ⬇ in Petite Maine.

10,8 Straßen-Ⅱ.

10,5 Straßen-Ⅱ.

10,1 Straßen-Ⅱ.

9,6 Straßen-Ⅱ, li **La Ménardiére**.

7,9 Wege-Ⅱ.

6,3 Straßen-Ⅱ, li **La Rondaire**.

4,8 Straßen-Ⅱ.

3,4 Straßen-Ⅱ.

3,2 Straßen-Ⅱ D 1137.

2,2 ▬.

1,1 Straßen-Ⅱ D 86, re **Saint-Georges-de-Montaigu**.

0,6 Wege-Ⅱ.

0,0 = 32,7

Maine

32,7 re ⇩ Grande Maine, ab hier Name des Flusses „Maine“. Danach ▬.

31,0 Straßen-Ⅱ D 202.

30,8 ▬.

30,2 Straßen-Ⅱ.

28,3 Straßen-Ⅱ D 763, **Montaigu**. Auf der folgenden Strecke befinden sich mehrere Schräg-▬, die durchweg gut ≋ sind.

27,7 EB-Ⅱ, Fußgänger-Ⅱ.

27,1 Straßen-Ⅱ.

26,9 ▬.

24,9 Straßen-Ⅱ D 84B.

24,7 Straßen-Ⅱ D 1763.

24,6 ▬.

22,5 ▬, li ✕ Hotel Restaurant Le Pont de Sénard.

22,4 Straßen-Ⅱ D 77.

21,4 ▬.

19,5 ▬.

18,5 ▬.

17,3 ▬.

15,6 Straßen-Ⅱ D 56, li **Remouillé**.

13,3 ▬.

13,0 Straßen-Ⅱ D 117, li nach **Aigrefeuille-sur-Maine**. Die Fahrt wird vielfach hier beendet. Auf der Reststrecke bis zur ⇩ befinden sich hohe Steil-▬, die nur schwer ≋ und nur recht mühsam zu ⏏ sind.

11,6 ▬, Fußgänger-Ⅱ.

10,7 ▬, danach verblockt.

7,6 Straßen-Ⅱ D 58.

5,6 Schräg-▬.

5,4 Straßen-Ⅱ, li **Château Thébaud**.
3,6 Straßen-Ⅱ D 63.
0,0 ⇩ in Sèvre Nantaise bei km 11,1.

Überarbeitung nach Kartenmaterial.

Moine

Wanderfluss (Flachlandfluss) GKZ: Fr: M72-0300
Mündung in Sèvre Nantaise bei km 31,2 (re Nebenfluss)

Die Moine fließt mit mäßiger Strömung ohne besondere Schwierigkeiten in einem hübschen, breiten Tal, besonders reizvoll im Frühjahr. Mehrere ▬ sind zumeist ≋. Überall gute Zeltmöglichkeit.

Ursprung: (46.997222, -0.671667) in 170 m Höhe.
Mündung: (47.086667, -1.278611) in 10 m Höhe.
Länge: 69 km
Befahrbarkeit: März bis April, in regnerischen Jahren evtl. noch bis Juni.
Schwierigkeit: WW I–Zahmwasser.

41,3 2 Straßen-Ⅱ D 13, ⬇ unterhalb **Cholet** (47.055786, -0.902392), Chemin de la Prée.
40,0 Wege-Ⅱ.
38,6 2 Straßen-Ⅱ E 62.
36,4 Straßen-Ⅱ D 753.
36,2 Straßen-Ⅱ, **La Séguinière**.
36,0 Wege-Ⅱ.
35,9 ▬.
34,5 ▬.
30,8 Mühlen-▬.
28,5 Mühlen-▬, Straßen-Ⅱ.
27,1 Straßen-Ⅱ D 91.
26,3 Mühlen-▬.
24,7 Straßen-Ⅱ D 158.
24,5 Mühlen-▬.
23,2 ▬.
21,5 ▬.
21,4 Straßen-Ⅱ D 146.
20,8 ▬ Sohlschwelle?
18,5 ▬.
16,6 Mühlen-▬, danach Wege-Ⅱ.
14,7 Straßen-Ⅱ D 762, **Montfaucon-Montigné**.
14,6 ▬.
12,3 ▬.

10,8 ■.
9,0 Straßen-II D 60, re **Saint-Crespin-sur-Moine**.
8,9 ■.
6,5 Mühlen-■.
5,0 ■.
4,9 Wege-II.
3,7 ■, verblockte Stufe.
1,4 Straßen-II D 149.
0,4 ■, verblockte Stufe.
0,2 ■, danach Straßen-II (Viadukt), **Clisson**, Chateau.
0,1 Straßen-II.
0,0 Mündung in Sèvre Nantaise bei km 31,2 (47.086667, -1.278611).

Überarbeitung nach Kartenmaterial.

Evre

Kleinfluss GKZ: Fr: M60-0300
Mündung in Loire bei St. Florent le Vieil, km 100,3 (li Nebenfluss)

Eine Befahrung der Evre bietet eine angenehme Fahrt in einem landwirtschaftlich stark genutzten Tal, keine besonderen Schwierigkeiten.

Ursprung:	(47.131944, -0.693333) in 160 m Höhe.
Mündung:	(47.363889, -1.033056) in 10 m Höhe.
Länge:	92 km
Befahrbarkeit:	Frühjahr bis Mai.

47,1 ■, Straßen-II Rue des Mauges (47.198271,-0.994338), **Beaupreau**, ↓ muss erkundet werden. Über eine Befahrungsmöglichkeit oberhalb Beaupreau ist nichts bekannt.
46,5 ■.
44,7 ■.
42,7 ■.
41,2 ■.
39,8 ■, danach Wege-II.
37,6 ■, danach Straßen-II.
36,2 ■.
34,4 ■, li **Le Fief-Sauvin**.
33,7 Straßen-II D 80.
33,4 ■, re **Haute Brin**.
30,9 ■.
28,3 ■?
27,1 ■.
25,9 ■.

24,0 ■.
23,6 Straßen-Ⅱ D 146, re **Montrevault**.
22,5 Straßen-Ⅱ D 92.
21,2 ■.
21,1 Straßen-Ⅱ, re **Montrevault**.
21,0 Straßen-Ⅱ D 17, re nach **Saint-Pierre-Montlimart**.
20,4 ■.
16,8 ■, danach Straßen-Ⅱ.
14,2 ■.
12,7 ■.
12,6 Straßen-Ⅱ D 201.
8,6 ■.
4,6 ■.
0,5 Straßen-Ⅱ D 751, danach ■, re **Le Vieux Bourg**.
0,0 Mündung in Loire bei km 100,3 (47.363889, -1.033056).

Überarbeitung nach Kartenmaterial.

Louet

Wanderfluss
Seitenarm der Loire

Der Louet ist ein stiller, langsam fließender Seitenarm der Loire, der durch eine einsame, naturbelassene Landschaft führt. Die Befahrung des Louet stellt damit eine lohnende Alternative zur Befahrung einer 22 km langen Teilstrecke der Loire dar. Bis Chalonnes-sur-Loire lässt sich dadurch die hier oft schiffartsrinnenähnliche Loire vermeiden.

Befahrbarkeit: ganzjährig. Bei NW de Loire stellenweise sehr flach.

25,4 ← aus dem li Arm der Loire bei km 147,6 (47.413424, -0.499341).
24,8 Autobahn-Ⅱ A 87.
23,3 Straßen-Ⅱ Pont du Louet. Bei niedrigem Wasserstand 5. Bogen li fahren. Stahlkante am Überlauf.
22,6 li **Mûrs-Erigné**.
19,6 re **Port Gaurion**.
14,9 Straßen-Ⅱ D 132.
13,5 re ein Überlaufwehr zu einem Arm, der zur Loire führt.
13,0 re ein weiteres Überlaufwehr.
11,4 li **Mantelon**.
8,7 Straßen-Ⅱ D 106, **Rochefort-sur-Loire**.
1,3 EB-Ⅱ.
0,2 Schwall bei NW **X**, ⌓.
0,0 ⇩ in die Loire bei km 125,1. Vor der Mündung engstehende Pfähle ⚠. Danach großer 🚐 (47.350752, -0.748626).

Überarbeitung nach Kartenmaterial.

Maine

Wanderfluss (Flachlandfluss) Mündung in Loire (re Nebenfluss)	GKZ: Fr: M4--0190

Ursprung:	Zusammenfluss von Mayenne und Sarthe (47.493056, -0.542222) in 15 m Höhe.
Mündung:	(47.410833, -0.615) in 13 m Höhe.
Länge:	11 km
Befahrbarkeit:	ganzjährig.

0,0 Zusammenfluss von li Sarthe (s. Seite 86) und re Mayenne (s. Seite 76); ab hier Name des Flusses „Maine“.
11,0 EB-Ⅱ.
10,9 Autobahn-Ⅱ A 11. Danach und Beginn des Stadtgebiets von **Angers**, 125 000 Einwohner, ⌘, Kirchen aus dem 11. und 12. Jahrh., Schloss, Museen.
10,6 Straßen-Ⅱ Pont-Jean-Moulin.
9,5 Straßen-Ⅱ Pont .
9,1 Straßen-Ⅱ Pont de la Haute Chaine.
8,5 Straßen-Ⅱ Pont de Verdun.
8,0 Straßen-Ⅱ.
7,0 Straßen-Ⅱ D 523.
6,8 ■, ⌗.
6,3 –5,8 Insel.
4,1 Wege-Ⅱ.
1,9 EB-Ⅱ.
1,2 Straßen-Ⅱ D 112, re **Bouchemaine**.
0,0 ⇩ in die Loire bei km 138,4.

Überarbeitung nach Kartenmaterial.

Mayenne

Wanderfluss (Flachlandfluss) Mündung in Maine (re Quellfluss)	GKZ: Fr: M---0090

Die Mayenne fließt durch eine landschaftlich recht schöne Gegend mit hohen Hügeln, die mit Eichen und Ginster bewachsen sind. Sieführt an einer Reihe schöner Schlösser vorbei. Die Mayenne wird verhältnismäßig selten befahren, es liegen auch keine neueren Unterlagen über sie vor. Als Wanderfluss sehr empfehlenswert ist die Strecke von Couterne bis Brives; in diesem Bereich 11 Wehre, die entweder fahrbar oder leicht zu umtragen sind.

Auf der Strecke von Brives bis ⇩ befinden sich viele Schleusen, Befahrung daher weniger anzuraten. Neuere Angaben zur Schleusenbedienungen liegen nicht vor.

Ursprung:	(48.456389, -0.131667) in 343 m Höhe.
Mündung:	(47.493056, -0.542222) in 15 m Höhe.
Länge:	202 km
Schwierigkeiten:	Zahmwasser.
Befahrbarkeit:	ab Couterne bis spätestens Mai, ab Ambrières ganzjährig.
Zeltmöglichkeit:	Am Fluss, außer in der Umgebung der Städte, überall reichlich vorhanden.

Von einer theoretisch möglichen Befahrung oberhalb km 170,0 ist dringend abzuraten. Die Mayenne ist hier auf weiten Strecken durch zahllose Baumhindernisse extrem mühsam zu befahren.

170,0 Straßen-Ⅱ D 34/D 916, re **Couterne**, 🠗 (48.507827,-0.41733).

169,3 ▬, re ➔ Werkkanal.

168,9 re ⇩ Werkkanal.

167,7 Straßen-Ⅱ, li **Chantepie**.

167,1 ▬.

166,9 Straßen-Ⅱ D 24A, re **Haleine**.

164,5 re **Subon**.

162,6 ▬.

160,5 Straßen-Ⅱ D 216.

157,5 ▬.

154,5 ▬.

154,4 Straßen-Ⅱ D 22, re **Sept-Forges**.

151,6 Straßen-Ⅱ D 845.

148,9 Straßen-Ⅱ D 263, ▬, ≋ oder re ⏢.

144,3 Straßen-Ⅱ D 214.

142,2 ▬, wahrscheinlich ≋.

141,5 ▬.

140,3 verfallenes ▬, ≋.

137,0 EB-Ⅱ.

138,0 Straßen-Ⅱ D 33, re in 1,5 km Entfernung **Ambrières-les-Vallées**.

135,9 Wege-Ⅱ.

135,6 re ⇩ Varenne (s. Seite 85).

134,6 re ⇩ Colmont (s. Seite 84).

131,4 ▬ Staumauer Saint-Fraimbault-de-Prières.

130,9 ▬.

129,0 Straßen-Ⅱ D 151, li **Saint-Fraimbault-de-Prières**.

125,0 ▬ von **Haute Brives**, li 200 m ⏢.

124,6 EB-Ⅱ.

124,0 Wege-Ⅱ, ▬?

122,5 Straßen-II N 12, **Mayenne**. Ab hier ist die Mayenne kanalisiert, allerdings sind Schleusen zwischen Mayenne und St. Jean de Mayenne nicht betriebsbereit, es findet daher auf dieser Strecke keine Schiffahrt statt. Die Schleusen bzw. die Wehre neben den Schleusen müssen daher, soweit sie nicht befahrbar sind, umtragen werden.

122,4 Straßen-II

121,9 Straßen-II D 304.

121,8 ▬, li ⋈.

119,4 Straßen-II D 217.

119,0 ▬, li ⋈.

115,0 ▬, li ⋈.

112,9 ▬, li ⋈.

112,0 ▬, li ⋈.

109,4 ▬, li ⋈.

108,1 ▬, li ⋈.

107,9 Straßen-II D 12.

107,7 ▬, li ⋈ und bei 107,3 weitere ⋈.

106,5 ▬, li ⋈.

105,1 ▬, li ⋈.

104,1 ▬, li ⋈.

103,2 ▬, li ⋈.

102,6 ▬, li ⋈.

102,4 Straßen-II D 101, li **Rochefort**.

102,2 ▬, li ⋈.

101,5 ▬, li ⋈.

99,5 ▬, li ⋈.

97,6 ▬, li ⋈.

96,1 Straßen-II D 131, re **St. Jean de Mayenne**; ab hier sind die ⋈ betriebsbereit, keine Berufsschiffahrt, im Sommer auch nur wenig Sportboote, da das Wasser vielfach unzureichend ist. Bei einer Teilbefahrung dieser Strecke wurde festgestellt, dass man an allen ⋈ kostenlos geschleust wird. In der Mittagszeit keine Schleusung (12.30-14.00 Uhr). Neben den ⋈ befinden sich jeweils ▬, sie sind je nach Wasserstand ≋.

95,1 ▬, li ⋈, re ⇩ Ernée (s. Seite 83).

93,4 Autobahn-II A 81.

92,3 ▬, li ⋈.

91,2 Straßen-II D 561, **Changé**.

89,8 Straßen-II D 900.

88,7 ▬, li ⋈.

88,2 EB-Viadukt.

87,9 Straßen-II Pont de l'Europe, **Laval**.

87,6 Straßen-II Pont Aristide Briand.

87,5 ▬, li ⋈.

87,3 Straßen-Ⅱ.

86,3 ▬, re ⩩.

86,2 Straßen-Ⅱ D 57.

83,4 ▬, re ⩩.

82,9 re **Sainte-Croix**.

79,8 ▬, re ⩩.

78,2 ▬, re ⩩.

78,0 Straßen-Ⅱ D 910.

77,1 ▬, re ⩩, li ⇩ Jouanne (s. Seite 82).

75,6 re ⇩ Vicoin (s. Seite 81).

74,1 li ⇩ Ouette, lt. französicher Wassersportkarte ≋.

73,8 ▬, re ⩩.

71,1 ▬, re ⩩.

69,2 ▬, re ⩩.

64,3 Straßen-Ⅱ D 4.

63,2 ▬, re ⩩.

60,3 ▬, re ⩩.

56,9 ▬, re ⩩.

54,3 ▬, re ⩩.

52,6 Straßen-Ⅱ D 28, **Château Gontier**.

52,0 Straßen-Ⅱ N 162 Pont de l'Europe.

51,3 ▬, re ⩩.

50,9 Ⅱ.

47,1 ▬, re ⩩.

46,2 re ➔ Schleusenkanal.

45,7 Ⅱ über Schleusenkanal, im Flusslauf ein ▬.

45,3 re ⩩, li ▬, anschließend Vereinigung beider Arme.

45,0 Fähre, re **Ménil**.

41,2 ▬, re ⩩.

39,4 Straßen-Ⅱ, li **Daon**.

35,4 ▬, re ⩩, re **La Jaille Yvon**.

33,0 re Einfahrt zur Schleuse, li ▬.

32,7 re ⩩, li ⇩ Wehrarm.

31,1 Straßen-Ⅱ D 78, re **Chambellay**.

29,6 ▬, re ⩩.

26,4 ▬, re ⩩, re **Montreuil-sur-Maine**.

24,1 Straßen-Ⅱ D 770.

22,1 re ⇩ Oudon (s. Seite 80).

21,4 re ➔ Schleusenkanal.

20,6 ▬, re ⩩.

20,3 Straßen-Ⅱ D 291, **Grez-Neuville**.

17,0 Fähre, re **Pruillé**.

15,8 ▬, re ⩩.

14,2 re ➔ Schleusenkanal.

13,6 ▬, re ⌘.
9,8 Straßen-Ⅱ D 768, re Beginn von **Montreuil-Juigné**.
9,5 re 🚐.
7,4 ▬, re ⌘.
5,1 li **Cantenay-Epinard**.
4,6 Straßen-Ⅱ D 101.
3,9 Flussteilung: re weiter auf der Mayenne, li Verbindung zur Sarthe.
1,9 Fähre.
0,0 Zusammanfluss mit li Sarthe. Beginn der Maine (s. Seite 76).

Überarbeitung nach Kartenmaterial.

Oudon

Wanderfluss (Flachlandfluss) GKZ: Fr: M3--0180
Mündung in Mayenne (re Nebenfluss)

Der Oudon ist ein Wiesenfluss in einem hübschen Tal des Regionalparks Maine-Normandie, dessen Befahrung besonders in Verbindung mit einer Fahrt auf der Mayenne zu empfehlen ist.

Ursprung: (48.0725, -1.020556) in ca. 160 m Höhe.
Mündung: (47.616111, -0.694722) in ca. 18 m Höhe.
Länge: 103 km
Befahrbarkeit: ab Craon bis Ende Mai, ab Chérancé ganzjährig.
Zeltmöglichkeiten: am Fluss: zahlreich vorhanden.

53,5 Straßen-Ⅱ D 771, **Craon**, Post, 🛒, Schloss aus dem 18. Jahrh., ⬇ muss ausgekundet werden.
53,1 EB-Ⅱ.
52,8 Straßen-Ⅱ.
51,2 ▬.
48,9 ▬.
48,6 Straßen-Ⅱ D 229.
44,9 ▬.
44,8 Straßen-Ⅱ D 230.
44,1 ▬.
42,9 Ⅱ, gute ⬇, li in ca. 1 km Entfernung **Chérancé**.
41,2 re ⇩ Chéran, danach Wehr.
39,3 Straßen-Ⅱ.
36,6 Straßen-Ⅱ D 81, re **Châtelais**.
35,5 ▬.
35,4 Straßen-Ⅱ D 180, re **Châtelais**.
33,8 ▬.
33,6 Straßen-Ⅱ.

31,9 ▬.
28,2 ▬, evtl. 100 m ⌓..
28,1 Straßen-Ⅱ D 271, re **Nyoiseau**.
27,3 Straßen-Ⅱ.
27,0 ▬ des Schlosses Arveaux (Segré), li ⌓.
24,9 ▬.
24,8 Straßen-Ⅱ.
22,8 Straßen-Ⅱ, re **St.-Aubin du Pavoil**.
22,3 ▬.
20,7 Straßen-Ⅱ D 775.
20,4 Straßen-Ⅱ.
19,7 Wege-Ⅱ.
19,0 ▬.
18,7 2 Straßen-Ⅱ, re und li Segré, Post, 🛒.
18,6 Fußgänger-Ⅱ.
18,5 Straßen-Ⅱ D 280.
18,4 re ⇩ Verzée.
18,0 EB-Ⅱ.
17,7 re ⛺, li ▬.
17,6 Straßen-Ⅱ D 775.
14,9 re ⛺, ▬, re **La Chapelle-sur-Oudon**.
9,7 Straßen-Ⅱ D 216, re nach **Andigné**.
8,1 ⛺ Hinnebaudière, Steil-▬.
3,8 Straßen-Ⅱ N 162.
2,4 Straßen-Ⅱ, re **Le Lion d´Angers**.
1,0 li Schloss Isle-Briand.
0,0 Wege-Ⅱ, danach ⇩ in Mayenne bei km 22,1. Hier keine ⬆, daher Weiterfahrt 2 km stromab. Entweder nach re bis ⛺ oder nach li zum ▬, ≈. Hinter ⛺ bzw. ▬ vor der Ⅱ **Grez-Neuville**, gute ⬆ an Schrägrampe.

Überarbeitung nach Kartenmaterial.

Vicoin

Kleinfluss GKZ: Fr: M3504000
Mündung in Mayenne (re Nebenfluss)

Der Vicoin bietet mehr als 15 Wehre, die fast durchweg gut fahrbar oder zumindest leicht zu umtragen sind, sonst keine besonderen Schwierigkeiten.

Ursprung: (48.191389, -0.953889) in ca. 180 m Höhe.

Mündung: (47.981389, -0.73) in ca. 36 m Höhe.

Länge: 47 km

Befahrbarkeit: zeitig im Frühjahr und nach stärkeren Regenfällen.

Fahrtstrecke: ⬇ am Fuß des Staudammes von Port Brillet, 32 km bis ⇩ in Mayenne (km 75,6).

Jouanne

Kleinfluss GKZ: Fr: M34-0300
Mündung in Mayenne bei km 77,1 (li Nebenfluss)

Die Jouanne ist ein Kleinfluss, annähernd 20 Wehre, die in der Beschreibung nicht alle erfasst werden konnten, sind zumeist gut befahrbar, sonst keine besonderen Schwierigkeiten.

Ursprung: (48.2304, -0.3912) in ca. 218 m Höhe.

Mündung: (47.989444, -0.740556) in ca. 35 m Höhe.

Länge: 58 km

Befahrbarkeit: zeitig im Frühjahr und nach stärkeren Regenfällen.

Fahrtstrecke: Montsûrs - ⇩ in Mayenne, 35 km.

35,7 Straßen-Ⅱ D 9, ▬, ⬇-Möglichkeit muss erkundet werden, **Montsûrs**.
35,4 Wege-Ⅱ, ▬.
34,5 ▬.
32,5 ▬.
32,3 Straßen-Ⅱ D 580.
31,1 Straßen-Ⅱ D 275, li **Saint-Généré**.
30,9 ▬.
29,4 ▬.
29,2 Straßen-Ⅱ D 52.
26,8 ▬.
24,6 ▬ Moulin de Montbesnard.
23,0 Straßen-Ⅱ D 550.
22,1 ▬, re **Argentré**.
22,0 Wege-Ⅱ.
21,5 Straßen-Ⅱ.
21,0 Straßen-Ⅱ D 131, re Badesee.
20,4 ▬ mit Wege-Ⅱ.
20,0 Straßen-Ⅱ E 50.
19,8 Wege-Ⅱ.
17,8 ▬.
17,0 ▬.
16,5 Straßen-Ⅱ D 57.
16,2 Straßen-Ⅱ.
14,4 Straßen-Ⅱ, ▬.
13,2 Wege-Ⅱ, ▬.
11,6 Wege-Ⅱ.

10,1 ▬.
8,8 Straßen-Ⅱ D 21, ▬, **Forcé**.
6,9 ▬.
3,7 Wege-Ⅱ.
2,1 Straßen-Ⅱ D 103, li **Entrammes**.
2,0 Straßen-Ⅱ N 162.
0,3 Wege-Ⅱ.
0,0 ⇩ in Mayenne bei km 77,1

Überarbeitung nach Kartenmaterial.

Ernée

Kleinfluss GKZ: Fr: M33-0300
Mündung in Mayenne bei km 95,1 (re Nebenfluss)

Die Befahrung der Ernée ist etwas mühsam. An die 15 Wehre, die in der Beschreibung nicht alle erfasst werden konnten, sind zwar im Prinzip fahrbar, je nach Wasserstand und Versperrungen müssen einige von ihnen umtragen werden. Außerdem ist mit Baum- und Strauchhindernissen zu rechnen.

Ursprung:	(48.413889, -0.891389) in ca. 210 m Höhe.
Mündung:	(48.122778, -0.753889) in ca. 48 m Höhe.
Länge:	65 km
Befahrbarkeit:	zeitig im Frühjahr und nach stärkeren Regenfällen.
Fahrtstrecke:	⬇.bei der Straßen-Ⅱ Chailland, die Fahrt wird zumeist nach 25,4 km bei der Straßen-Ⅱ von St.-Jean-sur-Mayenne beendet. Bis zur ⇩ in die Mayenne sind es noch 0,7 km; man muss dann allerdings auf dem kanalisierten Teil der Mayenne weiterfahren.

26,3 Straßen-Ⅱ D 165, **Chailland**, oberhalb ▬, ⬇ (48.223708, -0.872694).
24,9 ▬.
23,6 ▬.
21,5 Straßen-Ⅱ D 123.
19,7 ▬.
19,1 ▬.
16,8 ▬.
16,1 ▬.
14,6 ▬.
13,7 ▬, Straßen-Ⅱ.
13,3 Straßen-Ⅱ D 206, li **Andouillé**.
12,5 Wege-Ⅱ.
12,0 ▬.
11,8 Straßen-Ⅱ.
6,0 ▬.

5,8 Straßen-Ⅱ.
3,8 ▬.
0,7 Straßen-Ⅱ, St.-Jean-sur-Mayenne, ⬆-Möglichkeit (48.128521,-0.752596).
0,5 Wege-Ⅱ.
0,0 ⇩ in Mayenne bei km 95,1.

Überarbeitung nach Kartenmaterial.

Colmont

Wildfluss – Wanderfluss Mündung in Mayenne (re Nebenfluss)	GKZ: Fr: M32-0300

Die Colmont ist in ihrem Oberlauf ein munterer Wildbach in einem engen, felsigen Waldtal; zahlreiche Stromschnellen, einige kleine Abfälle. In ihrem Unterlauf, mit Austritt in die Ebene, wird sie zum ruhigen Wanderfluss. Insgesamt sehr empfehlenswert.

Ursprung:	(48.511111, -0.952222) in ca. 216 m Höhe.
Mündung:	(48.380556, -0.604444) in ca. 90 m Höhe.
Länge:	50 km
Schwierigkeiten:	km 19,6–11,9 12-22 WW I-II
	km 11,9–8,9 22-25,5 WW I
	km 8,9–⇩ Zahmwasser.
Befahrbarkeit:	zeitig im Frühjahr und nach stärkeren Regenfällen.

19,6 Straßen-Ⅱ D 5 bei **Brecé**, übliche ⬇ für die Befahrung der WW-Strecke (48.392665, -0.787896). Bis km 11,9 folgen 5 ▬.
18,1 1. ▬, nach Besichtigung ≋.
17,4 2. ▬, evtl. nach Besichtigung ≋.
16,3 3. ▬, verfallen in der Mitte Durchlass, ≋.
15,1 Straßen-Ⅱ.
14,4 4. ▬, **X**, Bootsrutsche in der Mitte, sonst re ⌓.
12,6 5. ▬, **X**, Bootsrutsche halblinks, sonst re ⌓.
11,9 Straßen-Ⅱ D 248.
9,8 ▬, ≋.
8,9 Straßen-Ⅱ D 132, Ende der WW-Strecke. Bis km 27,5 2 ▬:
8,6 1. ▬, ≋.
7,8 Wege-Ⅱ.
7,4 2. Steil-▬, Befahrung nicht ratsam.
7,2 Straßen-Ⅱ D 138, die Colmont tritt in die Ebene aus, keine besonderen Schwierigkeiten mehr.
5,8 ▬.
4,2 ▬.

2,7 ▬.
1,2 Straßen-Ⅱ D 23, re **La Haie-Traversaine**.
0,0 ⇩ in Mayenne bei km 134,6.

Überarbeitung nach Kartenmaterial.

Varenne (Mayenne)

Normandie

Wanderfluss (Flachlandfluss) GKZ: Fr: M31-0300
Mündung in Mayenne (re Nebenfluss)

Die Varenne fließt durch ein idyllisches Tal zwischen Wäldern, Heide und Wiesen. Sie ist zumeist ein gemächlicher Wanderfluss, auf Teilstrecken jedoch ein recht spritziger Bach, mit flotter Strömung, vielen Stromschnellen und leichten Blockstellen und einigen Naturstufen. Die Wehre sind bei gutem Wasserstand durchweg fahrbar. Umtragen, falls erforderlich, leicht. All das macht die Befahrung sehr empfehlenswert.

Ursprung: (48.740556, -0.495278) in ca. 240 m Höhe.

Mündung: (48.3875, -0.610833) in ca. 95 m Höhe.

Länge: 59 km

Schwierigkeiten: WW I–Zahmwasser.

Befahrbarkeit: Oberlauf Frühjahr bis Ende Mai, ab km 23,2 evtl. auch noch im Sommer möglich.

Chateau-Varenne, ab hier soll eine Befahrung im Frühjahr möglich sein, Einzelheiten sind nicht bekannt.
Ⅱ D 907, **Domfront**, mögliche ⬇.
23,2 Straßen-Ⅱ D 262, **Torchamp**, empfohlene ⬇ (48.546856, -0.700207). Ab Mitte Juni muss mit Grundberührungen und Treidelstellen gerechnet werdne, besonders nach den Wehren.
22,2 ▬, ≋ oder li ⌓; li Kanubasis mit ⌂ und ⛺ für Jugendliche.
19,6 ▬, im re Drittel ≋ oder re ⌓, **Le Pont-des-Planches**.
19,5 Straßen-Ⅱ D 223.
17,3 ▬, ≋ oder re ⌓.
16,8 Auf 100 m leichte Blockstrecke, evtl. besichtigen.
16,3 Natur-▬, ≋.
16,2 Straßen-Ⅱ D 24, re Crinais.
14,6 ▬, ≋ oder li ⌓.
13,1 ▬, ≋ oder li ⌓.
12,0 ▬, **X**, re ⌓.
11,8 Straßen-Ⅱ D 207, re **Soucé**.
9,0 ▬, ≋ oder re ⌓.
6,2 ▬, ≋ oder li an der Mühle ⌓ (Privatbesitz).

2,3 ▬, ≋ oder li ⌓.
2,2 Straßen-Ⅱ D 33, **Ambrières-les-Vallées**, gute Gelegenheit zur Beendigung der Fahrt.
1,7 li am Ortsende ⛺ de Gênes.
0,9 Wege-Ⅱ.
0,0 ⇩ in einen Stausee der Mayenne bei km 135,6.

Überarbeitung nach Kartenmaterial.

Sarthe

Wildfluss - Wanderfluss – Kanalfluss GKZ: Fr: M---0060
Mündung in Mayenne (li Nebenfluss)

Die Sarthe durchfließt in ihrem Oberlauf eine liebliche, hügelige Landschaft, die in ihrem schönsten Abschnitt, bei St. Ceneri, sogar den Namen „Alpen von Mancelles“ trägt; sie ist hier ein leichter Wildfluss; ab km 219,2 wird die Sarthe zum Wanderfluss, ab Mans, km 132,2, ist sie kanalisiert, mit 20 Schleusen, welche von Sportbooten benutzt werden können. Die Wehre neben den Schleusen sind entweder fahrbar, zu überheben oder leicht zu umtragen.

Ursprung: (48.636944, 0.51) in ca. 210 m Höhe.
Mündung: (47.493333, -0.542222) in ca. 14 m Höhe.
Länge: 313 km
Schwierigkeiten: km 238,5–219,2 WW I - II
km 219,2–132,2 WW I und Zahmwasser,
km 132,2–⇩ kanalisiert.
Befahrbarkeit: Oberlauf nur bei gutem Wasserstand (Frühjahr), ab Fresnay ganzjährig, allerdings ist die Sarthe dann stellenweise stark verkrautet. Bei HW Schwierigkeiten durch niedrige Brücken.
Pegel: Alençon, Minimum 0,05 m, Maximum 1,5 m.
Zeltmöglichkeit: zahlreiche schöne ⛺ am Fluss.

313,0 Ursprung bei Moulins la Marche im Bereich der Hügel von Perche.
243,0 **Alençon**, mehrere Ⅱ, Pegel.
242,3 Straßen-Ⅱ D 955 (48.424099, 0.079688), mögliche ⬇ am Ortsende, zunächst ohne besonderes Interesse.
241,0 Straßen-Ⅱ D 561.
240,9 Straßen-Ⅱ, li **Saint-Germain-du-Corbéis**.
240,8 ▬.
238,5 ▬, re **Condé sur Sarthe**, weitere mögliche ⬇ unterhalb des Wehres. Der Fluss, in einem breiten Tal ist ruhig, mit nur geringer Strömung. Es folgen 3 ▬, ≋ oder kurz ⌓.
234,6 ▬.

234,2 Straßen-Ⅱ D 520, re **Mieuxcé**.
232,6 ▬.
229,9 ▬.
229,7 Straßen-Ⅱ D 200, empfohlene ⬇ (48.385841, -0.023346), es beginnt der landschaftlich und sportlich schönste Abschnitt der Sarthe, mit vielen kleinen Stromschnellen und leichter Verblockung in herrlicher Waldschlucht (Alpes-Mancelles).
226,8 1. ▬ von **Saint-Cénerie-le-Gérei**, ≋ oder kurz ⌓, romanische Kirche.
226,7 Straßen-Ⅱ D 56.
225,1 2. ▬ von St. Cénerie, nach Besichtigung ≋; das Tal wird enger, Zunahme der Verblockung, leichte Schwälle.
224,8 ▬, ≋.
224,7 Wege-Ⅱ.
222,4 Kleine Stufe, gut ≋.
221,9 Mühlen-▬, ≋. Es folgen 2 weitere ▬, ≋.
221,1 leichte Stromschnelle.
219,6 ▬.
219,2 Straßen-Ⅱ D 146, **Saint-Léonard-des-Bois**, Ende des Wildwasserabschnittes, ab hier keine besonderen Schwierigkeiten mehr, einige weitere ▬, ≋ oder kurz ⌓.
218,2 Straßen-Ⅱ D 112, **Saint-Léonard-des-Bois**.
217,7 ▬.
216,0 Straßen-Ⅱ D 146.
212,4 Straßen-Ⅱ D 15 bei **Le Gué Ory**, günstige ⬍.
210,9 ▬.
208,7 Straßen-Ⅱ.
208,2 ▬.
206,7 Straßen-Ⅱ D 173.
192,4 ▬, davor re ⛺
191,7 Straßen-Ⅱ D 310, darunter ▬, re Mühle, **Fresnay**, ab hier Befahrung auch im Sommer möglich.
191,6 Fußgänger-Ⅱ.
190,3 Straßen-Ⅱ D 21.
190,2 ▬.
187,0 Straßen-Ⅱ D 39, re **Le Gué Lian**.
186,6 EB-Ⅱ.
186,2 li ▬, re Mühlenkanal.
183,4 EB-Ⅱ.
179,1 Straßen-Ⅱ D 338, li **Juillé**. Zwischen km 179,1 (Ⅱ D 338) und km 172,7 (Ⅱ D 338) fließt die Sarthe in einem großen Bogen um Beaumont-sur-Sarthe.
177,6 ▬.
176,1 Straßen-Ⅱ D 26, li **Vivoin**.
176,0 ▬.

175,1 ■.
174,6 EB-Ⅱ.
172,8 Straßen-Ⅱ, danach ■.
172,7 Straßen-Ⅱ D 338, **Beaumont-sur-Sahrte**.
170,7 ■.
166,8 Straßen-Ⅱ D 338.
166,4 Straßen-Ⅱ D 293, li **Saint-Marceau**, re **La Boule d'Or**.
165,3 ■.
161,6 Straßen-Ⅱ A 28.
160,6 ■, Straßen-Ⅱ D 164, li **Le Boulay**.
155,7 Wege-Ⅱ.
155,5 ■.
155,4 Wege-Ⅱ.
154,1 Straßen-Ⅱ D 38, li **Montbizot**, re **Sainte-Jamme-sur-Sahrte**.
150,7 ■, darüber Straßen-Ⅱ D 148.
146,6 ■.
146,4 Wege-Ⅱ, re **Montreuil**.
143,5 Straßen-Ⅱ D 197, re **Le Petit Paris**.
142,4 ■.
141,4 EB-Ⅱ.
139,9 Straßen-Ⅱ E 50/A11.
134,9 Straßen-Ⅱ D 313.
132,6 Wege-Ⅱ.
132,2 Straßen-Ⅱ, **Le Mans**, große Stadt, ⌘ die Kathedrale St. Julien, eine der größten Kostbarkeiten des christlichen Frankreichs. Ab le Mans ist die Sarthe kanalisiert mit 20 ⌗ bzw. ■.
131,8 Straßen-Ⅱ.
131,7 Straßen-Ⅱ.
131,1 Straßen-Ⅱ Pont de Fer, li Schleusenkanal, re zum ■.
130,8 Straßen-Ⅱ Pont des Tabacs.
130,7 EB-Ⅱ, li ▦.
130,5 ⌗.
130,0 Wege-Ⅱ.
129,7 li ⇩ Huisne (s. Seite 97).
129,4 Wege-Ⅱ und Straßen-Ⅱ D 338.
128,6 EB-Ⅱ.
128,2 re Einfahrt in den Schleusenkanal, li ■.
128,0 Straßen-Ⅱ.
127,4 ⌗, danach Zusammenfluss mit Wehrarm.
127,2 Straßen-Ⅱ.
126,8 Straßen-Ⅱ.
126,5 re Schleusenkanal, li ■.
126,1 ⌗, re ⇩ Wehrarm.
123,3 Wege-Ⅱ.

122,7 Straßen-Ⅱ D 323.

120,1 re **Arnage**.

118,8 Straßen-Ⅱ D 323.

118,4 li Schleusenkanal und Wege-Ⅱ, re ■. Es folgt ein weiteres ■.

118,2 Straßen-Ⅱ D 212.

117,2 ✡, Mündung Wehrarm.

115,2 Straßen-Ⅱ D 156.

115,0 re Schleusenkanal, li ■.

114,7 Straßen-Ⅱ mit Sicherheitstor.

112,3 Straßen-Ⅱ.

110,5 ✡, ⇩ Wehrarm.

109,2 Straßen-Ⅱ, li **Roézé-sur-Sarthe**.

106,6 Straßen-Ⅱ D 23.

105,8 Straßen-Ⅱ, **La Suze-sur-Sarthe**.

105,7 re Schleusenkanal, li ■.

105,5 EB-Ⅱ.

105,3 ✡, ⇩ Wehrarm.

99,5 Straßen-Ⅱ D 79, re **Fercé-sur-Sarthe**.

98,9 ■, li ✡.

92,6 EB-Ⅱ.

92,3 ■, danach 2. ■, li Schleusenkanal.

92,0 Straßen-Ⅱ D 35.

90,9 ✡, ⇩ Wehrarm.

85,7 li ■, re Schleusenkanal.

85,4 Straßen-Ⅱ D 41.

85,2 ✡, ⇩ Wehrarm.

80,8 Straßen-Ⅱ A 11.

76,7 li ■, re zur Schleuse.

76,3 ✡, ⇩ Wehrarm.

73,9 li ■, re ✡.

73,6 Straßen-Ⅱ D 309, li **Parce-sur-Sarthe**.

73,4 ✡, ⇩ Wehrarm.

71,0 re **Avoise**.

69,1 li zum■, re zur ✡.

68,5 ✡, ⇩ Wehrarm.

63,4 li ■, re ✡.

62,4 Straßen-Ⅱ D 269, **Solesmes**.

62,2 li zum ■, re zur ✡.

61,6 ✡, ⇩ Wehrarm.

60,4 EB-Ⅱ.

59,8 Straßen-Ⅱ D 206, **Le Sable**.

59,5 re ⇩ Erve (s. Seite 97).

59,4 Straßen-Ⅱ.

59,2 li ■, re ✡.

54,5 EB-Π.
50,6 li ■, re ⇄.
44,6 li ■, re ⇄.
41,4 Straßen-Π D 26, li **Morannes**.
38,5 li Schräg-■, , re ⇄.
34,5 re **Brissarthe**.
32,5 li **Le Porage**.
28,8 li Schräg-■, li ⏏, re ⇄, dort ⏏ bis zur Π D 859.
28,6 Straßen-Π D 859, re **Châteauneuf-sur-Sarthe**, li ⛺.
25,9 re **Juvardeil**.
23,0 li ← zur Moulin d´Ivray.
21,0 li ⇩ Seitenarm.
19,2 li ← über ■, geradeaus zur Schleuse.
18,5 Straßen-Π D 74, re **Cheffes**.
18,3 re ■, li ⇄.
14,2 li **Verigné**.
11,6 Straßen-Π D 109, li **Briollay**.
9,3 li ⇩ Loir (nicht verwechseln mit Loire!), s. Seite 90.
4,3 re ➔ einer Verbindung zur Mayenne, li **Écouflant**.
0,6 Fähre.
0,0 Zusammanfluss mit re Mayenne. Beginn der Maine (s. Seite 76).

Überarbeitung nach Kartenmaterial.

Loir

Wanderfluss (Flachlandfluss) GKZ: Fr: M1--0060
Mündung in Sarthe (li Nebenfluss)

Der gesamte Loir ist Zahmwasser mit mäßiger Strömung. Wegen der zahlreichen Wehre, die nur teilweise fahrbar sind und gelegentlich mühsames umtragen erfordern, ist eine etappenweise Befahrung mit leerem Boot sinnvoll. Ausführliche Beschreibungen liegen nur für Teilstrecken des Flusses vor; auf den übrigen Abschnitten dürfte es kaum anders sein.

Ursprung: (48.378056, 1.052222) in ca. 265 m Höhe.
Mündung: (47.557778, -0.526389) in ca. 16 m Höhe.
Länge: 317 km
Befahrbarkeit: Oberlauf bis Ende Mai, ab Châteaudun (km 242,2) ganzjährig.
Gefälle: etwa 0,5 ‰.

290,4 Straßen-Π unterhalb **Illiers-Combray**, mögliche ⬇ bei gutem Wasserstand. Es folgen 9 ■, z. T. rechtwinklig abgehende Schützen-■, meist ≈.
289,0 Straßen-Π A 11/E 50.

288,0 ▬.
286,6 ▬.
286,3 Straßen-Ⅱ D 941.
285,5 ▬.
284,5 ▬.
284,4 ▬.
282,9 ▬.
281,6 ▬.
281,1 Straßen-Ⅱ.
280,8 ▬.
280,5 Straßen-Ⅱ D 28, **Saumeray**, danach weitere 4 ▬, davon 2 ≋.
279,8 ▬.
278,9 ▬.
278,1 Straßen-Ⅱ.
278,0 Straßen-Ⅱ.
277,0 ▬.
276,9 Furt.
276,0 Walzen-▬.
275,9 Straßen-Ⅱ.
275,6 Straßen-Ⅱ D 153, re **Alluyes**.
274,8 Mühlen-▬, **X**.
274,5 Wege-Ⅱ.
273,7 Straßen-Ⅱ.
271,1 EB-Ⅱ der neuen Trasse TGV Atlantique.
270,7 Wege-Ⅱ.
270,0 re ⇩ eines Flusses.
268,7 Straßen-Ⅱ N 10.
268,5 Stadt Bonneval, der Fluss teilt sich in der Stadt in mehrere Arme, verwirrend, meist re halten, nicht in die Arme mit der größten Strömung einfahren.
268,2 EB-Ⅱ.
268,0 Straßen-Ⅱ D 17, re **Bonneval**.
266,0 **Vouvray**, re fahren, Walzen-▬, **X**, re ⏏.
265,5 Fußgänger-Ⅱ, **X**, ⏏.
263,1 ▬.
262,9 Straßen-Ⅱ D 360.
261,4 **Saint- Maur-sur-le-Loir**, Schwelle, ≋, mit Pegel, Fußgänger-Ⅱ. Es folgen 4 ▬, meist **X**.
260,3 Straßen-Ⅱ.
259,1 Straßen-Ⅱ.
259,0 Furt.
258,7 ▬.
257,3 ▬.
255,9 Straßen-Ⅱ, ▬.

254,0 ▬.
252,8 Straßen-Ⅱ D 110, **Saint-Christophe**.
250,2 re ▬, im li Arm li ⇩ Conie (s. Seite 96).
249,3 EB-Ⅱ.
248,9 ▬.
248,8 Wege-Ⅱ.
248,7 Straßen-Ⅱ N 10, re **Marboué**.
244,9 Straßen-Ⅱ D 3955.
244,5 Flussteilung, die Beschreibung folgt dem li Arm, li 🚐, empfehlenswert als Standort für Befahrungen des Loir.
243,7 Wege-Ⅱ.
243,0 Straßen-Ⅱ.
242,3 ▬.
242,2 Straßen-Ⅱ D955, **Châteaudun**, mittelalterliche Altstadt, ⌘.
240,6 ▬.
240,4 Flussteilung, der richtige Arm muss erkundet werden.
239,6 Straßen-Ⅱ D 927, **Saint-Denis-les-Ponts**.
239,2 ▬, li Arm fahren.
237,7 ▬. li Arm fahren.
235,9 ▬, ♒, dahinter Seilfähre, Drahtseile!
235,8 Straßen-Ⅱ.
233,7 ▬.
233,5 Straßen-Ⅱ, re **Douy**.
232,5 ▬.
231,1 ▬.
229,7 li ⇩ Yerre.
227,9 ▬, **X**, li ⏏.
227,6 Straßen-Ⅱ D 23, re **Montigny-le-Gannelon**.
226,0 Straßen-Ⅱ.
225,9 ▬.
225,8 Straßen-Ⅱ D 35, **Cloyes-sur-le-Loir**.
224,2 Straßen-Ⅱ N 10. Für die Folgestrecke bis km 159,7 liegt kein Befahrungsbericht vor.
222,7 EB-Ⅱ.
219,5 Straßen-Ⅱ D 136, re **Saint-Jean-Froidmentel**.
219,4 ▬ Le Moulin de Saint-Jean.
218,2 aufgelassenes ▬.
214,9 ▬.
213,4 ▬, Straßen-Ⅱ D 19.
210,6 Straßen-Ⅱ.
208,6 Straßen-Ⅱ D 357, re **Fréteval**.
207,1 ▬, li **Courcelles**.
204,1 ▬.
202,2 Straßen-Ⅱ D 34, re Pezou.

200,7 ■.

198,7 Straßen-II D 111, li **Saint-Firmin-des-Prés**.

198,3 ■.

193,4 ■.

193,1 Straßen-II D 92.

191,9 EB-II

191,0 Flussteilung, re Arm über ein ■, diesem Weg folgt die Beschreibung. Der li Arm führt in 2 Wegen durch die Stadt. Über eine Befahrbarkeit ist nichts bekannt.

190,5 Straßen-II N 10.

190,1 Straßen-II, danach Wege-II.

190,0 li ⇩ eines Nebenarmes über ein Wehr.

189,9 Straßen-II.

189,8 Straßen-II, **Vendôme**.

189,5 Straßen-II.

189,2 Straßen-II D 957A.

189,1 Zusammenfluss der Arme.

188,3 EB-II.

187,0 ■.

186,4 Straßen-II D 164, re **Montrieux**.

184,9 Straßen-II.

184,1 Straßen-II.

183,9 Eb-II.

183,3 ■.

180,0 ■.

179,9 Straßen-II D 67, li **Rochambeau**.

177,8 ■, re Le Gué du Loir.

176,7 Wege-II.

175,7 Straßen-II.

173,0 ■.

168,7 ■.

166,2 Straßen-II D 917.

165,5 ■.

164,8 Straßen-II.

164,4 Straßen-II.

162,3 Straßen-II D 108, li **Lavardin**.

160,0 Wege-II.

159,7 Straßen-II D 9, **Montoire-sur-le-Loir**.

155,7 ■.

154,4 re ⇩ Mühlenkanal.

154,1 ■.

153,1 Straßen-II D 8, re **Troo**.

152,7 ■, re **La Plaine**.

148,4 Straßen-II.

144,7 Straßen-II.
143,7 ▬.
143,2 re ⇩ Braye.
142,5 Straßen-II D 57.
140,4 ▬, re **Paillard**.
137,8 Straßen-II, re **Ruillé-sur-Loir**.
137,6 aufgelassenes ▬.
133,0 geradeaus ▬, li ⌓, li ← in den Mühlenkanal, (Befahrbarkeit ?).
132,8 Wege-II.
132,2 Straßen-II, li **La Chartre-sur-le-Loir**.
131,8 Zusammenfluss der beiden Arme, re ⛺ Camping du Vieux Moulin, Chemin des Bergivaux, 50 m RD 305 avenue des Déportés, La chartre-sur-le-loir, 72340, Frankreich, Tel. +33 2 43 44 41 18 , http://www.le-vieux-moulin.com/camping-vieux-moulin .
130,4 Am Ortsende verläuft der Loir durch eine große Fabrik mit ▬, **X**, Probleme beim ⌓ über das Werksgelände. Danach freie Fahrt.
130,5 Straßen-II in das Werk.
125,6 Wege-II.
124,6 aufgelassenes ▬.
122,9 aufgelassenes ▬.
121,9 Straßen-II D 61, re **Le Port Gauthier**.
121,3 aufgelassenes ▬.
115,8 Straßen-II D 338, re **Coëmont**.
115,7 ▬.
115,0 EB-II.
112,6 aufgelassenes ▬.
110,7 Straßen-II D 10, li **Nogent-sur-Loir**, gute ↑-Möglichkeit zur Beendigung der Fahrt. Über die Folgestrecke bis km 24,0 liegt kein Befahrungsbericht vor.
110,5 ▬.
110,2 EB-II.
108,2 Straßen-II A 28/E 502.
104,5 ▬
102,7 Straßen-II D 30, re **Vaas**.
102,6 ▬
98,3 Straßen-II.
97,8 ▬.
93,4 ▬.
91,8 Straßen-II D 188, li **Le Clos Fleuri**.
86,8 ▬.
84,5 Straßen-II D 307, li **Le Lude**.
80,7 ▬.
78,6 ▬.
77,0 ▬, li **La Courbe**.

72,5 ▬.
72,0 Straßen-Ⅱ D 54, re **Luché-Pringé**.
70,8 ▬, li **Mervé**.
63,8 ▬, re **Les Belles Ouvrières**.
61,1 ▬, li **Les Pelouses**.
59,0 Straßen-Ⅱ D 12.
58,8 Straßen-Ⅱ D 308, **La Fléche**.
58,7 ▬, danach li ⛺.
58,0 Straßen-Ⅱ D 306.
57,6 EB-Ⅱ.
53,6 ▬.
51,8 ▬.
48,3 ▬, re Château de Bazouges.
47,8 Straßen-Ⅱ D 70, re **Bazouges-sur-le-Loir**.
46,8 ▬, **Le Moulin de la Barbée**.
42,8 ▬, li **Chalou**.
40,5 ▬, re **Gouis**.
39,4 Fußgänger-Ⅱ.
39,3 ▬.
39,0 Straßen-Ⅱ, re **Durtal**.
36,3 Straßen-Ⅱ A 11/E 501.
34,6 ▬, re **Chaufour**.
33,7 Straßen-Ⅱ D 135, re **Lézigné**.
33,5 ▬
32,2 aufgelassenes ▬.
28,9 ▬.
24,0 Stufen-▬, ≋; Moulin de Vaux.
22,2 Stufen-▬, re **Montreuil-sur-Loir**.
18,0 Stufen-▬, ≋; li **Matheflon**.
16,5 Straßen-Ⅱ D 74, 300 m davor ⛺; li **Seiches-sur-le-Loir**.
13,1 Stufen-▬, ≋; li **Corzé**.
10,9 Straßen-Ⅱ D 113.
10,8 re Stufen-▬, ≋, geradeaus Klappen-▬, **X**; li **Villeveque** mit ⛺.
7,8 re **La Roche Foulques**.
6,3 li hohes Schräg-▬, re Klappen-▬, **X**, re ⌂.
5,7 EB-Ⅱ.
5,2 re **Le Vieux Briollay**.
4,1 re **Pêchevêque**.
3,2 Straßen-Ⅱ D 52
0,0 ⇩ in Sarthe bei km 9,3.

Überarbeitung nach Kartenmaterial.

Conie

Kleinfluss – Wanderfluss GKZ: Fr: M10-0300
Mündung in Loir (li Nebenfluss)

Die Conie ist landschaftlich außerordentlich interessant. Sie verläuft mit geringer Strömung durch ein einsames Sumpfgebiet mit Mooren, kleinen Teichen („Miroirs" genannt), bewachsen mit Sträuchern, Binsen, Schilf, Seerosen; sehr zahlreiche Wasservögel mit Reihern und Eisvögeln.

Ursprung:	(48.039722, 1.670278) in ca. 118 m Höhe.
Mündung:	(48.1075, 1.347778) in ca. 108 m Höhe.
Länge:	32 km
Schwierigkeiten:	km 24,7–⇩ WW I mit 2 Stellen WW III.
Befahrbarkeit:	ab km 24,7 nur bei HW (Frühjahr bis spätestens Mai), ab km 13 ganzjährig.

Achtung, zur Zeit der Jagd besteht Gefahr durch schießwütige Jäger!

24,7 Straßen-Ⅱ D 107, **Peronville**, ⬇ bei HW. Es folgt ein Schilflabyrinth.
21,6 Straßen-Ⅱ D 132, li **Boissay**.
17,7 Straßen-Ⅱ D 927, **Varize**, kurzes ⌓. Weiterhin Schilf- und Strauchhindernisse.
14,9 Zusammenfluss mit Conie (tatsächlich heißen beide Flüsse „Conie"), **Nottonville**; ab hier ganzjährig ≋. Auf der folgenden Strecke weniger Sumpfgebiete, dafür bewaldet.
13,3 Straßen-Ⅱ D 357.
10,1 Straßen-Ⅱ.
8,7 Straßen-Ⅱ, **Conie-Molitard**.
7,6 Straßen-Ⅱ D 111, re **Molitard**.
6,8 li **Les Nays**.
4,6 li **Vucennes**.
3,8 Mühlen-■.
3,7 Straßen-Ⅱ D 110.
2,1 ■, Straßen-Ⅱ D 145, **Donnemain-Saint-Mamès**.
0,0 ⇩ in Loir, bei der Weiterfahrt nach 300 m Mühlen-■, ≋, kurz danach EB-Ⅱ. 1,4 km nach der ⇩ Marboué, ■. Kurz danach Ⅱ N 10. Beendigung der Fahrt am re Ufer.

Überarbeitung nach Kartenmaterial.

Erve

Kleinfluss GKZ: Fr: M06-0300
Mündung in Sarthe bei Sablé sur Sarthe, km 59,5 (re Nebenfluss)

Die Erve ist ein Kleinfluss mit nur mäßiger Wasserführung. Bei gutem Wasserstand können mehr als 20 Wehre fast durchweg befahren werden. Bei ungünstiger Wasserführung wird die Befahrung der Wehre vielfach unmöglich und damit die Fahrt auf der Erve recht mühsam.

Ursprung: (48.210833, -0.228889) in ca. 175 m Höhe.

Mündung: (47.840556, -0.332222) in ca. 25 m Höhe.

Länge: 72 km

Befahrbarkeit: zeitig im Frühjahr und nach stärkeren Regenfällen.

Fahrtstrecke: mögliche ⬇ bei **Sainte-Suzanne**, ca. 50 km bis ⇩.

Bei minder gutem Wasserstand Beginn der Befahrung in **Ballée**, ca. 22 km bis zur ⇩.

Überarbeitung nach Kartenmaterial.

Huisne

Wanderfluss (Flachlandfluss) GKZ: Fr: M0--0150
Mündung in Sarthe (li Nebenfluss)

Die Huisne fließt auf weiten Strecken durch ein weites Wiesental, das von Hügeln eingesäumt ist. Im unteren Teil des Flusslaufes wechseln die Wiesenflächen öfters mit Kieferwäldern ab. Die Huisne ist ein ausgesprochen gemächlicher Wanderfluss.

Es scheint auf der Huisne eine größere Anzahl von Wehren zu geben, die jedoch zumeist entweder fahrbar sind oder getreidelt werden können.

Die über die Huisne vorliegenden dürftigen Unterlagen sind schon recht alt; sie sind daher mit einer gewissen Vorsicht zu genießen.

Ursprung: (48.406111, 0.462222) in ca. 185 m Höhe.

Mündung: (47.991111, 0.180278) in ca. 40 m Höhe.

Länge: 165 km

Schwierigkeiten: km 107,1–0 Zahmwasser.

Befahrbarkeit: ganzjährig; im Sommer ist jedoch mit Verkrautungen zu rechnen.

Gefälle: 0,6 ‰.

Wasser: sauber.

107,1 ▬ Moulin de Grillant bei **Condé sur Huisne**, ⬇-Möglichkeit (48.374618, 0.844005). Es ist nichts darüber bekannt, ob die Huisne schon oberhalb von Condé befahren werden kann. Zunächst keine Hindernisse, gute Strömung.

106,9 EB-Ⅱ.Evtl. ⬇-Möglichkeit am Ende einer von Condé kommenden Zufahrtsstraße zu einer Kläranlage.

101,6 ▬ Erddamm eines Hochwasserschutzbeckens, **X**.

97,8 Straßen-Ⅱ D 370 und Straßen-Ⅱ D 923.

96,8 Straßen-Ⅱ.

96,3 Straßen-Ⅱ D 955, **Nogent-le-Rotrou**, größere Stadt mit sämtlichen Möglichkeiten.

98,7 Straßen-Ⅱ D 9.

-- Walzen-▬, **X**. Die genaue Lage konnte im Kartenmaterial nicht lokalisiert werden.

94,2 Straßen-Ⅱ D 923.

93,3 ▬ Moulin le Comté.

85,4 Bei starker Strömung taucht im Bereich hoher Mauern unerwartet ein ▬ auf. Es besteht die Möglichkeit, dass alle Schützen durch Treibholz versperrt sind, anhalten vor dem Wehr kaum möglich ⚠. Merkmal: li stillgelegte Fabrik, schlecht zu sehen.

84,1 Flussteilung.

83,8 Straßen-Ⅱ D 635.

83,6 Zusammenfluss beider Arme.

81,1 li ▬, re Werkkanal, Weiterfahrt muss erkundet werden.

79,2 Straßen-Ⅱ D 407, **Le Theil**, riesige Fabrik, kaum Möglichkeit zum ⬆. Danach re ⇩ des Werkkanals. Über die Reststrecke liegt ein neuerer Bericht nicht vor.

78,3 Straßen-Ⅱ D 107.

74,3 ▬.

74,1 Straßen-Ⅱ D 59, li **Aveze**.

68,9 Straßen-Ⅱ, li **La Plissé**.

67,4 ▬, Beginn **La Ferté-Bernard**, mehrere Ⅱ, größerer Ort. Es ist ratsam, die Durchfahrt durch den Ort zu meiden.

62,9 Straßen-Ⅱ D 316 unterhalb La Ferté-Bernard.

61,9 ▬.

58,3 ▬.

58,1 Straßen-Ⅱ D 99, li **Villaines-la-Gonais**.

55,7 ▬, Fabrikanlage.

55,0 ▬.

54,6 Straßen-Ⅱ A 11/E 50.

53,1 Straßen-Ⅱ D 85, davor ▬ Steinschüttung.

50,9 ▬.

48,9 ▬.

48,6 Straßen-Ⅱ D 29.

44,4 Flussteilung, die Beschreibung folgt dem re Arm.

43,2 ▬.

42,7 Zusammenfluss beider Arme.
40,0 Straßen-Ⅱ D 33, li **Connerre**.
36,4 3 EB-Ⅱ.
35,1 ▬.
30,9 EB-Ⅱ.
30,2 ▬.
30,1 Straßen-Ⅱ D 20, re **Montfort-le-Gesnois**.
29,0 Straßen-Ⅱ, li **La Pécardière**.
25,2 Straßen-Ⅱ.
25,0 ▬, re Fabrikanlage.
20,6 Straßen-Ⅱ D 145.
20,2 ▬, li **Champangné**.
16,9 ▬.
14,6 Straßen-Ⅱ A 11 und weitere Straßen-Ⅱ.
14,2 ▬.
11,8 alte romanische Straßen-Ⅱ.
11,2 Straßen-Ⅱ D 314, re **Yvré-l'Évêque**.
10,0 EB-Ⅱ.
9,3 ▬.
6,3 Fußgänger-Ⅱ, ▬, Beginn von **Le Mans**. Es ist empfehlenswert, die Fahrt an geeigneter Stelle vor Le Mans zu beenden.
6,0 Straßen-Ⅱ D 152, li Kloster L'Épau.
4,2 Straßen-Ⅱ D 314.
4,0 Wege-Ⅱ.
3,6 Wege-Ⅱ.
2,7 Straßen-Ⅱ Av. Jean Jaurès, **Le Mans**, Großstadt. Die Kathedrale von St. Julien ist eine der größten Kostbarkeiten des christlichen Frankreichs.
2,1 EB-Ⅱ.
1,1 Straßen-Ⅱ Rue d'Amage.
1,0 ▬.
0,8 Wege-Ⅱ.
0,3 Straßen-Ⅱ.
0,2 ▬.
0,0 ⇩ in Sarthe am Stadtrand von Le Mans bei km 129,7.

Überarbeitung nach Kartenmaterial.

Thouet

Wanderfluss (Flachlandfluss) GKZ: Fr: L8--0210
Mündung in Loire bei Saumur (li Nebenfluss)

Der Thouet fließt durch ein breites Tal, das von bewaldeten Hügeln umgeben ist. Einige der vom Thouet durchflossenen Städte sind von touristischem Interesse durch ihre Bauwerke.

Ursprung: (46.603611, -0.4875) in ca. 223 m Höhe.

Mündung: (47.280556, -0.110556) in ca. 25 m Höhe.

Länge: 143 km

Schwierigkeiten: ZW bis WW I.

Befahrbarkeit: bis Thouars nur im Frühjahr, ab Thouars auch im Sommer. Schwieriges umtragen bei St.-Hilaire-Florent. Die Mehrzahl der übrigen Wehre kann entweder befahren, getreidelt oder leicht überhoben werden.

Wasser: leicht verschmutzt, im Sommer stark verkrautet.

Zeltmöglichkeiten: am Fluss fast überall sehr gut.

115,2 Straßen-Ⅱ D 140(46.647926,-0.253925), **Parthenay**, ↓ bei gutem Wasserstand, muss erkundet werden.
115,1 Fußgänger-Ⅱ.
114,1 Straßen-Ⅱ, re Porte Medievale.
113,9 Straßen-Ⅱ D 949.
113,8 ▬.
113,6 EB-Ⅱ.
113,0 Straßen-Ⅱ N 149, danach ▬, li **Châtillon-sur-Thouet**.
112,5 ▬.
111,9 ▬.
111,2 ▬.
110,9 ▬.
110,1 ▬.
109,1 ▬.
107,2 ▬.
105,8 ▬.
105,2 ▬, danach Straßen-Ⅱ.
104,8 Werk-Ⅱ.
104,4 ▬.
103,5 ▬ Moulin de Fumaille.
102,8 ▬.
102,0 ▬.
101,1 ▬, re **La Forgé à Fer**.
100,3 ▬.
99,7 ▬.
99,3 Straßen-Ⅱ.
98,5 ▬.
96,9 Straßen-Ⅱ D 134 und historische Straßen-Ⅱ, li **Gourgé**.
96,2 ▬.
94,0 ▬.
92,8 ▬.

92,2 ■.
91,4 ■.
90,8 ■.
90,1 ■.
88,2 ■, darüber EB-Ⅱ.
88,1 Straßen-Ⅱ D 46, re **St.-Loup-Lamairé**.
86,0 ■ bei Louin.
85,3 Straßen-Ⅱ, li **Louin**.
84,8 ■.
83,2 Straßen-Ⅱ.
82,9 ■.
82,8 Straßen-Ⅱ D 27, re **Airvault**.
82,0 ■.
81,9 Straßen-Ⅱ.
81,2 ■.
80,8 Fußgänger-Ⅱ.
80,7 EB-Ⅱ.
80,4 ■.
80,1 ■.
79,0 ■.
76,8 ■.
76,5 Straßen-Ⅱ D 121, **Availles-Thouarsais**.
74,7 ■.
74,2 ■ Moulin de Roche.
73,1 ■.
71,3 Straßen-Ⅱ D 147 und historische Straßen-Ⅱ, **Saint-Généroux**.
69,2 ■.
67,1 ■.
66,7 Straßen-Ⅱ D 163, re **Ligaine**.
65,9 ■.
64,2 li ⇩ eines Baches.
63,7 ■.
62,4 ■.
62,3 Straßen-Ⅱ D 172, re **Praillon**.
58,6 ■.
58,5 Straßen-Ⅱ, li **Missé**.
56,8 ■, re **Chambre**.
56,0 ■.
53,4 Straßen-Ⅱ D 938, Beginn von **Thouars**, größere Stadt mit allen Möglichkeiten. ⛺ unterhalb des Ortes, ⬇.
52,5 ■ und historische Ⅱ.
52,3 Straßen-Ⅱ D 39.
51,6 Straßen-Ⅱ, re Château des Ducs de La Trémoille.
50,6 ■.

50,3 ▬.
49,5 EB-Ⅱ.
48,5 ▬, re fahren, bei NW unter Ⅱ ≋, sonst ⌓, leicht, nach 200 m Kanuverleih.
48,2 Fußgänger-Ⅱ.
47,1 Schräg-▬, evtl. ≋, sonst überheben, danach
47,0 Fußgänger-Ⅱ.
46,8 Straßen-Ⅱ D 759, **Vrines**.
44,9 Schräg-▬, bei MW ≋, sonst überheben.
44,8 Fußgänger-Ⅱ.
42,9 Schräg-▬, ≋ oder überheben.
41,8 Schräg-▬, ≋ oder überheben.
38,6 Schräg-▬, ≋ oder überheben.
38,5 Straßen-Ⅱ D 37, li **Taizon**.
36,3 Schräg-▬, ≋ oder überheben.
34,9 Schräg-▬, ≋ oder überheben.
33,2 Schräg-▬, ≋ oder überheben.
32,9 Straßen-Ⅱ, re **Saint-Martin-de-Sanzay**.
31,9 Schräg-▬, ≋, bei HW starker Rücklauf ⚠.
31,4 li ⇩ Argenton (s. Seite 103).
30,8 Schräg-▬.
30,5 Straßen-Ⅱ D 158.
27,0 Steil-▬, **X**, überheben.
25,4 re ⛺ auf Bauernhof.
24,6 ▬
24,3 Straßen-Ⅱ D 347.
23,7 re 🚐.
23,4 re Burg und 🍴, Bootsverleih, Steil-▬, re an der Insel vorbeifahren, dann überheben.
23,0 Straßen-Ⅱ, **Montreuil-Bellay**.
22,0 Steil-▬, **X**, re ⌓.
18,4 Steil-▬, evtl. ≋, re ⌓.
16,4 Steil-▬, **X**, li ⌓, danach li **Bron**.
13,8 re Überlauf-Wehr.
13,6 re Abzweig eines Wehrkanals.
13,3 Steil-▬, **X**, li ⌓.
12,7 Straßen-Ⅱ D 162, davor Zusammenfluss der Wehrarme.
11,2 Steil-▬, **X**, re ⌓.
8,9 Straßen-Ⅱ D 205, re **Chacé**.
5,3 Flussteilung, nach 300 m Fußgänger-Ⅱ.
3,9 Straßen-Ⅱ D 347E, **Saumur**, größere Stadt. Falls eine Weiterfahrt auf der Loire nicht vorgesehen ist, wird die Fahrt zweckmäßigerweise hier beendet.
2,5 Straßen-Ⅱ D 347.

2,3 Straßen-Ⅱ D 161.
2,0 Fußgänger-Ⅱ, li **Saint-Hillaire-Saint-Florent**, ■, X, re ⌓, schwierig.
0,0 ⇩ in Loire, km 185,5.

Überarbeitung nach Kartenmaterial.

Argenton (Thouet)

Wildfluss (Kleinfluss) GKZ: Fr: L83-0300
Mündung in Thouet (li Nebenfluss)

Der Argenton ist ein landschaftlich hervorragend schöner leichter Wildfluss in einsamer Gegend.

Ursprung:	(46.823611, -0.588611) in ca. 200 m Höhe.
Mündung:	(47.094167, -0.204444) in ca. 35 m Höhe.
Länge:	71 km
Schwierigkeiten:	WW I, Baumhindernisse, mehrere Wehre, bei gutem Wasserstand durchweg umtragen, kleine Stromschnellen nach den Wehren.
Befahrbarkeit:	Frühjahr. Im Sommer ist der Fluss völlig trocken, eine Befahrung unmöglich.

32,4 Argenton-les-Vallées, 🚐, übliche ⬇ li oberhalb einer sehenswerten römischen Ⅱ in den Stadtstausee.
31,5 Am Ende des Stadt-Stausees ■, X. Es folgen 2 Straßen-Ⅱ.
31,2 ⇩ des Abflusses des Stadtsausees in den Argenton. Der Argenton verläuft auf 10 km durch eine enge Granitschlucht (Klettergärten und Kletterschulen).Es folgen 5 ■, nach Besichtigung meist ≋.
31,1 ■.
30,4 ■.
30,1 ■.
29,0 ■, li **Le-Breuil-sous-Argenton**.
25,6 Straßen-Ⅱ D 181 bei **Grifférus**, einzige Zufahrt in der Schlucht, ⛺ möglich. Weiterhin einsame Waldschlucht, mindestens 4 ■, ≋.
25,5 ■.
Es folgt in rund 1 km 🚐, klein und sehr gepflegt. Kanuverleih.
22,7 ■.
21,4 ■.
20,7 ■, danach Straßen-Ⅱ D 759, li **Massais**, 🚐 kurz vor der Ⅱ li.
18,0 ■.
16,1 Straßen-Ⅱ.
14,4 Straßen-Ⅱ.
13,3 ■.

11,8 ▬, danach Straßen-Ⅱ D 61, **Argenton l´Eglise**, 🛒, ⛺ 300 m nach der Ⅱ re. Der Fluss tritt in die Ebene, doch weiterhin einsam. Mehrere Bewässerungs-Stau-▬, teilweise ≈. Da sie vielfach in starker Strömung liegen, können sie gefährlich werden.
10,9 ▬.
10,8 Wege-Ⅱ.
10,1 ▬.
8,8 ▬.
8,7 Straßen-Ⅱ, re **Le Grand Sault**, li **Le Petit Sault**.
6,8 ▬.
5,3 ▬.
4,3 Straßen-Ⅱ D 37.
3,0 ▬.
1,9 ▬.
0,0 ⇩ in Thouet bei km 31,4. Weiterfahrt bis Montreuil, 8 km, hier ⛺.

Überarbeitung nach Kartenmaterial.

Vienne

Zentralmassiv

Wildfluss (Gebirgsfluss) - Wanderfluss (Flachlandfluss) GKZ: Fr: L---0060
Mündung in Loire (li Nebenfluss)

Die Vienne durchfließt in ihrem Oberlauf die Ausläufer des Zentralmassivs, sie ist in diesem Bereich landschaftlich sehr schön. Hinter Châtellerault tritt die Vienne in die Ebene aus, und fließt an einigen der berühmten Schlösser des Loiretales vorbei. Die Vienne ist im Oberlauf ein mäßig schwerer Wildfluss, im Unterlauf ein Wanderfluss. Allerdings ist die Befahrung wegen zahlreicher Wehre, die nur teilweise fahrbar sind, recht mühsam, ein Bootswagen ist unerläßlich, eine Befahrung ohne Urlaubsgepäck ist vorteilhaft. Der Abschnitt zwischen km 164, Availles, und km 142, Moussac, wird wegen der Stauseen und Wehranlagen am besten mit Pkw umfahren.

Ursprung: (45.662222, 2.092778) in ca. 880 m Höhe.

Mündung: (47.206667, 0.084167) in ca. 33 m Höhe.

Länge: 363 km

Schwierigkeiten: km 345,5–337,7 WW III (IV)
km 337,7–311,2 WW II-III
km 311,2–308,6 **X**
km 308,6-164,1 WW II-I-Zahmwasser
km 164,1-142,1 Stauseen
km 142,1-0 Zahmwasser, Wehre.

Befahrbarkeit: Oberlauf bis km 311,2 nur im Frühjahr bei gutem Wasserstand (Pegel 0,30 an der Brücke von Eymontiers). Ab km 308,6 ist die Befahrung abhängig vom Wasserablass des ↯ Bussy, Minimum 0,70 m am Pegel des ↯ von Bussy. Ab Limoges ist die Befahrung fast immer möglich, in außergewöhnlich trockenen Sommern erst ab Châtellerault.

Wasser: Unterlauf trüb-braun, fast strömungslos.

Zeltmöglichkeit: am Fluss ausreichend vorhanden.

345,5 Straßen-Ⅱ D 109 bei **Tarnac**, mögliche ⬇ nur bei sehr gutem Wasserstand, nur selten möglich; durchweg WW III mit Stellen bis WW IV.
341,3 Straßen-Ⅱ D 109.
337,7 Straßen-Ⅱ D 69A, li in ca. 2 km Entfernung **Rempnat**, ⬇ bei gutem Wasserstand. Bis Eymontiers folgen einige Ⅱ und ▬, die durchweg verfallen und gut ≋ sind.
332,2 Straßen-Ⅱ D 69A, li **Le Fournet**.
328,0 Straßen-Ⅱ D 69.
325,6 alte Ⅱ.
322,2 Straßen-Ⅱ D 81, re **Nedde**, gute ⬇ am ⛺.
321,4 ▬.
314,7 ▬, 15 m hoch, bei NW evtl. über eine Schrägrutsche ≋, sonst li im Kanal treideln (hohe Wände) bis in Sichtweite des Turbineneinlaufs, ⌓. ⬇ über Treppe am Turbinenhaus.
313,2 EB-Ⅱ.
311,8 EB-Ⅱ.
311,4 EB-Ⅱ.
311,2 Straßen-Ⅱ D 992, li **Eymontiers**, weitere Brücken und Wehre. Anschließend wird das gesamte Wasser abgeleitet, so dass eine Weiterbefahrung bis km 62 nicht möglich ist.
308,5 ↯ Bussy, EB-Ⅱ, Befahrung ab hier siehe Pegelstand. Es folgt eine kleine Schlucht.
302,8 EB-Ⅱ.
301,9 ▬.
300,0 EB-Ⅱ.
297,1 Straßen-Ⅱ D 16.
295,7 EB-Ⅱ.
291,6 EB-Ⅱ.
290,5 ▬.
289,7 EB-Ⅱ, Straßen-Ⅱ D 232.
289,2 EB-Ⅱ.
287,9 ▬.
285,8 Straßen-Ⅱ D 39.
282,8 re ⇩ Maude.
281,8 ▬.

281,6 Straßen-Ⅱ.

281,0 ▬.

279,1 ▬.

278,8 ▬.

277,4 Straßen-Ⅱ.

277,3 Straßen-Ⅱ D 941, re **Saint-Léonard-de-Noblat**.

277,1 ▬.

276,5 ▬.

276,0 ▬.

275,1 ▬.

274,5 ▬.

273,4 ▬.

272,2 Straßen-Ⅱ D 124, ▬, **Brignac**.

269,7 ▬.

268,7 ▬.

268,5 ▬.

267,7 Straßen-Ⅱ D 44, re **St. Priest-Thaurion**.

267,3 re ⇩ Taurion (s. Seite 130).

265,0 ▬.

261,2 ▬ Staudamm und Stausee von Les Vilettes, ⌓-Möglichkeit unbekannt.

260,7 Straßen-Ⅱ D 140, re **Le-Palais-sur-Vienne**.

259,7 ▬.

257,6 ▬.

256,5 ▬.

256,3 Straßen-Ⅱ A 20.

255,0 Straßen-Ⅱ.

254,6 Straßen-Ⅱ D 941, **Limoges**. 130 000 Einwohner, Eisenbahnknotenpunkt, gotische Kirche, Museen, ⌘.

254,2 ▬.

253,9 Straßen-Ⅱ.

253,8 ▬, darüber Straßen-Ⅱ Pont de la Révolution.

253,5 EB-Ⅱ.

252,8 Straßen-Ⅱ Pont du Clos-Mareau.

252,3 ▬.

251,4 ▬.

250,8 EB-Ⅱ, danach ▬.

250,6 Wege-Ⅱ.

250,3 ▬.

250,0 Straßen-Ⅱ, li **Condat-sur-Vienne**.

249,5 ▬.

248,4 ▬.

247,2 li ⇩ Briance, danach ▬.

247,0 Straßen-Ⅱ.

245,3 ▬.

243,8 ▬.
242,1 Schräg-▬, evtl. ≋, überheben oder re ⌓.
241,9 Straßen-Ⅱ N 21, li **Aixe-sur-Vienne**, mögliche ⬇.
240,8 ▬.
239,4 Straßen-Ⅱ D 2000.
239,3 ▬.
237,3 ▬.
235,2 Schräg-▬, ≋ oder überheben; danach verblockte Stromschnelle, WW II, Slalom-Strecke, li **Le Daumail**.
234,4 ▬ (aufgelassen?).
233,8 Straßen-Ⅱ D 47.
232,6 Schräg-▬, evtl. ≋, sehr starker Schwall.
231,5 Schräg-▬, evtl. ≋, verblockt, treideln oder ⌓.
229,5 Naturstein-▬, ≋. Bis zum nächsten Wehr mehrere Stromschnellen, z. T. leicht verblockt.
224,7 Schräg-▬, **X**, li ⌓.
224,5 Straßen-Ⅱ, re **Saint Victurnien**.
222,3 Schräg-▬, **X**, li ⌓.
221,0 ▬, ≋, danach starker Schwall.
219,1 Straßen-Ⅱ D 58, re **Saint-Brice-sur-Vienne**.
218,6 Schräg-▬, **X**, li etwa 150 m durch Gestrüpp ⌓.
216,7 Schräg-▬, li ≋ oder überheben.
215,1 Schräg-▬, Mitte ≋.
215,0 Ⅱ D 675, re **St. Junien**, ʍ 200 m, davor bis km 155 sollen weitere ▬ folgen.
214,6 ▬.
214,0 EB-Ⅱ.
213,9 ▬.
213,5 ▬.
211,6 Flussteilung, li Arm über Wehr. Die Beschreibung folgt dem re Arm.
211,0 Wege-Ⅱ.
209,8 ▬.
208,8 Zusammenfluss beider Arme.
206,9 Straßen-Ⅱ D 207, li **Saillat-sur-Vienne**.
206,8 ▬.
206,3 li ⇩ Gorre (s. Seite 128).
204,6 Straßen-Ⅱ D 193, re **Beaulieu**.
204,5 Schräg-▬, evtl. ≋, starker Rücklauf △, re ⬇-Möglichkeit über alte Mühle.
198,6 Straßen-Ⅱ N 141, Schräg-▬, **X**, re treideln über Rampe möglich, **Chabanais**, ʍ; 100 m nach Ⅱ li Betonrampe.
198,4 Fußgänger-Ⅱ.
195,4 Schräg-▬, evtl. ≋ oder 200 m weit ⌓.
194,3 Straßen-Ⅱ D 165, davor Felsbrocken im Fluss; li **Exideuil**.

192,2 Schräg-▬, re über Bootsgasse ≋ oder treideln.
190,0 ▬, li an Mühle ≋, sehr starker Schwall.
186,6 ▬, ≋. starke Schwälle bis ⛺. Es folgen 2 flache Stufen.
186,1 Straßen-Ⅱ D 166, li **Manot**.
184,0 Naturstein-▬, Mitte ≋.
180,4 Naturstein-▬, ≋, starker Schwall, evtl. überheben.
180,2 Straßen-Ⅱ D 310, li **Ansac-sur-Vienne**.
177,8 Schräg-▬, **X**, re ⌓.
177,3 Straßen-Ⅱ D 948, **Confolens**.
177,1 Straßen-Ⅱ.
176,8 ▬, **X**, re ⌓, danach re ⇩ Goire. Es folgt re ein ⛟.
175,2 Schräg-▬, evtl. über Gasse ≋ oder treideln.
173,8 Flussteilung.
173,2 ▬, Mitte ≋.
172,5 Straßen-Ⅱ D 82, **Saint-Germain-de-Confolens**.
172,3 re ⇩ Issoire (s. Seite 127).
171,2 Straßen-Ⅱ D 951.
169,0 Naturstein-▬, evtl. ≋.
166,8 Naturstein-▬, ≋.
164,1 Straßen-Ⅱ D 34, li **Availles-Limousine**, re ⛟; danach Stausee. Wegen der folgenden Stauseen sollte die Fahrt hier unterbrochen werden (s. Einleitung).
157,4 ▬ Staumauer und ϟ.
149,2 ▬ Staumauer und ϟ.
148,6 Straßen-Ⅱ D 10, re **L'Isle-Jourdain**.
148,2 EB-Ⅱ.
147,0 ▬ Staumauer und ϟ.
145,8 Naturstein-▬.
145,1 ▬.
143,1 ▬.
142,7 Naturstein-▬, ≋.
142,1 Straßen-Ⅱ D 25A, re **Moussac**, empfohlene ⬇ nach Umfahrung der vorausgehenden Stauseestrecke.
140,3 Naturstein-▬, ≋.
139,4 Naturstein-▬, ≋.
137,2 ⛟.
136,6 ▬, li **Queaux**.
134,2 Straßen-Ⅱ D 12, li **La Rallerie**; danach verfallenes ▬, ≋.
131,9 Flussteilung; re Arm führt zu einem ϟ, im li Arm Schräg-▬, **X**, re oder li ⌓, li **Gouex**.
127,4 ▬, evtl. nach Besichtigung ≋, starker Schwall oder re ⌓. Davor ⛟.
127,1 Straßen-Ⅱ N 147/E 62, li **Les Aubeniaux**, re **Lussac-les-Chat**.
127,0 EB-Ⅱ.
124,5 Naturstein-▬, re ≋.

122,4 Naturstein-▬, li ≋.
121,5 Straßen-II D 83, li **Civeaux**; nach weiteren 300 m li 🚐.
120,2 li Kern-ϟ, ▬, re über Gasse befahren ist verboten), re über Rampe 30 m ⌓, re **Ribes**.
118,5 Naturstein-▬, ≋.
117,4 Straßen-II D 114A, re **Cubord**.
113,6 Naturstein-▬, ≋.
113,4 Straßen-II, re Saint-Martin-la-Rivière; danach li 🚐.
112,4 Naturstein-▬, ≋.
109,9 Naturstein-▬, ≋.
107,3 Straßen-II D 951.
106,7 EB-II.
106,1 Straßen-II D 951A, re **Chauvigny**, danach verfallenes ▬, ≋.
102,1 verfallenes ▬, ≋.
100,4 🚐, danach Straßen-II D 6, li **Bonnes**.
99,8 Naturstein-▬, ≋.
98,1 Naturstein-▬, ≋.
95,8 Straßen-II D 86, re **Bellefonds**.
94,8 Verfallenes Mühlen-▬, ≋.
92,5 ϟ, ▬, **X**, re ⌓.
91,4 Straßen-II D 3, li **Bonneuil-Matours**.
91,1 Mühlen-▬, **X**, li neben Turbinenschächten nach Erlaubnis überheben.
90,4 Schwelle, ≋.
86,3 Straßen-II D 15, li **Vouneuil-sur-Vienne**.
85,0 Mühlen-▬, evtl. ≋, starker Rücklauf ⚠ oder li ⌓.
79,9 Straßen-II D 131, li **Cenon-sur-Vienne**.
78,8 li ⇩ Clain (s. Seite 124).
78,6 Straßen-II D161.
77,0 EB-II.
76,7 Straßen-II D 910, re und li **Châtellerault**.
75,4 Klappen-▬, **X**, re ⌓ 300 m und über steile Treppen ⬇, schwierig, bei NW treideln bis zur nächsten
75,1 Straßen-II.
74,7 Straßen-II D 725, es folgen 2 Inseln, bei 2. Insel li Arm fahren, da am Ende des re Armes flaches Mühlen-▬.
73,3 EB-II.
72,3 Straßen-II D 161.
70,4 li **Antran**.
67,1 Straßen-II D 95, re **Ingrandes**.
63,5 li **Vaux-sur-Vienne**.
59,4 Straßen-II D 22, re **Dangé-St. Romain**.
55,5 Straßen-II D 20, re **Les Ormes**.
50,1 Straßen-II D 107.
49,9 re ⇩ Creuse (s. Seite 110).

49,2 niedriges ▬, ≈.
48,6 Autobahn-Ⅱ A 10.
44,4 Straßen-Ⅱ D108, li **Marcily**, schöner ⛺, re **Nouâtre**.
40,4 Straßen-Ⅱ D 58, re **Pouzay**.
37,3 re ⛺ Parc de Allais.
33,7 re **Mougon**.
30,6 EB-Ⅱ (außer Betrieb).
29,8 Straßen-Ⅱ D 757, darunter Schwall, Insel, **Île-Bouchard**.
27,6 und 27,0. Es folgen 2 Steinbarrieren, ≈ oder treideln.
20,8 re **Briançon**.
18,1 li **Rivière**.
15,3 EB-Ⅱ.
14,3 Straßen-Ⅱ D 749, darunter Schwall; re **Chinon**, li ⛺. Bis km 1 folgen 4 Steinbarrieren, ≈ oder treideln.
11,3 Straßen-Ⅱ D 751.
0,7 Straßen-Ⅱ D 7, li **Candes-Saint-Martin**.
0,0 ⇩ in Loire bei km 201,5.

Überarbeitung nach Kartenmaterial. Ergänzungen von Heiner Hoff, Krefeld.

Creuse

Zentralmassiv

Wildfluss - Wanderfluss (Gebirgsfluss) Mündung in Vienne (re Nebenfluss)	GKZ: Fr: L---0070

Die Creuse ist in ihrem Oberlauf ein landschaftlich sehr schöner, leichter Wildfluss, der allerdings auf größeren Abschnitten durch mehrere kleine Wehre und 9 große Kraftwerke weitgehend verbaut ist, so dass eine durchgehende Befahrung wenig lohnend ist. Im Unterlauf, ab km 120, wird sie dann zum landschaftlich ansprechenden Wanderfluss, ruhige Strömung, bewaldete Uferstreifen, einsam und ruhig.

Ursprung:	(45.728611, 2.179722) in ca. 810 m Höhe.
Mündung:	(47.006111, 0.568889) in ca. 40 m Höhe.
Länge:	264 km
Schwierigkeiten:	km 14-134 WW II-I.
	km 134 bis ⇩ WW I - Zahmwasser.
Befahrbarkeit:	wahrscheinlich ganzjährig.
Wasser:	sauber.
Zeltmöglichkeit:	mehrere ⛺, zahlreiche schöne Plätze am Fluss.

250,5 Straßen-Ⅱ D 35 bei **La Gratade**. ⬇ bei sehr gutem Wasserstand. Die Folgestrecke bis km 184 ist bedingt zu empfehlen. Die Beschreibung ist nicht vollständig und wartet auf eine Überarbeitung.
Zunächst zahlreiche kleine Stufen, Strauchhindernisse, WW II.

242,6 Straßen-Ⅱ D 992, **Felletin**, weitere Ⅱ, im Ortsbereich 3 ■, ≋.

236,0 ϟ von Combes, Staudamm mit Rückstau, 50 m hoch, **X**, li ⌓ 300 m.
Schöne Schwälle bis zum Rückstau des folgenden Werkes.

234,7 Straßen-Ⅱ.

234,6 EB-Ⅱ, re ⇩ Rozelle (s. Seite 124).

232,3 ■ und ϟ, Staudamm, 6 m hoch, **X**, li ⌓ oder über die Fischtreppe. Es folgt die Durchfahrt durch **Aubusson**, mehrere Ⅱ, Ufermauern. Ab hier WW I-II, zahlreiche kleine ■, durchweg ≋.

211,6 ■ und ϟ bei **Lavaveix-les-Mines**, Staudamm, 30 m hoch, **X**, li ⌓ einfach über einen Treidelpfad.
Die folgenden 30 km sind sehr schön zu befahren, zahlreiche ■, dazwischen schöne Stromschnellen, weiterhin WW I-II.

184,0 Straßen-Ⅱ D 940, Ende der bedingt zu empfehlenden oberen Teilstrecken der Creuse. Es folgen bis km 124 große Stauwerke mit Stauhöhen bis 40 m, ⌓ mühsam, ein weiteres großes Werk ist geplant. Die dazwischen liegenden Fließstrecken sind kurz und enden jeweils im Rückstau des folgenden Werkes.
Eine Befahrung ist kaum zu empfehlen, auf eine Detailbeschreibung wird verzichtet.

144,2 li ⇩ Sédelle (s. Seite 121).

124,2 ϟ, ■ von Roche-bat-l´Aigue, die letzte der großen Staustufen.

123,5 ■.

123,2 ■.

122,2 ■.

121,6 ■.

120,9 ■.

120,6 Straßen-Ⅱ D 54 bei **Le Menoix**. Mögliche ⬇, die Creuse tritt in die Ebene aus, nur noch geringe Schwierigkeiten, WW I (II). Ab hier ist die Creuse als beschaulicher Wanderfluss gut zu befahren, sehr ruhig und einsam, zahlreiche ⛺-Plätze am Fluss, die 🚐 sind im Sommer meist recht voll, viele Fischer.

119,7 ■.

118,4 ■, li **Vavre**, re **Le Vivier**.

116,2 EB-Ⅱ.

115,9 ■.

115,5 ■.

115,3 Straßen-Ⅱ, li und re **Argenton-sur-Creuse**, Post, 🚆.

115,1 Straßen-Ⅱ D 920.

114,5 ■.

113,7 ■.

113,4 Straßen-Ⅱ.
113,1 ▬.
112,8 Straßen-Ⅱ A 20.
112,2 Straßen-Ⅱ.
112,0 ▬.
111,1 Straßen-Ⅱ D 48B, li **Saint-Marin**.
109,9 ▬.
109,4 EB-Ⅱ.
108,7 re ⇩ Bouzanne, netter kleiner Fluss, Näheres ?
105,5 Fußgänger-Ⅱ.
105,4 Straßen-Ⅱ D 927, **Saint-Gaultier**, gute ⬇.
105,1 ▬, **X**, überheben; danach bei NW längerer, sehr flacher Abschnitt. Die folgende Strecke bis Le Blanc ist sehr schön, mehrere ▬, meist ≋, Schlösser am Flussufer, WW I-II.
104,8 EB-Ⅱ.
102,9 ▬.
101,6 Straßen-Ⅱ D 46, li **Rivarennes**, Schloss.
94,6 li **Longefont**, ▬, re Bootsgasse ≋.
93,1 ▬, verfallen, li ≋.
92,7 Straßen-Ⅱ D 32, re **Scoury**.
88,6 ▬, überheben.
88,3 Straßen-Ⅱ D 44, li **Romefort**, re **Ciron**.
83,4 ▬.
83,1 Straßen-Ⅱ D 15, re **Ruffec**.
78,9 Natur-▬, ≋ oder treideln.
76,6 🚐 „l'Ile d' avant" und Badeanstalt, 60 Avenue Pierre Mendès-France, 36300 Le Blanc.
74,1 Straßen-Ⅱ D 951, Le Blanc, 🛒.
73,8 ▬, Mitte ≋ oder re überheben bzw. ⌓.
Auf der Folgestrecke mehrere bis 1 m hohe Naturstufen, ≋, weiterhin WW I-II.
72,7 EB-Ⅱ.
70,7 ▬, ≋ oder re überheben.
68,9 ▬, überheben.
68,3 Verfallenes ▬ vor großer Insel, in li Arm ≋, hier ⛺. In re Arm ebenfalls ▬, ≋ oder treideln.
65,6 Straßen-Ⅱ D 43, re **Fontcombault**, Abtei.
65,0 ▬, **X**, re starker Sog, Mitte überheben.
61,2 Straßen-Ⅱ D 50, li **Lurais**, 200 m vor der Ⅱ li 🚐, vom Wasser aus nicht zu sehen.
57,9 ▬, re künstliche Wildwasserstrecke.
57,6 Straßen-Ⅱ D 6, Tournon-Saint-Martin, 🚐 vor der Ⅱ li.
52,8 li **Thaïs**, re Arm fahren, Natur-▬, ≋ oder treideln.
46,6 Badeanstalt, 🚐.

46,3 Straßen-Ⅱ D 104, re **Yzeures sur Creuse**.
45,1 ▬, ≋ oder überheben.
43,4 ▬, ≋ oder treideln, schöner ⛺.
42,6 li ⇩ Gartempe (s. Seite 115).
41,9 Ⅱ, Viadukt einer eingestellten EB-Strecke, dahinter Schräg-▬, ≋ oder überheben. Nicht in den li Arm einfahren, ⬍ hier unmöglich.
41,4 Straßen-Ⅱ D 725, li **La Roche-Posay**. Kirche 14. Jahrh.
41,8 li 🚐, schwer zu erkennen (hohe Hecke).
40,2 Straßen-Ⅱ Umgehungsstrasse D 725B.
38,6 Schräg-▬ bei **Gatineau**, evtl. ≋, überheben oder re ⌓.
35,9 Verfallenes ▬ der Mühle Chambon, li der Insel im Durchlass ≋, Schwall.
30,3 Straßen-Ⅱ D 60, li **Lesigny**, re ⛺-Möglichkeit, Badestrand.
28,5 re **Barrou**, 🚐 am Ortsende, schwer zu finden, hohe Böschung.
24,4 Teil-Schräg-▬, bei NW Mitte evtl. ≋, bei HW starker Rücklauf, unbedingt ansehen, ⌓ re um Turbinengebäude.
23,5 Straßen-Ⅱ D 13, **La Guerche**, Schloss 15. Jahrh.
19,9 Straßen-Ⅱ D 358, li **Leugny**.
16,0 re ⇩ Claise (s. Seite 113).
12,5 Straßen-Ⅱ D 58A, re **Descartes**, Geburtshaus von Descartes. 150 m vor der Brücke re 🚐, Badeanstalt, günstige Gelegenheit zur Beendigung der Fahrt und als Standlager für Befahrungen von Creuse, Claise, Gartempe, Vienne und Clain.
11,9 ▬ bei Papierfabrik, **X**, li ⌓ weit und mühsam, evtl. li am Schütz überheben ⚠.
11,5 Straßen-Ⅱ D 31/58.
9,6 li **Lilette**.
5,3 EB-Ⅱ.
2,5 Straßen-Ⅱ D 910, **Port-de-Piles**.
2,3 EB-Ⅱ.
0,0 ⇩ in Vienne bei km 49,9.

Überarbeitung nach Kartenmaterial. Ergänzungen von Heiner Hoff, Krefeld.

Claise

Kleinfluss (Flachlandfluss) GKZ: Fr: L6--0200
Mündung in Creuse (re Nebenfluss)

Von dem insgesamt 88 km langen Fluss ist bisher lediglich eine Beschreibung der letzten 20 km bekannt. Bei ausreichendem Wasserabstand dürfte die Claise sicher auch noch weiter oberhalb fahrbar sein.

Die Claise fließt mit mäßiger Strömung in einem ruhigen, weiten Tal mit meist bewaldeten Ufern. Bei höherem Wasserstand - Frühjahr oder nach Regenfällen - dürften weit mehr Wehre befahrbar sein.

Ursprung:	(46.736944, 1.5425) in ca. 140 m Höhe.
Mündung:	(46.941944, 0.705278) in ca. 42 m Höhe.
Länge:	88 km
Schwierigkeiten:	km 16,9–0 Zahmwasser.
Befahrbarkeit:	Oberlauf wahrscheinlich nur im Frühjahr, Unterlauf auch im Sommer, jedoch muss mit Grundberührungen oder Treidelstrecken gerechnet werden. Zahlreiche Angler verhalten sich vielfach recht unfreundlich.
Wasser:	milchig-weiß.
Zeltmöglichkeit:	⛺ Descartes an der Creuse.

16,9 Straßen-Ⅱ, **Chaumussay**, mögliche ⬇.
16,7 Steil-▬, **X**, li ⌓.
12,8 Furt.
11,2 Wege-Ⅱ.
10,5 Straßen-Ⅱ, **Etableau**, ▬, **X**, im Unterwasser mit Steinen verbaut, ⌓ am ▬ praktisch unmöglich, treideln.
8,5 Straßen-Ⅱ D 60, re **Le Grand-Pressigny**.
8,3 ▬, **X**, li ⌓.
7,9 Straßen-Ⅱ.
4,2 Klappen-▬, **X**, re ⌓; nach 100 m etwa 50 cm hohes Steil-▬ mit Betonplatte im Unterwasser, meist trocken, überheben.
4,0 Hohes Doppel-▬, **X**, re oder li ⌓. Kurz danach Beton-Röhren-Ⅱ, **X**, Boote überheben.
3,2 Schräg-▬, im Unterwasser mit Steinen verlegt, bei gutem Wasserstand ≋, sonst vor dem ▬ li in den Mühlengraben einfahren und am folgenden 1. Schützen-▬ li durch Tür ⌓.
1,9 Straßen-Ⅱ, **Abilly**.
Geradeaus 5-stufiges ▬, **X**, bei NW trocken. Es ist daher zweckmäßig, dem Flusslauf re zu folgen. Das folgende ▬ an der stillgelegten Mühle ist durchbrochen und re ≋. 40 m danach kleine Stufe, ≋. ⛺.
1,2 EB-Ⅱ.
0,6 Hohes Schräg-▬, ≋, dahinter re ehemaliger Mühlenkanal mit sehr hohen Mauern.
0,4 Straßen-Ⅱ D 750, re **Rives**.
0,1 Schräg-▬, re ≋, im Unterwasser Felsbrocken ⚠, li ehemalige Mühle.
0,0 ⇩ in Creuse bei km 16,0.
Auf der Creuse Weiterfahrt bis zum ⛺ Descartes (~3 km), hier gute Gelegenheit zur Beendigung der Fahrt.

Überarbeitung nach Kartenmaterial.

Gartempe

Zentralmassiv

Wildfluss (Gebirgsfluss) - Wanderfluss (Flachlandfluss) GKZ: Fr: L5--0180
Mündung in Creuse (li Nebenfluss)

Die Gartempe ist im Oberlauf ein leichter Wildfluss, der durch einige kleinere Schluchten führt. Weiter flussabwärts wird er zum Wanderfluss mit ansprechenden Ufern und mehreren alten Schlössern.

Die Freude an einer Befahrung des Unterlaufs wird allerdings erheblich gedämpft durch sehr zahlreiche Wehre, die nur teilweise fahrbar sind.

Dazwischen liegen meist strömungslose Abschnitte. Eine Befahrung dieses Abschnitts sollte daher, wenn überhaupt, nur etappenweise mit leeren Booten erfolgen.

Ursprung: (46.736944, 1.5425) in ca. 640 m Höhe.

Mündung: (46.784167, 0.83) in ca. 55 m Höhe.

Länge: 205 km

Schwierigkeiten: km 146,2–135,4 WW I–II (**X**)
km 135,4–113,5 WW II–III.
km 113,5–0,0 WW II–I–Zahmwasser (III +).

Befahrbarkeit: Oberlauf meist bis Juni, Unterlauf wahrscheinlich ganzjährig, mit Ausnahme trockener Sommer.

Wasser: sauber, auch im Unterlauf meist noch flotte Strömung.

Zeltmöglichkeiten: ⛺ in Chateauponsac und le Vicq, außerdem reichlich schöne Zeltplätze am Fluss.

146,2 Straßen-Ⅱ D 1, **Saint-Étienne-de-Fursac**, mögliche ⬇ (46.145172,1.513098) für die Befahrung des Oberlaufs, WW I-II.
146,0 ▬.
145,0 Wege-Ⅱ.
143,3 Flussteilung, danach ▬.
142,5 ▬.
141,8 ▬.
141,7 Straßen-Ⅱ Le-Moulin-Neuf.
141,6 ▬, kleines ϟ, Stromschnelle, die zu einem Abfall, **X**, führt. Rechtzeitig ⬆, über Insel ⏏, den Kanal queren und unterhalb des Abfalles ⬇.
140,6 Straßen-Ⅱ D 28A.
139,0 ▬.
138,5 Straßen-Ⅱ D 63.
135,8 Straßen-Ⅱ.

135,4 Viaduc de Rocherolles (EB-Ⅱ). Übliche ⬇ für die Befahrung des oberen Teiles des Gartempe, zu erreichen von Bessines über die Straße D 51 und anschließend D 94. Die folgenden 7 km sind WW II-III.
135,1 ■.
134,0 ■.
131,7 ■.
131,4 ■.
130,8 ■.
130,5 ■.
130,2 ■, ϟ von Mas, **X**, re ⛺.
129,8 Straßen-Ⅱ A 20.
129,7 Straßen-Ⅱ D 27.
129,4 Straßen-Ⅱ und ■. Interessante 3-Bogen-Ⅱ (le vieux Pont), li Bogen fahren, re starker Rücklauf ⚠, li **Bessines-sur-Gartempe**.
Es folgen schöne kleine Schluchten, viele z. T. zerfallene ■ sind durchweg ≋.
Die Fahrt geht durch Fabrikanlagen (Uranbergwerk), in diesem Bereich schöne Schwälle, bei höherem Wasserstand bis WW III. Danach wird die Landschaft offener, von Heide-Charakter, im Frühjahr Narzissenfelder, die Fahrt leichter
126,6 Straßen-Ⅱ D 203.
126,1 ■.
125,8 ■.
124,5 ■.
123,6 ■.
123,0 ■.
121,0 ■ Moulin de la Vilette, **X**, ⛺.
119,8 ■.
119,6 ■.
119,5 Straßen-Ⅱ D 44, **Chateauponsac**, 🛒, 🍴, 🚐 im Ortsbereich kurz nacheinander 5 ■, Vorsicht beim 3. ■, hier ganz re starker Rücklauf; die übrigen ■ sind gut ≋.
119,1 ■.
118,8 ■.
117,9 Straßen-Ⅱ D 711.
116,9 ■ und ϟ, 8 m hoch, **X**, li ⛺.
116,4 ■.
114,6 ■.
113,6 ■.
113,5 Straßen-Ⅱ, Ende des interessanten WW-Teiles des Gartempe, die Fahrt wird vielfach hier beendet. Ab hier nur noch geringe Schwierigkeiten (s. Einleitung).
111,9 ■ Moulin de Roche.
111,0 EB-Ⅱ.

110,5 Straßen-Ⅱ D 1, li **Rancon**, gute ⬇.
110,3 Straßen-Ⅱ.
109,9 ▬ Moulin du Bourg.
109,2 ▬ Moulin de Bersac, Wege-Ⅱ.
108,3 ▬, Wege-Ⅱ.
105,6 ▬.
104,6 Straßen-Ⅱ.
103,6 ▬ Moulin des Roches.
103,1 Straßen-Ⅱ N 103,1.
102,9 Straßen-Ⅱ.
101,2 ▬.
99,5 ▬.
98,9 ▬.
98,2 Straßen-Ⅱ.
97,9 Straßen-Ⅱ D 675, EB-Ⅱ.
96,7 ▬.
94,9 ▬.
93,9 Straßen-Ⅱ D 49.
93,7 ▬, re **La Maillerie**.
92,6 li ⇩ Vincon.
91,4 ▬, li **Le Verger**.
90,0 ▬.
88,6 ▬.
86,5 ▬.
86,4 Straßen-Ⅱ D 48A, li **Saint-Bonnet-de-Bellac**, 🛒.
85,6 ▬.
84,3 Straßen-Ⅱ D 26, li **Point Saint-Martin**.
83,5 ▬.
82,8 ▬.
81,2 ▬.
78,8 ▬.
77,9 ▬.
77,5 ▬.
76,8 ▬.
76,1 Straßen-Ⅱ D 942.
75,3 ▬.
74,6 ▬.
73,2 ▬.
71,7 ▬.
70,7 re ⇩ Brame.
70,5 ▬.
69,9 ▬.
69,8 Straßen-Ⅱ D 44/155.
68,7 ▬.

67,6 ▬.
66,8 ▬.
66,2 ▬.
65,7 ▬, ≋, danach bis ~64,5 WW-Strecke an den Höllentoren (Portes d´Enfer), WW III-IV, bei NW WW II-III. Hier werden Slalomwettbewerbe ausgetragen. Danach bis Saulgé mehrere ▬, meist ≋.
65,4 Straßen-Ⅱ D 10 über die WW-Strecke.
64,3 ▬.
63,2 ▬.
62,7 ▬.
60,9 ▬.
60,5 ▬.
59,9 ▬, Moulin de Guillerand.
58,4 ▬, Moulin de Lenest.
57,6 ▬.
56,4 ▬.
56,1 ▬.
55,4 Straßen-Ⅱ D 116, li **Saulgé**.
52,6 Steil-▬, Papierfabrik, re ⏢, re **Les Mâts**.
52,1 EB-Ⅱ.
51,0 La Bringuetrie, ▬, im Knick gut ≋.
50,3 verfallenes ▬, evtl. ≋.
49,7 Straßen-Ⅱ D 727, **Montmorillon**, ⛺, ✕, 🛒, gute ⬇ für Wanderfahrt.
49,3 Straßen-Ⅱ.
48,1 Straßen-Ⅱ D 727A.
47,3 ▬.
46,5 ▬.
44,7 Schräg-▬, ≋, li **Pruniers**, Schloss.
42,1 li **La Roche à Baussant**.
40,8 Straßen-Ⅱ D 115, re **Jouhet**.
38,8 Moulin de la Roche, ▬, evtl. ≋, danach auf 500 m flach.
34,4 Straßen-Ⅱ D 33, li **Antigny**.
34,3 Schräg-▬, evtl. ≋.
31,2 ▬, ≋.
30,8 Straßen-Ⅱ D 951, li **Saint-Savin**, romanische Kirche, ⌘, re **Saint-Germain**.
30,7 Straßen-Ⅱ.
30,2 Verfallenes ▬, ≋, li ⛺.
28,4 EB-Ⅱ.
25,7 ▬.
25,6 Straßen-Ⅱ D 136, **Nalliers**. Es folgen 4 weitere ▬, meist ≋.
23,6 ▬.
21,3 Straßen-Ⅱ.
21,1 ▬, li **Busserais**.

17,4 ▬.
15,6 ▬, Straßen-Ⅱ D 2, **Saint-Pierre-de-Maillé**.
15,0 li ⛺.
11,7 re ⇩ Anglin (s. Seite 119).
9,8 Straßen-ⅡD 5, li **Vicq-sur-Gartempe**, re ⛺.
4,9 li **Ris**.
2,7 li **La Merci Dieu**, ▬, re ≈.
0,0 ⇩ in Creuse bei km 42,6. Nach 1,3 km La Roche Posay, li nach der Ⅱ D 725 gute ⬆.

Überarbeitung nach Kartenmaterial.

Anglin

Wanderfluss
Mündung in Gartempe (re Nebenfluss)

Der Anglin ist ein Fluss der Nord-West-Abdachung des Zentralmassivs. Genauere Unterlagen liegen nur über den Unterlauf vor. Er ist hier ein ruhiger Wanderfluss in bewaldetem Tal, kurze Staustrecken vor zahlreichen Wehren, dazwischen gute Strömung mit kleinen Schwällen.

	GKZ: Fr: L5--0190
Ursprung:	(46.346389, 1.455278) in ca. 375 m Höhe.
Mündung:	(46.704722, 0.865556) in ca. 82 m Höhe.
Länge:	91 km
Schwierigkeiten:	km 31,0–0,0 Zahmwasser.
Befahrbarkeit:	Unterlauf auch im Sommer, es muss dann jedoch mit einigen kürzeren Treidelstrecken und stellenweiser Verkrautung gerechnet werden.
Wasser:	moorig-sauber.

31,0 li ⇩ Benaize (s. Seite 120), ab hier genaue Unterlagen.
30,8 Schräg-▬, mögliche ⬇.
28,5 Schräg-▬.
28,3 EB-Ⅱ.
28,2 Straßen-Ⅱ D 975, re **Rolnier**.
27,4 Schräg-▬.
25,1 Schräg-▬.
24,8 Straßen-Ⅱ D 17, re **Concremiers**.
24,3 Verfallenes ▬, Durchlass re am ehemaligen Mühlengebäude.
23,1 ▬.
20,7 Straßen-Ⅱ D 951.
20,1 Straßen-Ⅱ D 50, re **Ingrandes**.

19,6 Schräg-■, verfallen.
18,6 EB-Ⅱ.
Es folgen 2 kleine Stufen, ≋, nur bei NW zu sehen.
17,0 verfallenes ■, ≋.
14,2 ■, verfallen, ≋.
14,0 Straßen-Ⅱ D 27, **Mérigny**.
12,9 ■, re ≋, li Schloss Roche Belluson .
9,0 ■, re ≋.
6,3 mit Büschen bewachsenes ■, Mitte ≋.
4,2 Rive, ■, re oder Mitte ≋.
2,6 ■, li ≋.
2,5 Straßen-Ⅱ D 25, re **Angles-sur-Anglin**, li gute ⬆.
2,4 Steil-■, **X**, re ⌓.
1,3 Schräg-■, gut ≋.
0,0 ⇩ in Gartempe bei km 11,7.
Es ist empfehlenswert, auf dem Gartempe 2 km weit bis zur Ⅱ von Vicq weiterzufahren.

Überarbeitung nach Kartenmaterial.

Benaize

Wanderfluss – Flachlandfluss GKZ: Fr: L56-0300
Mündung in Anglin (li Nebenfluss)

Die Benaize fließt mit ruhiger Strömung ohne besondere Schwierigkeiten durch ein einsames, stark bewaldetes Tal. Sie ist 10-20 m breit, mehrere ■, von denen je nach Wasserstand einige ≋ sind.

Ursprung: (46.346389, 1.455278) in ca. 389 m Höhe.
Mündung: (46.574444, 1.068056) in ca. 84 m Höhe.
Länge: 79 km
Schwierigkeiten: km 50-68,5 Zahmwasser.
Befahrbarkeit: bis Juni; später muss mit mehreren Treidelstrecken gerechnet werden.
Wasser: sauber.

18,3 **La Trimouille**, gute ⬇ an der Straßen-Ⅱ D 727.
100 m vor der Ⅱ Steil-■, **X**, re 🚐.
18,0 Steil-■, 1,5 m hoch, re ≋.
16,3 Steil-■ bei **La Rivière**, li Schrägabfall.
11,5 Steil-■ Moulin de Leigners, li **Les Coudray**.
10,1 Steil-■, kurz danach Ⅱ D 32, re **Liglet**.
8,2 Steil-■, **X**, li ⌓.

~7,2 Steinwurf-■, ≈, vor hoher Fußgänger-Ⅱ bei **Folle Entreprise**; nach 200 m ■ aus Betonklötzen, bei NW ⌓. Bei HW entsteht eine S-förmige Schwallstrecke, vor Befahrung besichtigen ⚠.

4,6 Schräg-■ bei Cere.

1,9 **Saint-Hilaire-sur-Benaize**, Straßen-Ⅱ D 53, gute ⬆ zur Beendigung der Fahrt.

0,0 ⇩ in Anglin bei km 31,0.

Überarbeitung nach Kartenmaterial.

Bouzanne

Kleinfluss GKZ: Fr: L46-0300
Mündung in Creuse bei km 108,7 (re Nebenfluss)

Die Bouzanne ist ein etwas mühsam zu befahrender Kleinfluss, mit mehreren Baumhindernissen muss gerechnet werden; trotzdem sehr reizvoll, abgelegen und einsam.

Ursprung: (46.451667, 1.809444) in ca. 390 m Höhe.

Mündung: (46.626111, 1.464444) in ca. 95 m Höhe.

Länge: 84 km

Befahrbarkeit: wahrscheinlich ganzjährig.

Pegel: Ⅱ an der ⬇; Minimum 20 cm.

Fahrtstrecke: ⬇ bei der Ⅱ einer Straße zwischen D 40 und A 20 bei Forges (Forges wurde auf dem uns vorliegenden Kartenmaterial nicht gefunden. Die Einsatzstelle müsste neu erkundet werden. Wahrscheinlich handelt es sich um eine Brücke der D 14 in der Nähe von Vellés.). 27 km bis ⇩. 7 ■, davon mindestens 2 gut ≈, die übrigen leichtes ⌓. Weiterfahrt auf der Creuse 2,5 km bis St. Gaultier, hier schöner ⛺.

Ein Beginn der Fahrt oberhalb der empfohlenen ⬇ ist möglich; wegen zahlloser Baumhindernisse ist davon jedoch dringend abzuraten.

Sédelle

Zentralmassiv

Wildfluss GKZ: Fr: L45-0300
Mündung in Stausee der Creuse, km 112.

Die Sédelle ist ein kurzer, auf Teilstrecken sehr schwerer Wildbach der Nordabdachung des Zentralmassivs.

Ursprung: (46.232778, 1.546667) in ca. 440 m Höhe.

Mündung: (46.398056, 1.618889) in ca. 200 m Höhe.

Länge: 38 km

Befahrbarkeit: nur bei sehr gutem Wasserstand, Zeit der Schneeschmelze und nach starken Regenfällen.

Die nachfolgend gemachten Ortsangaben sind auf der Michelinkarte nicht verzeichnet, sie sind aber sicher an Ort und Stelle auszumachen.

Schwierigkeiten: sehr starke Verblockung, erhebliches Gefälle, schnelle Strömung mit wenig Kehrwasser, Wehre, nur teilweise ≋, Baumversperrungen,, WW II, steigend bis WW IV mit Stellen WW V.

Fahrtstrecke: ⬇ oberhalb Mühle von Pin (46.340136, 1.591666 Straßen-Ⅱ D 69 unterhalb Lafat); zunächst auf 2 km leicht. Ab Mühle Pin auf 7 km bis Straßen-Ⅱ D 913 bei Charraud WW II und III. Ab hier (46.379282, 1.612222) bis zur ⇩ in den Stausee bei Crozant (weitere 3 km) finden sich die erheblichen Schwierigkeiten, die Strecke kann von einem Fußweg neben dem Fluss aus besichtigt werden.

Creuse, petite

Wildfluss (Gebirgsfluss) – Kleinfluss GKZ: Fr: L4--0170
Mündung in Creuse bei km 150,1 (re Nebenfluss)

Ursprung: (46.333056, 2.381667) in ca. 540 m Höhe.

Mündung: (46.387778, 1.671389) in ca. 202 m Höhe.

Länge: 95 km

Befahrbarkeit: ab Boussac (km 73,6) nur im Frühjahr, ab Genouillac (km 46,8) auch im Sommer.

Schwierigkeit: WW I–II.

Fahrbare Strecke: Boussac–⇩, 73,6 km. Auf der gesamten Strecke zahlreiche ▬, entweder ≋ oder leicht ⏢.

Nähere Einzelheiten sind bekannt für den etwa 35 km langen Abschnitt ab Bonnat. Die Petite Creuse führt hier zunächst durch eine urwaldartige Landschaft mit zahlreichen umgestürzten Bäumen. Ab Straßen-Ⅱ D 951 wird die Landschaft offener, flottere Strömung mit insgesamt 12 ▬, meist verfallen und durchweg ≋. Die Petite Creuse wird hier als sehr schöner Fluss in einsamer Landschaft bezeichnet.

Die folgende Kilometrierung basiert auf Kartenangaben und müsste durch einen neuen Fahrtenbericht ergänzt werden.

73,6 Straßen-Ⅱ La Passerelle (46.347498,2.210655), **Boussac**, ⬇-Möglichkeit.
73,5 re ⇩ eines Zuflusses.
67,3 ■.
66,1 Straßen-Ⅱ D 77, re **Malleret-Boussac**.
63,8 ■.
61,8 Straßen-Ⅱ D 68, **Bâtisse**.
57,0 ■, Moulin de Freteix.
55,5 ■, li **Les Boissiéres**.
54,1 Straßen-Ⅱ D 83.
52,1 Straßen-Ⅱ D 3.
46,8 Straßen-Ⅱ D 940, li **Genouillac**.
45,5 EB-Ⅱ.
45,2 Straßen-Ⅱ.
42,6 ■, Moulin de Verrines.
40,4 ■.
38,7 Straßen-Ⅱ.
36,0 ■.
35,9 Straßen-Ⅱ D 6, li nach **Bonnat**.
32,4 ■.
31,7 ■, Moulin de Malval.
29,6 re **Chambonnet**.
24,7 ■, Moulin de Piot.
24,6 Wege-Ⅱ.
22,7 ■, Moulin du Pont.
22,5 Straßen-Ⅱ D 46.
21,9 li **Chéniers**.
19,3 ■.
12,6 Straßen-Ⅱ D 951.
12,3 ■.
6,5 Straßen-Ⅱ D 5.
4,9 ■.
2,5 ■.
2,2 Straßen-Ⅱ D 44.
1,4 ■.
1,2 Wege-Ⅱ.
0,0 ⇩ in Creuse (km 150,1).

Überarbeitung nach Kartenmaterial.

Rozeille

Wildfluss
Mündung in Creuse bei km 234,6 (re Nebenfluss)

Die fahrbare Strecke der Rozeille ist zwar nur kurz, doch als Wildwasser sehr interessant.

Mündung:	(45.932684, 2.176419) in ca. 450 m
Befahrbarkeit:	Zeit der Schneeschmelze und nach stärkeren Regenfällen.
Pegel:	Straßen-Ⅱ D 982, am Zusammenfluss mit der Creuse; Minimum 80 cm, Maximum 150 cm.
Schwierigkeiten:	starke Wasserführung, erhebliche Verblockung mit zahlreichen Stufen bei engem Flussbett, Verlauf in einer Schlucht, zumeist WW III mit Stellen bis WW IV.
Fahrtstrecke:	Straßen-Ⅱ D 19 Moulin de Bussière (45.918479, 2.230021) bis Straßen-Ⅱ D 990 Pont Celeris (45.929897, 2.189747), 4 km.

Unveränderte Übernahme.

Clain

Wanderfluss (Flachlandfluss) GKZ: Fr: L2--0160
Mündung in Vienne (li Nebenfluss)

Der Clain fließt mit mäßiger Strömung durch eine hügelige, meist einsame Landschaft. Abgesehen von den letzten 20 km vor der Mündung liegen über den Clain nur ältere Unterlagen vor, die möglicherweise überholt sind. Außer einer Anzahl zumeist fahrbarer Wehre soll es auf dem Clain keine besonderen Hindernisse geben.

Ursprung:	(46.026389, 0.591389) in ca. 210 m Höhe.
Mündung:	(46.781389, 0.540556) in ca. 49 m Höhe.
Länge:	144 km
Schwierigkeiten:	km 109,7–0 WW I–Zahmwasser.
Befahrbarkeit:	Oberlauf März bis Juni; ab Poitiers ganzjährig; im Sommer allerdings stellenweise verkrautet.
Wasser:	sauber.

109,7 Straßen-Ⅱ D727, **Joussé**, mögliche ⬇ bei sehr gutem Wasserstand.
108,8 ▬, Straßen-Ⅱ.
105,6 ▬.
102,2 ▬.
102,0 Straßen-Ⅱ D 100.

100,5 ▬, Straßen-Ⅱ D 25, re **Château-Garnier**.
94,9 ▬.
94,7 Straßen-Ⅱ, re **Bernais**.
92,2 Wege-Ⅱ.
90,8 ▬, Wege-Ⅱ.
90,2 Straßen-Ⅱ D 1, re **Sommières-du-Clain**.
89,6 ▬.
88,6 ▬.
87,7 ▬ Moulin de la Pierrerie.
85,9 ▬.
84,0 ▬.
83,9 Straßen-Ⅱ.
82,0 ▬.
81,6 Straßen-Ⅱ D 37, **La Milliere**.
79,6 Straßen-Ⅱ D 13.
78,9 ▬.
78,5 Wege-Ⅱ, re ϟ.
75,0 Straßen-Ⅱ D 146.
72,6 Straßen-Ⅱ.
71,7 Straßen-Ⅱ D 2, re Anché.
68,7 ▬.
67,1 ▬.
66,4 EB-Ⅱ.
66,3 Straßen-Ⅱ.
63,9 Wege-Ⅱ.
63,7 ▬.
62,3 Wege-Ⅱ.
61,9 ▬.
60,1 Straßen-Ⅱ D 742.
59,9 Straßen-Ⅱ D 4, li **Vivonne**.
59,6 li ⇩ Vonne (s. Seite 126).
59,5 EB-Ⅱ.
57,0 ▬.
56,8 Straßen-Ⅱ.
56,7 Straßen-Ⅱ D 31.
53,1 ▬.
52,1 Straßen-Ⅱ D 95.
50,0 li **Iteuil**.
48,9 ▬.
48,6 Straßen-Ⅱ D 4A.
47,1 ▬.
45,4 ▬.
44,5 Straßen-Ⅱ D 87, li **Ligugé**.
44,0 li ⇩ Wehrkanal.

41,2 EB-Ⅱ.
40,3 EB-Ⅱ.
39,3 EB-Ⅱ.
39,2 ▬.
39,0 Straßen-Ⅱ, re **St. Benoit**, re ⛺, ⬆, eine Weiterfahrt durch Poitiers ist nicht möglich. Die Beschreibung wird hier unterbrochen. Wassersportzentrum mit Kajakclub von Poitiers und Leistungszentrum, ständige Kajak-Slalomstrecke in einem Altarm der Mühle.
Poitiers, größere Stadt, ⌘.
⬇ für die Weiterfahrt an geeigneter Stelle am Nordende von Poitiers erkunden.
19,1 ▬ der Mühle Clan.
18,1 Straßen-Ⅱ D 20, li **Jaunay-Clan**. Der Fluss ist etwa 15 m breit.
14,6 Steil-▬ bei **La Grève**, ⌓.
14,2 Straßen-Ⅱ D 15.
12,7 Steil-▬ bel **La Jonchère**, re ≋.
11,0 Steil-▬ bei **St. Cyr**, **X**, li ⌓, nach 50 m Straßen-Ⅱ D 82.
Es folgen mehrere verfallene ▬, ≋ und Stromschnellen.
9,4 ▬.
5,3 ▬.
5,1 Straßen-Ⅱ D 23, li **Domine**, Weiterfahrt im li Flussarm, ▬.
4,3 Steil-▬ bei **Les Coindres**, ⌓.
3,7 ⇩ des re Flussarmes (siehe km 5,1).
3,2 Steil-▬, li ≋.
2,6 Niedriges Steil-▬ bei li **Les Doutardes**, ≋.
1,3 Niedriges Steil-▬ bei **Le Bouchot Martin**, ≋.
0,9 Steil-▬ bei **Cenon-sur-Vienne**, ≋.
0,6 Straßen-Ⅱ D 1.
0,5 Stufe, ≋.
0,0 ⇩ in Vienne bei km 78,8.

Überarbeitung nach Kartenmaterial.

Vonne

Wanderfluss GKZ: Fr: L22-0300
Mündung in Clain bei Vivonne, km 59,6 (li Nebenfluss)

Die Vonne fließt in einem engen Flussbett mit ruhiger Strömung durch eine ansprechende Landschaft, keine besonderen Schwierigkeiten.

Ursprung: (46.553611, -0.242778) in ca. 210 m Höhe.

Mündung: (46.424722, 0.261944) in ca. 89 m Höhe.

Länge: 73 km

Befahrbarkeit: ganzjährig.

Fahrtstrecke: Curzay-sur-Vonne - ⇩, 38 km.

38,0 Straßen-Ⅱ D 140, re **Curzay-sur-Vonne**.
34,5 ▬.
34,2 Straßen-Ⅱ A 10/E 6.
33,8 ▬.
33,6 Wege-Ⅱ.
31,8 ▬.
31,5 Straßen-Ⅱ D 21, **Jazeneuil**.
30,6 ▬.
27,5 ▬.
27,2 re ⇩ Kraftwerkskanal, Straßen-Ⅱ.
25,9 ▬.
24,6 ▬, **X**, mit Straßen-Ⅱ, Moulin de la Touche.
23,0 EB-Ⅱ.
22,8 ▬.
22,7 Straßen-Ⅱ, re **Lusignan**.
21,2 Straßen-Ⅱ, danach ▬.
20,8 Straßen-Ⅱ D 611.
19,8 ▬, Moulin d'Anvaux.
18,6 ▬.
18,3 Straßen-Ⅱ D 97B.
15,9 Straßen-Ⅱ.
15,8 ▬.
12,7 ▬ Moulin de Celle, danach Straßen-Ⅱ D 97, re **Celle-Lévescault**.
6,3 ▬.
6,2 Straßen-Ⅱ D 27A.
5,3 ▬ Moulin de la Roche.
5,2 Straßen-Ⅱ, re ↯.
4,3 ▬, re **Giez**.
0,5 Straßen-Ⅱ N 10.
0,3 Straßen-Ⅱ D 742, **Vivonne**.
0,2 ▬.
0,1 Straßen-Ⅱ D 4, davor Stufe.
0,0 ⇩ in Clain (km 59,6)

Überarbeitung nach Kartenmaterial.

Issoire (Vienne)

Wildfluss GKZ: Fr: L11-0300
Mündung in Vienne bei km 188 (re Nebenfluss)

Der Issoire ist ein munterer Wildfluss in einsamer Landschaft.

Ursprung: (46.029444, 1.019167) in ca. 373 m Höhe.

Mündung:	(46.056176, 0.68333) in ca. 125 m Höhe.
Länge:	46 km
Befahrbarkeit:	nur bei sehr gutem Wasserstand (Winter bis April).

Über die Möglichkeit einer Befahrung oberhalb km 12,2 ist nichts bekannt.
12,2 Straßen-Ⅱ D 29 bei **Brillac**, übliche ⬇. Zunächst auf 6 km WW II.
10,1 ⚠ gefährliche Röhren-Ⅱ, rechtzeitig ⬆ und ⏜.
7,4 Straßen-Ⅱ D 80 (Pont Pinot), ab hier deutliche Zunahme der Schwierigkeiten, bis WW IV.
5,6 Straßen-Ⅱ.
~3,0 Beginn des Rückstaus des Wehres bei km 0,8. Eine ⬆ bei les Grangettes (auf der Karte nicht verzeichnet, zu erreichen auf einer Straße, die von der D 82 abzweigt). Über die Möglichkeit einer Weiterfahrt ist nichts bekannt.
0,8 ▬ und ϟ.
0,1 Straßen-Ⅱ D 952, li **Saint-Germain-de-Confolens**.
0,0 ⇩ in Vienne bei km 172,3.

Überarbeitung nach Kartenmaterial.

Gorre

Zentralmassiv

Wildfluss
Mündung in Vienne (li Nebenfluss)

Die Gorre ist zumeist ein leichter, nur auf kurzen Abschnitten mäßig schwerer Wildfluss. Sie verläuft, landschaftlich sehr reizvoll, auf Teilstrecken durch kleine Schluchten, recht einsam, nur wenige Ortschaften, Straßenanbindung nur an den angegebenen Brücken.

Befahrbarkeit:	bis April und nach Regenfällen.
Pegel:	bei der Ⅱ D 675, km 9,0; gutes Wasser bei 50 cm.

Ursprung in etwa 500 m Höhe.
20,5 Straßen-Ⅱ D 102, ⬇ bei gutem Wasserstand. Es folgt eine sehr schöne, erheblich verblockte WW-Strecke in engem Flussbett, WW II-III.
19,0 Straßen-Ⅱ D 102, Wasserzufuhr durch ⇩ eines Baches, ⬇ bei minder gutem Wasserstand, es folgen sehr schöne Schwälle, WW II sowie 5 ▬, gut ≈.
9,0 Straßen-Ⅱ D 675, Pegel. Danach ▬, **X**. Verlauf zunächst durch eine enge Schlucht, hier WW III, danach wieder leichter. 3 weitere ▬, ≈.
0,0 ⇩ in Vienne bei Saillat, km 206,3.

Unveränderte Übernahme.

Briance

Zentralmassiv

Kleinfluss (Gebirgsfluss) GKZ: Fr: L05-0300
Mündung in Vienne (li Nebenfluss)

Die Briance fließt durch eine landschaftlich sehr schöne Gegend, sie ist jedoch sportlich gesehen wenig interessant.

Ursprung:	(45.616111, 1.615278) in ca. 468 m Höhe.
Mündung:	(45.781944, 1.204167) in ca. 205 m Höhe.
Länge:	58 km
Befahrbarkeit:	März, evtl. April oder nach Regenfällen.

27,3 **Traslage**, übliche ⬇ (45.689889,1.395639), Schwierigkeit der folgenden Strecke WW II.
25,9 Wege-Ⅱ.
23,2 Straßen-Ⅱ.
21,2 Straßen-Ⅱ A 20/E 9.
21,0 Straßen-Ⅱ.
20,9 EB-Ⅱ, **Pierre Buffière.** ▬, evtl. ≈ ganz re, unbedingt vorher ansehen.
20,4 Straßen-Ⅱ.
18,9 ▬ Moulin de Richebourg.
14,7 ▬ Moulin Bonaret, **X**.
14,5 Straßen-Ⅱ D 32A. Oberhalb die Ruinen von Chalusset.
10,4 Straßen-Ⅱ D 704, re **Le Vigen**.
8,9 ▬ und Straßen-Ⅱ, re **Solignac**. Über eine Weiterfahrt bis zur Vienne ist nichts bekannt, sie dürfte jedoch wahrscheinlich gut möglich sein.
8,7 ▬.
7,8 ▬.
7,3 Straßen-Ⅱ.
6,7 Straßen-Ⅱ, re **Pont Rompu**.
4,9 ▬ Moulin de Chambon.
4,5 Straßen-Ⅱ.
2,7 ▬.
2,4 ▬.
2,3 Straßen-Ⅱ D 11.
2,0 ▬.
0,4 EB-Ⅱ.
0,3 Wege-Ⅱ.
0,0 ⇩ in Vienne bei km 247,2, dort ▬.

Überarbeitung nach Kartenmaterial.

Taurion

Zentralmassiv

Wildfluss (Gebirgsfluss) GKZ: Fr: L0--0150
Mündung in Vienne (re Nebenfluss)

Der Taurion ist ein landschaftlich sehr schöner Fluss, der jedoch unterhalb von Bourganeuf durch eine Kette von Stauseen völlig verbaut ist, so dass eine Befahrung dieses Teiles nicht mehr in Frage kommt. Fahrbar ist lediglich der Oberlauf bis Bourganeuf. Er ist auf der ganzen Strecke ein interessanter, auf Teilstrecken sehr schwerer Wildfluss.

Ursprung:	(45.787222, 2.043889) in ca. 820 m Höhe.
Mündung:	(45.883889, 1.394444) in ca. 235 m Höhe.
Länge:	108 km
Schwierigkeiten:	km 107–104 WW V.
	km 104–67 WW III–IV abnehmend bis WW II.
Befahrbarkeit:	abhängig vom Wasserablass des ϟ von Lavaud Gélade. Anfang Oktober wird sehr regelmäßig reichlich Wasser abgegeben. Am 1. und 2. Oktober-Wochenende trifft sich hier die WW-Elite Frankreichs. Nach stärkeren Regenfällen ist oft infolge von Mündung von Nebenflüssen eine Befahrung möglich, auch wenn der Stausee kein Wasser abläßt.
Pegel:	Brücke von Chatain, günstig 0,5-0,6 m.
	Wasserführung für Rigole du Diable: Minimum 4 m³/s, Maximum 6 m³/s.

110 ▬ des Stausees von Lavaud-Gélade.

106,5 Ⅱ unterhalb **Rochas**, mögliche ⬇ für die Befahrung der folgenden Extremstrecke.

107 Rigole du Diable. Diese 3 km lange Flussstrecke ist schwerstes Wildwasser mit sehr starkem Gefälle, verwinkelten Abfällen und stärkster Verblockung. Sie ist nur für Spitzenfahrer zu empfehlen. Unbedingt vorher ansehen. Bei einem Pegelstand der Brücke von Chatain von mehr als 0,6 m und einer Wasserführung von mehr als 6 cbm/sec wird die Rigole **X**.

104 Straßen-Ⅱ bei **Chatain**, Pegel. Nachlassen der Schwierigkeiten, jedoch noch immer WW III-IV mit erheblicher Verblockung.

97 Straßen-Ⅱ bei **Banize**. Ab hier WW II-III. Während der nächsten 20 km folgen einige ▬, deren Befahrbarkeit erkundet werden muss.

76 Straßen-Ⅱ D 940A.

67 **Bourganeuf**. Straßen-Ⅱ, ⬆. Kurz unterhalb Bourganeuf beginnt die Kette der Stauseen, die bis zur Mündung in die Vienne reicht.

35 li ⇩ Vige in einen der Stauseen (s. Seite 131).

0 ⇩ in Vienne (km 267,3) oberhalb Limoges.

Unveränderte Übernahme.

Vige

Wildfluss
Mündung in einen Stausee des Taurion, km 35 (li Nebenfluss)

Der Vige ist ein zwar nur kurzer, doch recht interessanter Wildbach des Zentralmassivs. Er verläuft durch schöne Schluchten in einsamer Gegend.

Befahrbarkeit: Frühjahr und nach stärkeren Regenfällen.

Schwierigkeiten: erhebliche Verblockung in engem Flussbett, WW III.

Fahrtstrecke: ⬇ bei der Ⅱ einer kleinen Forststraße unterhalb von Sauviat. ⬆ nach 9 km bei einer der drei Ⅱ zwischen St. Martin Ste. Catherine und der ⇩.

Unveränderte Übernahme.

Combade

Zentralmassiv

Wildfluss – Kleinfluss GKZ: Fr: L00-0300
Mündung in Vienne (li Nebenfluss)

Die Combade ist ein nur mäßig schwerer, Mittelgebirgsfluss im Bereich der Nordabdachung des Zentralmassivs. Zahlreiche Baum- und Strauchhindernisse, mehrere verfallene Wehre, zumeist ≋. Kleinverblockung und Inseln machen die Fahrt interessant.

Ursprung: (45.633889, 1.812778) in ca. 697 m Höhe.

Mündung: (45.786111, 1.553333) in ca. 270 m Höhe.

Länge: 41 km

Befahrbarkeit: häufig noch im Sommer, wegen der Wehre ist jedoch eine Befahrung bei gutem Wasserstand (Frühjahr) vorzuziehen.

24,0 Straßen-Ⅱ D 43 bei **Sussac** (45.667175,1.660824). Davor li ⇩ eines Baches (Abfluss des Stausees Lac Sussac). Gute ⬇. Auf den nächsten km enges windungsreiches Flussbett zwischen Wiesen und Wäldern.
22,6 ■ und Straßen-Ⅱ, Moulin de Chamont.
20,9 ■ und Straßen-Ⅱ, Moulin des Ribières.
16,4 Straßen-Ⅱ D 111.
15,5 Straßen-Ⅱ Moulin des Fontanes.
14,8 Straßen-Ⅱ D111, **Châteauneuf la Forêt**.

14,4 Straßen-Ⅱ. Kurz dahinter lange Flussüberbauung einer Fabrik, keine Sicht. Versperrungsgefahr, ≈, Vorsicht bei HW. Besichtigung und ⌂ re unter dem Fabrikgelände möglich. Es folgen 2 ▬, normalerweise X.

12,7 ▬, X.

11,9 Straßen-Ⅱ.

6,9 Straßen-Ⅱ.

6,4 ▬, X, Moulin de Lacour.

6,3 Straßen-Ⅱ D 211.

5,6 Wege-Ⅱ.

3,3 ▬ und Wege-Ⅱ.

3,1 Straßen-Ⅱ.

3,0 ▬.

2,8 Straßen-Ⅱ D 979. Mögliche ⬆, danach erhebliche Kleinverblockung und Baumsperrungen. Wenig empfehlenswert.

0,1 Straßen-Ⅱ D123.

0,0 ⇩ in Vienne, km 285,8, oberhalb St. Léonard, Straßen-Ⅱ D 39, re dahinter ⬆, Parkmöglichkeit.

Überarbeitung nach Kartenmaterial.

Indre

Zentralmassiv

Wanderfluss (Flachlandfluss) Mündung in Loire (li Nebenfluss)	GKZ: Fr: K7--0260

Der Indre entspringt in den nördlichen Ausläufern des Zentralmassivs, er durchfließt im weiteren Verlauf die liebliche Landschaft des südlichen Loirebeckens zwischen grünen Hügeln und vorbei an mehreren sehenswerten Schlössern.

Ursprung:	(46.433056, 2.18) in ca. 405 m Höhe.
Mündung:	(47.233889, 0.183333) in ca. 30 m Höhe.
Länge:	271 km
Befahrbarkeit:	ab km 40 im Frühjahr, nur für Einer, ab km 51 wahrscheinlich ganzjährig. Eine Befahrung mit F 2 dürfte allerdings erst ab Mündung Indrois, km 186,7, sinnvoll sein.
Schwierigkeiten:	WW I–Zahmwasser. Im Oberlauf Baumhindernisse, sonst Zahmwasser, zahlreiche Wehre, sie sind nur teilweise fahrbar: Die Ufer befinden sich oft in Privatbesitz und dürfen nicht betreten werden, dazwischen weitgehend stehendes Wasser. Unfreundliche Angler. Sperrbezirk bei km 48,9. Von einer Befahrung mit urlaubsmäßig bepackten Booten muss abgeraten werden.
Zeltmöglichkeiten:	am Fluss reichlich vorhanden, mehrere ⛺.

244,1 Straßen-Ⅱ D 51 bei **Nohant** (46.625119,1.960287), mögliche ⬇ bei gutem Wasserstand. Das Flussbett liegt tief, Schwierigkeiten durch umgestürzte Bäume. Bis km 217 folgen 3 ▬ und eine Gefällstufe, ≋. Viele Windungen.
242,5 Straßen-Ⅱ.
241,8 Straßen-Ⅱ.
240,6 Straßen-Ⅱ, re **Ripoton**.
239,2 Straßen-Ⅱ D 69.
238,6 ▬.
237,9 Straßen-Ⅱ, li **Bussière**, re ⇩ Ineraire.
235,2 Straßen-Ⅱ D 49.
231,4 Straßen-Ⅱ D 38, li ⇩ Vauvre, li **Mers-sur-Indre**, weitere Zunahme der Wasserführung, ab hier wahrscheinlich ganzjährig ≋.
227,4 ▬.
227,1 Straßen-Ⅱ D 12A.
224,8 ▬.
224,7 Straßen-Ⅱ.
221,1 ▬.
218,8 ▬.
217,2 Wege-Ⅱ.
217,1 Straßen-Ⅱ D 12, **Ardentes**.
Für die Folgestrecke bis km 128,5 liegt kein Befahrungsbericht vor.
216,7 Straßen-Ⅱ.
215,5 Straßen-Ⅱ D 12C.
212,7 Straßen-Ⅱ und ▬, re **Claviere**.
210,0 Straßen-Ⅱ, re Château de Fougères.
208,6 Straßen-Ⅱ D 943.
205,5 Straßen-Ⅱ D 920, Beginn der Stadtdurchfahrt durch **Châteauroux**. Der Fluss teilt sich mehrmals in mehrere Arme. Die Durchfahrt muss noch erkundet werden.
205,4 ehemaliges ▬.
202,9 ▬ re zum Wehrarm, geradeaus zur Mühle.
202,6 Straßen-Ⅱ D 925.
202,4 EB-Ⅱ.
201,8 li ⇩ Mühlgraben.
199,3 ▬.
198,9 Straßen-Ⅱ Pont Perrin.
198,7 Flussteilung, muss erkundet werden.
198,1 Flussteilung, muss erkundet werden.
197,5 Zusammenfluss der Arme.
197,3 Straßen-Ⅱ.
197,2 Wege-Ⅱ.
197,0 ▬.
196,8 Straßen-Ⅱ.

196,5 Straßen-II, Zentrum von **Châteauroux**.
196,0 ■.
195,4 Straßen-II.
193,2 ■, Ende der Stadtdurchfahrt.
191,6 ■ re zum Wehrarm.
191,0 Straßen-II, re **Saint-Maur**.
189,4 ■ re zum Wehrarm.
188,0 Straßen-II A 20/E 9.
186,2 ■ re zum Wehrarm.
184,9 ■.
183,9 ■.
183,0 ■ re zum Wehrarm.
182,4 Straßen-II D 80, li **Niherne**, re **Surins**.
180,6 EB-II.
179,5 ■ re zum Wehrarm.
177,6 Straßen-II D 27, li **Mehun**, re **Villedieu-sur-Indre**.
173,6 Straßen-II, re **Chambon**.
165,7 Straßen-II, li **Bonneau**.
165,6 ■.
163,6 Straßen-II D 943.
163,3 EB-II.
162,4 ■.
162,2 Straßen-II D 138, re **Buzançais**.
160,9 EB-II.
160,1 Straßen-II, re **Saint-Étienne**.
155,1 ■.
150,3 Straßen-II D 63, li **Saint-Genou**.
149,7 ■.
146,4 ■, re **Palluau-sur-Indre**.
146,0 Straßen-II D 15.
144,4 ■ li zum Wehrarm.
143,7 Straßen-II, re **La Motte**, davor re ⇩ Mühlengraben.
141,5 ■.
141,3 II zur Moulin du Breuil (re).
138,9 Flussteilung. Die Beschreibung geht über den re Arm.
136,5 Straßen-II D 18, re **Le Tranger**.
135,0 EB-II.
134,5 ■ re zum Wehrarm.
133,1 Wege-II.
132,5 ■.
131,8 ■ vor Châtillon, re zum Wehrarm.
128,5 Straßen-II D 975, li **Châtillon**.
128,1 EB-II.
127,4 ■.

119,6 Straßen-Ⅱ, re **Saint-Cyran-du-Jambot**. Der Fluss schlängelt sich in Windungen durch Wiesen.

113,3 Straßen-Ⅱ mit Abfall im Durchlass, 1 m hoch, evtl. ≋ oder li ⏏, re **La Galicherie**.

111,0 Straßen-Ⅱ D 12.

107,9 ▬ Stufe, ≋.

105,5 Straßen-Ⅱ D 89, re **Saint-Germain**.

102,0 ▬, ≋.

101,9 Straßen-Ⅱ, li **Saint-Jean-Saint-Germain**.

97,7 Straßen-Ⅱ D 592, li **Perrusson**. Bis Loches folgen 3 weitere ▬, ≋..

94,4 EB-Ⅱ.

94,0 Straßen-Ⅱ, danach ▬, re ≋ oder li ⏏.

93,5 Straßen-Ⅱ.

93,4 Flussteilung, re über Wehr oder geradeaus. Die Weiterfahrt muss erkundet werden.
Es folgt eine Straßen-Ⅱ, li **Loches**.

91,6 ▬.

91,5 Straßen-Ⅱ D 764.

87,0 Mühleninsel mit ▬ in beiden Armen. li evtl. ≋ oder li ⏏.

86,9 Ⅱ, re **l´Ile Auger**.

83,7 Straßen-Ⅱ D 94, li **Chambourg-sur-Indre**, li ⛺ vor der Ⅱ.

80,0 ▬, evtl. ganz re ≋ oder in Mühlenkanal einfahren, vor der Mühle evtl. durch Schütz ≋ oder re überheben.

79,8 Straßen-Ⅱ D 10, **Azay-sur-Indre**, li ⛺ und Badeplatz.

79,7 re ⇩ Indrois (s. Seite 137).

76,1 ▬, nach Besichtigung ≋, danach Straßen-Ⅱ D 58, li **Reignac-sur-Indre**.

70,8 Straßen-Ⅱ D 83, **Courcay**, danach Mühleninsel, ▬ in beiden Armen, ≋ oder überheben. Danach re ⛺.

66,4 ▬, ≋ oder überheben.

66,2 Straßen-Ⅱ D 943, li **Cormery**, li ⛺.

64,1 ▬ bei **Charentais**.

63,1 Verfallenes ▬ li zum Wehrarm, li breiter Durchlaß, ≋. Im Oberwasser befindet sich nach 200 m ein weiteres ▬ mit restaurierter Mühle und 2 Wasserrädern, re **Vonte**.

61,7 li und re ▬, li Arm benutzen, da re häufig durch Treibholz versperrt.

61,1 Straßen-Ⅱ D 85, re **Esvres**, danach Zusammenfluss der beiden Arme. Bis Veigné 3 weitere ▬, ≋ oder überheben.

60,7 EB-Ⅱ.

60,4 ▬.

57,9 ▬.

56,6 - 56,4 ▬, danach Straßen-Ⅱ, li **Veigné**.

54,4 Mühlen-▬, privat, re ⏏ 30 m.

53,9 Straßen-Ⅱ D 910, **Montbazon**, größerer Ort, nach der Brücke re ⛺.

49,7 Mühlen-▬.

48,9 Straßen-II A10/E5, hier li ⬆ bei der Autobahn-Brücke, daneben li die D 17. Es folgt das Sperrgebiet der Pulverfabrik Ripault, Durchfahrt verboten. Das gesamte Gebiet ist beidseits durch Gitterzäune unzugänglich.

43,2 Straßen-II D 86, darunter Mühlen- ▬, li **Monts**, hier wieder ⬇ nach Umfahren des Sperrgebietes.Auf 4 km folgen 3 ▬, ≋ oder überheben.

42,3 Mühlen- ▬.

39,7 Mühlen- ▬.

39,4 Straßen-II D 17, re **Artannes-sur-Indre**.

37,1 -37,0 Mühlen- ▬, li ≋, Straßen-II D 17, li **Pont-de-Ruan**. Bis Azay-le- Rideau folgen weitere Wehre, ≋ oder überheben.

34,5 Mühlen- ▬, Straßen-II.

33,7 Straßen-II.

33,5 Mühlen- ▬.

33,0 ▬.

31,4 li ▬ zum Wehrarm.

31,3 Straßen-II, danach re ⇩ Mühlkanal.

30,4 Mühlen- ▬.

29,1 Mühlen- ▬.

28,4 Wege-II.

26,6 **Azay-le- Rideau**, mehrere II, Wasserschloss, ⌘. Gute ⬇. ▬, ≋ oder überheben. Danach li Parkplatz.

26,1 Straßen-II D 751.

25,1 EB-II.

24,6 Privatgelände mit ▬, Mitte überheben.

24,0 Straßen-II.

23,8 Straßen-II.

23,1 ▬.

20,1 Mühlen-▬, ≋ wenn Schütz gezogen, sonst li überheben, re **Marnay**. ⚠ Unter allen folgenden II bis zur ⇩ ist mit Steinen zu rechnen!

19,5 Straßen-II D 7.

17,6 Straßen-II D 119.

16,4 Straßen-II.

14,8 Straßen-II.

12,0 Straßen-II.

10,8 Straßen-II.

10,4 re ▬, **X**, überheben oder geradeaus weiterfahren bis li **Rigny-Ussé**. Beim Parkplatz am Schloss gute Gelegenheit zur Beendigung der Fahrt.

9,7 Straßen-II D 16.

7,6 Straßen-II.

5,9 Straßen-II.

2,5 Straßen-II.

0,0 ⇩ in Loire bei km 2109; li Atomkraftwerk.

Überarbeitung nach Kartenmaterial.

Indrois

Kleinfluss GKZ: Fr: K74-0300
Mündung in Indre (re Nebenfluss)

Der Indrois ist ein einsamer Kleinfluss, der sich mit mäßiger Strömung mit einer Breite von etwa 10 m durch Wiesen windet. Er verteilt sich mehrfach in kleinere Arme, die dann teilweise sehr eng und mit Büschen verwachsen sind. Zahlreiche Angler!

Ursprung:	(47.012222, 1.333056) in ca. 160 m Höhe.
Mündung:	(47.210408, 0.946766) in ca. 60 m Höhe.
Länge:	69 km
Befahrbarkeit:	ab km 18,6 bis Juli. Empfehlenswert nur für Einer.

33,4 Straßen-Ⅱ D 760, **Montrésor**, mögliche ⬇ bei gutem Wasserstand. Ruhige Strömung, zahlreiche ▬, zumeist ≋ oder gut zu treideln. Im Sommer stark verwachsen.
32,6 Mühlen-▬.
29,8 Straßen-Ⅱ, li **Chemille-sur-Indrois**, Beginn eines Stausees.
28,5 li ⛺.
27,7 ▬.
27,5 Mühlen-▬ und Straßen-Ⅱ.
26,1 Mühlen-▬.
24,3 Straßen-Ⅱ.
22,3 Mühlen-▬ Le Moulin de Mottage.
21,1 Straßen-Ⅱ.
20,5 Mühlen-▬.
19,0 ▬.
18,6 Straßen-Ⅱ D 764, re **Genillé**, weitere gute ⬇.
17,3 Straßen-Ⅱ.
16,5 ▬, **X**, li ⌓.
15,5 Mühlen-▬ Le Moulin Neuf, evtl. durch Schütz ≋ oder li ⌓.
13,9 Straßen-Ⅱ, danach flach.
12,6 re am ehemaligen Mühlengebäude schmaler Durchlass, ≋, dahinter Treibholz.
11,6 li schmaler Abfluss; wenn durch Treibholz versperrt, entweder ⌓ oder an geeigneter Stelle aus dem Hauptarm in den Nebenarm li ⌓.
11,0 Straßen-Ⅱ.
9,4 Ehem. ▬ bei **Les Piaux**, durch einen schmalen Seitenarm li umfahren.
8,0 ▬, li in das Unterwasser rutschen, dadurch wird ein nach 300 m folgendes Fabrik-▬ umfahren.
7,7 Straßen-Ⅱ D 31, re **Saint-Quentin-sur-Indrois**, danach li ⛺.
6,9 re ➔ Seitenarm, evtl. mit Treibholz versperrt. Bei Weiterfahrt geradeaus nach 300 m ehem. Mühle, danach sehr flach, treideln.

6,3 Zusammenfluss beider Arme.

4,5 Straßen-Ⅱ D 10, re **Chedigny**, li **St. Michel**, nach Möglichkeit einen nach 200 m li abgehenden Seitenarm fahren. Der Hauptarm versickert nach 500 m bei einem ■ völlig. Erst 100 m danach wird dieser Arm durch ⇩ des Seitenarms wieder ≋.

3,1 Mühlen-■ Le Moulin Des Foulons, re ⌓, schmales, verwachsenes Flussbett bis ⇩ eines Seitenarmes.

2,0 ■ bei Morillon, re ⌓, danach re ⇩ eines Seitenarmes, niedrige Ⅱ.

1,8 Ⅱ bei **Morillon**, Flussverzweigungen, geradeaus weiterfahren.

1,1 ■ bei **Manoir de la Follaine**, li ⌓.

0,1 Straßen-Ⅱ.

0,0 ⇩ in Indre bei km 79,7; li **Azay**.

Überarbeitung nach Kartenmaterial.

Cher

Zentralmassiv

Oberlauf: Wildfluss (Gebirgsfluss) GKZ: Fr: K---0090
Unterlauf: Wanderfluss (Flachlandfluss)
Mündung in Loire (li Nebenfluss)

Der Cher durchfließt im Oberlauf ein herrliches, von den Bergen eingerahmtes Tal. Er ist hier ein interessantes Wildwasser unterschiedlicher Schwierigkeit.

Nach einem wegen mehrerer großer Stauanlagen wenig empfehlenswerten Zwischenstück folgt ein längerer Abschnitt mit leichtem Wildwasser. Der Cher ist auch noch im Unterlauf landschaftlich reizvoll. Er ist ab St. Aignan bis Tours kanalisiert. Die Wehre sind unbefahrbar, die dazugehörigen Schleusen bis Chisseaux automatisiert und bis Nitray handbetrieben. Die Fernbedienungsgeräte können in St. Aignan oder für die Aufwärtsfahrt in Chisseaux gemietet werden. Als Wanderfluss kann dieser Abschnitt des Cher jedoch nur bedingt empfohlen werden (s. u.).

Ursprung: (45.921389, 2.473611) in ca. 715 m Höhe.

Mündung: (47.343039, 0.480223) in ca. 38 m Höhe.

Länge: 368 km

km 353,5–321,1 WW II-III, eine Stelle IV.

km 311,1–302,0 WW II und III.

km 300,5–269,2 WW II, wenig zu empfehlen.

km 269,2–151,3 WW I und II.

km 151,3–⇩ WW I - Zahmwasser.

Empfehlenswerte Teilstrecken: km 353,5–321,1 und km 269,2–151,3.

Befahrbarkeit: eine Befahrung ab Auzances ist nur im Frühjahr möglich. Unterhalb des ↯ von Rochebut meist ganzjährig, in trockenen Sommern kann das Wasser jedoch knapp werden.

Zeltmöglichkeiten: am Fluss fast überall sehr schöne ⛺, mehrere 🚐.

353,5 **Auzances**, Straßen-Ⅱ, mögliche ⬇. Es folgen jedoch auf 1 km 2 Stacheldrahthindernisse und 3 Baumversperrungen.

352,5 Wegen der vorausgehenden Hindernisse wird empfohlen, die Fahrt erst hier zu beginnen. Es folgt der schönste Abschnitt des Cher. Befahrung ab hier nur im Frühjahr und nach Regenfällen. Die Folgestrecke ist zumeist WW II-III.

340,5 Straßen-Ⅱ D 25, nach 200 m 2 m hoher Abfall, gut ≋, WW IV. Der Abfall ist von der Straße aus zu sehen, zur näheren Besichtigung durch ein unbewohntes Privatgelände gehen.

339,3 re ⇩ eines Baches.

339,0 Straßen-Ⅱ.

336,3 Straßen-Ⅱ D19/227 bei **Château-sur-Cher**, die folgenden 4 km sind WW II.

336,1 re ⇩ eines Baches.

335,5 ▬.

331,5 ▬ vor Rameau.

331,3 Straßen-Ⅱ D 20/435, **Rameau**, es folgen 6 km WW III, die Flussstrecke ist mäßig stark verblockt.

330,2 ▬.

326,0 Straßen-Ⅱ.

325,8 Straßen-Ⅱ D 915, **Chambonchard**. WW II-I.

324,2 Wege-Ⅱ.

321,1 Straßen-Ⅱ D 50, Beginn des Staus des ↯ von Rochebut, ⬆. Die Fahrt sollte hier unterbrochen werden. Eine Weiterfahrt ist zwar möglich, durch mehrere große Stauanlagen jedoch sehr mühsam und auch touristisch wenig interessant.

315,8 li ⇩ Tardes (s. Seite 152).

313,7 ▬ vom ↯ Rochebut, schwieriges ⌓, jedoch Näheres nicht bekannt.

311,1 ▬ vom ↯ Prat, über ⌓ nichts bekannt. Es folgt auf 9 km eine sehr schöne WW-Strecke WW II und III.

310,9 Straßen-Ⅱ.

310,7 Ⅱ.

310,5 ▬.

309,8 ▬.

308,5 ▬.

306,8 Fußgänger-Ⅱ über eine Schlucht.

306,6 ▬.

305,6 ▬.

304,4 ▬.

303,1 ▬ Le Moulin Brechaille.

302,0 ▬, danach **Lavault-Sainte-Anne**, ↑ bei der Kanubasis, eine Weiterfahrt soll nicht möglich sein.

301,4 ▬ am Ortsende.

301,1 Straßen-Ⅱ D 504.

300,5 ▬, danach EB-Ⅱ. Es folgt li und re **Montluçon**, 60 000 Einwohner, Schloss aus dem 15./16. Jahrh. im Stadtgebiet mehrere Ⅱ und 2 ▬. Ob die Aussage „Erhebliche Verschmutzung durch Abwässer“ noch stimmt, muss überprüft werden, da die Karte eine große Käranlage zeigt.

295,9 Am Ortsende ▬, **✕**. Ab hier Weiterfahrt bedingt zu empfehlen, ↓ unterhalb des ▬. WW I-II.

295,0 ▬, ≋, danach Steg.

293,2 li Kläranlage, kleine Stufe, re ≋.

291,9 Straßen-Ⅱ N 145/E 62.

290,5 Walzen-▬, **✕**, danach Ⅱ D 302,

289,7 Straßen-Ⅱ D 302, re **Saint-Victor**, ⛺ möglich.

287,4 ▬, evtl. li nach Besichtigung ≋, je nach Wasserstand starker Rücklauf, li ⌓ möglich. Es folgt ein Schwall, WW II.

285,1 Straßen-Ⅱ D 114, li **Vaux**.

283,0 ▬, bei NW ≋ li oder li ⌓.

278,0 Straßen-Ⅱ D 70, re **Reugny**.

274,6 Straßen-Ⅱ D 54, re **Forges**, li **Nassigny**, Burg.

\- re Schloss Guerche, li Schloss Nassigny.

272,2 Straßen-Ⅱ A 71/E 11.

269,2 🚐

Es beginnt der touristisch interessanteste Teil des Cher. Man findet hier mehrere Schlösser und Ruinen, der Fluss ist weitgehend naturbelassen mit einer interessanten Vogelwelt. Es gibt hier auch eine sehr große Biberpopulation, zahlreiche sehr schöne Plätze zum freien Zelten, ↓ am 🚐. WW I, mit Schwällen bis WW II.

268,6 Straßen-Ⅱ D 11, li **Vallon-en-Sully**, 🚉.

259,6 Straßen-Ⅱ D 4/D 28, re in ca. 1,5 km Entfernung **Meaulne**.

257,7 re ⇩ Aumance (s. Seite 151).

256,1 Straßen-Ⅱ re le **Vernet**.

253,3 Straßen-Ⅱ D 62/445, re **Urçay**,davor re 🚐.

249,3 Straßen-Ⅱ, li Kieswerk, sehr niedrig ⚠ ⌓ mühsam.

246,5 Straßen-Ⅱ D 1, li 1,5 km entfernt **Ainay-le-Vieil**, Schloss 12. Jahrh. ⌘.

243,8 Ⅱ des Canal du Berry, darunter Schrägstufe mit anschließendem Steilabfall ca. 1 m, bei MW nur in der Mitte des 3. Jochs von re ≋, im Unterwasser der anderen Joche Pfahlreihen und Felsbrocken. Bei NW leichter Rücklauf, evtl. re ⌓.

239,8 Straßen-Ⅱ D 97, re **Drevant** mit Ruinen aus der Römerzeit, ⌘.

233,7 ▬ Stufe.

233,4 Straßen-Ⅱ D 951, li **Orval**, re **Saint-Amand-Montrond**, li Ruinen eines Schlosses.
233,2 re ⇩ Marmande, Straßen-Ⅱ D 300.
227,1 Steinschüttung, WW II, re Noirlac, Abtei 12. Jahrh. ⌘.
222,7 Straßen-Ⅱ D 92, **Bruères-Allichamps**, geographischer Mittelpunkt Frankreichs, 🚐 200 m unterhalb der Brücke re.
220,3 verfallenes ▬, ≋ durch einen Durchlass.
219,7 Straßen-Ⅱ A 71/E 11.
210,0 ▬, re ⌓ 50 m (Zäune) oder li über Mühlengraben 250 m.
215,2 Straßen-Ⅱ D 3, li **Bigny**. Danach li ⇩ Mühlgraben.
209,8 ▬, **X**, li ⌓. Kiosk, Café.
\- Stufe, ≋ oder re ⌓.
206,0 Straßen-Ⅱ D 940, ⚠ Steine, li fahren, re **Châteauneuf-sur-Cher**, 🚐. Schloss.
205,6 re ⇩ Mühlgraben.
203,8 Kiesbankschwall von Corquoi.
200,6 Straßen-Ⅱ.
196,9 Straßen-Ⅱ.
195,9 Automatisches ▬, li ⌓.
193,8 EB-Ⅱ, li **Lunery**, 🚐.
193,1 Straßen-Ⅱ, re **Chanteloup**.
191,8 Automatisches ▬, **X**, gefährlicher Sog zum ▬ ⚠. Aus dem li Arm nach 30 m re ⌓. Bei offenem ▬ (selten) ist es ≋.
190,7 EB-Ⅱ.
188,9 Teilung des Flusses, li Arm fahren, WW II, re Arm **X** ⚠.
186,6 EB-Viadukt.
186,0 ▬, re ≋, li starker Rücklauf ⚠.
185,9 Straßen-Ⅱ N 151, re und li St. Florent-sur-Cher, alle Möglichkeiten. Nach der Ⅱ re Schloss, danach Park, ⛺-Möglichkeit.
180,1 Straßen-Ⅱ D 16, re **Villeneuve-sur-Cher**, 🚐.
175,5 Straßen-Ⅱ.
173,2 Straßen-Ⅱ D 23, re **Sainte-Thorette**, ⛺-Möglichkeit.
171,0 Straßen-Ⅱ D 113, li **Preully**.
164,8 Straßen-Ⅱ D 20, li **Quincy**, 🚐. Auf der Folgestrecke mehrere Stromschnellen und Felsstufen. Bei NW Steine, sonst WW I.
160,0 Straßen-Ⅱ D 30.
158,2 li **Brinay**.
152,8 EB-Ⅱ, in scharfer Rechtsbiegung. Schwall mit Felsbrocken, evtl. ansehen.
152,2 Straßen-Ⅱ D 32.
151,3 Stromschnellen von **Bellon**, WW II, li 🚐. Gute Gelegenheit zur Beendigung der Fahrt.
Straßen-Ⅱ, 500 m danach Felsstufe, evtl. ≋ oder li treideln oder überheben, re verblockt,
149,8 ▬ 0,5 m, li ⌓.

149,5 Straßen-Ⅱ, dahinter flach, li u. re **Vierzon**.
149,2 Straßen-Ⅱ D 2020.
148,8 re ⇩ Yèvre (s. Seite 149) und 2 ▬ 0,5 m, ≋.
147,5 Autobahn-Ⅱ A20/E9.
145,0 li ⇩ Arnon (s. Seite 147).
138,3 Insel, li Arm bei NW Arm flach, vor re Arm Pfahl-▬, ≋, aber ⚠.
136,5 Zusammenfluss beider Arme.
133,2 Straßen-Ⅱ D 19, re **Thénioux**, davor re ⛺.
131,2 Straßen-Ⅱ D 37A, re **Chartres-sur-Cher**, davor re ⛺.
130,4 ▬, X, li 300 m weit ⌓.
128,0 Straßen-Ⅱ D 37, re **Mennetou-sur-Cher**.
127,5 re ⛺, verdeckt.
119,0 verfallenes ▬, ≋. Ab hier bis km 95 wechseln viele flache Flussschnellen mit ruhig fließenden Abschnitten.
118,0 Straßen-Ⅱ D 922, li **Saint-Julien-sur-Cher**, re **Villefranche-sur-Cher**.
107,1 Straßen-Ⅱ D 4/128, li **Chabris**.
106,5 EB-Ⅱ.
95,4 Straßen-Ⅱ D 956A.
94,8 Straßen-Ⅱ, **Selles-sur-Cher**, Schloss, re 🚂.
90,5 re ⇩ Sauldre (s. Seite 143).
88,7 Straßen-Ⅱ, re **Châtillon-sur-Cher**, re vor der Brücke ⛺.
86,3 li ⇩ Fouzon.
84,8 re **Les Martinières**.
79,0 Beginn des Rückstaus des ▬ von St. Aignan. re ⇩ Canal du Berry, **Noyers-sur-Cher**.
78,0 re ab ▬ mit Gitter-Steg; falls im Unterwasser genügend Wasser, li ⌓. Sonst geradeaus am re Ufer weiter und vor der Ⅱ re an der ⧖-Kammer vorbei ⌓.
77,7 Straßen-Ⅱ D 675, darunter ▬, Beginn der automatischen ⧖-Anlagen, ⧖ re, li **Saint-Aignan**, re 🚂.
76,9 Zusammenfluss beider Arme.
74,8 re **Véret**, danach ▬, X, re ⧖, re über Treppen 100 m ⌓.
73,0 li **Mareuil**, ⛺.
72,3 Straßen-Ⅱ A 85.
71,2 ▬, X, re ⧖, re über Treppe 100 m ⌓.
69,3 Straßen-Ⅱ D 976.
68,8 Straßen-Ⅱ D 172, re **Thésée**, 🚂.
67,5 ▬, X, re ⧖.
63,8 ▬, X, re ⧖, re über Treppe 100 m ⌓.
63,2 Straßen-Ⅱ D 158.
62,2 re **Bourré**.
61,1 ▬, X, re ⧖, re über Treppe 100 m ⌓.
59,1 Straßen-Ⅱ D 764, **Montrichard**, 🍴, 🛒.
58,2 ▬, X, re ⧖, re ⌓, mühsam.

54,7 Straßen-Ⅱ D 27, re davor 🚐, li **Georges-sur-Cher**, re **Chissay-en-Touraine**, 🛤, Schloss.
54,5 Am Ortsende ▬, **X**, re ⇅, re ⌓, mühsam.
51,4 ▬, **X**, re ⇅, re ⌓. Ende der automatisch betriebenen ⇅.
51,2 **Chisseaux**, re Rastplatz mit WC. Schöner ⛺, 200 m bis 🛤.
50,8 Straßen-Ⅱ D 80.
49,8 **Chenonceau**, Schloss, als Brücke quer über den Fluss gebaut.
47,8 ▬, **X**, re ⇅, handbetrieben, li ⌓.
47,4 Straßen-Ⅱ D 81.
44,0 ▬, **X**, ⇅, handbetrieben, li ⌓, davor li ⛺.
43,6 Straßen-Ⅱ D 31F, li **Bléré**, re **La-Croix-en Touraine**, 🛤.
42,1 Straßen-Ⅱ D 31.
40,1 ▬, **X**, re ⇅, handbetrieben, re ⌓.
37,1 Straßen-Ⅱ D 83, li **Chandon**, danach re 🚐.
36,0 ▬, **X**, li ⇅, außer Betrieb, re alte Mühle, li ⌓ über Treppen, li **Nitray**.
33,5 li Schloss.
32,5 Straßen-Ⅱ, danach 🚐, **Acay-sur-Cher**.
31,0 ▬, **X**, re letzte der handbetriebenen ⇅, re ⌓.
29,7 li 🚐.
28,8 Straßen-Ⅱ D 85, li **Veretz**.
27,2 Straßen-Ⅱ.
26,0 ▬, **X**, überheben oder ⌓.
21,1 Straßen-Ⅱ A 10, davor Regatta-See und li 🚐, danach Insel, in beiden Armen ▬, **X**, re ⌂ des Club Canöe Kayak Tours und Tours Aviron Club. Der Cher fließt am südlichen Stadtrand von Tours, parallel zur Loire, ca. 3 km entfernt, mehrere Ⅱ.
11,9 re Schräg-▬, li an der Spitze der Insel ⌓ oder überheben, li le Grand-Moulin. Am Ende der Insel bei der Mühle starker Schwall.
5,6 Savonnieres, li 🚐, danach ▬, **X**, li ⌓. Ab hier Fahrt zwischen Deichen.
5,4 Straßen-Ⅱ.
0,0 ⇩ in die Loire bei km 237,8.

Überarbeitung nach Kartenmaterial.

Sauldre

Kleinfluss - Wanderfluss – Flachlandfluss GKZ: Fr: K6--0250
Mündung in Cher (re Nebenfluss)

Die Sauldre, im Oberlauf auch Grande Sauldre genannt, durchfließt eine ansprechende Landschaft. Das ehemals sumpfige Tal ist gut aufgeforstet worden. Der Fluss soll sehr fischreich und das Tal sehr wildreich sein. Die Befahrung des Sauldre ist streckenweise durch Buschwerk und Bäume sehr stark behindert.

Zahlreiche Wehre, die zumeist leicht zu treideln sind, einzelne sind fahrbar, bei wenigen ist leichtes umtragen erforderlich. Genauere Unterlagen fehlen teilweise.

Ursprung:	(47.251389, 2.676667) in ca. 270 m Höhe.
Mündung:	(47.273056, 1.511667) in ca. 70 m Höhe.
Länge:	181 km
Schwierigkeiten:	WW I - Zahmwasser.
Befahrbarkeit:	Oberlauf nur bei sehr gutem Wasserstand (Februar-April und ab Oktober), ab km 153,8 meist ganzjährig, außer in ungewöhnlich trockenen Sommern.
Pegel:	Ⅱ Brinon sur Sauldre, km 105,7. Gute Befahrbarkeit bei 30 cm.
Zeltmöglichkeit:	zahlreiche schöne Plätze am Fluss, durch sumpfiges Gelände teilweise behindert.

170,4 Straßen-Ⅱ D 85, Schloss Boucard, mögliche ⬇ bei sehr gutem Wasserstand. Die Sauldre ist hier ein kaum 4 m breiter Kleinfluss, erhebliche Behinderung durch Strauch- und Baumhindernisse.

168,0 ▬.

167,1 Straßen-Ⅱ D 55.

163,4 Straßen-Ⅱ D 89. Auf der Folgestrecke angeblich weniger Strauchhindernisse.

159,9 Straßen-Ⅱ.

159 Der Fluss wird etwas breiter.

157,8 ▬.

153,5 **Vailly sur Sauldre**, Mühlen-▬ oberhalb der Straßen-Ⅱ D 923.

149,9 **Barlieu**, Straßen-Ⅱ D 95, danach Mühlen-▬, li ≈ oder li ⌓.

146,6 Mühlen-▬, **X**, ⌓.

145,2 Straßen-Ⅱ D 22, li **Concressault**.

145,0 ▬.

141,2 ▬.

137,6 Straßen-Ⅱ D 30, **Blancafort**, re auf der Höhe Schloss, 15. Jahrh.

129,8 Straßen-Ⅱ.

127,9 Straßen-Ⅱ D 940, **Argent-sur-Sauldre**, mögliche ⬇.Vor der Ⅱ Schloss, ⛺-Möglichkeit.

127,2 EB-Ⅱ.

117,4 ▬.

116,5 Wege-Ⅱ.

113,6 der 1. Arm führt zur Mühle, der 2. Arm ist ≈, kleiner Schwall.

113,3 li ⇩ Néré (s. Seite 146).

113,0 Straßen-Ⅱ D 7, re **Clémont**.

105,7 Straßen-Ⅱ D 932, ☰, **Brinon-sur-Sauldre**, danach ▬, li nach der Brücke einfacher ⛟.
Auf den folgenden 20 km ist bei starker Strömung mit sehr zahlreichen Baumhindernissen zu rechnen, bei einer Befahrung musste hier 25mal überhoben werden, eine Strecke nur für K 1 ⚠.

104,8 Straßen-Ⅱ.
96,0 Straßen-Ⅱ D 126B, re großer ⛺.
91,3 ▬, **X**, li ⌂, re Privatgelände.
89,3 Straßen-Ⅱ D 126, li Pierrefitte-sur-Sauldre. Bis km 19,0 keine Einzelheiten bekannt.
80,8 Straßen-Ⅱ.
80,5 ▬.
80,1 Wege-Ⅱ.
77,6 ▬.
73,2 li ⇩ Petite Sauldre (s. Seite 146).
73,0 Straßen-Ⅱ.
70,8 Wege-Ⅱ.
70,5 ▬.
70,4 Wege-Ⅱ.
69,0 Wege-Ⅱ.
68,4 Straßen-Ⅱ D 2020, **Salbris**.
68,0 EB-Ⅱ.
66,7 ▬.
64,9 Straßen-Ⅱ A 71/E 9.
64,5 Wege-Ⅱ.
60,0 Straßen-Ⅱ D 60.,
54,2 Straßen-Ⅱ D 73, **La-Ferté-Imbault**.
50,8 Straßen-Ⅱ D 724.
50,6 EB-Ⅱ außer Betrieb.
49,4 Straßen-Ⅱ D 123, **Selles-Saint-Denis**.
47,7 Straßen-Ⅱ.
47,1 ▬.
36,3 Straßen-Ⅱ, li **Les Roches**.
33,5 ▬.
31,7 Wege-Ⅱ.
31,0 Straßen-Ⅱ D 49A, re **Villeherviers**.
30,5 ▬.
28,6 ▬.
27,0 Straßen-Ⅱ D 922A.
26,7 ▬.
26,3 Straßen-Ⅱ, **Romorantin**, größere Stadt.
26,2 ▬.
25,9 Straßen-Ⅱ, EB-Ⅱ.
25,3 ▬.
24,6 ▬.
24,2 Straßen-Ⅱ D 765.
22,0 Straßen-Ⅱ A 85/E 604.
21,5 ▬.

19,0 Straßen-II D 20, **Pruniers-en-Sologne**. Die Sauldre ist hier ein gut 20 m breiter Fluss, keine Baumhindernisse mehr, gut auch mit Zweiern zu befahren.
8,4 Verfallenes ▬ bei Turpinay, leicht zu umfahren.
7,9 Straßen-II, li **Turpinay**.
5,8 Straßen-II.
3,2 Verfallenes ▬, gut zu umfahren.
2,7 Verfallenes ▬, gut zu umfahren.
2,5 Straßen-II D 976, gute Stelle zur Beendigung der Fahrt.
2,3 EB-II.
0,2 Kanal-II des Canal du Berry (nicht mehr benutzter Seitenkanal des Cher).
0,0 ⇩ in Cher bei km 90,5.

Überarbeitung nach Kartenmaterial.

Petite Sauldre

Kleinfluss GKZ: Fr: K63-0300
Mündung in Grande Sauldre bei km 73,2 (li Nebenfluss)

Ursprung: (47.243056, 2.528889) in ca. 240 m Höhe.

Mündung: (47.449444, 2.081111) in ca. 100 m Höhe.

Länge: 63 km

Empfohlene Teilstrecke: II la Chapelle d´Angillon-Souesmes, 20 km.

Befahrbarkeit: wahrscheinlich ganzjährig.

Schwierigkeiten: zu Beginn der Strecke einzelne Baum- und Strauchhindernisse. Der Fluss wird bald breiter, dann kaum mehr Schwierigkeiten, 1 ▬, X, ≏.

Eine Weiterfahrt unterhalb Souesmes, 12 km bis zur ⇩, soll gut möglich sein, jedoch keine gesicherten Unterlagen.

Unveränderte Übernahme.

Nére (Sauldre)

Kleinfluss GKZ: Fr: K633400A
Mündung in Grande Sauldre bei km 113,3 (li Nebenfluss)

Ursprung: (47.365, 2.611944) in ca. 340 m Höhe.

Mündung: (47.564167, 2.307222) in ca. 140 m Höhe.

Länge: 37 km

Eine Befahrung der Néré bietet nur geringe Schwierigkeiten.

Befahrbarkeit: nur bei sehr gutem Wasserstand.

Fahrtstrecke: Chateau de la Verrerie - ⇩, 21 km.

Unveränderte Übernahme.

Arnon (Cher)

Kleinfluss – Wanderfluss GKZ: Fr: K6--0240
Mündung in Cher (li Nebenfluss)

Der Arnon, ein Fluss der Nordabdachung des Zentralmassivs, ist ein sehr einsamer, naturbelassener Fluss. Mehrere Schlösser am Fluss.

Ursprung:	(46.419167, 2.243333) in ca. 455 m Höhe.
Mündung:	(47.217222, 2.011111) in ca. 96 m Höhe.
Länge:	151 km
Schwierigkeiten:	Zahmwasser, jedoch Behinderung durch zahlreiche im Fluss liegende Bäume, nur für K 1.
Befahrbarkeit:	ab km 129,8 nur im Frühjahr; ab km 77 meist ganzjährig.
Pegel:	Ⅱ D 236 (⬇); günstig 20 cm.

129,8 Straßen-Ⅱ D 236, ≣, ⬇ bei sehr gutem Wasserstand unterhalb des ▬. Kurz danach Beginn der Gorges de l´Arnon. Der Fluss ist sehr schmal, Baumhindernisse.
125,0 Straßen-Ⅱ, li **Culan**.
124,7 Straßen-Ⅱ D 963.
124,6 EB-Ⅱ.
121,4 Straßen-Ⅱ D 997.
119,6 Ende der Schlucht, ▬ und Straßen-Ⅱ D 62, **Saint-Christophe-le-Chaudry**.
116,7 Straßen-Ⅱ.
111,7 Ⅱ.
108,7 Straßen-Ⅱ, **Loye-sur-Arnon**, der Fluss wird breiter, doch weiterhin viele Bäume im Fluss.
108,1 ▬.
106,2 historische Ⅱ.
103,5 Straßen-Ⅱ D 38.
101,4 Straßen-Ⅱ D 112.
100,5 Straßen-Ⅱ.
98,4 ▬.
97,9 Wege-Ⅱ.
95,8 Straßen-Ⅱ D 3.
92,9 Wege-Ⅱ.
90,8 ▬.
89,9 Straßen-Ⅱ D 69.
89,0 Wege-Ⅱ.

87,2 Wege-Ⅱ.
84,7 Straßen-Ⅱ.
80,2 Straßen-Ⅱ, li **Saint-Hilaires-en-Lignières**.
79,9 ▬.
78,9 Wege-Ⅱ.
78,4 ▬.
78,0 Teilung des Flusses, li Arm fahren. Nach 500 m weitere Flussgabelung, über ▬ in re Arm ⌓.
77,0 Straßen-Ⅱ D 940, **Lignières**, Schloss, ⌘. Mögliche ⬇ bei minder gutem Wasserstand.
70,8 ▬, li **La-Celle-Condé**.
70,7 Straßen-Ⅱ D 129. Der Arnon verläuft mit vielen Windungen durch offenes Gelände mit Wiesen.
70,2 ▬.
64,3 ▬.
64,0 Straßen-Ⅱ, re **Saint-Baudel**.
62,4 ▬.
58,8 Straßen-Ⅱ.
57,0 ▬.
56,0 ▬.
55,3 Straßen-Ⅱ D 3.
54,3 Beginn des Stausees.
52,8 Staudamm des Stausees von Mareuil, li 50 m weit ⌓. Weiterhin noch einzelne Bäume im Fluss. ⚠ Auf den nächsten 8 km auf keinen Fall re aussteigen, die Eigentümer verteidigen ihren Besitz mit Gewehren und Hunden!
51,0 Straßen-Ⅱ D 14.
49,6 ▬.
47,5 Straßen-Ⅱ.
44,7 ▬.
43,5 ▬.
43,1 Straßen-Ⅱ D 84, **Saint-Ambroix**.
41,8 ▬.
41,3 ▬.
38,6 ▬.
37,2 Straßen-Ⅱ D 149, li **Saugy**.
36,3 ▬.
35,5 ▬.
34,5 Straßen-Ⅱ.
34,2 Straßen-Ⅱ N 151, **Charost**.
31,3 ▬.
31,1 Straßen-Ⅱ, li **Saint-Georges-sur-Arnon**, keine Bäume mehr im Fluss..
30,0 ▬.
27,8 Wege-Ⅱ.

27,6 ■.
25,9 ■.
25,8 Straßen-Ⅱ D 190, li **Migny**.
24,3 Wege-Ⅱ.
24,1 ■.
21,7 Straßen-Ⅱ.
20,6 ■.
19,9 li ⇩ eines Flusses.
18,1 Straßen-Ⅱ D 918, li **Reuilly**.
17,1 ■.
16,1 ■.
13,4 Wege-Ⅱ.
12,9 Straßen-Ⅱ D 68, re **Lury-sur-Arnon**.
12,4 ■.
11,2 EB-Ⅱ.
10,5 Wege-Ⅱ.
9,8 ■.
7,9 Straßen-Ⅱ D 18E.
3,7 ■.
3,2 Straßen-Ⅱ A 20/E 9.
2,7 Straßen-Ⅱ D 2020, li **Saint-Hilaire-de-Court**.
1,5 ■.
1,2 Straßen-Ⅱ.
0,0 ⇩ in Cher bei km 145,0.

Überarbeitung nach Kartenmaterial.

Yèvre

Kleinfluss - Wanderfluss (Flachlandfluss) GKZ: Fr: K5--0230
Mündung in Cher (re Nebenfluss)

Die Yèvre ist, neben dem Arnon, der wohl größte Zufluss zum Cher. Sie verläuft als ruhiger Wanderfluss ohne besondere Schwierigkeiten durch eine ansprechende Landschaft. Mehrere sehenswerte Städte und Schlösser liegen an ihrem Lauf.

Ursprung:	(47.137778, 2.748056) in ca. 185 m Höhe.
Mündung:	(47.219167, 2.059444) in ca. 100 m Höhe.
Länge:	81 km
Befahrbarkeit:	Oberlauf (oberhalb Bourges) Frühjahr bis März und nach stärkeren Regenfällen. Unterlauf meist ganzjährig. Eine Durchfahrt durch Bourges ist nicht möglich.

63,1 **Terrieux**, ⬇ bei gutem Wasserstand am li Ufer. Die Yèvre ist zunächst ein enger Kleinfluss. Kurz nach der ⬇ niedriger Steg!

58,4 Straßen-Ⅱ D 66, **Villebœuf**.

55,6 EB-Ⅱ.

53,5 EB-Ⅱ.

52,8 Flussteilung, re Arm fahren. Der Fluss wird breiter.

51,9 Straßen-Ⅱ D 46, li **Osmoy**.

48,8 Straßen-Ⅱ.

48,0 Straßen-Ⅱ, re **Saint-Germain-du-Puy**. Die Fahrt wird am besten hier unterbrochen, eine Durchfahrt durch Bourges ist wegen gefährlicher Mühlen und niedriger Stege mit sehr schlechter ⌓-Möglichkeit kaum möglich. Auf keinen Fall versäumen, Bourges zu besuchen. Die Kathedrale ist wohl eines der schönsten Bauwerke der frühen Gotik; aber auch viele weitere Sehenswürdigkeiten.

39,6 Im Stadtbereich von **Bourges** li ⇩ Auron (s. Seite 151).

28,6 Straßen-Ⅱ D 160, **Marmagne**, Schloss, ⬇ für die Befahrung des Unterlaufs.

27,4 Wege-Ⅱ.

23,2 ▬, li **Beauvoir**.

20,4 Abbiegen in re Arm.

20,0 ▬.

19,9 Straßen-Ⅱ D 20, **Mehun-sur-Yèvre**, Schloss, ⌘. Kanuclub beim Schloss.

19,6 Straßen-Ⅱ D79E.

18,4 ▬.

14,6 Wege-Ⅱ.

13,3 Straßen-Ⅱ D 30.

5,4 Straßen-Ⅱ Autobahnauffahrt, re ⇩ Barangeon (s. Seite 151).

5,1 Straßen-Ⅱ A 71/E 11.

4,6 ▬, je nach Wasserstand ≋ oder ⌓.

4,5 Wege-Ⅱ.

3,9 Straßen-Ⅱ D 60.

3,2 EB-Ⅱ.

1,3 ▬,**Vierzon**. Gute Gelegenheit zur Beendigung der Fahrt. Mündung des Canals de Berry.

0,9 Straßen-Ⅱ.

0,8 Straßen-Ⅱ.

0,5 Schützen-▬.

0,3 Straßen-Ⅱ D 2020.

0,0 ⇩ in Cher bei km 148,8.

Überarbeitung nach Kartenmaterial.

Barangeon

Kleinfluss
Mündung in Yèvre bei Vierzon, km 5,4 (re Nebenfluss)

Der Barangeon ist ein ruhiger Kleinfluss, keine besonderen Schwierigkeiten. Er durchquert in seinem Oberlauf den großen Forst von Vierzon.

Befahrbarkeit: Frühjahr bis Mai.

Fahrtstrecke: ⬇ Ⅱ D 944 bei **Neuvy sur Barangeon**, 28 km bis ⇩ in Yèvre bei Vierzon.

Unveränderte Übernahme.

Auron

Kleinfluss
Mündung in Yèvre bei km 39,6 (li Nebenfluss)

Der Auton ist ein Kleinfluss, der vor allem in seinem Unterlauf, unterhalb Plaimpied-Givaudis, infolge von Baumhindernissen etwas mühsam zu befahren ist.

Befahrbarkeit: Herbst und Frühjahr bis April, später nach Regenfällen.

Fahrtstrecke: ⬇ Ⅱ Bannegon. Nach 20 km Dun sur Auton mit ▬, **X**, ⌓. Nach insgesamt 42 km Ⅱ von Plaimpied, mögliche ⬆, auf der Folgestrecke zahlreiche Baum- und Strauchhindernisse. 49 km nach dem Start Stausee „Val d´Auton“, die Fahrt muss hier beendet werden, eine Weiterfahrt durch Bourges bis zur ⇩ ist nicht möglich.

Unveränderte Übernahme.

Aumance

Wildfluss – Kleinfluss GKZ: Fr: K53-0300
Mündung in Cher (re Nebenfluss)

Die Aumance ist ein Fluss der Nordabdachung des Zentralmassivs. Auf weiten Strecken ein Kleinfluss mit Wehren und Strauchhindernissen, wird sie in kurzem Schluchtbereich zum interessanten Wildwasser.

Ursprung: (46.431389, 3.040278) in ca. 390 m Höhe.

Mündung: (46.596667, 2.604167) in ca. 164 m Höhe.

Länge: 56 km

Schwierigkeiten: km 31,6–23,9 WW I, Kleinflusshindernisse.
km 23,9–18,2 WW II und III (IV).

km 18,2–0,0 WW I.

Befahrbarkeit: Frühjahr und nach stärkeren Regenfällen.

Pegel: II von Hérisson, km 18,2; Minimum 20 cm; günstig zwischen 30 und 60 cm. Bei mehr als 60 cm ist in den Wehren mit gefährlichem Rücklauf zu rechnen.

31,6 **Cosne d´Allier**, ⬇, bei schneller Strömung ist mit Buschhindernissen zu rechnen.
28,8 Straßen-II D 16.
28,6 li ⇩ eines Baches, der ebenfalls von Cosne d‘ Allier kommt und laut Karte wasserreicher ist.
24,0 ▬.
23,9 Straßen-II, Pont de Viralet, Mühle. Es folgt eine schöne Schlucht, zumeist WW II und III; ein Abfall WW IV mit gefährlichem Rücklauf.
20,3 ▬.
19,4 ▬.
18,5 ▬.
18,2 Straßen-II D 3, **Hérisson**, Pegel, ⬇, wenn die vorausgehenden Schwierigkeiten vermieden werden. Bis zur ⇩ folgen 7 ▬, zumeist ≋, Achtung auf Rücklauf bei HW.
17,8 Wege-II.
17,5 ▬.
17,3 Straßen-II.
16,0 ▬.
15,4 Straßen-II.
12,6 Wege-II.
11,7 ▬.
10,0 Straßen-II D 110.
8,8 Straßen-II.
6,0 ▬.
5,1 Straßen-II und weitere II.
0,8 Straßen-II D 2144, re **Meaulne**.
0,6 ▬.
0,0 ⇩ in Cher bei km 257,7.

Überarbeitung nach Kartenmaterial.

Tardes

Zentralmassiv

Wildfluss – Gebirgsfluss GKZ: Fr: K51-0300
Mündung in den Stausee des Cher (li Nebenfluss)

Der Tardes fließt durch die Ausläufer des Zentralmassivs in sehr schönen Waldschluchten.

Ursprung:	(45.886944, 2.424167) in ca. 750 m Höhe.
Mündung:	(46.238333, 2.514444) in ca. 290 m Höhe.
Länge:	77 km
Schwierigkeiten:	Er ist auf der gesamten Strecke ein interessantes Wildwasser. km 35,1–9,5 WW II–III.
Befahrbarkeit:	März bis Mai.
Zeltmöglichkeiten:	am Fluss nur wenige, aber sehr schön.

35,1 **Bonlieu**, ⬇ bei der Straßen-Ⅱ der D 4. Zunächst idyllisches Wiesenflüsschen, mehrere Mühlen-▬, meist gut ≈.
34,0 Abtei von Bonlieu, Kaskade, **X**, li ⏜ leicht. Es folgt leichtes bis mäßig schweres Wildwasser.
30,1 ▬.
29,9 Straßen-Ⅱ.
29,4 Straßen-Ⅱ D 65.
27,2 Straßen-Ⅱ, Moulin de Lavaud.
26,5 ▬.
25,4 Straßen-Ⅱ, re **Tardes**.
25,2 ▬.
23,4 ▬.
23,3 Straßen-Ⅱ, danach kleiner Stausee mit 20 m hoher Staumauer. Vorsicht, nicht an die ▬-Krone heranfahren, li ⏜, leicht. Das Wasser stürzt in eine Granitschlucht, zunächst kanalartig eng, später weiter. In der Schlucht noch eine verwinkelte Stufe, WW III.
20,2 Straßen-Ⅱ.
20,1 ▬.
19,9 ▬.
18,5 ▬.
16,7 Straßen-Ⅱ D 41, re **Thaury**.
16,4 ▬.
15,8 ▬.
15,4 li ⇩ Voueize (s. Seite 154).
14,8 Straßen-Ⅱ D 915, li **Chambon-sur- Voueize**.
14,6 ▬.
13,4 Wege-Ⅱ.
12,2 ▬.
11,8 ▬.
11,6 EB-Ⅱ (Viadukt).
9,5 Straßen-Ⅱ D 996 bei **Evaux-les-Bains**, hier ⬆. Bei versehentlicher Weiterfahrt gelangt man in den Stausee und hat hier auf langer Strecke keine Gelegenheit zum ⬆.
9,3 ▬.

- \- Beginn des Rückstaus des Stausees.
- 0,8 Straßen-Ɪɪ.
- 0,0 ⇩ in den Stausee von Rochebut (Cher, km 315,8).

Überarbeitung nach Kartenmaterial.

Voueize

Wildfluss
Mündung in Tardes bei Chambon, km 15,4 (li Nebenfluss)

Wie sein Stammfluss, der Tardes, ist auch die Voueize ein interessanter Wildbach des nördlichen Zentralmassivs. Sie verläuft, völlig einsam, durch Waldschluchten. Als Wildwasser ist sie sehr unterhaltsam, mit ununterbrochenen Schwällen, WW II-III.

Befahrbarkeit: zeitig im Frühjahr.

Fahrtstrecke: Straßen-Ɪɪ D 55 bei Lussat-Chambon, 12 km.

Unveränderte Übernahme.

Cisse

Kleinfluss (Flachlandfluss)
Mündung in Loire bei km 262,7 (re Nebenfluss)

Über die Cisse liegt bisher nur eine Beschreibung einer 19 km langen Teilstrecke zwischen St. Lubin und Chouzy vor. Sie fließt hier mit geringer Strömung am Rande des Forêt de Blois durch eine richtige Wildnis. 4 Wehre konnten befahren, 9 weitere Wehre sowie mehrere niedrige Steg mussten kurz umtragen werden. Da die Cisse durch sehr viele parkartige oder verwilderte Privatgrundstücke führt, hatten die Befahrer mehrfach erhebliche Schwierigkeiten mit den Eigentümern. Aus diesem Grund raten sie von einer Befahrung dieser Teilstrecke ab. Der Wasserstand war noch Anfang Juli ausreichend.

Auf der etwa 40 km langen Reststrecke verläuft die Cisse nur wenig nördlich der Loire parallel zu dieser in der Loireniederung. Sie ist hier ein schöner, einsamer Fluss. Es soll möglich sein, bei NW die Cisse von ihrer ⇩ aus flussaufwärts zu befahren. An mehreren Stellen ist die Loire ganz nahe, so dass es mit einem mitgeführten Bootswagen keine Schwierigkeiten bereitet, zur Loire zu karren und auf dieser zum Ausgangspunkt der Tour zurückzufahren. Als Umtragstellen zur Loire kommen in Frage die Brücken über die Cisse bei Limeray, Monteaux, Onzain und Chouzy.

Unveränderte Übernahme.

Beuvron (Loire)

Kleinfluss (Flachlandfluss) GKZ: Fr: K4--0220
Mündung in Loire (li Nebenfluss)

Der Beuvron ist ein Kleinfluss, der südlich von Orléans etwa parallel zur Loire mit ruhiger Strömung durch eine einsame, reizvolle Landschaft zieht. Nach älteren Unterlagen finden sich am Beuvron zahlreiche Mühlen-Wehre, die jedoch durchweg entweder fahrbar oder leicht zu umtragen sind. Neue, genauere Unterlagen bestehen lediglich für den Abschnitt von km 86-126.

Ursprung:	(47.5825, 2.484444) in ca. 180 m Höhe.
Mündung:	(47.493333, 1.241389) in ca. 63 m Höhe.
Länge:	115 km
Schwierigkeiten:	WW I – Zahmwasser. Baum- und Strauchhindernisse sowie Behinderungen durch Schilf, insbesondere später im Jahr.
Befahrbarkeit:	Oberlauf bis Ende Mai, Unterlauf bis Frühsommer. Mitte Juli muss bereits mit Grundberührungen und Treidelstrecken gerechnet werden.
Wasser:	moorig-sauber.
Zeltmöglichkeit:	⛺ in Bracieux, Celettes und an der Loire bei Chaumont.
Pkw:	Straße nur im Unterlauf neben dem Fluss.

70,8 Straßen-Ⅱ D 2020, **Lamotte-Beuvron**, mögliche ⬇ im Frühjahr, jedoch keine genaueren Unterlagen.
70,7 EB-Ⅱ.
70,4 Straßen-Ⅱ.
69,4 Straßen-Ⅱ.
67,4 Straßen-Ⅱ A 71/E 9.
64,1 ▬.
63,9 Straßen-Ⅱ D 48.
61,1 Straßen-Ⅱ D 123.
56,4 Wege-Ⅱ.
54,0 Straßen-Ⅱ D 922, li **La Ferté-Beauharnais**.
50,5 Straßen-Ⅱ D 923, re **Neung-sur-Beuvron**.
50,0 ▬.
45,5 Wege-Ⅱ.
44,9 ▬ Mühle Gauchière, ⬇ für eine Befahrung bis Frühsommer. Anfahrt über D 923 und einen Feldweg. Flussbreite hier 5 m. Es folgt ein naturbelassener Abschnitt mit Baumhindernissen in einer abgelegenen Gegend.
42,3 Wege-Ⅱ.

38,2 Straßen-Ⅱ D 13.
32,2 ▬, **X**, leichtes ⌓.
32,1 Straßen-Ⅱ D 923, re **Neuvy**.
31,3 ▬, **X**, re oder li ⌓. Der Beuvron wird etwa 10–15 m breit.
27,7 Klappen-▬, **X**, re oder li ⌓. Achtung, nicht den li vor dem ▬ abgehenden Seitenarm befahren, da das ⌓ bei der Mühle von Bracieux recht mühsam ist.
27,0 Straßen-Ⅱ D 923, li Bracieux, ⛺ Les Chateaux. Bis zur ⇩ Fahrt durch schönes Wald- und Wiesengelände, wenig Strömung.
26,2 Wege-Ⅱ.
24,5 Straßen-Ⅱ D 154, Av. Ponts d´Arian, gute ⬇.
23,8 Wege-Ⅱ.
23,5 ▬, re ⌓.
20,2 ▬.
18,9 Wege-Ⅱ.
18,4 Ⅱ, ▬, re ⌓. Danach kleine Stufe, ≋.
16,7 Straßen-Ⅱ D 765.
15,0 Wege-Ⅱ.
13,9 Schräg-▬, bei ausreichend Wasser ≋, sonst re ⌓.
13,6 Wege-Ⅱ.
13,3 Straßen-Ⅱ D 956, Celettes, Ⓟ, li ⛺.
11,9 Mühlen-▬, re oder li ⌓.
8,5 Straßen-Ⅱ D 61, **Seur**, Parkplatz.
7,3 Mühlen-▬, li ⌓.
4,8 Straßen-Ⅱ D 764, re **Les Montils**.
4,3 ▬, re ⌓.
2,4 Wege-Ⅱ, kann mit Treibholz versperrt sein.
1,7 **Candé-sur-Beuvron**, 2 Ⅱ, ▬, nach Besichtigung ≋.
0,8 re ⇩ Cosson (s. Seite 156).
0,0 ⇩ in Loire bei km 300,6. Nach 4 km Ⅱ, **Chaumont-sur-Loire**, guter ⛺, geeignet als Standquartier für Befahrung von Beuvron und Cosson.

Überarbeitung nach Kartenmaterial.

Cosson

Wanderfluss (Flachlandfluss) GKZ: Fr: K47-0300
Mündung in Beuvron (re Nebenfluss)

Der Cosson beginnt seinen Lauf in der malerischen und friedlichen Landschaft der Sologne, er fließt durch den großen Park von Chambord und endet im Tal der Loire.

Ursprung: (47.697778, 2.247778) in ca. 136 m Höhe.

Mündung: (47.495278, 1.250833) in ca. 64 m Höhe.

Länge: 96 km

Schwierigkeiten:	WW I – Zahmwasser.
Wehre:	genaue Anzahl nicht bekannt, es sollen jedoch nicht viele sein, sie sind sämtlich leicht zu befahren oder zu umtragen.
Befahrbarkeit:	ab Ligny-le-Ribault nur im Frühjahr, später trifft man hier sehr viele Wasserpflanzen und trockene Flussstellen an. Stets fahrbar ab km 24,1.
Befahrungsregeln:	Befahrung von km 32,4–24,1 verboten.
Zeltmöglichkeiten:	ausreichend vorhanden.

51,2 Straßen-Ⅱ D 15, **Ligny-le-Ribault**, ab hier ist eine Befahrung bis Mai möglich.

49,0 Wege-Ⅱ.

44,4 ■.

41,5 Straßen-ⅡStraßen-Ⅱ D 925, La-Ferté-Saint-Cyr, Befahrung ab hier evtl. noch bis Juli möglich. Sehr gute ⬇. Am Ende des folgenden Spielplatzes ■, ≋ wenn offen. Bis km 34,2 zahlreiche Strauchhindernisse. Im Wald ■, ≋.

Das folgende hohe ■ ist **X**. Falls im Unterwasser nicht ausreichend Wasser, den li abzweigenden Graben bis zu einem Gehöft fahren und am dortigen ■ re in den alten Arm ⌓.

39,5 Straßen-Ⅱ.

36,8 ■.

36,6 Wege-Ⅱ.

36,3 2 Straßen-Ⅱ D 33, re **Crouy-sur-Cosson**, li vor der Brücke ⛺.

36,1 Wege-Ⅱ.

34,2 Straßen-Ⅱ D 22, li **Thoury**, Befahrung des Cosson hier unbedingt unterbrechen ⚠.

32,4 *Beginn des großen Parks von Chambord. Der gesamte Park ist „Reserve Nationale“ (entspricht etwa unserem Naturschutzgebiet). Er ist von einer 32 km langen Mauer umgeben, Zutritt und Zufahrt nur auf wenigen Straßen bzw. Wegen, Durchfahrt auf dem Cosson verboten.* Das Sperrgitter an der Schlossmauer könnte zwar passiert werden, man riskiert jedoch mit großer Wahrscheinlichkeit, von der berittenen Gendarmerie abgefangen zu werden. Neben einer möglichen Strafe muss man auf alle Fälle bis zur Brücke D 22 mühsam zurückpaddeln.

27,6 Straßen-Ⅱ D 112 im Nationalpark, **Chambord**. Das Schloss von Chambord ist eines der bekanntesten Schlösser des ganzen Loiretales.

24,1 *Straßen-Ⅱ Rue de Saumery am westlichen Ende des Schlossparks, ab hier Weiterfahrt möglich.*

21,9 Straßen-Ⅱ, **Huisseau-sur-Cosson**.

19,5 ■ bei Les Grotteaux, 100 m danach Straßen-Ⅱ.

19,1 Wege-Ⅱ.

18,4 ■.

18,1 Straßen-‖, re **Nanteuil**.
15,7 ■ bei Vineuil; falls im Unterwasser zu flach evtl. geradeaus bis kurz vor Mühle fahren und re durch Schütz ins Unterwasser.
15,3 Wege-‖.
14,8 Straßen-‖, **Vineuil**.
14,3 Straßen-‖ D 174.
13,4 Wege-‖.
12,8 Straßen-‖ D 956, re **Blois**, li **Les Belleries**.
11,7 Straßen-‖, darunter ■ an der Mühle Ponts Saints Michel, li ⏏, sehr mühsam, evtl. über Schütz heben.
10,3 Wege-‖.
7,7 Straßen-‖ D 751, davor li ⛺, li Chailles.
6,5 Straßen-‖.
5,2 Straßen-‖.
4,0 Straßen-‖.
3,0 Straßen-‖, li **L´Aumône**.
0,4 Straßen-‖ D 173.
0,0 ⇩ in Beuvron bei km 0,8. Bei Weiterfahrt auf dem Beuvron erreicht man nach etwa 800 m die Loire.

Überarbeitung nach Kartenmaterial.

Vauvise

Wanderfluss GKZ: Fr: K40-0310
Mündung in Loire bei St. Thibault, km 496,4 (li Nebenfluss)

Die Vauvise verläuft mit ruhiger Strömung parallel zur Loire, keine besonderen Schwierigkeiten, einige Wehre, Einzelheiten sind nicht bekannt.

Ursprung: (46.996389, 2.852222) in ca. 230 m Höhe.

Mündung: (47.337222, 2.866944) in ca. 140 m Höhe.

Länge: 58 km

Befahrbarkeit: ganzjährig.

Fahrtstrecke: Jussy le Chaudrier–⇩, 33 km.

Unveränderte Übernahme.

Aubois

Kleinfluss GKZ: Fr: K40-0300
Mündung in Loire (li Nebenfluss)

Der Aubois verläuft ohne besondere Schwierigkeiten im breiten Tal des Allier parallel zu dessen Unterlauf.

Ursprung:	(46.781944, 2.836944) in ca. 205 m Höhe.
Mündung:	(47.070278, 3.015833) in ca. 160 m Höhe.
Länge:	42 km
Befahrbarkeit:	Frühjahr bis Mai.

Über die Strecke oberhalb La Guerche ist nichts bekannt.

17,4 Straßen-Ⅱ D 48, **La-Guerche-sur-l'Abois**, ⬇, der Fluss ist hier etwa 5 m breit.
16,9 Mühlen-▬ Moulin Neuf.
14,9 Mühlen-▬.
13,8 Mühlen-▬, Teilung in 2 Arme, in den re Arm kurz ⌓; der li Arm führt zur Mühle, hier ⌓ nicht möglich, Privatbesitz.
13,6 Straßen-Ⅱ D 50, re **Le Chautay**.
9,3 Straßen-Ⅱ D 50E, re **Patinges**.
8,1 EB-Ⅱ.
8,0 Straßen-Ⅱ, Mühlen-▬.
7,1 Mühlen-▬, li ⌓, re Privatgelände.
5,9 Straßen-Ⅱ, re ⇩ Mühlenarm.
4,7 ▬, in den re Arm ⌓, der li Arm führt zur Mühle.
4,5 Straßen-Ⅱ D 920, **Jouet-sur-l'Abois**.
3,0 ▬.
2,8 Straßen-Ⅱ D 26.
1,4 Mühlen-▬.
0,2 Durchfahrt unter der Kanal-Ⅱ des Canal latéral de la Loire. Kurz danach Straßen-Ⅱ D 45.
0,0 ⇩ in einen Seitenarm der Loire bei km 532,5.

Überarbeitung nach Kartenmaterial.

Allier

Zentralmassiv

Wildfluss - Wanderfluss (Gebirgsfluss - Flachlandfluss) GKZ: Fr: K---0080
Mündung in Loire (li Nebenfluss)

Der Allier ist der größte Nebenfluss der Loire. In ihrem Oberlauf ist sie zunächst ein landschaftlich sehr schöner, leichter Wildfluss. Von Langogne bis Langeac teilweise schweres Wildwasser in herrlicher Gebirgslandschaft der südlichen Auvergne, dann bis Brioude landschaftlich sehr schön mit vielen kleinen Schwällen, bedingt durch Kies und Geröll. Ab Brioude durchfließt der Allier die liebliche Mittelauvergne, bis er bei Vichy in die Ebene des Bourbonnais eintritt. Der Allier ist noch weitgehend ein naturbelassener Fluss, Begradigungen nur auf kurzen Strecken. Der Mittellauf (etwa km 223-290 - Vichy) ist durch Kiesgewinnung und Straßenbau weniger interessant, besonders auf der Höhe von Clermont-Ferrand. Er durchfließt ab Moulins teilweise kilometerbreite Urwälder, fast völlig frei von menschlichen Spuren, viele Wasservögel. Eine Besonderheit des Allier sind die zahlreichen, im Wasser liegenden Baumleichen; man kann ihnen im Allgemeinen gut ausweichen. Lästig oder sogar gefährlich können sie allerdings bei NW werden, wenn sie mitten im Hauptstrom liegen. Besondere Vorsicht ist an den Brücken geboten, wo durch Felsbrocken an den Fundamenten größere Schwalle entstehen können.

Ursprung: (44.587778, 3.793056) in ca. 1430 m Höhe.

Mündung: (46.959167, 3.079444) in ca. 167 m Höhe.

Länge: 421 km

Schwierigkeiten: km 399,3–375,6 WW I-II.

km 375,6–359,2 WW III und IV (IV+).

km 359,2–341,1 WW II-III.

km 341,1–328 Befahrungsverbot.

km 328-317,8 WW II-III (IV-).

km 317,8–263,8 WW I-II.

km 263,8–⇩ WW I - Zahmwasser.

Befahrbarkeit: Oberlauf nur bei sehr gutem Wasserstand (Frühjahr). Für die Befahrung der WW-Strecke ist interessant die Wasserabgabe eines neuen Stausees auf der Höhe von Langogne. Er wird gespeist durch Ableitung des Chapeauroux und einiger kleinerer Bäche. Der Stausee befindet sich abseits vom Allier. Am Seeausfluss (Barrage de Naussac) befindet sich eine große Anzeigentafel über den momentanen Wasserstand. Zumeist wird während des ganzen Sommers eine Wassermenge abgegeben werden, die für die Befahrung der schweren Abschnitte ab km 375,6 ausreichend ist. Ab Langeac ist eine Befahrung meist auch im Sommer möglich.

Befahrungsregeln: Es bestehen am Allier Befahrungsregelungen. Sie werden anscheinend öfters geändert. Die gültigen Regelungen sind an den meisten Ein- und Aussetzstellen auf Schildern angezeigt. Nach letzten Meldungen ist mit folgenden Beschränkungen zu rechnen:

Rafts brauchen grundsätzlich eine Genehmigung, sie kann telefonisch unter Tel. +30 4 71 77 28 30 eingeholt werden.

km 341,1–328 ganzjährig gesperrt.

km 328–317,8 gesperrt vom 15.10 - 31.3.

km 359,2–341,1 ist aus Rücksicht auf die Angler jeden Freitag gesperrt.

Pegel:	Ⅱ-Reste km 341,1. Minimum = 75 cm; MW 100 cm (etwa 1/cbm/sec); Maximum 150 cm. Langeac: http://www.vigicrues.gouv.fr/niveau3.php?idstation=521 Vichy: http://www.vigicrues.gouv.fr/niveau3.php?idstation=561
Gefälle:	WW-Strecke in Stufen.
Wasser:	Oberlauf moorig-sauber, später zunehmend leichte bis erhebliche Verschmutzung.
Begleitung:	Die Eisenbahn läuft am Fluss entlang, gute Möglichkeiten zur Rückholung.
Zeltmöglichkeit:	viele öffentliche Campingplätze, im WW-Bereich freies Zelten schwierig, im Mittel- und Unterlauf viele, sehr schöne Plätze am Fluss.

Die Wildwasserstrecke des Allier

405,5 Straßen-Ⅱ D 6, **La Bastide-Puylaurent**, ⬇-Möglickeit hinter Kirche und Friedhof, 🅿, ⧧.
405,3 Wege-Ⅱ.
402,5 Straßen-Ⅱ in **Rogleton**
402,1 EB-Ⅱ.
401,7 Straßen-Ⅱ D 906.
400,8 Straßen-Ⅱ, li **Chaniaux**.
400,0 EB-Ⅱ.
399,4 li ⇩ Ruisseau de Bertail.
399,3 Straßen-Ⅱ (Steinbrücke) D 76, **Pranlac**, ⬇. Evtl. kann die Befahrung schon enige km höher begonnen werden, allerdings ist das Bachbett dort so sehr zugewachsen, das eine Befahrung kaum lohnend erscheint. Landschaftlich sehr schön, leichtes WW.
397,3 re ⇩ Masméjean mit viel Wasser, weitere mögliche ⬇, falls das Wasser oberhalb unzureichend ist.
li auf der Höhe **Luc**.
397,7 1,5 m hohes Steil-▬, evtl. re ≈, ⌓ leicht.
396,1 Straßen-Ⅱ D 19,
395,9 Steil-▬, Mitte ≈, ⚠ auf Eisenstäbe! Straße und EB begleiten den Fluss in einem weiterhin sehr schönen Tal.
393,6 Teilung in mehrere Arme, li Arm freie Fahrt.
393,0 EB-Ⅱ.
391,5 Straßen-Ⅱ D 292.
390,2 re ⇩ Espezonette (s. Seite 185), ab hier reichlich Wasser. Kaum noch Buschhindernisse.
388,2 Wege-Ⅱ.
384,6 EB-Ⅱ, kräftiger Schwall.

384,1 Straßen-Ⅱ D 326/392, gute ↑ oder ↓ für die folgende schwere WW-Strecke, li ⛺.
382,5 Straßen-Ⅱ N 88, li **Langogne**, Post, 🚆, 🛒. Mögliche ↓, zunächst WW II.
380,6 EB-Ⅱ (außer Betrieb).
379,9 neues ▬.
379,0 li Einleitung des Wassers vom Stausee von Naussac.
375,6 **St. Etienne du Vigan**. Das 15 m hohe Wehr wurde 1998 gesprengt, Trümmer ⚠. Es soll weiterhin **X** sein, ⌓ bzw. danach ↓.
Weiter WW III-IV. Charakter der WW-Strecke: starke bis sehr starke Verblockung, labyrinthartige Durchfahrten, z. T. völlig unübersichtlich, leichte Schwälle, die sich zu Katarakten steigern, Gefälle meist in Stufen, rechtzeitig zur Besichtigung anlanden ⚠.
373,2 EB-Ⅱ, bis Jonchèrettes viele Schwälle, „Lullis".
~371,5 Stufe, ⚠ vorher ansehen, bei HW **X**, dann re ⌓.
368,8 Straßen-Ⅱ D 126, re **Jonchères**, keine 🛒, günstige ↓.
366,0 in einer Linkskurve unübersichtlicher Abfall, „Todeslulli", ⚠. Durch HW vor einiger Zeit erheblich entschärft, re gut ≋, WW IV+. Bei Besichtigung: Achtung auf Schlangen! ⌓ einfach.
364,0 EB-Ⅱ, Schwall, ⚠ vorher ansehen.
359,2 Straßen-Ⅱ D 88, li **Chapeauroux**, übliche ↓ alle Möglichkeiten, ⛺, re ☰.
Von km 359,2–341,1 besteht aus Rücksicht auf die Angler jeden Freitag ein Befahrungsverbot.
358,9 li ⇩ Chapeauroux (s. Seite 184).
Es folgt bis km 341,1 eine herrliche Waldschlucht mit schönen Schwällen. Die schwerste Stelle ist nach der ersten Rechtskurve.
358,0 EB-Ⅱ.
344,1 li **Vabres**.
342,5 re ⛺ Camping municipal du Pont d'Alleyras.
341,1 Straßen-Ⅱ D 33, re **Le Pont de Alleyras**.
Beginn eines Befahrungsverbotes, hier ↑ und bis Monistrol (km 328) umsetzen.
337,4 ▬ von Poutès im Bereich der Sperrstrecke, **X**.
328,5 re ⛺ Camping Municipal du Vivier, danach ⌂ Kanuclub Monistirol, gute ↓ für die Fortführung der Befahrung, Kanuverleih und Rafting, 🍴. Monistrol ist ein Zentrum für Wildwassersportler.
328,1 Straßen-Ⅱ D 589, li **Monistrol-d'Allier**, 🚆. Nach der Ⅱ li ⇩ Ance (nicht verwechseln mit Ance, li Nebenfluss der Loire).
Es folgt eine landschaftlich sehr schöne Strecke, zunächst auf 4 km recht dicht aufeinander folgende Blockstrecken, WW II-III (2xIV-), danach Abnahme der Schwierigkeiten.
km 328,1–317,8 Befahrungsverbot vom 15.10 - 31.3.
327,8 Straßen-Ⅱ Pont Eiffel.
327,2 EB-Ⅱ.
323,0 Rückgang der Schwierigkeiten, WW I-II.

321,4 re **Pont Gibert**.
318,7 Letzte Blockstrecke, WW III, evtl. besichtigen, danach WW I-II.
317,8 Straßen-Π D 48, li **Prades**, li ⇩ Seuge. Im Bereich Prades-Brioude steigt der Wasserstand infolge von Schwallbetrieb höher gelegener ϟ in kurzer Zeit stark an, so dass regelmäßig Boote wegschwimmen.
317,1 S-Kurve mit starkem Schwall und Verblockung WW III, danach I-II.
316,0 re Kirche Ste. Marie-des-Chazes.
re mögliche ⬇⬆ –Stelle mit Parkmöglichketi. Zu erreichen von der D 48 in Richtung Eglise Ste. Marie-des-Chazes. Ab hier leichter.
314,5 Straßen-Π D 48, re **Saint-Julien-des-Chazes**.
310,4 Straßen-Π D 30, re **Saint-Arcons-d'Allier**.
309,4 li **Chanteuges**.
308,9 li ⇩ Desges (s. Seite 183). Ab hier öffnet sich das Tal.
304,9 ▬, Gasse, mit leeren Booten ≈, kurz danach Engstelle mit 0,5 m Stufe. Zum ⌓ am besten etwa 10 m vor der Gasse li anlanden, ⚠ auf Strömung zur Gasse!, und nach 30 m über einen Steg über die Insel ⌓.
303,8 Straßen-Π D 590, li **Langeac**, ⌘, alle Möglichkeiten.

Die Wildwasser-Wanderstrecke des Allier

303,7 ⛺ li nach der Brücke, Campingplatz Gorges De L'allier, Rue du Pradeau, 43300 Langeac, April bis Oktober geöffnet. Günstige ⬇ für Ferienfahrten. 🚂.
301,7 EB-Π.
301,3 Straßen-Π D 56, Mitte fahren, nach 200m starker Schwall.
299,4 Flussteilung, li Arm verblockt, re Arm versperrt durch einen Felsriegel re, Durchfahrt wenige Meter breit, Schwall ⚠.
298,9 re **Truchon**.
297,5 ▬. Bei HW starker Rücklauf, dann **X**, li ⌓, mühsam.
297,2 Straßen-Π D 141, re **Le Chambon**, nach 100 m sehr gute ⬇ –Stelle mit WC, Parkplatz.
292,3 li ⛺.
292,1 li gute ⬇ –Stelle mit WC, 🅿.
292,0 Straßen-Π D 41, Kanustation, re auf eine Anhöhe **Chilac**, ⌘, 🛒.
291,3 ▬Barrage de Chilac, **X** Befahrung verboten, li Bootsgasse oder li ⌓.
289,6 li ⇩ Cronce.
287,3 Straßen-Π D 4, **Lavoûte-Chilhac**, Restaurant, danach li ⛺ Mairie - camping municipal, La Ribeyre, 43380 Lavoûte-Chilhac.
Danach ▬, li nach Besichtigung evtl. ≈, ⚠ Eisen in der Wehrkrone.
284,4 li **Laboue**.
279,1 li **Auzat**.
278,3 verfallenes ▬, ≈.
278,3 Moulin d´Ilpize, nur noch eine leichte Stromschnelle.

277,7 Straßen-⌶ D 22, re auf dem Berg **Saint-Ilpize**, ⌘, sehr malerisch, li **Villeneuve-d'Allier**.
275,8 li ⛟ "Municipal la Vialette, ✕, großes Erholungszentrum, WC.
275,2 ▬, zerfallen, nur noch eine leichte Stromschnelle.
274,4 ▬, zerfallen, ≋, li **Lomenède**.
269,5 ▬, re meist ≋ oder li ⏶, mühsam.
268,9 Straßen-⌶ N 2102, **Vieille-Brioude**. Gute ⬆ am öffentlichen Strand.
268,4 Mögliche ⬆ bei einem Sportcenter.
Ende der Gorges d'Allier. Im weiteren Verlauf des Allier ist stets mit Kabelbaggern zu rechnen. Da sie ihren Standort häufig ändern, werden sie nachfolgend nicht einzeln angeführt.
265,9 re ⇩ La Senouire,
li ruhiger ⛟ Camping Intercommunal de la Bageasse mit ✕, geöffnet 1.6.–30.9., **Brioude** li in 3 km, alle Möglichkeiten, ⌘, 🚂.
266,6 danach ▬, 3,3 m hoch, **X**, li ⏶ über Rampe. Es folgt eine EB-⌶. ⬇ hinter einem Pfeiler der EB-⌶. Der li abzweigende Mühlenkanal ist **X** (Befahrungsverbot).
265,9 Straßen-⌶ N102.
263,8 Straßen-⌶ D 588, li im Mühlenkanal 300 m aufwärts ⬍ und ⌂ Brioude Canoe Kayak, Base du Pont Lamothe, Tel: 04 71 50 43 82, Slalomstrecke, li in 2 km Entfernung **Brioude**, ⌘, alle Möglichkeiten.
259,8 re **Allevier**.
250,6 Straßen-⌶ D 5, re Anlandemöglichkeit am Sandstrand, re **Auzon**, ⌘, li **Lugeac**.
248,8 ▬ kleine Stufe, leicht ≋, dann ▬ mit ϟ, teilweise verfallen, unbedingt rechtzeitig anlanden und erkunden. Bei NW evtl. in ▬-Mitte für Einer ≋, sonst re ⏶ mühsam oder re treideln, ⚠ re Kühlwassereinlauf mit Sogwirkung.
248,7 Straßen-⌶
245,3 li **Brassac-les-Mines**, alle Möglichkeiten, li ⛟ Camping municipal de l'allier, günstige ⬇ für Ferienfahrten, 🚂.
244,1 Straßen-⌶ D 34, re **Jumeaux**, 🛒.
241,7 li **Le Théron**.
239,6 li ⇩ Alagnon (s. Seite 180).
239,5 Beton-⌶ D 214, li in 1,5 km **Beaulieu**, re in 1,5 km **Auzat-la-Combelle**, alle Möglichkeiten.
236,5 Beton-⌶ D 123, re auf der Höhe **Nonette** mit Ruine, von dort Rundblick, ⌘.
235,7 li ⇩ Couze d´Ardes (s. Seite 179), li **Le-Breuil-sur-Couze**, 🚂.
234,8 re ⛟, dicht am Fluss, doch etwas versteckt, Campoland, Les Loges, 63340 Nonette, ✕.
225,9 Straßen-⌶ D 996 und dahinter alte Hänge-⌶, li in 2 km Entfernung **Issoire**, ⌘, alle Möglichkeiten, 🚂. re ⇩ Allioux, danach li ⇩ Couze de Pavin (auch Couze d´Issoire), s. Seite 177.

Zwischen der Brücke D 996 und D 9 li ⛺ Camping Municipal du Mas. Der Campingplatz liegt in einem Freizeitzentrum mit Badesee und ist vom Fluss nur mit Bootswagen zu erreichen

224,2 Straßen-II D 9.

221,8 EB-II, davor Schwall, danach die A 75/E 11 li dicht am Fluss bis Coudes. Bei höherem Wasserstand folgen auf 4 km sehr schöne Schwälle.

219,1 li oben Saint-Yvoine, ⌘.

212,9 Straßen-II D 229.

212,8 alte Hänge-II, davor li ⇩ Couze de Chambon (s. Seite 176), li **Coudes**, offene Mineralquelle, 🍴, re **Les Bogers**, 🚆.

205,8 Straßen-II D 96, li auf einem Hügel **Corent**, re **Longues**, 🚆. 🛒.

205,6 ▬, 0,6 m hoch, li 4 Durchlässe. Bei HW starker Rücklauf des ▬; bei NW evtl. über ▬-Krone überheben, sonst re ⌓.

204,6 Stufe.

204,4 EB-II.

204,2 Straßen-II D 225, li ⌂.

199,9 Längere Schwallstrecke bis zur folgenden Brücke, li ⛺ auf Hochufer.

198,8 Straßen-II D 751, li **Les-Martres-de-Veyre**, 🚆, davor li ⇩ La Monne, Schwallstrecke 500 m.

192,7 Straßen-II D 212. li **Cournon d´Auvergne**, li am Ende der Stadt ein riesiges Freizeitgelände mit Baggersee, Sportplätzen und ⛺. Am Steilufer bei den Slalomstangen ⌂ Kanu-Club mit Bootsverleih. Zugang zum Campingplatz vom Fluss über Treppen und dann weiter mit Bootswagen.

189,7 Wege-II.

189,4 ▬, verfallen, re ≋.

189,1 Rohrleitung über den Fluss.
In der folgenden Rechtskurve li instabiles Steilufer, Steinschlaggefahr. Rechts fahren, Warnschild ⚠.

184,9 Straßen-II D769A, re **Dallet**, 🛒.

184,7 Straßen-II D 769.

184,3 li ⛺ Camping les Ombrages, ⚠ es folgt ein flach vom Wasser überspültes Konglomeratband quer über den Fluss, li 3 Gassen, evtl. re ≋, besichtigen, Steine im Unterwasser. Wer zum Campingplatz will, rechtzeitig re halten.

182,7 Bei NW Felsstufe, 0,5 m hoch, ≋. Bei höherem Wasserstand sehr beachtliche Schwälle, ansehen.

182,5 EB-II.

181,7 Fussgänger- II, li **Pont-du-Château**.

180,8 Straßen-II D 2089, in Pont-du-Château alle Möglichkeiten.
Unter der II Steil-▬, 60 cm hoch, **X**, bei HW gefährlicher Rücklauf, re ⌓, 200 m weit, mühsam, evtl. treideln oder überheben möglich.

~177,0 Durch HW und Ausbaggerungen ist hier eine Felsstufe entstanden, die **X** ist. Die Stelle ist von weitem an dem Getöse erkennbar. re ⌓. Wegen der starken Strömung rechtzeitig (300 m vorher) anhalten ⚠. Der folgende Flussabschnitt ist auf etwa 6 km begradigt. re ⇩ Joron.

173,3 Straßen-Ⅱ A 89/E 70, 50 m danach Steinwurf-▬, **X**, li ⌓ über 5 m hohe Steilufer.

171,2 Steinwurf-▬, ≋, erhebliche Wellenbildung, Spritzdecke.

169,6 Straßen-Ⅱ D 20, 🍴, li **Joze**, 🛒, re Culhat in 1,5 km Entfernung. Ab Jose ruhiger Wanderfluss ohne weitere Schwierigkeiten.

~167,5 bei NW zieht Strömung plötzlich nach re durch Baumleichen mit schmaler freier Rinne auf weitere Bäume. Ab MW lässt sich geradeaus ausweichen.

166,3 li **Tissonnières**, danach re ⇩ Litrou.

158,8 Straßen-Ⅱ D 223, re **Crevant-Laveine**, li in 2,5 km Entfernung **Maringues**, ⌘. 🍴.

155,9 li ⇩ Morge (auch Morgues).

148,0 Straßen-Ⅱ D 63, li **Limons**.

144,4 li **Port de Ris**.

142,5 Straßen-Ⅱ D 43, davor re ⇩ Dore (s. Seite 174).

135,1 Straßen-Ⅱ D 55 E, davor li ⛺ Camping la Graviere, re St. Yorre, 🛒, 🍴, 🚆.

~132,7 3 ≋ Stufen.

129,9 EB-Ⅱ, re **Abrest**.

128,7 re ⛺ Camping de la Croix St. Martin.

126,2 re Ruderclub von Vichy mit Restaurant, gegenüber mehrere ⛺. Beginn des Stadtgebiets von Vichy, Stau.

124,8 Straßen-Ⅱ D 2209, li ⇩ Sarmon, li **Bellerive-sur-Alli**er, re **Vichy**, 25 000 Einwohner, berühmter Kurort, ⌘, alle Möglichkeiten, 🚆. Ab Ⅱ Regattabahn li fahren

123,3 re ⇩ Sichon (s. Seite 173).

121,1 li Zielturm der Regattastrecke. Hier ⬆ zum ⌓ des folgenden Wehres. Über die viel befahrene Straße D 6E am Zebrastreifen, dann Weg zum Bootshaus und über eine Brücke, die über die Slalomstrecke führt. Bootswagen erforderlich.

122,2 Straßen-Ⅱ D 6E, 🍴 und ▬, **X**, 10 m hoch, re Supermarkt, hinter dem ▬ Slalomstrecke.

120,7 Straßen-Ⅱ D 27, 3 Bogen.

115,7 Straßen-Ⅱ D 67 und EB-Ⅱ und danach ▬, stark verblockt, vorher ansehen, 4. Joch von re glatt ≋, evtl. im guten Kehrwasser hinter dem 1. Pfeiler des 4. Jochs zur Besichtigung anhalten. Hier auch ⌓ möglich.

110,7 ▬, re breite Durchfahrt, gut ≋.

Die Wanderstrecke des Allier

110,5 Straßen-Ⅱ D 130, re **Billy**, Schloss und andere Bauten aus dem 13. Jahrh., ⌘, alle Möglichkeiten. Auf der folgenden, sehr einsamen Strecke zahlreiche Inseln und Baumleichen im Fluss, oft Aufteilung in zahlreiche

Flussarme. *Naturschutzgebiete beachten, Beschilderung, Zeltverbot. Die genauen Positionen der Naturschutzgebiete sind der Redaktion nicht bekannt.*

97,9 re **Varennes-sur-Allier**, alle Möglichkeiten.
95,3 Straßen-Ⅱ D 46.
91,5 EB-Ⅱ.
88,0 li ⇩ Sioule (s. Seite 167).
82,9 Straßen-Ⅱ D 32, li **Châtel-de-Neuvre**, 🛒, schöner Rundblick. Links 🚐 CanoëCamping La Courtine pro NATURE**, 7 rue de St. Laurent, Pont d'Allier La Courtine, 03500 Châtel-de-Neuvre, Tel: +33 4 70 42 06 21, landwärts in 500 m, Abstellmöglichkeit für PKW.
81,7 li 🚐.
71,6 Straßen-Ⅱ N 145.
60,1 EB-Ⅱ, Beginn von Moulins.
59,2 Straßen-Ⅱ D 2009 mit ▬, für Wanderboote **X**. Im li Ⅱ-Bogen li Fischtreppe, evtl. ≋ oder li ⏢.
Moulins, 20 000 Einwohner, alle Möglichkeiten, 🚂.
44,5 Straßen-Ⅱ D 133, re in 1,3 km **Villeneuve-sur-Allier**, 🍴.
36,6 li ⇩ Borge.
25,7 Straßen-Ⅱ D 978A, mittlerer Ⅱ-Bogen Durchfahrt unmöglich (verwachsen), re Bogen gut ≋, bei NW Stufe und Pfähle ⚠, li in 1 km Entfernung **Le Veurdre**, 🛒, 🍴.
22,7 Große Insel, re fahren. Es folgen Inseln mit ⛺-Möglichkeit.
18,5 Straßen-Ⅱ D 2076, li in 1 km Entfernung **Mornay-sur-Al**lier, 🍴.
6,8 li **Apremont-sur-Allier**, altes Städtchen mit Schloss, ⌘, ⛺-Möglichkeit am rechten Ufer.
4,8 ▬ von Laurins, li Hälfte Steil-▬ mit Tosbecken, re Schräg-▬, **X**, re ⏢ oder treideln, Achtung auf Baumleichen. Bei NW ist das Schräg-▬ evt. teilweise trocken, es kann dann bequem re überhoben werden. Bei HW ist ein ⬆ vor dem ▬ kaum möglich.
3,1 EB-Ⅱ, ⚠ Steine und Pfähle, Stufe, erst spät zu sehen, li ⏢.
1,8 Aquädukt des Loire-Seitenkanals (Canal latéral) mit 18 Brückenbögen, darunter ▬, **X**, re ⏢ oder je nach Wasserstand treideln oder überheben.
1,5 Straßen-Ⅱ D 976, re **Gimouille**, li **Guétin**.
0,0 ⇩ in die Loire bei km 548,3.

Überarbeitung nach Kartenmaterial. Ergänzungen durch James Lichtenbreit. Giethorn (NL).

Sioule

Zentralmassiv

Wildfluss (Gebirgsfluss) Mündung in Allier (li Nebenfluss)	GKZ: Fr: K3--0200

Die Sioule führt durch wilde Schluchten, die im Frühjahr mit Ginster bedeckt sind, und durch eine friedliche Landschaft bewaldeter Gipfel vulkanischen Ursprungs.

Die Sioule ist auf weite Strecken ein sehr interessantes, zu Beginn sogar extrem schweres Wildwasser, das unterbrochen wird durch eine Kette von Stauseen.

Ursprung:	(45.654167, 2.868333) in ca. 1090 m Höhe.
Mündung:	(46.366667, 3.319722) in ca. 222 m Höhe.
Länge:	163 km
Schwierigkeiten:	km 25-27,5 je nach Wasserstand WW IV-V-VI-**X**, Gefälle 33 o/oo. km 27,5-47 WW III, Gefälle 7 o/oo. km 47-71 Stauseen. km 71-110 WW II-I. km 110-150 WW I - Zahmwasser.
Befahrbarkeit:	ab km 25 nur bei starkem HW, sonst bis Mai. Am 1. Wochenende im März (Samstag bis Montag) beginnt die Fischereisaison; an diesen Tagen ist der Fluss für Kanuten gesperrt. In der übrigen Zeit ist eine Befahrung nur in der Zeit von 10 bis 18 Uhr möglich.
Pegel:	Pongibaud, maßgebend für die folgende extreme WW-Strecke. Ein zuverlässiger Wert ist nach dem Neubau des ▬ unterhalb km 132,2 nicht bekannt, geschätzt wird ein Minimum von 20 cm. Von den französischen Kanuten wird sehr viel die Strecke von km 81,5–37,3 befahren. An den Umtragstellen dieses Abschnittes befinden sich Farbpegel: Orange = unter 5 cbm/sec = WW I Grün = zwischen 5-10 cbm/sec = WW I Gelb = zwischen 10 und 20 cbm/sec = WW II Rot = mehr als 20 cbm/sec = WW III.
Zeltmöglichkeiten:	am Fluss ausreichend vorhanden, mit Ausnahme der Stauseen.

~140 li ⇩ Sioulet bei Rochefort. Dieser ist nicht mit dem Sioulet von km 46,5 identisch.

132,2 Straßen-Ⅱ D 943, Pegel, **Pontgibaud**, ⛺. Wegen der Wasserableitung des folgenden ▬ ist die folgende extrem schwere WW-Strecke nur noch ganz selten zu befahren. Sehr starkes Gefälle, hohe, verwinkelte Stufen. Es folgt ein neues ▬ mit Wasserableitung, s. Befahrbarkeit.

131,7 Straßen-Ⅱ D 941.

130,6 li ⇩ Abfluss eines Stausees

129,9 Moulin Péchadoire, ab hier nur noch mittelschweres WW, mögliche ⬇, falls auf eine Befahrung der vorausgehenden Strecke verzichtet wird.
129,1 Straßen-II A 89.
129,0 Straßen-II D 418.
126,0 Wege-II.
123,3 ▬.
122,1 ▬.
120,7 Straßen-II D 418.
120,6 Wege-II.
120,4 ▬, davor li Wasserableitung über eine Kaskade zum km 119,0.
119,0 Zufluss des bei km 120,4 abgeleiteten Wassers über eine Kaskade. Entfernung zwischen 119,0 und 120,4 rund 100 m Luftlinie.
117,2 ▬.
116,5 li Auslauf eines Kraftwerkes ⚠.
113,1 ▬.
113,0 Straßen-II D 81.
112,8 ▬.
111,3 ▬.
106,5 li ⇩ Sioulet (s. Seite 172).
106,1 Straßen-II D 19, **Pont du Bouchet**. Da hinter der Brücke eine Kette von 3 langgestreckten Stauseen beginnt, deren Staudämme nur sehr mühsam zu ⌓ sind, wird empfohlen, die Fahrt hier abzubrechen.
88,4 ▬ Staudamm von Queuille, nach dem ϟ kann die Befahrung der Sioule wieder fortgesetzt werden. Diese ⬇ kann allerdings offiziell ab Bouchet mit Pkw nicht angefahren werden. Bis km 81,5 WW II-III.
85,9 ▬.
82,7 Straßen-II D 227.
82,1 ▬.
81,5 ▬ und Fußgänger-II, hier günstige ⬇, re **Chateauneuf-les-Bains**, oberhalb der Brücke ⛺. Ab hier unbehinderte Fahrt mit vielen ▬, ≋ bis km 62, WW I. Beginn der landschaftlich sehr reizvollen Georges de Siuole.
80,6 Straßen-II.
80,5 ▬.
78,7 ▬.
77,8 ▬.
77,1 ▬.
77,0 Straßen-II D 109.
76,2 ▬.
75,6 ▬.
73,8 ▬.
72,5 ▬.
72,0 ▬.
71,3 ▬.
69,2 ▬.

67,9 ▬.
67,6 Straßen-Ⅱ.
67,5 Straßen-Ⅱ D 2144, **Pont de Menat**, ⛺, günstige ↕.
67,3 ▬, ≈ über Bootsrutschen, ganz li oder r.
65,7 ▬.
65,0 ▬.
63,3 ▬.
62,5 Beginn der Gorges de Chouvigny. Schluchtstrecke von der Straße gut einzusehen, WW II. Ab Ende der Schlucht WW I. Unbehinderte Fahrt mit vielen ≈ Mühlen-▬, einige sind mit Bootsrutschen versehen.
60,9 ▬.
60,2 ▬.
59,2 ▬.
58,8 Straßen-Ⅱ D 16, re **Saint-Gal-sur-Sioule**.
58,0 ▬, danach li ⛺.
56,6 ▬, li **Péraclos**.
53,4 ▬.
51,7 li ⛺ Camping de la Filature, 03450 Ébreuil.
51,2 li ⛺ Camping Municipal des Nières, Rue des Nières, 03450 Ébreuil.
50,8 ▬.
50,2 Straßen-Ⅱ D 998, **Ébreuil**, darunter Stufe, im li Drittel gut. ≈, dahinter li Schrägrampe, günstige ↕.
48,5 ▬ Moulin des Valignards.
47,4 Straßen-Ⅱ A 71/E 11.
44,8 ▬.
44,4 ▬.
43,9 Straßen-Ⅱ D 37 und EB-Ⅱ, li **Rouzat**.
42,9 ▬ und bei 42,7 weiteres ▬, re **Neuvial**.
41,7 ▬.
39,0 ▬.
37,3 Straßen-Ⅱ D 42, re **Jenzat**, li ⛺ Camping de la Sioule, Route de Chantelle, 03800 Jenza.
35,8 ▬.
33,6 li ▬, geradeaus Kanal zum ϟ, re Mühlenkanal.
32,8 Straßen-Ⅱ D 257.
29,2 EB-Ⅱ.
28,3 ▬.
27,1 Straßen-Ⅱ D 36.
24,6 EB-Ⅱ.
23,9 ▬.
23,2 ▬.
22,7 ▬.
21,6 Straßen-Ⅱ D 219, re **Le Chambon**, gute ↓ an der Brücke.
21,3 ▬.

20,0 ■.
19,1 Straßen-Ⅱ D 406.
16,1 li Überlauf- ■.
15,2 ■, überheben oder li ⏏. Bei NW re bis Kanalende etwa 500 m umkarren. li im Wehrarm bei km 14,1 ⇩ Bouble (s. Seite 171).
11,7 ■, **X**, li überheben.
10,4 Straßen-Ⅱ D 2009, li Saint-Pourcain-sur-Sioule. Nach der Brücke ein ■, **X**, re überheben oder re ⏏. Bei NW finden sich auf der Folgestrecke scharfkantige Felsplatten, Faltbootfahrer ⚠.
10,1 Wege-Ⅱ.
5,2 ■, Moulin Breland, evtl. ≋ oder überheben.
3,9 Straßen-Ⅱ D 232.
0,0 ⇩ in Allier bei km 88, bei NW versandet.

Überarbeitung nach Kartenmaterial.

Bouble

Zentralmassiv

Wildfluss GKZ: Fr: K33-0300
Mündung in Sioule (li Nebenfluss)

Der Bouble ist ein sehr munterer Wildfluss, der auf längeren Strecken durch schöne Schluchten fließt, die Schwierigkeiten bewegen sich dabei im mittleren Grad (WW II-III), zahlreiche Wehre, die bei dem empfohlenen Minimalwasserstand alle fahrbar sind.

Ursprung:	(46.081389, 2.790278) in ca. 620 m Höhe.
Mündung:	(46.284167, 3.274444) in ca. 240 m Höhe.
Länge:	66 km
Befahrbarkeit:	Frühjahr.
Pegel:	Ⅱ D 987; Minimum 150 cm.
Pkw:	die Straßen verlaufen nur selten in der Nähe des Flusses, kreuzen ihn jedoch an mehreren Stellen. Diese Brücken empfehlen sich auch für eine Beendigung der Fahrt vor der Mündung.

40,1 Straßen-Ⅱ D 185 in der Nähe von **Louroux-de-Bouble**, ⬇.
37,3 ■.
36,8 Straßen-Ⅱ.
35,9 Straßen-Ⅱ D 68.
30,7 li ⇩ zweier Nebenflüsse, Straßen-Ⅱ D 129, weitere mögliche ⬇.
30,3 ■.
25,1 ■.

21,6 ▬.
20,3 Straßen-Ⅱ A 71/E 11, Durchfahrt ungeklärt.
18,9 Straßen-Ⅱ D 42.
18,3 li ⇩ Mussant.
17,0 ▬.
15,0 Der Bouble fließt in einer sehr schönen Schlucht um den Ort **Chantelle**.
14,2 Wege-Ⅱ.
12,5 ▬.
11,8 Straßen-Ⅱ D 987, ☰.
9,2 Straßen-Ⅱ D 115.
6,3 Straßen-Ⅱ D 219.
6,2 Wege-Ⅱ.
3,1 Straßen-Ⅱ, re **Nérignet**.
0,6 Straßen-Ⅱ D 35.
0,0 ⇩ in Sioule bei km 14,1.

Überarbeitung nach Kartenmaterial.

Sioulet

Zentralmassiv

Wildfluss (Gebirgsfluss) Mündung in Sioule (li Nebenfluss)	GKZ: Fr: K32-0300

Der Sioulet verläuft fast durchweg weitab von Straßen und Ortschaften naturbelassen durch eine sehr reizvolle, teilweise schluchtartige Landschaft. Er bietet bei engem Flusslauf interessantes Wildwasser mit schwierigen Engstellen und mäßiger Verblockung sowie Baumhindernissen. Befahrung recht mühsam.

Ursprung:	(45.792222, 2.455556) in ca. 760 m Höhe.
Mündung:	(45.923889, 2.770833) in ca. 508 m Höhe.
Länge:	46 km
Schwierigkeiten:	km 36,4–25,5 WW III
	km 25,5–5,6 WW II-III, danach Stausee.
Befahrbarkeit:	Frühjahr.
Wasser:	sehr sauber.
Pkw:	Begleitung unmöglich, Zufahrt nur an den angegebenen Brücken.

36,4 Straßen-Ⅱ D 82, mögliche ⬇ in Petit Sioulet.
34,9 Straßen-Ⅱ.
34,4 Straßen-Ⅱ D 987, weitere ⬇.
32,8 Straßen-Ⅱ.
32,4 li ⇩ Perchade, ab hier heißt der Fluss Sioulet.

32,2 Straßen-Ⅱ, ⬇, wenn das Wasser bei km 10 nicht ausreichend ist.
30,1 Wege-Ⅱ.
29,0 Wege-Ⅱ.
25,9 Wege-Ⅱ.
25,5 Straßen-Ⅱ D 19.
22,2 Wege-Ⅱ.
18,6 Wege-Ⅱ, li **Val**.
16,7 ▬.
15,3 Wege-Ⅱ.
15,0 Straßen-Ⅱ D 941, **Pontaumur**, anschließend Gorges du Sioulet.
10,9 Straßen-Ⅱ.
10,1 Wege-Ⅱ.
7,8 Wege-Ⅱ.
7,4 Straßen-Ⅱ D 570.
6,6 ▬.
6,5 Straßen-Ⅱ D 121, li **Miremont**. Wenn man den folgenden Stausee nicht befahren will, sollte hier die Fahrt beendet werden.
5,6 Beginn der Staustrecke.
0,0 ⇩ in Sioul, km 106,5. Dort in 0,5 km Straßen-Ⅱ D 19, li **Pont du Bouchet**.

Überarbeitung nach Kartenmaterial.

Sichon

Kleinfluss GKZ: Fr: K30-0310
Mündung in Allier bei Vichy, km 123,3 (re Nebenfluss)

Der Sichon, mit Ursprung im Bereich der „Bois Noirs“ im Südabfall des Zentralmassivs, ist in seinem für eine Befahrung in Frage kommenden Teil ein Kleinfluss der Ebene, der nur oberhalb von Arronnes durch kleine Schluchten fließt. Mit Schwierigkeiten durch Baumversperrungen ist zu rechnen, einzelne Wehre sind fahrbar.

Ursprung: (45.953056, 3.681944) in ca. 1110 m Höhe.

Mündung: (46.1325, 3.431389) in ca. 250 m Höhe.

Länge: 41 km

Befahrbarkeit: Frühjahr und nach Regenfällen.

Fahrtstrecke: ⬇ Straßen-Ⅱ D 178 bei den Grotten von Fées, ⬆ bei Ⅱ Le Gué Chervais nach insgesamt 12 km. Über die Möglichkeit der Befahrung der 12 km langen Reststrecke bis zur ⇩ in den Allier in Vichy ist nichts bekannt.

Unveränderte Übernahme.

Dore

Zentralmassiv

Wildfluss (Gebirgsfluss) - Wanderfluss (Flachlandfluss) GKZ: Fr: K2--0190
Mündung in Allier (re Nebenfluss)

Die Dore ist in ihrem Oberlauf ein sehr interessanter Wildfluss des Zentralmassivs mit stark wechselnden Schwierigkeiten; in ihrem Unterlauf tritt sie in die Ebene zwischen Allier und Loire aus.

Sie ist auch hier noch landschaftlich sehr reizvoll, völlig einsam, durch große Wälder, teilweise von Urwaldcharakter; mit Baumleichen ist zu rechnen.

Ursprung:	(45.453611, 3.598889) in ca. 940 m Höhe.
Mündung:	(46.009444, 3.474167) in ca. 260 m Höhe.
Länge:	141 km
Schwierigkeiten:	km 129–116 WW III (IV). km 116–63,6 WW I–II (III). km 63,6–63 WW IV–IV–**X**. km 63–48 WW II–III–IV km 48–⇩ WW I.
Befahrbarkeit:	Oberlauf Frühjahr und nach stärkeren Regenfällen, ab km 48 wahrscheinlich ganzjährig.
Wasser:	sehr sauber.
Zeltmöglichkeit:	⛺ in Dorat und Puy-Guillaume, schöne Plätze am Fluss.

~129,0 Straßen-II D 38 (45.389612, 3.647847), 2,5 km nördlich Saint-Alyre-d'Arlanc, li ⇩ eines Baches, ⬇ bei sehr gutem Wasserstand. Es folgt eine sehr schöne Schlucht, Schwierigkeiten durchweg WW III mit Stellen bis WW IV.

116,6 Straßen-II D 906, Ende der Schlucht, , Ende der Schwierigkeiten ab hier WW I.

116,0 Straßen-II D 202, **Dore-l´Eglise**.

111,5 Straßen-II.

110,0 Straßen-II D 110.

107,6 Straßen-II, re **Sails**.

104,9 li ⇩ Dolore (man kann die Befahrung der Dore auch auf der Dolore beginnen, ⬇ Straßen-II Arlanc, 5 km bis ⇩, WW II).

103,6 Straßen-II D 205.

101,8 Wege-II.

101,4 Wege-II.

100,3 Straßen-II D 252, ▬, li **Marsac-en-Livadrois**.

100,1 Wege-Ⅱ.
92,6 EB-Ⅱ.
89,5 Straßen-Ⅱ D 269A.
88,6 ▬.
88,5 Straßen-Ⅱ D 906, re **Ambert**, leichte Zunahme der Schwierigkeiten, WW II.
88,0 EB-Ⅱ.
78,3 Straßen-Ⅱ.
77,8 ▬.
76,1 Straßen-Ⅱ.
74,0 ▬.
73,7 EB-Ⅱ.
73,1 Straßen-Ⅱ D 67.
72,2 ▬, danach EB-Ⅱ, re **Vertolaye**, weiterhin WW II.
69,2 Straßen-Ⅱ D 267, **Pont de David**, hier auf kurzer Strecke heftige Stromschnellen, WW III.
68,2 Straßen-Ⅱ.
64,6 ▬.
64,1 Wege-Ⅱ.
63,8 li ↯, Rückkehr des bei km 64,6 abgeleiteten Wassers.
63,6 ▬ vor Olliergues. Für die Weiterfahrt gibt es 2 Möglichkeiten:
1. Befahren des ▬ und ⌓ bei dem folgenden Sägewerk. Die folgende Ortsdurchfahrt durch Olliergues bietet auf 500 m sehr schweres Wildwasser, durchweg WW IV, mit einem Abfall, der lange Zeit als **X** galt, aber in letzter Zeit schon mehrfach befahren wurde, WW VI. Der gesamte Abschnitt muss unbedingt erkundet und vor allem die ⬆ in schwerem WW vor der Stufe festgelegt werden.
2. Falls diese Schwierigkeiten vermieden werden, muss man re etwa 1 000 m weit ⌓.
63,0 Römische Ⅱ unterhalb der schweren Stufe, übliche ⬇ für die Weiterfahrt. Erneut WW II. Straßen-Ⅱ D 37, **Olliergues**.
62,9 ▬.
62,6 EB-Ⅱ.
60,8 EB-Ⅱ.
59,6 ▬.
59,0 Straßen-Ⅱ D 254.
57,9 Straßen-Ⅱ D 906.
57,5 Straßen-Ⅱ D 906.
57,4 EB-Ⅱ.
57,1 Straßen-Ⅱ D 225, danach re Fabrikanlage.
56,6 Wege-Ⅱ.
56,0 EB-Ⅱ, ▬.
54,4 EB-Ⅱ.
51,6 Straßen-Ⅱ, ⬆ (s. Bemerkung bei km 50,7).

51,5 ▬.
50,7 ▬ mit Wasserableitung, die folgenden 3 km sind vielfach trocken. Da das ⬆ am ▬ sehr schwierig ist, wird in diesem Fall empfohlen, die Fahrt schon bei km 51,6 zu unterbrechen. Eine Weiterfahrt ist nur möglich bei einer Wasserabgabe des ▬ von etwa 6 cbm/sec. li ⏏. Es folgt auf 3 km eine sehr schöne WW-Strecke, durchweg WW III mit Stellen bis WW IV.
48,0 ϟ von Sauviat mit Rückführung des abgeleiteten Wassers, Straßen-II D 304A, ⬇ für die Weiterfahrt, falls eine Befahrung der vorausgehenden Strecke nicht möglich ist. Bis zur ⇩ keine besonderen Schwierigkeiten mehr, WW I. Es folgt zunächst eine sehr schöne Waldschlucht.
44,5 ▬.
42,3 Straßen-II D 906, li **Courpiere**, mögliche ⬇.
42,1 EB-II, 2 kleine Stufen, ≋.
41,2 ▬, 1 m hoch, ganz li ≋, nach 50 m Steinstufe, 80 cm hoch, Mitte evtl. ≋.
39,3 ▬, 2 m hoch, **X**, bestehend aus mehreren versetzten Stufen mit Pfahleinbauten, li ⏏, mühsam.
29,7 Straßen-II D 906.
29,0 Straßen-II D 2089; li Peschadoires; Steinbarre unter der II, bei NW **X**, re ⛺.
Es folgen in kurzen Abständen 3 Naturstufen, je nach Wasserstand evtl. ≋, überheben oder treideln.
26,6 Straßen-II A 89/E 70.
26,1 EB-II.
25,0 li bei **Pont Astier** sehr großer, moderner ⛺.
24,2 ▬.
21,2 Straßen-II D 85, re **Dorat**, re ⛺, gute ⬇. Die Dore fließt anschließend ohne künstliche Hindernisse mit sehr guter Strömung in vielen Windungen durch eine einsame, reizvolle und naturbelassene Landschaft.
7,6 Straßen-II D 63, re **Puy-Guillaume**. Nach der II re ⛺.
0,0 ⇩ in Allier bei km 142,5.

Überarbeitung nach Kartenmaterial.

Couze Chambon

Zentralmassiv

Wildfluss (Gebirgsfluss) GKZ: Fr: K2674000
Mündung in Allier (re Nebenfluss)

Der Couze Chambon ist der nördlichste der verschiedenen Couze-Flüsse (Couze d´Issoire, Couze Valbeleix, Couze d´Ardes). Die 4 Flüsse ähneln sich in ihrem Flusscharakter: Ursprung im Bereich der höchsten Erhebungen des Zentralmassivs, Verlauf durch Schluchten, teilweise starkes Gefälle, landschaftlich sehr ansprechend.

Ursprung: (45.5356, 2.8329) in ca. 1600 m Höhe.
Mündung: (45.613889, 3.210833) in ca. 350 m Höhe.
Länge: 40 km
Schwierigkeiten: km 14-19 WW V (**X**).
km 19-36 WW III-IV-V.
Befahrbarkeit: Zeit der Schneeschmelze März bis April, Herbst und nach stärkeren Regenfällen.
Zeltmöglichkeit: mäßig

30,4 ▬ Staudamm Lac Chambon, **Murol**.
23,4 Straßen-Π, li **Les Granges**, ⬇ für den schwersten Abschnitt des Flusses. Auf 1 km 4 hohe Abfälle, WW V. Zwischen den Extremstellen WW III.
22,9 ▬ und Wege-Π.
20,3 Der Wasserfall bei Saillant (Cascade de Saillant) ist **X**, re ⏏.
20,2 Straßen-Π D 622, li **Saillant**.
Der bei Lachaux (in den Karten nicht gefunden) folgende Abfall ist ebenfalls **X**, rechtzeitig vor Beginn der dem Fall vorausgehenden schweren Stromschnelle ↰ und ⏏.
18,8 ▬.
18,7 Übliche ⬇. Man erreicht den Fluss auf einem Weg, der in einer Kurve 500 m oberhalb der Π von Verrières zum Fluss hinunter führt. Die folgenden 500 m bis zur Π haben ein sehr starkes Gefälle, WW III, bei höherem Wasser WW IV.
18,2 Straßen-Π von **Verrières**. Auf der folgenden Flussstrecke WW III.
16,0 Straßen-Π D 978, **Rivalet**, weiterhin WW III, der Flusscharakter unverändert. Es folgt eine **X** Flussstelle, ⏏, ferner ein ▬, unbedingt vorher ansehen, da bei höherem Wasserstand starker Rücklauf.
9,6 Straßen-Π D 28, **Champeix**. Die folgenden 3 km sind schweres Wildwasser mit erheblicher Verblockung, durchgehend WW IV mit mehreren Stellen WW V, die unbedingt vor der Befahrung erkundet werden sollten.
0,4 **Coudes**, mehrere Π.
0,0 ⇩ in Allier bei km 212,8.

Überarbeitung nach Kartenmaterial.

Couze Pavin

Zentralmassiv

Wildflüsse (Gebirgsflüsse) GKZ: Fr: K265400A
Mündung in Allier (re Nebenfluss)

Verlauf durch enge Schluchten mit starkem Gefälle.

Ursprung:	(45.506111, 2.857222) in ca. 1270 m Höhe.
Mündung:	(45.545, 3.276111) in ca. 370 m Höhe.
Länge:	46 km
Befahrbarkeit:	Zeit der Schneeschmelze und nach stärkeren Regenfällen.
Pegel:	St. Floret, Minimum 0,5 m, ein ausreichender Wasserstand ist vor allem für den Oberlauf beider Flüsse unbedingt erforderlich. Bei einem Pegel von mehr als 0,8 m können sich die Schwierigkeiten bis zur Unbefahrbarkeit steigern.
Zeltmöglichkeit:	außerhalb der Schluchtstrecken.

32,4 Straßen-Ⅱ D 619 oberhalb Saint-Pierre-Colamine, ⬇. Die folgenden 5 km sind nur ausnahmsweise ≋. Starkes Gefälle, starke Verblockung. WW III-IV, eine sehr schwierige Stelle (WW V) ist von der Straße aus zu sehen.
31,5 Straßen-Ⅱ, li **Saint-Pierre-Colamine**.
29,8 Wege-Ⅱ.
28,3 **Le Cheix**, ▬, bei HW evtl. ≋ oder li ⌓, Straßen-Ⅱ. Es folgt eine enge Schlucht, zunächst WW II-III, steigernd mit mehreren Stellen WW IV, einige schwere Stufen bis WW V.
27,5 ▬.
27,4 Wege-Ⅱ, danach li **Cotteuge**.
26,8 Wege-Ⅱ und ▬.
26,0 ▬.
25,4 Wege-Ⅱ.
24,9 Wege-Ⅱ.
23,8 ▬ Stufe, **X**, vom Wasser aus schwer zu erkennen, ⬆ schon bei der Anfahrt festlegen.
23,4 re ⇩ Couze Valbeleix. Bis St. Floret WW II-III, eine **X** Flussstelle.

23,1 Wege-Ⅱ.
22,9 Straßen-Ⅱ D 621.
22,1 Alte Stein-Ⅱ, danach Straßen-Ⅱ D 26.
18,6 Alte Stein-Ⅱ.
17,1 Straßen-Ⅱ.
16,2 Wege-Ⅱ, ▬.
16,1 2 Ⅱ, **Saint-Floret**, ▤. ⚠ Auf der folgenden Strecke bis zur ⇩ WW II, mehrere ▬, mit Baumhindernissen ist zu rechnen.
15,0 Straßen-Ⅱ D 28.
13,6 Straßen-Ⅱ D 629, re **Saint-Vincent**.
12,7 Straßen-Ⅱ D 620, re **Saint-Cirgues-sur-Couze**.
10,9 Straßen-Ⅱ D 23, re **Meilhaud**.
10,1 ▬.
9,4 ▬.
9,3 Straßen-Ⅱ.

9,0 ▬.
8,6 ▬.
8,0 Wege-⌶.
7,7 Straßen-⌶.
7,3 Straßen-⌶, li **L'Orme**.
4,2 ▬.
3,2 Straßen-⌶.
2,7 Straßen-⌶ D 716, **Issoire**.
2,6 Straßen-⌶ D 996.
2,3 Wege-⌶.
2,1 EB-⌶.
1,3 Wege-⌶.
0,9 Straßen-⌶ A 75/E 11.
0,0 ⇩ in Allier bei km 225,7.

Überarbeitung nach Kartenmaterial.

Couze Valbeleix

Zentralmassiv

Wildflüsse (Gebirgsflüsse)
Mündung in Couze Pavin (re Nebenfluss)

Verlauf durch enge Schluchten mit starkem Gefälle.

Befahrbarkeit: Zeit der Schneeschmelze und nach stärkeren Regenfällen.

11,0 **Valbeleix**, ⬇, ausreichender Wasserstand erforderlich, mit niedrig hängenden Büschen ist zu rechnen, WW II-III.
5,5 Straßen-⌶ D 26, 1. ⌶ nach ⬇. Es folgen die „Gorges de Courgoul", sehr schnelle Strömung in enger Schlucht, sehr starkes Gefälle (bis zu 60 ‰), es besteht kaum eine Möglichkeit anzuhalten. WW IV-V.
2,5 **Courgoul**, ab hier WW III, Schwierigkeiten bei niederem Wasserstand.
0,0 ⇩ in Couze de Pavin, km 23,4.

Unveränderte Übernahme.

Couze d'Ardes

Zentralmassiv

Wildfluss GKZ: Fr: K26-0300
Mündung in Allier (li Nebenfluss)

Der Couze d´Ardes ist ein kurzer, jedoch interessanter Wildfluss des Zentralmassivs.

Ursprung: (45.336389, 2.939167) in ca. 1295 m Höhe.

Mündung: (45.465833, 3.271111) in ca. 385 m Höhe.

Länge: 39 km

Befahrbarkeit: nur bei sehr gutem Wasserstand (Zeit der Schneeschmelze und nach stärkeren Regenfällen).

Schwierigkeiten: km 18,5–11,8 WW III–IV-**X**.

km 11,8–⇩ WW II, Wehre ⚠.

18,5 Straßen-Ⅱ D 36, übliche ⬇. Zunächst WW III mit Stellen bis WW IV.
16,9 Straßen-Ⅱ, **Ardes**, auf 4 km erhebliche Verblockung in engem Flussbett, WW III und IV.
11,8 re Barèges, in diesem Bereich **X**, ⌓.
9,4 Straßen-Ⅱ **Madriat**, übliche ⬆. Eine Weiterfahrt ist möglich, WW I-II, wegen zahlreicher ▬ jedoch kaum ratsam.
0,0 ⇩ in Allier bei km 235,7.

Unveränderte Übernahme.

Alagnon

Zentralmassiv

Wildfluss (Gebirgsfluss) GKZ: Fr: K25-0300
Mündung in Allier (li Nebenfluss)

Der Alagnon fließt auf seiner gesamten Länge durch sehr schöne, enge Täler des Zentralmassivs mit dem Höhepunkt der wilden Schluchten der „Gorges de l´Alagnon“ zwischen Massiac und Lempdes. Diese Schluchtstrecke ist für eine Befahrung besonders zu empfehlen. Der Alagnon bietet nur in seinem Oberlauf mäßig schweres, sonst zumeist recht leichtes Wildwasser. Straße und Eisenbahn verlaufen auf der gesamten Strecke neben dem Fluss.

Ursprung: (45.099444, 2.721389) in ca. 1590 m Höhe.

Mündung: (45.452222, 3.303889) in ca. 390 m Höhe.

Länge: 86 km

Schwierigkeiten: km 60,9-48 WW II-III.

km 48-34,2 WW II+.

km 34,2-⇩ WW II-I.

Befahrbarkeit: ab km 60,9 bis Mitte Juni, ab km 34,2 vielfach ganzjährig.

Eine Befahrung ist möglich, wenn das ▬ vor Lempdes in seiner ganzen Breite überflossen ist.

Pegel: (alte Angabe): Steg unterhalb Neussargues, MW 0,5, NW 0,35.

Zeltmöglichkeit: ausreichend vorhanden.

72,3 Straßen-Ⅱ D 926, **Murat**, Höhe 889 m.

60,9 Straßen-II D 679, **Neussargues**, Höhe 800 m, gute ⬇ für die Befahrung des Oberlaufs. Der Alagnon fließt zunächst in einem engen Flussbett, mit Baum- und Strauchhindernissen ist zu rechnen, WW II mit Stellen bis WW III, bei HW bis WW III+.
60,6 Straßen-II.
59,8 Wege-II.
57,8 Wege-II.
56,7 li ⇩ Allanche (s. Seite 182),
56,1 Straßen-II, re **Le Pont de Vernet**, die Schwierigkeiten lassen nach, Höhe 733 m.
54,8 Straßen-II.
54,7 ▬.
53,8 Wege-II.
53,6 Parkplatz zwischen Straße und Fluss, gute ⬇.
50,3 li 🚐 Camping Les Vigeres, 87500 Le Chalard.
49,7 ▬.
49,6 Straßen-II, **Ferrières-Saint-Mary**, es folgen 2 Mühlen-▬, ≋, nachfolgend nur teilweise beschrieben.
48,7 Wege-II.
46,0 ▬, ≋.
44,6 Straßen-II, **Vauclair**. Bis km 34,6 folgen 5 ▬ und 2 Stufen, nachfolgend nur teilweise beschrieben.
43,0 Wege-II.
41,5 ▬.
40,7 Straßen-II D 344, li **Molompize**, 2 ▬.
39,7 ▬.
38,8 Straßen-II, li **Aurouze**.
38,2 ▬.
38,0 ▬.
37,5 Straßen-II.
36,0 ▬.
35,4 ▬, gefährliche Stufe, von der Straße aus zu sehen, jedoch nicht vom Fluss aus, 20 m nach einer scharfen Kurve ⚠. Nach Besichtigung re ≋.
34,6 li 🚐 Massiac, ▬ mit Wasserableitung, **X**, bei ungenügendem Überlauf li 500 m weit ⌓.
34,2 Straßen-II N 122, danach alte II, **Massiac**. Gute ⬇ li nach alter II, Höhe 538 m.
33,9 Wege-II.
32,4 ▬.
31,8 ▬.
31,6 Straßen-II.
29,6 ▬ von Grenier-Montgon, flaches Tosbecken, starker Rücklauf, ≋ nur mit Absicherung, besser li ⌓, re Grenier-Montgon.
26,6 ▬.

26,1 Straßen-Ⅱ D 8, re **Le Barbory**, Beginn der Gorges d´Alagnon, keine besonderen Schwierigkeiten.
25,6 EB-Ⅱ.
21,8 Straßen-Ⅱ, li **Brugeilles**, ▬, li ≋, unbedingt besichtigen ⚠.
18,3 li Chateau de Torsiac.
18,0 Straßen-Ⅱ D 5, re **Lanau**, auf Berg **Léotoing**, ⌘.
13,8 EB-Ⅱ.
13,4 EB-Ⅱ.
12,4 EB-Ⅱ.
11,8 EB-Ⅱ.
11,5 ▬, hier ⬆, Höhe 447 m, die Fahrt sollte hier beendet werden. Es folgen bis Lempdes noch mehrere ▬, **X**, ⌓ schwierig.
10,5 EB-Ⅱ.
10,3 ▬.
10,2 ▬.
10,0 re **Lempdes-sur-Allagnon**, li 🚐 Camping Le Pont D'Allagnon, 43410 Lempdes-sur-Allagnon.
9,9 Wege-Ⅱ.
9,8 ▬ Stufe.
9,6 Straßen-Ⅱ D 909, danach ▬.
9,0 Straßen-Ⅱ A 75/E 11.
4,9 Straßen-Ⅱ D 76, li **Charbonnier-les-Mines**.
1,9 Straßen-Ⅱ.
1,8 ▬.
0,6 Straßen-Ⅱ D 710.
0,1 EB-Ⅱ.
0,0 ⇩ in Allier bei km 239,6.

Überarbeitung nach Kartenmaterial.

Allanche

Zentralmassiv

Wildfluss (Gebirgsfluss) GKZ: Fr: K2514000
Mündung in Alagnon (li Nebenfluss)

Die Allanche ist ein interessanter Wildfluss, mit starker Verblockung, schwierigen Engstellen, Abfällen in Stufen.

Ursprung: (45.319167, 2.951111) in ca. 1440 m Höhe.

Mündung: (45.1375, 3.0125) in ca. 732 m Höhe.

Länge: 31 km

Schwierigkeiten: WW III-IV.

Befahrbarkeit: März bis April (Zeit der Schneeschmelze) und nach Regenfällen.

Pegel: ⫴ N 122, km 0,3; Minimum 0,4 m, Maximum 1 m.

Zeltmöglichkeiten: am Fluss vorhanden.

18,0 **Le Bac Bas**, ⫴ der Straße D 679, ⬇, Höhe 986 m.
17,5 Wege-⫴.
16,7 Wege-⫴.
16,6 Wege-⫴.
16,5 Straßen-⫴ D 309, **Allanche**, Höhe 978 m.
16,4 Wege-⫴.
16,2 Straßen-⫴ D 9.
16,1 Straßen-⫴.
16,0 Am Ende von Allanche befindet sich ein niedriger Steg, der bei höherem Wasserstand eine Durchfahrt unmöglich macht.
15,6 ▬.
14,1 Straßen-⫴ D 39.
13,6 Straßen-⫴.
13,0 Wege-⫴.
11,5 ▬.
10,8 Wege-⫴.
8,1 ▬.
7,8 Straßen-⫴ D 523.
6,4 EB-⫴.
6,0 EB-⫴.
4,0 Straßen-⫴ D 26, li **Moissac**, Höhe 814 m.
3,4 Straßen-⫴.
2,8 Wege-⫴.
2,3 ▬.
0,6 Straßen-⫴.
0,3 ⫴ N 122, Pegel.
0,0 ⇩ in Alagnon bei km 56,7.

Überarbeitung nach Kartenmaterial.

Desges

Wildfluss
Mündung in Allier bei km 308,9 (li Nebenfluss)

Der Desges ist im Oberlauf ein leicht verblockter Kleinfluss mit Baum- und Strauchhindernissen, WW I, nicht für Anfänger!

Befahrbarkeit: zeitig im Frühjahr und nach Regenfällen..

Pegel: kurz oberhalb Chanteuges; Minimum 50 cm.

Fahrtstrecke: ⬇ bei Combeuil (3 km oberhalt Pébrac), 15 km bis ⇩ in Allier.

Bis Chanteuges, Straßen-Ⅱ D 585: eine Blockstrecke, nach Besichtigung li ≋. Danach 5 Schräg-▬, alle nach Besichtigung ≋, Baumversperrungen möglich.

Gute ⬆ bei der Straßen-Ⅱ D 585. Danach folgt eine Röhren-Ⅱ, **X**, 20 m danach Blockstufe mit Resten eines Steges versperrt, nach Besichtigung evtl. ≋.

Nach weiteren 50 m sehr eng verwinkelte Blockstelle, Verklemmungsgefahr durch Schwemmholzhindernisse (Juni 93). Es ist wohl am besten, von der Röhren-Ⅱ bis hinter Blockstelle ⌓. Kurz danach ⇩ in Allier. Weiterfahrt 5 km bis Langeac.

Unveränderte Übernahme.

Chapeauroux

Zentralmassiv

Wildfluss (Gebirgsfluss) GKZ: Fr: K21-0300
Mündung in Allier (li Nebenfluss)

Der Chapeauroux durchfließt ein landschaftlich hervorragend schönes Tal des Zentralmassivs mit mehreren Schluchten. Sehenswert im Frühjahr die Blütenpracht teppichartig wild wachsender Narzissen auf den Feldern. Im Oberlauf ist der Chapeauroux ein mittelschwerer Wildfluss mit sehr schneller Strömung, Baum- und Strauchhindernissen, Flussverzweigungen, verblockten Durchfahrten bei relativ gleichmäßigem Gefälle. Im Unterlauf nehmen die Schwierigkeiten erheblich zu, unübersichtliche Katarakte mit sehr starker Verblockung und stufenförmigem, starkem Gefälle. Abgesehen von einigen Wehren ist der Fluss völlig naturbelassen, sehr lohnend.

Ursprung: (44.661944, 3.541667) in ca. 1490 m Höhe.

Mündung: (44.840278, 3.735278) in ca. 740 m Höhe.

Länge: 56 km

Schwierigkeiten: km 19,2-6,2 WW III-IV.

km 6,2-⇩ WW IV und V (**X**).

Befahrbarkeit: infolge eines Wehres mit Wasserableitung kurz oberhalb Auroux ist die früher übliche Befahrung ab Auroux nur noch bei starkem Hochwasser möglich. Ab km 10 meist bis Frühsommer.

Bei Naussac (abseits vom Chapeauroux) ist ein neuer Stausee durch Ableitung des Chapeauroux entstanden (s. oberer Allier). Der Standort der Ableitung ist nicht bekannt. Es besteht erhebliche Wahrscheinlichkeit dafür, dass der Unterlauf des Flusses, wenn überhaupt, dann nur bei Überlauf der Wasserableitung fahrbar ist.

Bei km 1,4 wurde ein neues Wehr errichtet. Über die Auswirkungen auf die davor liegende Schluchtstrecke liegt noch kein Bericht vor.

Nachfolgend wird der Zustand vor diesen Baumaßnahmen geschildert.

Pegel: Straßen-II Laval Atger, km 10,0, günstig 60 cm, entspricht etwa 6 cbm/sec.

Wasser: moorig, sehr sauber.

Pkw: Straße zumeist in der Nähe des Flusses.

19,2 **Auroux**, Straßen-II, mögliche ⬇ bei sehr gutem Wasserstand, Höhe 989 m, bei minder guter Wasserführung kann die ⬇ frei gewählt werden.
13,9 Straßen-II D 226.
10,0 **Laval-Atger**, Straßen-II D 5, ≡, li ⇩ Grandrieu mit Wasserzufuhr, empfohlene ⬇, Höhe 864 m.
7,5 Straßen-II D 988.
6,2 Straßen-II, li **Saint-Bonnet-de-Montauroux**.
4,3 Straßen-II D 988 unterhalb Saint-Bonnet-de-Montauroux, ⬆, Höhe 820 m, falls auf eine Befahrung der sehr schweren Reststrecke verzichtet wird. Die folgende Schlucht bringt sehr schweres Wildwasser, WW IV-V.
1,4 Neues ▬. Die Auswirkungen auf die davor liegende Schluchtstrecke sind nicht bekannt.
~1,0 Hier befinden sich kurz nacheinander 2 extrem verklemmungsgefährliche Stellen, WW VI/**X**. Es hat hier schon einen tödlichen Unfall gegeben. Am besten werden beide Stellen auf einmal re ⏜. Kurz danach ▬, **X**.
0,6 Straßen-II D 32, re nach **Chapeauroux**.
0,1 EB-II.
0,0 ⇩ in Allier bei km 358,9.

Überarbeitung nach Kartenmaterial.

Espezonnette

Wildfluss
Mündung in Allier bei km 390,2 (re Nebenfluss)

Die Espezonnette ist ein bei uns kaum bekannter, sehr interessanter Wildbach in einer sehr einsamen, reizvollen Landschaft, z. T. in Schluchten.

Schwierigkeiten: stark wechselnd; auf Teilstrecken stark verblockt, sehr schnell und steil, Stufen und Abfälle, WW III mit Stellen WW IV, ein Steilabfall in einer Schlucht WW V. Teilstrecken, vor allem im unteren Bereich, WW II.

Befahrbarkeit: Frühjahr und Herbst sowie nach stärkeren Regenfällen.

Wasser:	sehr sauber.
Pkw:	kleine Straße nur im Oberlauf neben dem Fluss. Durch Straßenbauarbeiten wurden Felsbrocken in den Fluss geworfen, kein Befahrungsbericht nach diesen Arbeiten.
Fahrtstrecke:	⬇ in Lanarce oder an geeigneter Stelle flussabwärts. Beendigung der Fahrt nach insgesamt etwa 13 km an der ⇩ in den Allier.

Unveränderte Übernahme.

Aron

Canal du Nivernais

Kleinfluss GKZ: Fr: K17-0300
Mündung in Loire (re Nebenfluss)

Der Canal du Nivernais verläuft von Decize/Loire zur Yonne. Er verbindet damit die Loire mit der Seine. In seinem Verlauf folgt er den Flüssen Aron, Alène und Yonne, teilweise in deren Flussbetten. In seinem Scheitelpunkt verläuft er durch einen Tunnel. Auf dem Kanal herrscht reger Verkehr mit Hausbooten.

Im Oberlauf benutzt der Canal du Nivernais teilweise das Flussbett des Aron. Im Bereich der nachfolgend beschriebenen Teilstrecke ist der Aron jedoch ein stark mäandrierender Kleinfluss mit vielen Baumhindernissen.

Für Loirepaddler bitte sich die Möglichkeit von Decize aus über den Canal Nivernais nach Cercy la Tour (4 ▬, leicht ⏏) und von dort über den Aron eine Tagestour zu machen (42 km).

Ursprung:	(47.193333, 3.487222) in ca. 335 m Höhe.
Mündung:	(46.835556, 3.460833) in ca. 190 m Höhe.
Länge:	104 km
Befahrbarkeit:	wahrscheinlich ganzjährig.
Pegel:	Straßen-Ⅱ km 15,2.

69,8 Straßen-Ⅱ D 978, **Châtillon-en-Bazois**, ⬇ muss erkundet werden.
69,6 Straßen-Ⅱ.
69,2 ▬.
68,9 ⇩ in Canal du Nivernais, Fahrt nach li.
67,3 Ausfahrt aus dem Canal du Nivernais nach li, danach ▬.
65,7 Straßen-Ⅱ, li **Pont**.
60,9 ▬.
59,9 ▬.
59,3 Straßen-Ⅱ D 132.
56,5 ▬.

55,4 Straßen-Ⅱ, ▬, re daneben Schleuse des Canal du Nivernais, Informationspunkt.
54,6 ▬.
53,8 Straßen-Ⅱ.
49,4 Straßen-Ⅱ.
45,6 ⇩ in Canal du Nivernais, Fahrt nach li, re **Anizy**.
44,3 Ausfahrt aus dem Canal du Nivernais li neben der Schleuse über ▬.
44,2 Straßen-Ⅱ, **Panneçot**.
38,9 Straßen-Ⅱ D 106.
36,0 Straßen-Ⅱ D 224.
31,6 Straßen-Ⅱ, li **Mazille**.
27,8 Straßen-Ⅱ.
26,6 Straßen-Ⅱ.
26,0 li ⇩ der Alène (s. Seite 187).
25,0 Straßen-Ⅱ D 10, **Cercy-la-Tour**. Zusammenfluss des Aron und des Canal du Nivernais. Danach li ⛺.
24,6 li ▬, **X**, li ⌓, der Kanal führt re durch offene ⇄ wieder vom Aron weg, empfohlene ⬇ unterhalb des ▬.
24,4 li weitere ⇩ der Alène (s. Seite 187).
15,2 Straßen-Ⅱ D 169, ≣ Verneuil, Domaine des Varennes.
7,5 Verfallenes Mühlen-▬, ≋.
6,9 Straßen-Ⅱ D 205, re nach **Champvert**, re gute ⬆, ⛺.
4,2 EB-Ⅱ.
1,1 Straßen-Ⅱ D 981, **Decize**.
0,6 ⇩ in die von li kommende Vieille Loire, danach li ⛺.
0,0 ⇩ der Vieille Loire in die Loire bei km 589,8.

Überarbeitung nach Kartenmaterial.

Alène

Kleinfluss GKZ: Fr: K17-0310
Mündung in Aron bei Cercy la Tour, km 26,0 und 24,4 (li Nebenfluss)

Von der Alène ist lediglich die Befahrung einer Teilstrecke ihres Unterlaufs bekannt. Sie ist hier ein ansprechender Kleinfluss. Es ist mit Baumhindernissen, zahlreichen Windungen und Kiesbankschwällen zu rechnen.

Ursprung:	(46.863889, 4.032778) in ca. 410 m Höhe.
Mündung:	(46.865, 3.640556) in ca. 194 m Höhe.
Länge:	56 km
Befahrbarkeit:	Frühjahr und nach Regenfällen.
Wasser:	relativ sauber.

11,1 Straßen-II D 120, ⬇.
7,6 Wege-II.
4,7 Wege-II.
3,1 Wege-II.
1,6 Straßen-II D 37.
1,5 EB-II.
1,1 re ➔ eines zweiten Armes der Aléne über ein ▬, der bei km 26 in den Aron mündet.
0,7 ▬, X.
0,4 Straßen-II D 10, **Cercy-la-Tour**.
0,0 ⇩ in den Aron bei km 24,4. Die Befahrung kann auf dem Aron weitergeführt werden.

Überarbeitung nach Kartenmaterial.

Somme (Loire)

Kleinfluss
Mündung in Loire bei km 627,3 (re Nebenfluss)

Die Somme (Loire) ist ein recht mühsam und zeitaufwendig zu befahrender Kleinfluss. Anscheinend wird das Flussbett nie gereinigt, so dass mit zahlreichen Baum- und Strauchhindernissen zu rechnen ist. Für die nachfolgend beschriebene 24 km lange Strecke wurden 10 Stunden benötigt. Ein Fluss nur für Kleinflussspezialisten!

Befahrbarkeit: Frühjahr und nach starken Regenfällen.

Wasser: sauber.

Empfohlene Fahrtstrecke: ⬇ etwa 4 km oberhalb Maltat, hier Parkbucht der D 973, etwa 70 m zum Fluss. Einige ▬, z. T. ≋. ⬆ nach 24 km bei der II der D 979 (Digoin-Decise). Über die etwa 6 km lange Reststrecke bis zur ⇩ in die Loire bei km 627,3 ist nichts bekannt, wahrscheinlich auch wenig ratsam, da eine Beendigung der Fahrt im Mündungsbereich kaum möglich ist.

Unveränderte Übernahme.

Besbre

Zentralmassiv

Wildfluss-Wanderfluss GKZ: Fr: K15-0300
Mündung in Loire (li Nebenfluss)

Von ihrem Oberlauf, im Bereich der nördlichen Ausläufer des Zentralmassivs, ist nur die Befahrung einer Teilstrecke bekannt; sie ist hier ein mäßig schwerer Wildfluss. Ab Palisse wird die Besbre zu einem Wanderfluss, abgesehen von einigen Wehren keine Schwierigkeiten.

Ursprung:	(45.9375, 3.6925) in ca. 1190 m Höhe.
Mündung:	(46.553333, 3.731389) in ca. 208 m Höhe.
Länge:	106 km
Befahrbarkeit:	Oberlauf nur bei gutem Wasserstand (Frühjahr und nach Regenfällen); ab Palisse bis Mai/Juni.
Wasser:	Oberlauf sauber, Unterlauf leichte bis zunehmend mäßige Verschmutzung.

94,9 Ⅱ unterhalb La Chabanne, zu erreichen von der D 177, von St. Clément kommend, vor La Chabanne re einem Weg zu einer Ⅱ folgen, ↓. Schnelle Strömung, mäßige Verblockung, bei HW Achtung vor niedrigen Ⅱ, WW II-III.

94,2 Straßen-Ⅱ.

93,9 Straßen-Ⅱ.

90,1 Straßen-Ⅱ D 120, **Saint-Clément**, ↑. Es folgen ein Stausee und eine Wasserableitung bis km 25.

88,0 Straßen-Ⅱ, re **Coindre**.

86,7 ▬ ϟ Chatel Montagne. ↓ hinter dem ϟ über Werksgelände. Erlaubnis erfragen. Wasser läuft am ehesten werkstags zwischen 12:00 und 14:00 Uhr.

86,2 Straßen-Ⅱ D 207.

81,2 Wege-Ⅱ.

79,9 Straßen-Ⅱ D 25, **Le Moulin Chatel**.

77,9 Wege-Ⅱ.

77,3 ▬ mit ϟ, re ⛺. Weiter schnelle Strömung, einige ≈ Stufen und ▬, enge Kurven, Baum- und Strauchhindernisse. Nur für geübte Kleinflussfahrer. Lohnend wegen reizvoller, teils sehr einsamer Landschaft.

75,3 Wege-Ⅱ.

73,6 ▬.

73,2 Straßen-Ⅱ Pont Clavel, danach li ⇩ Mühlenkanal.

72,1 ▬.

71,9 ▬ Stufe, danach Straßen-Ⅱ.

71,1 ■.
70,3 Wege-II.
69,6 Straßen-II D 171, li **Le Breuil**. Nachlassen der Schwierigkeiten, doch ist immer noch mit querliegenden Bäumen zu rechnen. Es folgen einige meist ≋ ■, z. T. mit Wasserableitung.
68,0 re ⇩ Barbenan.
66,8 ■.
65,5 ■.
65,3 Straßen-II.
64,7 li ■, re Arm zum Kraftwerk.
63,4 ■.
62,6 EB-II.
62,3 Straßen-II D 46, re **Saint-Prix**.
61,8 Straßen-II N 7.
60,8 ■.
60,4 Straßen-II,re günstige ⬆ am Gelände von Sportplatz und ⛺.
59,7 Straßen-II.
59,6 Straßen-II, **Lapalisse**, ⬇ für die Befahrung der Wanderstrecke, keine besonderen Schwierigkeiten, bis zur ⇩ folgen 6 ■, z. T. ≋.
59,3 Wege-II.
57,0 ■, re ➔ Wehrkanal.
56,9 Straßen-II D 423, re ⇩ Wehrkanal.
55,8 ■, re ➔ Wehrkanal.
50,0 Straßen-II.
46,9 ■, re ➔ Wehrkanal.
46,0 Straßen-II D 23, re **Trézelles**.
40,9 Straßen-II D 163, re **Chavroches**.
36,6 Straßen-II D 989, re **Jaligny-sur-Bespre**.
36,3 Straßen-II.
36,0 ■.
29,8 Wege-II.
23,8 Straßen-II D 53.
23,5 ■.
21,4 Straßen-II.
16,8 Straßen-II D 296.
11,5 Straßen-II, re **Champ Bonnet**.
9,1 ■ im Bereich von Parkanlagen.
8,5 Straßen-II, re zum Sportplatz.
8,0 Straßen-II D 779, **Dompierre-sur-Besbre**, nach der Brücke kleine Stufe und Steine.
4,0 EB-II und Straßen-II N 79.
3,6 II Überführung des Canal Latéral Loire.
3,5 Straßen-II D 15.
0,6 Prallwand, je nach Wasserstand bis WW II.

0,0 ⇩ in Loire bei km 642,3.

Überarbeitung nach Kartenmaterial.

Arroux

Wanderfluss (Flachlandfluss) GKZ: Fr: K1--0180
Mündung in Loire (re Nebenfluss)

Der Arroux durchfließt ein breites, einsames Tal. Die Ufer sind teilweise felsig, Bäume, Büsche und Wiesen wechseln ab. Im Flussbett liegen viele Steine und Felsen, die kleinere Schwalle bilden.

Mehrere, z. T. verfallene Wehre, die bei gutem Wasserstand zumeist fahrbar sind. Strecken mit Strömung wechseln mit Strecken mit wenig Strömung, sehr empfehlenswerter Wanderfluss.

Ursprung:	(47.148333, 4.556111) in ca. 430 m Höhe.
Mündung:	(46.49, 3.959167) in ca. 224 m Höhe.
Länge:	129 km
Befahrbarkeit:	km 23-120 WW I - Zahmwasser.
Befahrbarkeit:	ab Igornay nur im Frühjahr, ab Autun bis Frühsommer; im Sommer kann das Wasser knapp werden.
Wasser:	wechselnd leidlich sauber-mäßig verschmutzt. Im Sommer stellenweise stark verkrautet.
Zeltmöglichkeit:	schöne Plätze am Fluss, mehrere ⛺.
Pkw:	die Straße N 494 verläuft parallel zum Fluss.

102,1 Straßen-Ⅱ D 26, li **Igornay**, re **Les Billaudot**. ⬇ bei ausreichendem Wasser, zumeist nur im Frühjahr.
100,6 Wege-Ⅱ.
99,3 EB-Ⅱ.
97,1 EB-Ⅱ.
96,2 ▬.
93,7 Straßen-Ⅱ D 151, **Dracy-Saint-Loup**.
92,1 ▬.
90,7 Straßen-Ⅱ N 81.
87,9 Mühlen-▬, re ⌓.
86,9 Straßen-Ⅱ.
83,7 Fußgänger-Ⅱ, gute ⬇, ⛺ 300 m entfernt an D 980, gute Pkw-Abstellmöglichkeit. Ab hier Weidezäune über den Fluss.
82,9 Straßen-Ⅱ D 980.
82,2 Straßen-Ⅱ N 81, li **Autun**, alte Stadt mit Bauten aus Römer- und romanischer Zeit, ⌘, 🛒, ✕, 🚂.
82,0 ▬, **X**, li ⌓.

78,1 Quer über den Fluss verlaufende Steinbarriere, li treideln oder ⌓. Ab hier Felsen und Steine im Fluss.

69,8 Straßen-Ⅱ D 222, li **Leizy**, 🚆, 🛒, mögliche ↓. Sofort nach der Ⅱ quer über den Fluss verlaufende Steinbarriere, je nach Wasserstand evtl. ≋, treideln oder ⌓.

64,8 EB-Ⅱ.

64,7 Straßen-ⅡD 994, unter der Ⅱ Blockwurf-▬, li Joch ≋. li und re **Etang-sur-Arroux**, 🚆, 🍴, 🛒.

64,0 li 🚐, mögliches Standquartier und ↓.

62,8 EB-Ⅱ.

55,0 Langgezogenes Schräg-▬, mit mehreren Abflüssen und Steinen im Unterwasser, je nach Wasserstand nach Besichtigung evtl. ≋ oder re in Seitenarm ⌓.

54,8 Straßen-Ⅱ, li **Saint-Nizier-sur-Arroux**, danach li 🚐.

50,9 Straßen-Ⅱ D 47, **Charbonnat**, 🍴.

45,0 Quer über den Fluss verlaufende Schwelle, ≋, li La Boulaye. Es beginnt eine romantische Schlucht mit riesigen Felsblöcken im Wasser, bei NW stellenweise Naturslalom.

42,0 Ende der Schlucht, dann Rückstau des folgenden ▬.

40,7 Gitter-Ⅱ.

40,1 Moulin le Sac, ▬ re vor Insel, li Öffnung in der ▬-Krone ≋ (⚠ unbedingt vorher ansehen, ob frei), oder überheben. Auf keinen Fall in den ▬-Kanal einfahren, da hier bei schneller Strömung keine ↑-Möglichkeit. 100 m nach dem ▬ kleines Natur-▬ mit Schwall, ≋.

38,5 ▬, verfallen, mehrere Durchbrüche, gut ≋.

38,2 Straßen-Ⅱ aus dem 12. Jahrh. D 985, li Toulon-sur-Arroux, 🛒, 🍴. Nach der Brücke re guter 🚐, davor städtische Freizeitwiese, gute ↑. Unterhalb des Platzes Blockwurf-▬, ≋.

32,6 li 🚐, Badesee.

27,0 Straßen-Ⅱ D 325, nach 100 m li evtl. ⛺-Möglichkeit, fragen. re **Vendenesse- sour-Arroux**, ⌘. Es folgt eine recht eintönige Landschaft, nur geringe Strömung. Fahrt evtl. hier beenden.

23,1 Fabrik-▬, bei gutem Wasserstand evtl. ≋ oder li ⌓.

22,5 2 Stufen, evtl. ≋ oder treideln. Bei NW extreme Wasserverschmutzung und Geruchsbelästigung.

22,0 Straßen-Ⅱ D 60 li und re **Gueugnon**, 🍴, 🛒. Steile Uferböschung, schlechtes Aussetzen.

21,7 Schräg-▬, **X**, 150 m vor dem ▬ bei Treppe ↰ und 350 m weit ⌓, ↓ bei Fußgänger-Ⅱ. Links vor der Wehrkante befinden sich 2 Steintreppen, ⚠ aussetzen wegen starken Stromzuges unter Klappentor gefährlich!

21,6 Fußgänger-Ⅱ.

21,5 Abfall aus Steinschüttung, unbedingt besichtigen ⚠. Bei NW li und re außen Siphon-Bildung unter Betonplatten. Für leere Einer evtl. unter

Materialeinsatz ≈, für Wanderboote **X**, ↱, hohe Böschung, teilweise Mauern, 100 m ⏢. Danach bis zur ⇩ freie Fahrt.

20,9 Straßen-Ⅱ D 25.

11,2 Straßen-Ⅱ D 226, re **Rigny-sur-Arroux**. Der Fluss wird enger, stärkere Strömung, zahlreiche Windungen, Baumhindernisse möglich.

3,7 li ⇩ Bourbince, (s. Seite 193).

2,7 Straßen-Ⅱ.

1,4 EB-Ⅱ.

0,8 Straßen-Ⅱ D 979, li **Digoin**, ✕, 🛒, 2 km entfernt. Um den ⛺ von Digoin zu erreichen, kann man entweder hier ausbooten und etwa 1 000 m weit karren oder auf der Loire 2,5 km weit gegen ziemlich starke Strömung hochpaddeln.

0,0 ⇩ in die Loire bei km 669,0.

Überarbeitung nach Kartenmaterial.

Bourbince

Canal du Centre

Kleinfluss — GKZ: Fr: K13-0300

Mündung in Arroux (li Nebenfluss)

Von dem 82 km langen Fluss ist bisher lediglich die Befahrung einer Etappe seines Unterlaufs bekannt geworden. Er ist hier ein Kleinfluss, mit Baum- und Strauchhindernissen, Treibholz und gelegentlich Weidezäunen über den Fluss.

Der Canal du Centre verläuft auf langen Strecken neben dem Bourbince. Es ist sehr empfehlenswert, von Digoin den Canal du Centre aufwärts zu fahren, an geeigneter Stelle in den Fluss umzusetzen und auf der Bourbince wieder nach Digoin zurückzufahren. Es ergibt sich so ein beliebig lang zu wählender Rundkurs.

Ursprung:	(46.771111, 4.446667) in ca. 326 m Höhe.
Mündung:	(46.499722, 3.999444) in ca. 226 m Höhe.
Länge:	82 km

24,3 Straßen-Ⅱ D 301, re **Volesvres**.

22,6 Straßen-Ⅱ N 79.

21,3 Straßen-Ⅱ D 248, der Canal du Centre liegt hier nur knapp 50 m neben dem Fluss, ⬇.

20,2 EB-Ⅱ.

18,2 Reste einer Wege-Ⅱ, Staubeginn des Wehr von Paray. li Überlauf zum Kanal. Wer das mühsame ⏢ in Paray vermeiden möchte, sollte hier in den Kanal ⏢ und erst nach der Brücke N 79 (Nähe Eternit-Werk) nach re wieder zurück in den Fluss ⏢.

17,2 Kanalmäßiger Ausbau, li Stadtpark.

17,0 Wege-Ⅱ.

16,7 Straßen-Ⅱ, **Paray le Monial**.
16,5 Straßen-Ⅱ, darunter Überfall-▬, **X**, re oder li über Zaun ⌓.
~16,0 Abfall über Steinschüttung, evtl. ≋.
15,3 Straßen-Ⅱ, re ⛺ Camping Le Mambré, 19 Rue du Gué Léger, 71600 Paray-le-Monial.
13,1 Straßen-Ⅱ N 79.
11,1 Straßen-Ⅱ.
2,7 Kanal-Ⅱ Rigole de l´Arroux. Um den ⛺ von Digoin zu erreichen, ohne mühsam die Loire hochpaddeln zu müssen, kann man hier li in den Kanal ⌓.
1,4 Schräg-▬.
1,2 Straßen-Ⅱ D 994.
0,0 ⇩ in Arroux bei km 3,7.

Überarbeitung nach Kartenmaterial.

Sornin

Kleinfluss GKZ: Fr: K10-0300
Mündung in Loire (re Nebenfluss)

Der Sornin ist ein weitgehend naturbelassener Kleinfluss in sehr ansprechender Landschaft. Seine Befahrung ist empfehlenswert als Vorfahrt zu einer Loire-Fahrt.

Ursprung:	(46.253056, 4.460556) in ca. 590 m Höhe.
Mündung:	(46.153056, 4.098056) in ca. 250 m Höhe.
Länge:	47 km
Befahrbarkeit:	am besten bei höherem Wasserstand (Frühjahr und nach Regenfällen).
Schwierigkeiten:	schnelle Strömung, scharfe Kurven, Baumhindernisse, zahlreiche Wehre. Der schwierigste Abschnitt findet sich auf der 7 km langen Strecke bis Saint-Maurice-Châteauneuf, WW II-III. Ab Châteauneuf etwas leichter.
Zeltmöglichkeit:	⛺ Pouilly-sous-Charlieu und ⛺ Charlieu, beide am Fluss gelegen.

28,4 Straßen-Ⅱ, **La Chapelle-sous-Doun**, ⬇.
27,1 Straßen-Ⅱ.
26,2 ▬.
25,9 Wege-Ⅱ.
25,6 Straßen-Ⅱ.
24,5 Wege-Ⅱ.
23,6 ▬.
22,9 Straßen-Ⅱ, re **Papillon**.
22,0 ▬.

21,0 Straßen-Ⅱ D 8, re **Saint-Maurice-Châteauneuf**, li **Châteauneuf**.
18,5 Straßen-Ⅱ D 987.
17,9 ■.
14,1 Straßen-Ⅱ D 57.
13,9 li ⇩ Boloret.
12,4 Straßen-Ⅱ, re Château de Gatelier.
9,9 re ⇩ Bezo.
9,7 ■.
9,5 re 🚐 Charlieu.
8,8 Straßen-Ⅱ, **Charlieu**.
8,5 ■.
8,2 Straßen-Ⅱ D 4.
6,3 Straßen-Ⅱ D 487.
2,0 Straßen-Ⅱ D482, ■, 🚐, li **Pouilly-sous-Charlieu**.
1,9 EB-Ⅱ.
0,0 ⇩ in die Loire bei km 722,6.

Überarbeitung nach Kartenmaterial.

Rhins

Kleinfluss GKZ: Fr: K09-0300
Mündung in Loire bei Roanne, km 736,7 (re Nebenfluss)

Der Rhins ist in seinem für eine Befahrung empfohlenen Bereich ein recht munterer Bach, mit Schwierigkeiten, die stellenweise knapp WW III erreichen, mehrere Wehre.

Ursprung: (46.135556, 4.365278) in ca. 760 m Höhe.

Mündung: (46.050833, 4.109167) in ca. 265 m Höhe.

Länge: 60 km

Empfohlene Fahrtstrecke: Saint-Victor-sur-Rhins (km 30,2) bis L´Hôpital sur Rhins (km 13,0). Über die 13 km lange Reststrecke bis zur ⇩ ist nichts bekannt.

Unveränderte Übernahme.

Aix

Zentralmassiv

Wildfluss (Gebirgsfluss) GKZ: Fr: K08-0300
Mündung in Loire (li Nebenfluss)

Die für eine Befahrung in Frage kommende Flussstrecke ist insgesamt 27 km lang. Zahlreiche fahrbare Wehre, 3 Wehre unbefahrbar, ein Kraftwerk und eine unbefahrbare Flussstelle, die umtragen werden müssen, Schwierigkeiten technischer Art.

Ursprung: (45.909722, 3.753056) in ca. 896 m Höhe.
Mündung: (45.836667, 4.143333) in ca. 320 m Höhe.
Länge: 49 km
Schwierigkeiten: km 39–12 WW II-III-IV (VI).
Befahrbarkeit: März bis April, im Mai nur nach stärkeren Regenfällen.
Zeltmöglichkeiten: zahlreiche in Flussnähe.

39,0 **Saint-Just-en-Chevalet**, ⬇ (Anmerkung der Redaktion: Saint-Just-en-Chevalet liegt nicht an der Aix. Wahrscheinlich ist die Straßen-Ⅱ der D 53 2,5 km südlich davon gemeint.) Die folgenden 10 km sind WW II-III, 5 ▬ ≈, 2 ▬ **X**.

29,0 Moulin Gérin. Die folgenden 9 km sind WW III-IV, verblockte Stromschnellen, 11 ▬ ≈, 1 ▬ **X** mit Wasserableitung. Es folgt eine 500 m lange Strecke, die als **X** galt, inzwischen wurde sie allerdings schon mehrfach befahren, WW VI, eingehende Besichtigung unerläßlich, re ⌂ 800 m weit, ein befahrbarer Weg ist vorhanden.

20,0 ↯ von Chissonnet. Die folgenden 8 km sind WW IV-III, auf einer Strecke von 1 km eine stark verblockte Stromschnelle. 2 ▬ ≈.

12,0 **Saint-Germain-Laval**. Die Fahrt wird zweckmäßigerweise hier abgebrochen.

0,0 ⇩ in Loire bei km 774,8.

Unveränderte Übernahme.

Lignon (Forez)

Zentralmassiv

Wildfluss GKZ: Fr: K07-0320
Mündung in Loire (re Nebenfluss)

Der Lignon (Forez) ist ein interessanter Wildfluss des Zentralmassivs. Es liegen nur Unterlagen über eine Teilstrecke seines Oberlaufs vor, sie sind schon recht alt und möglicherweise nicht ganz zuverlässig, also Vorsicht!

Ursprung: (45.717222, 3.782778) in ca. 1290 m Höhe.
Mündung: (45.759167, 4.194167) in ca. 320 m Höhe.
Länge: 59 km
Befahrbarkeit: Zeit der Schneeschmelze und nach starken Regenfällen. Der Lignon ist ein beliebtes Revier der Angler, Vorsicht und Rücksichtnahme sind geboten.

50,0 Straßen-Ⅱ D 6/101 bei **Chalmazel**, mögliche ⬇. Zunächst WW III, Stacheldrahthindernisse und Baumversperrungen sind möglich.

48,0 re ⇩ Vial. Eine Befahrung des Vial mit Weiterfahrt auf dem Lignon stellt eine gute Alternative zu einem Fahrtbeginn bei Chalmazel dar, jedoch liegt keine Beschreibung vor.

43,0 Straßen-Ⅱ D 110, auf 2 km WW IV.

41,0 Staudamm, **X**. Eine Weiterfahrt unterhalb des ▬ ist nur möglich bei einer Wasserabgabe von mindestens 2 cbm/sec. Enges Flussbett, erhebliche Verblockung und mehrere Stufen, durchweg WW IV.

39,0 Straßen-Ⅱ südlich von **Saint-Georges-en-Couzan**, gute Gelegenheit zum ⬆.Eine Weiterfahrt ist möglich, WW II, es folgen jedoch mehrere ▬, durchweg **X** und ⏏.

31,0 Straßen-Ⅱ D 6, ⬆, über die Möglichkeit einer Weiterfahrt ist nichts bekannt.

0,0 ⇩ in Loire bei km 787,6.

Unveränderte Übernahme.

Mare (Loire)

Zentralmassiv

Wildfluss GKZ: Fr: K06-0310

Mündung in Loire bei km 804,9 (li Nebenfluss)

Die Mare hat ihren Ursprung in etwa 1 300 m Höhe im nördlichen Zentralmassiv. Sie ist in ihrem Oberlauf ein interessanter Wildfluss.

Ursprung:	(45.500278, 3.965556) in ca. 1190 m Höhe.
Mündung:	(45.6375, 4.224444) in ca. 340 m Höhe.
Länge:	47 km
Schwierigkeiten:	bei recht gleichmäßigem Gefälle mäßige Verblockung in engem Flussbett. Mit Hindernissen, wie Stacheldrähten, gefallenen Bäumen sowie Sträuchern ist zu rechnen, durchweg WW III mit Stellen bis WW IV.
Befahrbarkeit:	nur bei sehr gutem Wasserstand (Zeit der Schneeschmelze sowie nach stärkeren Regenfällen).
Fahrtstrecke:	⬇ Straßen-Ⅱ D 5 bei Soleymieux, ⬆ nach 12 km bei der Straßen-Ⅱ D 102 bei Saint-Marcellin-en-Forez. Über die restlichen 20 km bis zur ⇩ in die Loire bei Montrond-les-Bains ist nichts bekannt.

Unveränderte Übernahme.

Coise

Kleinfluss GKZ: Fr: K06-0330
Mündung in Loire (re Nebenfluss)

Die Coise durchfließt in ihrem Oberlauf ein enges Tal, hier zahlreiche Wehre, zumeist fahrbar, teilweise mit Wasserableitungen. Strauch- und Stacheldrahthindernisse möglich.

Über ihren Unterlauf ist nichts bekannt.

Ursprung: (45.572778, 4.512222) in ca. 838 m Höhe.

Mündung: (45.641389, 4.227778) in ca. 340 m Höhe.

Länge: 50 km

Befahrbarkeit: Frühjahr bis Mai und nach stärkeren Regenfällen.

40,4 Straßen-Π D 97, **Le Nezet**, ✕, ⬇ nur bei sehr gutem Wasserstand (selten).
32,5 Straßen-Π D 11 bei **Saint-Symphorien-sur-Croise**, empfohlene ⬇.
13,5 Π Pont Gave, **Saint-Galmier**, über die Reststrecke bis zur ⇩ ist nichts bekannt, wahrscheinlich keine besonderen Schwierigkeiten.
0,0 EB-Π, ⇩ in Loire bei **Montrond les Bains**, km 804,5.

Unveränderte Übernahme.

Semène

Wildfluss GKZ: Fr: K0567700
Mündung in Loire (Stausee von Grangent) beim km 174,5 (re Nebenfluss)

Die Semène ist ein schwerer bis sehr schwerer Wildfluss des Zentralmassivs.

Ursprung: (45.339444, 4.477222) in ca. 1110 m Höhe.

Mündung: (45.383333, 4.221111) in ca. 425 m Höhe.

Länge: 46 km

Da eine Durchfahrt durch Pont Salomon nicht möglich ist, muss die Befahrung in 2 Etappen vollzogen werden.

1. **La-Séauve-sur-Semène** bis 1. Π von **Pont-Salomon**, 6 km, WW III-IV, mehrere ▬, meist gut ≈, 1 ▬ und eine Passage **X**.

Befahrbarkeit: nur bei sehr gutem Wasserstand (Zeit der Schneeschmelze und nach längeren Regenfällen); HW bei etwa 8 m³/s.

2. ⬇ am Ortsende von **Pont-Salomon**, oberhalb des ϟ. 7 km bis ⇩ in Stausee.

Befahrbarkeit: Für diesen Abschnitt ist ein etwas geringerer Durchfluss erforderlich, Minimum etwa 3 m³/s. WW IV-V, eine Stelle **X**. ⬆ an geeigneter Stelle im Stausee.

Unveränderte Übernahme.

Ance (Loire)

Zentralmassiv GKZ: Fr: K05-0300
Kleinfluss-Wildfluss

Mündung in Loire (li Nebenfluss)

Die Ance ist ein reizvoller Wildfluss des Zentralmassivs, in ihrem Oberlauf von Kleinflusscharakter.

Ursprung:	(45.610278, 3.863889) in ca. 1304 m Höhe.
Mündung:	(45.291389, 4.118611) in ca. 440 m Höhe.
Länge:	77 km
Schwierigkeiten:	km 64,2–27,2 WW II (III-IV).
	km 27,2–15,0 **X**, Wasserableitung.
	km 15,0–0,0 WW II-III.
Befahrbarkeit:	Oberlauf Frühjahr bis Mai und nach Regenfällen; ab ca. km 15,0 abhängig von der Wasserabgabe des ϟ von Solignac, der erforderliche Durchfluss von 5-6 cbm/sec wird anscheinend recht häufig angetroffen.

64,2 Straßen-Ⅱ, **St. Anthême**, ⬇, Schwierigkeiten zumeist WW II, Baum- und Strauchhindernisse, niedrige Brücken und mehrere Mühlen-▬, zumeist **X**.
61,7 Straßen-Ⅱ, danach ▬.
61,0 Wege-Ⅱ.
59,2 Straßen-Ⅱ D 261, li **Raffiny**.
58,9 ▬.
57,9 Straßen-Ⅱ, li **La Thiolière**.
56,6 Wege-Ⅱ.
55,0 Wege-Ⅱ.
54,7 ▬.
53,8 Straßen-Ⅱ, re **Pirolles**, re nach **Eglisolles**, Schwierigkeiten unverändert.
53,0 Wege-Ⅱ.
51,0 Wege-Ⅱ.
50,1 Straßen-Ⅱ D 111.
46,1 Straßen-Ⅱ D 104/D 205.
44,9 ▬.
44,3 Wege-Ⅱ.
44,2 ▬.
43,1 ▬?
42,3 ▬.
41,6 Straßen-Ⅱ D 251/D 92.

40,8 ■.
40,3 Wege-II.
39,8 ■.
38,7 ■.
37,7 ■.
36,9 EB-II.
36,0 ■.
35,8 Straßen-II D 498, **Pontempeyrat**; oberhalb davon sehr schöne Stromschnellen, auf kurzen Abschnitten WW III-IV.
35,0 ■.
34,5 ■.
33,0 ■.
32,4 ■.
30,9 ■.
30,2 Wege-II.
29,5 ■.
29,1 Straßen-II, li **Le Rodier**.
27,9 ■.
27,2 Straßen-II D 29, **Laprat**, ⬆; danach folgt ein Staudamm mit meist totaler Wasserableitung, die folgenden Gorges de Chalençon sind fast immer ohne Wasser. Eine Weiterfahrt nach ⌓ des ■ ist nur ganz selten bei Wassergabe möglich. Auf 10 km WW II mit Stellen WW IV.
15,0 Rückführung des abgeleiteten Wassers, das ⬇ ist hier jedoch schwierig.
14,5 Straßen-II D 24, danach kleine Ortschaft, ⬇, WW II und III.
12,8 ■.
12,7 Wege-II, li **La Vilette**.
11,2 ■.
9,8 ■.
9,2 ■.
8,6 Wege-II.
6,4 Wege-II.
5,5 Wege-II oberhalb **Le Vert**, li ⇩ Andrable (s. Seite 201); danach ■, **X**, li im Mühlkanal unter der II ⌓.
4,4 ■.
4,2 Straßen-II, re **Bérard**.
2,3 ■.
2,0 Furt.
0,8 Straßen-II D 42, ■, in der Mitte evtl. ≋. Kurz vor diesem ■ li und re gute ⬆-Möglichkeit, li **La Roche**.
0,0 ⇩ in Loire bei km 861,2, Weiterfahrt auf der Loire bis Bas en Basset, Straßen-II D 12.

Überarbeitung nach Kartenmaterial.

Andrable

Wildfluss
Mündung in Ance bei km 5,5 (li Nebenfluss)

Der Andrable verläuft durch eine enge Schlucht, Ausbooten auf der gesamten Strecke nicht möglich. Er ist durchweg ein schwerer, auf kurzer Strecke extrem schwerer Wildfluss. Für die etwa 14 km lange Strecke sollte man etwa 4 Stunden einplanen.

Befahrbarkeit: nur bei sehr guter Wasserführung (Herbst und Winter nach Regenfällen, Zeit der Schneeschmelze).

Fahrtstrecke: ⬇ bei der Ⅱ bei Cacharat, zu erreichen auf der D 12 von Bas en Basset, Richtung Chalençon.
Zunächst auf 5 km WW III-IV. Kurzboote vorteilhaft. 5 km nach dem Start folgt der „Saut de Bezan", ein äußerst eindrucksvoller 2-stufiger Abfall, WW V+, re ⏏ möglich. Auf der 9 km langen Reststrecke zumeist WW III mit Stellen WW IV, Vorsicht vor quer liegenden Bäumen, die mehrfaches ⏏ erforderlich machen, anhalten in der schnellen Strömung oft problematisch.
Beendigung der Fahrt bei Le Vert, kurz vor der ⇩, oberhalb der Ⅱ.

Unveränderte Übernahme.

Lignon (Velay)

Zentralmassiv

Wildfluss (Gebirgsfluss) GKZ: Fr: K04-0300
Mündung in Loire (re Nebenfluss)

Der Lignon mit Verlauf durch eindrucksvolle Schluchten, ist ein sehr interessantes, auf Teilstrecken extrem schweres Wildwasser. Er wird von seinen Befahrern als „Wildwasserkleinod" bezeichnet. Infolge eines Stausees ist eine Befahrung nur in 2 Etappen möglich.

Ursprung: (44.918056, 4.177222) in ca. 1530 m Höhe.

Mündung: (45.258611, 4.145) in ca. 460 m Höhe.

Länge: 85 km

Befahrbarkeit: März-April, jedoch abhängig von der Wasserabgabe von Stauwerken.

Pegel: km 50,7, maßgebend für die 1. Etappe; Minimum 25 cm,
km 23,1, (maßgebend für die Extremstrecke ab km 23,1);
Minimum 40 cm; MW = 50 cm = etwa 20 cbm/sec; HW = 70 cm.

Schwierigkeiten: km 52,5–41,5 WW III und IV (IV+)

km 41,5–23,1 **X** (Stausee)
km 23,1–7,5 WW IV
km 7,5–0 WW V-VI.

Pkw: Straße zumeist weitab vom Fluss, Zufahrt nur an wenigen Stellen.

Über eine Befahrbarkeit oberhalb ist nichts bekannt.

52,5 Straßen-Ⅱ D 15, **Le Chambon**, mögliche ⬇ für die 1. Etappe.

50,7 ▬, evtl. ≋, bei der Feriensiedlung Joubert mit Wasserableitung, li Pegel; Weiterfahrt s. „Pegel“.
Die Wasserführung nimmt durch Seitenbäche schnell zu. Die Folgestrecke WW IV mit einer 2 m hohen Doppelstufe, WW IV+. Insgesamt ein herrliches Wildwasser, mit etwa einem Dutzend Katarakten und dazwischen kurzen ruhigen Fließstrecken.

48,9 Straßen-Ⅱ, **Salettes**, li Rückführung des oben abgeleiteten Wassers, mögliche ⬇, falls der Wasserstand ab km 50,7 unzureichend ist.

44,2 Straßen-Ⅱ, re nach **Costerousse**.

43,3 li 🚐.

42,8 ▬.

41,5 Straßen-Ⅱ D 103,**Tence**, Stau-▬ mit totaler Wasserableitung. Es folgen Stauseen. Keine Beschreibung bis

23,1 Straßen-Ⅱ D 105, mögliche ⬇ für die 2. Etappe. Auf 1 km sehr schweres Wildwasser je nach Wasserabgabe des Kraftwerks; sehr wuchtig, WW IV.

22,4 ▬, **X**, li ⌓, hier gute Zufahrt mit Pkw, weitere mögliche ⬇.

21,5 Alte Ⅱ, davor schwierige Stelle. Die folgenden 13 km bieten hervorragend schönes WW In einer Felsschlucht. Der Flusscharakter ist sehr angenehm, auf jede schwere Stelle folgt ruhiges Wasser, die einzelnen Passagen können gut besichtigt und evtl. ⌓ werden, durchweg WW III und IV, bei höherem Wasserstand eine Stufe höher.

20,6 ▬, ⌓.

18,3 ▬, ⌓.

7,5 ϟ von Vendets. Die Zufahrt ist auf guter Straße möglich. Der Weg ist zwar mit einem Verbotsschild versehen, die Zufahrt wird aber allgemein toleriert, übliche ⬆. Die weitere Strecke bis zur ⇩ durch die „Gorges du Lignon“ bietet extrem schweres WW. Viele Stellen sollten vor der Befahrung unbedingt besichtigt werden, ein Felschaos muss ⌓ werden.

7,0 re ⇩ Dunières (s. Seite 203).

4,9 ▬, **X**, re ⌓ mühsam.

0,9 ▬.

0,5 Straßen-Ⅱ D 461, **Pont de Lignon**, ⬆.

0,2 Straßen-Ⅱ N 88.

0,0 ⇩ in Loire bei km 868,4.

Überarbeitung nach Kartenmaterial.

Dunières

Zentralmassiv

Wildfluss (Gebirgsfluss) GKZ: Fr: K0454000
Mündung in Lignon (re Nebenfluss)

Die Dunière ist ein interessanter Wildfluss in einem schönen, einsamen Tal des Zentralmassivs.

Ursprung: (45.299722, 4.476389) in ca. 1150 m Höhe.

Mündung: (45.226111, 4.175833) in ca. 524 m Höhe.

Länge: 42 km

Schwierigkeiten: WW IV und III.

Befahrbarkeit: Frühjahr bis Mai und nach stärkeren Regenfällen.

Pegel: km 5; MW bei etwa 140 cm.

Gefälle: 10 ‰.

41,0 Straßen-Ⅱ N 500, **Pont de la Vache**. ⬇ am re Ufer oberhalb der Ⅱ bei einer ehemaligen Mühle, mit Pkw über steilen Schotterweg erreichbar. Sofort nach der Ⅱ beginnt der schwierigste Teil der Dunière mit engen Kurven, Verblockungen und Abfällen, WW IV. Bei einer Befahrung im Juni 83 waren zwei Stellen durch Baumhindernisse versperrt, ⌓ in der engen Schlucht sehr mühsam.

18,0 ▬, Abnahme der Schwierigkeiten, ab hier WW III, bis km 37 folgen 5 ▬ ohne Wasserableitung, ≈.

5,0 re Pegel, ⛺.

4,0 Straßen-Ⅱ D 43 bei **Vaubarlet** zwischen Grazac und Ste. Sigolène (Pont de Veau). Mögliche ⬆, bzw. ⬇, falls besichtigt ist, die nach der ⇩ folgende Extremstrecke des Lignon zu befahren. Die Schwierigkeiten auf der Reststrecke bs zur ⇩ liegen etwas höher als auf dem vorausgehenden Abschnitt, daher gut geeignet zum Einpaddeln für den Lignon.

0,0 ⇩ in Lignon bei km 7,0. Für eine Beendigung der Fahrt ist es ratsam, den Lignon etwa 200 m aufwärts bis zum ↯ von Vendets zu fahren.

Unveränderte Übernahme.

Ramel

Wildfluss
Mündung in Loire bei km 873,8 (re Nebenfluss)

Der Ramel ist ein völlig einsamer, sehr schwerer Wildfluss des Zentralmassivs.

Befahrbarkeit: Zeit der Schneeschmelze und nach stärkeren Regenfällen. Mindestdurchlauf etwa 1-2 m³/s.

Schwierigkeiten: enges Flussbett mit sehr starkem, unregelmäßigem Gefälle, erhebliche Verblockung, schwere Stufen, WW III-IV-V mit Stellen **X**. Bei HW wird der gesamte Fluss gefährlich.

Fahrtstrecke: Straßen-Ⅱ D 42 (oberhalb Beaux) - ⇩, 8,5 km.

Unveränderte Übernahme.

Arzon

Zentralmassiv

Wildfluss GKZ: Fr: K03-0300
Mündung in Loire (li Nebenfluss)

Der Arzon fließt auf weiten Strecken, weitab von jeder Straße, durch völlig einsame und abgelegene Schluchten. Er ist hier ein sehr schwerer Wildbach, mit zahlreichen verwinkelten Stufen und Abfällen. Der Arzon wird von französischen Kanuten zu den schönsten Wildflüssen der Region gerechnet. Im Unterlauf wird er leichter; hier verläuft eine Straße neben dem Fluss.

Ursprung: (45.432778, 3.831667) in ca. 1065 m Höhe.

Mündung: (45.185278, 3.912222) in ca. 530 m Höhe.

Länge: 44 km

Schwierigkeiten: km 15,5–3,5 WW IV-V-**X**.
km 3,5–0,0 WW II.

Befahrbarkeit: Frühjahr und nach stärkeren Regenfällen.

15,5 Alte Straßen-Ⅱ etwa 1 km oberhalb von **Chomelix**, mögliche ⬇.
14,5 Straßen-Ⅱ D 1, **Chomelix**, weitere mögliche ⬇. Beginn einer Schlucht, starkes Gefälle, z. T. in Stufen, mit Baumversperrungen muss gerechnet werden.
9,5 Château d´Arzon, Zugang auf einem Fußweg ab Sereys. Weiterhin bei starkem Gefälle WW IV in der weitergehenden Schlucht. Später leichter.
7,5 Felsverhau, wahrscheinlich **X**, ⏏.
3,5 Weiler **Eyravazet** an der D 21 (auf Michelin-Karte nicht verzeichnet), ab hier leichter (WW II-III).
0,0 ⇩ in Loire bei Vorey, km 899,5.

Unveränderte Übernahme.

Borne

Wildfluss GKZ: Fr: K02-0300
Mündung in Loire bei km 95,7 (li Nebenfluss)

Die Borne ist ein kurzer, nicht allzu schwerer Wildfluss des Zentralmassivs. Sie fließt durch die sehenswerte Schlucht von Estreys.

Ursprung:	(45.2757, 3.7227) in ca. 1078 m Höhe.
Mündung:	(45.056667, 3.913889) in ca. 594 m Höhe.
Länge:	48 km
Befahrbarkeit:	Frühjahr und nach Regenfällen.
Schwierigkeiten:	WW II – III, IV.
Fahrtstrecke:	⬇ Ⅱ von La Rochglambert, klares Wasser, bis Ⅱ in Borne I – II. Danach Röhrenfurt **X**. Es folgen zwei weitere der gleicher Bauart. Vor den Furten kein Rückstau. Nach Felswand r, unterspülte Felsen l. Nach der Eingangsstufe der Schlucht re nach l-Kurve bei Felswand Verblockung WW IV. Anhalten möglich. Die nächsten 150 m WW III und IV. Abschlussstufe WW IV. Vorsicht Steckgefahr durch einen Felsen an der Stufe! Im gesamten Abschnitt re glatte Felswand, li Felsspitze von einem kleinen Trampelpfad überquert. Besichtigung ab dem untererspülten Felsen li möglich. Untragen sehr schwierig. Wiedereinsetzen direkt unterhalb der Felsspitze li möglich. Ab hier WW III. Nach Schluchtende bis zur Mündung WW I – II. ⬆ nach 15 km ca. 4 km vor Le Puy bei der Ⅱ der D 113, ganz nahe bei der D 590. Weitere ⬆ in Espaly St. Marcel oder Le Puy.

Unveränderte Übernahme.

Gazeille

Wildfluss GKZ: Fr: K0114000
Mündung in Loire bei km 943,0 (re Nebenfluss)

Die Gazeille ist ein recht interessanter Wildfluss mit stark wechselnden Schwierigkeiten; sie ist ein beliebter Forellenbach.

Ursprung:	(44.903333, 4.182778) in ca. 1510 m Höhe.
Mündung:	(44.957222, 3.9275) in ca. 680 m Höhe.
Länge:	27 km
Befahrbarkeit:	Zeit der Schneeschmelze und nach stärkeren Regenfällen im Frühjahr.

Fahrtstrecke: ⬇ ⫴ D 500 bei Monastier sur Gazeille. Nach kurzer leichter Strecke folgen einige Stellen bis WW IV. In der folgenden Waldschlucht durchweg WW IV mit Stellen bis WW V. Ab Ende der Schlucht wieder leichter, WW II-III.

⬇ bis ⇩ in Loire 9 km. Beendigung der Fahrt nach 1 km bei der ⫴ D 27 über die Loire.

Unveränderte Übernahme.

Gewässer der Bretagne

Die unter „Nummer“ angeführten Zahlen entsprechen den Zahlen der Kartenskizze.

Karten-Nr.	Gewässer	Wanderfluss	Maritimfluss	Kanal	Kleinfluss	WW I-II	WW III-IV	WW V-VI	Seite
4, 5	Vilaine	o	o	o					210
4	Oust			o	o				213
4	Arz	o			o				214
4	Aff	o							214
4	Claie				o				215
4	Lié				o				215
4, 5	Don				o				216
4, 5	Seiche	o							216
4, 5	Meu	o			o				217
4	Auray, Loc'h		o		o				217
4	Blavet		o	o	o				218
4	Sarre				o				221
4	Scorff	o	o			o			221
4	Ellé Laita		o			o	o		223
4	Isole				o	o	o		224
4	Odet		o			o			225
4	Aulne		o	o	o				225
4	Hyère (Aulne)	o		o					228
4	Ellez				o				228
4	Elorn		o		o				229
4	Aber Ildut		o						230
4	Aber Benoit		o						230
4	Aber Wracoh		o						231

Karten-Nr.	Gewässer	Wanderfluss	Maritimfluss	Kanal	Kleinfluss	WW I-II	WW III-IV	WW V-VI	Seite
4	Léguer		o		o	o			231
4	Jaudy		o		o				232
4	Trieux		o		o	o			233
4	Leff		o		o				235
4	Arguenon	o	o						235
4	Rance		o	o	o				236
5	Couesnon	o	o			o			237
5	Douve		o		o				239
5	Taute	o							239
5	Vire	o	o		o	o			240
5	Orne	o	o		o	o	o		242
5	Rouvre				o	o	o		246

Vilaine

Bretagne

Wanderfluss - Kanal – Maritimfluss GKZ: Fr: J---006A
Mündung in Atlantik

Die Vilaine ist nur in ihrem Oberlauf, bis Rennes, ein Fließgewässer, keine besonderen Schwierigkeiten. Ab Rennes ist sie kanalisiert mit insgesamt 14 Schleusen. Der Kanal benutzt allerdings nur abschnittsweise das Flussbett der Vilaine, im Bereich der Schleusen hat er vielfach ein eigenes Bett. Es ist, wenn immer möglich, ratsam, jeweils oberhalb der Schleusen im alten Flussbett der Vilaine weiterzufahren. ■ oder ⩩ der Vilaine sind unterschiedlich schwierig zu ⌓. Mit schriftlicher Genehmigung der „Service Maritime navigation, 2 rue Marcel Sembat, 44049 Nantes Cedex 04" werden auch Einzelboote mit Gepäck geschleust. Unterhalb des Staudamms von Arzal wird die Vilaine zum tidenabhängigen Maritimfluss.

Ursprung:	(48.229444, -1.053056) in ca. 175 m Höhe.
Mündung:	(47.495556, -2.440556) in ca. 0 m Höhe.
Länge:	218 km
Befahrbarkeit:	ganzjährig.
Wasser:	erheblich verschmutzt.

183,6	Straßen-Ⅱ, **Pocé-les-Bois**, westlich Vitré, ⬇. Kurz danach
183,5	■, evtl. ≋.
	Es folgt ein weiteres ■, evtl. ≋.
179,6	■, evtl. ≋, Straßen-Ⅱ D 34.
178,6	■, evtl. ≋.
176,8	re ⇩ Cantache.
176,5	■, evtl. ≋.
173,9	■, evtl. ≋ oder re ⌓.
173,8	Straßen-Ⅱ D 106, li **Les Lacs**.
170,5	Straßen-Ⅱ D 105.
169,6	EB-Ⅱ.
168,6	Straßen-Ⅱ, re **Saint- Melanie**, li **Saint-Didier**, ⬆-Möglichkeit.
166,7	EB-Ⅱ.
166,1	Straßen-Ⅱ, **Châteaubourg**. Im Stadtbereich ist die Durchfahrt durch einen Park nicht möglich, ⌓. Die Vilaine wird zum breiten Fluss.
165,7	Straßen-Ⅱ D 857, **Châteaubourg**.
161,4	Wege-Ⅱ.
159,6	■?
159,1	Straßen-Ⅱ D 101, re **Servon-sur-Vilaine**, li **La Goronnière**.
159,0	■ Moulin du Gué.

156,9 Mühlen-■.
156,7 Straßen-II.
153,1 Mühlen-■ Moncorps.
151,7 Straßen-II D 92.
150,7 Mühlen-■ Acigné.
150,5 Straßen-II D 100, re **Acigné**.
147,2 Mühlen-■ Moulin de Sévigné.
147,1 Wege-II.
144,5 Straßen-II N 136.
144,2 Wege-II.
143,7 Mühlen-■ Moulin de Tize.
143,1 Wege-II.
140,9 Straßen-II.
140,7 Straßen-II, **Cesson Sévigné**.
140,6 Wege-II.
140,4 Straßen-II.
140,2 Wege-II.
140,0 Straßen-II Rue de Paris.
139,2 Straßen-II D 386.
137,2 Straßen-II.
136,3 Straßen-II.
135,4 Wege-II.
135,2 Straßen-II.
135,1 li Flussarm, Fabrik-■, **X**, re Flussarm ⇄ Rennes. Bei Anruf der dort angegebenen Tel.-Nr. wird geschleust, keine ⏏ Möglichkeit. Danach Beginn der Vilaine-Kanalisierung.
134,7 Straßen-II.
134,5 Straßen-II, **Rennes**, alle Möglichkeiten, #.
134,3 Wege-II.
134,2 25 m breiter, 500 m langer gerader und unbelichteter Tunnel. Keine Schwierigkeiten. Am Ende des Tunnels
133,7 re ⇩ Canal de Nantes à Brest.
133,0 Straßen-II.
132,8 Straßen-II.
132,6 re ⇩ Ille.
132,4 EB-II.
131,8 li ⇄, re ■.
131,3 Wege-II.
131,1 Straßen-II N 24/E 3.
128,2 li ⇄, re ■.
124,5 li Schleuse-Kanal, re ■.
124,0 Straßen-II D 34 südlich Rennes, mögliche ⬇ zur Weiterfahrt.
122,8 ⇄, ⇩ des Schleusen-Kanals in die Vilaine.
120,0 re ⇩ Meu (s. Seite 217), li zur Schleuse.

119,5 ⋈.
119,3 Straßen-Ⅱ D 177.
118,9 ⇩ des Schleusen-Kanals in Vilaine.
116,2 li ⋈, re ▬.
115,8 Straßen-Ⅱ D 577, re **La Pont Rean**, li **La Couperie**.
113,6 li ⇩ Seiche.
113,4 EB-Ⅱ.
112,9 re ⋈, li ▬.
110,3 Straßen-Ⅱ D 39, re **Arrêt de Laillé**.
107,2 re ⋈, li ▬.
106,0 Straßen-Ⅱ D 38.
105,4 Straßen-Ⅱ D 48, li **Bourg-des-Comptes**.
103,8 re ⋈, li ▬.
100,1 re ⋈, li ▬.
98,7 li ⇩ Semnon.
98,6 Straßen-Ⅱ D 84.
96,6 EB-Ⅱ.
94,1 Straßen-Ⅱ D 42.
93,3 re ⋈, li ▬.
89,0 re ⋈, li ▬, Straßen-Ⅱ D 772, li **Messac**, re **Guipry**.
88,5 Straßen-Ⅱ, re ⛺.
82,0 re ⋈, li ▬.
79,0 Straßen-Ⅱ D 53.
77,3 EB-Ⅱ.
71,8 Straßen-Ⅱ D 54.
67,7 li ⇩ Chére.
66,4 EB-Ⅱ.
64,8 Straßen-Ⅱ D 59/D 15, li **Beslé**.
62,5 li **Brain sur Vilaine**.
59,8 Straßen-Ⅱ D 125/D 256.
56,7 li ⇩ Don (Vilaine) (s. Seite 216).
54,7 Straßen-Ⅱ D 131, re **Paintfaut**.
50,0 Straßen-Ⅱ, davor re Rampe, 🍴.
48,0 Straßen-Ⅱ D 164.
45,2 EB-Ⅱ.
44,9 Straßen-Ⅱ D 164/D 775, **Redon**, re und li ⋈ Canal de Nantes à Brest. 200 m danach ▬-Anlage (in Karte nicht gefunden), offen wenn Wasserstand hinter ▬ gleich hoch, der durch Oust unterschiedlich sein kann. Bei geschlossenem ▬ zurück über rechte ⋈, und sofort danach weitere ⋈, li in Hafenbecken einfahren. Von hier bis Arzal keine Hindernisse mehr.
42,7 re ⛺, danach re ⇩ Oust (s. Seite 213). Guter ⬇ für „Stehwasser-Fahrten" auf Vilaine, Oust und Aff.
35,6 li ⇩ Isac.

33,7 Straßen-Ⅱ D 114, Pont Cran.
20,0 Sporthafen Foleux, re ⇩ Étier.
13,5 Straßen-Ⅱ N 165/E 60.
12,6 Straßen-Ⅱ, li **La Roche-Bernard**.
5,0 ▬ Staudamm des ϟ von Arzal, re ⯐. Die Fahrt wird zumeist hier an geeigneter Stelle beendet. Unterhalb Arzal Gezeiteneinfluss.
0,0 ⇩ in Atlantik.

Überarbeitung nach Kartenmaterial.

Oust

(Canal de Nantes à Brest)

Wanderfluss	GKZ: Fr: J8--0230

Nachfolgend wird lediglich die kanalisierte Strecke ab St. Martin beschrieben.

Ursprung:	(48.359167, -3.003333) in ca. 230 m Höhe.
Mündung:	(47.631667, -2.097778) in ca. 3 m Höhe.
Länge:	145 km

23,3 Straßen-Ⅱ D 777, li **Saint-Martin-sur-Oust**, ⛺, ⬇.
22,3 li ▬, ✕, re ⯐ Nr. 21 La Guelin (Kanal-km 116,6).
18,3 Straßen-Ⅱ D 14, li ▬ zum Altwasser, re ⛺ Municipal du Pont de l'Oust, 56220 Peillac.
15,6 li ← zum ▬, Altwasser, re gut über Felsblock zu überheben. Die 1 km längere Weiterfahrt im Altwasser ist dem 4,5 km langen schnurgeraden Kanalstück zwischen ⯐ Nr. 20 (immer geöffnet) und 19 vorzuziehen. In das Altwasser mündet der Aff (s.Seite 214).
14,5 Straßen-Ⅱ D 138.
12,9 Wege-Ⅱ.
11,2 ⯐ Nr. 19 La Maclais (Kanal-km 105,3). Danach li ⇩ des Altwassers von km 15,6. Dort 400 m stromauf ⇩ des Aff (s. Seite 214). Es folgt das Erholungsgebiet Ile aux Pies, seeartige Verbreiterungen, li Kletterfelsen.
10,3 li Altarm.
9,9 Schiffsanleger, 🍴.
7,4 li ← Canal de Nantes à Brestin Richtung Redon (Sporthafen) 7 km. Weiterfahrt geradeaus, Wege-Ⅱ, darunter Klappen-▬, ✕, re ⏏.
5,6 Straßen-Ⅱ D 65.
4,3 Straßen-Ⅱ D 764, re **Saint-Perreux**.
3,7 EB-Ⅱ.
3,1 re ⇩ Arz.
1,4 Wege-Ⅱ.
0,5 Wege-Ⅱ.
0,4 Straßen-Ⅱ D 775, re **Aucfer** und **Saint-Jean-la Poterie**.

0,0 ⇩ in Vilaine bei km 42,7. Links 100 m flussaufwärts ⛺.

Überarbeitung nach Kartenmaterial.

Arz

Kleinfluss – Wanderfluss GKZ: Fr: J88-0300
Mündung in Oust (re Nebenfluss)

Der Arz fließt mit zahlreichen Windungen durch eine geruhsame Landschaft.

Ursprung:	(47.786111, -2.717778) in ca. 110 m Höhe.
Mündung:	(47.656111, -2.111667) in ca. 3 m Höhe.
Länge:	66 km
Befahrbarkeit:	Frühjahr.
Schwierigkeiten:	mehrere Wehre, nur teilweise fahrbar; mit Baumhindernissen muss gerechnet werden.
Fahrtstrecke:	⬇ Straßen-Π D 766A (Le Pont Guillemet) - ⇩ in Oust km 3,1, etwa 50 km.
Sehenswert:	Rochefort en Terre mit seinen gut erhaltenen mittelalterlichen Bauten. 1 km Fußmarsch von Pont d´Arz bis zum Ort.

Unveränderte Übernahme.

Aff

Wanderfluss GKZ: Fr: J8--0240
Mündung in Oust (li Nebenfluss)

Der Aff ist ein landschaftlich reizvoller Wanderfluss.

Ursprung:	(47.999722, -2.237222) in ca. 140 m Höhe.
Mündung:	(47.716944, -2.126944) in ca. 4 m Höhe.
Länge:	65 km
Befahrbarkeit:	Frühjahr bis Frühsommer, vielfach ganzjährig. Ab Gacilly ist mit Sicherheit stets ein ausreichender Wasserstand anzutreffen.
Schwierigkeiten:	im Oberlauf schnelle Strömung, WW I, später wird der Fluss breiter und ruhiger ohne besondere Schwierigkeiten; mehrere Mühlen-Wehre, z. T. verfallen, bei gutem Wasserstand vielfach fahrbar, aber vor den Wehren sehr lange Staustrecken.
Fahrtstrecke:	⬇ bei der Π D 772 östlich von Guer, ⬆ nach insgesamt etwa 28 km am ▬ in La Gacilly re unmittelbar vor dem ▬. Gute Parkmöglichkeit. Weiterfahrt bis zur ⇩ in den Oust bei Ille aux Pies wenig empfehlenswert. Die Befahrung kann, je nach

Wasserstand, auch bei mehreren weiteren Brücken begonnen werden.

Unveränderte Übernahme.

Claie

Kleinfluss GKZ: Fr: J84-0300
Mündung in Oust (re Nebenfluss)

Die im Norden der Arz parallel zu dieser verlaufenden Claie ist ein interessanter, jedoch recht mühsam zu befahrender Kleinfluss durch Wiesen und Wälder. Schwierigkeiten durch Baum- und Strauchhindernisse, mit etwa 15 Mühlen-Wehren, nur teilweise fahrbar.

Ursprung: (47.92, -2.709167) in ca. 115 m Höhe.

Mündung: (47.7575, -2.315556) in ca. 7 m Höhe.

Länge: 62 km

Befahrbarkeit: Frühjahr bis Juni.

Fahrtstrecke: ⬇ bei der Ⅱ D 115 zwischen Colpo und St. Jean Brévelay, nach etwa 60 km ⇩ in die Oust, ⬆ an geeigneter Stelle an der D 764, die hier neben dem Fluss verläuft.

Unveränderte Übernahme.

Lié

Kleinfluss GKZ: Fr: J81-0300
Mündung in Oust (Kanal von Nantes nach Brest)

Der Lié ist ein ruhiger Kleinfluss mit gelegentlichen kleinen Schwällen; Baum- und Strauchhindernisse können bei HW unangenehm werden, etwa 15 Wehre sind fast durchweg leicht zu befahren.

Ursprung: (48.338056, -2.826389) in ca. 207 m Höhe.

Mündung: (48.008333, -2.658333) in ca. 45 m Höhe.

Länge: 61 km

Befahrbarkeit: Frühjahr bis Mai.

Fahrtstrecke: mögliche ⬇ Ⅱ bei Caupé (nördlich von Plouguénast), 50 km bis ⇩. Die Fahrt kann auch an mehreren Ⅱ flussabwärts begonnen werden, z. B. Ⅱ D 53 bei Vaublanc (40 km bis ⇩). Etwa 5 km vor der ⇩ Teilung des Flusses:

Abzweig links über ein ▬, der alte Flusslauf; bei ausreichendem Wasserstand sollte man unbedingt hier weiterfahren, man vermeidet damit die folgenden Schwierigkeiten des Kanals.

Abzweig rechts, Kanal zum ↯; unbedingt ⬆ bei der II D 778 (ein ≏ am ↯ ist kaum möglich, auf alle Fälle sehr gefährlich). 600 m ≏ bis nach dem ↯, hier wieder ⬇, hier auch re ⇩ des Altarmes. Die Fahrt kann dann an der II D 117 kurz nach der ⇩ in die hier kanalisierte Oust beendet werden.

Unveränderte Übernahme.

Don

Kleinfluss GKZ: Fr: J79-0300
Mündung in Vilaine bei km 56,7 (li Nebenfluss)

Der Don ist ein landschaftlich reizvoller Kleinfluss mit nur geringer Strömung. Von den zahlreichen Wehren ist je nach Wasserstand nur ein Teil befahrbar.

Ursprung: (47.648611, -1.136389) in ca. 93 m Höhe.

Mündung: (47.671111, -1.956389) in ca. 3 m Höhe.

Länge: 92 km

Befahrbarkeit: Frühjahr und Sommer.

Fahrtstrecke: ⬇ II D 171 bei Treffieux, 26 km bis Guéméné-Penfao. Die Fahrt wird vielfach hier beendet. Die Reststrecke wird zunehmend sumpfiger, nach 7 km ⇩ in den See von Murin, er ist im Sommer fast trocken, das Wasser des Don verliert sich im See. Gute ⬆ an der II D 46 kurz vor der ⇩ in den See. Am Ende des Sees ⇩ in Vilaine, bei höherem Wasserstand schwer zu finden.

Unveränderte Übernahme.

Seiche

Wanderfluss GKZ: Fr: J74-0300
Mündung in Vilaine (li Nebenfluss)

Die Seiche ist ein geruhsamer Wanderfluss, Behinderung lediglich durch einige Wehre, zumeist fahrbar, evtl. umtragen ist einfach.

Ursprung: (48.031111, -1.049167) in ca. 160 m Höhe.

Mündung: (47.9975, -1.755278) in ca. 14 m Höhe.

Länge: 97 km

Befahrbarkeit: Frühjahr bis Mai; die Wasserführung wird durch zwei Stauseen oberhalb der empfohlenen ⬇ reguliert.

Fahrtstrecke: ⬇ bei Ville Bédon an der Straße D 48 unterhalb des Stausees von Marcillé, mögliche ⬆ nach etwa 50 km bei Pont Réan südlich von Rennes an der ⇩ in die Vilaine.

Unveränderte Übernahme.

Meu

Kleinfluss – Wanderfluss GKZ: Fr: J73-0300
Mündung in Vilaine bei km 120 (re Nebenfluss)

Der Meu bietet eine geruhsame Fahrt durch Wiesen und Äcker, geringe Schwierigkeiten, einzelne Baumhindernisse sowie mehrere Wehre, zumeist fahrbar, evtl. umtragen einfach.

Ursprung: (48.24, -2.473889) in ca. 225 m Höhe.

Mündung: (48.032222, -1.776667) in ca. 17 m Höhe.

Länge: 84 km

Befahrbarkeit: ganzjährig.

Fahrtstrecke: ⬇ bei der ⌶ D 59 südlich Muel, ⇩ in Vilaine nach etwa 50 km.

Unveränderte Übernahme.

Auray, Loc'h

Bretagne

Kleinfluss – Maritimfluss GKZ: Fr: J62-0300
Mündung in Golf von Morbihan (Atlantik)

Der Auray, oberhalb der Stadt Auray auch Loc'h genannt, verläuft zwischen Wiesen und Wäldern durch eine einsame Gegend, mäßige Kleinflussschwierigkeiten, mehrere Wehre, meist befahrbar.

Ursprung: (47.7962, -2.7326) in ca. 135 m Höhe.

Mündung: (47.585833, -2.941667) in ca. 0 m Höhe.

Länge: 56 km

Befahrbarkeit: März-April.

33,7 Straßen-⌶ D 779 bei **Bieuzy-Lanvaux**, ⬇.
31,0 Straßen-⌶.
28,3 ▬?
27,6 Straßen-⌶ D 103, li **Brandivy**.
25,1 ▬ und Straßen-⌶.
22,0 Straßen-⌶ D 102.
20,3 ▬ Moulin de Treuroux, Straßen-⌶.
19,0 Straßen-⌶ D 19 bei Brec'h, übliche ⬆. Der folgende kleine Stausee ist als Trinkwasserreservoir für jegliche Befahrung gesperrt. Bei ausreichendem Wasserablass kann die Befahrung unterhalb des Stausees wieder fortgeführt werden.

16,8 ▬ des Trinkwasserreservoirs.
15,9 ▬.
15,8 Straßen-Ⅱ D 120. Unterhalb beginnt der Gezeiteneinfluss.
12,1 EB-Ⅱ.
10,5 3 Straßen-Ⅱ D 765.
9,7 Straßen-Ⅱ, re **Auray**, li **Port de Saint-Goustan**, die Befahrung wird vielfach hier beendet. Der Loc´h mündet in eine tief in das Landesinnere führende Bucht des Golf du Morbihan. Es handelt sich dabei um ein Binnenmeer, das eine Ausdehnung in West-Ost-Richtung von 24 km und in Nord-Süd-Richtung von 15 km hat. Er hat eine Verbindung zum Atlantik, steht also unter Gezeiteneinfluss. Auf dem Golf sind zahlreiche interessante Fahrten möglich. Sie sollten jedoch nur bei stabiler Wetterlage und nur von Kanuten unternommen werden, die, mit entsprechender Ausrüstung, über ausreichende Erfahrung mit Fahrten im Küstenbereich verfügen.
0,0 ⇩ in den Golf du Morbihan

Überarbeitung nach Kartenmaterial.

Blavet (Bretagne)

Bretagne

Kleinfluss - Kanal - Stausee – Maritimfluss GKZ: Fr: J5--0210
Mündung in Atlantik

Der Blavet ist ein sehr abwechslungsreicher Fluss: der kleinflussartige Oberlauf endet im Kanal Nantes-Brest, der sein Ende in einem großen Stausee findet. Nach einem weiteren Stausee folgt eine kurze Strecke mit leichtem Wildwasser. Danach bildet das Flussbett des Blavet den Blavet-Kanal mit zahlreichen Schleusen, die Wehre an den Schleusen sind etwas schwierig zu umtragen.Die Natur holt das Kanalbett zurück. Ausgesprochen schöne Flussfahrt, wenn auch mit geringer Strömung. Ein Radweg am Kanal erleichter das Anschauen bzw. Umsetzen. Im Unterlauf wird der Blavet zum tidenabhängigen Maritimfluss.

Ursprung: (48.448611, -3.244167) in ca. 283 m Höhe.

Mündung: (47.738056, -3.341944) in ca. 0 m Höhe.

Länge: 149 km

Befahrbarkeit: die Fließstrecken, abgesehen von ausgesprochenem NW meist ganzjährig. Kanal-, Stausee- und Maritimabschnitte ganzjährig.

Mögliche ⬇ bei gutem Wasserstand bei St. Nicolas de Pelem am Ausgang der Gorges von Toul Goulic, Kleinfluss, Baumversperrungen möglich.
Beginn eines kilometerlangen, imposanten Felsverhaus, landschaftlich spektakulär, nicht fahrbar und sehr schwierig zu umtragen. Nach der

ersten Umtragestelle kleine Ⅱ, re dahinter kleiner Parkplatz nahe der Kapelle St. Roch, mit Zugang zur D 790. Weiterfahrt nicht möglich.

120,9 Straßen-Ⅱ D 790, mögliche ⬇. Keine Schwierigkeiten.

116,2 Straßen-Ⅱ.

115,0 ▬.

114,0 Straßen-Ⅱ, re **Berzoc'h**.

111,6 ▬.

110,6 Straßen-Ⅱ.

108,3 EB-Ⅱ, außer Betrieb.

108,2 Straßen-Ⅱ N 164, **Gouarec**.

108,1 Straßen-Ⅱ D 201.

107,8 re ⇩ des Canal de Nantes á Brest, dort ⯐ und danach ⛺. Günstige ⬆ vor ⇩ in den Kanal von Nantes nach Brest. Der Kanal ist in diesem Bereich anscheinend für die Schifffahrt gesperrt, da eine Weiterfahrt nach dem folgenden Stausee nicht möglich ist. Kanus können weiterfahren, Funktionsfähigkeit der Schleusen ist nicht bekannt. Evtl. kann die Fahrt schon hier unterbrochen werden.

107,7 Straßen-Ⅱ D 8.

105,0 ▬ und ⯐.

103,2 ▬ und ⯐, Straßen-Ⅱ D 44.

101,1 ▬ und ⯐ Bellevue. Beginn des Rückstaus des großen Stausees von Guerléden. Eine überflutete Schleuse. Der See ist landschaftlich recht reizvoll.

94,9 li auf einer Halbinsel ⛺, ✕, 🅿, Schiffsanleger. Zu erreichen auf der Straße D 111.

92,1 ▬ Staudamm, ⌓ außerordentlich mühsam. Die Fahrt wird daher zumeist hier unterbrochen. Zufahrt mit Pkw von Mur-en-Bretagne. Es folgt noch ein weiterer Stausee.

90,5 Staudamm des Sees von St. Aignan, ⬇ für die Weiterfahrt am Fuß des Staudamms. Auf 3 km flotte Fahrt mit leichten Stromschnellen.

89,6 Straßen-Ⅱ D 35, re **Saint-Aignan**.

88,2 Schräg-▬, 1,5 m, Unterwasser verblockt, re ⌓. Die kurze Fließstrecke wandelt sich zum Blavet-Kanal, landschaftlich recht reizvoll mit Heidelandschaft, jedoch 28 ⯐.

85,7 ⯐ de Boloré (Nr. 114), Ⅱ li ⌓. Schräg-▬, verblockt, ganz links nur schmale Passage, vorher ansehen.

84,0 ▬ und ⯐ (Nr. 113) Stumo.

81,9 ▬ und ⯐ (Nr. 112) d´Auquinian, Steil-▬, **X**, Steine im Unterwasser.

79,7 ▬ und ⯐ (Nr. 111) de Trescleff, **X**, li ⌓.

78,8 Straßen-Ⅱ D 125.

77,5 ▬ und ⯐ (Nr. 110) de Porzo, **X**, li ⌓.

74,6 ▬ und ⯐ (Nr. 109) Moulin de Guernal.

72,4 ▬ und ⯐ (Nr. 108) La Cascade am Ortseingang Pontivy, Seitenarm li, **X**, Schräg-▬ ca. 1,8 m hoch. Vorher ansehen, bedingt ≈.

71,2 ⩩ Pontivy, li Seitenarm ⇩ Kanal de Nantes-Brest, ⛟, Kanuzentrum, Slalomstrecke.
70,8 Straßen-Ⅱ D 764, **Pontivy**.
70,4 Straßen-Ⅱ.
69,6 Straßen-Ⅱ.
69,4 EB-Ⅱ.
68,7 ▬ und ⩩.
68,4 Straßen-Ⅱ.
67,9 Straßen-Ⅱ.
66,8 ▬ und ⩩, Ortsende Pontivy.
66,6 Straßen-Ⅱ.
63,9 ▬ und ⩩.
61,5 ▬ und ⩩.
59,4 ▬ und ⩩.
59,2 Straßen-Ⅱ D 188.
57,3 ▬ und ⩩.
55,3 ▬ und ⩩.
54,6 EB-Ⅱ.
53,7 EB-Ⅱ.
53,6 ▬ und ⩩.
53,3 Straßen-Ⅱ D 1.
51,5 ▬ und ⩩.
51,0 EB-Ⅱ.
50,1 ▬ und ⩩.
48,1 ▬ und ⩩.
46,1 re ⇩ Sarre (s. Seite 221), ▬ und ⩩.
45,9 Straßen-Ⅱ D 142.
44,5 ▬ und ⩩.
42,5 ▬ und ⩩.
40,7 Straßen-Ⅱ.
40,2 ▬ und ⩩.
36,9 ▬ und ⩩.
36,7 EB-Ⅱ.
34,7 ▬ und ⩩.
34,3 Straßen-Ⅱ D 3.
31,8 ▬ und ⩩.
26,5 ▬ und ⩩.
24,6 Straßen-Ⅱ D 102.
23,9 ▬ und ⩩.
21,8 ▬ und ⩩.
19,9 ▬ und ⩩.
18,9 ▬ und ⩩.
16,9 ▬ und ⩩.
16,6 Straßen-Ⅱ D 23, **Inzinzac-Lochrist**.

16,1 Wege-Ⅱ.
15,2 ▬ und ⵌ.
14,0 ▬ und ⵌ.
11,5 Wege-Ⅱ, ab hier Schiffahrtsstraße mit Gezeiteneinfluss, nicht bei NW weiterfahren.
11,3 Straßen-Ⅱ D 724, **Hennebont**.
10,8 EB-Ⅱ.
8,9 Straßen-Ⅱ N 166/E 60.
4,4 Straßen-Ⅱ D 194.
0,0 re ⇩ Scorff, re **Lanester**, zum Atlantik noch 5 km, südlich von Lorient bei Port Louis, hier 🠉-Möglichkeit.

Überarbeitung nach Kartenmaterial. Ergänzungen von Heiner Hoff, Krefeld.

Sarre (Blavet)

Kleinfluss GKZ: Fr: J5524000
Mündung in Blavet bei km 46,1 (re Nebenfluss)

Die Sarre ist ein recht munterer Kleinfluss mit entsprechenden Schwierigkeiten, bis WW II.

Ursprung: (48.146389, -3.223889) in ca. 240 m Höhe.

Mündung: (47.949167, -3.065) in ca. 35 m Höhe.

Länge: 35 km

Befahrbarkeit: Frühjahr bis April und nach stärkeren Regenfällen.

Fahrtstrecke: 🠋 bei der Ⅱ D 130 nach Thalhouet, 🠉 nach 14 km bei der Ⅱ D 142 südlich von Mébrand. Von einer Befahrung der 7 km langen Reststrecke bis zur ⇩ ist dringend abzuraten, da sie durch Baumhindernisse total versperrt ist.

Unveränderte Übernahme.

Scorff

Bretagne

Wildfluss - Wanderfluss – Maritimfluss GKZ: Fr: J5--0220
Mündung in Atlantik bei Lorient

Der Scorff bietet in seinem Oberlauf streckenweise interessantes Wildwasser, zumeist ist er jedoch ein nur mäßig schwerer Fluss, mit zahlreichen Wehre, meist fahrbar und kleinen Stromschnellen. Im Unterlauf, ab Pont Scorff, wird er zum gezeitenabhängigen Maritimfluss.

Ursprung: (48.139722, -3.283056) in ca. 240 m Höhe.

Mündung: (47.740278, -3.348333) in ca. 0 m Höhe.

Länge: 79 km

Befahrbarkeit: Oberlauf zeitig im Frühjahr (bis April), Unterlauf ganzjährig.

53,0 Straßen-Ⅱ D 130, ⬇ nahe der Kreuzung von D 130 und D 18 südlich von **Guémené** (48.020063, -3.245881). Zunächst leicht.
52,1 ■ und Wege-Ⅱ.
50,7 Straßen-Ⅱ.
50,2 Straßen-Ⅱ D 18.
48,8 Straßen-Ⅱ.
48,0 Mühlen-■ Moulin de Brodinom.
47,2 Straßen-Ⅱ.
46,0 Mühlen-■ Moulin du Herveno.
45,9 Wege-Ⅱ.
44,3 Mühlen-■.
42,9 Straßen-Ⅱ D 178.
41,0 Straßen-Ⅱ Pont du Grayo, re ⇩ eines Baches. Im Bereich des Forstes von Pont Calleck Zunahme der Schwierigkeiten mit Stellen bis WW III.
37,2 Straßen-Ⅱ bei Moulin de Coat Cren. Nach dieser Brücke lassen die Schwierigkeiten weiter nach.
35,6 Straßen-Ⅱ D 110.
33,0 Straßen-Ⅱ D 769.
32,7 ■.
30,4 Wege-Ⅱ.
27,7 ehemaliges ■ Moulin du Pou.
23,6 Straßen-Ⅱ D 2/D 22.
21,4 Mühlen-■ Moulin du Rouch.
21,3 Wege-Ⅱ.
14,9 Mühlen-■ Moulin de Saint-Yves, evtl. ♒, Wege-Ⅱ.
13,6 Straßen-Ⅱ D 26, re **Pont Scorff**, ab hier Einfluss der Gezeiten, bei NW verschlammte Ufer.
13,5 Wege-Ⅱ.
13,0 Wege-Ⅱ.
9,6 re ⇩ Scave.
4,4 Straßen-Ⅱ N 165/E 60.
2,9 Straßen-Ⅱ D 724, Pont Saint-Christophe, **Lorient**; übliche ⬆ bei der Rampe re vor der Brücke. Eine Weiterfahrt ist möglich.
2,0 Straßen-Ⅱ.
1,9 EB-Ⅱ.
1,2 Straßen-Ⅱ.
0,0 ⇩ in den Mündungstrichter des Blavet. Weiterfahrt zum Atlantik möglich. ⬆-Möglichkeit bei Port Louis.

Überarbeitung nach Kartenmaterial.

Ellé
Laïta

Bretagne

Wildfluss – Maritimfluss GKZ: Fr: J4--0200
Mündung in Atlantik

Die Ellé ist der wohl landschaftlich schönste und als Wildwasser interessanteste Fluss der Bretagne. Im Unterlauf, nach Vereinigung mit der Isole wird sie, mit dem neuen Namen „Laïta", zum gezeitenabhängigen Maritimfluss.

Ursprung:	(48.178056, -3.345278) in ca. 223 m Höhe.
Mündung:	(47.763333, -3.536389) in ca. 0 m Höhe.
Länge:	76 km
Befahrbarkeit:	ab km 53 Frühjahr bis Mai, ab km 47 ganzjährig.
Schwierigkeiten:	km 53–47 WW III mit Stellen WW IV.
	km 47–16,6 WW I-II (IV). In diesem Bereich zahlreiche ▬, durchweg gut ≈, jedoch z. T. gefährlicher Rücklauf bei HW.
	km 16,6–0 Maritimfluss.
Pegel:	Grand Pont, km 48,2; günstig zwischen 70 und 100 cm, darüber wird der Oberlauf sehr gefährlich.

Auf der Ellé werden alljährlich Kanuwettkämpfe ausgetragen.

60,4 Straßen-Π (48.104831, -3.432401), **Abbaye de Langonnet**. Eine Befahrung ab hier ist kaum möglich, da der Fluss zahlreiche Baumhindernisse aufweist.
53,0 Straßen-Π D 790, ⬇. Auf der folgenden WW-Strecke fast ununterbrochen schwer verblockte Schwalle, WW III; 2 Stufen WW IV, bei HW gefährlich.
48,2 Straßen-Π D 132 Le Grand Pont, ▤.
47,0 Straßen-Π bei **Steroulin** (48.029105, -3.475456), Ende der schweren WW-Strecke. Bis Quimperlé zumeist WW I-II, eine Stelle WW III-IV. Zahlreiche ▬, alle gut ≈.
46,6 Mühlen-▬ Moulin Berzin.
45,7 ⛺ Municipal Berg er Roch, 56320 Faouët (Le), ✆ 02 97 23 15 11.
45,0 Straßen-Π D 782.
44,8 Straßen-Π D 769.
42,6 re ⇩ Inam.
40,2 Straßen-Π.
34,5 Blockstrecke Roches du Diable, WW III, ⏏ möglich aber mühsam, li Aussichtspunkt und Parkplatz.
33,7 ▬.
33,3 Straßen-Π, ⬍.-Möglichkeit, schlechte Parkmöglichkeiten. Bis Quimperlé schöne Fahrt, WW I, einige Wehre, evtl. ≈.

33,0 ▬.
31,7 ▬.
27,6 ▬.
26,5 Straßen-Ⅱ.
26,0 Wege-Ⅱ.
25,2 ▬.
22,9 ▬.
21,6 ▬.
18,6 ▬, danach Wege-Ⅱ.
17,5 ▬.
16,8 Straßen-Ⅱ.
16,6 Straßen-Ⅱ, **Quimperlé**, re ⇩ Isole, ab hier Flussname „Laïta" mit Gezeiteneinfluss. Nach ca. 100 m li Schrägrampe ideale ⬍.
15,6 EB-Ⅱ.
15,4 Straßen-Ⅱ N 165/E 60.
4,4 Straßen-Ⅱ D 162/D 224, mögliche ⬆.
1,1 Fährverbindung D 24/D 152.
0,0 ⇩ in Atlantik, **Le Pouldu**, ⬆ am re Ufer oder am li Ufer im Sporthafen von Guidel-Plage. 🅿-Möglichkeit hinter dem Deich.

Überarbeitung nach Kartenmaterial.

Isole

Bretagne

Wildfluss – Kleinfluss GKZ: Fr: J48-0300
Mündung in Laïta (re Quellfluss)

Die Isole ist ein mäßig schwerer Wildfluss (WW II-III), Schwierigkeiten vor allem bei HW durch Baumhindernisse, niedrige Brücken und mehrere Wehre.

Ursprung:	(48.118056, -3.700833) in ca. 172 m Höhe.
Mündung:	(47.870921, -3.545258) in ca. 2 m Höhe.
Länge:	48 km
Befahrbarkeit:	Frühjahr bis Mai.

32,3 Straßen-Ⅱ D 782, , ⬇ (48.023486,-3.686213), re **Scaër**.
30,7 ▬.
30,0 Straßen-Ⅱ, ↯ und ▬ von Cascadec, sofort danach ein Felsverhau, absolut **X**, beides zusammen ⌓.
27,8 Straßen-Ⅱ.
21,3 ▬ Moulin Richet.
18,5 Straßen-Ⅱ D 23, Durchfahrt durch ein Fabrikgelände.
11,9 Straßen-Ⅱ D 6.
11,6 ▬.

7,8 Straßen-Ⲡ D 123 Pont Scluz. Es wird empfohlen, die Fahrt an dieser Brücke zu beenden, da eine Durchfahrt durch das bei km 3,0 folgende Werksgelände der Papierfabrik von Tréméven strengstens verboten ist. Auf eine weitere Beschreibung wird deshalb verzichtet.

0,0 Zusammenfluss mit Ellé, ab hier Flussname „Laïta“ (s. Seite 223).

Überarbeitung nach Kartenmaterial.

Odet

Bretagne

Wildfluss – Maritimfluss GKZ: Fr: J4--0190
Mündung in Atlantik bei Bénodet

Der Odet ist in seinem Oberlauf ein landschaftlich hervorragend schöner Wildfluss in einem schluchtartigen Engtal weitab von jeglicher Straße. Auch der maritime Unterlauf ist landschaftlich bemerkenswert.

Ursprung: (48.135833, -3.734722) in ca. 170 m Höhe.

Mündung: (47.863333, -4.105833) in ca. 0 m Höhe.

Länge: 62 km

Befahrbarkeit: Oberlauf bis Ende März, Unterlauf ganzjährig.

Schwierigkeiten: sehr schöne Schwallstrecken, WW II-III; bei HW kann dieser Abschnitt gefährlich werden.

Fahrtstrecke: ⬇ bei der Ⲡ der Verbindungsstraße zwischen der D.15 und D 785 östlich vom „Site du Stangale“. 12 km bis Quimper. Ab hier Gezeiteneinfluss, weitere 20 km bis zur ⇩ bei Bénodet.

Unveränderte Übernahme.

Aulne

Bretagne

Kleinfluss - Kanal – Maritimfluss GKZ: Fr: J3--0180
Mündung in Reede von Brest

Die Aulne ist in ihrem Oberlauf ein Kleinfluss durch Wiesen und Wälder, mehrere Wehre, mäßige Schwierigkeiten. Ab Landeleau ist sie zu einer Teilstrecke des Kanals von Nantes nach Brest ausgebaut.

Ursprung: (48.474167, -3.496111) in ca. 300 m Höhe.

Mündung: (48.302778, -4.286111) in ca. 0 m Höhe.

Länge: 144 km

Rückholdienst: 🚐 Chateauneu du Faou bis Pont Triffen 11 km

Befahrbarkeit: Oberlauf Frühjahr, Kanalstrecke ganzjährig.

117,6 Straßen-Ⅱ (48.366632, -3.682517) oberhalb der ⇩ des Argent, mögliche ⬇ bei sehr gutem Wasserstand.
116,6 re ⇩ Argent.
116,3 ▬.
115,5 ▬.
115,3 Straßen-Ⅱ D 769.
114,4 EB-Ⅱ (außer Betrieb).
112,3 ▬.
112,2 Straßen-Ⅱ Pont de Pierres.
112,0 Straßen-Ⅱ D 764 (48.320105, -3.681171), ⬇.
110,9 ▬, danach li Fabrikanlage.
108,8 Wege-Ⅱ.
105,6 re ⇩ Ellez (s. Seite 228).
105,5 Straßen-Ⅱ D 48, **Pénity Saint-Laurent**, falls der Wasserstand unter der Brücke keine Befahrung ohne Bodenberührung zulässt, ist auf der Folgestrecke bis km 95,3 mit vielen Treidelstellen zu rechnen.
102,6 ▬ Moulin Neuf, li treideln oder ⌓, Fischtreppe evtl. ≋.
99,7 ▬ Moulin de la Roche.
96,8 ▬ Moulin Vert, re ⌓ oder treideln, evtl. ≋, ⛺. Danach Holzsteg, viele Steine.
95,5 Straßen-Ⅱ N 164, Straßen-Ⅱ D 217, **Pont Triffen**.
95,3 li ⇩ Canal de Nantes à Brest (= Hyères, s. Seite 228). Dieser von Nantes (Loire) zum Hafen von Brest führende Kanal ist zurzeit in Richtung zur Loire nicht durchgehend ≋. In Richtung Brest verläuft der Kanal im Bett der Aulne, 27 ⌗ zur Selbstbedienung, der Schiffsverkehr ist gering, anscheinend nur Sportboote, landschaftlich reizvoll, li „Maison de Canal" mit Ausstellung zur Geschichte, eindrucksvolle HW-Fotos. Nach 100 m Eisensteg.
93,9 ▬ und ⌗ Nr. 210 Ecluse de Pénity.
91,3 ▬ und ⌗ Nr. 211 Ecluse de Roz-ar-Gaouen.
89,6 ▬ und ⌗ Nr. 212 Ecluse de Méros.
87,5 ▬ und ⌗ Nr. 213 Ecluse de Rosily.
86,6 ▬ und ⌗ Nr. 214 Ecluse de Lanmeur.
84,9 Straßen-Ⅱ D 117.
82,9 ▬ und ⌗ Nr. 215 Ecluse de Goaker, Straßen-Ⅱ.
81,0 ▬ und ⌗ Nr. 216 Ecluse de Moustoir.
78,4 ▬ und ⌗ Nr. 217 Ecluse de Boudrac'h.
76,5 ▬ und ⌗ Nr. 218 Ecluse de Bizernig.
76,0 Wege-Ⅱ Pont du Roi, Straßen-Ⅱ D 36, re **Châteaunef-du-Fao**.
74,9 ▬ und ⌗ Nr. 219 Ecluse de Châteaneuf.
73,0 ▬ und ⌗ Nr. 220 Ecluse de Kerboaret.
71,0 ▬ und ⌗ Nr. 221 Ecluse de Kersalig.

69,4 Straßen-Ⅱ.

69,1 Straßen-Ⅱ D 72.

67,2 ■ und ⌗ Nr. 222 Ecluse de Prat-Pourrig.

64,7 ■ und ⌗ Nr. 223 Ecluse de Nénez.

61,9 ■ und ⌗ Nr. 224 Ecluse de Rosvéguen.

61,4 2 Straßen-Ⅱ.

58,7 ■ und ⌗ Nr. 225 Ecluse de Buzit.

56,6 ■ und ⌗ Nr. 226 Ecluse de Saint-Algon

55,5 Straßen-Ⅱ D 785, li **Pont Coblant**.

54,7 ■ und ⌗ Nr. 227 Ecluse de Stéréon.

51,9 ■ und ⌗ Nr. 228 Ecluse de Coat Pont.

49,5 ■ und ⌗ Nr. 229 Ecluse de Lothei.

47,2 ■ und ⌗ Nr. 230 Ecluse deTrésiguidy.

44,3 ■ und ⌗ Nr. 231 Ecluse de Guillec.

42,3 ■ und ⌗ Nr. 232 Ecluse de l'Aulne.

41,1 Straßen-Ⅱ N 165/E 60.

39,4 ■ und ⌗ Nr. 233 Ecluse de Prat-Hi.

36,7 ■ und ⌗ Nr. 234 Ecluse de Toul-ar-Rodo.

35,1 ■ und ⌗ Nr. 235 Ecluse de Coatigrac'h.

33,3 Wege-Ⅱ.

33,1 Straßen-Ⅱ D 887, **Châteaulin**, bis hierher verkehren auch größere Schiffe.

32,8 ■ und ⌗ Nr. 236 Ecluse de Châteaulin

29,1 EB-Ⅱ.

28,7 ■ und ⌗ Ecluse de Guily Glas, wahrscheinlich in Abhängigkeit von den Gezeiten offen. Letzte Schleuse des Canal de Nantes á Brest, auch für Großschiffe, unterhalb der Schleuse Beginn des Gezeiteneinflusses.

22,5 re ⇩ Douffine.

8,3 Straßen-Ⅱ, ⬆.

0,0 li Landévennec, kurz danach ⇩ in die Reede von Brest. Eine Weiterfahrt zu diesem großen Hafen (im Krieg weitgehend zerstört) ist möglich, man muss jedoch auf 22 km die breite Reede von Brest kreuzen, die ein Teil des Atlantiks ist. Ratsam nur bei sehr stabiler Wetterlage und nur für Kanuten, die mit entsprechender Ausrüstung Erfahrung mit Fahrten auf dem Meer haben.

Überarbeitung nach Kartenmaterial.

Hyère (Aulne)

Wanderfluss – Kanal GKZ: Fr: J37-0300
Mündung in Aulne bei km 95,3 (li Nebenfluss)

Die Hyères ist in ihrem Oberlauf ein Fluss, der mit vielen Windungen durch Wiesen verläuft; in ihrem Unterlauf wird sie zu einer Teilstrecke des Kanals von Nantes nach Brest.

Ursprung:	(48.456389, -3.38) in ca. 260 m Höhe.
Mündung:	(48.218889, -3.703611) in ca. 55 m Höhe.
Länge:	48 km
Befahrbarkeit:	Frühjahr bis Mai.
Schwierigkeiten:	am Ortsende von Carhaix-Plouguer zieht die Strömung nach einem ■ gegen den Pfeiler einer Π, bei HW gefährlich, unbedingt ansehen! sonst keine Schwierigkeiten. Im Kanalbereich finden sich 6 ⧖.
Fahrtstrecke:	⬇ kann unterhalb Callac von der begleitenden Straße D 787 aus frei gewählt werden, 25 km bis zur ⇩ in den Kanal bei Port de Carhaix. Weitere 10 km mit 6 ⧖ bis zur ⇩ in die Aulne.

Unveränderte Übernahme.

Ellez

Kleinfluss
Mündung in Aulne bei km 105,6 (re Nebenfluss)

Der Ellez ist ein Kleinfluss im Bereich des Parc d´Amorique. Seine Befahrung kommt nur für Kanuten in Frage, die bereit sind, sich mühsam durch dschungelartige Verwachsungen und Baumversperrungen zu kämpfen. Englische Kanuten benötigten für die 15 km lange Strecke etwa 8 Stunden.

Befahrbarkeit:	Frühjahr bis Mai.
Fahrtstrecke:	⬇ Π D 14 unterhalb von Helgoat, ⇩ in Aulne nach 15 km, hier mögliche ⬆ bei der Π D 48, Pénity St. Laurent.

Unveränderte Übernahme.

Élorn

Bretagne

Kleinfluss – Maritimfluss GKZ: Fr: J34-0300
Mündung in Atlantik bei Brest

Der Élorn ist in seinem Oberlauf ein sportlicher Kleinfluss, mit schönen Schwällen und zahlreichen Wehren, zumeist fahrbar. Im Unterlauf, unterhalb Landerneau, wird er zum tidenabhängigen Maritimfluss.

Ursprung:	(48.386389, -3.945556) in ca. 280 m Höhe.
Mündung:	(48.384444, -4.411667) in ca. 0 m Höhe.
Länge:	56 km
Befahrbarkeit:	Frühjahr bis Mai, sonst Lattenpegel bei km 29,3 Minimum 40 cm.

31,3 Straßen-Ⅱ D 30 bei **Landdivisiau**, ⬇
30,4 EB-Ⅱ, danach
Natur-■, 0,5 m, evtl. ≈, vor Ⅱ.
alte ■-Anlage, **X** , Verblockt, 1 m hoch.
Ⅱ le Moulin Neuf.
29,4 Fußgänger-Ⅱ, danach 4 Naturstufen 0,2-0.6 m.
29,3 Lattenpegel.
29,2 ■ 0,5 m hoch.
25,1 Straßen-Ⅱ, li **Kerfaven**.
23,8 Straßen-Ⅱ, li **Pont Christ**.
21,7 Wege-Ⅱ.
21,0 ■, **X**, (Verblockung im Unterwasser), Les Plants, Fischtreppe ca. 70 cm evtl. ≈.
20,1 Straßen-Ⅱ, li **La Roche-Maurice**, ⬆. Die Fahrt wird vielfach hier beendet. Die Folgestrecke ist weniger interessant.
18,7 li alte Fabrik, re neue Fabrik, beiderseitige Spundwände in der Mitte Klapp-■, ca. 1 m hoch, **X**, starker Rücklauf, von der Strasse einzusehen, nach 50 m Fabrik-Ⅱ mit Lattenpegel, ⌓ 100 m.
17,3 ■, **X** , Mühlengraben oberhalb am Ende Verblockung und Grasfang.
16,3 Straßen-Ⅱ.
■ Landerneau. ⬆ an der Treppe. Ab hier Gezeiteneinfluss. Eine Weiterfahrt, unter Berücksichtigung von Ebbe und Flut, ist lohnend.
16,2 Wege-Ⅱ.
16,0 EB-Ⅱ.
15,9 Wege-Ⅱ, EB-Ⅱ.
15,6 Straßen-Ⅱ D 764.
15,2 Wege-Ⅱ.
15,1 Straßen-Ⅱ Rue du Pont, Vorsicht „Haus-Brücke“, je nach Gezeiten variable Durchfahrtshöhe.

18,5 .
14,8 Straßen-II, **Landerneau**.
13,4 Straßen-II D 770
1,0 2 Straßen-II N 166/E 60 bei **Plougastel-Daoulas**, ⬆.
0,0 ⇩ in die Reede von Brest. Die Fahrt kann auch an deren Nord-Ufer bei Moulin-Blanc beendet werden.

Überarbeitung nach Kartenmaterial.

Aber Ildut
Aber Benoît
Aber Wrac´h

Maritimflüsse
Mündung in Atlantik

Die drei Abers sind Flüsse, die in ihren für eine Befahrung in Frage kommenden Unterläufen fjordartig weit in das Innere der Bretagne eingeschnittene Buchten des Atlantik darstellen. Bei dem starken Tidenhub des Atlantik müssen Befahrungen unbedingt auf die Gezeiten abgestellt werden.

Befahrbarkeit: im Tidenbereich ganzjährig; über ihre Oberläufe ist wenig bekannt, wahrscheinlich nur im Winter und zeitig im Frühjahr, außerdem ist mit Schwierigkeiten mit den Anliegern zu rechnen.

Aber Ildut

Fahrtstrecke: ⬇ II D 28, ⬆ ⇩ bei Rocher de Crapaud, 5 km. Falls eine Befahrung des Oberlaufs geplant ist, kann die Fahrt an mehreren Stellen der begleitenden Straße D 27 begonnen werden.

Aber Benoît

GKZ: Fr: J32-0300

Ursprung: (48.458611, -4.345) in ca. 113 m Höhe.

Mündung: (48.577222, -4.613889) in ca. 0 m Höhe.

Länge: 31 km

Fahrtstrecke: ⬇ II D 13 bei Tariec, ⬆ im ⇩-Bereich nach etwa 10 km. Lohnend ist eine Weiterfahrt bis zur Insel Garo. Von einer Befahrung des Oberlaufs ist abzuraten, da es hier häufig Schwierigkeiten mit den Anliegern gibt.

Aber Wrac´h

GKZ: Fr: J3204000

Ursprung: (48.511667, -4.245) in ca. 88 m Höhe.

Mündung: (48.610833, -4.586667) in ca. 0 m Höhe.

Länge: 33 km

Fahrtstrecke: ⬇ bei der Mühle von Le Diouris, ⬆ nach etwa 10 km entweder am re Ufer der Mündung am Strand von Lilia oder an geeigneter Stelle am li Ufer der Bucht von Anges.

Nach stärkeren Regenfällen soll die Möglichkeit bestehen, den Fluss auch oberhalb von Le Diouris zu befahren, Einzelheiten sind nicht bekannt.

Unveränderte Übernahme.

Léguer

Bretagne

Wildfluss - Kleinfluss – Maritimfluss GKZ: Fr: J22-0300
Mündung in Atlantik (Kanal)

Der Léguer ist in seinem Oberlauf ein nur mäßig schwerer Wildfluss, der Unterlauf ist ein gezeitenabhängiger Maritimfluss.

Ursprung: (48.443611, -3.261389) in ca. 275 m Höhe.

Mündung: (48.733333, -3.540278) in ca. 0 m Höhe.

Länge: 58 km

Befahrbarkeit: Oberlauf Frühjahr bis Mai, Unterlauf ganzjährig.

35,7 ⬇ bei **Belle-Isle-en-Terre**, , allerdings nur wenig ratsam wegen des folgenden Stausees, dessen Staumauer nur sehr mühsam zu ⏢ ist. Sehr schöne Fahrt mit kräftigen Schwällen, vor allem bei HW.
35,2 Straßen-Ⅱ N 12/E 50.
34,4 ▬.
31,0 Staubeginn.
31,6 ▬, Staudamm.
30,9 Straßen-Ⅱ Pont Louars, mögliche ⬇.
29,9 ▬.
26,6 Straßen-Ⅱ.
26,5 ▬.
26,2 ▬.
25,7 EB-Ⅱ, Straßen-Ⅱ D 32, empfohlene ⬇, auf den nächsten 6 km folgen mehrere Schräg-Wehre, evtl. ≈, Höhe ca. 1,5 m.

25,5 ▬.
25,2 ▬.
23,9 ▬, Straßen-Ⅱ.
22,0 Straßen-Ⅱ D 74.
21,0 ▬.
20,2 ▬ Moulin de Keranre.
19,7 Straßen-Ⅱ D 30. Es folgen bis Lannion 7 Schräg-Wehre, evtl. ≋, Höhe ca. 1,5 m.
19,5 ▬ Moulin du Losser, danach leichte Verblockungen und Schwälle.
18,0 ▬ Moulin de Kergrist.
17,1 ▬ Moulin Traoumorvan.
16,1 Straßen-Ⅱ D 113, danach vereinzelt Baumhindernisse.
14,9 Mühlen-▬.
13,4 ▬ Moulin de Kerguiniou.
13,0 Mühlen-▬.
11,0 ▬ Moulin de Buhulien.
10,9 Straßen-Ⅱ.
10,5 ▬.
9,5 ▬.
8,3 Wege-Ⅱ.
7,5 Straßen-Ⅱ, **Lannion**, Kanu Club, neben ⛺ „Les Deux Riviers". Die Reststrecke bis zur ⇩ steht unter Gezeiteneinfluss.
7,4 ▬, re ein Kanal, keine Angaben zur Befahrbarkeit.
7,1 Straßen-Ⅱ.
6,8 Straßen-Ⅱ D 786.
0,0 ⇩ in den Atlantik, ⬆ re **Beg Leguer**, ⛺.

Überarbeitung nach Kartenmaterial.

Jaudy

Kleinfluss – Maritimfluss
Mündung in Kanal

Der Jaudy ist in seinem Oberlauf ein Kleinfluss mit nur mäßigen Schwierigkeiten, im Unterlauf, im Bereich einer tief in das Land eingeschnittenen Bucht des Atlantiks, wird er zum tidenabhängigen Maritimfluss.

Befahrbarkeit: Oberlauf bis April, Unterlauf ganzjährig.

Fahrtstrecke: ⬇ bei der Ⅱ D 21 zwischen Runan und Trévoazan, 15 km bis La Roche-Derrien; ab hier Gezeiteneinfluss, weitere 14 km bis zur ⇩ in den Kanal.

Unveränderte Übernahme.

Trieux

Bretagne

Wildfluss - Kleinfluss – Maritimfluss GKZ: Fr: J1--0170
Mündung in Kanal

Der Trieux ist in seinem Oberlauf ein ansprechender Wildfluss, im Unterlauf wird er zum gezeitenabhängigen Maritimfluss.

Ursprung: (48.369444, -3.138333) in ca. 235 m Höhe.

Mündung: (48.825278, -3.071389) in ca. 0 m Höhe.

Länge: 72 km

Befahrbarkeit: Frühjahr bis Mai.

59,5 Straßen-Ⅱ D 22, ⬇ (48.441956, -3.095462) bei **Plésidy**. Die Folgestrecke wird sehr viel befahren; allerdings gibt es hier auch viele Fischer. Der Trieux verläuft hier in einem sehr schönen Tal mit schneller Strömung, zahlreichen Kurven und schönen Schwällen, bei HW bis WW III, Achtung vor Strauchhindernissen und niedrigen Brücken. Die Straße D 767 verläuft stets neben dem.Fluss, die ⬇ kann daher frei gewählt werden. Insgesamt fast 30 ▬ (nicht alle nachfolgend beschrieben), durchweg ≋. Vorsicht bei HW, dann evtl. gefährlicher Rücklauf!

59,0 ▬.

57,7 Straßen-Ⅱ.

54,9 Straßen-Ⅱ D 757 bei **Saint-Péver** (48.47561, -3.101106), Nachlassen der Schwierigkeiten.

54,2 Wege-Ⅱ.

53,2 Straßen-Ⅱ D 24.

52,3 ▬.

51,2 ▬.

49,3 Straßen-Ⅱ.

47,9 ▬.

44,5 Straßen-Ⅱ D 8.

44,2 ▬.

43,3 ▬.

42,6 ▬.

42,1 Straßen-Ⅱ N 12.

41,6 EB-Ⅱ.

40,9 ▬.

40,4 ▬ Guingamp.

40,2 Straßen-Ⅱ, **Guingamp**.

40,0 Wege-Ⅱ.

39,8 Wege-Ⅱ.

39,7 Straßen-Ⅱ.

39,5 ▬ am Ortsende von Guingamp, evtl. über Fischtreppe ≋ oder ⏏.

39,3 Straßen-II.
38,8 Wege-II.
38,7 Straßen-II D 8.
38,5 Werks-II.
36,7 ▬.
35,2 ▬.
33,0 Straßen-II D 86.
32,3 ▬.
32,1 II.
31,7 ▬.
31,2 ▬.
31,1 Straßen-II D 32.
30,9 ▬.
30,2 ▬.
29,8 ▬.
29,0 ▬.
27,0 ▬.
26,3 ▬ und Wege-II.
24,7 Straßen-II D 65.
24,5 ▬.
24,0 ▬.
23,3 ▬.
22,9 ▬.
22,6 ▬ und Wege-II.
22,1 ▬.
21,1 ▬.
19,5 Wege-II.
19,3 Straßen-II D 787, **Pontrieux**.
19,1 ▬.
18,9 EB-II und Straßen-II. Es folgen viele Bootsliegeplätze.
16,6 ⯐ und ▬, **X**, ⏢. Ab hier Einfluss der Gezeiten.
14,7 re ⇩ Leff (s. Seite 235).
12,8 li **La Roche Jagu**, Schloss, ⌘.
6,0 Straßen-II D 786, **Lézardrieux**, gute ⬆ beim städtischen ⛟.
4,6 Sportboothafen.
0,0 ⇩ in Ärmelkanal.

Überarbeitung nach Kartenmaterial.

Leff

Kleinfluss – Maritimfluss GKZ: Fr: J18-0300
Mündung in Trieux bei km 14,7 (re Nebenfluss)

Der Leff ist in seinem Oberlauf ein Kleinfluss mit einer Anzahl von Wehren, die durchweg fahrbar sind, mit Baum- und Strauchhindernissen ist zu rechnen. Im Unterlauf, unterhalb der Ⅱ D 15, macht sich der Gezeiteneinfluss bemerkbar, Weiterfahrt daher nur mit dem Ebbstrom.

Ursprung: (48.429444, -2.946944) in ca. 210 m Höhe.

Mündung: (48.726944, -3.131389) in ca. 5 m Höhe.

Länge: 62 km

Befahrbarkeit: Frühjahr bis Mai, Unterlauf ganzjährig.

Fahrtstrecke: ⬇ bei der Ⅱ D 21 (48.696739, -3.056645) bei Lanleff, Beendigung der Fahrt entweder nach 7 km bei der Straßen-Ⅱ D 15 oder im ⇩-Bereich nach insgesamt etwa 12 km.

Unveränderte Übernahme.

Arguenon

Bretagne

Kleinfluss - Stausee – Maritimfluss
Mündung in Atlantik (Kanal)

Der Arguenon ist ein recht ansprechender Küstenfluss mit 2 langen Stauseen.

Befahrbarkeit: abhängig von der Wasserabgabe der Staudämme; ab km 8,5 ganzjährig.

35,8 Beginn eines Stausees. Über eine Beahrbarkeit ist nichts bekannt
32,6 ▬ Staudamm.
32,4 Straßen-Ⅱ, **Jugon Les Lacs**.
32,2 Straßen-Ⅱ D 792, ▬.
32,1 Straßen-Ⅱ, eine ⬇ in Jugon Les Lacs muss erkundet werden.
31,7 Straßen-Ⅱ (Viadukt) N 176/E 401.
30,9 Baumbarriere, Schilfbewuchs. Beginn des Rückstaus eines langgestreckten, reizvollen Stausees, keine Motorboote auf dem See.
28,3 Straßen-Ⅱ.
25,2 Straßen-Ⅱ.
20,4 Straßen-Ⅱ D 68.
19,0 ▬ Staudamm Barrage de La Ville-Hatte, li Seitenarm einbiegen, re ⬆, 400 m ⌓, unterhalb der Staumauer Treppe zum Fluss. Auf der Folgestrecke

bis Plancoët sind Baum- und Strauchhindernisse möglich. Wasserstand entscheidet über die Weiterfahrt.

16,5 Straßen-Ⅱ **Le Pont Loyer**.
12,0 ■ evtl. ≈ oder li ⌓ bzw. überheben, Höhe ca 1 m.
11,8 Straßen-Ⅱ D 792.
9,8 EB-Ⅱ, gefolgt von Wege-Ⅱ, danach re ⛺ Le Verger.
9,3 Wege-Ⅱ.
9,2 Straßen-Ⅱ D 768, Schräg-■, Straßen-Ⅱ, **Plancoët**.
9,1 Wege-Ⅱ.
8,5 ■, unterhalb des Wehres beginnt der Tideneinfluss des Atlantiks.
7,1 Straßen-Ⅱ D 19.
6,5 re ⇩ Montafilan.
1,7 li ⇩ Guébriand.
1,1 Straßen-Ⅱ D 786, **Le Guildo**.
0,7 ⬆ re beim Schloss Guildo.
0,0 ⇩ in eine große Bucht des Ärmelkanals.

Überarbeitung nach Kartenmaterial.

Rance

Bretagne

Kleinfluss - Kanal – Maritimfluss GKZ: Fr: J0--016A
Mündung in Kanal bei St. Malo

Die Rance hat drei völlig verschiedene Abschnitte: in ihrem Oberlauf ist sie ein Kleinfluss, keine besonderen Schwierigkeiten.

Bei Evran mündet sie in den Kanal „Ille et Rance“ mit 7 Schleusen. Unterhalb Dinan wird sie zum tidenabhängigen Maritimfluss.

Interessant ist hier, 5 km vor der Mündung, das erste Gezeitenkraftwerk Europas.

Ursprung:	(48.296389, -2.538333) in ca. 260 m Höhe.
Mündung:	(48.616667, -2.028056) in ca. 0 m Höhe.
Länge:	103 km
Befahrbarkeit:	ganzjährig.

44,7 ■ Staudamm, Barrage de Rophemel.
44,0 ⬇ bei der Straßen-Ⅱ D 39 unterhalb des Staudammes.
43,1 Straßen-Ⅱ.
41,4 Wege-Ⅱ.
40,4 Straßen-Ⅱ D 12.
38,1 EB-Ⅱ (außer Betrieb).
37,6 Straßen-Ⅱ.
36,5 Straßen-Ⅱ D 26.

34,4 Wege-Ⅱ, Straßen-Ⅱ D 78.

33,5 ⇩ in den Kanal „Ille et Rance“. Es folgen 6 ✡. Einzelschleusungen von Kanus werden anscheinend nicht durchgeführt, ⌓ der ✡ recht mühsam. Evtl. ist es empfehlenswert, die Fahrt hier abzubrechen.

33,4 re ⇩ Linon.

33,3 Straßen-Ⅱ.

31,6 ✡ Ècluse du Mottay, ➔ über ■.

30,9 re ⇩ Wehrkanal.

30,0 Wege-Ⅱ, ➔ zum ■.

29,7 ✡ Ècluse de Boutron, danach ⇩ Wehrkanal.

28,4 ➔ Wehrkanal.

27,4 ✡, danach re ⇩ Wehrkanal.

25,2 Straßen-Ⅱ, li **Lehon**.

24,8 re ✡ Ècluse de Lehon, li ■.

23,1 Straßen-Ⅱ D 795, **Dinan**, bis hier macht sich der Gezeiteneinfluss bemerkbar.

22,9 Straßen-Ⅱ.

17,1 re ■, li Gezeiten-✡ Ècluse du Châtelier, bei HW überspült. Straßen-Ⅱ D 57, li **La Hisse**.

16,1 EB-Ⅱ.

10,4 Straßen-Ⅱ D 366, li **Le Port Saint-Hubert**, re **Le Port Saint-Jean**.

10,2 Straßen-Ⅱ N 176.

0,0 Gezeiten-ϟ (Usine marémotrice), li ✡, Benutzung der Schleuse ist allerdings gefährlich durch die zahlreichen Sportboote in der Schleusenkammer. Links ⌓ sehr mühsam, wahrscheinlich ist es sinnvoll, die Fahrt am li Ufer zu beenden. Durch das Gezeiten-ϟ ergeben sich Verschiebungen von Ebbe und Flut oberhalb des Kraftwerks.

-4,0 ⇩ in den Ärmelkanal bei **Saint-Malo**.

Überarbeitung nach Kartenmaterial.

Couesnon

Bretagne

Kleinfluss - Wanderfluss – Maritimfluss GKZ: Fr: J0--0150

Mündung in Kanal

Der Couesnon entspringt südöstlich von Fougères in der östlichen Bretange. Er fließt in seinem Oberlauf bis Vieux Vy durch eine reizvolle Landschaft; er hat hier abschnittsweise gute Strömung mit kleinen Schwällen. Anschließend wird er ruhiger und unterhalb Pontorson zum tidenabhängigen Maritimfluss.

Ursprung:	(48.310556, -1.058056) in ca. 185 m Höhe.
Mündung:	(48.632222, -1.51) in ca. 0 m Höhe.
Länge:	98 km

Befahrbarkeit:	Frühjahr.
Schwierigkeiten:	oberhalb km 9,3 Zahmwasser.
	km 9,3–0 Gezeitenfluss.

68,7 Straßen-Ⅱ D 18 (48.306109, -1.284805). Oberste bekannte ⬇. Bei günstigem Wasserstand ist eine höhere Einsetzstelle durchaus möglich. Auf diesem Abschnitt enger Wiesenfluss zwischen hohen Ufern bei geringer Strömung. 2 ▬, evtl. ♒.
66,5 re ▬, li zur Mühle.
66,2 Wege-Ⅱ.
65,8 Straßen-Ⅱ D 105, li **Vendel**.
64,9 Straßen-Ⅱ D 22 in Vendel. Es folgen einige ▬, evtl. ♒.
63,8 re ▬, li zur Mühle Moulind de Bleau.
63,4 li ⇩ Mühlenkanal.
58,9 Mühlen- ▬.
58,8 Straßen-Ⅱ D 812, Saint-Jean-sur-Couesnon. Günstige ⬇ ⬆. Der Fluss wird breiter, die Landschaft interessanter, Wälder und Felsen, abschnittweise flotte Strömung. Zahlreiche ▬, die bis auf 2 evtl. ♒ sind.
58,5 Straßen-Ⅱ A 84/E 3.
56,4 Wege-Ⅱ.
54,9 Mühlen- ▬ Moulin du Houx.
52,2 Straßen-Ⅱ D 102.
50,4 Wege-Ⅱ.
49,0 Straßen-Ⅱ Moulin de Guyon.
48,1 Moulin aux Moines. Hier befindet sich eine örtliche Sperrung. ⚠ Bissige Hunde! Rechts etwa 400 m weit ⌓, sehr mühsam, durch Gestrüpp und Wald.
46,7 Wege-Ⅱ.
45,6 ▬.
45,1 ▬.
44,7 Straßen-Ⅱ D 20, **Vieux-Vy-sur-Cuoeson**, Ende der interessanten Strecke. Auf der Folgestrecke kaum mehr Schwierigkeiten. Einsames Tal mit Wiesen und Obstplantagen.
44,3 Mühlen- ▬ Le Grand Moulin.
43,5 Mühlen- ▬ Moulin de Guemain.
42,9 Mühlen- ▬.
42,7 Straßen-Ⅱ D 97.
41,8 Straßen-Ⅱ.
41,4 Ⅱ.
40,5 ▬.
40,3 Straßen-Ⅱ D 175.
39,8 Straßen-Ⅱ D 211.
35,1 Straßen-Ⅱ D 18, li **Rimou**.

34,1 ▬ und Wege-Ⅱ.
31,5 Straßen-Ⅱ D 796.
30,3 ▬.
29,0 Straßen-Ⅱ.
25,2 Straßen-Ⅱ D 155.
25,1 Straßen-Ⅱ D 489, re **Antrain**.
24,7 ▬ und Straßen-Ⅱ.
23,3 ▬.
23,0 Straßen-Ⅱ D 89.
9,6 EB-Ⅱ.
9,3 Straßen-Ⅱ D 976, **Pontorson**, ab hier Gezeiteneinfluss.
8,2 Straßen-Ⅱ N 176/E 401.
4,0 Straßen-Ⅱ, **La Gréve**.
1,8 ▬, Durchfahrt wahrscheinlich gezeitenabhängig.
0,0 ⇩ in Ärmelkanal bei Mont St. Michel.

Überarbeitung nach Kartenmaterial.

Douve

Kleinfluss – Maritimfluss GKZ: Fr: I5--0200
Mündung in Kanal nördlich von Carentan.

Die Douve bietet lediglich in ihrem Oberlauf geringe Schwierigkeiten als Kleinfluss, im Unterlauf wird sie zum tidenabhängigen großen Gezeitenfluss.

Ursprung: (49.590556, -1.605833) in ca. 140 m Höhe.

Mündung: (49.3625, -1.166944) in ca. 0 m Höhe.

Länge: 79 km

Befahrbarkeit: im Prinzip ganzjährig; für eine Befahrung ab Saint-Sauveur-le-Vicomte ist allerdings ein höherer Wasserstand von Vorteil.

Fahrtstrecke: Saint-Sauveur-le-Vicomte (49.387059, -1.525447) bis zur ⇩ in Ärmelkanal 36 km.

Nebenfluss: Taute (s. Seite 239).

Unveränderte Übernahme.

Taute

Wanderfluss GKZ: Fr: I52-0400
Mündung in Douve bei Carentan, km 6,8 (re Nebenfluss)

Die Taute fließt mit ruhiger Strömung und ohne besondere Schwierigkeiten durch die nordfranzösische, dem Meer vorgelagerte Tiefebene.

Ursprung: (49.100833, -1.358611) in ca. 108 m Höhe.

Mündung: (49.3175, -1.225833) in ca. 2 m Höhe.

Länge: 40 km

Befahrbarkeit: ganzjährig.

Fahrtstrecke: Straßen-II D 900 (49.181069,-1.383124) östlich Périers - ⇩ in Douve, 27,6 km.

Unveränderte Übernahme.

Vire

Normandie

Kleinfluss - Wildfluss - Wanderfluss – Maritimfluss GKZ: Fr: I4--0200
Mündung in Kanal

Die Vire ist ein sehr abwechslungsreicher Fluss. In ihrem Oberlauf ist sie ein Kleinfluss, recht mühsam zu befahren, mit zahlreichen Hindernissen. Die am meisten zu empfehlende und wohl auch am häufigsten befahrene Strecke liegt zwischen km 100,4 und 74,0. Die Vire ist hier ein nur mäßig schwerer Wildfluss in kleinen Schluchten. Der anschließende Abschnitt, bis St. Lô, ist immer noch interessant, ehemals kanalisiert, mit mehreren Wehren, Vorsicht bei den Fischtreppen, bei HW z. T. gefährlicher Rücklauf. Die Schleusen scheinen nicht mehr funtionsfähig zu sein. Im Unterlauf, unterhalb St. Lô, wird die Vire zum Gezeitenfluss, dieser Abschnitt wird wohl nur wenig befahren.

Ursprung: (48.7525, -0.840833) in ca. 308 m Höhe.

Mündung: (49.346667, -1.117222) in ca. 0 m Höhe.

Länge: 128 km

Befahrbarkeit: Frühjahr und Herbst sowie nach stärkeren Regenfällen.

Pegel: Straßen-II D 674 bei Campeaux (km 87,8); Minimum 40 cm, nicht ratsam, da mehrere ⩍-Stellen; günstig zwischen 50 und 80 cm; HW ab 100 cm, die Wehre werden dann gefährlich.

107,1 Straßen-II D 524, ▬, **Vire**, ⬇. Etwa 3 km oberhalb Vire mögliche ⬇, WW II-III, jedoch wenig ratsam, da auf 10 km zahlreiche Baum- und Strauchhindernisse.

106,6 Straßen-II.

104,9 Straßen-II.

103,4 ▬.

101,7 ▬.

101,4 Straßen-II.

101,1 Straßen-II D 674.

100,4 Straßen-II D 295, re **La Graverie**, li **Etoury**, empfohlene ⬇; ab hier wird die Vire sehr viel befahren.

96,3 ▬.

95,0 Straßen-Ⅱ D 81.
93,6 ▬ Moulin Neuf.
91,0 Straßen-Ⅱ, davor re ⇩ Souleuvre, dadurch Zunahme der Wasserführung. Lebhafte Schwälle in kleinen Schluchten.
89,7 ▬ Moulin l'Évêque.
89,0 Straßen-Ⅱ.
87,8 Straßen-Ⅱ D 674 bei **Campeaux**, re **Courbe Fossé**, ▤.
87,3 ▬ Moulin de Campeaux.
85,7 ▬ Moulin de Saint-Martin.
84,0 ▬.
82,6 ▬ Moulin Michel.
82,4 Straßen-Ⅱ D 185.
79,8 ▬ Moulin Neuf.
78,9 ▬.
78,7 ▬.
76,0 Mühlen-▬.
74,0 Straßen-Ⅱ D 675, li **Pont-Farcy**, ⛺, gute ⬆.
73,5 li ▬, re ⌘.
72,8 2 Straßen-Ⅱ A 84/E 3.
71,7 li ▬, re ⌘.
70,0 li ▬, re zur ⌘.
69,3 Straßen-Ⅱ, re ⇩ Schleusenkanal.
67,5 li zur Schleuse, re Wehrkanal.
67,3 re ▬, li ⌘.
67,1 Straßen-Ⅱ D 13, li **Tessy-sur-Vire**.
65,4 ▬.
64,4 ▬.
62,5 re ▬, li ⌘.
62,4 Straßen-Ⅱ D 159.
60,2 ▬.
60,0 Straßen-Ⅱ D 396.
58,3 li zum Wehr, re zur Schleuse.
57,6 li ▬, re ⌘.
57,4 Straßen-Ⅱ, ⇩ Schleusenkanal.
55,2 re ▬, li ⌘, Kanu-Basis, Übungsstrecke.
53,9 Straßen-Ⅱ D 53, re **Condé-sur-Vire**. Bei Weiterfahrt Vorsicht vor gefährlichen Wehren, vor allem bei HW.
53,1 ▬.
52,3 Straßen-Ⅱ D 449, re **Sainté-Suzanne-sur-Vire**.
52,2 EB-Ⅱ.
51,6 re zum Wehr, li zur Schleuse.
51,0 ▬.
50,4 re ▬, li ehemalige ⌘, jetzt ϟ.
49,6 Wege-Ⅱ.

48,8 Wege-Ⅱ.
48,0 Straßen-Ⅱ D 28.
47,2 ▬, zerstört, Moulin des Rondelles.
45,0 re ▬, li ehemalige ⯐, jetzt ϟ, Straßen-Ⅱ D 999.
43,1 ▬.
42,2 Straßen-Ⅱ N 174/E 3, Straßen-Ⅱ D 972.
40,4 Straßen-Ⅱ D 900, **Saint-Lô**, die Fahrt sollte am Ortsanfang wegen des folgenden Wehres beendet bzw. unterbrochen werden.
40,3 Straßen-Ⅱ.
40,1 Straßen-Ⅱ D 999.
39,9 ▬, **X**, ⩯ mühsam. Unterhalb von Saint-Lô kann die Befahrung fortgesetzt werden. Die Vire ist hier ein Maritimfluss mit starkem Gezeitenhub, Anlanden bei Ebbe schwierig.
38,5 EB-Ⅱ.
36,5 ▬.
33,3 Wege-Ⅱ, re **Rampan**.
30,4 Straßen-Ⅱ D 974, **Pont-Hébert**.
28,4 Wege-Ⅱ, danach ▬.
22,0 Straßen-Ⅱ D 8, **Saint-Fromond**.
20,6 ▬.
13,8 Straßen-Ⅱ D 148, li **La Rayé**.
7,3 EB-Ⅱ.
5,3 Straßen-Ⅱ N 13/E 46.
5,1 Straßen-Ⅱ D 974 mit ▬.
2,3 re ⇩ Aure inférieure, 1,2 km bis **Isigny-sur-Mér**.
0,0 ⇩ in den Ärmelkanal.

Überarbeitung nach Kartenmaterial.

Orne

Normandie

Kleinfluss - Wanderfluss - Wildfluss – Maritimfluss GKZ: Fr: I2--0200
Mündung in Kanal

Die Orne ist ein sehr abwechslungsreicher Fluss, dessen Befahrung sehr zu empfehlen ist. Die Landschaft ist sehr reizvoll (Schweiz der Normandie) mit dem Höhepunkt der „Gorges von St. Aubert“. Unterhalb von Caën wird die Orne zum Maritimfluss mit Tideneinfluss, landschaftlich wenig interessant.

Die Schwierigkeiten der Orne sind im Allgemeinen gering; im Oberlauf Strauchhindernisse, auf der gesamten Strecke zahlreiche Wehre, z. T. fahrbar. Bei Hochwasser können sie gefährlich werden. Lediglich die Schlucht von St. Aubert stellt ein ernst zu nehmendes Wildwasser dar.

Ursprung: (48.610833, 0.227222) in ca. 190 m Höhe.

Mündung:	(49.286389, -0.245833) in ca. 0 m Höhe.
Länge:	170 km
Befahrbarkeit:	die Wildwasserstrecke (Gorges von St. Aubert) nur bei ausreichendem Wasserablass des Stausees. Erforderlich sind mindestens 8 m²/s. Dies ist am ehesten zu erwarten im Februar und März. Außerdem ist mit ausreichendem Wasserstand zu rechnen bei Kanurennen. Die übrigen Strecken der Orne können meist ganzjährig befahren werden. In trockenen Sommern kann das Wasser jedoch knapp werden.

135,1 Straßen-Ⅱ D 958 am Ortsende von **Argentan**.
134,9 Wege-Ⅱ, mögliche ⬇, nur bei gutem Wasserstand. Die folgenden 9 km bis Ecouché sind allerdings recht verwachsen, die Fahrt wird dadurch mühsam. Bei HW können alle folgenden Wehre durch Rücklauf gefährlich werden. Die Strömung ist zunächst ruhig, später etwas lebhafter.
132,2 Straßen-Ⅱ A 88.
131,8 ■, evtl. ≋ oder re ⌓.
131,5 Wege-Ⅱ.
128,9 ■,zerstört, ≋.
128,5 EB-Ⅱ.
128,0 Wege-Ⅱ.
127,1 Wege-Ⅱ.
125,9 Straßen-Ⅱ D 29, **Échouché**, übliche ⬇, ab hier geringere Schwierigkeiten.
123,5 ■ Moulin de Serans, evtl. ≋ oder li ⌓.
118,2 Mühlen-■, **X**, re ⌓.
118,0 Straßen-Ⅱ, **Mesnil-Glaise**.
114,5 Mühlen-■, re evtl. ≋.
111,7 Mühlen-■, ≋.
111,0 Mühlen-■, **X**, li ⌓.
110,6 Straßen-Ⅱ D 771.
109,5 ■, zerstört, es folgen einige kleine, verfallene ■, evtl. ≋.
105,7 Straßen-Ⅱ D 781.
103,0 ■.
101,8 ■ Moulin de Crève-Cœur.
101,7 Wege-Ⅱ.
100,2 ■, Straßen-Ⅱ D 909, Wege-Ⅱ, **Putanges-Pont-Èceprin**, re ⬆. Die Fahrt wird zumeist hier beendet bzw. unterbrochen. Es folgt der Stausee von Rabodanges, er kann befahren werden, doch Vorsicht, lebhafter Verkehr mit Motorbooten.
99,8 ■. Beginn des Stausees.
95,3 Straßen-Ⅱ D 121 über den See, li **Sainte-Croix-sur-Orne**.

94,2 ■ Staudamm mit meist völliger Wasserableitung. Eine Weiterfahrt durch die folgenden Gorges von St. Aubert ist nur sehr selten möglich (s. „Befahrbarkeit"). Man kann dazu mit Pkw re zum Fuß der Staumauer fahren, allerdings sollte man nach Abladen die Pkw sofort wieder zurückbringen, da Privatgelände. In der Schlucht sehr interessantes Wildwasser mit erheblicher Verblockung, durchweg WW II und III mit Stellen bis WW IV.
91,0 Straßen-Ⅱ.
90,7 Rückführung des abgeleiteten Wassers.
89,6 re **Val Besnard**, ⬇ für die Weiterfahrt.
86,8 Straßen-Ⅱ D 21, bei guter Strömung Strauchhindernisse in sehr schöner Landschaft.
Es folgt ein kleiner Stausee.
80,2 ■ Staumauer von Saint Philbert, **X**, li ⏜.
79,7 ■ Moulin Dannet, evtl. ≋ oder ⏜.
78,1 ■ und ↯ von Pont de Vers, li ⏜ bis hinter Brücke.
78,0 Straßen-Ⅱ D 18A/D 329.
77,6 li ⇩ Rouvre (s. Seite 246). Es ist empfehlenswert, die Fahrt auf dem Rouvre zu beginnen und auf der Orne weiterzufahren.
76,8 Straßen-Ⅱ D 18/ D 43, **Le Mesnil-Villement**, gute ⬆ für eine Befahrung des Rouvre.
75,8 Straßen-Ⅱ und ■, für Geübte evtl. ≋, ⚠, Rücklauf bei HW. ↰ und nach re über Brücke ⏜.
74,2 zerstörte Straßen-Ⅱ.
73,5 ■, über Fischtreppe evtl. ≋, Straßen-Ⅱ D 511, **Pont-d'Ouilly**.
72,6 ■.
71,1 ■, **X**, und Straßen-Ⅱ.
69,6 ■.
68,2 ■.
67,6 ■.
66,5 ■ Moulin à Papier.
65,9 ■, zerstört.
65,0 ■.
64,4 ■.
64,2 Straßen-Ⅱ D 168.
62,5 ■.
62,4 EB-Ⅱ.
61,5 ■ Moulin du Vey, evtl. ≋. Davor re ⛺ Camping des Rochers des Parcs, La Cour, 14570 Le Vey, li 🍴, Kanuverleih. Im Sommer überlaufen.
61,3 Straßen-Ⅱ D 133A, li **Clécy**, ■.
60,3 ■.
59,5 ■.
59,4 Straßen-Ⅱ D 133C, li **Cantepie**.
57,7 ■.

57,1 Straßen-Ⅱ D 562.

56,3 ▬.

53,9 ▬.

53,7 Straßen-Ⅱ D 133.

53,2 EB-Ⅱ.

51,9 ▬, re **Caumont-sur-Orne**.

49,8 EB-Ⅱ.

48,2 ▬, re ⌂ Kayak Club de Thury Harcourt, 22 Impasse des Lavandières, 14220 Thury-Harcourt, ✆ +33 2 31 79 40 59, www.kcth.fr .

48,0 Straßen-Ⅱ D 6, **Thury-Harcourt**, li ⬆.

47,4 Straßen-Ⅱ D 212.

45,2 ▬.

45,0 Straßen-Ⅱ D 212.

42,8 ▬.

39,4 ▬, re ϟ.

39,2 Straßen-Ⅱ D 171.

36,9 ▬.

35,6 ▬, verfallen.

34,6 EB-Ⅱ.

33,4 EB-Ⅱ, ▬.

30,9 Straßen-Ⅱ D 41.

29,3 ▬.

28,1 EB-Ⅱ.

27,7 ▬, verfallen.

26,5 Wege-Ⅱ (ehemalige EB-Ⅱ).

26,4 ▬.

25,4 Straßen-Ⅱ D 89, re **Saint-André-sur-Orne**.

23,9 EB-Ⅱ.

21,8 Straßen-Ⅱ N 814.

19,3 EB-Ⅱ.

16,6 EB-Ⅱ, Straßen-Ⅱ.

16,3 Straßen-Ⅱ, **Caën**. Die Fahrt wird meist hier bei der 1. Ⅱ der Stadt beendet. Eine Weiterfahrt ist möglich, doch wenig interessant.

15,6 Straßen-Ⅱ.

15,4 Straßen-Ⅱ (Wasserspiele).

15,2 Straßen-Ⅱ.

14,9 Straßen-Ⅱ, li Arm in einen Hafen, re Arm mit ▬, Mitte Kanal, wahrscheinlich die richtige Weiterfahrt. Am Ende des Kanals Fahrt nach re.

13,1 Straßen-Ⅱ N 814/E 46, anschließend Hafengebiet.

10,6 Straßen-Ⅱ D 226.

5,5 Straßen-Ⅱ D 514 (Klapp-Brücke).

0,8 ⌗, die die Gezeiten absperrt. Ab hier Tideneinfluss. Links **Ouistreham**.

0,0 ⇩ in den Ärmelkanal.

Überarbeitung nach Kartenmaterial. Ergänzungen von Heiner Hoff, Krefeld.

Rouvre

Normandie

Wildfluss – Kleinfluss GKZ: Fr: I23-0400
Mündung in Orne (li Nebenfluss)

Der Rouvre fließt durch die landschaftlich sehr schöne „Schweiz der Normandie", in einer Schlucht mit Wäldern und Wiesen. Als Wildwasser ist er sehr interessant, mit erheblicher Verblockung und schweren Stromschnellen, WW III mit Stellen bis W IV, nur im Unterlauf abnehmend auf WW I.

Der Fluss ist so schön, dass die Pariser die 250 km lange Anfahrt in Kauf nehmen, nur um ihn zum Wochenende zu befahren.

Ursprung:	(48.609167, -0.3075) in ca. 263 m Höhe.
Mündung:	(48.846944, -0.383889) in ca. 48 m Höhe.
Länge:	46 km
Befahrbarkeit:	Winter bis März und nach stärkeren Regenfällen. Das Wasser steigt nach Regen schnell an, verläuft sich aber nur langsam.
Pegel:	Brücke von Taillebois, km 11,7. Es gibt eine Vereinbarung mit den Fischern, dass zur Zeit der Angelsaison nur eine Befahrung bei einem Pegel von mindestens 90 cm gestattet ist, außerhalb dieser Zeit kann auch bei Pegel 60 gefahren werden.
Wasser:	sehr sauber.
Zeltmöglichkeit:	⛟ Rouvrou, schöne Plätze am Fluss.

19,6 Straßen-Ⅱ D 254, **Les Torailles**, ⬇ bei gutem Wasserstand.
19,2 ▬ Moulin de la Manigoterie.
15,5 Straßen-Ⅱ.
14,1 Straßen-Ⅱ D 805, weitere ⬇.
11,7 Wege-Ⅱ D 15, ☰, Moulin de Taillebois, ▬. Es beginnt der schönste, aber auch schwerste Teil des Rouvre.
9,3 ▬, gefährlicher Rücklauf bei HW.
9,2 Straßen-Ⅱ D 224, re Bréel.
8,2 Es folgt ein stark verblockter Abschnitt mit einer schweren Stufe, bis WW IV.
3,7 Straßen-Ⅱ D 301, li Rouvrou am Hügel; es beginnt eine große Schleife des Flusses (Méandre de Rouvrou), die man schneller ⏏ als befahren könnte.
2,2 Straßen-Ⅱ, Ende der Schleife. Der Fluss wird ruhiger, jedoch noch weitere kleine Stromschnellen.
2,0 li ⛟.

0,2 Wege-II.
0,0 ⇩ in Orne bei km 77,6. Nach 1200 m II D 18, gute ⬆.

Überarbeitung nach Kartenmaterial.

Flüsse zum Kanal - Stromgebiet der Seine

Karten-Nr.	Gewässer	Wanderfluss	Maritimfluss	Kanal	Kleinfluss	WW I-II	WW III-IV	WW V-VI	Seite
5	Touques	o	o		o				250
2, 5	Seine	o	o	o	o				252
5	Risle	o	o						261
2, 5	Eure	o							264
2	Iton	o							264
2	Oise	o		o					265
2	Thérain	o							269
2, 3	Aisne	o		o					272
2	Vesle Canal du l'Aisne à la Marne			 o	o				275
2	Suippe				o				277
2	Retourne	o							279
2	Vaux			o					280
2, 3	Aire	o			o				281
2	Serre				o				282
2	Brune				o				284
2	Thon (Oise)				o				284
2, 3	Marne	o		o	o				285
2	Grand Morin	o			o				293
2	Aubetin				o				296
2	Ourcq, Ourcq-Kanal	o		o					297
2	Petit Morin	o			o				297
3	Canal Latéral Marne			o					299
3	Canal de la Marne au Rhin			o					300

Karten-Nr.	Gewässer	Wanderfluss	Maritimfluss	Kanal	Kleinfluss	WW I-II	WW III-IV	WW V-VI	Seite
3	Canal de la Marne à la Saône			o					301
3	Saulx				o				301
3	Ornain	o			o				302
3	Blaise	o			o				305
3	Rognon	o							306
2	Yerres				o				306
2	Orge (Seine)	o							309
2	Essonne	o							309
2	Juine				o				312
2	Loing	o			o				312
6	Yonne	o			o	o	o		315
6	Canal de Bourgogne			o					320
6	Armançon	o			o				321
6	Brenne (Armançon)				o				324
6	Serein	o			o				325
6	Cure	o				o	o		329
6	Cousin					o	o		331
6	Chalaux					o	o		333
2	Aube	o			o				334
2	Ource				o				337
2	Somme	o		o					338
2	Avre (Somme)				o				338
2	Canche	o	o						339
2	Lys - Leie			o					340
2	Scarpe			o					341

Touques

Normandie

Kleinfluss - Wanderfluss – Maritimfluss GKZ: Fr: I0--0200
Mündung in Kanal bei Trouville

Der Touques ist ein recht interessanter Fluss, dass sich mit klarem Wasser und flotter Strömung zwischen Wiesen über kleine Kalkstufen und einige ■ hindurch mäandert. Einige Wehre sind evtl. befahrbar oder weiträumig zu umtragen. Baum- und Strauchhindernisse sind möglich. Trotzdem ist die Befahrung lohnend.

Da die Tourques ein beliebter Angelfluss ist, sollte man von einer Befahrung unterhalb Lisieux währen der Angelsaison absehen.

Ursprung:	(48.721667, 0.322222) in ca. 280 m Höhe.
Mündung:	(49.369444, 0.073056) in ca. 0 m Höhe.
Länge:	108 km
Befahrbarkeit:	im Prinzip ganzjährig; wegen der Schwierigkeiten mit den Anglern sollte man unterhalb von Lisieux von einer Befahrung während der Angelsaison absehen und auch in der übrigen Zeit sollte man nur in kleinen Gruppen und unter entsprechender Rücksichtnahme fahren.

97,2 Straßen-II D 13, **Gacé**, mögliche ↓ für die Befahrung des Oberlaufs. Die Befahrung kann auch an weiteren im Text beschriebenen Brücke begonnen oder beendet werden.
96,5 Straßen-II D 979.
94,6 Straßen-II D 721.
92,0 Straßen-II D 33.
88,0 Wege-II.
86,1 Straßen-II D 33.
83,6 Straßen-II D 242, Moulin de Fourneau.
80,6 Straßen-II D 12, li **Ticheville**. Danach wenig empfehlenswert, sehr eng, kurvenreich, Baum- und Strauchhindernisse.
77,9 ■.
77,2 Straßen-II D 248, li **Pontchardon**.
74,6 Straßen-II, re **Canapville**.
73,3 Straßen-II D 16.
73,0 ■.
70,8 ■.
70,7 Straßen-II D 110, **Les Mouliers-Hubert**.
68,5 Straßen-II D 4, re **Notre-Dame-de-Courson**.
68,3 Mühlen-■.
68,1 Wege-II.

67,0 ■, ➔ Mühlenkanal.

66,8 Straßen-Ⅱ D 161B.

65,2 Straßen-Ⅱ D 135A.

62,3 Straßen-Ⅱ.

61,2 Straßen-Ⅱ.

61,4 Straßen-Ⅱ, **Fervaques**, Schloss.

61,1 Straßen-Ⅱ D 47.

59,2 Straßen-Ⅱ.

55,7 ■, Straßen-Ⅱ D 149 bei **La Forge**, günstige ⬍.

50,9 Wege-Ⅱ.

50,5 Straßen-Ⅱ.

50,1 Straßen-Ⅱ D 579, **Saint-Martin-de-la-Lieue**.

48,9 Straßen-Ⅱ, li **Saint-Hyppolite**.

48,5 Wege-Ⅱ.

48,2 Wege-Ⅱ.

47,9 Wege-Ⅱ.

47,6 Straßen-Ⅱ D 613.

47,1 Straßen-Ⅱ, Beginn **Lisieux**. Es folgen mehrere Brücken, 5 ■. Die Durchfahrt durch Lisieux ist, wenn auch mühsam, möglich, bei HW ist jedoch davon dringend abzuraten, da die Wehre dann unbefahrbar werden und ein Umtragen sehr mühsam ist.

46,1 ■, danach EB-Ⅱ.

46,0 ■.

45,9 Straßen-Ⅱ.

45,7 Straßen-Ⅱ, Zentrum von **Lisieux**.

45,6 Straßen-Ⅱ.

45,5 ■, Flussteilung, welcher Arm der Bessere für eine Befahrung ist, muss erkundet werden. Die Beschreibung folgt dem re Arm.

45,3 Straßen-Ⅱ.

45,1 Straßen-Ⅱ, danach Zusammenfluss der beiden Arme.

44,7 Straßen-Ⅱ, danach ■.

44,6 Werk-Ⅱ.

44,2 Straßen-Ⅱ.

44,0 Straßen-Ⅱ D 48.

43,3 ■.

43,0 Wege-Ⅱ.

42,4 Straßen-Ⅱ D 46, Ende der Stadtdurchfahrt von **Lisieux**.

41,0 Straßen-Ⅱ D 159, re Quilly-le-Vicomte.

35,0 ■.

32,6 Straßen-Ⅱ D 264, danach re ■, geradeaus Kanal zum ϟ, re **Le Breuil-en-Auge**. Auf der Reststrecke finden sich besonders viele Angler.

32,2 Straßen-Ⅱ, li zum Chateau du Breauil.

28,6 Straßen-Ⅱ.

25,0 li ⛺ La Vallée.

23,8 ■.
23,1 Straßen-Ⅱ A 13/E 46.
21,7 Flussteilung, **Pont l´Evêque**.
21,5 Straßen-Ⅱ D 675, Straßen-Ⅱ.
21,3 Zusammenfluss beider Arme.
18,1 Wege-Ⅱ.
15,6 Straßen-Ⅱ D 58.
11,4 re **Canapville** (1 km abwärts), bis hier macht sich zunehmend der Einfluss der Gezeiten bemerkbar, Weiterfahrt nur bei ablaufendem Wasser.
5,7 Straßen-Ⅱ D 27, li 🚐 Camping la Vallée de Deauville, Avenue de la Vallée, 14800 Saint Arnoult Deauville.
4,6 Straßen-Ⅱ D 27A.
4,5 EB-Ⅱ.
4,3 Straßen-Ⅱ D 27B.
4,1 Straßen-Ⅱ, **Touques**.
4,0 Wege-Ⅱ und Ⅱ zwischen 2 Hotelgebäuden.
2,9 Straßen-Ⅱ.
2,6 Straßen-Ⅱ D 677.
1,5 Straßen-Ⅱ, re**Trouville-sur-Mer**, li **Deauville**, beides Seebäder.
0,0 ⇩ in Ärmelkanal, li Hafen Port Deauville.

Überarbeitung nach Kartenmaterial.

Seine

Kleinfluss - Wanderfluss - Kanal – Maritimfluss GKZ: Fr: ----0010
Mündung in Nordsee bei Le Havre

Die Seine ist mit einer Gesamtlänge von etwa 777 km der zweitlängste Fluss Frankreichs. Sie ist im Oberlauf ein landschaftlich reizvoller Kleinfluss mit zahlreichen Wehren; sie mausert sich dann zum viel befahrenen Wanderfluss. Ab Méry ist die Seine kanalisiert, mit zahlreichen Schleusen, doch ist der Schiffsverkehr oberhalb von Marcilly gering, so dass eine Befahrung in diesem Bereich lohnend erscheint. Sehr eindrucksvoll ist die - mögliche - Fahrt durch Paris; sie führt vorbei an zahlreichen Gebäuden und unter Brücken, die in der Geschichte Frankreichs eine große Rolle gespielt haben. Bei einer Weiterfahrt unterhalb Paris ist zu beachten, das hier in zunehmendem Maße sehr reger Schiffsverkehr stattfindet, mit großen Schubverbänden und schnell fahrenden Frachtschiffen. Unterhalb von Rouen macht sich der Gezeiteneinfluss zunehmend bemerkbar, von einer Befahrung dieser Maritimstrecke ist wegen des Schiffsverkehrs abzuraten, bzw. sind Kenntnisse des Seepadddelns erforderlich. An den Ufermauern bilden sich vielfach hohe und gefährliche Kreuzwellen, hervorgerufen durch die Seeschiffe. Im Mündungstrichter der Seine gelten all die Vorsichtsmaßnahmen, die für Fahrten auf der Nordsee von Bedeutung sind.

Ursprung: (47.486389, 4.716667) in ca. 470 m Höhe.

Mündung:	(49.426667, 0.102222) in ca. 0 m Höhe.
Länge:	777 km
Befahrbarkeit:	ab km 734,5 nur bei sehr gutem Wasserstand, ab km 688,9 im Frühjahr, ab km 635,8 ganzjährig.
Kilometrierung:	Es soll eine amtliche Kilometrierung geben, jedoch ist sie nicht in Form von Kilometertafeln am Ufer dargestellt. Deshalb liegen auch dieser Beschreibung nur Kartenkilometer zu Grunde.

734,5 II D 29 und ■, **Aisey-sur-Seine**, mögliche ↓ bei sehr gutem Wasserstand, allerdings ist bis Plaines (km 688,9) mit zahlreichen Wehren zu rechnen, die zum großen Teil nicht befahrbar sind.
733,0 Straßen-II.
732,5 Straßen-II D 29C, re **Nod-sur-Seine**.
730,4 ■.
728,4 ■.
728,2 Straßen-II.
727,0 Straßen-II D 21D, **Chamesson**.
726,7 ■.
725,5 ■.
724,7 Straßen-II D 29A.
723,7 ■, Straßen-II.
722,0 ■.
721,1 Straßen-II, re **Buncey**.
717,8 ■.
716,5 ■.
716,3 Straßen-II D 980.
714,8 li Überlauf über ■, es muss geklärt werden, welcher Arm befahren wird. Es folgen Straßen-II D 928 und weitere Straßen-II, **Châtillon**, die Fahrt kann auch hier begonnen werden.
713,0 Straßen-II D 971, letzte Brücke in Châtillon, danach ■.
712,3 ■ und Straßen-II.
710,3 Straßen-II.
709,9 ■.
709,7 Straßen-II, **Sainte-Colombe-sur-Seine**.
709,2 Straßen-II D 118C.
708,9 EB-II.
706,9 Wege-II.
706,4 ■.
705,7 Straßen-II D 118B, **Étrochey**.
704,9 EB-II.
702,9 Straßen-II D 118C, **Vix**.
700,8 ■.
699,6 Straßen-II D 16, li **Pothières**.

697,0 ▬.
696,8 Straßen-Ⅱ Straßen-ⅡD 118D, re **Charrey-sur-Seine**.
694,7 li ▬, re Mühlenkanal.
694,5 Straßen-Ⅱ D 118, li **Gomméville**.
692,8 Stufen-▬.
692,7 Straßen-Ⅱ, li **Mussy-sur-Seine**.
692,0 Straßen-Ⅱ, Ortsende Mussy.
691,8 ▬.
691,1 Wege-Ⅱ.
689,8 ▬.
688,9 Straßen-Ⅱ D 181, **Plaines-St. Langes**, übliche ⬇ für die Befahrung des Oberlaufs der Seine. Sie fließt hier mit klarem Wasser und guter Strömung in einer reizvollen, hügeligen Landschaft.
686,7 Wege-Ⅱ.
685,2 Wege-Ⅱ.
683,1 Straßen-Ⅱ D 671.
683,0 ▬, evtl. ≋, treideln oder li ⌓.
682,4 Straßen-Ⅱ, re **Courteron**.
681,8 ▬ von Gyé-sur-Seine, evtl. li ≋ oder li ⌓. Kurz danach 2 kleine Stufen.
680,9 Straßen-Ⅱ, **Gyé-sur-Seine**.
678,7 Straßen-Ⅱ D 26, **Neuville-sur-Seine**, ▬, wenn offen ≋, sonst li den Arm zur Mühle nehmen. Das Mühlen-▬ ist evtl. ≋ oder re ⌓.
676,4 re ▬, li Mühlenkanal.
675,8 Straßen-Ⅱ D 36, re **Buxeuil**.
674,7 Straßen-Ⅱ D 671.
674,6 EB-Ⅱ.
674,5 Mühlen-▬, nach Besichtigung evtl. ≋.
674,3 Straßen-Ⅱ D 452, li **Polisy**.
672,8 Straßen-Ⅱ D 189, **Polisot**, die Fahrt wird vielfach hier beendet.
672,7 ▬ von Polisot.
669,4 Straßen-Ⅱ 671, re ⇩ Ource (s. Seite 337).
667,1 Wege-Ⅱ.
666,6 Wege-Ⅱ.
666,4 re ▬, danach wenig Wasser, li Mühlenkanal, Straßen-Ⅱ D 443, **Bar-sur-Seine**.
663,8 Straßen-Ⅱ D 93, **Bourguignons**.
663,7 ▬.
660,8 ← der Seine, geradeaus Kanal (nicht fertiggestellt).
658,4 Wege-Ⅱ.
657,8 ▬, li Mühlenkanal.
657,4 Straßen-Ⅱ, re **Courtenot**.
654,5 Straßen-Ⅱ, **Fouchères**.
654,4 EB-Ⅱ.
654,2 li ▬, re Mühlenkanal.

651,7 Straßen-Ⅱ D 49C, li ▬, re Mühlenkanal, **Chappes**.
647,9 ▬.
647,7 Straßen-Ⅱ D 28, **Les Bas de Courbeton**.
645,5 ▬, re Mühlenkanal.
643,6 ▬, li Mühlenkanal.
643,2 Straßen-Ⅱ.
642,7 Straßen-Ⅱ D 1, **Clérey**.
637,6 Straßen-Ⅱ A 5.
636,5 ▬, re Mühlenkanal.
635,8 Straßen-Ⅱ D 123, **Verrières**, die Fahrt wird vielfach hier unterbrochen, da die Durchfahrt durch die Stadt Troyes kaum möglich ist. Es befinden sich im Zentrum mehrere Wehre, die kaum zu umtragen sind. Bei sehr gutem Wasserstand ist eine Weiterfahrt möglich (s. km 627,6).
635,6 ehemalige EB-Ⅱ.
631,9 Straßen-Ⅱ.
631,7 ▬.
629,3 Straßen-Ⅱ D 610.
628,9 Reste einer Ⅱ.
627,8 EB-Ⅱ.
627,6 li Seine, re ⇩ eines Kanals, Mitte Abzweig eines Armes (Nord-Ost-Arm) über ▬, genannt „Bâtarde“. Er bildet eine Ost-Umfahrung des Stadtzentrums von Troyes, ≈ allerdings nur bei sehr gutem Wasserstand, im Sommer meist trocken.
In **Troyes** Verzweigung in mehrere Arme, viele Brücken und schwierig zu umtragende Wehre. Eine Durchfahrt, aber auch eine Beschreibung aus Kartenmaterial ist nicht möglich.
619,4 ⇩ des Ost-Armes in den Hauptarm der Seine, weiterhin schöne Fahrt. Geradeaus über ▬ kanalisierter Arm, re Weiterfahrt auf der Seine.
618,6 Straßen-Ⅱ D 610.
617,6 Straßen-Ⅱ D 78A.
615,3 Kanal-Ⅱ (außer Betrieb).
614,5 ▬, re Mühlenkanal.
614,3 Straßen-Ⅱ D 91, li **Chansac**.
610,8 Straßen-Ⅱ.
608,3 Straßen-Ⅱ D 15, **Saint-Lyé**.
604,1 ▬ Payns.
604,0 Straßen-Ⅱ, li **Payns**.
603,2 Straßen-Ⅱ D 165.
599,6 Straßen-Ⅱ D 159.
597,6 Straßen-Ⅱ, li **Épincey**.
594,5 ← eines Seine-Armes, der direkt durch Saint-Mesmin fließt, dort ein ▬.
591,6 Straßen-Ⅱ D 31, li **Saint-Mesmin**.
590,7 li ⇩ des bei km 594,5 abzweigenden Armes, davor li 🚐.
589,3 Straßen-Ⅱ, li **Courlanges**.

586,5 Straßen-II D 14, li **Vallant-Saint-Georges**.
579,7 Straßen-II D 373, re **Mery-sur-Seine**.
579,2 re ⛺.
573,5 Straßen-II D 178.
572,4 ➔ eines Armes, der bei km 555,8 wieder einmündet. Die Beschreibung folgt dem li Arm.
565,4 Straßen-II D 116.
562,1 ▬, li Kanal in Richtung Romilly-sur-Seine.
560,7 Straßen-II D 440.
555,8 re ⇩ des bei km 572,4 abzweigenden Armes.
553,3 Straßen-II, danach re ⇩ Aube (s. Seite 334), Fortsetzung im kanalisierten Teil der Seine (Canal de Haute Seine), Fahrt nach links.
552,9 Straßen-II D 50, **Marcilly-sur-Seine**, die Fahrt wird vielfach hier beendet. Ab hier ist die Seine voll für die Berufsschiffahrt ausgebaut, bis Paris 19 ⚓. Eine Weiterfahrt ist möglich, jedoch nur bedingt lohnend. Da der Kanal an mehreren Stellen die zahlreichen Windungen der Seine abschneidet, sollte stets versucht werden, das alte Flussbett der Seine zu befahren, die ▬ sind allerdings zumeist **X** und müssen ⌓ werden. Eine Benutzung der Schleusen ist kostenfrei möglich.
550,6 li Kanal-Strecke, re Seine.
550,3 ▬.
549,2 Straßen-II D 48, **Conflans-sur-Seine**.
537,1 Straßen-II D 52, li **Pont-sur-Seine**.
531,8 Straßen-II D 58, li **Marnay-sur-Seine**.
526,3 Wege-II, li ⇩ der Kanalstrecke, danach EB-II.
524,6 li ⛺.
524,1 re ⚓.
523,6 re ▬, **X**, li Mühlenkanal.
523,2 Straßen-II D 919, li **Nogent-sur-Seine**, ab hier deutliche Zunahme des Schiffsverkehrs.
521,1 Straßen-II D 619.
520,8 re Kanal-Strecke, li Seine.
518,3 ▬.
510,5 Straßen-II D 168.
505,8 Straßen-II D 49A1.
504,3 re ⇩ der Kanalstrecke.
502,3 Straßen-II D 49, **Le Port Montain**.
500,3 re ▬, li ⚓.
494,1 li ▬, re ⚓.
491,3 Straßen-II D 412, li **Bray-sur-Seine**.
490,9 li alte Kanal-Strecke, re Seine.
486,6 re ▬, li ⚓.
482,9 Straßen-II D 77.
478,9 li ⇩ der alten Kanalstrecke (siehe km 490,9).

478,1 Straßen-Ⅱ D 75, li **La Tombe**.

475,4 re ▬, li zur Schleuse.

473,8 Straßen-Ⅱ D 29, , li ✡, re ⇩ Wehr-Kanal, li **Marolles-sur-Seine**.

471,1 EB-Ⅱ.

469,7 Straßen-Ⅱ A 5/E 54, EB-Ⅱ.

468,6 Straßen-Ⅱ D 1403 **Monterau-Fault-Yvonne**.

467,8 li ⇩ Yonne (s. Seite 315).

465,3 EB-Ⅱ.

464,2 li ▬, re ✡.

454,6 Straßen-Ⅱ D 40E2, li **Saint-Mammés**.

454,2 li ⇩ Loing (s. Seite 312).

453,0 Wege-Ⅱ.

452,0 li ▬, re ✡.

451,3 Straßen-Ⅱ D 301, li **Thomerie**, re **Champagne-sur-Seine**.

445,2 Straßen-Ⅱ D 210, re **Samoreau**.

437,7 Straßen-Ⅱ D 116, re **Massoury**.

434,3 re ▬, li ✡.

433,4 Straßen-Ⅱ D 115, li **La Cavè**, re **Chartrettes**.

428,2 EB-Ⅱ.

426,5 Beginn einer Insel.

428,0 Straßen-Ⅱ D 415A.

427,9 Straßen-Ⅱ D 415, **Melun**.

425,5 Straßen-Ⅱ D 606.

424,3 EB-Ⅱ.

419,5 re ▬, li ✡.

416,0 Straßen-Ⅱ D 50, li **Ponthierry**.

405,8 ▬ und ✡.

400,9 Straßen-Ⅱ, li **Corbeil-Esso**nes, re **Saint-Germaines-lès-Corleibes**.

400,7 li ⇩ Essonne (s. Seite 309).

399,3 Straßen-Ⅱ N 104/E 15.

397,7 Straßen-Ⅱ D 93, li **Évry**.

396,6 re ▬, li Doppel-✡.

393,5 Straßen-Ⅱ D 31, li **Ris-Orangis**.

389,4 Straßen-Ⅱ D 931, li **Juvysi-sur-orge**, re **Draveil**.

387,4 EB-Ⅱ.

385,4 ▬, li und re ✡.

383,3 re ⇩ Yerres (s. Seite 306).

383,1 Straßen-Ⅱ D 136, li **Villeneuve-le-Roi**, re **Villeneuve-Saint-Georges**.

379,8 EB-Ⅱ.

378,0 Straßen-Ⅱ D 86, li **Choisy-le-Roi**.

376,9 Straßen-Ⅱ A 86.

376,3 Wege-Ⅱ.

374,2 ▬, li und re ✡.

372,1 Straßen-Ⅱ D 19, li **Ivry-sur-Seine**.

371,8 re ⇩ Marne (s. Seite 285).
371,6 Wege-Ⅱ.
371,0 2 Straßen-Ⅱ.
370,0 Straßen-Ⅱ E 15/E 40. Stadtgrenze von Paris. Die Fahrt durch Paris ist sehr lohnend und interessant. Die Seine teilt sich in Paris in mehrere Arme, die alle ♒ sind. Eine genaue Beschreibung der verschiedenen Möglichkeiten ist im Rahmen dieses Führers nicht möglich. Weiterhin empfiehlt es sich, da die Seine in der Regel wenig Strömung hat flussaufwärts zu paddeln und dann zur Einsatzstelle zurück zu kehren. Günstig ist es im Hafenbereich an der Pont de Grenelle (km 359,6) zu parken und die Boote über die Brücke zur Insel in der Flussmitte zu tragen. Hier ⬇ über steile Treppe. Fahrt aufwärts bis zur Pont d'Austerlitz (km 367,3) vorbei an den Hauptsehenswürdigkeiten und zurück. Gesamtstrecke 15 km.
369,8 Straßen-Ⅱ Pont National.
369,1 Straßen-Ⅱ Pont de Tolbiac.
368,7 Fußgänger-Ⅱ Passerelle Simone de Beauvoir.
368,3 Straßen-Ⅱ Pont de Bercy.
367,7 Straßen-Ⅱ Pont Charles de Gaulle.
367,5 EB-Ⅱ.
367,3 Straßen-Ⅱ Pont d'Austerlitz.
366,6 Insel, Straßen-Ⅱ Pont de Sully.
366,2 li Arm Straßen-Ⅱ Pont de la Tournelle, re Arm Straßen-Ⅱ Pont Marie.
365,9 re Arm Straßen-Ⅱ Pont Louis-Philippe, Ende der Insel, Beginn der Insel Ile de la Cité, re Arm Straßen-Ⅱ Pont de l'Archevêché.
365,6 li Arm Straßen-Ⅱ Pont au Double, re Arm Straßen-Ⅱ Pont d'Arcole.
365,4 li Arm Straßen-Ⅱ Petit Pont, re Arm Straßen-Ⅱ Pont Notre-Dame.
365,3 li Arm Straßen-Ⅱ Pont Saint-Michel, re Arm Straßen-Ⅱ Pont au Change.
364,9 li und re Arm Straßen-Ⅱ Pont Neuf, danach Ende der Insel.
364,6 Fußgänger-Ⅱ Pont des Arts.
364,2 Straßen-Ⅱ Pont du Carrousel.
364,0 Straßen-Ⅱ Pont Royal.
363,6 Fußgänger-Ⅱ Passerelle Léopold-Sédar-Senghor.
363,1 Straßen-Ⅱ Pont de la Concorde.
362,7 Straßen-Ⅱ Pont Alexandre III.
362,5 Straßen-Ⅱ Pont des Invalides.
361,8 Straßen-Ⅱ Pont de l'Alma.
361,5 Fußgänger-Ⅱ Passerelle Debilly.
361,0 Straßen-Ⅱ Pont d'Iéna, li Eiffel-Turm.
360,4 Straßen-Ⅱ Pont de Bir-Hakeim, Flussteilung bis 359,6.
359,9 EB-Ⅱ.
359,6 Straßen-Ⅱ Pont de Grenelle, Ende der Fussteilung.
359,1 Straßen-Ⅱ Pont Mirabeau.
358,1 Straßen-Ⅱ Pont du Garigliano.

357,5 Straßen-Ⅱ E 5.
357,4 Stadtgrenze von Paris.
356,9 –355,3 Insel, Straßen-Ⅱ D 50, li **Isly-les-Moulineau**, re **Boulogne-Billancourt**, weitere Zunahme des Schiffsverkehrs.
355,9 Straßen-Ⅱ D 101.
355,3 –354,2 Insel.
355,0 Straßen-Ⅱ
354,6 über re Arm Straßen-Ⅱ.
354,1 Straßen-Ⅱ D 910.
352,6 Straßen-Ⅱ D 907.
351,8 Straßen-Ⅱ D 1, li **Saint-Cloud**.
351,3 Fußgänger-Ⅱ.
349,6 Straßen-Ⅱ N 185, li **Suresnes**.
349,1 re Wehr, li Doppel-Schleuse, Insel bis 346,4.
348,0 Straßen-Ⅱ D 104.
346,8 Straßen-Ⅱ N 13, li **Puteaux**, re **Neuilly-sur-Seine**.
346,4 –344,3 Insel.
345,5 Straßen-Ⅱ D 908.
344,4 Straßen-Ⅱ D 9B.
343,6 EB-Ⅱ, Straßen-Ⅱ D909.
342,5 Straßen-Ⅱ D 911, li **Asnières-sur-Seine**, re **Clichy**.
341,6 Straßen-Ⅱ D 17.
341,1 EB-Ⅱ.
340,8 –333,6 Insel Ile-Saint-Denis.
340,1 Straßen-Ⅱ D 20.
339,1 Straßen-Ⅱ A 86.
338,0 Straßen-Ⅱ N 186, li **Villeneuve-la-Garenne**, re **Saint-Denis**.
334,6 Straßen-Ⅱ N 310/D 911.
334,2 EB-Ⅱ.
332,6 Straßen-Ⅱ A 15.
331,0 EB-Ⅱ.
330,5 Straßen-Ⅱ D 909.
329,2 Straßen-Ⅱ D 15/D 105, li **Gennevilliers**, re **Argentieu**l.
327,1 Straßen-Ⅱ D 392/D 992, li **La Garenne-Colombes**, re **Bezons**.
326,1 –315,5 Insel Île Saint-Martin.
325,5 EB-Ⅱ.
324,9 EB-Ⅱ.
324,6 Straßen-Ⅱ A 14.
322,0 im re Arm re Wehr, li ✡✡.
321,3 Straßen-Ⅱ D 186, li **Rueil-Malmaison**, re **Les Vésinet**.
318,4 Straßen-Ⅱ D 321, li **Bougival**.
317,8 im li Arm li Wehr, re Doppel-Schleuse Bougival zum re Arm.
315,5 Ende der Insel.
314,3 Straßen-Ⅱ D 186, li **Le Pecq**, re **Vésinet**.

313,6 Insel, EB-Ⅱ.
311,9 Straßen-Ⅱ A 14.
308,8 li ⛺ auf einer Insel.
308,4 EB-Ⅱ.
307,7 Straßen-Ⅱ D 308, li **Maisons-Laffitte**, re **Houilles**.
301,8 Personen-Fähre.
301,3 –299,4 Insel.
296,1 Straßen-Ⅱ D 48, Straßen-Ⅱ N 184.
295,6 EB-Ⅱ.
295,3 re ⇩ Oise.
294,9 Insel, li Arm zur Schifffahrts-Schleuse.
294,1 im li Arm re Wehr, li Doppel-Schleuse.
292,0 Verbindung vom re zum li Arm über ■, X.
291,8 im re Arm ⧓, wahrscheinlich außer Betrieb. Anschließend Ende der Insel.
289,1 Straßen-Ⅱ D 190 Pont de Poissy.
285,0 –282,8 Insel.
282,7 Straßen-Ⅱ D 1.
281,5 Straßen-Ⅱ D 2.
274,3 –268,0 Insel.
273,3 Straßen-Ⅱ Pont Rhin et Danube.
265,3 Straßen-Ⅱ D 130.
259,8 –254,9 Insel Île de Limay.
258,7 EB-Ⅱ.
258,4 Straßen-Ⅱ D 983.
257,5 Straßen-Ⅱ D 983A.
246,4 re Wehr, li Doppel-Schleuse.
226,9 Insel, Straßen-Ⅱ D 201, li **Bonnières-sur-Seine**, re **Bennecourt**.
217,1 Straßen-Ⅱ D 181, li **Vernon**.
206,0 re Wehr, li Doppel-⧓.
203,2 Straßen-Ⅱ D316, li **La Chartreuse**, re **Courcelles-sur-Seine**.
193,9 Straßen-Ⅱ D 135, re **Les Andelys**.
176,6 Straßen-Ⅱ D 313, mehrere Inseln, li **Andé**, re **Saint-Pierre-du-Vauvray**.
166,3 mehrere Inseln, zur Schleuse re halten.
164,9 li Arm Wehr, re Arm Doppel-⧓. Bis zur Mündung keine Schleusen und Wehre, daher zunehmend Einfluss der Gezeiten, die bei einer Weiterfahrt unbedingt berücksichtigt werden müssen.
164,0 re ⇩ Andelle.
162,1 EB-Ⅱ, davor re **Le Manoir**.
159,2 Straßen-Ⅱ D 6015, li **Pont-de-l'Arche**.
158,8 li Überlauf-■ von der Eure (s. Seite 264).
155,8 Straßen-Ⅱ A 13/E 5.
150,1 li ⇩ Eure (s. Seite 264).
148,0 Straßen-Ⅱ D 144, li **Elbeuf**, re **Saint-Aubin-lès-Elbeuf**.
147,6 Straßen-Ⅱ D 7.

145,3 EB-Ⅱ.
140,0 –138,5 Insel.
138,7 Straßen-Ⅱ A 13/E 5.
137,0 es folgen mehrere Inseln, Straßen-Ⅱ D 13, EB-Ⅱ, li **Oissel**.
126,2 Beginn Insel, EB-Ⅱ.
125,5 Straßen-Ⅱ N 28/E 402.
124,8 Straßen-Ⅱ D 840.
124,4 Straßen-Ⅱ Pont Bouieldieu.
124,2 Straßen-Ⅱ Pont Jeanne d'Arc, **Rouen**, Stadtmitte.
123,6 Straßen-Ⅱ N 138.
122,3 Straßen-Ⅱ N 1338. Ab hier ist die Seine Seeschiffahrtsstraße, großer Hafen. Unterhalb von Rouen macht sich der Gezeiteneinfluss zunehmend bemerkbar, von einer Befahrung dieser Maritimstrecke ist wegen des Schiffsverkehrs abzuraten. An den Ufermauern bilden sich vielfach hohe und gefährliche Kreuzwellen, hervorgerufen durch die Seeschiffe. Es werden nur noch einige Punkte zur Orientierung beschrieben.
118,2 Fähre.
114,1 Fähre.
106,5 Fähre, **La Bouille**.
87,6 Fähre, re **Duclair**.
79,7 Fähre, re **Le-Mesnils-sous-Jumièges**.
70,6 Fähre.
67,1 Fähre, re **Yainville**.
57,4 Straßen-Ⅱ D 490.
33,1 Fähre, re **Notre-Dame-de-Gravenchon**.
27,2 Straßen-Ⅱ N 182/E 5.
19,5 li ⇩ Risle (s. Seite 261).
12,4 Straßen-Ⅱ A 29/E 44.
9,3 li **Honfleur**.
0,0 ⇩ in den Ärmelkanal bei re **Le Havre**.

Überarbeitung nach Kartenmaterial.

Risle

Wanderfluss – Maritimfluss GKZ: Fr: H6--0200
Mündung in den Mündungstrichter der Seine bei Honfleur (li Nebenfluss)

Die Risle verläuft durch eine reizvolle, ruhige Landschaft. Sie hat zahlreiche Wehre welche teilweise befahrbar sind, teilweise (auch über Privatgrundstücke) umtragen werden müssen. Bis Beaumont-le-Roger verläuft die Risle als windungsreicher Kleinfluss mit vereinzelten Baum- und Strauchhindernissen durch ein einsames und unberührtes Tal. Aufgrund einer plötzlichen Versickerung des Flusses im Jahr 2012 verläuft der Fluss jetzt auf diesem Abschnitt rund 10 km unterirdisch. Deshalb erfolgt die Beschreibung nur ab Beaumont-le-Roger.

Ab Beaumont-le-Roger deutliche Zunahme des Wasserstandes. Ab der Mündung der Charentonne, deutliche Wasserzunahme.

Ab Brionne stehen am Ufer des Flusses zahlreiche gelbe Tafeln mit deutlich erkennbaren Symbolen (Ausbooten, Einbooten, Umtragen usw.). Wenn man sich an diese Tafeln hält, lassen sich die Schwierigkeiten mit den Anwohnern weitgehend vermeiden.

Ursprung:	(48.67, 0.360556) in ca. 275 m Höhe.
Mündung:	(49.438611, 0.371389) in ca. 5 m Höhe.
Länge:	145 km
Befahrbarkeit:	ab Beaumont-le-Roger ganzjährig; man sollte jedoch auf alle Fälle vermeiden, die Befahrung an den Tagen des Beginns oder des Endes der Angelsaison durchzuführen.
Schwierigkeiten:	flotte Strömung, am Oberlauf Baum- und Strauchhindernisse. Beim HW können einzelne Wehre einen gefährlichen Rücklauf haben. In Pont-Audamer zahlreiche Wehre, danach Gezeitenfluss.

62,1 Straßen-Ⅱ D 123, **Beaumont-le-Roger**, ab hier ist die Risle ganzjährig ≋.
61,9 Straßen-Ⅱ D 23.
60,9 Straßen-Ⅱ, **Beaumontel**.
60,7 ▬.
59,8 li ▬, re Mühlenkanal.
59,5 Straßen-Ⅱ.
58,6 Wege-Ⅱ.
58,0 li ▬.
57,8 Wege-Ⅱ.
57,6 ▬.
56,5 Straßen-Ⅱ D 24.
56,1 Wege-Ⅱ.
56,0 ▬.
55,4 li ▬.
55,1 Straßen-Ⅱ D 46, **Nassandres**.
54,8 li ⇩ Charentonne.
52,7 ▬, re Mühlenkanal.
52,4 Straßen-Ⅱ D 23E.
51,6 Straßen-Ⅱ D 613.
51,5 li ▬, re Mühlenkanal.
50,9 Wege-Ⅱ.
50,5 re ▬, li Mühlenkanal.
49,6 Straßen-Ⅱ A 28.
49,2 Straßen-Ⅱ.

48,6 ▬.
48,0 ▬.
46,3 li ▬, re Mühlenkanal.
46,0 Straßen-Ⅱ.
45,5 Straßen-Ⅱ, **La Quéronnière**.
45,4 li ▬, re Mühlenkanal.
45,1 Werk-Ⅱ.
45,0 Straßen-Ⅱ D 438.
44,4 ▬.
44,3 Wege-Ⅱ.
42,7 Straßen-Ⅱ, re **Les Essarts**.
42,2 ▬.
39,4 li ▬, re Werkkanal.
39,0 Straßen-Ⅱ D 137, re **Pont-Authou**.
38,9 li zum Wehr, re Mühlenkanal.
38,7 ▬.
38,5 EB-Ⅱ.
37,3 Straßen-Ⅱ, ▬, danach Flussteilung, unklare Situation, im rechten Arm mehrere Wehre.
34,2 li zum Wehr, re Mühlenkanal.
33,9 ▬, **X**, danach Straßen-Ⅱ.
31,7 EB-Ⅱ.
31,4 li ▬, re Mühlenkanal.
31,3 Straßen-Ⅱ, re **Monfort-sur-Risle**.
31,2 ▬.
30,0 ▬.
29,8 Wege-Ⅱ.
28,7 Straßen-Ⅱ.
26,8 Wege-Ⅱ.
24,1 Straßen-Ⅱ.
23,6 ▬.
22,2 ▬.
22,1 Straßen-Ⅱ D 130E, re **Les Ruelles**.
20,3 ▬.
19,7 Straßen-Ⅱ.
18,2 Straßen-Ⅱ D 675.
17,6 li ▬, re Mühlenkanal.
16,5 li zweigt über ein Wehr ein durh die Stadt fließender Arm ab.
16,1 li ▬, re Mühlenkanal.
15,5 2 Straßen-Ⅱ, **Pont-Audemer**.
15,4 Straßen-Ⅱ, ▬. Ab hier Gezeiteneinfluss.
15,0 Straßen-Ⅱ.
12,5 Straßen-Ⅱ A 13/E 46.
7,2 Straßen-Ⅱ D 90.

5,1 Straßen-Ⅱ D 6781.
0,0 Mündung in die Seine bei km 19,5

Überarbeitung nach Kartenmaterial.

Eure

Wanderfluss
Mündung in Seine oberhalb von Pont de l´Arche (li Nebenfluss)

Die Eure ist in ihrem Unterlauf weitgehend kanalisiert in einer stark industrialisierten Landschaft. Von ihrem 225 km langen Lauf ist daher nur ein kurzer Abschnitt ihres Oberlaufs empfehlenswert. Die Eure ist hier ein gemächlicher Wanderfluss, einige Wehre, zumeist gut fahrbar, z. T. mit Bootsgassen.

	GKZ: Fr: H4--0200
Ursprung:	(48.553056, 0.858333) in ca. 220 m Höhe.
Mündung:	(49.294722, 1.039722) in ca. 5 m Höhe.
Länge:	229 km
Befahrbarkeit:	ganzjährig.
Fahrtstrecke:	⬇ bei der Kirche von Fontenay sur Eure, ⬆ in Chartres (Stadt ⌘) bei der Pont de la Courtille nach insgesamt etwa 17 km.

Unveränderte Übernahme

Iton

Wanderfluss
Mündung in den Unterlauf der Eure kurz vor deren Mündung in die Seine.

Der Iton fließt mit ruhiger Strömung durch die nordfranzösische Tiefebene, keine besonderen Schwierigkeiten.

	GKZ: Fr: H43-0400
Ursprung:	(48.674444, 0.448056) in ca. 288 m Höhe.
Mündung:	(49.174722, 1.186389) in ca. 20 m Höhe.
Länge:	132 km
Befahrbarkeit:	Frühjahr und Frühsommer; im Sommer kann das Wasser knapp werden.
Fahrtstrecke:	Glissolles - ⇩ in Eure, 37 km.

Unveränderte Übernahme

Oise

Ile de France

Wanderfluss – Kanal GKZ: Fr: H---0100
Mündung in Seine (re Nebenfluss)

Die Oise ist ein Fluss, der anscheinend nur selten befahren wird, die über ihn vorliegenden Unterlagen sind daher dürftig und mit Vorsicht zu genießen.

Die Schwierigkeiten sind gering, es soll jedoch eine Anzahl von Wehren geben, die wohl nur teilweise befahrbar sind. Im Oberlauf haben sich Verleiher angesiedelt (Neuve Maison). Im Unterlauf ist die Oise voll kanalisiert. Sie ist in diesem Abschnitt ein Teil des wichtigen Schifffahrtsweges von der Seine (Paris) nach Nordfrankreich und den belgischen Seehäfen, ausgebaut für Schubverbände, sehr lebhafter Schiffsverkehr.

Ursprung:	(49.9964, 4.3557) in ca. 310 m Höhe.
Mündung:	(48.987455, 2.071566) in ca. 20 m Höhe.
Länge:	351 km
Befahrbarkeit:	ab km 20 nur bei HW, ab km 30 Frühjahr und Frühsommer, ab km 57 ganzjährig.
Pegel:	automatischer Anrufbeantworter von Hirson, Tel. 16 23 58 04 28; NW = 9,5, HW ab 10 (= 0). Für eine Befahrung ab km 20 sind erforderlich 0,2-0,3.
	Lattenpegel in Neuve-Maison, Minimum 35 cm.
Zeltmöglichkeit:	Hirson oder Etréaupont.

317,2 ▬, unterhalb ⬇, li Blangy, oberste mögliche ⬇ bei HW, re 🚌 von Hirson.
316,9 EB-Ⅱ.
314,7 Straßen-Ⅱ.
314,3 Straßen-Ⅱ.
314,1 Straßen-Ⅱ.
313,9 li ⇩ Gland, danach Straßen-Ⅱ D 363, **Hirson**, ▬, X, ⩯ schwierig, bis zum Ortsende 2 Ⅱ.
313,5 Straßen-Ⅱ, Ortsende Hirson, übliche ⬇ am Ortsende.
312,8 Straßen-Ⅱ.
311,6 Straßen-Ⅱ D 1043/E 44.
307,2 Straßen-Ⅱ.
304,2 ▬.
304,4 Straßen-Ⅱ D 753, li **Neuve Maison**, li an de Ⅱ Lattenpegel.
300,5 Straßen-Ⅱ.
303,4 EB-Ⅱ (Viadukt, außer Betrieb).

303,3 Straßen-Π D 31, danach ■ evtl. ≋ oder li ⌓, nicht in Mühlenkanal fahren. Steine.
299,6 Straßen-Π D 75, **Ohis**.
296,5 ■, Mitte ≋ Bootsgasse.
296,4 Straßen-Π D 758, **Effry**, li Kirche.
294,5 Straßen-Π, li **Luzoir**, ⬇.
294,3 Furt.
290,2 Straßen-Π, re **Gergny**.
287,8 li 🚐, Camping du Val d'Oise, 3 Rue du Mont d'Origny, 02580 Étréaupont.
286,9 Straßen-Π N 2, **Etréaupont**, ab hier ganzjährig ≋.
286,5 li ⇩ Ton (s. Seite 284).
281,0 re ■, li weiterfahren.
280,1 Straßen-Π, li **Autreppes**.
276,4 ■, li ⌓.
276,1 Straßen-Π D 460, re **Erloy**.
270,5 Straßen-Π D 774.
268,7 Straßen-Π D 26.
268,6 ■.
263,3 Straßen-Π D 461, li **Proisy**.
261,3 Wege-Π.
258,9 Wege-Π.
257,6 li ■, re Mühlenkanal.
257,2 Straßen-Π.
253,9 ■ im li und re Arm.
253,7 Straßen-Π, **Flavigny-le-Grand-et-Beaurain**.
252,4 Wege-Π.
251,6 re ■, li am Mühlenkanal 🚐.
250,2 Straßen-Π D 1029/E 44.
250,0 Straßen-Π D 946P, **Guise**.
249,4 Straßen-Π.
248,8 li ⇩ Mühlenkanal.
244,7 li ■, re Mühlenkanal.
244,5 Straßen-Π.
243,5 re ⇩ Mühlenkanal.
241,1 Π des Canal de l'Oise a la Sambre über die Oise.
240,6 Straßen-Π D 69, re **Vadencourt**.
238,6 li ■, re Mühlenkanal.
238,2 Straßen-Π D 960, re **Longchamps**.
237,9 re ⇩ Mühlenkanal.
234,5 Straßen-Π D 1010, re **Noyales**.
233,5 ■.
231,7 li ■, re Mühlenkanal.
231,3 Straßen-Π, ■,Π des Canal de l'Oise a la Sambre über die Oise.
230,8 Straßen-Π D 1650.

226,5 Wege-Ⅱ.

225,7 ■.

222,8 Straßen-Ⅱ D 70, li **Origny-Sainte-Benoite**.

222,1 Straßen-Ⅱ D 1029/E 44.

221,9 2 Werks-Ⅱ.

221,8 ■ im Werksgelände.

219,6 ■ Stufe.

217,1 re ■ li Mühlenkanal.

216,7 Wege-Ⅱ.

215,9 li ⇩ Mühlenkanal.

215,5 re ■, li Mühlenkanal.

214,9 Straßen-Ⅱ D 12.

213,6 Straßen-Ⅱ D 58, li **Ribemont**.

210,0 ■.

208,5 Ⅱ des Canal de l'Oise a la Sambre über die Oise.

208,4 re ⇩ Mühlenkanal.

208,2 Straßen-Ⅱ.

206,1 Straßen-Ⅱ D 34, **Mézières-sur-Oise**.

205,9 ■.

205,5 Wege-Ⅱ.

205,4 Wege-Ⅱ.

205,2 EB-Ⅱ.

204,0 Straßen-Ⅱ.

203,9 ■.

203,0 li ■, re Mühlenkanal.

202,8 Straßen-Ⅱ.

202,2 ■.

201,8 Straßen-Ⅱ A 26/E 17.

201,3 Straßen-Ⅱ D 132.

200,2 Wege-Ⅱ.

195,3 li ■, re Mühlenkanal.

194,3 Straßen-Ⅱ.

194,1 re ⇩ Mühlenkanal.

193,2 li ■, re Mühlenkanal.

192,9 Ⅱ des Canal de l'Oise a la Sambre über die Oise.

192,6 ■.

190,5 Straßen-Ⅱ D 643.

190,3 Straßen-Ⅱ.

188,2 li ⇩ Serre (s. Seite 282).

186,9 Straßen-Ⅱ.

185,9 Straßen-Ⅱ D 1044.

185,5 Straßen-Ⅱ.

185,2 Straßen-Ⅱ, **La Fère**.

184,5 Wege-Ⅱ, ■.

184,0 EB-Ⅱ.
181,7 Straßen-Ⅱ, re **Beautor**.
181,4 re Mühlenkanal.
181,3 Straßen-Ⅱ D 1032.
179,4 ▬.
168,7 Wege-Ⅱ.
167,8 Straßen-Ⅱ D 53.
165,2 Straßen-Ⅱ D 1.
161,9 Wege-Ⅱ.
160,9 re Mühlenkanal.
160,5 EB-Ⅱ.
160,3 Straßen-Ⅱ.
159,8 Straßen-Ⅱ D 937, ▬.
157,7 li ⇩ Mühlenkanal.
155,6 Ⅱ eines Kanals über die Oise.
151,9 Straßen-Ⅱ D 922.
149,4 Straßen-Ⅱ D 92.
146,5 Straßen-Ⅱ D 130, li **Bretigny**.
140,2 Straßen-Ⅱ D 87, li **Varesnes**.
136,5 Straßen-Ⅱ D 934, li **Pontoise-lès-Noyon**.
129,9 Straßen-Ⅱ D 145, li **Sempigny**.
124,2 Straßen-Ⅱ D 48.
116,5 Straßen-Ⅱ D 40, li **Bailly**.
111,2 Straßen-Ⅱ D 66.
108,4 Straßen-Ⅱ, li **Montmacq**.
106,9 Straßen-Ⅱ D 15.
102,0 Ⅱ.
101,9 re **Janville**, ab hier bis zur ⇩ verläuft der Kanal im Flussbett der Oise, bis zur ⇩ 7 ⇄.
100,3 Straßen-Ⅱ D 81.
98,9 Straßen-Ⅱ N 1031.
98,5 li ⇩ Aisne (s. Seite 272).
97,4 EB-Ⅱ.
96,2 Straßen-Ⅱ N 31, re **Margny-lès-Compiègne**, li **Compiègne**.
95,7 Straßen-Ⅱ.
95,0 2 ⇄, ▬.
92,5 Straßen-Ⅱ D 1131/E 46.
90,9 Straßen-Ⅱ.
87,7 Straßen-Ⅱ D 200.
86,9 Straßen-Ⅱ D 98.
83,0 EB-Ⅱ.
82,0 re Doppel-⇄, li ▬.
81,0 Straßen-Ⅱ D 26, li **Verberie**.
80,0 EB-Ⅱ.

78,0 Straßen-Ⅱ A 1.
70,8 re Doppel-✡, li ■.
70,0 Straßen-Ⅱ D 1017, **Pont-Sainte-Maxence**.
61,5 Wege-Ⅱ.
59,0 Straßen-Ⅱ D 1016, li **Creil**, re **Nogent-sur-Oise**.
56,3 Straßen-Ⅱ D 201, re Montataire.
55,3 re Doppel-✡, li ■, re ⇩ Thérain (s. Seite 270).
53,8 EB-Ⅱ.
51,2 Straßen-Ⅱ D 44, re **Saint-Leu-d'Esserent**.
47,2 Straßen-Ⅱ D 12, re **Précy-sur-Oise**.
42,9 Straßen-Ⅱ D 924, re **Boran-sur-Oise**.
40,7 re Doppel-✡, li ■.
38,4 Straßen-Ⅱ.
35,7 Straßen-Ⅱ D 929.
34,7 Straßen-Ⅱ D 78, li **Beaumont-sur-Oise**.
33,4 EB-Ⅱ.
32,0 Straßen-Ⅱ D 301.
31,8 Straßen-Ⅱ A 16.
28,2 li Doppel-✡, re ■.
27,6 Straßen-Ⅱ D 64, **L'Isle-Adam**.
24,2 Straßen-Ⅱ D 51, EB-Ⅱ, re **Butry-sur-Oise**, li **Mériel**.
21,6 Straßen-Ⅱ D 926.
18,3 EB-Ⅱ.
14,8 Straßen-Ⅱ D 14, **Pontoise**.
14,6 EB-Ⅱ.
14,0 li zur Doppel-Schleuse, re ■.
13,4 Straßen-Ⅱ A 15, darunter Doppel-✡.
12,6 Straßen-Ⅱ, li **Éragny-sur-Oise**.
11,2 EB-Ⅱ.
9,4 Straßen-Ⅱ D 203.
8,8 Straßen-Ⅱ, re **Cergy**.
6,7 Wege-Ⅱ.
3,3 Straßen-Ⅱ D 48E, li **Neuville-Sur-Oise**, re **Jouy-le-Moutier**.
2,4 Straßen-Ⅱ D 55A.
0,5 EB-Ⅱ.
0,2 Straßen-Ⅱ.
0,0 ⇩ in Seine (km 295,3) bei **Conflans-Sainte-Honorine**.

Überarbeitung nach Kartenmaterial. Ergänzungen von Heiner Hoff, Krefeld.

Thérain

Ile de France

Wanderfluss — GKZ: Fr: H21-0400

Mündung in Oise (re Nebenfluss)

Der Thérain ist ein ohne besondere Schwierigkeiten zu befahrender Wanderfluss, einige, nachstehend nur teilweise wiedergegebene Wehre, sind meist fahrbar. Eine durchgehende Befahrung bis zur Mündung ist allerdings nicht möglich, da sich in Beauvais niedrige Brücken befinden, die kaum zu umtragen sind.

Ursprung:	(49.630278, 1.654722) in ca. 190 m Höhe.
Mündung:	(49.241389, 2.450278) in ca. 30 m Höhe.
Länge:	94 km
Befahrbarkeit:	ab km 79,5 im Frühjahr und nach Regenfällen, ab km 41,3 ganzjährig. Der Thérain ist bei Anglern sehr beliebt; um Schwierigkeiten zu vermeiden, sollte an den Tagen der Eröffnung bzw. Beendigung der Anglersaison von einer Befahrung Abstand genommen werden.

79,5 Straßen-II, li **Escames**, ⬇ für die Befahrung des Oberlaufs. Enger Fluss mit guter Strömung.
78,2 ▬, danach Wege-II.
77,9 Straßen-II, ▬, li **Hémécourt**.
77,4 Wege-II.
77,1 Straßen-II.
75,3 Wege-II.
74,9 Wege-II.
74,7 ▬.
74,5 Straßen-II D 133, **Songeons**.
73,2 ▬, Straßen-II D 95.
72,6 ▬.
72,4 Straßen-II D 930.
71,5 Wege-II und ▬.
71,1 Wege-II.
70,8 Straßen-II.
70,4 Wege-II.
70,2 ▬.
69,6 ▬.
69,1 Straßen-II D 167, **Martincourt**.
67,8 Wege-II und ▬.
67,7 Wege-II.
67,2 Wege-II.
67,0 Wege-II und ▬.

66,2 Straßen-Ⅱ D 22, li **Crilon**, re **La Petite France**.
62,3 ▬.
62,2 Straßen-Ⅱ.
59,7 EB-Ⅱ.
59,4 Straßen-Ⅱ, li **Milly**.
59,3 , li ⇩ Petit Thérain mit sehr guter Wasserzufuhr; ⬇, falls eine Befahrung ab km 79,5 nicht möglich ist.
58,8 ▬.
58,3 Straßen-Ⅱ,re **Les Forges**.
57,7 Wege-Ⅱ und ▬.
57,0 Wege-Ⅱ, re **Herchies**.
56,5 Straßen-Ⅱ.
56,2 Wege-Ⅱ.
55,8 ▬ und Wege-Ⅱ.
54,1 2 Wege-Ⅱ.
53,8 ▬.
53,6 Straßen-Ⅱ D 616, li **Trossireux**.
51,9 Wege-Ⅱ, re **Fouquenies**, ⬆ für die Befahrung des Oberlaufs, da eine Durchfahrt durch **Beauvais** kaum möglich ist.
41,3 Straßen-Ⅱ am Ortsende von Beauvais, ⬇ für die Befahrung des Unterlaufs.
41,2 EB-Ⅱ.
39,3 Straßen-Ⅱ.
39,0 ▬, evtl. ≋ oder li ⌓.
38,9 Straßen-Ⅱ, **Therdonne**.
38,3 Wege-Ⅱ.
36,3 ▬.
36,0 Straßen-Ⅱ D 513, li **Condé**.
35,6 Wege-Ⅱ.
35,4 Wege-Ⅱ.
34,3 EB-Ⅱ.
33,7 Wege-Ⅱ.
30,4 **Villiers St. Sépulcre**, ▬, **X**, li ⌓, und im li Arm weiterfahren. Es folgt ein besonders empfehlenswerter Abschnitt.
31,6 Straßen-Ⅱ, li **Bailleul-sur-Thérain**.
29,9 Straßen-Ⅱ D 620.
26,4 Straßen-Ⅱ D 125, **Hermes**, Slalomstrecke.
23,0 Straßen-Ⅱ D 89.
22,6 ▬ Moulin de Saint-Félix.
19,9 Straßen-Ⅱ D 55.
19,2 EB-Ⅱ.
17,8 Straßen-Ⅱ D 137, **Moy**.
17,7 Straßen-Ⅱ D 929, ▬.

⚠ nach einer neuen, niedrigen Beton-‿ fließt der ganze Thérain mit schneller Strömung in die Turbinen eines ↯, unbedingt rechtzeitig ausbooten und erkunden. Weiterfahrt nach ⌓ im li Arm.

17,1 Straßen-‿ D 550.
16,9 EB-‿.
16,4 ▬.
15,3 Straßen-‿ D 137D.
13,8 Straßen-‿.
13,2 Wege-‿.
11,5 Wege-‿.
9,4 Straßen-‿ D 123, **Mello**.
7,5 Straßen-‿ D 12, re **Maysel**.
7,2 EB-‿.
7,0 Wege-‿.
5,5 Straßen-‿.
5,2 ▬.
5,0 Straßen-‿, Cramoisy, übliche ⬆.Eine Weiterfahrt bis zur ⇩ ist möglich, doch kaum lohnend. Die Ufer sind stark verbaut.
0,0 ⇩ in Oise bei km 55,0 bei **Montataire**.

Überarbeitung nach Kartenmaterial.

Aisne

Kleinfluss - Wanderfluss – Kanal
Mündung in Oise (li Nebenfluss)

Die Aisne ist ein sehr empfehlenswerter, abwechslungsreicher Fluss: Im Oberlauf ein Kleinfluss, mit guter Strömung, vielen engen Kurven, mit Baumhindernissen muss gerechnet werden. Später wird die Aisne zum geruhsamen Wanderfluss, sehr einsam und naturbelassen. Die Aisne wird fast auf der gesamten Strecke von einem Kanal begleitet (zunächst Canal des Ardennes, dann Canal latéral à l´Aisne).

An mehreren Stellen kann recht einfach vom Kanal in den Fluss bzw. umgekehrt umtragen werden. Dadurch ergibt sich die Möglichkeit zu Rundfahrten: den Kanal aufwärts befahren. Im Kanal sind Schleusen, geschleust wird man nur mit einem Permit (s. „französische Kanäle“). Das Umtragen der Schleusen ist jedoch meist einfach. Danach auf dem Fluss wieder zur Ausgangsstelle zurück.

	GKZ: Fr: H1--0200
Ursprung:	(48.946667, 5.1725) in ca. 240 m Höhe.
Mündung:	(49.434722, 2.846389) in ca. 30 m Höhe.
Länge:	353 km
Befahrbarkeit:	ab Autry meist ganzjährig.
Wasser:	sauber.

Zeltmöglichkeit: ⛺ bei le Chesne und bei Attigny.

301,6 **Sainte-Menehould**, mögliche ⬇, Einzelheiten nicht bekannt.
260,5 Straßen-Ⅱ D 21, **Autry**, empfohlene ⬇, ab hier soll die Aisne zumeist ganzjährig ≈ sein. Kleinfluss mit zahlreichen Mäandern und flotter Strömung zwischen Weiden und Waldstücken.
253,7 Wege-Ⅱ.
251,4 li **Grandham**.
248,9 Straßen-Ⅱ D 6.
248,7 re Wehr, li Mühlenkanal.
247,2 re ⇩ Aire (s. Seite 281).
246,3 Ⅱ.
245,9 ▬.
244,0 Straßen-Ⅱ, re **Mouron**.
239,0 Straßen-Ⅱ D 15, li **Brécy-Brières**.
235,0 Straßen-Ⅱ D 241.
229,4 Straßen-Ⅱ, li **Savigny-sur-Aisne**.
225,0 Straßen-Ⅱ, re **Falaise**.
220,5 ▬ Vouziers.
219,6 Straßen-Ⅱ D 946, **Vouziers**.
219,1 ← Kanal mit ⯐, re Fluss mit ▬. ↰ vor der Schleuse und über die Schleuse nach re bis nach dem Wehr ⏜.
218,0 ▬.
212,6 Straßen-Ⅱ D 19.
201,6 Straßen-Ⅱ D 23
195,1 Straßen-Ⅱ D 25, re **Semuy**.
194,8 Wege-Ⅱ, re ⇩ Canal des Ardennes.
194,2 ← des Canal latéral à l´Aisne.
194,0 ▬, **X**, li ⏜.
193,7 re **Mont de Jeux**.
192,8 Ⅱ.
185,6 Straßen-Ⅱ D 987, **Attigny**, re ⛺, 200 m vom Fluss entfernt.
184,8 Wege-Ⅱ.
183,6 ▬, evtl. ≈.
181,4 Straßen-Ⅱ D 21, li **Givry**, re ⇩ Foivre.
172,9 Straßen-Ⅱ D 45, li **Ambly**.
169,8 Straßen-Ⅱ D 51, li nach **Seuil**.
164,1 Straßen-Ⅱ, li **Thugny-Trugny**.
162,2 li **Biermes**, ▬, **X**, re ⏜. Evtl. schon hier in den Kanal ⏜. Man fährt dazu vor dem ▬ li in einen Seitenarm bis zu dessen Ende und trägt dann die Boote die Böschung zum Kanal hoch. Im Kanal weiterfahren bis zum ⌂ des Kanuclubs von Rethel (li), ⏜ zurück zum Fluss.
159,5 EB-Ⅱ, spätestens hier muss zum Kanal ⏜ werden. Eine Durchfahrt durch Rethel ist nicht möglich..

158,9 Straßen-II D 8051A, **Rethel**.
158,8 ▬, **X**, ⌓ nicht möglich.
157,1 Straßen-II N 51/E 46.
151,3 re ⇩ Vaux (s. Seite 280).
148,1 li Wehr, re Mühlenkanal.
147,6 Straßen-II D 26, re **Château Porcien**, kleine Stromschnelle.
135,6 ▬.
135,5 Straßen-II D 926, li **Balham**.
131,2 re ⇩ Barres.
130,5 ▬.
128,9 Straßen-II D 37.
125,0 Straßen-II, li nach **Vieux-lès-Asfels**, Kirche ⌘, ⌂ Kanuclub Asfels.
124,2 re **Avaux**.
120,6 re ⛺.
118,5 ▬, **X**, re **Evernicourt**.
116,9 Straßen-II D 966, re **Neufschâtel-sur-Aisne**; li ⇩ Retourne (s. Seite 279).
109,0 re 🚐 Camping au Bord de l'Aisne, 14 Rue des Godins, 02190 Guignicourt.
107,7 Straßen-II D 62, re **Guignicourt**.
106,4 li ⇩ Suippe (s. Seite 277).
104,8 Straßen-II A 26.
102,2 ▬, **X**, ⌓, li Verbindung zum Kanal..
100,5 Straßen-II D 1044, re **Berry-au-Bac**.
93,3 Straßen-II D 19, re **Pontavert**.
82,0 Straßen-II D 103.
75,0 Straßen-II D 21, re **Œulli**.
72,2 Straßen-II D 967, re **Bourg-et-Comin**.
72,0 Kanal-II über die Aisne.
69,7 Straßen-II D 228, li **Pont-Arcy**.
64,1 Straßen-II D 864, re **Chavonne**.
59,7 Straßen-II D 144, re **Vailly-sur-Aisne**.
56,6 li ⇩ des Kanals in die Aisne, re **Celles-sur-Aisne**.
55,3 li ⇩ Vesle (s. Seite 275).
56,1 Straßen-II D 531, re **Condé-sur-Aisne**.
53,1 Straßen-II D 101, re **Missy-sur-Aisne**.
49,1 Straßen-II D 95, li **Venizel**.
45,6 Straßen-II N 2.
44,8 li zur Schleuse, re ▬-Arm.
44,1 ⯐, danach re ⇩ Wehrkanal.
43,2 EB-II.
42,0 Straßen-II, **Soissons**.
41,7 Straßen-II.
41,3 Straßen-II.
40,0 li ⯐, re ▬.
39,9 Wege-II.

38,5 Straßen-Ⅱ D 914, Ende Soissons.

35,6 Straßen-Ⅱ D 6, re **Pommiers**.

29,6 li ¤¤, re ▬.

27,8 Straßen-Ⅱ D 17, re **Port Fontenoy**.

22,7 Straßen-Ⅱ D 2, re **Vic-sur-Aisne**.

22,5 li ¤¤, re ▬, Straßen-Ⅱ.

17,5 Straßen-Ⅱ D 16, re **Attichy**.

15,9 li ¤¤, re ▬.

14,5 Straßen-Ⅱ D 335, li **La Motte**.

10,2 li ¤¤, re ▬.

8,8 Straßen-Ⅱ D 547, re **Rethondes**.

5,6 Straßen-Ⅱ D 546, re **Le Francport**.

3,3 li ¤¤, re ▬.

2,6 Straßen-Ⅱ, re **Choisy-au-Bac**.

2,1 Straßen-Ⅱ D 66.

1,7 Straßen-Ⅱ N 1031.

0,0 ⇩ in Oise bei km 98,5.

Überarbeitung nach Kartenmaterial.

Vesle

Rundtour Canal del´Aisne à la Marne

Kleinfluss
Mündung in Aisne (li Nebenfluss)

Die Vesle ist oberhalb von Reims ein angenehm zu befahrender Kleinfluss, keine besonderen Schwierigkeiten.

Unterhalb von Reims ist das Wasser extrem verschmutzt, auf eine Beschreibung dieser, kaum je befahrenen Strecke wird verzichtet.

	GKZ: Fr: H1--0200
Ursprung:	(48.983333, 4.603056) in ca. 150 m Höhe.
Mündung:	(49.393611, 3.468056) in ca. 43 m Höhe.
Länge:	140 km
Befahrbarkeit:	Herbst und Frühjahr bis Mai; im Sommer stark verkrautet und weitgehend trocken.
Pegel:	Ⅱ Taissy, km 77,9.

104,2 Straßen-Ⅱ D 19 und ▬, **Livry-Louvercy**, mögliche ⬇.

99,8 ▬.

96,8 Straßen-Ⅱ.

95,5 Straßen-Ⅱ D 37, danach ▬, **X**, li etwa 300 m ⌓ bis Sportplatz, re **Sept-Saulx**, empfohlene ⬇, mögliche ⌓-Stelle aus dem Kanal (s. u.). Es folgen 2 Fußgänger-Ⅱ.
Es folgt eine Ⅱ, darunter ▬, ≋.
91,8 Straßen-Ⅱ D 326, re **Courmelois**.
90,7 Straßen-Ⅱ D 34.
88,2 Wege-Ⅱ.
87,5 re ⇩ Prosne.
86,2 Ⅱ D 7.
84,7 Wege-Ⅱ, darunter ▬, **X**, 50 m davor li ⌓.
84,1 Straßen-Ⅱ D 944, kurz danach EB-Ⅱ.
83,7 Mühlen-▬.
83,1 Straßen-Ⅱ D 8; li 🍴.
82,6 Kanal-Ⅱ, sehr niedrig, **X**, ⌓ sehr mühsam. ⌓-Möglichkeit zum Kanal (s. u.). Links **Sillery**.
82,5 ▬ unter der Ⅱ, **X**, li ⌓, ⬇.
81,0 Straßen-Ⅱ.
80,0 Wege-Ⅱ.
78,8 Wege-Ⅱ.
77,9 Straßen-Ⅱ D 8, li **Taissy**, ⬆, re gute Parkmöglichkeit. ▤. Eine Weiterfahrt bis Reims ist möglich.Es folgen 4 Wege-Ⅱ.
75,1 Straßen-Ⅱ N 244.
74,6 Flussteilung. Die Beschreibung folgt dem li Arm.
74,5 Straßen-Ⅱ A 34.
74,0 Straßen-Ⅱ D 8, li **Cormontreuil**.
73,2 Straßen-Ⅱ.
72,5 Straßen-Ⅱ N 51.
72,3 Straßen-Ⅱ.
71,6 Straßen-Ⅱ D 9.
71,0 Straßen-Ⅱ, **Reims**, Stadtzentrum.
70,8 Straßen-Ⅱ A 34.
70,6 hier gute ⬆-Möglichkeit beim Steg zum Stadion.
Für die folgende Strecke bis zur Mündung liegt keine Beschreibung vor.
0,0 ⇩ in Aisne bei km 55,3.

Rundfahrt Vesle - Canal de l´Aisne à la Marne

Die Kombination Vesle abwärts und Kanal aufwärts gestattet eine 26 km lange Rundtour.

⬇ bei km 95,5 auf der Vesle; auf dem Fluss abwärts bis km 82,6. Hier ⌓ in Kanal. Auf diesem aufwärts bis Sept-Saulx, 10 km mit 3 ⧖, die letzte unmittelbar an der Ⅱ D 37. 200 m ⌓ zurück zur ⬇ an der Vesle.

Überarbeitung nach Kartenmaterial.

Suippe

Kleinfluss GKZ: Fr: H13-0410
Mündung in Aisne (li Nebenfluss)

Die Suippe ist ein landschaftlich ansprechender Kleinfluss im Bereich der Ardennen von Auencharakter.

Ursprung:	(49.117222, 4.580556) in ca. 130 m Höhe.
Mündung:	(49.424722, 3.949444) in ca. 50 m Höhe.
Länge:	82 km
Schwierigkeiten:	zahlreiche enge Kurven, Baum- und Strauchhindernisse, niedrige Brücken, die z. T. nicht unterfahrbar sind. Mehrere Wehre, z. T. unfahrbar, die Ufer befinden sich teilweise in Privatbesitz, das erforderliche Umtragen kann dann sehr mühsam werden, Eigentümer fragen!
Pegel:	Ⅱ km 38,8; Minimum etwa 60 cm.
Pkw:	Straße meist in Flussnähe.

79,4 Straßen-Ⅱ, Ortsende **Suippe**.
73,7 Straßen-Ⅱ, **Joncherie-sur-Suippe**.
73,5 ■.
73,4 Straßen-Ⅱ.
72,0 Straßen-Ⅱ D 931, re **Saint-Hilaire-le-Grand**.
71,8 Straßen-Ⅱ D 19.
71,4 Wege-Ⅱ.
69,0 Straßen-Ⅱ D 931.
63,9 Straßen-Ⅱ, ■.
63,7 Straßen-Ⅱ, li **Aubérive**.
60,9 Straßen-Ⅱ, li **Vaudesincourt**.
58,7 Straßen-Ⅱ D 21, re **Dontrien**.
57,2 re ⇩ Lo Py, danach Mühle, ■, nach Besichtigung evtl. ≋.
56,9 EB-Ⅱ.
56,5 Straßen-Ⅱ, re **Saint- Martin-l'Heureux**.
52,0 Straßen-Ⅱ, re **Saint-Hilaire-le-Petit**.
48,7 Flussteilung, die Beschreibung folgt dem re Arm.
48,2 Wege-Ⅱ.
47,8 Straßen-Ⅱ D 20, **Bétheniville**
47,6 ⇩ Arnes.
47,5 Straßen-Ⅱ D 20.
47,2 Straßen-Ⅱ, gute ⬇ am ehemaligen ╫ von Bétheniville.
42,9 Straßen-Ⅱ.
42,3 Straßen-Ⅱ D 980, **Pontfaverger**.
42,2 Mühle, ■, evtl. ≋ oder li ⌓.

42,0 ▬, X, re ⌓.
41,8 Straßen-Ⅱ D20.
41,3 Straßen-Ⅱ.
38,8 Straßen-Ⅱ, ≣, li **Selles**.
37,6 EB-Ⅱ.
37,1 niedrige Straßen-Ⅱ, X, re ⌓.
36,9 ▬, X, re ⌓, Privatbesitz, Madame fragen.
35,0 ▬, X, re ⌓.
34,9 Straßen-Ⅱ D 33, re **Heutrégiville**.
33,0 Straßen-Ⅱ, li **Vaudetré**.
30,8 Mühle, ▬, X.
30,1 Straßen-Ⅱ,re **Warmeriville**.
29,6 Straßen-Ⅱ, X, re ⌓. Nach 100 m Mühlen-▬, X, längeres ⌓; der li abzweigende Tunnel ist X!
29,1 Straßen-Ⅱ.
28,6 EB-Ⅱ.
28,5 Straßen-Ⅱ A 34.
28,1 Straßen-Ⅱ, **Isles-sur-Suippe**.
28,0 Mühlen-▬, X, ⌓.
27,6 Straßen-Ⅱ.
27,5 ▬.
25,4 EB-Ⅱ.
25,0 Mühlen-▬, X, ⌓.
24,9 Straßen-Ⅱ D 31, **Bazancourt**.
24,6 Straßen-Ⅱ.
22,6 Straßen-Ⅱ D 74, **Boult-sur-Suippe**.
22,5 ▬, X.
22,1 Straßen-Ⅱ.
21,8 re ⇩ Mühlgraben.
16,9 Straßen-Ⅱ D 20, re **Saint-Etienne-sur-Suippe**.
14,6 Straßen-Ⅱ, ▬.
12,5 Straßen-Ⅱ D 374, li **Auménancourt le Petit**.
10,7 re ▬, li Mühlgraben.
10,5 Straßen-Ⅱ.
10,4 li ⇩ Mühlgraben, Straßen-Ⅱ D 966, re **Pontgivard**.
9,4 ▬.
9,0 Straßen-Ⅱ D 52, li **Orainville**.
5,8 Straßen-Ⅱ.
5,7 ▬.
3,8 EB-Ⅱ.
3,3 Straßen-Ⅱ, li **Aguilcourt**.
3,2 ▬.
1,1 Wege-Ⅱ.
0,6 Straßen-Ⅱ D 62, li **Condé-sur-Suippe**.

0,1 Ⅱ Canal des Ardennes.
0,0 ⇩ in Aisne bei km 106,3.

Überarbeitung nach Kartenmaterial.

Retourne

Kleinfluss	GKZ: Fr: H1360600
Mündung in Aisne (li Nebenfluss)	

Die Retourne ist ein 6-8 m breiter Kleinfluss, bei dem man hinter jeder der zahlreichen Kurven mit Baum- und Strauchhindernissen oder mit niedrigen Stegen rechnen muss. Der Fluss ist nur für geübte Kleinflussfahrer zu empfehlen, denen häufiges Umtragen nichts ausmacht. In der Gegend von Houdilcourt ist mit wütenden Anglern zu rechnen.

Ursprung:	(49.377778, 4.523889) in ca. 114 m Höhe.
Mündung:	(49.429444, 4.031667) in ca. 57 m Höhe.
Länge:	45 km
Befahrbarkeit:	Frühjahr.

24,8 Empfohlene ⬇ am Ortsende am Ortsausgangsschild von **Neuflize**, im Ort 2 ▬, ⏜ sehr mühsam.
23,1 EB-Ⅱ. sofort danach weitere Ⅱ.
22,9 Straßen-Ⅱ D 15, re **Le-Chatélet-sur-Retourne**.
22,7 ▬.
21,7 Straßen-Ⅱ A 34/E 46.
21,1 Straßen-Ⅱ D 61, re **Bernicourt**, sofort danach ▬, nach Besichtigung evtl. ≈ oder re über Brücke ⏜. ⚠, nach dem Wehr folgt eine Strecke in Privatbesitz, Durchfahrt gesperrt, ⏜ etwa 500 m weit. Im Bereich der Sperrstrecke weiteres ▬, **X**.
17,6 Straßen-Ⅱ D 951A, ▬, **X**; li **L'Écaille**.
15,3 Wege-Ⅱ.
13,9 Straßen-Ⅱ D 50, re **Roizy**.
13,8 Mühlen-▬, nach Besichtigung evtl. ≈.
12,6 Straßen-Ⅱ, re **Sault-Saint-Remy**.
12,1 Wege-Ⅱ.
10,0 ▬.
9,3 Straßen-Ⅱ, re **Houdilcourt**.
8,0 Wege-Ⅱ.
7,2 Straßen-Ⅱ D 37, re **Poylcourt-Sydney**
6,7 Mühlen-▬, nach Besichtigung evtl. ≈.
2,0 Wege-Ⅱ.
1,6 Straßen-Ⅱ D 925, re **Brienne-sur-Aisne**.
1,0 Kreuzung mit Canal des Ardennes.

0,5 Straßen-ℿ D 966, **Neufchâtel sur Aisne**.
0,0 ⇩ in Aisne bei km 116,5.

Überarbeitung nach Kartenmaterial.

Vaux

Kleinfluss — GKZ: Fr: H13-0400
Mündung in Aisne unterhalb von Rethel (re Nebenfluss)

Der Vaux ist ein kleiner, schmaler und sehr windungsreicher Kleinfluss mit vielen Baum- und Strauchhindernissen. Mehrere Wehre sind oft durch Treibholz versperrt, umtragen mühsam. Kein Fluss für Anfänger!

Ursprung:	(49.739444, 4.387222) in ca. 245 m Höhe.
Mündung:	(49.523056, 4.281389) in ca. 70 m Höhe.
Länge:	38 km
Befahrbarkeit:	Frühjahr und nach Regenfällen.
Pegel:	Lattenpegel an der ℿ D 946, km 3,5; Minimum 60 cm.

33,1 Straßen-ℿ D 2, **Signy-l'Abbaye**. Eine Befahrung ab hier soll möglich sein, wird jedoch wegen starker Verwachsungen des Flusses kaum durchgeführt.
32,7 Wege-ℿ.
31,8 Straßen-ℿ, ▬.
29,3 Straßen-ℿ.
27,7 Straßen-ℿ.
26,8 Straßen-ℿ D 102.
23,9 Straßen-ℿ D 102.
22,3 Straßen-ℿ.
22,1 Straßen-ℿ
21,5 Straßen-ℿ D 10, **La-Neuville-lés-Wasigny**.
20,8 Wege-ℿ.
20,5 Mühlen-▬, Straßen-ℿ.
20,3 Straßen-ℿ D 8, ⌘ auf Holzpfeilern ruhende Fachwerkmarkthalle und schloßähnlicher Wehrbauernhof von 1628, empfohlene ⬇ an der Brücke über Treppe.
20,2 ▬ Stufe, gut ≋.
18,2 Wege-ℿ.
15,3 Wege-ℿ., danach Mühlen-▬, ≋ wenn offen oder 200 m weit ⏖.
13,5 Straßen-ℿ D 14, Mühlen-▬, ≋ wenn offen; li **Justine-Herbigny**.
10,3 Straßen-ℿ D 35.
▬, verfallen, ≋.
6,2 Straßen-ℿ D 3.
5,8 Mühlen-▬, verfallen, Baumhindernisse, evtl. ⏖, sehr mühsam.

5,4 li ⇩ Plumion.
3,5 Straßen-II D 946, Lattenpegel am Eisenrohr.
3,4 ▬, evtl. ≋.
1,3 Straßen-II D 926, ⬆ hier schwierig.
0,0 ⇩ in Aisne bei km 151,3. Weiterfahrt 4,5 km bis Ortschaft Château-Porcien, hier gute ⬆.

Überarbeitung nach Kartenmaterial.

Aire

Wanderfluss – Kleinfluss GKZ: Fr: H11-0400
Mündung in Aisne (re Nebenfluss)

Die aus den Argonnen kommende Aire ist der größte Nebenfluss der Aisne, landschaftlich recht reizvoll, mit Hügeln und Wäldern.

Ursprung:	(48.701667, 5.455833) in ca. 350 m Höhe.
Mündung:	(49.310556, 4.81) in ca. 105 m Höhe.
Länge:	126 km
Schwierigkeiten:	im Bereich der Wälder ist mit Baumversperrungen zu rechnen, stellenweise recht windungsreich, zumeist WW I, mit Stellen bis WW II. Einige Wehre sind nach Erkundung zumeist fahrbar, vor der Befahrung einiger steil-schräger Wehre mit senkrechtem Abfall am Ende muss gewarnt werden.
Befahrbarkeit:	bis Frühjahr, evtl. Frühsommer.
Pegel:	km 39,5; Minimum 0,70 m.

bei gutem Wasserstand soll eine Befahrung weiter oberhalb möglich sein. Einzelheiten bis km 53,3 sind nicht bekannt.
53,3 Straßen-II D 160, re **Aubréville**, ⬇.
53,2 EB-II.
49,9 ▬.
49,6 Straßen-II D 998, re **Neuvilly en Argonne**.
44,0 Straßen-II.
43,0 ▬.
41,9 Straßen-II D 946, re **Boureuilles**; die Folgestrecke bis Apremont (km 29,2) ist besonders zu empfehlen, hier zahlreiche kleine Stromschnellen. Gute ⬇.
40,2 ▬, 2 m hoch, nach Besichtigung evtl. li ≋ oder re ⌓.
39,5 Pegel.
39,0 Straßen-II D 946, **Varennes-en-Argonne**.
38,7 li ⛟.
35,6 ▬, 2,3 m hoch. **X**, re ⌓.
33,6 Straßen-II, li **Montblainville**.

30,1 ▬, 1,6 m hoch, nach Besichtigung ≋; nicht li in den Mühlengraben einfahren, hier ⌓ 300 m bis zum Fluss.

29,2 Straßen-Ⅱ D 242, li **Apremont**.

27,3 ▬, X, meist kein Wasser im Flussbett, daher meist in Mühlengraben ⌓ und bis ↯ fahren, Achtung auf starken Rücksog, li ⌓.

26,0 li ⇩ Mühlgraben, Straßen-Ⅱ D 142, li ⛺.

23,9 ▬.

23,2 Straßen-Ⅱ D 4, re **Fléville**, ▬, evtl. ≋.

19,2 Wege-Ⅱ

18,9 Straßen-Ⅱ D 42, re **Saint-Juvin**.

18,0 re ⇩ Agron.

14,7 Straßen-Ⅱ, li **Chevieres**.

12,4 ▬, Abzweigung, auf Wasserstand achten.

11,0 Straßen-Ⅱ D 6, re **Grandpré**, re ⛺ Camping Municipal,16 Rue André Bastide, 08250 Grandpré.

3,8 Flussteilung der Aire. Wasserstand beachten.

Rechter Arm:

2,8 Straßen-Ⅱ D 41, danach EB-Ⅱ.

0,0 ⇩ in Aisne bei km 246,9.

Linker Arm:

2,9 Mühlen-▬, X.

2,8 Straßen-Ⅱ D 41, re Termes.

0,0 ⇩ in Aisne bei km 246,3.

Überarbeitung nach Kartenmaterial.

Serre

Kleinfluss	GKZ: Fr: H01-0400
Mündung in Oise bei Le Fère (li Nebenfluss)	

Auf der Serre ist gelegentlich mit Baum- und Strauchhindernissen zu rechnen, einzelne Wehre, sonst keine besonderen Schwierigkeiten. Sollte durch Marl auf der Serre zu wenig Wasser sein, so ist es möglich über den Vilpion die Stadt Marl zu umfahren, da man am Ende des Stadtgebietes wieder zurück in die Serre gelangen kann. Im Stadtgebiet von Marl müssen zwei ▬ umgetragen werden.

Ursprung:	(49.763611, 4.316111) in ca. 245 m Höhe.
Mündung:	(49.678056, 3.391944) in ca. 52 m Höhe.
Länge:	96 km
Befahrbarkeit:	ab km 67,9 nur bei gutem Wasserstand, ab km 51,0 meist ganzjährig.

Lattenpegel: Ortschaft Mortiers, Minimum 55 cm.

67,9 Straßen-Ⅱ D 966, li **Montcornet**, mögliche ⬇ bei gutem Wasserstand.

65,9 ▬.

65,7 Straßen-Ⅱ D 74, re **Chaourse**.

61,1 Straßen-Ⅱ D 59, li **Agnicourt**.

59,0 re ⇩ Sourieux.

55,9 Ⅱ.

55,8 Straßen-Ⅱ D 25, **Travaux-et-Pontséricourt**.

53,4 ▬.

53,3 Straßen-Ⅱ D 60, **Saint-Pirremont**.

51,0 Straßen-Ⅱ D 51, re **Bosmont-sur-Serre**.

49,7 ▬.

48,0 Mühlen-▬.

45,3 Straßen-Ⅱ.

42,5 re Überleitungs-▬ zum Vilpion (siehe Text).

41,8 Straßen-Ⅱ D 946, **Marle**, ⩩, ⬇. Es folgen 2 weitere Ⅱ und ▬, **X**.

41,2 Straßen-Ⅱ D 584.

40,4 re ⇩ der Umleitung vom Vilpion.

40,0 Straßen-Ⅱ N 2.

37,8 re Mühlengraben, Einfahrt verboten. Straßen-Ⅱ, ▬, davor Betonstangen, nach ansehen evtl. ≋, Ⅱ.

37,3 Straßen-Ⅱ D 63, li **Voyenne**, re ⩩.

33,1 Straßen-Ⅱ D 12, re **Dercy**, ⩩.

32,7 li ⇩ Vilpion.

32,3 Straßen-Ⅱ.

29,9 EB-Ⅱ.

29,1 Straßen-Ⅱ D 3060, re **Mortiers**, re am Rohr Lattenpegel.

26,8 Straßen-Ⅱ.

25,9 Fußgänger-Ⅱ.

25,6 ⇩ Seitenarm Souche.

25,3 Straßen-Ⅱ D 967, re **Crécy-sur-Serre**, li 🛒, verfallenes ▬.

25,1 ⇩ Souche.

19,0 EB-Ⅱ.

15,5 ⬅ des Mühlgrabens.

15,5 Straßen-Ⅱ D 351, sofort danach ▬, **X**, vor der Ⅱ re ⛺, li **Assis-sur-Serre**.

14,7 ⇩ Mühlgraben.

14,5 ▬.

13,0 re ⇩ Péron.

8,8 Straßen-Ⅱ D 26, li **Pont à Bucy**.

7,1 Straßen-Ⅱ D 647, re **Novion-le-Comte**.

6,1 Straßen-Ⅱ A 26/E 17.

4,2 Straßen-Ⅱ D 69, re **Anguilcourt-le-Sart**.

3,4 Wege-Ⅱ.
0,1 Straßen-Ⅱ D 13.
0,0 ⇩ in Oise bei km 188,2.

Überarbeitung nach Kartenmaterial.

Brune

Kleinfluss GKZ: Fr: H0120600
Mündung in Vilpion bei Thiernu (li Nebenfluss)
Der nicht beschriebene Vilpion ist ein re Nebenfluss der Serre.

Die Brune ist ein schmaler und kurvenreicher Kleinfluss, mit Baum- und Strauchhindernissen muss gerechnet werden.

Ursprung:	(49.773333, 4.195278) in ca. 250 m Höhe.
Mündung:	(49.7575, 3.790278) in ca. 38 m Höhe.
Länge:	38 km
Befahrbarkeit:	Frühjahr und Herbst; eine Befahrung ist nur bei sehr gutem Wasserstand möglich. Es besteht eine Übereinkunft mit den Anglern, wonach eine Befahrung am Sonntagvormittag während des ganzen Jahres sowie am Samstag und Montag zur Zeit der Eröffnung der Anglersaison unterbleiben soll.
Fahrtstrecke:	Nampcelles - ⇩ (Thiernu) 20 km; bei minder gutem Wasserstand ⬇ bei Hary, 13 km bis ⇩.

Unveränderte Übernahme.

Ton (Oise)

Kleinfluss GKZ: Fr: H0030600
Mündung in Oise bei Etréaupont (li Nebenfluss)

Der Ton ist ein enger Kleinfluss, etwas mühsam zu befahren, mit engen Kurven und Baum- und Strauchhindernissen.

Ursprung:	(49.863056, 4.355556) in ca. 275 m Höhe.
Mündung:	(49.905833, 3.908611) in ca. 123 m Höhe.
Länge:	56 km
Befahrbarkeit:	Frühjahr und Herbst. Der Ton ist ein beliebter Angelfluss. Es besteht eine Vereinbarung mit den Anglern, wonach die Befahrung zur Zeit der Angelsaison (Anfang April bis Anfang Oktober) am Samstag, Sonntagvormittag sowie Montag ganz verboten ist, an den übrigen Tagen erlaubt von 9.30 Uhr bis 18 Uhr. Oberhalb der Ortschaft Origny en Thiérache muß verstärkt mit Anglern gerechnet werden.

Zeltmöglichkeit: ⛺ in Etréaupont.

28,0 Straßen-Ⅱ D 291, re **Bucilly**.
24,4 Straßen-Ⅱ.
24,2 ▬ Éparcy.
23,6 Straßen-Ⅱ D 742, re **Éparcy**.
23,0 Fußgänger-Ⅱ.
21,9 Fußgänger-Ⅱ.
20,5 Fußgänger-Ⅱ.
20,2 Straßen-Ⅱ D 75, La Hérie, ▬.
16,6 Straßen-Ⅱ D 963.
16,0 Wege-Brücke, EB-Ⅱ.
14,9 Straßen-Ⅱ, li ⧻.
14,3 Straßen-Ⅱ D 363, **Origny-en-Thiérache**, nach 50 m ▬, ≋.
13,7 Wege-Brücke, danach li Sportplatz.
11,5 Straßen-Ⅱ D 38, re **Les Routiéres**.
10,7 Straßen-Ⅱ, ▬, evtl. ≋ durch Mühlenhaus.
7,5 Flussteilung, li Abzweig benutzen, re verboten.
7,4 Straßen-Ⅱ und ▬, **X**, li ⌓ und über Ⅱ einsetzen.
7,2 Straßen-Ⅱ.
7,0 re ⇩ Mühlgraben.
4,9 Straßen-Ⅱ D 751.
0,9 ▬, evtl. ≋ oder ⌓ durch Mühlenhaus.
0,6 Straßen-Ⅱ N 2, re **Etréaupont**, ⬍.
0,0 ⇩ in Oise bei km 286,5.

Überarbeitung nach Kartenmaterial.

Marne

Ile de France

Kleinfluss - Wanderfluss – Kanal GKZ: Fr: F---0100
Mündung in Seine im Stadtbereich von Paris (re Nebenfluss)

Die Marne ist der größte Nebenfluss der Seine. Aus kanusportlicher Sicht ist die Marne ein sehr abwechslungsreicher Fluss. In ihrem Oberlauf, oberhalb Chaumont, ist sie ein recht mühsam zu befahrender Kleinfluss, genaue Unterlagen über diesen Abschnitt fehlen. Die übliche Wanderstrecke beginnt in Chaumont, keine besonderen Schwierigkeiten, mehrere Wehre sind zumeist gut zu befahren. Der neben dem Fluss verlaufende Seitenkanal der Marne hat sein eigenes Bett, stört daher nicht. Die Marne ist hier auf längeren Abschnitten sehr empfehlenswert. Unterhalb von Epernay benutzt der Kanal weitgehend das Flussbett der Marne, mit zahlreichen Schleusen und unfahrbaren Wehren neben den Schleusen, der Schiffsverkehr ist jedoch gering. Die Landschaft ist, trotz der Nähe von Paris, zumeist recht reizvoll. Zwischen den Kanal-Kilometern 76,0 und 45,8 sollte man unbedingt dem um 16 km längeren Lauf der Marne folgen.

Ursprung:	(47.818333, 5.35) in ca. 420 m Höhe.
Mündung:	(48.816389, 2.410833) in ca. 32 m Höhe.
Länge:	514 km
Befahrbarkeit:	oberhalb von Chaumont nur bei HW; ab Chaumont am besten im Frühjahr. Bei km 172 wird ab Mitte August für die Seine-Schiffahrt Wasser aus dem Stausee von Der-Chantecoq in die Marne abgegeben, dadurch ist ab diesem Zeitpunkt eine Befahrung auch im Sommer und Herbst möglich. Ab Epernay ganzjährig.

Eine Befahrung des Oberlaufs ist etwa ab Langres möglich, nur bei HW, genaue Unterlagen sind jedoch nicht bekannt. Zahlreiche ▬, nur teilweise ≈, bei HW gefährlich, enges Flussbett, Baum- und Strauchhindernisse.

463,1 Straßen-Ⅱ D 162, **Chamarandes-Choignes** (bei Chaumont), mögliche ⬇ bei gutem Wasserstand. Bis Dizier folgen etwa 14 ▬, die nachfolgend nicht einzeln aufgeführt sind. Sie sind zumeist **X**, können jedoch leicht getreidelt oder überhoben werden.

462,3 ▬.

460,7 Straßen-Ⅱ D 674, li **Chaumont**.

459,8 ▬.

459,5 Straßen-Ⅱ D 161.

458,5 ▬.

458,1 Ⅱ.

456,2 Ⅱ des Canal de la Marne a la Saone über die Marne.

455,7 Straßen-Ⅱ, li **Condes**.

455,0 Straßen-Ⅱ.

453,2 ▬.

452,6 Straßen-Ⅱ, darunter ▬.

449,1 Straßen-Ⅱ, re **Riaucourt**.

447,0 ▬.

446,3 Straßen-Ⅱ.

444,4 Ⅱ des Canal de la Marne a la Saone über die Marne.

444,2 ▬.

443,7 Straßen-Ⅱ D 44, li **Bologne**.

443,5 EB-Ⅱ.

442,9 Straßen-Ⅱ.

438,8 ▬.

438,2 Straßen-Ⅱ D 167, li **Vraincourt**, re **Viéville**.

436,2 Straßen-Ⅱ, li **Soncourt-sur-Marne**.

434,9 ▬.

432,9 Straßen-Ⅱ D 40, **Vouécourt**.

432,7 ■.

432,2 ■.

431,6 Wege-Ⅱ.

428,1 Straßen-Ⅱ D 256, li **Buxiéres Lés Froncles**.

427,7 ■.

427,3 Wege-Ⅱ.

426,9 Straßen-Ⅱ D 253, li **Froncles**.

426,8 ■.

425,7 ■.

425,2 EB-Ⅱ.

423,4 Straßen-Ⅱ.

420,7 EB-Ⅱ.

420,0 ■.

419,5 li ⇩ Wehrarm, Straßen-Ⅱ.

418,8 EB-Ⅱ.

417,5 ■.

417,3 Straßen-Ⅱ, li **Gudmont-Villiers**, re 卌.

417,2 EB-Ⅱ.

414,4 ■.

414,2 Straßen-Ⅱ, li **Rouvroy-sur-Marne**.

413,7 Ⅱ des Canal de la Marne a la Saone über die Marne.

412,7 ■, danach Wege-Ⅱ.

412,1 Straßen-Ⅱ D 67A, re **Donjeux**.

410,3 Ⅱ des Canal de la Marne a la Saone über die Marne, re ⇩ Rognon (s. Seite 306).

407,6 ■.

406,9 Straßen-Ⅱ.

402,8 Straßen-Ⅱ N 67.

402,1 ■.

401,4 Straßen-Ⅱ D 960, **Joinville**. Die Fahrt wird, wegen der Schwierigkeiten beim ■ von km 397,8, vielfach hier beendet.

400,0 Straßen-Ⅱ N 67.

398,3 Ⅱ.

398,1 Straßen-Ⅱ D 197A, li **Bussy**.

397,8 ■, **X**, ⏏ sehr mühsam.

397,2 EB-Ⅱ.

396,4 Straßen-Ⅱ, li **Vecqueville**. Wegen der Schwierigkeiten beim ■ von km 397,8 wird die Fahrt vielfach erst hier begonnen bzw. fortgesetzt.

394,5 Straßen-Ⅱ, re **Autigny-le-Grand**.

393,8 ■.

393,0 li 🚐.

392,4 Straßen-Ⅱ D 179, li **Chatonrupt-Sommermont**, re **Curel**.

387,1 Straßen-Ⅱ D 9, li **Racheqourt-sur-Marne**, re **Chevillon**.

386,0 ■.

385,8 Straßen-Ⅱ.
384,6 ▬.
383,7 Straßen-Ⅱ, li **Gourzon**.
393,5 ▬.
382,7 Straßen-Ⅱ D 184, li **Launeville-à-Bayard**, re **Bayard-sur-Marne**.
379,9 ▬.
379,3 Straßen-Ⅱ.
377,7 ▬.
377,5 Straßen-Ⅱ D 213, li **Eureville-Bienville**, re ⁂.
375,2 EB-Ⅱ.
374,7 Straßen-Ⅱ D 19, li **Roches-sur-Marne**, re **Chamoilley**.
374,4 ▬.
373,3 ▬.
373,0 ▬.
372,2 EB-Ⅱ.
371,4 ▬.
369,4 ▬.
369,3 Straßen-Ⅱ N 4.
369,2 Wege-Ⅱ, Straßen-Ⅱ.
368,3 Wege-Ⅱ, ab hier bis zum Wehr bei km 367,0 sind die Ufer betoniert.
367,9 Wege-Ⅱ.
367,3 Straßen-Ⅱ.
367,0 ▬, **X**, Wasserableitung zum Stausee Der-Chantecoq. Bei ausreichender Wasserabgabe re etwa 500 m weit ⌓.
366,5 EB-Ⅱ, davor Pfeiler einer alten Brücke.
366,0 Straßen-Ⅱ D 67B, **Saint-Dizier**.
365,2 Wege-Ⅱ.
364,3 Straßen-Ⅱ D 384,
362,0 Straßen-Ⅱ N 4.
359,9 ▬.
359,1 ▬.
358,3 Straßen-Ⅱ, gute ⬇, li **Moëslains**. Es folgt auf 16 km eine sehr schöne Strecke mit leichten Schwällen.
357,8 ▬, **X**, li etwa 400 m weit ⌓. Es folgt nach 1 km Naturstufe mit 1 m Abfall, treideln bzw. überheben.
354,1 Straßen-Ⅱ D 196, **Laneuville-au-Pont**.
354,0 Naturstufe mit 1 m Abfall, treideln bzw. überheben.
351,9 Straßen-Ⅱ D 560, li **Ambriéres**.
350,3 Schräg-▬, Steine im Unterwasser, li ⌓.
343,1 Straßen-Ⅱ D 60, li **Hautville**.
336,5 Straßen-Ⅱ D 13, li **Arrigny**, re **Larzicourt**.
335,3 li ⇩ der Blaise (s. Seite 305), gleichzeitig ⇩ des Abflusses vom Stausee Der-Chantecoq mit Wasserzufuhr (s. Befahrbarkeit). Es folgen auf den

nächsten 20 km etwa 7 Steinwurf-■, bei NW **X**, bei höherem Waserstand evtl. ≋.

333,6 Wege-II.
331,6 Steinwurf-■, bei NW **X**, bei höherem Waserstand evtl. ≋.
331,2 Straßen-II D 58, re **Moncetz-l´Abbeye**.
328,0 Straßen-II, re **Cloyes**.
326,8 Straßen-II, re **Norrois**.
324,2 Steinwurf-■, bei NW **X**, bei höherem Waserstand evtl. ≋.
323,7 Steg, re **Bignicourt-sur-Marne**.
322,1 Steinwurf-■, bei NW **X**, bei höherem Waserstand evtl. ≋.
317,7 li ⇩ Cavé.
317,6 Straßen-II D 396, re **Frignicourt**.
313,4 Steinwurf-■, bei NW **X**, bei höherem Waserstand evtl. ≋.
313,1 EB-II, re 🚆.
312,8 EB-II.
311,7 Straßen-II N 4, re **Vitry-le-François**. Die Marne wird breiter und ruhiger.
311,4 re ⛺ Camp Municipal La Peupleraie, Quai des Fontaines, Lieu-dit Petites Indes, Vitry-le-françois, 51300, Zugang 200 m landeinwärts, 700 m vom Stichkanal-Hafen entfernt. Idealer Platz für Rundtouren auf Marne, Saulx, Canal latéral de la Marne, Canal de la Marne au Rhin und Canal de la Marne à la Saône.
309,6 re ⇩ Saulx (s. Seite 301).
308,4 re ⌘ (außer Betrieb) zum Canal latéral à la Marne.
307,0 Straßen-II D 502, re **Couvrot**.
306,7 ■, **X**, re ⏏.
303,9 Werks-II.
209,6 Straßen-II D 402, re **Soulanges**.
295,4 Straßen-II D 81, re **Ablancourt**.
291,0 Straßen-II D 302, re **La-Chaussée-sur-Marne**.
287,5 EB-II.
286,6 Straßen-II D 54, re **Pogny**, günstige ⏏-Möglichkeit in den Canal latéral à la Marne zwecks Rückfahrt nach Vitry le Francois, 6 ⌘, 18 km (s. Seite 299).
283,2 Straßen-II D 202.
277,4 Straßen-II D 280, li **Mairy-sur-Marne**.
273,4 Straßen-II D 80, li **Sogny-aux-Moulins**.
267,1 Straßen-II D 3.
266,7 ■, **X**, re ⏏, sehr weit.
266,2 Straßen-II, **Châlons sur Marne**, li 🚆.
262,8 EB-II.
258,9 Straßen-II A 26/E 17.
253,0 Straßen-II, li **Matougues**.
247,6 Straßen-II, **Aulnay-sur-Marne**.
239,4 Straßen-II D 37, Condé-sur-Marne.

233,4 Straßen-II D 19, re **Tours-sur-Marne**.
233,2 ▬ bei Kartonnagenfabrik, durch schmalen Durchlass evtl. ≈, starker Schwall oder li ⌓.
230,4 Straßen-II, re **Bisseul**.
226,7 Straßen-II D 9.
225,4 Straßen-II D 112, re **Mareuil-sur-Ay**.
216,8 EB-II.
215,4 Straßen-II D 201, Epernay, 🚉.
213,7 Straßen-II D 951, li ⛺ Blue Nautic, Camping d'Epernay,Allée de Cumières, 51200 Épernay, ☎ 06 15 40 79 72, www.bluenautic.fr.
211,9 re, der Seitenkanal der Marne, der bis hierher neben dem Fluss verläuft, mündet in die Marne, d. h. man fährt weitgehend auf der kanalisierten Marne. Bis zur ⇩ insgesamt 18 ⌘, daneben befinden sich ▬, die durchweg nicht ≈ sind. An mehreren Stellen verläßt der Kanal den Fluss, um dessen zahlreiche Windungen abzuschneiden. Man sollte daher stets versuchen, dem wesentlich interessanteren alten Flusslauf zu folgen. Die nachstehend gemachten km-Angaben beziehen sich auf den Flusslauf. Wenn man stets den Kanälen folgt, wird die Strecke bis zur ⇩ um 31 km kürzer. Die Abkürzungskanäle haben z. T. eigene Namen.
210,9 Straßen-II D 301, re **Cumiéres**.
209,5 re zur Schleuse, li Flusslauf Marne.
209,2 ▬.
208,0 re ⇩ Schleusenkanal.
205,9 Straßen-II D 22, re **Damery**.
204,8 re zur Schleuse, li Flusslauf Marne.
204,5 ▬.
201,4 re ⇩ Schleusenkanal.
197,8 Straßen-II D 601, re **Reuil**.
194,8 Straßen-II D 23, li **Mareuil-le-Port**.
192,0 li ▬, re ⌘.
186,8 Straßen-II D 980.
183,7 re ⛺.
183,4 Straßen-II D 6/D 18.
179,3 li ▬, re ⌘.
177,6 Straßen-II D 852, li **Sauvigny**.
172,2 Straßen-II D 330, re **Jaulgonne**.
170,2 li ⇩ Surmelin.
168,3 Straßen-II D 4, re **Mont-Saint-Pére**.
167,2 li ▬, re ⌘.
159,9 Insel.
159,3 Straßen-II, **Château-Thierry**, 🚉.
158,3 Ende der Insel.
157,4 Straßen-II D 1003.
153,6 li ▬, re ⌘.

152,9 Straßen-Ⅱ, re **Azy-sur-Marne**.
146,5 Straßen-Ⅱ D 11, li **Nogent-l'Arlaud**.
143,5 Straßen-Ⅱ D 82.
143,2 li ▬, re ⌘.
135,6 Straßen-Ⅱ D 55, **Nanteuil-sur-Marne**, li ⚑.
135,1 EB-Ⅱ.
134,1 li ▬, re ⌘.
133,7 Straßen-Ⅱ D 68A, re **Mery-sur-Marne**.
129,6 Straßen-Ⅱ D 402, li **Luzancy**.
128,6 EB-Ⅱ.
123,8 EB-Ⅱ.
122,5 re ▬, li ⌘.
119,2 Straßen-Ⅱ, **La Ferte-sous-Jouarre**, ⚑.
118,4 Straßen-Ⅱ D 803, li ⇩ Petit Morin, li **Condetz**.
114,5 Straßen-Ⅱ D 21P, re **Ussy-sur-Marne**.
112,4 Straßen-Ⅱ A 4.
110,2 Straßen-Ⅱ, li **Saint-Jean-les-Deux-Jameaux**, re **Changis-sur-Marne**.
109,1 re ▬, li ⌘.
106,9 EB-Ⅱ.
99,0 Straßen-Ⅱ D 17, re **Mary-sur-Marne**, ⚑.
98,7 EB-Ⅱ.
98,2 re ⇩ Ourcq.
96,4 re ▬, li ⌘, davor li ⛺ Le Bac, 77440 Isles-les-Meldeuses.
96,1 Straßen-Ⅱ D 121E, li **Isles-les-Meldeuses**, re **Villers les Rigault**.
89,4 re ⛺ Le Village Parisien, 77910 Varreddes.
88,5 li **Germigny-l'Évêque**.
88,0 Straßen-Ⅱ D 97, re **Varreddes**.
85,6 Insel.
82,7 EB-Ⅱ, davor li ⛺ Camping du Pont, li ⚑.
82,4 Straßen-Ⅱ D 903, li **Trilport**.
76,0 ← Kanal mit einem Kanaltunnel am Ende der Kanalstrecke, geradeaus alter Flusslauf; man sollte unbedingt hier weiterfahren. Auf 21 km sehr schöner, einsamer Fluss.
75,8 Straßen-Ⅱ D 336, **Meaux**, ← mündet unterhalb des Wehres bei km74,3. Unklare Situation laut Karte.
75,4 Straßen-Ⅱ.
75,2 Straßen-Ⅱ.
74,9 Straßen-Ⅱ D 360, re ⚑ Meaux.
74,3 ▬.
69,9 Straßen-Ⅱ A 140.
67,0 li ⇩ Grand Morin (s. Seite 293), li **Condé-Saint-Libiaire**.
66,0 EB-Ⅱ.
64,8 Straßen-Ⅱ D 27, **Esbly**.
60,9 Straßen-Ⅱ D 89, re **Trilbardou**.

60,1 ▬, evtl. ≋ wenn offen, große Wellen.

53,8 EB-II.

52,3 Straßen-II D 45, re **Anett-sur-Marne**.

52,0 re ⛺ Camping de L'lle Demoiselle, Chemin du Port, 77410 Annet-sur-Marne, ☎ 01 60 26 03 07, http://ile-demoiselle.fr/.

46,1 Neue und alte EB-II.

45,8 li ⇩ des Kanals (siehe km 76,0), ⌘ von Chalifert.

40,2 Straßen-II D 221, li **Lagny-sur-Marne**, re **Thorigny-sur-Marne**, re 🚆.

40,0 Straßen-II.

37,5 Straßen-II A 104.

36,0 re ⌘, li Flusslauf.

35,1 Straßen-II D 34A, li **Torcy**, re **Vaires-sur-Marne**, 🚆.

33,3 ▬.

31,8 Wege-II.

30,3 Wege-II.

29,4 Straßen-II D 104, li **Gournay-sur-Marne**.

28,7 Wege-II.

25,8 re ⛺.

25,2 re ⇩ Kanal über Schleuse (siehe km 36,0). Es ist eine beliebte Rundfahrt der Pariser Kanuten, hier auf dem Kanal hochzufahren bis Vaires und auf der Marne 10 km weit bis Neuilly zurückzufahren.

25,0 Straßen-II N 370, li **Noisy-le-Grand**, re **Neuilly-sur-Marne**.

24,7 Straßen-II.

24,2 EB-II.

23,7 EB-II.

22,6 Wege-II.

21,6 Straßen-II D 120, li **Bry-sur-Marne**, re **Le Perreux-sur-Marne**.

20,8 Inseln.

19,7 EB-II.

19,4 Ende Insel, Straßen-II, li **Champigny-sur-Marne**, re **Nogent-sur-Marne**.

17,5 Straßen-II A 86.

16,7 Straßen-II, li **Joinville**. Es folgt ein 1,1 km langer Tunnel, eine Befahrung ist wegen des Schiffsverkehrs kaum möglich. Wenn man nicht auf dem Wasserweg Paris erreichen will, ist es wahrscheinlich sinnvoll, die Fahrt hier zu beenden. Es gibt in diesem Bereich mehrere ⌂ von Pariser Kanuvereinen.

16,5 ➔ des Kanals durch einen Tunnel, geradeaus Flusslauf.

15,9 ▬.

15,5 Straßen-II.

13,8 EB-II.

13,3 Straßen-II D 130, li **Champingny-sur-Marne**, re **Saint-Maur-des-Fossés**.

10,6 Straßen-II D 123, re **La Varenne St.-Hilaire**.

9,2 EB-II.

8,3 Straßen-II.
6,5 Wege-II.
5,5 re ■, li ⚒.
5,3 Straßen-II D 86.
4,8 Straßen-II.
3,7 Straßen-II D 148.
3,4 re ⇩ des Kanals durch einen Tunnel (siehe km 16,5).
3,0 2 Autobahn-II.
2,7 2 Autobahn-II.
2,5 Wege-II.
1,0 li ■, re ⚒.
0,7 Straßen-II D 6.
0,6 EB-II.
0,4 EB-II.
0,2 Wege-II.
0,0 ⇩ in Seine, km 371,8.

Überarbeitung nach Kartenmaterial.

Grand Morin

Ile de France

Kleinfluss – Wanderfluss GKZ: Fr: F65-0400
Mündung in Marne (li Nebenfluss)

Der Grand Morin fließt in vielen Windungen durch die reizvolle Landschaft der „Ile de France“, also der weiteren Umgebung von Paris, mit Wiesen, kleinen Wäldern und Obstplantagen. Im Oberlauf ist der Grand Morin ein Kleinfluss, Schwierigkeiten durch Baum- und Strauchhindernisse sind möglich. Im Unterlauf ist er ein reiner Wanderfluss, ohne besondere Schwierigkeiten. Zahlreiche Wehre sind zumeist befahrbar oder können getreidelt werden. Die Ufer sind vielfach in Privatbesitz, anlanden und lagern daher oft schwierig. Auch beim evtl. Umtragen von Wehren sollte Rücksicht auf die Anrainer genommen werden.

Ursprung:	(48.770833, 3.714444) in ca. 190 m Höhe.
Mündung:	(48.900556, 2.830833) in ca. 45 m Höhe.
Länge:	118 km
Befahrbarkeit:	Oberlauf nur im Frühjahr oder nach Regenfällen, ab La Ferté Gaucher (63,1) ganzjährig. Bei Hochwasser werden manche Wehre gefährlich; da das Umtragen wegen des Privatbesitzes vielfach problematisch ist, sollte dann von einer Befahrung Abstand genommen werden.

95,1 Straßen-II, **Esternay**, mögliche ⬇ für die Befahrung des Oberlaufs.
92,6 Wege-II.

91,3 Wege-II.
90,2 Straßen-II, **Le Tronchot**.
90,1 Wege-II.
89,1 Straßen-II D 375, re **Neuvy**.
88,7 Straßen-II.
86,7 Straßen-II.
85,5 Straßen-II.
85,1 Wege-II.
83,8 Straßen-II D 246.
82,7 Straßen-II.
82,0 Wege-II.
81,0 Wege-II.
79,9 Wege-II.
79,7 Straßen-II.
78,5 Straßen-II.
77,2 Wege-II.
75,9 Wege-II.
75,7 Mühlen-■.
75,4 Straßen-II D 108, re **Meilleray**.
74,3 Mühlen-■.
72,4 Straßen-II.
70,2 Wege-II.
69,7 Straßen-II.
66,3 Mühlen-■.
66,4 Straßen-II.
65,4 ■, auf der Wehr-Insel ⛺ Saint-Martin des Champs.
65,0 Straßen-II, re **Saint-Martin-des-Champs**.
64,2 Mühlen-■.
63,7 Wege-II.
63,1 Straßen-II, Beginn von **La Ferté Gaucher**. Ende der Kleinflussschwierigkeiten, mögliche ⬇ für die Befahrung der Wanderstrecke. Rechts ⛺ Flower camping La Ferté Gaucher, Pour Saint-Nicaise, 77320 La Ferté-Gaucher.
62,7 Straßen-II, ■.
62,5 Wege-II.
62,4 Straßen-II D 204.
62,3 ■.
62,2 Wege-II.
62,0 ■.
58,8 Straßen-II, li **La Chair aux Gens**.
57,6 ■.
57,5 Straßen-II.
57,0 ■.
56,5 Straßen-II D 66, **Jouy-sur-Morin**.

56,4 ■.
55,3 ■.
54,2 Straßen-II, re **Champgoulin**.
54,0 ■.
53,0 Mühlen-■., Moulin de Choisy.
51,9 Mühlen-■.
51,8 Wege-II.
51,4 ■.
51,3 Straßen-II D 55E4.
50,5 ■, Wege-II.
50,0 Straßen-II.
49,0 Straßen-II D 55, li **Saint-Siméon**.
47,9 Straßen-II.
47,7 Mühlen-■ Moulin de la Vacherie.
46,1 ■ bei **Chauffry**.
44,9 Straßen-II, re **Les Corvelles**.
43,0 Straßen-II, re **La Fontenelle**.
41,5 Straßen-II D 37.
Vor Coulommiers ist die Fahrt durch ■ bei Papierfabriken sehr erschwert. Es ist daher ratsam, die Fahrt hier zu unterbrechen. Bei Weiterfahrt durch **Coulominiers** mehrere Teilungen des Flusses; unbedingt immer den re Arm nehmen. Es folgen bei der Weiterfahrt ■ bei km 41,3, 37,6 und 36,2, sowie zahlreiche II. Mögliche ⬇ für die Weiterfahrt am Ortsende von Coulommiers.
35,7 ■.
34,5 Straßen-II D 934.
33,4 ■ (zerfallen).
33,3 Straßen-II.
31,8 Straßen-II D 44, re **Mouroux**.
31,6 ■.
29,9 Mühlen-■.
29,6 Straßen-II D 216, li **Pommeuse**.
29,1 li ⇩ Aubetin (s. Seite 296).
28,1 ■.
27,8 Straßen-II D 25, re **Tresmes**, li ⩩.
25,3 Straßen-II, li **La Celle en Bas**.
25,2 Mühlen-■.
22,7 ■.
22,3 Straßen-II D 20E, **Guérard**.
20,7 Mühlen-■, Moulin de Genevray.
19,1 Mühlen-■.
18,9 Wege-II.
17,6 Straßen-II, ■.
15,7 ■.

15,5 Straßen-Π.
13,7 Mühlen-■.
13,4 Straßen-Π.
11,5 Mühlen-■.
10,6 ➔ eines Grabens um die Stadt **Crécy-la-Chapelle**. Vorsicht, bei HW ist die Durchfahrt durch den Ort gefährlich. Man kann entweder den li (Haupt)-Arm nehmen, man muss dann ein recht hohes ■ befahren; oder man fährt den 2. Arm r. Auf keinen Fall den 1. Arm nehmen! Am Ortsende kommen alle Arme wieder zusammen.
10,5 ➔ Mühlgraben.
10,2 Mühlen-■, Moulin de Saint-Martin.
10,0 Straßen-Π D 235, re **Crécy-la-Chapelle**.
8,0 Mühlen-■.
7,8 Straßen-Π D 406, li **Villiers-sur-Morin**.
6,5 ■.
6,1 ■.
5,9 Straßen-Π A 4.
5,6 EB-Π.
5,5 ■.
4,8 Π.
4,3 Straßen-Π D 934, li **Saint-Germain-sur-Morin**, re **Couilly-Pont-aux-Dames**.
4,0 ■.
2,4 Π.
1,6 Straßen-Π D 85P.
0,9 ■.
0,1 Kanal-Π, gute Gelegenheit zum ⬆.
0,0 ⇩ in Marne bei **Condé-Sainte-Libiaire**, km 67,0.

Überarbeitung nach Kartenmaterial.

Aubetin

Kleinfluss GKZ: Fr: F65-0410
Mündung in Grand Morin bei Coulommiers, km 29,1 (li Nebenfluss)

Der Aubetin verläuft in einem engen, stellenweise recht versperrten Flussbett mit im Allgemeinen nur geringen Schwierigkeiten, WW I. Bei Poncet, am Ende der Fahrt findet sich jedoch eine eindrucksvolle Stufe, WW IV, eine beliebte Übungsstelle der Pariser Kanuten.

Ursprung: (48.638056, 3.516389) in ca. 160 m Höhe.

Mündung: (48.815833, 3.007222) in ca. 105 m Höhe.

Länge: 61 km

Befahrbarkeit: nur bei sehr gutem Wasserstand.

Pegel: unterhalb der Ⅱ von Mauperthuis; Minimum 1 m, sehr gut 1,1 m.

Fahrtstrecke: Amillis-Poncet (bei Faremoutiers) 12 km.

Unveränderte Übernahme.

Ourcq, Ourcq-Kanal

Aufgelassener Schifffahrts-Kanal
Mündung in Marne

In seinem Oberlauf benutzt der Ourcq-Kanal das Flussbett der Ourcq, im Unterlauf trennen sich beide. Der eigentliche Ourcq, der hier unfahrbar ist, mündet in die Marne, der Ourcq-Kanal, dessen Verlauf man mit dem Boot folgen muss, mündet im Stadtbereich von Paris in die Seine. Der Ourcq-Kanal ist für die Berufsschiffahrt aufgelassen, es findet sich daher nur mäßiger Sportbootverkehr. Die Fahrt ist bei leichter Strömung durchaus lohnend, bei 8 Schleusen muss umtragen werden.

Befahrbarkeit: ganzjährig.

Fahrtstrecke: Marolles bis Claye-Souilly, hier gute Rampe zum ⬆, 70 km. Man kann die Fahrt auch schon in La Ferté Milon beginnen und in Paris beenden: Die Gesamtstrecke des Kanals beträgt 108 km.

Unveränderte Übernahme.

Petit Morin

Ile de France

Kleinfluss – Wanderfluss GKZ: Fr: F62-0400
Mündung in Marne (li Nebenfluss)

Der Petit Morin fließt durch die reizvolle Landschaft der „Ille de France“, mit bewaldeten, bis 200 m hohen Hügeln und fruchtbaren Talauen. Der meist schmale Fluss hat sich in Sand- und Mergelboden eingegraben, gefallene Bäume und Strauchhindernisse können die Fahrt, vor allem im Oberlauf, recht mühsam gestalten. Wie der benachbarte Grand Morin sind die Ufer des Flusses meist in Privatbesitz, Rücksichtnahme ist geboten, vor allem beim evtl. Umtragen von Wehren. Diese sind recht zahlreich, bei MW kann die Mehrzahl von ihnen befahren werden, bei NW werden sie unfahrbar, bei HW ist mit gefährlichem Rücklauf zu rechnen.

Ursprung: (48.820833, 3.994722) in ca. 145 m Höhe.

Mündung: (48.944444, 3.122222) in ca. 55 m Höhe.

Länge: 86 km

Befahrbarkeit: Oberlauf im Frühjahr und nach Regenfällen; ab km 32,5 im Prinzip ganzjährig, wegen der Befahrbarkeit der Wehre ist jedoch auch hier eine Befahrung im Frühjahr günstig. Bei HW sollte wegen der dann gefährlichen Wehre von einer Befahrung Abstand genommen werden.

63,0 Straßen-Ⅱ D 343E, **Le Thoult-Trosnay**, mögliche ⬇, ab hier erhebliche Kleinflussschwierigkeiten, Befahrung nur in kleinen Gruppen, Einzelheiten sind nicht bekannt.

47,3 Straßen-Ⅱ D 41, re **Montmirail**, gute ⬇.

43,9 Mühlen-▬, evtl. ≋ oder ⌓.

43,1 Straßen-Ⅱ D 20.

42,6 Mühlen-▬, **X**, li ⌓, Straßen-Ⅱ.

41,0 Straßen-Ⅱ D 863, Mühlen-▬, wenn offen evtl. ≋ oder li ⌓.

39,7 Wege-Ⅱ.

39,4 Straßen-Ⅱ.

37,4 Mühlen-▬, evtl. ≋.

37,3 Straßen-Ⅱ.

35,7 ▬, Straßen-Ⅱ.

33,2 Straßen-Ⅱ.

32,9 Straßen-Ⅱ D 31, **La Couarde**.

32,5 Straßen-Ⅱ, Mühlen-▬ von **Couargis**, ≋. Gute ⬇, ab hier nur noch geringe Schwierigkeiten.

30,7 Mühlen-▬ von **Verdelot**, Kanustation, weitere gute ⬇.

30,4 Straßen-Ⅱ D 6E.

30,1 Mühlen-▬, gut ≋.

29,3 Wege-Ⅱ.

28,7 Mühlen-▬ von St. Gobain, gefährlich, evtl. nach Besichtigung ≋ oder re ⌓.

28,2 ▬, evtl. ≋.

28,0 Straßen-Ⅱ D 6, re **Villeneuve-sur-Bellot**.

26,1 ▬.

26,0 Straßen-Ⅱ D 46, re **Le Grand Fourcheret**.

25,4 ▬.

22,9 Straßen-Ⅱ, re **Sablonnieres**.

22,5 Straßen-Ⅱ D 22, gute ⬇, davor Schwall.

20,1 ▬.

19,9 Straßen-Ⅱ.

18,7 ▬.

18,5 Wege-Ⅱ.

18,3 Straßen-Ⅱ D 55.

18,2 ▬.

16,6 ▬, Wege-Ⅱ.

15,7 Straßen-Ⅱ D 31E, **Orly-sur-Morin**. Gute ⬍.

14,1 ▬.

14,0 Straßen-Ⅱ D 31, li **Busserolles**, re **Les Hameaux**.

13,6 Wege-Ⅱ.

12,7 Straßen-Ⅱ D 31, ■.
11,6 ■.
10,7 ■.
10,3 Straßen-Ⅱ D 31, **Saint-Cyr-sur-Morin**.
9,4 Straßen-Ⅱ.
9,3 ■.
6,6 Straßen-Ⅱ, re **Biercy**.
4,5 ■, evtl. re ≋.
4,4 Straßen-Ⅱ, re **Vanry**.
3,2 Straßen-Ⅱ, **Courcelles-sour-Jouarre**.
2,8 Straßen-Ⅱ D 204.
2,2 ■.
1,3 ■.
0,6 ■, **X**, re ⌓, Straßen-Ⅱ, **Condetz**. Die Fahrt wird zumeist hier beendet, da kurz vor der ⇩ ein ↯ mit ■ ein ⌓ von etwa 500 m erfordert.
0,2 Straßen-Ⅱ D 603.
0,0 ⇩ in Marne bei La-Ferté-sous-Jouarre, km 118,2.

Überarbeitung nach Kartenmaterial.

Canal latéral à la Marne

Der Seitenkanal der Marne ist eine Teilstrecke einer Kanalverbindung von der Seine (Ärmelkanal, Paris) zum Rhein bei Straßburg. Nachfolgend wird lediglich eine Teilstrecke beschrieben, die eine Rundfahrt über 45 km ermöglicht (Marne - abwärts von Vitry le François bis Pogny und nach Umtragen wieder auf dem Kanal zurück). Die Kilometrierung erfolgt in Fließrichtung der Marne.

GKZ: Fr: F---2102

0,0 Abzweig des Kanals aus dem Canal de la Marne au Rhin (Straßburg);li nach 900 m Beginn des Canals de la Marne à la Saône (Lyon).
0,4 Straßen-Ⅱ D 982.
1,4 Straßen-Ⅱ N 44, **Vitry le François**.
2,0 der Kanal folgt einem Bogen, li ein Stichhafen, 750 m lang. Vom Ende des Hafens 700 m bis zum ⛺ La Peupleraie, idealer Standplatz für Rundtouren auf Marne, Saulx, Canal latéral à la Marne, Canal de la Marne aus Rhin, Canal de la Marne à la Saône).
2,3 Kanal-Ⅱ über Saulx, danach ⌘.
3,7 ⌘, danach li Verbindungs-⌘ zur Marne, außer Betrieb.
4,5 Straßen-Ⅱ D 502, re **Couvrot**.
4,9 ⌘.
5,4 Wege-Ⅱ.
5,7 Werk-Ⅱ.
8,0 Wege-Ⅱ.
9,3 ⌘, Straßen-Ⅱ D 402, re **Soulanges**.

11,5 ✡.
12,0 Straßen-Ⅱ D 81, re **Ablancourt**.
13,6 Wege-Ⅱ.
14,5 Straßen-Ⅱ D 302, re **La Chaussée**.
15,1 ✡.
16,7 Wege-Ⅱ.
16,9 EB-Ⅱ.
17,9 Straßen-Ⅱ D 54, re **Pogny**, gute ⏏-Möglichkeit von der Marne bei km 286,6.

Überarbeitung nach Kartenmaterial.

Canal de la Marne au Rhin

Der Canal de la Marne au Rhin ist die Fortsetzung des Canal Latéral Marne zum Rhein. Auch er kann für eine reizvolle Rundfahrt genutzt werden. Man fährt dazu von Vitry le François auf dem Kanal bis Etrépie, trägt hier zur Saulx um und fährt auf dieser zum Ausgangspunkt zurück, insgesamt 40 km.

GKZ: Fr: F---2102

0,0 **Vitry le François**, kleiner Bootshafen.
➔ Beginn des Canal de la Marne à la Saône.
0,6 Straßen-Ⅱ.
0,9 ← Canal latéral à la Marne.
1,7 Straßen-Ⅱ N 4.
1,9 Wege-Ⅱ.
3,3 Straßen-Ⅱ, ✡ Nr. 70 La Gravière.
5,1 Wege-Ⅱ, ✡ Nr. 69.
6,0 Straßen-Ⅱ D 58.
6,7 Wege-Ⅱ.
7,9 Straßen-Ⅱ D 995, ✡ Nr. 68, re **Brusson**.
9,5 Straßen-Ⅱ D 60, li **Ponthion**.
10,0 Wege-Ⅱ., ✡ Nr. 67.
12,5 Straßen-Ⅱ D 59, re **Le Buisson**.
13,6 Wege-Ⅱ.
14,6 Straßen-Ⅱ, ✡ Nr. 66, re **Bignicourt-sur-Saulx**, li ⏏-Möglichkeit zur Saulx.
16,6 Straßen-Ⅱ D 214, ✡ Nr. 65, re **Etrépie**, Kanal-Ⅱ über die Saulx, ⇩ des Ornain in Saulx, ⏏ in Saulx; bis 🚐 Vitry le François 25,5 km (s. Seite 301).

Überarbeitung nach Kartenmaterial.

Canal de la Marne à la Saône

Dieser Kanal ist ein Teilstück der Kanalverbindung von der Seine zur Rhône, also vom Ärmelkanal zum Mittelmeer. Er verläuft zunächst neben der Marne und gestattet damit eine Rundfahrt über 60,8 km. Nachfolgend wird nur dieser Abschnitt der Rundfahrt beschrieben.

GKZ: Fr: F5--0182

0,0 **Vitry-le-François**, kleiner Bootshafen, ← Beginn des Canal de la Marne au Rhin.
0,5 Straßen-Ⅱ D 982E1.
0,9 EB-Ⅱ.
1,1 ⯏ Nr. 71, Désert.
1,4 Straßen-Ⅱ.
2,3 Straßen-Ⅱ D 396.
2,8 Straßen-Ⅱ, ⯏ Nr. 70, Frignicourt.
5,3 Wege-Ⅱ.
6,2 Straßen-Ⅱ, ⯏ Nr. 69, Luxémont.
7,3 Straßen-Ⅱ.
8,9 Wege-Ⅱ, ⯏ Nr. 68, Écriennes.
9,7 Straßen-Ⅱ D 58.
11,3 ⯏ Nr. 67, Matignicourt.
12,9 Straßen-Ⅱ.
13,4 Straßen-Ⅱ D 59, ⯏ Nr. 66, Orconte.
14,3 Straßen-Ⅱ D 60.
15,4 Wege-Ⅱ, ⯏ Nr. 65, Bruyeres.
18,8 ⯏ Nr. 64, Sapignicourt.
19,5 Wege-Ⅱ, re **Sapignicourt**.
20,2 Straßen-Ⅱ D 660, ⯏ Nr. 63, **Perthes**. ⏏ zur Marne etwa 800 m weit, ⬇ in Marne bei km 350,3. Auf der Marne sind es noch 40,7 km bis zum Ausgangspunkt der Rundfahrt, dem ⛺ Vitry.

Überarbeitung nach Kartenmaterial.

Saulx

Kleinfluss – Wanderfluss GKZ: Fr: F62-0400
Mündung in Marne (re Nebenfluss)

Der Saulx ist von ihrer Wasserführung her fahrbar ab Bazincourt. Sie ist der schönste Forellenbach des Departments Meuse. Schwierigkeiten mit Anglern sind daher unvermeidlich. Unterhalb von Bazincourt ist ein bekanntes Gebiet der Entenjagd. Zahlreiche Wehre sind unfahrbar, das erforderliche Umtragen ist oft nicht nur sehr mühsam, sondern führt meist über Privatgelände, deren Besitzer den Zutritt verwehren.

Für den Oberlauf ist bedingt zu empfehlen eine 16 km lange Strecke von Robert d´Espagne bis Sermaize les Bains. Die ▬ von Mogneville und Sermaize sowie der natürliche Abfall von Andernay sollten vor einer Befahrung erkundet werden, WW I-II. ⬆ nach dem ▬ von Sermaize.

Nachfolgend wird ausführlich nur die Strecke ab Etrépy beschrieben. Es muss hier mit Baumversperrungen gerechnet werden, die evtl. umtragen erfordert.

Ursprung:	bei Germay in ca. 345 m Höhe.
Mündung:	(48.743172, 4.581299) in ca. 94 m Höhe.
Länge:	115 km

23,4 re ⇩ Ornain (s. Seite 302), Straßen-Ⅱ D 214 am Ortsende von Étrepie, ⏢-Möglichkeit vom Canal de la Marne au Rhin.
21,1 Straßen-Ⅱ, li **Bignocourt**, weitere ⏢-Möglichkeit vom Canal de la Marne au Rhin.
17,2 Straßen-Ⅱ D 59, li **Le Buisson**.
15,3 ▬.
14,5 ▬.
13,1 ▬.
12,6 Straßen-Ⅱ D 60, li **Ponthion**.
11,1 ▬.
9,9 ▬.
8,5 Ⅱ D 58.
5,8 re ⇩ Chée.
4,0 Steil-▬, **X**, li ⏢.
3,8 Straßen-Ⅱ D 982, **Vitry-en-Perthois**.
0,9 Straßen-Ⅱ N 44.
0,3 Ⅱ Canal latéral à la Marne.
0,0 ⇩ in Marne bei km 309,6. Weiterfahrt 1,8 km flussaufwärts bis zum ⛺ von Vitry-le-François.

Überarbeitung nach Kartenmaterial.

Ornain

Kleinfluss – Wanderfluss GKZ: Fr: F56-0400
Mündung in Saulx bei Etrépie (re Nebenfluss)

Der Ornain ist ein sehr empfehlenswerter Fluss. Er verläuft als meist schmaler Fluss mit klarem Wasser in einem engen, bewaldeten Tal, mit Hügeln, die bis zu 400 m hoch ansteigen. Die Schwierigkeiten sind gering, Strauchhindernisse können bei Hochwasser gefährlich werden, mehrere Wehre und Sohlschwellen, Einzelheiten sind nicht bekannt.

Der Ornain wird auf längeren Abschnitten vom Canal de la Marne au Rhin begleitet. Der Kanal, der den Fluss mehrfach kreuzt, hat sein eigenes Bett, stört daher kaum.

Ursprung:	(48.494444, 5.495556) in ca. 305 m Höhe.
Mündung:	(48.768889, 4.804167) in ca. 115 m Höhe.
Länge:	105 km
Befahrbarkeit:	am besten im Frühjahr und Frühsommer; eine Befahrung ist meist auch noch im Sommer möglich, bei trockenen Sommern kann es jedoch Schwierigkeiten geben, vor allem unterhalb von Neuville.

105,2 Ursprung durch Zusammenfluss der Quellflüsse Ognon und Maldite.
101,4 Straßen-Ⅱ Rue du Panorame, **Gondrecourt**, ⬇.
101,2 ▬.
99,6 ▬.
99,2 ▬, danach Wege-Ⅱ.
97,8 Straßen-Ⅱ, re **Abainville**.
97,3 Mühlen-▬.
95,1 ▬.
94,4 EB-Ⅱ.
94,3 Straßen-Ⅱ D 960, li **Houdelaincourt**.
91,0 Straßen-Ⅱ, li **Baudignècourt**.
89,9 Straßen-Ⅱ, li Demanche-aux-Eaux, ab hier verläuft der Kanal in Flussnähe.
89,3 Straßen-Ⅱ D 192.
88,7 Wege-Ⅱ.
87,0 EB-Ⅱ.
84,9 Straßen-Ⅱ.
82,0 ▬.
81,9 Straßen-Ⅱ D 166, li **Saint-Joire**.
81,7 ▬.
80,3 Straßen-Ⅱ, li **Laneuville**.
78,7 ▬.
78,4 Straßen-Ⅱ D 140, li **Tréveray**.
75,7 ▬.
75,1 Straßen-Ⅱ.
73,7 ▬.
72,3 ▬.
72,2 Straßen-Ⅱ D 29, li **Naix-aux-Forges**, es beginnt bis Ligny eine besonders empfehlenswerte und oft befahrene Strecke.
70,0 Kanal-Ⅱ über den Ornain.
69,9 ▬.
69,3 Straßen-Ⅱ, **Menaucourt**.
66,8 Straßen-Ⅱ, sofort danach ▬, Moulin Christelle à Givrauval.
64,4 Straßen-Ⅱ.
63,7 Straßen-Ⅱ D 156, **Ligny-en-Barrois**, danach ▬.

63,5 ▬, Straßen-Ⅱ.
63,4 Wege-Ⅱ.
63,1 Straßen-Ⅱ N 4.
62,9 ▬.
61,0 ▬.
60,8 Straßen-Ⅱ, **Velaines**.
59,9 Straßen-Ⅱ D 120A, re **Nançois-sur-Ornain**.
59,7 EB-Ⅱ.
58,1 ▬.
57,8 Straßen-Ⅱ, **Tronville-en-Barrois**.
57,6 Straßen-Ⅱ.
57,2 Straßen-Ⅱ D 120.
55,5 Straßen-Ⅱ D 120A, re **Guerpont**, danach ▬.
53,6 Wege-Ⅱ.
53,2 ▬.
53,1 Wege-Ⅱ.
52,3 Straßen-Ⅱ N 135.
51,4 ▬.
50,0 Straßen-Ⅱ D 180, **Longeville-en-Barrois**.
48,6 Wege-Ⅱ.
48,3 Kanal-Ⅱ über den Ornain.
47,6 ▬.
46,5 Straßen-Ⅱ D 180A, **Savonnières-devant-Bar** (oberhalb **Bar-le-Duc**), es ist ratsam, hier in den ganz nahen Kanal zu ⌓. Eine Durchfahrt durch Bar ist kaum möglich und deshalb nicht beschrieben.
42,2 Kanal-Ⅱ über den Ornain. Zur Weiterfahrt ⌓ vom Kanal zum Fluss. ⬇, falls nur der Unterlauf befahren wird.
40,2 Straßen-Ⅱ D 884, **Fains-Véel**.
39,3 ▬.
36,7 Straßen-Ⅱ, li Varney, danach ▬.
35,6 Wege-Ⅱ.
35,4 ▬.
34,2 ▬, danach Straßen-Ⅱ D 2, **Val-'Ornain**.
30,3 ▬, darüber Straßen-Ⅱ D 122, re **Neuville-sur-Ornain**.
23,9 ▬.
23,3 Straßen-Ⅱ D 995, Revigny-sur-Ornain. Die Fahrt wird vielfach hier beendet.
21,0 Straßen-Ⅱ.
14,7 Straßen-Ⅱ D 27, darunter ▬.
10,9 Straßen-Ⅱ D 62.
9,0 ▬.
8,2 ▬.
7,2 re ⇩ eines Baches.
3,4 ▬, davor ➔ eines Nebenarmes.

3,1 Straßen-II D 61.
1,2 ■.
0,9 ■.
0,0 ⇩ in Saulx (km 23,4) bei Étrepy.

Überarbeitung nach Kartenmaterial.

Blaise

Kleinfluss – Wanderfluss GKZ: Fr: F53-0400
Mündung in Marne (li Nebenfluss)

Die Blaise ist in ihrem Oberlauf ein enger Kleinfluss mit Baum- und Strauchhindernissen. Ab Wassy ist sie ein schmaler Wanderfluss, der mit guter Strömung und klarem Wasser durch eine liebliche Landschaft fließt.

Ursprung:	(48.158889, 4.992222) in ca. 300 m Höhe.
Mündung:	(48.631902, 4.695196) in ca. 110 m Höhe.
Länge:	86 km
Wasser:	sehr sauber.
Befahrbarkeit:	bis Frühjahr.

50,4 Straßen-II, **Courcelles-sur-Blaise**, ⬇ nur bei sehr gutem Wasserstand, keine gesicherte Beschreibung.
36,8 Straßen-II D 4, **Wassy**, übliche ⬇. Auf der Folgestrecke einige ■, evtl. ≋.
34,5 Straßen-II D 261.
32,8 Wege-II, Mühlen-■, re **Atlancourt**.
31,7 EB-II.
31,3 ■.
31,1 Straßen-II.
30,3 Straßen-II.
29,4 Straßen-II D 185, li **Louvemont**.
28,5 Straßen-II D 192.
28,0 ■, **X**, mit teilweiser Wasserableitung. Der li Arm geht zum Stausee von Der-Chantecocq, Weiterfahrt auf dem re Arm.
23,9 Straßen-II D 185.
21,6 Kreuzung mit einem alten Kanal (Canal de Wassy à Saint-Dizier).
20,8 ■ Mühle von Eclaron, **X**, li davor gute ⬆ neben altem Waschhaus. Die Fahrt wird meist hier beendet.
20,5 Straßen-II D 384, **Eclaron**. Bis zur Mündung keine weiteren Informationen.
0,0 ⇩ in Marne bei km 335,3 geminsam mit dem Abfluss des Stausees von Der-Chantecocq.

Überarbeitung nach Kartenmaterial.

Rognon

Wanderfluss GKZ: Fr: F51-0400
Mündung in Marne bei Joinville, km 410,3 (re Nebenfluss)

Der Rognon ist 73 km lang, bekannt ist jedoch nur die Befahrung seines Unterlaufs.

Ursprung: Am Plateau von Langres in ca. 405 m Höhe.

Mündung: (48.375637, 5.161986) in ca. 195 m Höhe.

Länge: 73 km

Befahrbarkeit: ganzjährig, im Sommer ist jedoch evtl. mit knappem Wasser zu rechnen, insbesondere nach dem ▬ von Saucourt.

Fahrtstrecke: **Bettaincourt-sur-Rognon** bis zur ⇩ 18,3 km. Wahrscheinlich sind bei gutem Wasserstand auch Teilstrecken oberhalb Bettaincourt ≋.

Schwierigkeiten: gering, einzelne ▬.

Unveränderte Übernahme

Yerres

Ile de France

Kleinfluss GKZ: Fr: F4--0210
Mündung in Seine (re Nebenfluss)

Die Yerres ist in ihrem Oberlauf ein sehr mühsam zu befahrender Kleinfluss, mit zahlreichen Baumhindernissen, Wehren und niedrigen Brücken. Dieser Abschnitt wird nur selten befahren, Einzelheiten sind nicht bekannt.

Im Unterlauf, der anschließend ausführlich beschrieben wird, gibt es keine natürlichen Hindernisse, jedoch mehrere Wehre, die nur teilweise fahrbar sind.

Die Yerres ist (abgesehen von Seine und Marne) der nächstgelegene Fluss von Paris. Er wird daher auch viel von Pariser Kanuten befahren. Allerdings gibt es auch sehr viele Angler. Es wird empfohlen, die Yerres nur in kleinen Gruppen zu befahren und sich möglichst unauffällig zu verhalten.

Ursprung: (48.795278, 2.9475) in ca. 130 m Höhe.

Mündung: (48.726667, 2.443611) in ca. 30 m Höhe.

Länge: 97 km

Befahrbarkeit: Oberlauf nur bei HW, ab km 20,7 ganzjährig.

83,8 Grand Fontaine bei **Touquin**, mögliche ⬇ für die Befahrung des Oberlaufs (s. Einleitung).

83,1 Straßen-Ⅱ D 231 zwischen re Touquin und li Les Guignes Barres.

82,0 Wege-Ⅱ.

81,7 Wege-Ⅱ.
79,5 Wege-Ⅱ.
78,1 Wege-Ⅱ.
77,3 Wege-Ⅱ.
75,9 ▬.
75,8 Straßen-Ⅱ D 201.
73,6 Straßen-Ⅱ N 4.
73,3 Wege-Ⅱ.
73,2 Wege-Ⅱ.
73,0 Straßen-Ⅱ D 201A, **Rozay-en-Brie**.
72,9 ▬.
71,4 Wege-Ⅱ.
71,2 ▬.
71,1 Straßen-Ⅱ D 49B, **Bernay-Vilbert**.
69,5 Wege-Ⅱ.
67,3 Straßen-Ⅱ.
66,1 ▬, Straßen-Ⅱ.
64,6 Straßen-Ⅱ.
64,2 Straßen-Ⅱ D 32E2.
60,4 Straßen-Ⅱ, davor ▬.
59,4 Straßen-Ⅱ, li **Argentiéres**.
57,7 EB-Ⅱ.
56,9 ▬, Straßen-Ⅱ D 402, re **Chaumes-en-Brie**.
56,8 Wege-Ⅱ.
55,6 Straßen-Ⅱ.
54,7 Straßen-Ⅱ.
53,3 ▬.
52,9 Wege-Ⅱ.
52,6 Straßen-Ⅱ N 36.
51,7 EB-Ⅱ.
50,8 Wege-Ⅱ.
50,0 Wege-Ⅱ.
49,8 Wege-Ⅱ, re **Ozouer-le-Voulgis**.
49,7 Wege-Ⅱ.
49,5 ▬.
48,7 Straßen-Ⅱ D 319.
46,7 Wege-Ⅱ.
46,2 Furt.
45,2 Furt.
44,6 EB-Ⅱ.
43,1 Furt.
42,6 Wege-Ⅱ.
41,7 EB-Ⅱ.
41,4 Furt, ▬.

39,1 Straßen-Ⅱ D 48, **Soignolles-en-Brie**.
38,9 Wege-Ⅱ.
38,6 ■, danach Straßen-Ⅱ.
37,9 Straßen-Ⅱ D 471.
37,0 ■.
36,5 Straßen-Ⅱ D 35, re **Cordon**.
35,5 Furt.
34,2 Furt und Wege-Ⅱ.
33,5 Straßen-Ⅱ.
30,4 Straßen-Ⅱ.
29,1 Straßen-Ⅱ, li **Èvri-Grégy-sur-Yerre**.
27,3 ■.
27,1 Straßen-Ⅱ, re **Grégy-sur-Yerre**.
26,5 Straßen-Ⅱ N 104/E 54.
23,3 Straßen-Ⅱ D 50.
21,7 ■.
20,7 Straßen-Ⅱ, Moulin du Breuil (Combs la Ville), gute ⬇.
19,1 ■ Mühle von Varennes; schon 200 m oberhalb der Mühle in den li Arm ⏏.
18,9 Straßen-Ⅱ, **Varennes-Jarcy**.
17,9 ■, evtl. li ≈ oder re ⏏.
15,9 ■, Straßen-Ⅱ. Mühle von **Jarcy**, **X**. Bei ausreichend Wasser 100 m vor einer sehr niedrigen Ⅱ re in einen Graben einfahren. Falls dies nicht möglich ist, vor der Ⅱ ↰ und über die Straße in einen Altarm ⏏. Hier auch gute ⬇.
15,1 li ■, gut ≈, bei HW gefährlicher Rücklauf. Nicht im Hauptarm zur Mühle weiterfahren.
14,9 Wege-Ⅱ.
14,0 ■, Moulin Neuf, vor dem ■ li über Insel in Altarm ⏏.
13,2 Straßen-Ⅱ D 33.
12,7 Straßen-Ⅱ D 94.
11,6 Straßen-Ⅱ D 94, li **Épinay-sous-Sénart**, re **Boussy-Saint-Antoine**.
10,9 Alte Mühle von Rochopt, li Durchlass nach Besichtigung evtl. ≈ oder li ⏏.

8,6 Steg, sofort danach ➔, bei ausreichend Wasser diesen Seitenarm fahren.
8,2 Falls der Seitenarm nicht ≈ ist, hier vor dem ■ nach li in den Seitenarm ⏏.
8,0 EB-Ⅱ.
7,5 Straßen-Ⅱ D 54, **Brunoy**.
7,4 re ⇩ Mühlen-Kanal.
6,6 Straßen-Ⅱ, li **Yerres**, re **Brunoy**.
6,1 EB-Ⅱ.

5,9 Straßen-Ⅱ D 94, kurz danach li ■ zu einem Seitenarm, meist ≋. Ob das etwas später (km 5,3) im Hauptarm folgende ■ ≋ ist, müßte erkundet werden, evtl. vor dem ■ li über Insel zum Seitenarm ⏏.
5,3 ■, **X**, li über Insel zum Seitenarm ⏏.
4,8 Straßen-Ⅱ D 31, gute Gelegenheit zum 🠉, li **Yerres**.
3,9 Straßen-Ⅱ Rue Pierre de Coubertin, weitere 🠉-Möglichkeit. Von einer Weiterfahrt ist abzuraten. Es folgt in einem stark bebauten Gebiet eine Aufteilung des Flusses in mehrere Arme, jeweils mit ■ und niedrigen Ⅱ, die Ufer sind Privateigentum, das erforderliche ⏏ damit schwierig, die Wasserqualität wird schlechter. Eine genaue Fahrtanweisung kann nicht gegeben werden.
0,0 ⇩ in Seine bei km 383,3.

Überarbeitung nach Kartenmaterial.

Orge (Seine)

Wanderfluss GKZ: Fr: F46-0400
Mündung in Seine bei Athis Mont (li Nebenfluss)

Die Befahrung der Orge macht keine besonderen Schwierigkeiten.

Ursprung: (48.508611, 1.919722) in ca. 130 m Höhe.

Mündung: (48.711389, 2.403889) in ca. 30 m Höhe.

Länge: 53 km

Befahrbarkeit: ganzjährig.

Fahrtstrecke: St. Chéron–⇩ in Seine, 30 km.

Unveränderte Übernahme

Essonne

Ile de France

Wanderfluss GKZ: Fr: F45-0400
Mündung in Seine (li Nebenfluss)

Die Essonne ist, abgesehen von den großen Strömen Seine und Marne, der Wanderfluss, der in nächster Nähe von Paris über eine größere Strecke zu befahren ist. Dies hat nicht nur zur Folge, dass sich die Pariser Kanuten hier gerne tummeln, sondern auch, dass sich die Anlieger belästigt fühlen. Die zahlreichen Mühlen sind durchweg in Privatbesitz, ihre Eigentümer haben nach französischem Recht durchaus die Möglichkeit, das Umtragen über ihre Grundstücke zu verbieten. Bei einer Befahrung der Essonne sind Schwierigkeiten daher vorprogrammiert. Es scheint daher sehr fraglich, ob trotzdem eine Befahrung anzuraten ist.

Ursprung: (48.053056, 2.166944) in ca. 130 m Höhe.

Mündung:	(48.614444, 2.481111) in ca. 35 m Höhe.
Länge:	97 km
Befahrbarkeit:	im Prinzip ganzjährig; wegen der Möglichkeit der Befahrung von Wehren ist jedoch eine Befahrung im Frühjahr oder nach Regenfällen vorzuziehen.
Schwierigkeiten:	die gesamte Strecke höchstens WW I, zumeist Zahmwasser

68,6 Straßen-Ⅱ, **Aulnay-la-Rivière**, oberste mögliche ↓, mehrere Mühlen-Wehre, die eingangs erwähnten Schwierigkeiten mit den Eigentümern sind auf dem folgenden Abschnitt besonders stark.
68,0 Mühlen-▬.
67,1 Straßen-Ⅱ, Mühlen-▬ Moulin de la Groue.
66,6 Mühlen-▬.
65,8 Straßen-Ⅱ D 26, **Villerau**.
64,4 Mühlen-▬, Wege-Ⅱ, re **Châtillon**.
63,8 Mühlen-▬.
62,8 Mühlen-▬ Moulin de Charreau.
62,4 Straßen-Ⅱ D 27, li **Biarres-sur-Essone**.
62,1 Mühlen-▬.
62,0 EB-Ⅱ.
61,6 Mühlen-▬, re **Buisseau**.
61,0 Mühlen-▬.
60,4 Straßen-Ⅱ D 831, Mühlen-▬.
60,2 Mühlen-▬ Moulin Neuf, re **Orville**.
60,0 Wege-Ⅱ, auf 1 km Durchfahrt durch einen Golfplatz.
59,8 Wege-Ⅱ.
59,0 Wege-Ⅱ, li Chateau Augerville.
58,8 Straßen-Ⅱ, Mühlen-▬, li **Augerville-la-Rivière**.
58,5 Straßen-Ⅱ D 130/D 103A2.
58,2 re Camping Ile De Boulancourt, 6 Allée des Marronniers, 77760 Boulancourt.
55,0 EB-Ⅱ.
54,3 Wege-Ⅱ, Mühlen-▬.
53,5 Straßen-Ⅱ D 948/D 410.
52,5 ▬, Wege-Ⅱ.
51,8 Straßen-Ⅱ D 152, li **Malesherbes**, Mühlen-▬.
Auf 4 km 4 Mühlen im Park des Schlosses von Argeville, Durchfahrt anscheinend nur nach vorheriger schriftlich zu beantragender Genehmigung. Es folgen außerdem noch weitere Mühlen-Wehre.
50,3 Wege-Ⅱ.
46,8 Mühlen-▬, **Augeville**.
46,1 Straßen-Ⅱ, Mühlen-▬ Moulin Pillard.
44,5 li ▬ oder re Weiterfahrt zum

44,2 Mühlen-■, Straßen-Ⅱ.

42,7 Mühlen-■, Straßen-Ⅱ, li **Le Petit Gironville**, re **Buno-Bonneveau**.

42,1 EB-Ⅱ.

41,5 Mühlen-■ Moulin de la Bonde, Straßen-Ⅱ D 1, li **Gironville-sur-Essonne**.

40,3 Mühlen-■.

40,2 Wege-Ⅱ.

39,8 Straßen-Ⅱ.

38,4 Mühlen-■.

38,3 Straßen-Ⅱ D 837, li **Maisse**.

36,6 Mühlen-■ Moulin Neuf.

36,5 Straßen-Ⅱ.

35,0 Île Ambert, Wege-Ⅱ über li Arm.

34,4 Straßen-Ⅱ D 205.

34,0 li ⛺ Camping l'Etang de Belesbat, Impasse de la Varenne, 91720 Courdimanche-sur-Essonne, ☎ 01 64 99 39 52, www.camping-belesbat.com.

33,7 Straßen-Ⅱ, ■, danach Durchfahrt durch einen Golfplatz mit 2 Wege-Ⅱ.

33,0 Wege-Ⅱ, li Château Belesbat.

32,9 Straßen-Ⅱ D 153, **Boutigny-sur-Essonne**.

32,8 Mühlen-■ von Boutigny. Anscheinend muss man hier aussetzen und den folgenden Schlosspark von Boutigny mit Pkw umfahren.
⬇ nach dem Park, die folgende 12 km lange Strecke ist der einzige Abschnitt der Essonne ohne ■, kann also uneingeschränkt befahren werden.

27,3 Straßen-Ⅱ, re **Clercy**.

25,0 Straßen-Ⅱ.

24,6 Straßen-Ⅱ D 449, **La-Ferté-Alais**.

24,0 Wege-Ⅱ.

23,9 Straßen-Ⅱ D 449.

23,0 Straßen-Ⅱ D 191, re ⬆ beim Supermarkt für das ⏏ bei evtl. Weiterfahrt für das folgende Wehr oder zum Beenden der Fahrt.

22,9 Mühlen-■ von Gué à Baulne,. Straßen-Ⅱ. Auch auf der Folgestrecke ist wieder mit Schwierigkeiten zu rechnen.

22,2 ■.

19,9 Mühlen-■.

18,0 Straßen-Ⅱ D 74, Mühlen-■, re **Le Petit Saussay**.

17,0 Straßen-Ⅱ.

16,9 Mühlen-■.

16,7 EB-Ⅱ, Straßen-Ⅱ, re **Ballancourt-sur-Essonne**.

15,7 Straßen-Ⅱ D 17.

11,9 Wege-Ⅱ.

10,7 li ■, re ϟ.

10,5 Straßen-Ⅱ.

8,6 Straßen-Ⅱ D 153.
8,1 Ⅱ.
7,7 Mühlen-▬ von Ormoy, Straßen-Ⅱ Rue du Moulin, re **Ormoy**, 🅿, die Fahrt sollte hier unbedingt beendet werden. Die Essonne fließt durch ein stark industrialisiertes Gebiet mit mehreren Fabriken, sie wird zudem kanalisiert. Die Reststrecke wird deshalb nicht beschrieben.
0,0 ⇩ in Seine im Stadtbereich von **Corbeil-Essonnes** bei km 400,7.

Überarbeitung nach Kartenmaterial.

Juine

Kleinfluss GKZ: Fr: F45-0420
Mündung in Essonne(km 15,9), li Nebenfluss

Die Juine ist ein ohne besondere Schwierigkeiten zu befahrender Kleinfluss, wenige Wehre, zumeist gut fahrbar.

Ursprung: (48.262778, 2.069722) in ca. 110 m Höhe.

Mündung: (48.536944, 2.371944) in ca. 45 m Höhe.

Länge: 53 km

Befahrbarkeit: wahrscheinlich ganzjährig.

Fahrtstrecke: ⬇ bei Auvers-Saint-Georges. Bei der Kirche führt ein Weg zum Fluss. Eine Befahrung oberhalb Auvers ist zwar möglich, jedoch verboten. ⬆ nach etwa 20 km bei der Ⅱ D 8. Kurz danach ⇩ in Essonne, eine Weiterfahrt ist möglich.

Unveränderte Übernahme.

Loing

Ile de France

Kleinfluss – Wanderfluss GKZ: Fr: F4--0200
Mündung in Seine (li Nebenfluss)

Der Loing ist ein Fluss der „Ile de France", also der weiteren Umgebung von Paris. Er ist daher auch ein beliebter Kajakfluss der Pariser Kanuten. In seinem Oberlauf, oberhalb Montargis, ist der Loing ein Kleinfluss, mit engen Kurven, Baum- und Strauchhindernissen. Im Unterlauf wird er zum ruhigen Wanderfluss, keine besonderen Schwierigkeiten. Der Loing verläuft hier in nur kurzem Abstand östlich von dem Kanal de Briar bzw. dem Kanal de Loing. Auf zwei kurzen Teilstrecken benutzen die Kanäle das Flussbett des Loing. Im gesamten Verlauf des Flusses finden sich mehrere Wehre, die zumeist gut befahrbar sind und nur gelegentlich leichtes umtragen erfordern.

Ursprung: (47.553333, 3.232778) in ca. 320 m Höhe.

Mündung:	(48.386944, 2.8025) in ca. 45 m Höhe.
Länge:	142 km
Befahrbarkeit:	Oberlauf nur bei gutem Wasserstand (zeitig im Frühjahr), ab Montargis ganzjährig.

81,0 Straßen-Ⅱ D 93, **Montbouy**, ⬇ für die Befahrung des Oberlaufs.
80,0 ▬.
77,7 Straßen-Ⅱ.
76,6 ▬.
74,4 Mühle von Thil, Straßen-Ⅱ D 117, li **Montcresson**.
70,3 ▬.
70,1 Straßen-Ⅱ Moulin de Tours.
67,6 Straßen-Ⅱ D 293, re **Conflans-sur-Loing**.
67,1 Wege-Ⅱ.
66,6 re ⇩ Quanne.
65,2 ▬.
64,9 Straßen-Ⅱ, **Amilly**. Die Befahrung des Oberlaufs wird vielfach hier beendet.
64,1 Teilung des Flusses, li Arm fahren.
63,5 EB-Ⅱ.
62,1 Straßen-Ⅱ N 7.
60,5 Mühlen-▬, **X**, re ⛺.
60,0 Straßen-Ⅱ, **Montargis**.
59,5 Straßen-Ⅱ.
59,4 Straßen-Ⅱ.
59,0 Straßen-Ⅱ.
58,0 Straßen-Ⅱ, re **Châlette-sur-Loing**.
57,7 Mühlen-▬,
57,4 EB-Ⅱ.
56,8 Straßen-Ⅱ.
55,7 EB-Ⅱ.
55,2 Wege-Ⅱ.
54,4 li zur Mühle von Cepoy, re ▬.
53,9 Mühle von **Cepoy**, Straßen-Ⅱ D 240, gute ⬇ für die Befahrung des Unterlaufs des Loing.
53,0 ▬.
51,8 Straßen-Ⅱ A 19.
50,8 ▬.
48,6 ▬.
46,2 ▬.
45,1 Straßen-Ⅱ D 32, re **Fontenay-sur-Loing**.
43,4 li ▬, re Mühlenkanal.
42,6 Wege-Ⅱ.
41,4 re ▬, li Mühlenkanal.

40,9 Straßen-Ⅱ.
39,3 Straßen-Ⅱ D 62, re **Dordives**.
38,4 Straßen-Ⅱ A 77.
36,4 Straßen-Ⅱ, ▬, **X**, re ⌓.
34,9 EB-Ⅱ.
34,6 re ⛺ Camping Les Bords du Loing, Chemin des Mariniers, 77460 Souppes-sur-Loing, ☎ 01 64 29 72 63, www.tourisme-souppes.fr.
34,2 ▬.
34,0 Straßen-Ⅱ D 207, re **Souppes-sur-Loing**,
32,5 EB-Ⅱ.
32,1 re ▬, li Mühlenkanal.
30,3 Mühlen-▬.
30,2 Straßen-Ⅱ.
28,7 li ▬, evtl. ≋, re Mühlenkanal.
28,5 Straßen-Ⅱ D 40E, li **Bagneaux-sur-Loing**, re **Portonville**.
28,0 Mühlen-▬, evtl. ≋.
26,7 li ⛺ Camping Pierre Le Sault, Chemin des Grèves, 77167 Bagneaux-sur-Loing.
24,6 re ▬, li Mühlenkanal.
24,5 Wege-Ⅱ.
23,7 re ▬, li Mühlenkanal.
23,2 ▬.
22,9 Straßen-Ⅱ D 403, **Nemours**, li ⬆, 🅿.
22,2 Wege-Ⅱ, Zusammenfluss mit dem links einmündenden Kanal.
21,5 Straßen-Ⅱ D 240.
20,6 Straßen-Ⅱ A 6.
20,1 ➔ des Kanals.
20,0 ▬, **X**, re ⌓.
18,5 Mühlen-▬, **X**, re ⌓.
17,7 re ▬, li Mühlenkanal.
16,9 Straßen-Ⅱ, li **Grez-sur-Loing**.
16,4 Straßen-Ⅱ D 40D.
16,3 Mühlen-▬.
15,4 Ⅱ.
11,6 ▬, Mühle von Montigny.
11,4 Straßen-Ⅱ D 58, li **Montigny-sur-Loing**.
10,3 Wege-Ⅱ.
9,3 Straßen-Ⅱ D 148.
3,0 Straßen-Ⅱ D 606.
2,9 EB-Ⅱ.
2,2 Alte Straßen-Ⅱ D 302, **Moret-sur-Loing**, ▬, evtl. ≋, kurz oberhalb gute Gelegenheit zum ⬆.
1,7 re Kanal-⇩.
1,1 EB-Ⅱ.

0,0 ⇩ in Seine, km 454,2.

Überarbeitung nach Kartenmaterial.

Yonne

Morvan - Ile de France

Wildfluss - Kleinfluss – Wanderfluss GKZ: Fr: F3--0200
Mündung in Seine (li Nebenfluss)

Die Yonne ist ein recht abwechslungsreicher Fluss. Im Oberlauf, oberhalb des Stausees von Pannesière-Chaumard, ist sie im Mittelgebirgsbereich auf kurzer Strecke ein mäßig schwerer Wildfluss. Die folgende Standardstrecke, unterhalb des Stausees, wird sehr viel befahren. Die Yonne ist hier ein Kleinfluss, mit Baum- und Strauch- sowie gelegentlichen Stacheldrahthindernissen, mehrere Wehre sind zumeist fahrbar. Im Unterlauf, unterhalb Clamecy, wird die Yonne zum gemächlichen Wanderfluss, wenig Strömung, weitgehend kanalisiert, mit zahlreichen Wehren und Schleusen; dieser Abschnitt wird nur sehr selten befahren. Die Beschreibung folgt dem Flusslauf. Dazwischen liegende Kanalstrecken sind kürzer.

Ursprung:	(46.956111, 4.010833) in ca. 730 m Höhe.
Mündung:	(48.388611, 2.957222) in ca. 47 m Höhe.
Länge:	292 km
Schwierigkeiten:	km Chatelet–270,3 WW II-III (IV).
	km 255,2–189,8 WW II-I - Zahmwasser.
	km 189,8–0 Zahmwasser.
Befahrbarkeit:	ab Chatelet nur bei sehr gutem Wasserstand (Frühjahr und nach Regenfällen).
	Ab km 255,2 wird der Wasserstand durch die Wasserabgabe des Staudamms von Pannesière reguliert, anscheinend ganzjährig ausreichend. Günstig sind etwa 4-7 cbm/sec. Höchststand zwischen Juli und Oktober, da dann Zuschußwasser für die Schiffahrt auf der Seine abgegeben wird.

Straßen-Ⅱ bei **Chatelet**, mögliche ⬇ für eine Befahrung einer Teilstrecke des Oberlaufs unterhalb der Mühle. Sofort starkes Gefälle und Verblockung, bis WW IV. Die Schwierigkeiten lassen dann schnell nach, jedoch auf der gesamten Strecke WW II und III. Achtung auf niedrige Ⅱ, Stacheldrahthindernisse und Baumhindernisse möglich.

273,6 ▬ mit totaler Wasserableitung, Weiterfahrt auf dem Kanal.

272,5 ↯, hohes ▬, 100 m weit ⌂.

270,3 Straßen-Ⅱ D 37, ⬆, über die Möglichkeit einer Weiterfahrt bis zum Stausee ist nichts bekannt.

266,9 ⇩ in Stausee von Pannesière-Chaumard.

258,7 ▬ Staudamm. Es folgt ein zweiter Stausee.

256,8 ▬ Staudamm.

255,2 Straßen-Ⅱ D 944, re Chassy, übliche ⬇ für die Befahrung der Yonne; im Allgemeinen leicht, jedoch Vorsicht, auch weiterhin ist gelegentlich mit Baum- und Strauch- sowie Stacheldrahthindernissen zu rechnen.

253,2 Wege-Ⅱ.

250,4 Flussteilung: im re Arm ▬, überheben oder ⌓. Im li Arm kein ▬, hier flotte Strömung.

250,2 Straßen-Ⅱ D 293, li **Montreuillon**.

249,1 Ⅱ Aquaduct de Montreuillon.

245,7 ▬, li im Flutgraben bei genügend Wasser ≋, sonst rechts aussetzen und nach li über niedrige Stege ⌓, Straßen-Ⅱ, li **Le Chandelier**.

245,3 ▬, niedriger Steg über dem Wehr, je nach Wasserstand evtl. ≋ oder ⌓.

244,4 Straßen-Ⅱ D 945, re **Mouron-sur-Yonne**.

243,6 ▬ in starker Strömung, evtl. ≋ oder li ⌓, schwierig.

243,3 Wege-Ⅱ.

241,3 Straßen-Ⅱ D 297, li **Tavenay**. Der Canal du Nivernais verläuft auf längeren Strecken knapp westlich von der Yonne.

239,8 Flussteilung: Schräg-▬ im re Arm, linker Arm flotte Strömung.

239,2 Straßen-Ⅱ D 958, li **Marcilly**.

238,0 ▬.

237,2 EB-Ⅱ.

237,0 ▬.

236,3 ▬, li ⇆ zum Canal du Nivernais.

234,8 Straßen-Ⅱ D 958, re in 2 km **Corbigna**.

234,6 Mühlen-▬, evtl. ≋.

232,2 Mühlen-▬ von Chitry, erkunden, evtl. in Mühlkanal einfahren, Schütz meist geöffnet, darunter Abfall, etwa 0,7 m hoch, evtl. ≋.

231,9 Straßen-Ⅱ D 977BIS und Wege-Ⅱ, gute ⬆, re ⛺, re **Chitry-les-Mines**.

229,5 Straßen-Ⅱ D 216.

227,9 EB-Ⅱ.

227,5 ▬ und Straßen-Ⅱ, **X**, Sog zur Mühle, 50 m davor über ▬-Krone überheben, re **Combres**.

225,7 li ▬, re Mühlenkanal.

224,6 Straßen-Ⅱ D 528, re **Ruages**.

222,6 Straßen-Ⅱ D 128, re **Monceaux-le-Comte**.

218,9 ϟ, ▬, **X**, ⌓ durch Privatgelände nur nach Rücksprache mit Eigentümer.

216,1 Straßen-Ⅱ, li **Saint-Didier**.

214,5 Straßen-Ⅱ D 119, re **Cucy**.

212,2 Mühlen-▬, evtl. ≋, wenn Schütz gezogen, sonst ⌓.

212,0 Straßen-Ⅱ D 165, re **Champagne**.

209,5 Mühlen-▬, li **Asnois**.

205,9 Straßen-Ⅱ D 185, Mühlen-▬, re **Breves**.

202,5 ▬, li überheben.

202,2 Straßen-II D 279, **Villiers-sur-Yonne**.

198,3 Straßen-II.

196,8 Wege-II.

194,0 Straßen-II D 215, li **Chevroches**.

192,5 ▬, re **Armes**.

190,7 re 🚐 Camping du Pont Picot, 58500 Clamecy.

190,0 ▬, danach li ⌗ zum Canal du Nivernais.

189,8 Straßen-II, **Clamecy**. Übliche Stelle zur Beendigung einer Befahrung der Yonne. Kanuclub, auch hier ⛺ möglich. Eine Weiterfahrt ist möglich, wird jedoch nur selten durchgeführt, landschaftlich wenig interessant, nur geringe Strömung, zahlreiche ▬, der Kanal benutzt auf Teilstrecken das Flussbett der Yonne, dadurch zwischen Auxerre und ⇩ 26 ⌗.

189,3 li ⌗ zum Canal du Nivernais.

187,7 ▬, li Verbindung zum Canal du Nivernais.

187,6 Straßen-II N 151.

184,7 Kreuzung mit Canal du Nivernais (li und re), Yonne geradeaus über ▬.

181,7 Straßen-II D 144, re **Pousseaux**.

181,5 EB-II.

178,9 Straßen-II und Straßen-II N 151, **Coulanges-sur-Yonne**.

178,7 EB-II.

178,0 li Mühlenkanal, re ▬.

174,9 Straßen-II D 214.

174,6 Mühlen-▬, re **Lucy-sur-Yonne**.

171,3 Straßen-II.

166,5 Straßen-II D 321, re **Châtel-Censoir**.

164,2 Mühlen-▬, li **Magny**.

162,0 EB-II.

161,2 re ⇩ der Kanalstrecke.

160,1 ➔ der Kanalstrecke.

159,8 ▬.

157,8 re ⇩ der Kanalstrecke.

156,4 ➔ der Kanalstrecke, EB-II.

156,1 re über ▬.

155,4 li ▬, re Mühlenkanal.

155,3 Straßen-II D 130, li **Mailly-le-Château**.

154,4 EB-II.

154,0 re ⇩ der Kanalstrecke.

153,5 li ▬, ➔ der Kanalstrecke.

151,0 re ⇩ der Kanalstrecke, danach li ▬, ➔ der Kanalstrecke, re **Mailly-le-Ville**.

150,6 Straßen-II D 950.

146,6 re ⇩ der Kanalstrecke.

146,1 li ▬, ➔ der Kanalstrecke.

145,5 EB-II.

145,1 li **Trucy-sur-Yonne**.
144,2 re ⇩ der Kanalstrecke.
143,5 Straßen-Ⅱ D 309, re **Prégilbert**.
143,3 li ▬, ➔ der Kanalstrecke.
140,5 Straßen-Ⅱ D 439, li **Bazarnes**.
139,5 re ⇩ der Kanalstrecke.
139,3 EB-Ⅱ, re ⇩ des Canals du Nivernais.
139,0 ← der Kanalstrecke, re ▬.
138,0 re ⇩ Cure (s. Seite 329).
137,2 Straßen-Ⅱ D 606, re **Cravant**.
132,7 li ⇩ der Kanalstrecke.
131,9 ← der Kanalstrecke, re ▬.
131,6 Straßen-Ⅱ D 38, re **Vincelottes**.
131,0 ⇄ im Kanal, danach li ⇩ der Kanalstrecke in Yonne.
129,2 re ▬, li Kanal.
128,8 ⇄ im Kanal.
128,6 li ⇩ der Kanalstrecke, EB-Ⅱ.
127,2 li ⇄, re ▬.
126,0 ⇄ im Kanal, danach li ⇩ der Kanalstrecke in Yonne
124,3 Straßen-Ⅱ D 163A, li **Vaux**.
124,0 ← der Kanalstrecke, re ▬.
123,6 ⇄ im Kanal, danach li ⇩ der Kanalstrecke in Yonne.
121,9 ← der Kanalstrecke, re ▬.
121,6 ⇄ im Kanal, danach li ⇩ der Kanalstrecke in Yonne.
120,3 ← der Kanalstrecke, re ▬.
119,7 ⇄ im Kanal, danach li ⇩ der Kanalstrecke in Yonne.
118,5 ← der Kanalstrecke, re ▬, EB-Ⅱ.
118,4 ⇄ im Kanal, danach li ⇩ der Kanalstrecke in Yonne.
118,0 Straßen-Ⅱ N 151, **Auxerre**.
117,7 Wege-Ⅱ.
117,3 2 Straßen-Ⅱ D 124.
117,1 li ⇄, re ▬, re ⌓, Ortsende Auxerre. Alle folgenden ▬-Anlagen sind Nadel-Wehre, ⌓ auf der ⇄-Seite möglich, doch muss mit einem ⌓-Weg von bis zu 300 m gerechnet werden.
115,7 li ⇄, re ▬, li ⌓.
114,9 Straßen-Ⅱ N 6/N 277.
113,8 li ⇄, re ▬, li ⌓.
112,3 li ⇄, re ▬, li ⌓.
111,3 Straßen-Ⅱ, **Monéteau**.
110,6 re ⇄, li ▬, re ⌓.
109,2 Straßen-Ⅱ A 6.
107,5 geradeaus unter Ⅱ Kanal von Gurgy, ⇩ nach 5 km in die Yonne, li ▬, li ⌓, Weiterfahrt im Flussbett.
104,0 Straßen-Ⅱ D 48, li **Appoigny**.

98,1 re ⇩ Kanal von Gurgy.
96,7 re ⯐, li ▬, re ⏢.
96,3 re ⇩ Serein (s. Seite 325).
95,8 Straßen-Ⅱ D 164, li **Bassou**, re **Bonnard**.
92,6 li ⯐, re ▬, re ⏢ in Armançon, etwa 100 m weit.
92,2 re ⇩ Armançon (s. Seite 321), danach re am Sportplatz (200 m vom Fluss) ⛺ Camping Municipal les Confluents, Migennes Immobilier, Avenue Jean Jaurès, 89400 Migennes, einfach aber sauber, idealer Standplatz für Rundkurs bis St. Florentin (Yonne, Canal de Bourgogne, Armançon, Yonne = 45 km).
91,9 Straßen-Ⅱ D 377.
91,5 Straßen-Ⅱ D 477.
91,1 EB-Ⅱ, re ⇩ Canal de Bourgogne, re **Migennes**.
89,7 Straßen-Ⅱ D 181, re **Larouche-Saint-Cydroine**.
88,8 li ⯐ d´Epineau, re ▬, re ⏢.
85,0 li ⯐, re ▬.
82,5 Straßen-Ⅱ D 959, **Joigny**.
81,0 ➔ der Kanalstrecke, li ▬.
80,0 Wege-Ⅱ.
79,6 Wege-Ⅱ.
77,4 Straßen-Ⅱ D134, li **Cézy**.
76,7 re ⇩ der Kanalstrecke.
75,3 Straßen-Ⅱ D 606.
72,3 re ⯐, li ▬.
70,8 Straßen-Ⅱ, re Villevallier, li ⛺ Camping des iles, Route de Villevallier, 89330 Saint-Julien-du-Sault.
67,6 re ⯐, li ▬.
62,3 Straßen-Ⅱ D 15, **Villeneuve-sur-Yonne**.
61,9 re ⯐, li ▬.
56,2 re ⯐, li ▬.
55,3 Straßen-Ⅱ D 140, li **Étigny**, re **Véron**.
51,8 re ⯐, li ▬.
49,7 Straßen-Ⅱ D 1060.
45,9 re ⯐, li ▬.
45,7 Beginn einer Insel.
45,4 Straßen-Ⅱ D 426, **Sens**.
45,8 Ende der Insel.
44,6 Straßen-Ⅱ.
42,7 re ⯐, li ▬.
40,3 Straßen-Ⅱ A 16.
37,8 re ⯐, li ▬.
36,1 Ⅱ Aqueduc.
33,4 Straßen-Ⅱ D 58, **Pont-sur-Yonne**.
32,0 re ⯐, li ▬.

25,2 ➔ der Kanalstrecke, li ▬.
23,3 Straßen-Ⅱ D 70.
16,2 ⇌ im Kanal, danach re ⇩ der Kanalstrecke in Yonne.
14,1 Straßen-Ⅱ D 103, re **Misy-sur-Yonne**.
11,9 re ⇌, li ▬.
7,4 re ⇌, li ▬.
3,7 Straßen-Ⅱ D 124A, li **Cannes-Écluse**.
3,4 re ⇌, li ▬.
1,4 EB-Ⅱ.
1,0 Straßen-Ⅱ D 1403, **Monterau-Fault-Yonne**.
0,2 Straßen-Ⅱ D 605.
0,0 ⇩ in Seine bei Montereau-Fault-Yonne, km 467,8.

Überarbeitung nach Kartenmaterial.

Canal de Bourgogne (Burgunder Kanal)

Der Canal de Bourgogne, 243 km lang mit 191 Schleusen verbindet die Yonne mit der Saône, stellt also eine Teilstrecke eines Wasserweges von der Nordsee zum Mittelmeer dar. Er benutzt zum Teil den Flusslauf des Armançon, bzw. wird von diesem gespeist. In dem nachfolgend geschilderten Abschnitt verläuft der Kanal in der Nähe des Armançon. Es ergeben sich dadurch beschauliche Wanderfahrten mit Rückkehr zum Ausgangspunkt. Die folgende Beschreibung ist auf die Rundfahrt Yonne-Canal de Bourgogne-Armançon-Yonne = 45 km ausgerichtet. Sie nimmt in ihrer Kilometrierung keine Rücksicht auf die am Kanalufer aufgestellten km-Tafeln (s. Yonne, km 92,2).

GKZ: Fr: F3--0172

Länge: 243 km

19,2 Straßen-Ⅱ N 77, re St. Florentin, li etwa 300 m weit zum Armançon ⌓, Bootswagen zweckmäßig.
18,7 Ⅱ des Kanals über die Arnance, ⇌, Straßen-Ⅱ.
17,3 ⇌, Straßen-Ⅱ.
15,2 ⇌, Straßen-Ⅱ
14,3 EB-Ⅱ (TGV).
12,6 Straßen-Ⅱ, li **Crécy**.
10,2 ⇌, Ⅱ.
9,3 Straßen-Ⅱ D 84, **Brienon-sur-Armaçon**.
7,9 ⇌, Moulin Neuf.
6,5 Straßen-Ⅱ D 209, re **Esnon**.
1,7 ⇌, Straßen-Ⅱ D 91, **Migennes**.
0,9 Fußgänger-Ⅱ, li 🚆 Laroche-Migennes.
0,5 Hafen, Hausbootverleih.
0,3 ⇌, Straßen-Ⅱ D 377.
0,0 ⇩ des Kanals in die Yonne bei km 91,1.

Überarbeitung nach Kartenmaterial.

Armançon

Morvan

Kleinfluss – Wanderfluss GKZ: Fr: F3-0210
Mündung in Yonne (re Nebenfluss)

Der Armançon ist in seinem Oberlauf ein Kleinfluss, mit Baumhindernissen ist zu rechnen. Ab Mündung der Brenne wird er zum ruhigen Wanderfluss. In diesem Bereich finden sich zahlreiche Wehre. Man sollte bei einem Wasserstand fahren, der eine Befahrung der vielen Schrägwehre zulässt, da Umtragen vielfach schwierig ist und über Privatgelände führt. Dazu ist ein robustes Boot (Kunststoff-K1) Voraussetzung. Zwischen den Wehren steht der Fluss nahezu strömungslos. Der Canal de Bourgogne verläuft hier fast immer ganz nahe östlich von dem Fluss.

Ursprung:	(47.218333, 4.548056) in ca. 420 m Höhe.
Mündung:	(47.952222, 3.508611) in ca. 80 m Höhe.
Länge:	202 km.
Befahrbarkeit:	Oberlauf im Frühjahr; auf keinen Fall im Sommer fahren, da es dann Schwierigkeiten mit den Anglern gibt; ab km 78 ganzjährig; in trockenen Sommern kann es jedoch Schwierigkeiten geben, da ein Teil des Wassers für die Wasserführung des Kanals abgeleitet wird.

151,0 Straßen-II D 954, **Semur en Auxois**. ⬇ für die Befahrung des Oberlaufs unterhalb des Ortes.
150,7 Mühlen-▬.
150,3 Mühlen-▬ Saint Jan, Hotel.
148,4 Straßen-II.
148,0 Straßen-II, re **Charentois**.
147,0 Straßen-II.
145,5 Straßen-II D 980.
144,2 Straßen-II, re **Millery**.
142,9 ▬.
142,3 Straßen-II D 103, **Genay**.
141,9 ▬.
141,0 Weg-II.
140,3 ▬.
137,8 ▬.
137,7 Straßen-II.
135,6 Straßen-II D 1, li **Athie**.
133,8 ▬.
133,5 Straßen-II.

132,9 Weg-Ⅱ.
129,0 ▬.
128,4 Straßen-Ⅱ D 103, li **Quincy-le-Vicomte**, re **Quincerot**.
127,5 Weg-Ⅱ.
121,7 EB-Ⅱ.
121,3 re ⇩ Brenne (s. Seite 324), Zunahme der Wasserführung. Ab hier verläuft der Kanal neben dem Fluss.
121,2 ▬.
120,7 Straßen-Ⅱ, re **Buffon**, li ↕ (47.646482, 4.271944).
119,8 ▬, re Schräg-▬, ≋, li Steil-▬ ⚠.
117,7 Weg-Ⅱ.
116,9 Schräg-▬, ≋.
116,0 Straßen-Ⅱ D 956, nach der Brücke ▬ Stufe, ≋, li **Aisy-sur-Armançon**.
115,1 Straßen-Ⅱ D 905.
114,9 Schräg-▬, ≋.
114,8 ▬ mit niedriger Ⅱ, Teibholzsperren ⚠, li oder re ≋ oder überheben.
114,0 Durchgebrochenes ▬, ≋.
112,3 Schräg-▬, ≋.
112,1 Straßen-Ⅱ, **Perrigny-sur-Armançon**.
109,8 Schräg-▬, ≋.
109,6 Straßen-Ⅱ, li **Cry**.
107,3 Schräg-▬, ≋.
105,2 Straßen-Ⅱ D 953, li **Nuits**.
105,1 Schräg-▬, ≋.
104,2 EB-Ⅱ.
100,3 Schräg-▬, ≋.
98,7 Straßen-Ⅱ, li **Fulvy**.
95,4 Schräg-▬, ≋.
94,7 Straßen-Ⅱ D 905, li **Cusy**.
94,2 Schräg-▬, ≋.
91,6 Schräg-▬, ≋, Wasserableitung nach li.
91,2 EB-Ⅱ.
90,8 Straßen-Ⅱ, li ↕ (47.763489, 4.115324), ⛺, li **Argenteuil**.
87,6 li Rückführung des bei 91,6 abgeleiteten Wassers.
87,4 Straßen-Ⅱ D 118, li **Pacy-sur-Armançon**.
85,5 Flussteilung: beide Arme ≋, zum re Arm ▬ über 1 m hohen Durchlass ≋.
85,1 re Arm: alte Ⅱ, mit Treibholz versperrt, li ⌓ oder treideln, Brennnesseln und Dornen.
li Arm: Weg-Ⅱ.
84,9 re Arm: Blockwurf-▬, ≋ oder treideln.
li Arm: Schräg-▬, ≋ oder re über Insel ⌓.
84,8 Zusammenfluss beider Arme, danach Weg-Ⅱ.
82,7 Schräg-▬, ≋.

82,2 Straßen-Ⅱ D 905, li **Lezinnes**.
82,0 EB-Ⅱ.
80,5 Schräg-■, ≋.
78,7 Schräg-■, ≋.
78,4 Straßen-Ⅱ, li **Argentenay**.
75,1 Straßen-Ⅱ D 118, re **Saint-Vinnimer**.
74,3 Schräg-■, ≋.
71,5 Straßen-Ⅱ D 965, re **Tanlay**.
70,4 Straßen-Ⅱ D 56A, re **Commissey**.
69,5 Straßen-Ⅱ.
69,4 ■, **X**, re 300 m ⌓ auf Fischerpfad.
69,1 li ⇩ Wehrkanal.
63,0 Straßen-Ⅱ D 905.
62,5 re ⛺ municipal La Cascade, avenue Aristide Briand, 89700 Tonnèrre, ✆ +33 3 86 55 15 44, www.tourisme-tonnerre.fr .
62,4 Schräg-■, ≋, rechts halten, geradeaus Richtung Tonnère **X**.
62,1 Straßen-Ⅱ D 944A, **Tonnère**.
Sofort danach Schräg-■, ≋.
61,7 li ⇩ Wehrkanal.
61,4 Straßen-Ⅱ D 188.
61,3 Schräg-■, ≋.
56,9 Straßen-Ⅱ, darunter winklig angeordnetes Schräg-■, ≋?, re **Dannemoine**.
56,1 Schräg-■, ≋.
55,6 Straßen-Ⅱ, re **Cheney**.
55,4 re ⇩ Wehrkanal.
54,5 Straßen-Ⅱ, re **Tronchoy**.
52,3 Straßen-Ⅱ.
52,1 li Steil-■, 1 m hoch, ≋ oder über Insel ⌓.
51,7 re ⇩ des 2. Wehrarmes.
50,3 Schräg-■, ≋.
46,0 Schräg-■, ≋.
45,6 Straßen-Ⅱ D 8, re **Flogni-la-Chapelle**.
43,5 Schräg-■, ≋.
41,6 Straßen-Ⅱ D 51, re **Percey**.
38,2 Schräg-■, ≋.
37,2 Straßen-Ⅱ D 124, li **Jaulges**.
35,8 Weg-Ⅱ.
32,3 Schräg-■, ≋, danach Flussteilung, ↕ auf der Inselspitze (47.992428, 3.772323).
32,1 Straßen-Ⅱ D 34, ■ Stufen unter den Brücken, ≋, re **Germigny**.
26,8 verfallenes ■, danach li ⛺.
26,4 EB-Ⅱ.

26,3 Straßen-Ⅱ N 77, St. Florentin, re etwa 300 m weit kann man in den Canal de Bourgogne ⌓.
22,0 ■ Stufe, ≋; danach wird der Fluss zu einem See aufgestaut.
21,2 Schräg-■ am Ende des Sees, ≋.
20,2 EB-Ⅱ (TGV).
19,6 3 EB-Ⅱ.
18,4 Straßen-Ⅱ D 78.
18,3 ■, X, re ⌓. Nicht in den li abzweigenden Werkskanal ⌓. Bis zur Rückführung des abgeleiteten Wassers muss evtl. mit kurzen Treidelstrecken gerechnet werden.
16,7 li ⇩ Werkskanal.
13,3 Schräg-■, nach ansehen evtl. li ≋, ansonsten **X**, li ⌓.
13,0 Straßen-Ⅱ D 84, re **Brienon -sur-Armançon**.
9,2 Straßen-Ⅱ D 209, re **Esnon**.
4,3 ■, **X**, li ↯, re ⌓.
3,1 Straßen-Ⅱ D 91, re ⬆-Möglichkeit (47.956253, 3.531155); li **Cheny**, re **Migennes**.
2,1 EB-Ⅱ.
2,0 Weg-Ⅱ.
0,0 ⇩ in Yonne bei km 92,2 (47.952222, 3.508611). Nach 500 m re am Sportplatz ⛺, einfach und sauber.

Km 151–120,7 nach Kartenmaterial überarbeitet.
Km 120,7-0,0 Neubeschreibung durch Wilhelm Beckert (06/12).

Brenne (Armançon)

Kleinfluss GKZ: Fr: F33-0400
Mündung in Armançon bei km 78 (re Nebenfluss)

Die Brenne kommt au dem Stausee von Grosbois en Montagne und fließt nach Norden durch Hügel- und Weideland. Über den Oberlauf liegen keine Unterlagen vor. Bekannt ist der Unterlauf. Die Brenne ist hier auf etwa 25 km ein empfehlenswerter, interessanter Kleinfluss, der kurvenreich mit schneller Strömung und klarem Wasser und zahlreichen Kurven durch Weideland fließt, Baumhindernisse sind möglich. Die Wehre sind nach Besichtigung mit Einern evtl. ≋.

Ursprung: (47.313889, 4.71) in ca. 560 m Höhe.
Mündung: (47.643889, 4.276111) in ca. 200 m Höhe.
Länge: 72 km
Pkw: Die Straße D 905 verläuft in der Nähe des Flusses.

25,5 Straßen-Ⅱ D 954, li **Venarey-les-Laumes**, re **Les Laumes**, 🚂, ⬇ (muss erkundet werden), 🚐 Camp Municipal Alesia, Rue du Docteur Roux, 21150 Venarey-les-Laumes.
25,2 Wege-Ⅱ, re Zugang zum Campingplatz.
22,9 re ⇩ der Oze.
21,7 ▬.
20,0 Straßen-Ⅱ D 119, re **Seigny**.
17,8 Wege-Ⅱ.
15,2 Straßen-Ⅱ D 119U.
12,3 Straßen-Ⅱ D 119.
8,1 EB-Ⅱ.
7,6 ▬.
7,3 Straßen-Ⅱ, **Montbard**.
7,1 ▬.
7,0 Straßen-Ⅱ.
6,3 re in 200 m 🚐 Camping Municipal Les Treilles, Rue Michel Servet, 21500 MONTBARD, ✆ 03.80.92.69.50, www.montbard.com/camping.html.
5,6 Ⅱ des Canal de Bourgogne über die Brenne.
5,3 Straßen-Ⅱ D980, Ortsende von Montbard.
4,1 Wege-Ⅱ.
2,9 ▬ vor Saint-Rémy.
2,0 Straßen-Ⅱ D 905, **Saint-Rémy**.
0,0 ⇩ in Armançon, km 121,3.

Überarbeitung nach Kartenmaterial.

Serein

Morvan

Kleinfluss – Wanderfluss GKZ: Fr: F32-0400
Mündung in Yonne (re Nebenfluss)

Der Serein ist in seinem Oberlauf, bis Isle, ein Kleinfluss, der mit guter Strömung und klarem Wasser im Bereich der nördlichen Ausläufer des Zentralmassivs in reizvoller Landschaft, zum Teil durch kleine Schluchten fließt. In diesem Bereich Hindernisse durch Buschwerk und Stacheldraht möglich, zahlreiche Wehre sind evtl. befahrbar. Unterhalb Isle wird der Serein ruhiger, keine besonderen Schwierigkeiten mehr, zahlreiche große Windungen in einsamer Gegend.

Ursprung: (47.219444, 4.435833) in ca. 455 m Höhe.
Mündung: (47.922222, 3.525) in ca. 80 m Höhe.
Länge: 188 km
Befahrbarkeit: ab km 161,1 zeitig im Frühjahr und nach stärkeren Regenfällen; ab km 98,1 bis Ende Mai; ab km 40,0 bis Frühsommer.

161,1 Straßen-II D 70, li **Pont d'Aisy**, re **Précy-sous-Thil**, ↓ bei gutem Wasserstand, viele Windungen.
160,4 ▬.
158,8 ▬.
158,6 ▬.
158,4 ▬.
158,2 Straßen-II.
158,0 ▬.
156,7 Straßen-II D 103F.
155,3 Straßen-II.
153,4 Straßen-II.
151,6 ▬.
148,1 Straßen-II D 15.
144,4 Straßen-II D 36.
138,3 EB-II.
134,4 Straßen-II.
132,9 Wege-II.
132,0 ▬.
130,2 Straßen-II D 9 bei **Courcelles-Frémoy**.
128,0 ▬, 7 m hoch, **X**.
127,9 Straßen-II D 4.
127,6 ▬.
125,5 li ▬, re Mühlenkanal.
125,0 Straßen-II.
122,2 ▬, danach Wege-II.
121,8 li ▬, re Mühlenkanal.
120,7 Straßen-II, ▬.
120,6 Wege-II.
120,2 Straßen-II A 6/E 15.
119,6 li ▬, re Mühlenkanal, Moulin du Pont.
119,5 Straßen-II D 954, **Toutry**.
119,1 li ▬, re Mühlenkanal, Moulin de la Varenne.
119,0 re 🚐.
118,5 ▬.
117,9 Straßen-II.
117,4 li ▬, re Mühlenkanal.
116,9 li ▬, re Mühlenkanal.
115,5 re ▬, li Mühlenkanal.
115,4 Wege-II.
115,3 Straßen-II D 11, **Guillon**.
114,0 ▬.
113,0 li ▬, re Mühlenkanal.
112,0 li ▬, re Mühlenkanal.
111,8 Straßen-II.

110,7 ■.

108,6 li ■, re Mühlenkanal, Moulin Neuf.

107,6 Straßen-Ⅱ D 957, li **Montréal**.

106,6 re ■, li Mühlenkanal.

106,3 Straßen-Ⅱ D 133.

102,9 Wege-Ⅱ, li **Angely**.

102,0 re ■, li Mühlenkanal.

101,7 Straßen-Ⅱ.

101,2 Straßen-Ⅱ D 169.

100,0 Wege-Ⅱ.

99,9 re ■, li Mühlenkanal.

99,8 Wege-Ⅱ.

98,1 Straßen-Ⅱ D 86, **L'Isle-sur-Serein**.

97,2 li ■, re Mühlenkanal.

97,0 Wege-Ⅱ.

96,3 Straßen-Ⅱ D 11.

94,7 Mühlen-■.

93,5 Straßen-Ⅱ.

91,4 ■.

90,6 re ■, li Mühlenkanal.

90,2 Straßen-Ⅱ, li **Massangis**.

89,3 Mühlen-■.

88,9 Straßen-Ⅱ D 312.

86,2 re ■, li Mühlenkanal.

85,6 Wege-Ⅱ.

84,6 Straßen-Ⅱ.

78,8 li ■, re Mühlenkanal.

78,6 Straßen-Ⅱ, **Cours**.

74,6 Straßen-Ⅱ D 956

72,8 Straßen-Ⅱ D 86, **Noyers**.

72,2 re ■, li Mühlenkanal, Moulin de la Roche.

71,7 li ■, re Mühlenkanal.

71,0 Mühlen-■.

70,1 Straßen-Ⅱ.

68,4 re ■, li Mühlenkanal.

68,2 Straßen-Ⅱ D 45, li **Moutot**.

66,3 li ■, re Mühlenkanal.

65,9 Straßen-Ⅱ D 200, **Anay-sur-Serein**.

65,5 re ■, li Mühlenkanal.

64,4 re ■, li Mühlenkanal.

63,6 Straßen-Ⅱ D 45, re **Môlay**.

62,4 li ■, re Mühlenkanal.

62,0 Straßen-Ⅱ.

59,8 re ■, li Mühlenkanal.

59,3 Straßen-Ⅱ D 944, li **Sainte-Vertu**.
58,7 Wege-Ⅱ.
53,3 li ■, re Mühlenkanal.
53,2 Straßen-Ⅱ D 45, re **Poilly-sur-Serein**.
48,5 ■.
48,4 Straßen-Ⅱ D 139, li **Chemilly-sur-Serein**.
44,2 Straßen-Ⅱ D 345, li **Chichée**.
41,9 li ■, re Mühlenkanal.
41,2 re ■, li Mühlenkanal.
40,4 re ■, li Mühlenkanal.
40,0 Straßen-Ⅱ D 91, **Chablis**.
39,6 Wege-Ⅱ.
39,5 Mühlen-■, Domain du Chardonnay.
38,2 Straßen-Ⅱ D 965.
37,3 EB-Ⅱ (außer Betrieb).
36,5 Straßen-Ⅱ D 391, li **Poinchy**.
34,3 Straßen-Ⅱ, li **La Chapelle-Vaupelteigne**.
30,1 Straßen-Ⅱ D 35, li **Villy**, re **Maligny**.
29,2 li ■, re Mühlenkanal.
28,1 li ■, re Mühlenkanal.
25,6 Straßen-Ⅱ D 8, **Ligny-le-Châtel**.
24,0 re ■, li Mühlenkanal.
20,2 Straßen-Ⅱ N 77, **Pontigny**.
13,2 ■.
12,9 Straßen-Ⅱ D 203, re **Les Baudières**.
10,0 ■ Moulin Baudoin.
8,0 Straßen-Ⅱ D 84.
7,9 re ■, li Mühlenkanal.
6,8 Straßen-Ⅱ.
6,7 ■.
6,3 ■.
4,7 Straßen-Ⅱ.
4,6 ■.
3,6 Straßen-Ⅱ D 5, li **Beaumont**, re **Bel-Air**.
3,4 ■.
2,3 EB-Ⅱ.
1,2 li ■, re Mühlenkanal.
1,0 Wege-Ⅱ.
0,0 ⇩ in Yonne bei km 96,3.

Überarbeitung nach Kartenmaterial.

Cure

Morvan

Wildfluss – Wanderfluss Mündung in Yonne (re N ebenfluss)	GKZ: Fr: F31-0400

Die Cure ist ein sehr abwechslungsreicher Fluss. In ihrem Oberlauf bietet sie anspruchsvolles Wildwasser, das von den Pariser Kanuten sehr viel befahren wird. In ihrem Unterlauf, unterhalb des Stausees von Malassy, wird die Cure zum geruhsamen Wanderfluss, hier kaum mehr Schwierigkeiten, einige Wehre sind zumeist fahrbar, landschaftlich reizvoll mit mehreren sehenswerten Orten und Bauten.

Ursprung:	(47.106944, 4.081667) in ca. 725 m Höhe.
Mündung:	(47.674722, 3.688056) in ca. 110 m Höhe.
Länge:	112 km
Schwierigkeiten:	92,5–71,5 WW II und III mit Stellen WW IV.
	km 60–45,4 Wasserableitung.
	km 45,4–0 WW I und Zahmwasser.
Befahrbarkeit:	Im Oberlauf weitgehend abhängig von der Wasserabgabe des Stausees von Settons. Die Tage des Wasserablasses sind zugleich auch die Tage, an denen das Befahren laut Übereinkommen mit den Anglern gestattet ist. Der Plan für die Wasserabgabe, die auch der Schiffahrt auf der Seine dient, wird stets für das ganze Jahr festgelegt, veröffentlicht in der Zeitschrift CKM, außerdem auch angeschlagen in allen Bootshäusern der Region sowie auch an den üblichen Einsetzstellen.
	Unabhängig von diesem Wasserablass ist eine Befahrung nach Regenfällen vielfach möglich, da durch größere Nebenflüsse dann reichlich Wasser in die Cure kommt.
	Der Unterlauf ist zumeist ganzjährig zu befahren.
Pegel für Oberlauf:	Straßen-Ⅱ km 80,5 mit Farbanzeige;
	NW = Minimum = 35 cm = grün.
	MW = Optimum = 50-60 cm = rot.
	HW = schwierig (Wasserwucht, gefährliche niedrige Ⅱ) = höher als 70 cm = schwarz.
	Auskunft zum Pegelstand Chalet du Montal, ✆ 86 84 61 38.
Pkw:	Straße meist weitab vom Fluss.

98,5 Staudamm des „Lac des Settons“, ⌘. Er ist einer der ältesten Staudämme Frankreichs, erbaut um den Wasserstand für die Flößerei über Cure, Yonne und Seine bis Paris zu regulieren.
⬇ am Fuß des Staudamms zwar möglich, es bestehen jedoch Vereinbarungen, wonach die folgenden 6 km den Anglern vorbehalten sind. Außerdem soll dieser Abschnitt zahlreiche Baumhindernisse aufweisen.

92,5 Straßen-Π, li Montsauche-les-Setton, re Champ-Gazon, übliche ⬇.

92,3 Kleine Stufe und stark verblockte Stromschnelle, WW III.

92,0 Niedriger Steg, danach leicht.

89,6 Straßen-Π, re **Nataloup**, ⛺-Möglichkeit, weitere gute ⬇. Beginn einer Schluchtstrecke mit allmählicher Steigerung der Schwierigkeiten, WW III.

89,3 In 100 m Abstand folgen 2 etwa 1,5 m hohe Stufen, Rücklauf bei HW!

87,9 Steg, 200 m danach 2,5 m hoher Abfall („Sept Taureaux“ = Sieben Stiere), zur Erkundung ↰, WW IV; es folgt sehr schönes Wildwasser, WW III.

87,2 Weiterer schwerer Abfall in 2 Stufen, „Saut de Gouloux“, WW IV. Straßen-Π D977BIS, ✕. Die Folgestrecke ist wieder leicht. Verlauf durch Wiesen und Wälder.

82,5 ,,Rapide de la Truite“, WW III, bei NW verblockt, bei HW heftige Stromschnelle.Danach mögliche ⬆, re geht ein Weg zur Straße.

80,5 Straßen-Π D 6 Pont du Montal, li nach **Dun les Places**, Pegel, ✕, 🚐. WW II-III mit 2 Stufen WW III.

78,7 Mühlen-▬, evtl. ≈.

77,7 Straßen-Π, li nach **Vieux Dun**. Es folgen noch kleine Stromschnellen, WW II.

71,5 Straßen-Π, re **Les Iles Menefrier**, Ende der Schwierigkeiten.

70,0 re ▬, li Mühlenkanal.

69,3 Straßen-Π D 128, li **Crottefou**, gute ⬆.

66,6 Wege-Π.

66,3 ▬.

65,0 li ▬, re Mühlenkanal.

64,8 Wege-Π.

64,1 re ▬, li Mühlenkanal.

63,7 Wege-Π. Danach Beginn des Stausees von Crescent.

62,8 Straßen-Π D 192, Möglichkeit zur Beendigung der Fahrt.

60,5 Im Stausee li ⇩ Chalaux (s. Seite 333).

60,0 ▬ Staudamm Crescent. Eine Weiterfahrt ist nicht möglich, da das Wasser total abgeleitet wird.

45,4 ▬, Staudamm von Malassy.

42,8 Wege-Π, Straßen-Π, ⬇ für die Befahrung des Unterlaufs der Cur unterhalb des Staudamms bei **Pierre-Perthuis**. WW I. Es folgen 4 ▬, evtl. ≈.

41,2 Mühlen-▬, li **Foissy-lès-Vézelay**.

40,5 Straßen-Π D 53.

38,6 re ⛺.
38,2 ▬ Moulin de Saint-Père, re auf Wehrinsel ⛺ Camping Municipal, Rue du Gravier, 89450 Saint-Père.
38,1 Straßen-Ⅱ D 957, **Saint-Père**, li in 2 km auf dem Berg **Vézelay**, historischer Wallfahrtsort.
35,5 ▬.
35,3 Straßen-Ⅱ, li **Asquins**.
33,1 re ⛺ Camping Municipal, Route de Givry, 89450 Asquins.
31,8 ▬.
28,8 re ⇩ Cousin (s. Seite 332).
28,7 Straßen-Ⅱ D 951, li **Blannay**. Weiterhin gute Strömung.
27,7 ▬, evtl. nach Besichtigung ≋ oder überheben.
27,2 Straßen-Ⅱ, re **Sermizelles**.
24,4 li ▬, verfallen, evtl. ≋, re Mühlenkanal.
23,9 Straßen-Ⅱ D 950, re **Voutenay-sur-Cure**.
22,1 EB-Ⅱ.
21,1 Straßen-Ⅱ, re **Saint-Moré**, re **Nailly**, li ⛺, Achtung auf Baumhindernisse!
19,9 EB-Ⅱ.
17,1 EB-Ⅱ, dahinter Straßen-Ⅱ N 6.
15,2 EB-Ⅱ.
14,9 ▬, verfallen, evtl.≋.
14,8 Straßen-Ⅱ D 606.
13,8 Straßen-Ⅱ, re **Arcy-sur-Cure**.
13,4 re ⛺.
13,1 ▬.
10,8 li ▬, evtl. ≋ oder li ⌓, re Mühlenkanal.
10,6 Straßen-Ⅱ D 227, li **Bessy-sur-Cure**.
9,9 re **Lucy-sur-Cure**.
7,4 re Kloster Reygny, Insel.
5,1 EB-Ⅱ, re Sportboothafen.
4,9 ← Canal d'Accolay.
4,8 ▬.
4,4 Wege-Ⅱ.
2,8 Straßen-Ⅱ D 39A, li **Accolay**.
2,6 re ▬, li Mühlenkanal.
0,6 li ▬, re Mühlenkanal.
0,0 ⇩ in Yonne bei km 138.

Überarbeitung nach Kartenmaterial. Ergänzungen von Heiner Hoff, Krefeld.

Cousin

Morvan

Wildfluss GKZ: Fr: F31-0410
Mündung in Cure (re Nebenfluss)

Der Cousin verläuft als mäßig schwerer Wildfluss durch eine romantische, stark bewaldete Schlucht. Sehr empfehlenswert. Schwierigkeitsgrade bei mittlerem Wasserstand:

Ursprung:	(47.240278, 4.139167) in ca. 605 m Höhe.
Mündung:	(47.526667, 3.787222) in ca. 132 m Höhe.
Länge:	67 km
Schwierigkeiten:	km 42–28,8 WW I–II
	km 28,8–19,8 WW II–III
	km 19,8–⇩ WW II–I–Zahmwasser.
	Bei hohem Wasserstand steigen die Schwierigkeiten erheblich an.
Wasser:	sehr sauber.
Befahrbarkeit:	bis Frühjahr und nach starken Regenfällen. Es besteht ein Übereinkommen mit den Anglern, dass eine Befahrung an Pfingsten sowie bei einem Pegel unter 60 cm verboten ist.
Pegel:	Straßen-Ⅱ D 33, km 28,8; Minimum 60 cm.

42,0 Straßen-Ⅱ D 55, li in 2,5 km **Saint-Léger-Vauban**, ⬇. Es folgen einige Wehre, zumeist gut ≋, sowie niedrige Ⅱ, Achtung, Baumhindernisse möglich.
36,0 Straßen-Ⅱ.
34,3 Steg, danach Stromschnellen und kleine Stufen.
33,3 Straßen-Ⅱ Pont Riot.
31,3 re ⇩ Romanée.
29,0 Mühlen-▬ Moulin de la Rochette.
28,8 Straßen-Ⅱ D 33, re in 2 km **Cussy les Forges**, ⬇, ≣.
27,0 Beginn der verblockten WW-Strecke.
In einer re-Kurve großer Felsen mitten im Fluss, ↰, Besichtigung der folgenden Stromschnellen, die zunehmend schwieriger werden und in kleinen Stufen enden.
24,7 li ▬, evtl. ≋, re Mühlenkanal, Moulin Cadoux.
24,6 Straßen-Ⅱ, re in 2 km **Magny**.
22,8 Es folgt eine weitere Serie von Stromschnellen und Stufen.
19,8 Straßen-Ⅱ, **Méluzien**, mögliche ⬆, Ende der Stromschnellen. Auf den folgenden 7 km 13 Wehre, die, bis auf das 1. Wehr alle evtl. ≋ sind.

Daher bleibt der Fluss in einem sehr schönen Waldtal weiterhin lohnend und sportlich interessant.

19,1 li ■, re Mühlenkanal.
18,8 li ■, re Mühlenkanal.
18,1 li ■, re Mühlenkanal.
17,7 li ■, re Mühlenkanal.
16,8 li ■, re Mühlenkanal.
16,5 li ■, re Mühlenkanal.
16,1 re ■, li Mühlenkanal.
15,8 Straßen-Ⅱ D 944. mögliche ⬆.
15,7 li ■, re Mühlenkanal.
15,4 Wege-Ⅱ.
15,1 li ■, re Mühlenkanal.
14,9 ■.
14,8 Straßen-Ⅱ D 127, re **Avallon**.
14,7 Wege-Ⅱ.
14,3 li ■, re Mühlenkanal.
12,1 ■ Moulin des Ruarts.
10,8 Straßen-Ⅱ D 957, **Ponttaubert**, empfohlene ⬆.
10,2 re ■, li Mühlenkanal.
8,6 li ■, re Mühlenkanal.
8,0 Straßen-Ⅱ D 142, **Vault-de-Lugny**.
6,6 re ■, li Mühlenkanal.
6,1 Straßen-Ⅱ D 427, **Valloux**.
3,5 Straßen-Ⅱ.
1,5 ■.
1,1 Straßen-Ⅱ D 71, li **Gifry**.
0,0 ⇩ in Cure bei km 28,8.

Überarbeitung nach Kartenmaterial.

Chalaux

Morvan

Wildfluss — GKZ: Fr: F3110600
Mündung in Cure (li Nebenfluss)

Der Chalaux ist einer der ganz wenigen schweren Wildflüsse Nordfrankreichs. Er wird sehr viel befahren, vor allem von Pariser Kanuten.

Ursprung:	(47.149722, 4.030833) in ca. 630 m Höhe.
Mündung:	(47.381944, 3.91) in ca. 275 m Höhe.
Länge:	36 km
Befahrbarkeit:	eine Befahrung ist nur möglich bei Wasserabgabe des Stausees von Chaumeçon. Sie dient der Schiffahrt der Seine und wird

jeweils für das ganze Jahr festgelegt und veröffentlicht. Die Termine sind zumeist in den Bootshäusern der Region angeschlagen. Eine für die Befahrung ausreichende Wasserabgabe findet stets in der Zeit vom 15. Juli bis 2. September zwischen 13 und 18 Uhr statt. Danach ist die Befahrung verboten, bzw.es findet kein Wasserablass statt. Zwischen März und Juni wird vielfach an den Wochenenden Wasser abgegeben. Bei gefülltem Stausee kann, vor allem im Frühjahr, eine Befahrung mit dem Überwasser des Staudamms möglich sein.

Minimum für eine Befahrung 4 m³/s. Es ist üblich, die Befahrung des Chalaux mehrfach zu wiederholen.

10,5 Kanu-Zentrum, Bootsverleih, ⛺. ⬇ am Fuß der Staumauer li. Zunächst leicht, WW II.
10,0 Beginn der „400 m-Stromschnelle“, WW III. Hier werden Slalom-Wettbewerbe ausgetragen. Danach wieder leichter, WW II-III.
7,0 Beginn einer engen Schlucht mit starker Zunahme der Schwierigkeiten.
6,8 Schwere Stufe „Pertes des Veaux“. Beim Anblick eines Felsens re am Fuß eines Hügels zur Besichtigung ↱ in einem Kehrwasser. Die Stufe ist WW IV. Danach auf 200 m weiter WW III-IV.
6,0 Stufe „Courtibas“, schwerste Stelle des Chalaux, zur Besichtigung ↱, WW IV, bei HW bis WW V. Danach leicht, WW III.
5,1 Straßen-Ⅱ von Chalaux, gute ⬆.
3,4 Wege-Ⅱ. Danach Beginn des Stausees von Crescent.
2,3 Straßen-Ⅱ D 518 über den Stausee, ⬆.
0,0 ⇩ in Cure (km 60,6) innerhalb des Stausees.

Überarbeitung nach Kartenmaterial.

Aube

Ile de France

Kleinfluss – Wanderfluss GKZ: Fr: F1--0200
Mündung in Seine (re Nebenfluss)

In ihrem Oberlauf durchfließt die Aube als Kleinfluss mit Baum- und Strauchhindernissen die Waldgebiete der Forêts de Chateauvillain et d´Arc. Ab Bayel verläuft sie kurvenreich und meist schnell fließend, z. T. zwischen Kiesbänken, durch den Naturpark Forêt d´Orient. Bei Brienne tritt die Aube in die Ebene aus. Empfehlenswerter Abschnitt: Ⅱ Bayel bis Ⅱ N 19 bei Dienville. Auf dieser Strecke muss man allerdings einige Wehre umtragen.

Ursprung: (47.746667, 5.131944) in ca. 390 m Höhe.

Mündung: (48.557778, 3.715556) in ca. 68 m Höhe.

Länge:	248 km
Wasser:	sauber.
Befahrbarkeit:	ab km 196,2 nur bei sehr gutem Wasserstand, ab km 157,5 bis Frühsommer, ab km 112 wohl ganzjährig.

196,2 Straßen-Ⅱ, li **Montigny-sur-Aube**, ⬇ bei sehr gutem Wasserstand, Baumhindernisse möglich. Zahlreiche ▬, nach Erkundung zumeist ≋.
195,5 re ▬, li Mühlenkanal.
192,3 Straßen-Ⅱ, li **Gevrolles**.
188,5 li ▬, re Mühlenkanal.
188,3 Straßen-Ⅱ D 145.
187,2 re ▬, li Mühlenkanal.
185,5 li ▬, re Mühlenkanal.
185,1 Straßen-Ⅱ D 107.
182,4 li ▬, re Mühlenkanal.
181,7 Straßen-Ⅱ, re **Silvarouvres**, weitere mögliche ⬇.Danach re Mühlgraben.
181,5 re ▬, Straßen-Ⅱ, li Mühlenkanal.
176,8 Straßen-Ⅱ D 105, danach ▬.
175,7 Straßen-Ⅱ, li **Laferté-sur-Aube**.
174,5 Straßen-Ⅱ A 5/E 54.
173,9 Straßen-Ⅱ, re **Juvancourt**.
173,8 re ▬, li Mühlenkanal.
173,0 Straßen-Ⅱ, li Ville-sous-la-Ferté, danach li ⇩ Mühlenkanal.
169,0 Straßen-Ⅱ D 12, li **Clairvaux**, re **Outre-Aube**.
167,5 re ⇩ Aujon.
167,1 Straßen-Ⅱ, EB-Ⅱ.
165,9 Straßen-Ⅱ und ▬.
165,6 EB-Ⅱ.
161,7 EB-Ⅱ.
161,5 Straßen-Ⅱ.
160,1 EB-Ⅱ.
159,0 Straßen-Ⅱ und ▬.
157,5 Straßen-Ⅱ D 47, li **Bayel**, übliche ⬇, noch einzelne Hindernisse.
157,2 EB-Ⅱ.
155,2 li ▬, **X**, li ⌓, re Mühlenkanal.
151,2 Straßen-Ⅱ D 396.
150,9 EB-Ⅱ.
150,4 re ▬, li Mühlenkanal.
149,0 Straßen-Ⅱ D 13, li **Fontaine**.
146,7 Wege-Ⅱ.
146,5 Mühlen-▬, Umfahrung des re Wehres über Steil-▬ li davor möglich. Sonst re an Straße aussetzen und etwa 250 m weit entlang der Straße ⌓. Wieder ⬇ an Treppe hinter einem alten Waschhaus, mühsam.
146,4 Straßen-Ⅱ D 4, **Bar-sur-Aube**, alle Möglichkeiten.

146,2 re ■, li Mühlenkanal, ↰ an Rampe, ⌓ li über Straßen-Ⅱ D 4, danach re nach etwa 150 m zwischen Häusern wieder ⬇, mühsam.
145,6 2 Straßen-Ⅱ.
140,2 li ■, re Mühlenkanal nach **Montier-en-l'Isle**.
139,2 EB-Ⅱ.
138,5 Straßen-Ⅱ D 113, li **Jaucourt**.
134,9 Straßen-Ⅱ D 619.
132,8 Straßen-Ⅱ D 146, re **Bossancourt**.
132,7 li ■, re Mühlenkanal.
131,7 re ⇩ Mühlenkanal.
129,2 Straßen-Ⅱ D 18, darunter Schwall, li **Jessains**, re **Trannes**.
127,3 re ■ der Aube, ← Kanal zum Lac d'Amance über ■.
127,1 ■ Stufe.
124,6 Mühlen-■.
124,2 Straßen-Ⅱ D 46B, re **Juvanzé**.
122,2 Straßen-Ⅱ D 46A, darunter ■.
117,6 ■.
116,9 Straßen-Ⅱ D 443, **Dienville**, günstige ⬆, li ⛺ Camping du Tertre, Rue de la Fontaine du Mont, 10500 Dienville am Lac d'Amance.
112,7 Straßen-Ⅱ D 11B, re **Brienne-la-Vieille**.
112,6 ■.
112,2 Straßen-Ⅱ, re **Brienne-la-Château**. Der Fluss wird breiter, und tritt in die Ebene aus.
106,5 li ⇩ Abflusskanal des Lac d'Amance.
103,7 Straßen-Ⅱ D 124, re **Épagne**.
99,4 Straßen-Ⅱ D 80, li **Précy-Notre-Dame**, re **Précy-Saint-Martin**.
98,9 ■.
96,0 re ⛺ Camping Lesmont, Rue Grande, 10500 Lesmont.
95,7 Straßen-Ⅱ D 960, re **Lesmont**.
90,0 Straßen-Ⅱ D 90, re **Magnicourt**.
86,7 Straßen-Ⅱ D 5, re **Brillecourt**.
83,4 Straßen-Ⅱ D 133, re **Sainte-Thuise**.
78,5 Straßen-Ⅱ D 48.
74,8 Straßen-Ⅱ D 99.
72,0 Straßen-Ⅱ.
67,5 re ⇩ Piuts.
63,4 Straßen-Ⅱ D 9, re **Vinets**.
55,5 Straßen-Ⅱ A 26/E 17.
49,6 re auf Wehr-Insel ⛺ Camping de l'île Cherlieu, Rue de Châlons, 10700 Arcis-sur-Aube.
49,4 Straßen-Ⅱ D 677, li **Arcis-sur-Aube**.
48,5 EB-Ⅱ.
48,3 Straßen-Ⅱ D 10.
37,0 Straßen-Ⅱ D 65, re **Viâpres-le-Petit**.

35,4 Straßen-Ⅱ D 56D, re **Viâpres-le-Grand**.
32,9 geradeus Aube, li über ▬ Abzweig Bras de l'Aube, wahrscheinlich auch befahrbar. Die Streckenlänge bis zur ⇩ in die die Aube bei km 24,1 beträgt 9,4 km.
31,7 re Kanal, li Aube.
31,0 ▬, darüber Wege-Ⅱ.
30,9 Straßen-Ⅱ D 7, re **Plancy-l'Abbaye**.
29,8 re ⇩ des Kanals über eine ⯐.
25,7 Straßen-Ⅱ.
24,1 li Mündung Bras de l'Aube.
22,1 Straßen-Ⅱ D 134, re **Boulages**.
13,9 Straßen-Ⅱ D 373, re **Granges-sur-Aube**.
12,4 re Kanal, li Aube.
12,3 ▬.
9,1 re ⇩ des Kanals über eine ⯐.
8,9 Straßen-Ⅱ D 440, re **Anglure**.
5,7 Straßen-Ⅱ D 52.
2,3 Straßen-Ⅱ D 82, re **Saron-sur-Aube**.
0,0 ⇩ in die Seine bei **Marcily-sur-Seine**, km 553,3.

Überarbeitung nach Kartenmaterial.

Ource

Ile de France

Kleinfluss GKZ: Fr: F04-0400

Mündung in Seine (re Nebenfluss)

Die Ource ist ein unterhaltsamer Kleinfluss mit guter Strömung und klarem Wasser. Im Oberlauf Schwierigkeiten durch Baum- und Strauchhindernisse. Mehrere Wehre sind fast durchweg befahrbar, kleine Schwälle.

Ursprung:	(47.69, 4.978056) in ca. 418 m Höhe.
Mündung:	(48.096389, 4.381111) in ca. 150 m Höhe.
Länge:	100 km
Befahrbarkeit:	Frühjahr bis Mai.

23,0 Straßen-Ⅱ, **Verpillières-sur-Ource**, mögliche 🠗. Auf den folgenden 5 km ist mit Baumhindernissen zu rechnen.
19,2 ▬.
18,6 Wege-Ⅱ.
Straßen-Ⅱ, **Essoyes**, gute 🠗, ab hier kaum mehr Hindernisse.
18,2 re ▬, li Mühlen-Kanal.
17,9 Wege-Ⅱ.
17,8 Wege-Ⅱ.

16,6 Straßen-Ⅱ D 67.
15,5 ▬.
14,5 Straßen-Ⅱ D 103, re **Loches-sur-Ource**.
12,9 li ▬, nach Erkundung evtl. ≈, re Mühlen-Kanal.
12,2 Straßen-Ⅱ, re **Landréville**.
9,1 Ⅱ.
7,2 Straßen-Ⅱ.
6,1 ▬.
5,4 Straßen-Ⅱ D 67, li **Celles-sour-Ource**.
5,2 re ▬, li Mühlen-Kanal.
1,4 EB-Ⅱ.
0,6 re ▬, li Mühlen-Kanal.
0,5 Wege-Ⅱ.
0,0 Straßen-Ⅱ D 207, re **Mercy-sur-Arce**, ⇩ in Seine, km 669,4.

Überarbeitung nach Kartenmaterial.

Somme

Kanalisierter Wanderfluss GKZ: Fr: E6---140, Fr: E6---009-.
Mündung in Kanal

Die Somme ist in ihrem ganzen, für eine Befahrung in Frage kommenden Lauf voll kanalisiert, allerdings wurde dieser Kanal schon um 1800 gebaut, ist daher für eine moderne Schiffahrt unzulänglich. Es findet sich auf der Somme fast ausschließlich Sportbootsverkehr. Lediglich unterhalb von Abbéville fahren kleinere seegängige Schiffe. 23 Schleusen sind leicht zu umtragen. Auf kurzen Teilstrecken fließt die unverbaute Somme neben dem Kanal, doch sollte auch hier der Kanal befahren werden. Insgesamt gesehen ist eine Befahrung der Somme nur bedingt zu empfehlen. Es gibt mehrere an der Somme gelegene ⛺.

Ursprung: (49.906389, 3.402778) in ca. 86 m Höhe.

Mündung: (50.192778, 1.615833) in ca. 0 m Höhe.

Länge: 245 km

Fahrtstrecke: Saint-Simon bis zur ⇩ 156 km. Die letzte ⯑ findet sich bei Saint-Valérie-sur-Somme. Eine Seitenbucht des Kanals beginnt kurz nach dieser ⯑. Ab hier Gezeiten. Vorsichtsmaßnahmen für Küstenfahrten beachten (Watt).

Unveränderte Übernahme

Avre (Somme)

Kleinfluss GKZ: Fr: E6400600
Mündung in Somme oberhalb von Amiens (li Nebenfluss)

Der Avre ist ein unterhaltsamer Kleinfluss. Keine besonderen Schwierigkeiten, da das Flussbett alljährlich von den Kanuten von Boves gereinigt wird.

Ursprung:	(49.631667, 2.829722) in ca. 80 m Höhe.
Mündung:	(49.883611, 2.34) in ca. 24 m Höhe.
Länge:	66 km
Befahrbarkeit:	ganzjährig.
Fahrtstrecke:	⬇ am Fuß des Wasserfalls bei der Feuerwehrkaserne von Moreuil. 21 km bis Mündung in Somme.

Unveränderte Übernahme

Canche

Wanderfluss – Maritimfluss GKZ: Fr: E54-003-.
Mündung in Atlantik (Ärmel-Kanal, Bucht von Touquet)

Die Canche ist in ihrem Oberlauf landschaftlich reizvoll, zwischen Hügeln. Sie fließt hier mit klarem Wasser und guter Strömung bei nur mäßigen Schwierigkeiten, WW I. Unterhalb Montreuil wird sie zum gezeitenabhängigen Maritimfluss.

Ursprung:	(50.326667, 2.401111) in ca. 133 m Höhe.
Mündung:	(50.545, 1.590278) in ca. 0 m Höhe.
Länge:	88 km
Befahrbarkeit:	Im Prinzip ganzjährig. Es bestehen jedoch Vereinbarungen mit den Anglern, wonach an allen Tagen erhöhter Angleraktivitäten (Eröffnung und Ende der Anglersaison, Angelwettkämpfe und sonstige Angelveranstaltung) von einer Befahrung der Canche Abstand genommen wird. Im Unterlauf muss man eine Befahrung nach den Zeiten des Ebbstroms ausrichten.
Pkw:	Straßen zu beiden Seiten des Flusses, jedoch zwischen Straße und Fluss oft breite, sumpfige Auen.

47,7 Straßen-Ⅱ D 928 am Ortsende von **Hesdin**, gute ⬇.
44,6 Straßen-Ⅱ D 113E1, re **Guisy**.
42,5 Straßen-Ⅱ
42,3 verfallenes ▬, li ≈.
42,2 Straßen-Ⅱ D 154, **Aubin-Saint-Vaast**.
39,0 Straßen-Ⅱ, li **Maresquel-Ecquemicourt**, li Anlegestelle für Leihboote, Papierfabrik. Danach Flussverengung mit Schwallstrecke und scharfen Kurven.
37,7 Straßen-Ⅱ.
36,4 Straßen-Ⅱ, Beginn von **Beaurainville**, kurz danach re ⌂ Kanuclub mit Bootsverleih und ⛺-Möglichkeit; Slalomstrecke mit kräftigem Schwall

unter einer Ⅱ, Mitte oder li ≋, re 🚐 Camping de la Source, 62990 Beaurainville.

35,2 Straßen-Ⅱ D 130.

34,6 Nach kurzer Fahrt bei einem li gelegenen Landgut Teilung in 2 Arme. Der li Arm hat unter einer alten Stein-Ⅱ einen kräftigen Schwall.

33,8 ▬.

33,3 Straßen-Ⅱ.

31,6 re in 150 m 🚐 Manon des Sources, 62990 Marenla.

30,0 ▬.

27,8 verfallenes ▬, **X**, li ⏏.

27,5 Straßen-Ⅱ D 129, Brimeux.

25,0 re in 1,5 km **Merles sur Canche**,
▬, **X**, Bootsgasse re vom ▬ evtl. ≋.

24,3 Wege-Ⅱ.

22,4 Straßen-Ⅱ D 901.

21,6 Club Canoë Kajak Montreuillois mit Slalomstrecke und leichtem Schwall.

21,7 Straßen-Ⅱ D 349, **Montreuil**, Städtchen innerhalb der Mauern der Zitadelle, Rundweg auf der Mauer, ⌘.

21,5 EB-Ⅱ.

21,3 ▬, **X**, li ⏏. li am Fuß der Zitadelle 🚐 La Fontaine des Clercs, 62170 Montreuil. Ab hier Einfluss der Gezeiten, Vorsicht bei Westwind mit evtl. hohen Wellen!

20,6 Wege-Ⅱ.

19,7 re ⇩ Course.

19,2 Wege-Ⅱ.

14,0 Straßen-Ⅱ D 146.

11,0 Straßen-Ⅱ D 145.

8,5 Straßen-Ⅱ A 16.

5,6 EB-Ⅱ.

4,9 Straßen-Ⅱ D 939, re **Etaples**.

0,0 ⇩ in die Atlantikbucht bei Le-Touquet-Paris-Plage. ⬆-Möglichkeit im Norden von Le Touquet bei einem Segel- und Kanuclub.

Überarbeitung nach Kartenmaterial.

Lys - Leie

Schiffahrtskanal	GKZ: Fr: E3--0120.
Mündung in Scheld e bei Gent	

Die Lys, die auf belgischem Gebiet Leie heißt, ist voll kanalisiert. Bedingt empfehlenswert ist eine Befahrung von Aire sur Lys bis Armentières; sie verläuft hier durch das ländliche Flandern. Unterhalb von Armentières ist mit sehr regem Schiffsverkehr zu rechnen, da hier ein großes Industriegebiet entstanden ist. Dieser

Abschnitt ist daher nur wenig lohnend. Eine Befahrung der nicht-kanalisierten Lys, also oberhalb von Aire, scheint nicht möglich zu sein.

Ursprung:	(50.524722, 2.223056) in ca. 160 m Höhe.
Mündung:	(51.043056, 3.740556) in ca. 4 m Höhe.
Länge:	202 km
Befahrbarkeit:	ganzjährig.

93,0 Abzweigung der kanalisierten Lys aus dem Großschiffahrtsweg Dünkirchen - Schelde.
92,4 ⯑ Fort Gassion, empfohlene ⬇. Bis Halluin/Menin finden sich 6 weitere ⯑, daneben jeweils ein ▬.
Es ist nicht bekannt, ob diese ▬ ≋ sind.
52,5 **Armentières**, ab hier reger Schiffsverkehr.
38,0 letzte ⯑ in Frankreich.
27,7 **Halluin** - **Menin**, Grenze nach Belgien. Über die Anzahl der ⯑ der Reststrecke ist nichts bekannt.
0,0 ⇩ in Schelde bei **Gent**.

Unveränderte Übernahme

Scarpe

Schiffahrtskanal — GKZ: Fr: E2010600, Fr: E2--0110
Mündung in Schelde (re Nebenfluss)

Die Scarpe ist zwar mit 15 Schleusen voll für den Schiffsverkehr ausgebaut. Die Schiffahrt ist jedoch nur gering, so dass die Befahrung bedingt zu empfehlen ist.

Ursprung:	(50.371111, 2.5075) in ca. 121 m Höhe.
Mündung:	(50.500278, 3.446667) in ca. 16 m Höhe.
Länge:	94 km
Befahrbarkeit:	ganzjährig.

Empfohlene Teilstrecken:

Arras - Corbehem, 22 km, 9 ⯑.

Die folgenden 8 km bis Dorignies sollten gemieden werden, die Scarpe ist hier Teil des Großschiffahrtsweges Dünkirchen - Schelde.

Dorignies - ⇩ in Schelde, 36 km, 6 ⯑.

Eine Befahrung des nicht kanalisierten Teiles der Scarpe oberhalb Arras scheint nicht möglich zu sein.

Unveränderte Übernahme

Stromgebietes der Maas

Die unter „Karten-Nr.“ aufgeführten Zahlen entsprechen den Zahlen der Kartenskizze.

Karten-Nr.	Gewässer	Wanderfluss	Maritimfluss	Kanal	Kleinfluss	WW I-II	WW III-IV	WW V-VI	Seite
1, 3	Maas (Meuse)	o		o					343
1	Dommel Dieze								356
1	Tongelreep								360
1	Reusel, Essche Strom								361
3	Rur (Roer)	o							363
3	Geer				o				364
3	Ourthe	o							365
3	Amblève					o	o		369
3	Salm				o	o			371
3	Aisne			o	o				373
3	Ourthe Occidental				o				374
3	Ourthe Oriental				o				376
3	Lesse	o				o	o		377
3	Lomme				o				380
3	Houille				o	o			382
2	Viroin				o				383
3	Semois	o							383
3	Vierre				o				388
2	Sormonne					o			389
2	Bar	o			o				390
3	Chiers	o							392

Maas
Meuse

Wanderfluss – Schifffahrtskanal GKZ: Fr: B---0000, DE: 28
Mündung in Nordsee (Kanal)

Die Maas (französischer Name „Meuse") entspringt in Frankreich, durchquert Belgien und mündet nach etwa 835 km in den Niederlanden in die Nordsee.

Die Landschaft ist in ihrem Oberlauf etwas eintönig, in der Mitte ihres langen Laufes fließt sie durch die Ausläufer der Ardennen und ist hier sehr reizvoll. Im Unterlauf verläuft sie durch die Weiten der holländischen, dem Meere vorgelagerten Tiefebene. Als Kanugewässer ist sie nur auf kurzer Strecke ein frei fließender Fluss, die Wehre in diesem Bereich sind alle gut fahrbar oder zumindest leicht zu umtragen. Ab km 111 ist sie voll kanalisiert, mit zahllosen Schleusen (allein auf französischem Gebiet 59). Die Wehre in diesem Bereich sind fast ausnahmslos nicht fahrbar, müssen also umtragen werden. Trotzdem ist es fast immer sinnvoll, nicht die zu den Schleusen führenden Kanalstrecken, sondern den freien, meist recht reizvollen und einsamen alten Flusslauf zu befahren. In Ham, Revin, Verdun und Koeurs gibt es Tunnels, ihre Befahrung ist für Kanus gefährlich, man sollte sich daher bei den Schleusenmeistern erkunden, ob sie frei sind. Die Schifffahrt ist, abgesehen von Sportbooten zum Wochenende, meist gering.

Ursprung: (47.97435, 5.633539) in ca. 409 m Höhe.

Mündung: (51.715, 4.667778) in ca. 1 m Höhe.

Länge: 874 km

Empfehlenswerte Strecken: von Sedan bis kurz vor Lüttich.

Befahrbarkeit: der Oberlauf meist ganzjährig, der kanalisierte Abschnitt stets ganzjährig.

Pegel: bei der ganzjährigen Befahrbarkeit der Maas sind Pegelstandsangaben für die Maas selbst weitgehend bedeutungslos. Da die Maas der Sammler für die Mehrzahl der Gewässer der Ardennen ist, können die Wasserstandsangaben der Maas als Bezugspegel für viele dieser Flüsse verwandt werden.

Zeltmöglichkeit: zahlreiche Plätze am Fluss, verschiedene ⛺; nach Rücksprache mit dem Schleusenwärter ist vielfach auch ein Zelten im Schleusenbereich möglich.

358,8 Straßen-II D 74, **Bazoilles-sur-Meuse**, mögliche ⬇ für die Befahrung des Oberlaufs, Einzelheiten sind nicht bekannt, WW I - Zahmwasser, mehrere Wehre, anscheinend gut ≋.

353,4 Straßen-II.

352,7 EB-II.

349,0 Straßen-Ⅱ D 647, **Neufchâteau**, empfohlene ⬇, ▬, verfallen, re ⇩ Mouzon, danach EB-Ⅱ, re nicht direkt am Fluss.

348,6 re Sportanlagen und ⛺ Camping Intercommunal, Place Raymond Pitet, 88300 Neufchâteau, 200 m vom Fluss.

347,5 Straßen-Ⅱ.

343,8 verfallenes Schräg-▬, ganz re ≋.

343,2 Straßen-Ⅱ, li Frebécourt, darüber Schloss Bourlemont.

341,4 Schräg-▬, **X**, Steine im Unterwasser, li ⌓ oder re treideln.

341,1 Straßen-Ⅱ D 3, re **Coussey**.

340,8 Wege-Ⅱ.

337,7 li am Berghang Basilika Bois Chenu, ⌘.

336,0 re ▬, li Mühlgraben.

335,6 Straßen-Ⅱ D 164, li **Domrémy-la-Pucelle**, ⛺.

333,3 re ⇩ Vair.

333,0 Straßen-Ⅱ D 19, **Maxey-sur-Meuse**.

331,0 li ▬, evtl.≋ oder treideln, li Mühlgraben.

329,8 Straßen-Ⅱ, re ⇩ Mühlgraben, re **Brixey-aux-Chanoines**.

328,5 li ▬, re Mühlgraben.

326,0 Straßen-Ⅱ D 145D, re **Sauvigny**.

323,5 alte EB-Ⅱ.

323,0 Straßen-Ⅱ, re **Travernon**, EB-Ⅱ, danach ▬, re ≋.

322,8 li Schräg-▬, evtl. ≋ oder treideln, re Mühlgraben.

320,0 li ▬, evtl. ≋, re Mühlgraben. Danach Straßen-Ⅱ D 32, re **Pagny-la-Blanche-Côte**.

318,6 re ⇩ Mühlgraben.

317,0 ▬, li **Tailancourt**, Montbras, mittelalterliches Schloss.

315,2 Straßen-Ⅱ, re **Champougny**.

311,2 Straßen-Ⅱ, re **Sepvigny**.

304,9 Straßen-Ⅱ D 960, re **Chalaines**.

303,4 verfallenes ▬, evtl. ≋.

298,3 re ▬, evtl. ≋ oder re ⌓, li Mühlgraben.

297,2 Straßen-Ⅱ D 36, li **Ugny-sur-Meuse**.

295,8 EB-Ⅱ.

294,9 Straßen-Ⅱ D 144A, re **Saint-Germain-sur-Meuse**.

293,2 re ▬, evtl. ≋, jedoch Strauchhindernisse, li Mühlgraben.

292,3 Straßen-Ⅱ D 144, li **Ourches-sur-Meuse**.

290,2 re alte Kirche Chapelle de Massey.

288,9 li ▬, evtl.≋, re Mühlgraben.

287,9 Straßen-Ⅱ N 4.

287,0 Straßen-Ⅱ D 36, re **Pagny-sur-Meuse**.

284,7 re Schräg-▬, li Mühlgraben.

282,8 Straßen-Ⅱ D 36C, li **Troussey**.

281,7 li ▬, evtl. ≋ oder re ⌓, re Mühlgraben.

281,6 Aquädukt des Rheine-Marne-Kanals.

281,5 Straßen-II D 36.
273,8 II.
273,3 Schräg-▬.
271,9 Straßen-II D 10, darunter Schwall, 5. Joch von re fahren, re **Sourcy-Saint-Martin**.
270,8 Schräg-▬.
270,2 Straßen-II D 144.
268,3 EB-II.
266,4 Straßen-II D 144, li **Ville-Issey**.
265,0 ⇩ in Canal de la Meuse, früher Canal de l´Est. Die Beschreibung folgt diesem Kanal. Wenn vom Kanal abzweigende Flussschleifen befahren werden, verlängert sich die Fahrtstrecke. Leider liegen der Redaktion keine Beschreibungen dieser bestimmt interessanten Strecken vor. Wir warten auf ihren Bericht.
263,1 ➔ der alten Meuse aus dem Kanal über ▬, **X**, ⌓. Länge dieser Schleife 5,5 km. Mündung in den Kanal bei 259,4.
262,1 Straßen-II D 958, li **Commercy** mit 🚆.
260,8 ⇄ Commercy, Straßen-II D 8A.
259,4 re ⇩ der Schleife in Kanal.
258,4 ➔ Flussschleife mit mehrerenWehren, Länge ~22 km, ⇩ in Kanal bei km 246,5.
257,8 EB-II.
257,6 EB-II.
256,8 Straßen-II.
256,3 Straßen-II D 12, li **Lérouville**.
254,9 ⇄, Straßen-II, li **Vadonville**.
252,2 Straßen-II, li **Sampigny**.
251,4 Straßen-II.
249,6 Kanal-Tunnel, darüber Straße D 964 und EB.
248,9 EB-II.
248,0 ⇄ Han, Straßen-II D 7A.
247,0 ⇄, li **Kœr-la-Petite**.
246,5 re ⇩ Flussschleife, siehe km 258,4.
243,2 li ▬, re zur Schleuse.
241,6 ⇄ Saint Mihiel, Straßen-II, danach re ⇩ Wehrarm.
240,8 Straßen-II D 901, Saint-Mihiel, Kloster und Kirche, ⌘.
239,9 li 🚐.
238,0 re zur Schleuse, ← einer Flussschleife über ▬, Länge ~40 km, mehrere Wehre. Mündung in den Kanal bei km 207,0.
236,7 Straßen-II.
236,2 Straßen-II D 101, li **Maizey**.
234,1 ⇄, re **Rouvrois-sur-Meuse**.
232,0 EB-II.
231,2 ⇄ Lacroix.

230,8 Straßen-Ⅱ D 109, re **Lacroix-sur-Meuse**.
229,8 Straßen-Ⅱ.
226,9 Wege-Ⅱ.
225,8 ⧖, re **Troyon**.
225,3 Wege-Ⅱ.
222,9 ⧖, re **Ambly-sur-Meuse**.
222,5 Straßen-Ⅱ.
221,2 Straßen-Ⅱ D 21.
220,7 Wege-Ⅱ, re **Génicourt-sur-Meuse**.
217,7 Straßen-Ⅱ.
216,5 ⧖, Straßen-Ⅱ, **Dieue-sur-Meuse**.
216,3 Straßen-Ⅱ D 159.
214,8 ⧖ Dieue-aval.
213,8 Wege-Ⅱ.
211,7 Straßen-Ⅱ A 4.
210,4 ⧖ Haudainville.
209,6 Wege-Ⅱ, re **Haudainville**.
207,4 ⧖, re **Les Wés**.
207,0 li ⇩ Flussschleife, siehe km 238,0.
205,9 ← der Flussschleife Sainte-Vanne bis km 203,7.
205,2 Straßen-Ⅱ D 330.
204,9 li ■, re zur Schleuse.
204,4 Kanal-Tunnel, sofort danach ⧖ Verdun, li ⇩ Wehrarm über ein weiteres ■.
203,9 Straßen-Ⅱ, **Verdun**, ⌘.
203,7 li ⇩ der Flussschleife Sainte-Vanne, Straßen-Ⅱ.
203,4 Straßen-Ⅱ.
202,8 Straßen-Ⅱ D 603.
202,1 EB-Ⅱ, re zur Schleuse, ← einer Flussschleife über ■, Länge ~26 km, ⇩ bei km 181,2.
200,3 Straßen-Ⅱ D 302B.
199,6 Straßen-Ⅱ.
196,2 ⧖, re **Bras-sur-Meuse**.
195,8 Straßen-Ⅱ D 115.
194,2 Straßen-Ⅱ, re **Vacherauville**.
188,4 ⧖, re **Champ**.
186,7 Straßen-Ⅱ, re **Champneuville**.
184,4 ⧖, re **Samogneux**.
183,9 Straßen-Ⅱ.
181,3 ⧖, re **Brabant-sur-Meuse**.
181,2 li ⇩ der Flussschleife, siehe km 202,1.
179,5 li ■, re zur Schleuse.
179,2 Flussteiliung, li zur Schleuse.

179,0 ⯐, re **Consenvoye**, li auf der Insel ⛺ Camping Municipal Les Ilys Hauts, 55110 Consenvoye.
176,9 re zur Schleuse, ← einer Fussschleife über ■, Länge ~5,5 km, ⇩ bei km 172,5.
174,8 Straßen-II, **Sivry-sur-Meuse**, re ⛺ Camping du Brouzel, 26 Rue du Moulin, 55110 Sivry-sur-Meuse.
174,2 Straßen-II.
172,7 ⯐ Planchette.
172,5 li ⇩ Flussschleife, siehe km 176,9.
171,8 re zur Schleuse, ← einer Flussschleife über ■, Länge ~10,0 km, ⇩ bei km 164,1.
171,2 Straßen-II D 123B.
165,7 ⯐, re **Liny-devant-Dun**.
164,0 ⯐ Warinvaux.
164,1 li ⇩ Flussschleife, siehe km 171,8.
162,4 re zum ■, li zur Schleuse. Man folgt am besten dem Kanal, da das ≏ am ■ sehr schwierig ist. Links ⛺ Camping Lac Vert Plage, 3 rue de la gare, 55110 Doulcon.
162,3 ⯐, Straßen-II, **Dun-sur-Meuse**.
161,7 re ⇩ Wehrarm.
161,0 re ⌂.
158,7 re zur Schleuse, ← einer Flussschleife über ■, Länge ~12,0 km, ⇩ bei km 151,3.
158,4 Straßen-II D 30.
155,5 ⯐ Sep.
153,8 Straßen-II.
152,7 Straßen-II.
152,1 ⯐, re **Mozay**.
151,3 li ⇩ Flussschleife, siehe km 158,7.
149,7 li ■, re zur Schleuse.
149,5 li ϟ, re zur Schleuse.
148,9 re ■, li zur Schleuse.
148,8 ⯐, Straßen-II D 947, re **Stenay**.
148,6 li und re ⇩ Wehrarme.
148,3 re zur Schleuse, ← einer Flussschleife über ■, Länge ~8,0 km, ⇩ bei km 141,8.
148,2 ⯐ offen.
147,0 Straßen-II, re **Cervizy**.
143,8 Straßen-II, **Martincourt-sur-Meuse**.
142,2 ⯐, re **Inor**.
141,8 li ⇩ Flussschleife, siehe km 148,3.
138,2 re ■, li zur Schleuse.
137,9 ⯐, re **Pouilly-sur-Meuse**.
137,4 re ⇩ Wehrarm.

131,8 li ■, re zur Schleuse.
130,8 ⌘ Alma, danach li ⇩ Wehrarm.
123,9 li ■, re zur Schleuse. Es ist sinnvoll, die Folgestrecke auf dem Kanal zu befahren.
123,5 Straßen-II, **Mouzon**.
123,3 li zum ■, re zur Schleuse.
123,0 Straßen-II D 19.
122,5 ⌘ Mouzon mit Selbstbedienung.
117,9 li zur Schleuse, ➔ einer Flussschleife über ■, Länge ~9,0 km, ⇩ bei km 112,7. In der Schleife re ⇩ der Chiers (s. Seite 392).
115,0 Straßen-II D 4, li **Remilly-Aillicourt**.
113,6 Straßen-II D 129.
112,8 ⌘ Remilly-Aillicourt.
112,7 re ⇩ Flussschleife, siehe km 117,9.
112,2 EB-II.
108,8 Straßen-II N 43/E 44.
107,7 Straßen-II D 8043A.
107,5 re zum ■, li zur Schleuse.
107,0 ⌘ mit Selbstbedienung, re 🚐, **Sedan**.
Die Maas durchquert die Ausläufer der Ardennen in einem teilweise engen, landschaftlich sehr reizvollen Tal mit sehenswerten Felsformationen. ⬇ für die Befahrung des empfehlenswertesten Abschnittes der Kanalstrecke der Maas.
106,6 re ⇩ Wehrarm, Straßen-II.
104,8 li zur Schleuse, ➔ einer Flussschleife über ■, Länge ~8,0 km, ⇩ bei km 103,3.
104,5 Straßen-II, li **Glaire**.
103,7 Straßen-II, re **Villette**.
103,4 Straßen-II N 43/E 46.
103,3 ⌘ Villette, danach re ⇩ Flussschleife, siehe km 104,8.
102,7 EB-II.
100,3 re zum ■, li zur Schleuse.
99,9 Straßen-II D 24, re **Donchery**.
99,6 ⌘ Donchery, re ⇩ Wehrarm.
97,3 li ⇩ Bar (s. Seite 390).
96,3 li ⇩ Canal des Ardennes.
95,3 re ■, li zur Schleuse.
94,8 ⌘ Dom-le-Mesnil, danach re ⇩ Wehrkanal.
93,4 Straßen-II D 33, re **Noivon-sur-Meuse**.
92,2 EB-II, li **Flize**.
90,9 li **Elaire**.
88,1 re **Lumes**.
87,1 EB-II.
86,8 Straßen-II A 34/E 46.

86,0 li ▬, re zur Schleuse.
85,0 Straßen-II, re **Romery**.
84,3 ⯐ Romery, danach li ⇩ Wehrarm.
82,0 EB-II.
81,8 re zur Schleuse, ← einer Flussschleife, 1 ▬, Länge ~10,0 km, ⇩ bei km 81,2. In der Schleife li ⇩ Sormonne (s. Seite 389).
81,7 Straßen-II D 979, **Charleville-Mezieres**.
81,3 ⯐ Mezieres.
81,2 li ⇩ Flussschleife, siehe km 81,8.
81,1 EB-II.
79,8 EB-II.
79,7 re zur Schleuse, ← einer Flussschleife, 1 ▬, Länge ~10,0 km, ⇩ bei km 79,0.
79,4 Straßen-II D 58.
79,1 re ▬, li Schleuse.
79,0 li ⇩ Flussschleife, siehe km 79,7.
72,6 Straßen-II D 13, **Nouzonville**.
70,4 re ▬, li zur Schleuse.
70,1 ⯐ Joigny, danach re ⇩ Wehrarm.
69,2 Straßen-II D 1A, re **Joigny-sur-Meuse**.
64,8 Straßen-II D 1, li **Bogny-sur-Meuse**.
63,8 re ▬, li Schleuse Levrézy, re **Levrézy**.
62,1 Straßen-II, re **Château Regnault**.
60,8 EB-II.
59,2 re ⇩ Semois (s. Seite 385).
58,4 Straßen-II D 989, **Monthermé**, weitere gute ⬇.
57,2 li ▬, re zur Schleuse.
54,2 ⯐ Monthermé, danach li ⇩ Wehrarm, li **Deville**.
50,0 li ▬, re Schleuse Commune.
49,2 li **Laifour**.
48,7 EB-II.
48,2 Straßen-II D 1.
47,7 li ▬, re zur Schleuse.
45,4 ⯐ Dames de Meuse, danach ⇩ des Wehrarmes.
44,9 EB-II.
43,6 Straßen-II.
40,7 li ▬, re Schleuse.
40,5 Straßen-II.
39,8 re zur Schleuse, Einfahrt in einen 224 m langen Kanaltunnel. ← einer Flussschleife, 1 ▬, Länge ~5,0 km, ⇩ bei km 39,1.
39,1 ⯐ Revin, li ⇩ der Flussschleife, siehe km 39,8, li **Revin**.
36,6 li ⛺.
33,0 ⯐ Saint-Joseph, darüber Straßen-II und EB-II.
30,4 li ⯐ Roche d'Uf, re ▬.

29,3 li ⛺ Camping Bellevue, Rue du Trou Gigot, 08170 Fumay.
27,6 Straßen-Ⅱ D 7, li **Fumay**.
26,4 re zur ⧗, li ▬.
25,7 ⧗ Vanne-Alcorps, danach li ⇩ Wehrarm.
24,9 Straßen-Ⅱ D 7B, re **Haybes**, li 50 m ⧻,
Camping Camp Municipal De Moraypre, CD 7, à 2 km RN 51, Haybes, 08170, ✆ 03 24 41 14 54.
22,9 re zur ⧗, li ▬.
22,4 ⧗ Fépin, danach li ⇩ Wehrarm.
18,9 re zur ⧗, li ▬, li **Montigny-sur-Meuse**.
17,7 Straßen-Ⅱ über Schleusenkanal.
17,1 ⧗ Montigny, danach li ⇩ Wehrarm.
15,1 Insel bis 14,5.
14,5 Str.-Ⅱ D989, li **Vireux-Molhain**, re **Vireux-Wallerand**, re nach 50m ↕.
14,2 li ⇩ Viroin (s. Seite 383).
13,5 re zur ⧗, li zum ▬.
13,1 ⧗ Moyon, danach li ⇩ Wehrarm.
10,3 li **Aubrives**.
9,4 li zur Schleuse, ➔ einer Flussschleife, 2 ▬, Länge ~10,5 km, ⇩ bei km 7,1.
8,4 ⧗ Ham.
8,0 Kanal-Tunnel, Länge 565 m, Lampe mitnehmen, re **Ham-sur-Meuse**.
7,1 ⧗ Les 3 Fontaines, zum ⌓ 200 m vorher re aussetzen, weiter über die Ⅱ und li nach 100 m einsetzen.
5,8 re mehrere ⛺.
4,1 Straßen-Ⅱ D 949, **Givet**.
3,8 re ⇩ Houille (s. Seite 382).
3,0 re ▬, **X**, li weiter durch den Hafen von Givet zur ⧗ paddeln.
0,5 ⧗ Les 4 Cheminées. Man sollte sich hier oder an der ersten ⧗ in Belgien eine Bescheinigung holen, um geschleust zu werden. Für Paddelboote soll sie kostenlos sein, sonst wird man nicht geschleust.
0,0 Grenze Frankreich - Belgien. 50 m davor le Cafè Francais. In Belgien aufsteigende Kilometrierung mit km-Tafeln. Die Berufsschifffahrt darf in Belgien um 5 km schneller fahren als in Frankreich.
-0,2 Straßen-Ⅱ N 909, li **Heer-Agimont**, nach 100 m li ↕.
-0,9 Insel bis km 1,6.
-3,4 li zur ⧗, re ▬ Hastière, **X**, li **Hermeton-sur-Meuse**.
-4,0 ⧗ Hastière.
-4,3 li ⇩ Hermeton (s. Seite 382).
-5,5 Straßen-Ⅱ, re **Hastière-par-dela**, danach ↕ und 🍴.
-8,1 li zur ⧗, re ▬ Waulort bei km 8,3, 250 m davor re Rampe, 380 m ⌓.
-8,9 ⧗ Waulsort, in der Schleusenzufahrt re Rampe, 40 m ⌓, über Mole ins Unterwasser einsetzen.
-9,5 li **Waulsort**, Schloss.

-13,2 li Château de Freyr.
-16,0 EB-Ⅱ, li ✡, re ■.
-16,2 re ⇩ Lesse (s. Seite 377).
-16,8 Straßen-Ⅱ N 97.
-19,1 Straßen-Ⅱ N 936, li ⧣, re **Dinant**, Zitadelle auf Felsen, Kathedrale, ⌘.
-20,0 li ✡ Dinant, re ■.
-20,7 li **Bouvignes-sur-Meuse**.
-21,6 re Einfahrt Yachthafen, ⛺ Syndicat d'Initiative de Dinant, Quai du Camping 1, 5500 Dinant.
-21,8 Insel 850 m.
-23,5 li ✡ Houx, re ■.
-24,1 re **Houx**.
-24,7 EB-Ⅱ.
-26,2 Straßen-Ⅱ N 92, nach 250 m re Rampe.
-26,8 Insel Ile d'Yvoir bis km 27,1.
-27,1 re ⇩ Bocq (s. Seite 377).
-27,6 re **Yvoir**.
-28,5 li ✡ Hun, li an der Schleuse ⌓, Rampe im Unterwasser, re ■.
-28,9 li **Hun**, Château de Hun.
-30,6 Straßen-Ⅱ, li Annevoie Castle, re Godinne, ⧣, li 120 m vorher Rampen.
-31,8 Insel 600 m.
-33,4 li ✡ Burnot, Rampe zum Unterwasser, 200 m weiter re ■, zum ⌓ 220 m vorher aussetzen und in 460 m einsetzen.
-34,0 Straßen-Ⅱ N 931.
-34,6 Insel 450 m.
-35,9 li **Profondeville**.
-38,0 li **Boreuville**.
-38,8 Straßen-Ⅱ, li zur Schleuse, re zum Wehr.
-38,9 li ✡ Wepion.
-39,0 re ■.
-39,5 li Ruderclub.
-40,6 Insel 1000 m, re **Dave**, Château Dave.
-42,0 li **Wepion**.
-43,6 li **Pairelle**.
-44,1 Insel 720 m.
-45,1 li ✡ Namur, re ■, 120 m vorher aussetzen, 320 m ⌓.
-46,1 Straßen-Ⅱ N 947, li oberhalb Zitadelle Namur.
-46,6 li ⇩ Sambre.
-46,9 Straßen-Ⅱ N 4/N 90, **Namur**.
-47,3 2 EB-Ⅱ.
-48,2 li zur Schleuse, re zum Wehr.
-48,4 re ✡ Grands Malades.
-48,7 Straßen-Ⅱ N 905, darunter li ■.
-50,0 Straßen-Ⅱ A 4/E 411.

-52,3 li Yachthafen mit Slipanlage.
-55,2 li Dolomit-Steibruch, Silo- und Verladeanlagen.
-56,7 Straßen-Ⅱ N 942, li **Namêche**.
-60,2 Straßen-Ⅱ N 942, re **Sclayn**.
-62,9 li zur Schleuse, re zum Wehr.
-63,3 li ⇄ Seilles, oberhalb Dolomit-Steinbruch, Siloanlagen.
-63,5 re ▬.
-64,6 Insel 470 m.
-65,3 Straßen-Ⅱ N 921, li **Seilles**, re **Andenne**.
-68,7 Insel 670 m.
-70,0 li **Java**.
-73,7 Insel 760 m.
-74,8 Straßen-Ⅱ N 643.
-77,0 EB-Ⅱ.
-77,4 Straßen-Ⅱ N 64, **Huy**.
-78,0 Straßen-Ⅱ, li zum ▬. Huy ist eine gute ⬆-Möglichkeit nach einer Befahrung des reizvollen Teiles der Maas.
-80,9 re ϟ AKW de Tihange.
-81,7 Straßen-Ⅱ N 684.
-82,3 re zur Schleuse, li zum Wehr.
-82,5 re Doppel-⇄ Huy.
-82,7 li ▬.
-85,7 Straßen-Ⅱ N 696, li **Amye**, **Ombret**.
-88,8 Straßen-Ⅱ, li **Mallieue**, re **Hermalle-sous-Huy**.
-92,1 Rohrbrücke, beidseitig Industrieanlagen.
-92,9 Straßen-Ⅱ N 639, li **Engis**.
-96,2 re zur Schleuse, li zum Wehr und Klein-Schleuse.
-96,9 li ⇄ Ivoz-Ramet.
-97,0 re ▬. Am Wehr li ϟ und re Klein- ⇄. Darüber Straßen-Ⅱ N 677, li **Flemalle**, re **Ivoz-Ramet**.
-98,6 EB-Ⅱ.
-100,7 Rohr-Ⅱ, beidseitig Industrieanlagen.
-101,9 Straßen-Ⅱ, li **Jemeppe-sur-Meuse**, re **Seraing**.
-103,3 Rohr-Ⅱ, beidseitig Industrieanlagen.
-104,6 Straßen-Ⅱ N 63, Beginn von **Lüttich**.
-105,6 EB-Ⅱ.
-107,6 Straßen-Ⅱ A 602/E 25, EB-Ⅱ.
-107,9 re ⇩ Canal de l'Ourthe.
-108,1 Straßen-Ⅱ N 633.
-108,2 Die Maas teilt sich. Der Hauptstrom ist links. Im re Arm re ⇩ Ourthe (s. Seite 365).
-109,5 Straßen-Ⅱ N 30b, Zentrum **Lüttich**.
-110,2 Straßen-Ⅱ Pont J. F. Kennedy.
-110,5 Fußgänger-Ⅱ.

-110,8 Straßen-Ⅱ N 3.
-111,4 Straßen-Ⅱ Pont Maghin.
-112,5 Straßen-Ⅱ Pont de l'Atlas, Ende der Stromteilung.
-113,8 ← zum Albert-Kanal und zur ⇋ L'lle de Monsin in 1,8 km. Hier erreicht man die Maas wieder bei km 117,2.
Im Albertkanal kann man in Richtung Norden weiterfahren bis zur Schleuse Lanaye und dann wird bei km 134,6 die Maas erreicht.
re Weiterfahrt zum Wehr . Die Beschreibung folgt diesem Weg.
-114,7 ■ und ϟ Le Monsin, **X**. Keine Angaben zur ⌓-Möglichkeit.
-117,2 li ⇩ des Schleusenarmes.
-118,0 Straßen-Ⅱ N 667.
-119,0 Straßen-Ⅱ A 3.
-123,0 Straßen-Ⅱ li **Hermalle-sous-Argenteau**.
-126,1 Straßen-Ⅱ N 618, re **Visé**.
-126,3 ← zur ⇋ Visé, Verbindung zum Albertkanal. Im Albertkanal kann man in Richtung Norden weiterfahren bis zur Schleuse Lanaye und dann wird bei km 134,6 die Maas wieder erreicht.
-127,0 EB-Ⅱ.
-127,8 ■ Lixhe, Straßen-Ⅱ N 602.
-128,5 li Ufer Belgien, re Ufer Niederlande.
-131,0 Fähre, li **Lanaye** (B), re **Eijsden** (NL).
-134,6 li ⇩ Verbindungskanal Albertkanal – Maas über ⇋ Lanaye.
-134,8 ab hier beide Ufer niederländisch. Es beginnt eine neue Kilometrierung. Dabei wurden Kartenkilometer zugrunde gelegt.

246,9 = -134,8.
245,2 re Yachthafen Pietersplas, ⛺, Maastrichtse Canu Club.
243,3 Straßen-Ⅱ N 278, **Maastricht**.
242,8 Fußgänger-Ⅱ Hohe Brug. Davor li ⇩ Jeker/Geer (s. Seite 364).
242,4 Straßen-Ⅱ Sint Seervasbrug.
242,2 Straßen-Ⅱ Wilhelminabrug.
241,4 EB-Ⅱ.
241,3 Straßen-Ⅱ Noorderbrug.
241,1 ← Zuid Willemsvaart. Dieser Wasserweg führt zu Den Bosch und zurück zur Maas bei Hedel. Die empfohlene Weiterfahrt geht geradeaus.
240,4 Km-Tafel 15 am re Ufer. Es gibt hier 2 Möglichkeiten:
geradeaus in den Juliana-Kanal. Die kurz danach folgende ⇋ bei Limmelt ist fast immer offen. Nach 20 km ⇋ Grevenbicht. Nach 34 km die 3fach-⇋ Maasbracht. Kurz danach Zusammenfluss mit der Maas.
← altes Flussbett der Maas = Grenzmaas. Es ist interessanter, diesem Flusslauf zu folgen. Die Beschreibung folgt diesem Lauf.
240,2 ■ li neben Fischtreppe ⌓, re ⇋ außer Betrieb, bis km 198,9 keine Schiffahrt.
239,6 re gute ⬇.

239,1 re **Borgharen**.
239,3 ab hier li Ufer Belgien, re Ufer Niederlande, li **Smeermaas,** li ⬍.
230,4 Personen-Fähre, re **Geule aan de Maas** (NL), li **Uikhoven** (B), evtl. Aussetzen über Rampe (Fährbetrieb nicht behindern!).
228,0 li **Kotem** (B).
227,1 ⬍ über Kiesbank oder Böschung.
226,2 Straßen-Ⅱ A 76/E 314.
225,3 re **Meers** (NL).
223,7 li ⬍.
221,1 re **Maasband** (NL).
216,8 Auto-Fähre, re **Berg aan de Maas,** davor li gute ⬍.
214,5 re **Obbicht** (NL), li **Dilsen-Stokkem** im Maascentrum Museum über die Maas, http://dewissen.be .
211,8 Personen-Fähre, re **Grevenbicht**.
203,2 Straßen-Ⅱ N 761(B)/N 296(NL), li **Maaseik** (B).
198,9 ab hier wieder Schiffahrt (vorwiegend Freizeit).
198,8 re Yachthafen.
198,5 li Yachthafen.
196,1 Personen-Fähre, li ⛺.
193,5 ← in einen See, dort **Geistingen** (B).
192,1 ab hier sind beide Ufer wieder niederländisch.
188,8 li Yachthafen, li **Wessem**.
188,3 Straßen-Ⅱ A 2.
187,6 re ⇩ Juliana-Kanal (siehe km 240,4).
186,8 re zum ▬, Weiterfahrt li.
186,1 re zur Schleuse Linne für die Weiterfahrt, die li Schleuse führt zum Lateraalkanal.
185,1 ⌗ Linne.
184,6 re ⇩ Wehrarm, re See mit ⛺, schöne Kiesbänke..
182,5 Fähre, li Marina Oolderhuske, re **Ool**.
181,8 li Einfahrt in See und zur Marina Oolderhuske.
181,4 re Yachthafen, ⛺, **Herten**.
180,7 re ⇩ Hambeek, ein Mündungsarm der Rur (Roer).
180,3 re Yachthafen.
179,5 re ⇩ Rur (Roer), s. Seite 363.
re **Roermund**.
178,7 li zur Schleuse, re zum Wehr.
177,9 ⌗ Roermund, re ▬ Roermund.
177,0 li ⇩ Lateraalkanal (siehe km 186,1).
171,9 Fähre, li **Hanssum**.
166,9 Fähre, li **Veers**.
165,8 li ⛺ Watersportcamping Gravenhof, Ondersteweg 1, 5995 PS Kessel Lb.
160,6 li zur Schleuse, re zum Wehr.
160,9 li ⌗ Belfeld, re ▬ Belfeld.

159,3 Fähre, re **Steijl**.
156,0 Straßen-Ⅱ A 73.
155,3 re ⌂. Kanuverein Viking mit ⛺-Möglichkeit, Vikingweg 1, 5912 JZ Venlo (Nederland), ✆ +31 77 – 351 64 59, www.kvvikingvenlo.nl.
154,2 Straßen-Ⅱ Maasbrug, EB-Ⅱ, **Venlo**, re 🚉.
150,9 Straßen-Ⅱ A 67.
148,0 Fähre, li **Grubbenvorst**, re **Velden**.
143,2 Fähre, li **Lottum**, li ⛟ Camping Landhuis de Maashof, Veerweg 9, 5973 NS Lottum.
141,4 re **Arcen**.
139,8 Fähre, li **Broekhuzen**.
133,0 Fähre, li **Blitterswijk**, ⛟ Camping t Veerhuis, Veerweg 7, 5863 AR Blitterswijck.
130,5 Straßen-Ⅱ N 270.
129,9 re **Well**, ✕, li ⛟ Camping De Kooy, De Kooy 15, 5861 EH Wanssum, ✕.
129,0 li Hafen, **Wanssum**.
127,0 re Einfahrt zum Watersportgebied 't Leukermeer.
123,6 re **Aijen**.
121,6 Fähre, li **Vierlingsbeek**, re **Bergen**.
117,1 Fähre, re **Afferden**.
116,5 li zur Schleuse, re zum Wehr.
115,4 li Doppel- ⯐ Sambeek, re ▬ Sambeek, li **Sambeek**.
114,0 Weiterfahrt li, re Arm endet blind, li **Boxmeer**.
112,3 Straßen-Ⅱ A 77/E 31.
101,7 re ⌂ Wassersportverein „de Paesplas".
100,9 Straßen-Ⅱ N 264, re **Gennep**.
106,4 re ⇩ Niers.
101,3 Fähre, li **Cuijk**.
99,3 re Einfahrt zum Mookerplassen mit Wassersportverein, Yachthafen und ⛟, re **Mook**.
98,3 EB-Ⅱ.
97,9 ➔ Maas-Waal-Kanal.
96,7 li Wassersportzentrum „Kraaienbergseplas".
96,0 Straßen-Ⅱ A 73.
92,6 li **Gassel**, re **Overasselt**.
89,1 li **Grave**.
88,8 re zur Schleuse, li zum Wehr.
88,0 re ⯐ Grave, li ▬ Grave, Straßen-Ⅱ N 324.
85,8 re **Balgoy**, re 2 ⛟.
81,8 Straßen-Ⅱ A 50, li **Ravenstein**.
80,8 EB-Ⅱ.
78,1 Fähre, li **Demen**, re **Batenburg**.
74,6 re **Appeltern**.
73,2 Fähre Straße N 329, li **Megen**.

71,2 re See mit Wassersportzentrum.
Fähre, re **Maasbommel**.
70,5 li ⇩ Delenkanal.
67,2 Fähre, li **Oijen**.
65,5 re **Alphen**.
63,8 li Altarm nach **Lithoijen**, li zur Schleuse, re zum Wehr.
63,0 li Schleuse Lith, re ■ Lith.
62,0 Fähre, li **Lith**.
58,0 re **Heerwaarden**, re Yachthafen, ⛺.
54,6 re Kanal „St. Andries", führt zum Waal.
53,9 Fähre, re **Alem**.
46,6 Straßen-Ⅱ A 2.
44,4 EB-Ⅱ.
44,0 Straßen-Ⅱ, re **Hedel**, li **s' Hertogenbosch**.
42,5 li ⇩ Kanal „Engelen-Henriettewaard", führt zur Den Bosch und zur „Zuid Willemswaard".
36,1 Fähre.
34,1 li Yachthafen, li **Heusden**.
32,9 Straßen-Ⅱ N 267.
27,3 Fähre, li **Waalwjik**, re **Drongelen**.
22,5 Fähre.
16,1 Straßen-Ⅱ A 27, li **Raamsdonksveer**, davor li ⇩ Oide Maasje.
12,9 ← nach „Die Donge" und zum Wilhelmakanal.
12,4 → durch „De Spijkerboor" zum „De Biesbosch" (s. Seite 498).
11,4 Hochspannungsleitung, die Maas geht weiter als „Die Amer", li ⇩ Amertak-Kanal.
10,4 li Besucherzentrum ,,De Biesbosch" mit ⛺ und Yachthafen, li **Drimmelen**.
0,0 Die Maas geht über in das „Hollands Diep", eine große Wasserfläche, die ein Teil des Deltas ist, in welches die Maas, der Waal und der Rhein münden.

Überarbeitung nach Kartenmaterial, Ergänzungen durch Ralf Wellens, Neubeschreibung des belgischen Teils durch Franz-Josef Hüls.

Dommel
Dieze

Wanderfluss
Mündung in den Unterlauf der Maas bei Hertogenbosch (li Nebenfluss)

Die Dommel ist auf Ihrem gesamten Lauf, mit Ausnahme der Ortsdurchfahrt Eindhoven, ein empfehlenswerter Paddelfluss. Der Oberlauf ist relativ naturbelassen und fließt mit guter Strömung durch zwei schöne Naturschutzgebiete. Er wird zeitweise stark befahren. Man sollte nur auf den gekennzeichneten Rastplätzen aussteigen.

Ursprung:	(51.129222, 5.444455) in ca. 79 m Höhe.
Mündung:	(51.733889, 5.256389) in ca. 4 m Höhe.
Länge:	120 km
Befahrungsregeln:	sind uns nicht bekannt, vor Ort klären.

Dommel

87,0 Die Dommel unterquert den Neerpelt-Kanal.
86,9 Straßen-II Volmolenstraat, **Neerpelt** (B).
Die in der vorhergehenden Auflage genannte ⬇ in Neerpelt/Belgien mit Parkplatz wurde nicht gefunden. Die Einsetzmöglichkeit muss neu erkundet werden.
86,6 Straßen-II N 71.
85,7 re Bach-⇩.
85,1 Wege-II.
84,7 Wege-II.
83,7 Wege-II.
83,4 Wege-II.
82,7 Wege-II.
81,5 Grenze Belgien – Niederlande.
79,3 Straßen-II.
78,6 Wege-II, li **Borkel** (NL), Dorf mit ⛪, ✕.
77,9 Straßen-II, li **Borkel**, re **Schaft**.
77,0 Wege-II.
72,3 ▬ Venberger Wassermühle **X**, li ⌓. Endpunkt der üblichen Dommelfahrt, mit 🅿 und Kaffeegarten.
72,0 Straßen-II N 69.
70,3 ▬ Dommelner Wassermühle **X**, re ⌓. Der ca. 100 m lange Weg führt über Privatgelände und ist vom 1.11.–30.4. gesperrt, Straßen-II N 397.
69,5 Straßen-II, li **Brouwershof** und **Schepelweijen**, re **Kerkaakers**.
69,1 Wege-II.
68,7 Wege-II.
67,9 Straßen-II.
65,6 Straßen-II, ▬ Vollmolen (Wassermühle), **X**, re ⬆, li ⬇, li davor ⛟ De Volmolen, Volmolen 1, 5561 Riethoven, re Kanuverein Volmolense Kano Club, vkc.volmolensekanoclub.nl, re **Waalre** in 1,5 km.
63,3 li Bach-⇩.
62,8 Straßen-II.
62,2 mehrere Straßen-II A 2/A 62/N 2, Beginn der Stadtdurchfahrt **Eindhoven**.
61,9 –61,5 See Klotputten.
61,1 Es folgen 2 Inseln.
60,6 ▬-Anlage, li Ableiter zum Beatrixkanaal, re Fischtreppe.
60,5 Straßen-II.

59,3 Straßen-Ⅱ.
59,1 Straßen-Ⅱ.
58,4 ▬ der Genneper Wassermühle, 2.Schott von re evtl. ≋.
58,3 Straßen-Ⅱ, re Wassermühle, Museum.
58,0 3 Straßen-Ⅱ.
57,7 Wege-Ⅱ.
57,6 re ⇩ der Tongelreep (s. Seite 360).
57,4 mehrere Straßen-Ⅱ.
57,1 Straßen-Ⅱ.
56,9 Straßen-Ⅱ.
56,7 Straßen-Ⅱ. Das ehemalige Wehr wurde in 7 Sohlschwellen aufgelöst, ≋ (?), über den Stufen Wege-Ⅱ, Beginn Innenstadt **Eindhoven**.
56,5 Straßen-Ⅱ.
56,4 Straßen-Ⅱ.
56,2 Straßen-Ⅱ.
55,7 Straßen-Ⅱ.
55,6 Straßen-Ⅱ.
55,5 EB-Ⅱ, Tunnel unter dem ⁂ Eindhoven, ca. 120 m.
55,3 ▬, ⌓, und Straßen-Ⅱ.
55,2 und 55,1 Wege-Ⅱ, Gelände der Technischen Universität Eindhoven.
54,7 Straßen-Ⅱ.
54,2 Straßen-Ⅱ.
54,0 Straßen-Ⅱ.
53,2 Straßen-Ⅱ.
53,1 Wege-Ⅱ.
52,2 Wege-Ⅱ.
51,5 re ⇩ Kleine Dommel.
51,2 Straßen-Ⅱ.
51,0 Straßen-Ⅱ.
49,5 Ende der Stadtdurchfahrt **Eindhoven**.
47,0 ▬, **X**, ⌓, ➔ Mühlgraben nicht befahren.
46,4 Wege-Ⅱ.
45,3 niedriger Tunnel unter dem Wilhelminakanaal, wenn Wasserstand nicht zu hoch ≋ (ab Mai), ⌓ sehr schwierig.
44,3 Straßen-Ⅱ, **Son en Breugel**.
43,6 Wege-Ⅱ.
42,8 Straßen-Ⅱ.
37,2 Wege-Ⅱ.
36,9 Straßen-Ⅱ, li **Nijnsel**, ⛺.
35,0 Wege-Ⅱ.
34,8 Straßen-Ⅱ A 2 und weitere Straßen-Ⅱ.
34,2 Straßen-Ⅱ.
34,0 Straßen-Ⅱ im Ortszentrum von **Sint-Oedenrode** mit ▬, evtl. ≋ über Bootsrutsche.

33,5 Straßen-Ⅱ.

33,3 Wege-Ⅱ, Slalomstecke. HKC kanoloods 't Keərwater, Dommelpark 1, 5492DD Sint-Oederode, www.hooidonksekanoclub.nl.

32,9 Wege-Ⅱ.

29,7 Wege-Ⅱ.

25,5 Wege-Ⅱ.

22,0 Straßen-Ⅱ, re **Kasteren**.

21,7 EB-Ⅱ.

21,1 Gewässerteilung: Geradeaus Afwateringskanaal mit ▬ am Ende, **X**, Kanallänge 2,5 km, Einmündung in Dommel bei km 14,4.
← Dommel, zunächst durch Pflanzenbewuchs sehr schmal.

20,9 Wege-Ⅱ, Straßen-Ⅱ A 2.

18,8 Straßen-Ⅱ.

17,9 Wege-Ⅱ.

17,5 Straßen-Ⅱ.

17,3 Straßen-Ⅱ, **Boxtel**, ✕, li ⋕.

16,8 Niedrige-Ⅱ mit ▬ in der Ortsmitte von Boxtel,≋ über Bootsrutsche.

16,6 li ⇩ der Beerze, Wege-Ⅱ.

15,9 Straßen-Ⅱ.

15,4 Straßen-Ⅱ.

15,0 Wege-Ⅱ.

14,6 Straßen-Ⅱ A 2.

14,4 re ⇩ des Afwateringskanaals (s. km 21,1).

13,9 Krautfangbalken.

13,5 Wege-Ⅱ.

10,0 Schützen- ▬ Sint Michelsgestel, **X**, △.

9,3 Straßen-Ⅱ, **Sint Michelsgestel**.

8,2 Wege-Ⅱ.

6,3 Straßen-Ⅱ.

6,0 ⇩ des Essche Strooms (s. Seite 361).

3,9 Straßen-Ⅱ A 2.

3,7 Straßen-Ⅱ A 65.

3,4 Wege-Ⅱ.

1,7 Flussteilung, li unter Straßen-Ⅱ hindurchfahren. Dahinter ▬, ≋, mit Bootsrutsche. Weiterfahrt re, li Afwateringskanaal.

1,5 Straßen-Ⅱ, Stadtdurchfahrt **'s Hertogenbosch**, sehenswerte Altstadt.

0,9 Wege-Ⅱ.

0,7 Straßen-Ⅱ.

0,2 Straßen-Ⅱ.

0,0 Vereinigung mit Zuid-Willemsvaart und Aa zur Dietze. Hier kann man am Gastanleger das Boot zwecks Ortsbesichtigung unter Bewachung zurücklassen.

Dieze

5,8 = 0,0 der Dommel.
5,4 EB-][.
4,8 Straßen-][, Erweiterung zum Ertveld Plas.
2,8 Straßen-][A 59.
2,0 ➔ des Dieze-Altarms zum Mündungsschöpfwerk. Befahrung verboten (Militärgelände).
Geradeaus Schleusenkanal. Mitschleusen problemlos, li **Engelen**.
0,7 ⯐ Engelen.
0,0 ⇩ in die Maas km 42,5.

Überarbeitung nach Kartenmaterial.

Tongelreep (Warmbeek)

Kleinfluss
Mündung in Dommel (re Nebenfluss)

Namensgebung: auf belgischem Gebiet „Warmbeek“, in den Niederlanden „Tongelreep“.

Die Tongelreep verläuft als ruhiger Wiesenfluss durch das Vorgelände der Ardennen. Einige Wehre, meist befahrbar.

Befahrbarkeit: im Sommer ist der Fluss stark verkrautet und verwachsen. Eine Befahrung im Frühjahr und Frühsommer ist daher vorzuziehen.

27,6 mögliche ⬇ unterhalb des Kempen-Kanals bei **Sint-Huibrechts-Lille** (B). Bis Achel liegt keine Beschreibung vor.
26,2 Straßen-][.
26,0 EB-][.
25,7 Straßen-][N 71, li **Achel** (B), empfohlene ⬇.
24,7 Straßen-][.
24,4 Straßen-][.
22,9 Wege-][.
22,4 Wege-][.
21,9 Straßen-][.
20,7 Straßen-][.
19,2 Wege-][.
18,6 Straßen-][, Kloster Unsere Liebe Frau von La Trappe des heiligen Benedikt, Achel-Bier.
18,2 Grenze Belgien - Niederlande. Es folgen mehrere Wehre, alle evtl. ≈.
17,9 Straßen-][.
14,7 Wege-][.
13,9 Straßen-][, re **Bruggenhuizen** (NL).
12,9 geradeaus ▬, li fahren.
12,7 Straßen-][, li **Zeelberg** (NL).

10,4 Straßen-Ⅱ N 396, li **Valkensward** (NL).
6,9 Straßen-Ⅱ, re **Achtereind**.
5,1 Straßen-Ⅱ, **Waalre**.
4,4 Straßen-Ⅱ.
3,9 Straßen-Ⅱ N 69.
3,7 Straßen-Ⅱ.
3,2 Straßen-Ⅱ A 2/A 67/N 2, Tunnel 130 m, unklare Situation.
2,7 Straßen-Ⅱ.
1,5 Straßen-Ⅱ, re Sportzentrum, **Eindhoven**.
0,8 Wege-Ⅱ.
0,7 See De Vieut.
0,4 mehrspurige Straßen-Ⅱ.
0,1 Wege-Ⅱ.
0,0 ⇩ in Dommel km 57,6 im Stadtgebiet **Eindhoven**.

Überarbeitung nach Kartenmaterial.

Reusel
Essche Stroom

Kleinfluss
Mündung in Dommel (li Nebenfluss)

Die Reusel, die nach der Vereinigung mit dem Voortse Stroom Essche Stroom oder Halse Water heißt, ist ein Nebenfluss der Dommel. Sie ist begradigt und durch etliche Wehre reguliert, daher praktisch strömungslos. Sie führt durch schöne Wald und Wiesenlandschaft. Im Spätsommer ist streckenweise mit starker Verkrautung zu rechnen. Befahrbar ist sie sicher ab Baarschot, bei gutem Wasserstand auch oberhalb. Bis Moergestel muss man 9 x ⌓.

28,8 Straßen-Ⅱ, **Baarschot**. Bis Mündung 13 Wehre alle **X**, aber leicht zu ⌓. Aus- und Einstiegstellen teilweise verwachsen.
28,6 Wege-Ⅱ.
28,0 Straßen-Ⅱ.
27,1 Straßen-Ⅱ.
26,7 Wege-Ⅱ.
26,3 Straßen-Ⅱ N 395, li **Diessen**.
25,6 Straßen-Ⅱ.
24,7 Wege-Ⅱ.
23,8 Wege-Ⅱ.
23,0 Düker unter dem Wilhelminakanaal. 2 x ⌓, etwas mühsam.
21,9 li Bach-⇩.
21,5 Wege-Ⅱ.
20,0 Wege-Ⅱ.
19,8 Straßen-Ⅱ A 58/E 312.
18,3 Straßen-Ⅱ mit ▬, li **Moergestel**.

18,2 Straßen-Ⅱ:
17,6 li ⛺ De Bosfazant, Molenstraat 2, 5066 Moergestel. gute ⬇ für den schöneren Teil der Reusel.
17,2 Straßen-Ⅱ.
15,9 Wege-Ⅱ.
15,2 Wege-Ⅱ.
14,8 Wege-Ⅱ, ⇩ in einen kleinen See.
14,4 Straßen-Ⅱ, darunter ▬.
13,9 Wege-Ⅱ.
13,4 Straßen-Ⅱ, darunter ▬, li **Oisterwijk**.
13,3 Straßen-Ⅱ, danach li ⇩ Mühlgraben.
12,8 Wege-Ⅱ.
12,2 Ende der Ortsfuchfahrt Oisterwijk. Zusammenfluss mit Voortse Stroom zum Essche Stroom. Ab hier sehr breit.
11,4 EB-Ⅱ.
11,2 ▬, davor Krautfangbalken.
10,7 Wege-Ⅱ.
10,2 Straßen-Ⅱ N 624.
9,6 ▬.
6,9 re ⇩ eines Baches.
6,1 ▬, davor Krautfangbalken.
5,8 Straßen-Ⅱ, re **Esch**.
5,0 Straßen-Ⅱ.
4,7 EB-Ⅱ.
2,9 ▬.
2,4 Straßen-Ⅱ A 2.
0,1 Straßen-Ⅱ, li **Vught**, re **Sint Michielsgsestel**.
0,0 ⇩ in die Dommel km 6,0. Gute ⬆ li nach der ⇩.

Überarbeitung nach Kartenmaterial.

Niers
Schwalm (Swalm)

Die beiden Flüsse verlaufen auf langer Strecke in Deutschland, und nur im Unterlauf kurz auf dem Gebiet der Niederlande. Ihre Befahrung ist zudem gebührenpflichtig. Sie sind ausführlich beschrieben im „Kleinflussführer für NRW". Auf eine Wiederholung dieser Beschreibungen wird im Rahmen dieses Führers verzichtet.

Rur (Roer)

Ardennen

Wildfluss – Wanderfluss GKZ: DE: 282
Mündung in Maas bei Roermond (re Nebenfluss)

Die Rur, die auf niederländischem Gebiet „Roer" heißt, entspringt auf dem Hohen Venn in Belgien, fließt auf dem größten Teil ihres langen Laufes durch Deutschland und mündet schließlich in den Niederlanden bei Roermond in die Maas. Die Rur ist einer der landschaftlich schönsten und sportlich interessantesten Flüsse Nordwestdeutschlands. Die Rur ist ausführlich beschrieben im „Kleinflussführer für NRW". Hier wird nur der in den Niederlanden verlaufende Unterlauf beschrieben, der hier den Namen Roer trägt.

Ursprung:	(50.498778, 6.109806) in ca. 660 m Höhe.
Mündung:	(51.196639, 5.981583) in ca. 17 m Höhe.
Länge:	164,5 km
Schwierigkeiten:	im beschriebenen Teil Zahmwasser.
Befahrungsregeln:	Eine Befahrung des niederländischen Teils der Roer ist vom 1.6. bis 30.9. eines jeden Jahres mit gebührenpflichtiger Genehmigung gestattet. Zugelassen sind täglich 2 Gruppen von je 20 Booten (20 Boote morgens und 20 Boote mittags). Die Genehmigung ist zu beantragen bei Waterschap Roer en Overmaas, Postbus 185, NL 6130 AD Sittard, ✆ +31 46 4205700.

Der deutsche Teil der Rur ist genau beschrieben im Gewässerführer für Nordrhein-Westfalen, 7. Auflage.

24,2 (entspricht km 22,5 des Gewässerführers für Nordrhein-Westfalen) Straßen-II Karken–Steinkirchen, letzte ⇕-Möglichkeit vor der Grenze Niederlande/Deutschland. Befahrungsregelung beachten.

22,8 Ab hier ist das li Ufer niederländisch.

22,3 Ab hier sind beide Ufer niederländisch.

20,7 Straßen-II, li Vlodrop, Parkmöglichkeit, gute ⬇.

13,6 Wege-II.

10,5 Straßen-II N 293,li **St Odiliënberg**.

4,2 Straße A 73 unterquert die Roer in einem Tunnel. Danach Beginn von **Roermond**.

2,7 Neue Fischtreppe in die Hambeek, evtl. ≈. Über Fischtreppe in die Hambeek fahren, man vermeidet damit das ⏏ bei einem ▬ in Roermond. Über die Fischtreppe führen eine EB-II und die Straßen-II der N 271. Bei Weiterfahrt zur Maas der Hambeek folgen, da der letzte Teil der Roer durch Fabrikgelände führt und **X** ist. Die Hambeek mündet in die Maas bei km 180,7.

0,0 ⇩ in die Maas in Roermond bei km 180,3.

Überarbeitung nach Kartenmaterial.

Geul (Göhl)

Mündung in Maas

Die Befahrung der Geul ist ganzjährig verboten. Es ist mit erheblichen Strafen zu rechnen. Auf eine Beschreibung wird deshalb verzichtet.

Geer

Kleinfluss
Mündung in Maas bei km 516 (li Nebenfluss)

Von dem Geer, der auf holländischem Gebiet „Jeker" heißt, ist lediglich die Befahrung einer Teilstrecke bekannt. Er ist hier ein landschaftlich mäßig reizvoller Kleinfluss. Mehrere Wehre sind zumeist befahrbar.

Das Wasser ist, zumal bei Niedrigwasser, erheblich verschmutzt, es scheint daher fraglich, ob eine Befahrung lohnend ist.

Ursprung: in Lens-Saint-Servais in ca. 148 m Höhe.

Mündung: (50.809112, 5.675242) in ca. 48 m Höhe.

Länge: 54 km

Fahrtstrecke: Tongeren–Eben (hier Militär-Museum) 18 km.

Unveränderte Übernahme

Vesdre

Ardennen

Wildfluss
Mündung die Ourthe (km 2,7), (re Nebenfluss)

Eine Befahrung der Vesdre ist entsprechend eines Erlasses der wallonischen Regierung nicht gestattet und wird deshalb nicht mehr beschrieben.

Hoègne

Ardennen

Wildfluss
Mündung in Vesdre (li Nebenfluss)

Eine Befahrung der Hoègne ist entsprechend eines Erlasses der wallonischen Regierung nicht gestattet und wird deshalb nicht mehr beschrieben.

Hill (Helle)

Ardennen

Wildbach
Mündung in Vesdre bei km 17 (li Nebenfluss)

Eine Befahrung der Hill ist entsprechend eines Erlasses der wallonischen Regierung nicht gestattet und wird deshalb nicht mehr beschrieben.

Ourthe

Ardennen

Wildfluss – Wanderfluss
Mündung in Maas bei Lüttich (re Nebenfluss)

Die Ourthe „entspringt" als Wasserabgabe des Stausees von Nisramont. In den Stausee münden die beiden Quellflüsse, die westliche (occidentale) und die östliche (orientale) Ourthe (s. Einzelbeschreibung). Die Abflussmenge des Stausees entspricht fast immer ungefähr der Zuflussmenge der beiden Quellflüsse. Die Ourthe ist auf einer Strecke von etwa 100 km durchgehend fahrbar. Besonders reizvoll ist die Strecke oberhalb La Roche; die Ourthe fließt hier als leichtes Wildwasser in einem engen Waldtal. Unterhalb La Roche wird das Tal breiter, keine wesentlichen Schwierigkeiten mehr. Sportlich und landschaftlich reizvoll. Mehrere Wehre. Gewarnt wird ausdrücklich vor den beweglichen Wehren, die abhängig vom jeweiligen (Wasser-) Stand befahrbar oder unbefahrbar (lebensgefährlicher Rücklauf) sind.

Ursprung:	Zusammenfluss von Ourthe occidentale und Ourthe orientale im Stausee von Nisramont.
Mündung:	(50.622778, 5.580278) in ca. 60 m Höhe.
Länge:	164,5 km
Schwierigkeiten:	km 129,5 – 116,4 WW I – II km 116,4 – ⇩ WW I – Zahmwasser.
Befahrungsregeln:	Amtliche Informationen (auf deutsch) siehe http://kayak.environnement.wallonie.be/index_de.htm

ganzjährig erlaubt und zwar:
vom 16. März bis zum 15. Juni zwischen 9:30 und 19:00 Uhr;
vom 16. Juni bis zum 15. Oktober zwischen 9:30 und 20:00 Uhr;
vom 16. Oktober bis zum 15. März zwischen 9:30 und 17:00 Uhr.

Dabei sind folgende Pegelstände zu beachten:

129,5 – 116,4	Pegel Nisramont: 3,0 m³/s – 31 m³/s
116,4 – 55,4	Pegel Durbuy: 1,9 m³/s – 50 m³/s
55,4 – 0,0	Pegel Tabreux: 2,5 m³/s – 65 m³/s

Jedoch ist wegen fehlender Ein- und Aussetzstellen eine Befahrung von km 33,2 bis km 0,0 verboten.

Für den Stausee von Nisramont ist eine Befahrung von 9:30 bis 18:00 Uhr ganzjährig erlaubt.

Überall gilt ein Uferbetretungsverbot: Ein- und Aussetzen sowie Pausieren ist nur an gekennzeichneten Stellen gestattet.

Pegel: http://voies-hydrauliques.wallonie.be/opencms/opencms/fr/hydro/Actuelle/crue/index.html

Zeltmöglichkeit: mehrere ⛺ im gesamten Verlauf des Flusses. An mehreren Stellen gibt es Leihboote. Von Lüttich bis Durbuy folgt ein Wander- und Radweg (RAVeL 5 Ourthe) dem Flusslauf.

132,0 Zusammenfluss von Ourthe Occidentale (s. Seite 374) und Ourthe Orientale (s. Seite 376) im Bereich des Stausees von Nisramont.
129,6 re ⬆, ca. 150 m ⌓ bis zum 🅿 an der Staumauer.
129,5 ▬ Staumauer von Nisramont. Siehe Befahrungsregeln.
129,0 Straßen-Π bei **Nisramont**, am li Ufer Zugangsweg zur ⬇, hier die Beschilderung beachten, ob eine Befahrung erlaubt ist!
128,8 li ⬇ Nisramont. Es folgt das landschaftlich schönste Stück der Ourthe in einem engen Tal, hier einige Stromschnellen bzw. Felsbarrieren bei WW I - II.Nur fahrbar bei Tauwetter und nach reichlichen Niederschlägen.
116,4 Straßen-Π, re **Maboge**. Siehe Befahrungsregeln
115,5 re ⬍ Maboge, ab hier keine nennenswerten Schwierigkeiten, die Ourthe ist hier ein breiter Fluss mit guter Strömung.
112,6 re ⛺ Lohan mit Bootshaus des Kanuclub Brüssel, www.rbkc.be.
110,3 re ⬍ La Roche-en-Ardenne "Les Eveux".
109,0 ▬ für Geübte in der Mitte ≋.
108,7 Wege-Π.
108,3 Straßen-Π, **La Roche-en-Ardenne**.
107,9 ⬆ La Roche-en-Ardenne li bei Vermieter oder re über Rampe.
107,8 Straßen-Π.
107,7 ▬ **X**, dahinter li ⬇ La Roche-en-Ardenne.
105,5 Straßen-Π.
104,3 Straßen-Π.

100,3 ▬, evtl. ≋.
100,0 Straßen-Ⅱ, li **Jupille**.
99,4 li ⬍ Jupille (zugänglich über Feldweg und Wiese ca. 400m hinter dem Ortsausgang).
98,1 Wege-Ⅱ.
97,9 Straßen-Ⅱ, re **Marcourt**.
96,9 Straßen-Ⅱ.
95,3 ▬ evtl.li ≋.
94,8 Straßen-Ⅱ Rendeux – Bardonwez.
94,3 Straßen-Ⅱ, li **Rendeux**.
92,9 Wege-Ⅱ Rendeux-Bas.
91,7 li <u>nur</u> ⬆ Hampteau (bei einem kleinen Parkplatz an der N833 vor Ortseingang).
Wenn man die Fahrt an der Ausstiegsstelle Hampteau fortsetzt, darf man zwar bei den Wehren umsetzen, man darf jedoch die Fahrt nicht vor Noiseux beenden.
90,3 ▬ li ⌓.
90,0 Straßen-Ⅱ, li **Hampteau**.
89,3 Straßen-Ⅱ, danach Wege-Ⅱ.
88,2 ▬.
87,8 Wege-Ⅱ.
87,4 Straßen-Ⅱ N 86/N 833, **Hotton**. Grotten, ⌘.
87,2 bewegliches ▬ **X**, li danach <u>nur</u> ⬇ Hotton.
85,5 EB-Ⅱ.
84,9 Straßen-Ⅱ N 898, re **Melreux**, 🚆 300m.
81,2 Straßen-Ⅱ.
79,2 Wege-Ⅱ, li **Deulin**.
78,2 Straßen-Ⅱ N 898.
75,7 ▬ ≋.
75,2 re nach der Straßen-Ⅱ N 929 ⬍, li **Noiseux**.
69,5 re nach der Straßen-Ⅱ "Chene a Han" ⬍, re **Grandhan**.
64,8 Straßen-Ⅱ N 983.
63,5 ⬍ re vor und nach einer Straßen-Ⅱ beim 🅿 „Pré Georis“ Durbuy.
62,7 Wege-Ⅱ.
62,4 Straßen-Ⅱ N 833, **Durbuy**.
59,0 Ⅱ Radwanderweg.
55,7 li ⬆ Barvaux, 🚆 900m. ⚠ Das folgende bewegliche Wehr ist je nach (Wasser-) Stand lebensgefährlich! Deshalb unbedingt hier aussetzen und bei km 55,0 wieder einsetzen.
55,6 Ⅱ N 806, Barvaux-sur-Orthe.
55,4 bewegliches ▬, **X**. Siehe <u>Befahrungsregeln</u>.
55,0 li ⬇ am Fußballplatz Barvaux.
51,7 EB-Ⅱ
51,2 ⬍ re vor der Straßen-Ⅱ N 806 über die Böschung, re **Bomal**, li 🚆.

51,0 ⇩ der Aisne (s. Einzelbeschreibung).
50,0 Straßen-Ⅱ.
47,7 re vor einer Wege-Ⅱ ⬍ Vieux Ville - Palogne.
46,0 EB-Ⅱ.
45,1 EB-Ⅱ.
41,7 li ⬍ Hamoir, 🚆 700 m.
41,3 Straßen-Ⅱ N66, **Hamoir**.
40,7 ▬, re ⬍.
39,7 EB- Ⅱ.
35,1 Straßen-Ⅱ, **Comblain-la-Tour**, re 🚆.
33,2 ⬆ Comblain-au-Pont, zugänglich von der N 654 über einen kurzen Wanderweg neben einem Baumarkt (Rue du Grand Pré 73), <u>siehe Befahrungsregeln.</u>
Weiterfahrt verboten, da es keine offiziellen Ein- u. Aussetzstellen mehr gibt.
31,9 Straßen-Ⅱ, **Comblain-au-Pont**.
30,7 Straßen-Ⅱ N 633.
30,2 – 30,0 ⇩-Arme der Ambleve (s. Seite 369).
28,5 ▬ und Straßen-Ⅱ.
28,3 EB- u. Radwanderweg-Ⅱ
25,6 Straßen-Ⅱ N 678.
25,0 EB-Ⅱ.
24,9 ▬.
21,4 Straßen-Ⅱ N 633, re **Esneux**, 🚆 600 m.
16,5 Wege-Ⅱ.
16,3 ▬.
15,2 EB-Ⅱ.
14,7 Straßen-Ⅱ, li **Hôni**, 🚆 600 m.
13,2 Straßen-Ⅱ, li 🚆 Méry.
12,8 Schräg-▬.
12,5 Straßen-Ⅱ.
9,9 Straßen-Ⅱ, re **Tiff**, li 🚆.
9,8 Gabelung: li folgen bis zum ▬, ggf. ⏏; re gesperrt: es folgt ein bewegliches ▬, **X**.
9,1 Wege-Ⅱ.
6,9 Gablung: re ▬; li gesperrt: es folgt ein bewegliches ▬, **X**.
6,5 Wege-Ⅱ.
5,6 Straßen-Ⅱ N 609.
5,3 ▬ li ⏏, mit WW-Ausrüstung li über eine kleine Slalompiste ≋. Bootshaus des RMCS, Training auf der Piste in Rücksprache mit dem Club: <u>www.rmcsauheid.be</u>.
4,7 Gablung re ≋, nötigenfalls treideln; li gesperrt: es folgt ein bewegliches ▬, **X**.
3,5 Straßen-Ⅱ A 26/E 25.

3,0 Straßen- und EB-Ⅱ
2,8 li Abzweigung des Ableitungskanals.
2,7 re ⇩ der Vesdre (Befahrung verboten).
2,3 ▬, **X**. Die letzten 2,3 km sind von der Maas aus zugänglich. Es gibt jedoch keine ⬍.
1,8 Straßen-Ⅱ N 633.
1,0 Straßen-Ⅱ, **Lüttich**.
0,5 EB- Ⅱ
0,2 Straßen-Ⅱ.
0,1 Straßen-Ⅱ N 90.
0,0 ⇩ in die Maas bei km 108,2

Neubeschreibung durch Ralf Wellens.

Amblève

Ardennen

Wildfluss
Mündung in Ourthe bei Comblain au Pont (re Nebenfluss)

Die Amblève ist ein sehr interessanter Wildbach in einem, vor allem im Oberlauf, landschaftlich sehr schönen Tal. Bis auf den lebensgefährlichen Wasserfall in Coo (km 40,3) sind die Wehre in der Regel befahrbar (jedoch immer vor Ort prüfen). Für die WW-Abschnitte sind entsprechende Ausrüstung und Erfahrung nötig.

Ursprung: (50.352444, 6.205859) in ca. 600 m Höhe.

Mündung: (50.482456, 5.58542)

Länge: 93,0 km

Schwierigkeiten: Km 54,8 bis 49,4 WW II und III.
Km 49,4 bis 40,4 WW I mit Stellen WW II
Km 40,1 bis ⇩ WW I – Zahmwasser.

Befahrungsregeln: Amtliche Informationen (auf deutsch) siehe
http://kayak.environnement.wallonie.be/index_de.htm

In den Bereichen km 54,8 – 33,0 und km 11,8 – ⇩ ganzjährig erlaubt und zwar:
vom 16. März bis zum 15. Juni zwischen 9:30 und 19:00 Uhr;
vom 16. Juni bis zum 15. Oktober zwischen 9:30 und 20:00 Uhr;
vom 16. Oktober bis zum 15. März zwischen 9:30 und 17:00 Uhr.
Jedoch nicht am Tag der Eröffnung der Forellenfangzeit (dritter Samstag des Monats März) und am Tag der allgemeinen Eröffnung der Fangzeit (erster Samstag des Monats Juni).

Dabei sind folgende Pegelstände zu beachten:
54,8 – 33,0 Pegel Stavelot: 1,0 m³/s – 21 m³/s
11,8 – 0,0 Pegel Martinrive: 2,5 m³/s – 44 m³/s

	Überall gilt ein Uferbetretungsverbot: Ein- und Aussetzen sowie Pausieren ist nur an gekennzeichneten Stellen gestattet.
Pegel:	http://voies-hydrauliques.wallonie.be/opencms/opencms/fr/hydro/Actuelle/crue/index.html
Zeltmöglichkeit:	mehrere ⛺, z. B. bei Stavelot, Coo, Ⅱ Targnon und Remouchamps.

93,0 Quellgebiet in der Nähe von Büllingen-Honsfeld in gut 600m Höhe.
54,8 ⇩ der Warche unter halb der Ⅱ A27/E42. Siehe Befahrungsregeln
Für die Befahrung der oberen Ambleve auf der Warche km 0,1 re starten: ⬍ „Thioux", z.Z. jedoch gesperrt !
51,3 Straßen-Ⅱ.
50,6 re ⬍ Stavelot-Challes.
50,2 ▬.
49,7 Straßen-Ⅱ.
49,4 Straßen-Ⅱ, **Stavelot**, davor li ⬇. Die Schwierigkeiten lassen nach, WW I mit Stellen WW II, der Fluss ist breiter und verläuft durch ein einsames, tief eingeschnittenes Waldtal.
44,8 Straßen-Ⅱ.
43,5 Straßen-Ⅱ.
42,6 EB-Ⅱ, Straßen-Ⅱ N68.
42,5 ⇩ der Salm bei Trois-Ponts.
41,8 Straßen-Ⅱ, li davor ⬆.
40,4 ⚠, unbedingt re ⬆, **Coo**, ⌓! 🚶 ca 200m.
40,3 Straßen-Ⅱ, darunter Wasserfall von Coo, **X**.
40,1 re ⬇ vor Straßen-Ⅱ unter Seilbahn auf dem Parkplatz des Vergnügungsparks.
38,3 EB-Ⅱ.
36,8 EB-Ⅱ, danach Straßen-Ⅱ.
33,8 Straßen-Ⅱ.
33,0 Straßen-Ⅱ, **Cheneux**, davor li ⬆, Weiterfahrt bis Remouchamps verboten, siehe Befahrungsregeln.
12,0 EB-Ⅱ.
11,8 re ⬇ Remouchamps, siehe Befahrungsregeln.
11,7 Straßen-Ⅱ, **Remouchamps**.
11,4 Straßen-Ⅱ, **Sougné**.
10,8 Ⅱ N662.
9,7 Wege-Ⅱ.
8,9 Straßen-Ⅱ N30.
8,7 re ⬍ Aywaille (Parkplatz am re Ufer, hinter einem alten Bunker), 🚶 ca 1000m.
7,4 ▬.
6,8 ▬.

6,3 EB-Ⅱ
5,7 Straßen-Ⅱ, **Martinrive**.
5,5 verfallenes ■, evtl. ≋.
1,6 Straßen-Ⅱ.
1,4 ■, davor li ↑ Comblain-au-Pont.
Weiterfahrt nicht möglich, da es keine offiziellen ↕ mehr gibt.
0,5 Ⅱ
0,3 EB- Ⅱ
0,0 ⇩ in die Ourthe bei **Comblain au Pont** (km 30,1).

Neubeschreibung durch Ralf Wellens.

Lienne

Ardennen

Wildfluss – Kleinfluss
Mündung in Amblève (li Nebenfluss)

Eine Befahrung der Lienne ist entsprechend eines Erlasses der wallonischen Regierung nicht gestattet und wird deshalb nicht mehr beschrieben.

Salm

Ardennen

Wildbach
Mündung in Amblève (li Nebenfluss)

Die Salm ist ein unterhaltsamer Wildbach in einem ansprechenden Tal.

Ursprung: Commanster bei Vielsalm in ca. 600 m Höhe.

Mündung: (50.376, 5.872639) in ca. 260 m Höhe.

Länge: 34,3 km

Befahrbarkeit: bei Schneeschmelze und nach kräftigen Regenfällen.

Schwierigkeiten: WW I – II mit Stellen WW III, enge Kurven, Strauchhindernisse und niedrige Brücken bei schneller Strömung, kleine Wehre, evtl. befahrbar. Vorsicht bei starkem HW!

Befahrungsregeln: Amtliche Informationen (auf deutsch) siehe http://kayak.environnement.wallonie.be/index_de.htm

Eine Befahrung unterhalb der Staumauer ist nur erlaubt:
- Vom 1.10. bis zum 15.03. zwischen 10:00 und 17:00 Uhr.
- Bei einem Pegel von maximal 9,7 m^3/s in Trois-Ponts.
Jedoch verboten am Tag der Eröffnung der Forellenfangzeit (dritter Samstag des Monats März).

	Aufgrund einer fehlenden Einsetzstelle unterhalb der Staumauer ist eine Befahrung der Salm jedoch erst ab km 6,3 möglich.
	Überall gilt ein Uferbetretungsverbot: Ein- und Aussetzen sowie Pausieren ist nur an gekennzeichneten Stellen gestattet.
Pegel:	http://voies-hydrauliques.wallonie.be/opencms/opencms/fr/hydro/Actuelle/crue/index.html
Zeltmöglichkeit:	⛺ in Vielsalm und Grand Halleux.

14,1 Staumauer Vielsalm (🚂). Siehe Befahrungsregeln
14,0 Straßen-Π.
13,9 Straßen-Π.
13,6 Straßen-Π.
9,2 Straßen-Π, **Hourt**.
8,1 Straßen-Π, **Grand Halleux**, 🚂.
6,3 Straßen-Π, danach re einzige ⬇ **Rochelinval**. Ausstieg erst auf der Ambléve möglich.
2,8 Straßen-Π N68.
1,6 Straßen-Π, **Trois-Ponts**, 🚂.
0,5 Straßen-Π.
0,0 ⇩ bei Trois-Ponts in die Ambleve bei km 42,5
Ambleve km 41,8: Π li davor ⬆.
Ambleve km 40,4: Unbedingt re ⬆ Coo, es folgt unter der Π ein Wasserfall **X** ⌓! 🚂 ca 200m.

Neubeschreibung durch Ralf Wellens.

Eau Rouge

Wildbach
Mündung in Amblève (re Nebenfluss)

Eine Befahrung der Eau Rouge ist entsprechend eines Erlasses der wallonischen Regierung nicht gestattet und wird deshalb nicht mehr beschrieben.

Warche

Ardennen

Wildfluss – Kleinfluss
Mündung in Amblève (re Nebenfluss)

Infolge des Baus von zwei Stauseen verbleiben für eine Befahrung nur eine kurze Reststrecke.

Befahrungsregeln: Wegen fehlender Ein- und Aussetzstellen ist eine Befahrung der Warche nicht möglich.

Tro Maret

Wildbach
Mündung in Warche (re Nebenfluss)

Eine Befahrung des Tro Maret ist entsprechend eines Erlasses der wallonischen Regierung nicht gestattet und wird deshalb nicht mehr beschrieben.

Bayhon

Wildbach
Mündung in Warche (re Nebenfluss)

Eine Befahrung der Bayhon ist entsprechend eines Erlasses der wallonischen Regierung nicht gestattet und wird deshalb nicht mehr beschrieben.

Aisne (Ourthe)

Ardennen

Wildbach – Kleinfluss
Mündung in Ourthe (re Nebenfluss)

Die Aisne ist ein sportlich interessanter Wildbach von Kleinflusscharakter, d. h. sie hat bei schneller Strömung einige leicht verblockte Stellen. Die wesentlichen Schwierigkeiten ergeben sich jedoch durch scharfe Kurven und Strauchhindernisse in einem engen Flussbett, gelegentlich niedrige Brücken und Stacheldrahthindernisse, vor allem bei höherem Wasserstand.

Befahrbarkeit: zur Zeit der Schneeschmelze und nach stärkeren Regenfällen.

Schwierigkeiten: WW II, bei HW bis WW III, 5 ▬, etwa 1 m hoch, alle ≋.

Befahrungsregeln: Amtliche Informationen (auf deutsch) siehe http://kayak.environnement.wallonie.be/index_de.htm

Eine Befahrung der beschriebenen Strecke ist nur erlaubt:
- Vom 1.10. bis zum 15.03. zwischen 10:00 und 17:00 Uhr.
- Bei einem Pegel von maximal 4,4 m³/s in Erezée.

Jedoch verboten am Tag der Eröffnung der Forellenfangzeit (dritter Samstag des Monats März).

Überall gilt ein Uferbetretungsverbot: Ein- und Aussetzen sowie Pausieren ist nur an gekennzeichneten Stellen gestattet.

Pegel: http://voies-hydrauliques.wallonie.be/opencms/opencms/fr/hydro/Actuelle/crue/index.html

---

12,7 ⇩ der Estinée in die Aisne.
12,4 re einzige ⬇ Erézée – Fanzel (ca 200 m unterhalb der Brücke an der Rue de l´Aisne).
0,0 ⇩ bei Bomal in die Ourthe km 51,0.
Ausstieg auf der Ourthe:
- entweder 200m stromauf bei km 51,2 ⬍ re vor der Ⅱ N806 über die Böschung
- oder bei km 47,7 re vor einem Steg ⬍ Vieux Ville - Palogne.

Neubeschreibung durch Ralf Wellens.

Ourthe occidentale

(westliche Ourthe)

Ardennen

Kleinfluss
Mündung in Stausee von Nisramont (= li Quellfluss der Ourthe)

Die westl. Ourthe ist ein landschaftlich besonders reizvoller Kleinfluss, im Oberlauf durch Wiesen und Wälder, im Unterlauf in einem sich verengenden Waldtal.

Ursprung: (49.915945, 5.428448) in ca. 510 m Höhe.

Mündung: In den Stausee von Nisramont in ca. 275 m Höhe.

Befahrbarkeit: nach Regenfällen oder bei Schneeschmelze.

Schwierigkeiten: WW I – Zahmwasser, ein unbefahrbares Wehr am Beginn des Stausees.

Befahrungsregeln: Amtliche Informationen (auf deutsch) siehe http://kayak.environnement.wallonie.be/index_de.htm

Eine Befahrung der beschriebenen Strecke ist nur erlaubt:
- Vom 1.10.bis zum 15.03. zwischen 10:00 und 17:00 Uhr.
- Bei einem Pegel von maximal 6 m³/s in Amberloup.

Jedoch verboten am Tag der Eröffnung der Forellenfangzeit (dritter Samstag des Monats März).

	Überall gilt ein Uferbetretungsverbot: Ein- und Aussetzen sowie Pausieren ist nur an gekennzeichneten Stellen gestattet.
Pegel:	http://voies-hydrauliques.wallonie.be/opencms/opencms/fr/hydro/Actuelle/crue/index.html
Zeltmöglichkeit:	„Pont de Berguème“ bei Tenneville.

21,2 Straßen-Ɪ, **Prelle**
Theoretisch ab hier befahrbar – praktisch befindet sich die erste und einzige Einsetzstelle jedoch erst bei km 16,3. Siehe Befahrungsregeln.
20,3 ▬.
19,7 Straßen-Ɪ N4.
18,5 li einzige ↕ Tenneville neben „Berguéme“. Siehe Befahrungsregeln.
18,4 Wege-Ɪ.
17,6 Straßen-Ɪ.
16,7 Straßen-Ɪ, **Wyomont**.
9,9 ▬, re über Rutsche.
8,0 Wege-Ɪ.
6,8 Straßen-Ɪ, N834.
9,3 ▬ verfallen.
6,0 Straßen-Ɪ.
2,2 Einlass-▬, X, li.
0,1 re ↕ nur für Gäste des ADEPS Sportzentrum „Les Deûs Oûtes“, Engreux 117, B-6663 Engreux, Tel: 061/28.87.73, ggf. Unterkunft für Gruppen.
0,0 Zusammenfluss von westlicher und östlicher Ourthe. Weiterfahrt siehe Ourthe, km 132,0.

Laval

Kleinfluss
Mündung in westl. Ourthe (re Nebenfluss)

Eine Befahrung der Laval ist entsprechend eines Erlasses der wallonischen Regierung nicht gestattet und wird deshalb nicht mehr beschrieben.

Ourthe orientale

(östliche Ourthe)

Ardennen

Kleinfluss
Mündung in Stausee von Nisramont (= re Quellfluss der Ourthe)

Die östl. Ourthe ist ein Kleinfluss in einer außerordentlich reizvollen Landschaft, einem tief eingeschnittenen Waldtal.

Ursprung:	(50.195419, 6.011324) in ca. 510 m Höhe.
Mündung:	In den Stausee von Nisramont in ca. 275 m Höhe.
Befahrbarkeit:	nach Regenfällen oder bei Schneeschmelze.
Schwierigkeiten:	Im Oberlauf eng und viele Kurven, Strauchhindernisse, WW I – II, entsprechende Ausrüstung und Erfahrung nötig. Im Unterlauf wird die östl. Ourthe breiter und ruhiger, keine Schwierigkeiten, ein Wehr, unbefahrbar, am Beginn des Stausees.
Befahrungsregeln:	Amtliche Informationen (auf deutsch) siehe http://kayak.environnement.wallonie.be/index_de.htm Eine Befahrung der beschriebenen Strecke ist nur erlaubt: - Vom 1.10.bis zum 15.03. zwischen 10:00 und 17:00 Uhr. - Bei einem Pegel von maximal 8,8 m³/s in Houffalize. Jedoch verboten am Tag der Eröffnung der Forellenfangzeit (dritter Samstag des Monats März). Überall gilt ein Uferbetretungsverbot: Ein- und Aussetzen sowie Pausieren ist nur an gekennzeichneten Stellen gestattet.
Hinweis:	Es konnten nicht alle festgelgten ⬍ lokalisiert werden. Deshalb bitte vor Befahrung erkunden und die Position der Readktion melden.
Pegel:	http://voies-hydrauliques.wallonie.be/opencms/opencms/fr/hydro/Actuelle/crue/index.html
Zeltmöglichkeit:	Freies Zelten ist verboten, an der Strecke befindet sich kein ⛺.

15,4 Straßen-Π „Rue Ponte-a-l´Eau“, davor re ⬇. Siehe Befahrungsregeln.
15,3 ▬, geradeaus überfahren.
15,2 Straßen-Π.
14,9 li vor Π gute ⬍ am Sportzentrum Houffalize, Parkmöglichkeit.
14,5 Wege-Π.
14,4 Straßen-Π N860
14,2 Wege-Π.

13,5 Straßen-Ⅱ.
13,3 Straßen-Ⅱ.
13,0 Re ⬍ (Rastplatz stromab des ⛺ „du Viaduc“).
12,0 Straßen-Ⅱ E25.
11,2 Wege-Ⅱ.
6,3 Straßen-Ⅱ, Rensiwez.
6,2 ■ verfallen ≋
1,7 Einlass-■ X li ⌓. ⬆ nach 4,1 km re vor der Staumauer Nisramont.
0,0 Zusammenfluss von westlicher und östlicher Ourthe. Weiterfahrt siehe Ourthe, km 132,0.

Neubeschreibung durch Ralf Wellens.

Bocq

Ardennen

Kleinfluss
Mündung in Maas (re Nebenfluss)

Eine Befahrung des Bocq ist entsprechend eines Erlasses der wallonischen Regierung nicht gestattet und wird deshalb nicht mehr beschrieben.

Lesse

Ardennen

Wildfluss – Wanderfluss
Mündung in Maas (re Nebenfluss)

Die Lesse, der wohl am häufigsten befahrene Fluss der Ardennen, ist in ihrem Oberlauf ein recht sportlicher Winter-Wildbach, in ihrem Unterlauf ein landschaftlich sehr reizvoller Wanderfluss.

Ursprung: östlich von Ochamps in 480 m Höhe.

Mündung: (50.238367, 4.909431) in 96 m Höhe.

Länge: 89 km

Schwierigkeiten: km 68,6–19,9 WW II–III, abnehmend WW I,
km 46,9–19,6 WW I,
km 19,6–⇩ Zahmwasser.

Befahrungsregeln: Amtliche Informationen (auf deutsch) siehe http://kayak.environnement.wallonie.be/index_de.htm
68,6–57,6 bei Pegel Daverdisse maximal 14 m³/s und
46,9–19,6 bei Pegel Walin maximal 47 m³/s.
Für beide Strecken gilt: Erlaubt vom 1.Oktober bis zum 15. März zwischen 10:00 und 17:00 Uhr. Jedoch Verbot am Tag der

	Eröffnung der Forellenfangzeit (dritter Samstag des Monats März). 19,6–10,8 bei Pegel Gendron 2–52 m³/s und 10,7–2,0 bei Pegel Gendron 1,5–52 m³/s. Für beide Strecken gilt: Ganzjährig erlaubt und zwar • vom 16.März bis zum 15. Juni zwischen 9:30 und 19:00 Uhr. • vom 16. Juni bis zum 15. Okt. zwischen 9:30 und 20:00 Uhr. • vom 16. Okt. bis zum 15. März zwischen 9:30 und 17:00 Uhr. Jedoch Verbot am Tag der Eröffnung der Forellenfangzeit (dritter Samstag des Monats März) und am Tag der allgemeinen Eröffnung der Fangzeit (erster Samstag des Monats Juni. 2,0–0,0 bei Pegel Gendron 1,5–52 m³/s. Ganzjährig erlaubt und zwar • vom 16.März bis zum 15. Juni zwischen 9:30 und 19:00 Uhr. • vom 16. Juni bis zum 15. Okt. zwischen 9:30 und 20:00 Uhr. • vom 16. Okt. bis zum 15. März zwischen 9:30 und 17:00 Uhr. Überall gilt ein Uferbetretungsverbot: Ein- und Aussetzen sowie Pausieren ist nur an gekennzeichneten Stellen gestattet.
Pegel:	http://voies-hydrauliques.wallonie.be/opencms/opencms/fr/hydro/Actuelle/crue/index.html
Wasser:	sauber
Zeltmöglichkeit:	mehrere ⛺, z. B. in Maissin, Belvaux, Hans sur Lesse, Rochefort, Wanlin, Houyet.

68,6 Straßen-Ⅱ Pont des Barbouillons (zw. **Daverdisse** und **Redu**), li ⬇ für die Befahrung des Oberlaufs, WW I – II, siehe Befahrungsregeln.
65,9 li ⇩ Almache (Befahrung verboten).
64,2 Wege- Ⅱ.
62,9 Wege- Ⅱ Passerelle Maria, li ⬍.
61,1 Gabelung, re fahren.
60,3 Straßen-Ⅱ N 40, li **Neupont**.
58,0 ▬, evtl. li ≋.
57,9 Straßen-Ⅱ.
57,6 Straßen-Ⅱ N 845, **Chanly**, re (30m vor der Brücke) ⬆, ⚠ Weiterfahrt verboten, siehe Befahrungsregeln.
50,3 Die Lesse fließt unterirdisch durch die Tropfsteinhöhle von Han-sur-Lesse.
47,9 Die Lesse verlässt die Grotte von Han-sur-Lesse.
46,9 Straßen-Ⅱ N 86, **Han-sur-Lesse**, li ⬇ für die Befahrung des Mittellaufs der Lesse, re zwischen Brücke und ⛺, siehe Befahrungsregeln. Malerische Wiesenlandschaft, gelegentlich Strauchhindernisse.
46,8 ▬ bei niedrigem Wasserstand evtl. ≋, bei hohem Wasserstand **X**, dann die Fahrt erst unterhalb auf dem Campingplatz starten.

43,8 re ⇩ Lomme (s. Seite 380).
42,9 ▬.
42,7 Straßen-Ⅱ, li **Lessive**.
41,5 2x ▬, verfallen ≋.
37,7 li ⇩ Wimbe (Befahrungsverbot).
37,6 Schräg-▬, evtl. ≋.
37,4 Straßen-Ⅱ N 918.
36,9 ehemalige EB-Ⅱ.
34,8 Ⅱ Radwanderweg.
33,9 Ⅱ Radwanderweg.
33,6 Straßen-Ⅱ N 94/N 911.
32,4 Straßen-Ⅱ A 4/E 411.
31,8 Ⅱ Radwanderweg.
31,3 ▬.
30,6 Ⅱ Radwanderweg.
30,5 Straßen-Ⅱ Wanlin, li davor ⬍.
29,1 ▬.
29,0 Ⅱ Radwanderweg.
27,9 Straßen-Ⅱ, li Hérôk.
23,7 Ⅱ Radwanderweg.
20,6 ▬.
20,5 Ⅱ Radwanderweg.
19,6 li ⬍, ⬇ für die Befahrung des Unterlaufs, li **Houyet**, 🚂 200 m. Ab hier sehr starker Bootsverkehr mit Leihbooten, vor allem im Hochsommer und zum Wochenende. Die Lesse fließt bis zur ⇩ in einem sehr schönen, tief eingeschnittenen Waldtal. Zahmwasser. Siehe Befahrungsregeln.
19,5 Straßen-Ⅱ N 929.
18,9 EB- Ⅱ, li ⛺.
17,8 EB- Ⅱ.
15,8 EB- Ⅱ.
11,2 ⛺ Paradiso.
10,7 Straßen-Ⅱ N 910, darunter li ⬍, siehe Befahrungsregeln.
9,8 re Anlegestelle: Schenke von Furfooz.
8,2 EB- Ⅱ.
7,4 **Aiguilles de Chaleux**, li ⬍.
7,3 EB- Ⅱ.
6,0 EB- Ⅱ.
5,0 re Schloss Walzin, ▬, evtl. re ≋, danach re ⬍.
3,3 Straßen-Ⅱ.
2,5 li ⛺, ▬, evtl. li ≋, li ⬍.
2,0 Straßen-Ⅱ Pont-à-Lesse, siehe Befahrungsregeln.
0,0 li **Anseremme**, 🚂 500 m, Straßen-Ⅱ N 95, li ⬆, davor 300 m lang mehrere Boots-Vermieter, ⇩ in Maas bei km -16,2.

Neubeschreibung durch Ralf Wellens.

Wimbe

Kleinfluss
Mündung in Lesse (li Nebenfluss)

Eine Befahrung der Wimbe ist entsprechend eines Erlasses der wallonischen Regierung nicht gestattet und wird deshalb nicht mehr beschrieben.

Lomme

Ardennen

Wildbach
Mündung in Lesse (re Nebenfluss)

Die Lomme (auch Lhomme) ist der größte Nebenfluss der Lesse. Sie ist in ihrem Oberlauf ein sportlich interessanter Wildbach in einsamen Waldtälern, im Unterlauf wird sie zum ruhigen Wanderfluss im Naturpark „Lesse und Lomme“ zwischen Wäldern und Wiesen.

Ursprung:	bei Saint Hubert.
Mündung:	(50.136389, 5.160833)
Länge:	46 km
Befahrbarkeit:	Oberlauf nur bei HW.
Befahrungsregeln:	Amtliche Informationen (auf deutsch) siehe http://kayak.environnement.wallonie.be/index_de.htm
	Die Befahrung ist grundsätzlich nur ab km 27,5 (Mirwart) vom 1. Oktober bis zum 15. März zwischen 10:00 und 17:00 Uhr erlaubt bei einem Maximal Pegel von 11 m³/s in Jemelle. Jedoch verboten am Tag der Eröffnung der Forellenfangzeit (dritter Samstag des Monats März). Überall gilt ein Uferbetretungsverbot: Ein- und Aussetzen sowie Pausieren ist nur an gekennzeichneten Stellen gestattet.
	⚠, zurzeit ist eine Befahrung nicht möglich, weil die Gemeinden keine offiziellen Ein- und Aussetzstellen eingerichtet haben. Einmal jährlich ist die Befahrung im Rahmen einer organisieren Wanderfahrt möglich, für die der Kanu Club Mechelen eine Sondergenehmigung beantragt.
Pegel:	http://voies-hydrauliques.wallonie.be/opencms/opencms/fr/hydro/Actuelle/crue/index.html
Zeltmöglichkeit:	freies Zelten ist verboten. ⛺ in Hatrival, Ave et Auffe, St. Hubert und Forrières.

27,5 re **Mirwart**.
25,7 Wege-Ⅱ, danach ■ Stufe.
23,0 EB-Ⅱ.
22,6 Straßen-Ⅱ N 803, re **Grupont**,ab hier geringere Schwierigkeiten, WW II.
22,4 ■.
19,8 Straßen-Ⅱ.
19,1 re ⇩ Masblette.
18,5 EB-Ⅱ.
17,4 ■.
16,3 Straßen-Ⅱ, **Forrières**.
16,1 Straßen-Ⅱ N 849.
15,6 Straßen-Ⅱ.
14,9 Wege-Ⅱ.
13,9 EB-Ⅱ.
13,1 Wege-Ⅱ.
13,0 Straßen-Ⅱ.
12,3 Straßen-Ⅱ, **Jemeile**, re [illegible].
11,8 Wege-Ⅱ.
11,5 ■.
10,9 ■.
9,6 Wege-Ⅱ.
9,3 Straßen-Ⅱ N 86.
9,2 Straßen-Ⅱ, re **Rochefort**.
9,0 Wege-Ⅱ.
8,9 Wege-Ⅱ.
8,7 Wege-Ⅱ.
8,3 Straßen-Ⅱ N 949.
8,2 ■, die Reststrecke bis zur ⇩ gleicht der unteren Lesse, sie wird als Vorfahrt zu dieser befahren. WW I+ mit Stellen bis II-.
7,9 2 Straßen-Ⅱ.
1,3 ■.
0,5 Straßen-Ⅱ, re **Èprave**.
0,0 ⇩ in Lesse bei km 43,4.

Überarbeitung nach Kartenmaterial.

Almache

Wildbach
Mündung in Lesse bei km 65,9 (li Nebenfluss)

Eine Befahrung der Almache ist entsprechend eines Erlasses der wallonischen Regierung nicht gestattet und wird deshalb nicht mehr beschrieben.

Hermeton

Kleinfluss
Mündung in Maas (li Nebenfluss)

Eine Befahrung des Hermeton ist entsprechend eines Erlasses der wallonischen Regierung nicht gestattet und wird deshalb nicht mehr beschrieben.

Houille

Ardennen

Wildbach – Kleinfluss
Mündung in Maas (re Nebenfluss)

Die Houille verläuft in einem einsamen, urwaldähnlichen Tal, durchweg Kleinfluss-Schwierigkeiten mit engen Kurven, niedrigen Brücken, Baum- und Strauchhindernissen bei schneller Strömung; im Oberlauf kommt dazu noch stellenweise leichte Verblockung.

Befahrbarkeit: Winter und zeitig im Frühjahr.

Befahrungsregeln: Amtliche Informationen (auf deutsch) siehe http://kayak.environnement.wallonie.be/index_de.htm

Die Befahrung des belgischen Teils ist grundsätzlich nur unterhalb von Patignies vom 1.10. bis zum 15.03. zwischen 10:00 und 17:00 Uhr erlaubt bei einem Maximal-Pegel von 3,8 m³/s in Gedinne. Jedoch verboten am Tag der Eröffnung der Forellenfangzeit (dritter Samstag des Monats März). In Belgien gilt ein Uferbetretungsverbot: Ein- und Aussetzen sowie Pausieren ist nur an gekennzeichneten Stellen gestattet.

Pegel: http://voies-hydrauliques.wallonie.be/opencms/opencms/fr/hydro/Actuelle/crue/index.html

35,0 Straßen-II Patignies-Sart Custine, Einsetzen in den Oberlauf nicht möglich, da keine Einsetzstelle ausgewiesen ist, stellenweise leichte Verblockung, 2 niedrige II, erhebliches Gefälle, daher rasche Strömung, WW II.

30,0 Straßen-Ⅱ, **Vencimont**, Pegel, einzige ⬍ für den leichteren Unterlauf, 2 ▬, nach Besichtigung ≋, keine niedrigen Ⅱ, WW I – II.

22,0 Straßen-Ⅱ Felenne-Bourseigne.

21,0 li ⇩ Hulle (Befahrung verboten). Ab hier Grenzfluss zwischen Frankreich und Belgien.

15,5 re ⇩ kleiner Fluss, ab hier beide Uferseiten französisches Gebiet.

13,0 ▬.

12,0 Ⅱ, re Bauernhof.

11,5 li **Landrichamps**.

11,0 Fußgänger-Ⅱ, nach 200 m weitere Ⅱ.

10,0 re ⇩ Chaumont, Ab hier Grenzfluss zwischen Frankreich und Belgien.

9,0 Straßen-Ⅱ D 46 Flohimot-Felenne, 100 m davor beide Seiten französisches Gebiet, li 30m vor der Brücke empfohlene ⬆.

8,0 ▬, **X**, re umtragen.

7,2 Fabrikgelände, Durchfahrt verboten. Achtung hier kein ⌓ möglich.

6,0 vor Ⅱ im Fabrikgelände, ➔ kleiner Kanal, einfahren und Fabrikgelände umfahren. Auf dem Fabrikgelände ein ▬ mit Turbine.

5,0 Straßen-Ⅱ D 46 in **Flohimont**.

4,4 alte EB-Ⅱ, ▬, evtl. re ≋.

4,0 re **Frommelennes**.

3,0 es folgen mehrere kleine Ⅱ.

2,3 ▬, evtl. re ≋.

1,0 alte EB-Ⅱ.

0,9 Stufe, Straßen-Ⅱ D 949, **Givet**, nach 100 m alte EB-Ⅱ.

0,0 Straßen-Ⅱ D 46, nach 50 m ⇩ in Maas bei **Givet** (F), km 3,8.

Unveränderte Übernahme.

Hulle

Wildbach
Mündung in Houille bei km 24 (li Nebenfluss)

Eine Befahrung der Hulle ist entsprechend eines Erlasses der wallonischen Regierung nicht gestattet und wird deshalb nicht mehr beschrieben.

Viroin

Kleinfluss
Mündung in Maas bei km 14,2 (li Nebenfluss)

Der Viroin ist ein Kleinfluss, der kaum Schwierigkeiten aufweist, er fließt durch eine reizvolle Wiesen- und Waldlandschaft. Kanuverleih wird betrieben in Belgien zwischen Dourbes und Teignes. Dem Flusstal folgt von Mariembourg bis Treignes eine Museumsbahn, http://www.365.be .

Befahrbarkeit: zeitig im Frühjahr und nach stärkeren Regenfällen. Bei niedrigen Wasserstand am Wehr in Frankreich (km 2,1) ⬆. Die nächsten km sind dann fast trocken (Wasserableitung), außerdem Spundwände im Industriegebiet von Viereux Molhain, ⬆ kaum möglich.

Befahrungsregeln: Ganzjährig erlaub von km 22,2 bis 0,0 bei einem Pegel von1,6 m³/s - 23 m³/s in Treignes und zwar:

vom 16. März bis zum 15. Juni zwischen 9:30 und 19:00 Uhr;
vom 16. Juni bis zum 15. Oktober zwischen 9:30 und 20:00 Uhr;
vom 16. Oktober bis zum 15. März zwischen 9:30 und 17:00 Uhr.
Jedoch nicht am Tag der Eröffnung der Forellenfangzeit (dritter Samstag des Monats März) und am Tag der allgemeinen Eröffnung der Fangzeit (erster Samstag des Monats Juni).

Siehe: http://kayak.environnement.wallonie.be/index_de.htm

Pegel: http://voies-hydrauliques.wallonie.be/opencms/opencms/fr/hydro/Actuelle/crue/index.html

---

22,2 Zusammenfluss von Eau Blanche und Eau Noire. Siehe Befahrungsregeln.
19,4 li **Dourbes**, erste ⬇, in der Rue de Fays, am Ortsende gegenüber der letzten Häusern.
19,0 Straßen-Ⅱ
17,5 EB-Ⅱ.
15,6 EB-Ⅱ.
15,2 Straßen-Ⅱ N 99.
14,7 Straßen-Ⅱ N990 in **Olloy-sur-Viroin**, li danach ⬍.
13,5 verfallenes ▬.
13,3 EB-Ⅱ.
12,0 EB-Ⅱ.
11,2 Straßen-Ⅱ, **Vierves sur Viroin**, re davor ⬍.
9,4 EB-Ⅱ
7,6 EB-Ⅱ.
7,3 Straßen-Ⅱ,**Treignes**, davor re ⬍.
6,9 EB-Ⅱ.
5,8 Straßen-Ⅱ.
5,3 Straßen-Ⅱ.
4,8 Straßen-Ⅱ, li **Naujage**.
4,3 Grenze Belgien-Frankreich, bis 3,8 re Belgien, li Frankreich.
2,1 re ⇩ Luve, re **Molhain**, li ▬, evtl. ≈, li ⌓ oder überheben, geradeaus Kanal **X** ▬ und E-Werk.
1,8 Fußgänger-Ⅱ.
1,2 ▬, 50 cm, re ⇩ Kanal. Beginn Industriegelände Viereux Molhain.
1,1 Straßen-Ⅱ.
0,7 Straßen-Ⅱ.

0,1 EB-Ⅱ, nach 50 m Straßen-Ⅱ D 8051.
0,0 ⇩ in die Maas bei km 14,2.

Neubeschreibung: Ralf Wellens

Semois

Ardennen

Wanderfluss
Mündung in Maas (re Nebenfluss)

Die Semois ist ein geruhsamer Wanderfluss in einer zumeist recht reizvollen, streckenweise sogar sehr schönen Landschaft im Bereich der westlichen Ausläufer der Ardennen.

GKZ: Fr: B6--0100

Ursprung: (49.681767, 5.8203) in ca. 405 m Höhe.

Mündung: (49.880556, 4.738333) in ca. 140 m Höhe.

Länge: 210 km

Schwierigkeiten: auf kurzen Abschnitten leichte Stromschnellen, die kaum je WW I erreichen, zumeist ruhiges Zahmwasser. Insgesamt etwa 15 Wehre, von denen die meisten gut fahrbar sind. Bei NW muss in einigen Bereichen auf Felsen im Fluss geachtet werden. Dann für F 2 nicht ratsam.

Befahrbarkeit: Frühjahr bis etwa Juni, ab km 83,9, Dohan, meist ganzjährig. Für die Befahrung der gesamten freigegebenen Semois empfiehlt sich eine Herbstfahrt im Oktober. Ab km 145,6 sind Mai und Juni ideal. Juli und August sind touristische Hochsaison.

Befahrungsregeln: Amtliche Informationen (auf deutsch) siehe http://kayak.environnement.wallonie.be/index_de.htm

Überall gilt ein Uferbetretungsverbot: Ein- und Aussetzen sowie Pausieren ist nur an gekennzeichneten Stellen gestattet.

Km 170,8–155,3
Befahrung nur bei einem Pegel Tintigny < 17 m^3/s vom 01.10 bis zum 15.03. zwischen 10:00 und 17:00 Uhr erlaubt.

Km 155,3–120,9
Befahrung ganzjährig erlaubt bei einem Pegel Chiny zwischen 1,5 m/s und 31 m^3/s und zwar:
- vom 16.03. bis zum 15.06. zwischen 9:30 und 19:00 Uhr,
- vom 16.06. bis zum 15.10. zwischen 9:30 und 20:00 Uhr,
- vom 16.10. bis zum 15.03. zwischen 9:30 und 17:00 Uhr.

Km 120,9–101,8
Befahrung ganzjährig erlaubt bei einem Pegel Membre zwischen 2,2 m/s und 50 m³/s und zwar:
- vom 16.03. bis zum 15.06. zwischen 9:30 und 19:00 Uhr,
- vom 16.06. bis zum 15.10. zwischen 9:30 und 20:00 Uhr,
- vom 16.10. bis zum 15.03. zwischen 9:30 und 17:00 Uhr.

Km 170,8–101,8
Verboten am Tag der Eröffnung der Forellenfangzeit (dritter Samstag des Monats März) und am Tag der allgemeinen Eröffnung der Fangzeit (erster Samstag des Monats Juni).

Km 101,8–20,6
Kleinfluss, der offiziell als Wasserstraße gilt, obschon sie von der Schifffahrt nicht (mehr) genutzt werden. Die Befahrung ist ganzjährig erlaubt bei einem Pegel Membre zwischen 2,2 m/s und 50 m³/s und zwar:
- vom 16. März bis 15. Juni zwischen 9:30 und 19:00 Uhr,
- vom 16. Juni bis 15. Oktober zwischen 9:30 und 20:00 Uhr;
- vom 16. Oktober bis 15. März zwischen 9:30 und 17:00 Uhr.

Pegel: http://voies-hydrauliques.wallonie.be/opencms/opencms/fr/hydro/Actuelle/crue/index.html

Wasser: sauber.

Zeltmöglichkeit: Freies Zelten verboten. Es gibt mehrere, auch am Fluss gelegene ⛺, die allerdings im Sommer häufig recht voll sind.

170,8 Straßen-Ⅱ N 879, li **Tintigny**, offizielle ⬇ für die Befahrung der oberen Semois li unterhalb der Brücke. Es folgt bis km 155 eine attraktive Strecke, Baumhindernisse möglich. *Siehe Befahrungsregeln.*
167,7 Straßen-Ⅱ N 801, li **Breuvanne**.
161,8 ▬ vor Termes.
161,4 Straßen-Ⅱ, li **Termes**.
159,9 Straßen-Ⅱ Pont Charreau bei Termes, li vor der Brücke ⬍.
156,0 ▬.
155,7 Wege-Ⅱ.
155,3 re ⇩ Vierre.
154,8 Straßen-Ⅱ N 891, li **Jamoigne**, li vor der Brücke ⬍.
154,2 li ⛺.
151,3 Straßen-Ⅱ N 838, re **Moyen**,. re 50m vor der Brücke ⬍.
145,6 Einleitung vom Wasserkraftwerk des Vierrestausees. *Siehe Befahrungsregeln.*
144,2 re ⛺ Le Canada.
144,3 Straßen-Ⅱ N 894, Pont St. Nicolas, li 800 m abseits **Chiny**, li u. re vor der Brücke ⬍.
144,2 ▬, evtl. ≈.

142,6 ■.
141,2 Fußgänger-Π, re ↕.
136,2 re **Lacuisine**.
135,8 ■ Lacuisine.
135,4 Straßen-Π N 85 Laciusine–Florentwille.
135,3 EB-Π.
134,2 li ⛺ „La Rosiere“ Florenville.
134,0 li ↕.
132,8 verfallenes ■.
132,6 Straßen-Π, re **Martué**.
122,5 Straßen-Π, li **Laiche**.
120,9 Straßen-Π, li **Chassepièrre**. *Siehe Befahrungsregeln.*
120,8 li ↕ auf einer Wiese.
119,1 li ⛺ Camping de la Semois sa, Rue de Chassepierre 98, B-6820 Florenville.
114,6 ■, re evtl. ≋ oder über Krone ⌓.
109,5 ■, re evtl. ≋ oder über Krone ⌓.
109,2 re ⛺ Arnocamps, Rue du champ le monde n4, B-6887 Herbeumont/Semois, re ↕.
109,0 EB-Π.
108,7 Straßen-Π N 884 nach **Herbeumont**.
108,0 ■, re Moulin Willaime mit ⛺, ↕.
101,8 ■, re Moulin des Naves (Moulin Deleau). *Siehe Befahrungsregeln.*
98,9 Straßen-Π N 865.
96,9 ■ Cugnon.
96,7 Straßen-Π, li **Mortehan**, re **Cugnon**, danach re ⛺, li unmittelbar vor der Brücke ↕.
88,5 re ⛺ Camping Maka, Route du Maka 100, B-6880 Bertrix, re ↕.
84,6 ■ vor Dohan.
83,9 Straßen-Π N 816, **Dohan**, ■, ✕, 🛒, 40 m nach der Brücke li ↕.
76,9 Furt Han du Han, re ↕.
70,8 Straßen-Π N 83.
69,7 ■ Bouillon, re evtl. ≋ oder li ⌓.
69,6 Straßen-Π N 828, Pont de France, **Bouillon**.
69,1 Straßen-Π N 828, Pont de Liège.
68,4 ■, **✕**, li Rampe, ↕, li davor 🅿.
68,1 Straßen-Π, Pont de Poulie.
66,4 li ⛺.
64,2 ■ Moulin de l'Epine.
56,8 verfallenes ■.
54,1 re ⛺ Ile De Faigneul, Rue de la Chérizelle 54, B-6830 Poupehan.
52,8 Straßen-Π N 893, re unter der Brücke ↕, re **Poupehan**, davor re ⛺.
51,1 re ⛺.
48,8 Wege-Π, li **Frahan**, li ↕.

45,1 re ⛺ Camping De La Vallee, Laviot 46, B-6830 Bouillon.
43,2 li ⇕ (Essen & Trinken) am Ortseingang von Alle.
42,9 li ▬ Alle, li ⇕.
42,6 Straßen-Π N 945, li **Alle**, danach re ⛺.
41,6 Wege-Π, li **Mouzaive**.
40,3 li ⛺ Heron (Le), Rue de Lingue, Mouzaive 50, B-5550 Vresse-sur-Semois.
37,4 li **Laforêt**.
36,2 Straßen-Π N 914, re **Vresse-sur-Semois**, nach der Brücke re ⇕.
32,3 Straßen-Π N 935, re **Membre**.
31,4 li Reste einer Brücke.
27,3 li ⛺, Les Bouleaux, Rue de Mont les Champs 11/Z, B-5550 Vresse-sur-Semois.
26,2 re Reste einer Brücke.
25,7 Straßen-Π N 914, li **Bohan**, li ⇕.
25,4 re ⛺.
23,6 Grenze Belgien-Frankreich, bis 20,6 li Ufer belgisch. *Siehe Befahrungsregeln.*
19,8 Straßen-Π.
18,9 Straßen-Π D 31, re **Les Hautes-Rivières**.
18,4 re ⇩ Ruisseau de St. Jean.
18,2 Straßen-Π.
13,8 Straßen-Π, D 31.
12,0 Wege-Π., li **Naux**.
10,1 Straßen-Π D 31, re **Thilay**.
6,5 ▬ vor Haulmé, re ⌓, davor re ⛺.
5,8 Straßen-Π D 31D nach Haulmé.
4,3 Straßen-Π, re **Tournavaux**.
3,5 ▬, re ⌓.
0,8 Flussteilung, li Arm fahren.
0,1 Straßen-Π D 1, re **Monthermé**.
0,0 ⇩ in Maas bei km 59,2.

Überarbeitung nach Kartenmaterial

Vierre

Kleinfluss
Mündung in Semois bei km 155,3 (re Nebenfluss)

Die Vierre ist in ihrem Oberlaufein kleiner Fluss in einer reizvollen, hügeligen Wiesenlandschaft, ohne besondere Schwierigkeiten zu befahren.

Befahrungsregeln: Amtliche Informationen (auf deutsch) siehe http://kayak.environnement.wallonie.be/index_de.htm

	Die Befahrung ist stomabwärts der Landstraße Straimont-Martilly in Martilly (km 26,1) bis zur Straßenbrücke N894 in Suxy grundsätzlich nur vom 1.10. bis zum 15.03. zwischen 10:00 und 17:00 Uhr erlaubt bei einem Maximal Pegel von 8,6 m³/s in Martilly. Jedoch verboten am Tag der Eröffnung der Forellenfangzeit (dritter Samstag des Monats März).
Pegel:	http://voies-hydrauliques.wallonie.be/opencms/opencms/fr/hydro/Actuelle/crue/index.html

26,1 Straßen-Ⅱ, re **Martilly**, re ⬇, *siehe Befahrungsregeln*.
25,1 Wege-Ⅱ.
21,1 Straßen-Ⅱ Rue Marie-Thérèse, ⬍, li **Straimont**.
21,0 Straßen-Ⅱ N85.
19,1 Straßen-Ⅱ.
14,4 Straßen-Ⅱ.
14,1 Straßen-Ⅱ.
13,5 Straßen-Ⅱ N 894, li **Suxy**, ⬆ li unterhalb, *siehe Befahrungsregeln*.
0,0 ⇩ in die Semois bei km 155,3.

Überarbeitung nach Kartenmaterial.

Rulles

Kleinfluss
Mündung in Semois (re Nebenfluss)

Eine Befahrung der Rulles ist entsprechend eines Erlasses der wallonischen Regierung nicht gestattet und wird deshalb nicht mehr beschrieben.

Sormonne

Ardennen

Wildfluss GKZ: Fr: B55-0200
Mündung in Maas (li Nebenfluss)

Die Sormonne ist in ihrem Oberlauf ein unterhaltsamer Wildbach in einem sehr schönen, teilweise schluchtartigen Tal der westlichen Ardennen; in ihrem Unterlauf wird sie weniger interessant.

Ursprung:	(49.915833, 4.465833) in ca. 365 m Höhe.
Mündung:	(49.771667, 4.684722) in ca. 140 m Höhe.
Länge:	57 km
Schwierigkeiten:	km 28,4–17,3 WW I–II (III)
Gefälle:	der WW-Strecke 4‰.
Befahrbarkeit:	Frühjahr

Bezugspegel: automatischer Anrufbeantworter des Oise-Pegels von Hirson; Minimum 9,95; MW 5 cm; HW = 20 cm.

28,4 Straßen-Ⅱ D 132, li **Chilly**, ⬇.
26,9 verfallenes ▬, evtl. ≈.
26,6 ▬, bei gutem Wasserstand evtl. ≈.
26,0 Straßen-Ⅱ, **Laval-Morency**.
25,2 Straßen-Ⅱ D 985, Beginn eines kleinen Stausees.
24,4 ▬, 7 m hoch, **X**, Wasserableitung. Bei ausreichendem Überlauf folgt auf 200 m eine sehr schöne WW-Strecke, in einer kleinen Schlucht. Bei NW muss evtl. 200 m weit ⌓ werden.
24,2 ↯, Rückführung des abgeleiteten Wassers.
23,1 Straßen-Ⅱ.
22,9 Straßen-Ⅱ D 122, **Le-Châtelet-sur-Sormonne**. Nach der Brücke erhebliche Wasserzufuhr durch Bachmündung.
22,0 Kleine Stufe, gut ≈.
20,4 Straßen-Ⅱ, re **Murtin-et-Bogny**.
19,0 ▬ kleine Stufe, gut ≈. Der Fluss läuft durch Wiesen und Wälder, Strauchhindernisse möglich.
18,1 Straßen-Ⅱ, Ortsanfang von Sormonne.
17,3 Straßen-ⅡD 978, li Sormonne, übliche ⬆. Eine Weiterfahrt ist möglich, keine nennenswerten Schwierigkeiten.
16,0 EB-Ⅱ.
15,0 re ⇩ eines Baches.
12,9 Straßen-Ⅱ D 2.
11,2 li **Ham-les-Moines**.
9,0 re ⇩ Thin.
8,8 Straßen-Ⅱ D 9A, re **Haudrecy**; auf den nächsten 5 km zahlreiche Windungen.
4,8 verfallenes ▬, Straßen-Ⅱ, re **Belval**, li Flughafen.
2,4 ▬, **X**, um Mühle ⌓, Straßen-Ⅱ.
0,3 Straßen-Ⅱ D 309, re **Warcq**.
0,0 ⇩ in eine Flussschleife der Maas zwischen km 81,8 und 81,1 (Charleville-Mézières).

Überarbeitung nach Kartenmaterial.

Bar

Kleinfluss – Wanderfluss GKZ: Fr: B51-0200
Mündung in Maas unterhalb von Sedan bei km 272 (li Nebenfluss)

Die Bar verläuft ohne besondere Schwierigkeiten in einem reizvollen, teilweise bewaldeten Tal.

Ursprung: (49.433611, 4.928333) in ca. 170 m Höhe.

Mündung: (49.697222, 4.840833) in ca. 145 m Höhe.

Länge: 62 km

Befahrbarkeit: ganzjährig; im Sommer ist jedoch evtl. das Wasser knapp und weitgehend durch Wasserpflanzen verwachsen. Es ist daher eine Befahrung bis Frühsommer vorzuziehen. Ab Omicourt ist eine Befahrung auch mit K 2 möglich.

Neben der Bar verläuft meist unmittelbar der Canal des Ardennes, ein Umtragen zum Kanal ist an vielen Stellen ohne große Mühe möglich.

Pegel: km 19,3 (Chéhéry), Minimum 50 cm.

47,8 Straßen-II D 977, ⬇ (49.517087,4.809458).
47,1 Wege-II.
45,4 Straßen-II D 8, re **Tannay**.
40,5 Straßen-II.
36,7 Straßen-II.
34,6 Wege-II.
32,3 Straßen-II D 324, li **Ambly**.
29,6 Straßen-II.
28,5 Straßen-II D 24, re **Chémery-sur-Bar**.
28,4 ▬.
25,1 Wege-II.
24,9 Straßen-II, re **Connage**.
23,6 Straßen-II, li **Omicourt**, ⬇ falls der Wasserstand ab km 47,8 unzureichend ist.
19,8 Wege-II.
19,3 Straßen-II D 224, Latten-≣, re **Chéhéry**.
16,4 Wege-II.
15,5 Wege-II.
15,3 Straßen-II, re **Cheveuges**.
10,9 ▬.
10,8 Straßen-II D 24, re **Saint-Aignan**.
1,6 Straßen-II D 764.
0,0 ⇩ in Maas bei km 97,3.

Überarbeitung nach Kartenmaterial.

Chiers

Wanderfluss GKZ: Fr: B4--0100
Mündung in Maas (re Nebenfluss)

Die Chiers hat seinen Ursprung in den Ardennen in Luxemburg. Über seinen Oberlauf ist nichts bekannt, möglicherweise sind hier Teilstrecken befahrbar. Nachstehend wird der Unterlauf ab Montemédy beschrieben. Der Chiers ist hier ein reizvoller Fluss, keine besonderen Schwierigkeiten. Besonders zu empfehlen ist der 31 km lange Abschnitt zwischen La Ferté und Doucy.

Ursprung:	Uewerkuer (Gemeinde Differdange) in ca. 340 m Höhe.
Mündung:	(49.658611, 4.994444) in ca. 160 m Höhe.
Länge:	112 km
Befahrbarkeit:	meist ganzjährig.

70,5 Straßen-II D 118, re **Montemédy**, mögliche ⬇.
64,6 ▬.
63,8 Straßen-II D 110, li **Vigneul-sours-Montmédy**.
54,4 li ⇩ Loison.
51,5 Straßen-II D 947.
51,4 EB-II.
50,7 Straßen-II D 141A, danach ▬, re **Chauvency-le-Château**.
49,1 ▬.
48,5 Straßen-II, re **Chauvency-Saint-Hubert**.
46,0 EB-II.
45,1 Wege-II.
40,4 Straßen-II D 13B, re **Lamouilly**.
39,6 re▬, li Mühlenkanal.
35,8 ▬ La Ferté.
35,6 Straßen-II, re **La Ferté-sur-Chiers**, empfohlene ⬇.
33,2 re ⇩ Marche.
28,3 Straßen-II, re **Linay**, Wiesenfluss, keine besonderen Schwierigkeiten.
25,0 Straßen-II D 52, re **Blagny**.
21,5 li ▬ Blagny, X, re Mühlenkanal, re Kajak Club Les Mouettes, Carignan, einfache ⛺-Möglichkeit, genaue Lage konnte nicht ermittelt werden.
21,1 Straßen-II D 19, re **Carignan**.
15,4 Straßen-II D 219, li **Tetaigne**.
9,2 ▬, nach Besichtigung evtl. ≋, li oder re ⏏.
8,9 Straßen-II D 117, li 500 m entfernt **Brévilly**.
4,9 Straßen-II D 964, re **Douzy**, empfohlene ⬆.
0,0 ⇩ in eine Flussschleife der Maas bei **Remilly-Aillicourt**.

Überarbeitung nach Kartenmaterial.

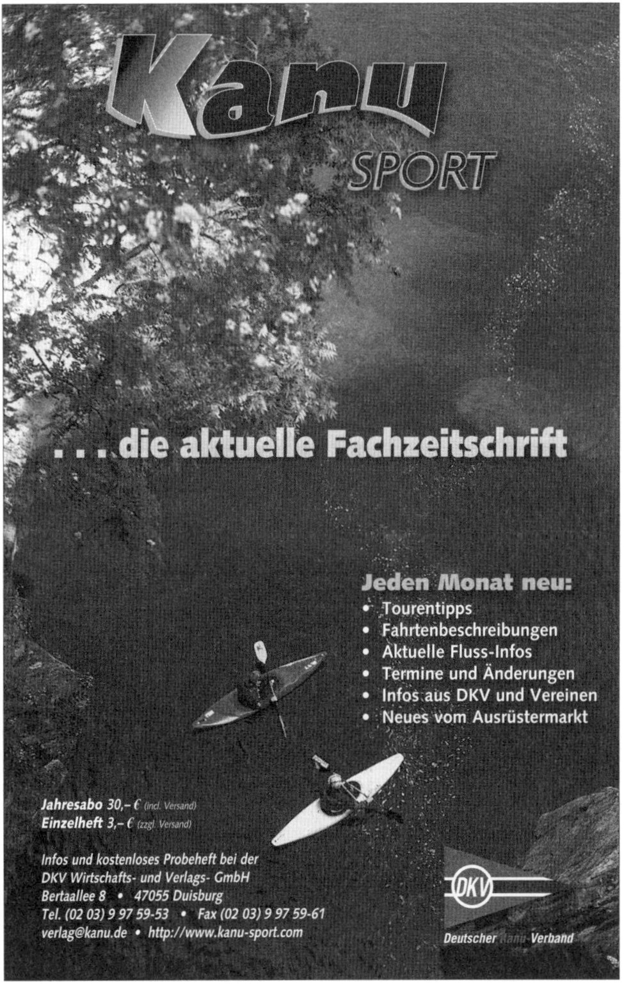
Kanu
SPORT
. . . die aktuelle Fachzeitschrift
Jeden Monat neu:
• Tourentipps
• Fahrtenbeschreibungen
• Aktuelle Fluss-Infos
• Termine und Änderungen
• Infos aus DKV und Vereinen
• Neues vom Ausrüstermarkt
Jahresabo 30,– € (incl. Versand)
Einzelheft 3,– € (zzgl. Versand)
Infos und kostenloses Probeheft bei der
DKV Wirtschafts- und Verlags- GmbH
Bertaallee 8 • 47055 Duisburg
Tel. (02 03) 9 97 59-53 • Fax (02 03) 9 97 59-61
verlag@kanu.de • http://www.kanu-sport.com
DKV
Deutscher Kanu Verband

Stromgebiet des Rheins

Karten-Nr.	Gewässer	Wanderfluss	Maritimfluss	Kanal	Kleinfluss	WW I-II	WW III-IV	WW V-VI	Seite
1	Niederrhein	o							397
1	Boven-Rijn	o							398
1	Pannerdensch Kanal	o							398
1	Neder-Rijn	o							398
1	Lek	o	o						399
1	Nieuwe Maas		o						400
1	Nieuwe Waterweg		o						400
1	Geldersche Ijssel	o	o						400
1	Waal	o							402
1	Boven Merwede		o						403
1	Beneden Merwede		o						403
1	Noord		o						403
1	Linge	o							404
1	Oude Ijssel, Issel	o							407
1	Berkel	o							408
3	Moselle	o		o		o			410
3	Saare, Saar	o		o					419
3	Nied	o			o				422
3	Nied Allemande				o				424
3	Eichel				o				424
3	Sauer	o				o			425
3	Our	o				o			430
3	Alzette	o							432
3	Wiltz				o	o			434
3	Clerve				o	o			436

Karten-Nr.	Gewässer	Wanderfluss	Maritimfluss	Kanal	Kleinfluss	WW I-II	WW III-IV	WW V-VI	Seite
3	Orne				o				437
3	Longeau				o				438
3	Seille	o			o				438
3	Rupt de Mad				o				439
3	Esch				o				440
3	Meurthe				o				440
3	Mortagne	o							443
3	Vezouze				o				444
3	Plaine					o			444
3	Madon					o			445
3	Vologne					o			445
3	Moselotte					o	o	o	447
3	Bouchot					o			448
3	Cleurie						o		449
3	Sauer (Rhein)				o				449
3	Seltzbach				o				451
3	Eberbach				o				452
3	Halbmühlbach				o				453
3	Moder				o				454
3	Zorn				o				456
3	Zinsel du Sud				o				458
3	Zinsel du Nord				o				459
3	Ill	o				o			460
3	Krummer Rhein, (Rhin Tortu)				o				466
3	Zembs				o				467
3	Bruche	o			o				467
3	Canal de Bruche	o							470

Karten-Nr.	Gewässer	Wanderfluss	Maritimfluss	Kanal	Kleinfluss	WW I-II	WW III-IV	WW V-VI	Seite
3	Ehn				o				470
3	Andlau				o		o		470
3	Gießen				o	o			471
3	Fecht				o	o	o		471
3	Weiss				o	o	o		472
3	Béhine							o	473
3	Lauch				o				474
3	Thur				o				475
3	Doller				o				475
3	Largue (Ill)				o				476
3	Saint-Nicolas, Bourbeuse				o				477
3	Ischertbach				o				477

Rhein

Wildfluss - Wanderfluss – Schiffahrtsstraße GKZ: CH: 1, DE: 2, Fr: A---0000
Mündung in Nordsee

Der Rhein, der größte Strom zur Nordsee, gliedert sich in mehrere Abschnitte. Anschließend wird lediglich der Niederrhein einschließlich seiner Aufteilung in mehrere Mündungsarme auf dem Gebiet der Niederlande beschrieben.

Ursprung: (46.6325, 8.672222) in ca. 2345 m Höhe.

Mündung: (51.981111, 4.081667) in ca. 0 m Höhe.

Länge: 62 km

Niederrhein

Der Rhein tritt bei Bonn aus dem rheinischen Schiefergebirge aus und wird zum Flachlandfluss. Weiterhin gute Strömung, starker Schiffsverkehr.

837,0 re ⌂ Reeser Ruderverein, Am Weissen Turm, 46459 Rees,

837,3 Personenfähre, re **Rees**,
li Reeser Schanz, ✕, schöner Strand. Am li Ufer Bauarbeiten (Bau einer Flutmulde) bis 2014, deshalb Aussetzen am Fähranleger nicht möglich (Sperrzeichen).

837,7 re ⛺ und ⌂ Reeser KC, Vor dem Rheintor 19, 46459 Rees, www.reeser-kanu-club.de .

838,7 Straßen-Π B 67.

842,1 li Wunderland Kalkar im niemals in Betrieb gegangenen ↯ Kalkar.

844,9 li **Grieht**, Personenfähre nach re **Griehter Ort**, re 🚐 und ✕ Inselgasthof Nass, Grietherort 1, 46459 Rees, ✆ +49 2851 6324, www.hr-rees.de.

851,5 → zum Containerhafen Emmerich. Zum ⌂ und ⛺ Emmericher Kanu-Verein e.V., Kupferstraße, , 46446 Emmerich, www.ekv1925.de . Dazu 500 m in den Hafen einfahren, Zugang über Metalltreppe re.

852,4 re **Emmerich**, li ⇩ der Kalflack (s. DKV-Gewässerführer für NRW).

853,2 Straßen-Π B 220.

857,7 Grenze Deutschland – Niederlande in Strommitte, re Ufer Niederlande, Ende des versuchsweise eingeführten Rechtsverkehrs der Binnenschifffahrt.

862,3 re **Lobith** (NL), holländische Zollstation.

863,9 ← des Schifffahrtsweges Rhein-Kleve (Griethauser Altrhein und Spoykanal, verbindet das Industriegebiet der Stadt Kleve mit dem Rhein, Länge 10,2 km. Bei 5,8 km vom Rhein ⛫ Brienen, ⏏ schwierig, ansonsten lohnende Fahrt. In Klewe ⌂ und ⛺ des KC Kleverland, Stadtbadstraße, 47533 Kleve, *DKV-Kanustation*).

864,5 → zum De Bijland Wassersportzentrum unter einer Π hindurch. Großer 🚐, Parkplatz, ⬆ hinter der Tankstelle für Boote.

864,8 li **Bimmen** (D).
865,5 Grenze der Bundesrepublik Deutschland, ab hier beiderseits Niederlande. Fluss heißt ab hier

Boven-Rijn

866,0 Personenfähre, li **Millingen**.
867,5 Aufteilung des Rheins.
re Arm Pannerdensch Kanal (s. Seite 398)
li Arm Waal (s. Seite 402) = Rhein-Hauptarm.

In den Niederlanden teilt sich der Rhein in mehrere Arme, die das Rhein-Maas-Delta bilden. Der Hauptarm, der Waal, nimmt zwei Drittel der Wassermenge auf. Ein Drittel fließt in den Niederrhein. Vom Niederrhein zweigt noch ein weiterer Mündungsarm, ab, die Geldersche Ijssel. Außerdem muss noch beachtet werden, dass die 3 Rheinarme aus historischen Gründen mehrfach die Namen wechseln. Näheres zur Historie und zu den Hochwasserschutzmaßnahmen in den Niederlanden ist einschlägiger Literatur zu entnehmen.

1. Mündungsarm des Rheins

Pannerdensch Kanal

867,5 Aufteilung des Rheins, re Arm Pannerdensch Kanal.
870,0 Gierfähre li **Doorenburg**, re **Pannerden**.
870,2 ← der Linge (s. Seite 404).
873,5 Ende des Pannerdensch Kanal. Der Fluss heißt jetzt

Neder-Rijn

873,5 re ⇩ Oude Rijn, Einfahrt verboten.
876,8 Gierfähre, li **Huissen**.
878,6 Erneute Teilung des Rheins: Der li Arm ist der Neder-Rijn. ➔ Ijssel, sehr empfehlenswert (s. Seite 407).
879,9 Straßen-Ⅱ N 325.
881,7 re Yachthafen, keine Übernachtungsmöglichkeit.
882,9 Straßen-Ⅱ, **Arnheim**.
883,8 Straßen-Ⅱ N 225.
887,8 EB-Ⅱ.
888,4 Oosterbeeks Rijnoever, Polderweg, 6862 Oosterbeek.
889,9 re zur Schleuse, li zum Wehr.
891,5 re Doowerth, li .
894,3 Straßen-Ⅱ A 50,li **Heteren**.
896,6 re **Renkum**.
900,2 Fähre Lexkesveer.

900,2 li ⇩ des Linge-Kanaal von der Linge, km 75,3.
906,1 Gierfähre, li **Opheusden**.
909,1 Straßen-Ⅱ, re **Rhenen**, li **Kesteren**.
910,1 re am Stadtrand von Rhenen gute ⇕, 🛒.
915,7 Gierfähre, re **Elst**.
918,6 Gierfähre.
918,7 li ⛺, Camping Verkrema, Rijnbandijk 10A, 4024 BM Eck en Wiel.
920,8 re zur Schleuse, li zum Wehr.
922,3 re ⌘ Amerongen, li ▬.
926,6 Ende des Neder-Rijn. Der Fluss heisst jetzt

Lek

927,4 re Sporthafen mit ⌂ eines Kanu-Vereins.
927,6 ➔ des Kromme Rijn (s. Städtefahrt Utrecht auf Seite).
928,0 Signalstation: Gelbes Blinklicht bedeutet Annäherung eines Schiffes aus dem Amsterdam-Rhein-Kanal. Weiter Signalstationen bei km 928,8 und für die Gegenrichtung bei 929,5.
928,4 Fähre, re **Wijk bij Duurstede**.
928,9 Kreuzung mit dem Amsterdam-Rhein-Kanal. Er führt nach re über Utrecht nach Amsterdam und nach li zum Rheinhauptarm Waal. ⚠ Signalstationen beachten.
933,5 Gierfähre, li Yachthafen und ⛺ Camping Jachthaven Beusichem, 4112 Beusichem.
939,6 Gierfähre, li Yachthafen, ⛺, **Culemborg**.
939,8 EB-Ⅱ.
945,9 Mitte zur Schleuse, li zum Wehr, re .
946,9 re ⌘ Hagestein. Kanus werden mit der Schiffahrt geschleust. Ab hier ist mit zunehmendem Einfluss der Gezeiten zu rechnen. Man sollte sich über deren Verlauf orientieren (Tidenkalender!) und die Weiterfahrt nach dem Ebbstrom ausrichten, li ▬.
948,6 Autobahn-Ⅱ A 27.
949,4 ➔ Lek-Kanal.
950,3 ← Merwede-Kanal, re **Vreeswijk**.
950,4 ➔ Merwede-Kanal, li **Vianen**.
951,6 Straßen-Ⅱ A 2.
953,6 li ⛺ Clementie, Middelwaard 7, 4133 Vianen.
954,1 reYachthafen und ⛺.
956,5 li Yachthafen Lexmond, ⛺.
970,8 re Yachthafen Schoonhoven, ⛺ 't Wilgerak, Lekdijk Oost 3, 2871 Schoonhoven.
971,4 Fähre, re **Schoonhoven**.
976,9 Fähre, re **Bergstoep**.
984,5 Fähre, li **Nieuw-Lekkerland**, re **Lekkerkerk**.

988,7 Fähre, re **Krempen aan de Lek**.

989,2 li ⇩ Noord (s. Seite 403), führt nach Dordrecht und zur Oude Maas. Ende des Lek (Untere Grenze des Geltungsbereiches der Rheinschifffahrtspolizeiverordnung). Der Fluss heisst jetzt

Nieuwe Maas

992,7 bis 1014,0 **Rotterdam** und Hafenanlagen Rotterdam.

994,3 re ⇩ Hollandsche Ijssel.

995,2 Straßen-Ⅱ A 16.

998,0 re alter Wasserturm von Rotterdam.
re Ruderverein Nautilus, Postbus 2535, 3000 CM Rotterdam, ⌂ Plantagelaan 3, 3063 NG Rotterdam, www.rvnautilus.nl, gute ⬆ zum Besuch von Rotterdam.

999,2 bis 1000,8 Insel Noordereiland.

999,8 re Arm Straßen-Ⅱ, li Arm ehemalige EB-Ⅱ (Hebe-Ⅱ), danach Straßen-Ⅱ (Klapp-Ⅱ).

1000,8 re ⇩ Rotte, Straßen-Ⅱ Erasmusbrugg.

1012,4 Ende der Nieuwe Maas. Der Fluss heisst jetzt

Nieuwe Waterweg

1012,8 li ⇩ Oude Maas.

1018,5 Fähre, li **Rozenburg**, re **Maasluis**.

1022,1 re **Hoek von Holland**.

1025,9 Maeslant-Sturmflutwehr.

1032,8 Maasmond, ⇩ in Nordsee.

2. Mündungsarm des Rheins

Geldersche Ijssel

Die Ijssel bietet wohl die beste Möglichkeit für den Kanufahrer, auf dem Rhein zur Nordsee zu gelangen. Sie verläuft mit zunächst guter, später etwas abnehmender Strömung durch die Provinzen Gelderland, Overijssel, Drenthe und Friesland, vorbei an reizvollen holländischen Kleinstädten. Keine künstlichen Hindernisse. Die Ijssel ist voll für den Schiffsverkehr ausgebaut. Die Mehrzahl der den Rhein befahrenden Schiffe nimmt jedoch den Weg nach Amsterdam oder Rotterdam über den Waal oder den Lek; der Schiffsverkehr auf der Ijssel ist daher nur bis zum Zwente-Kanal bei Zutphen recht rege, dann nur noch mäßiger Verkehr bis zur Mündung. Eine Befahrung der Ijssel ist auch als eigenständige Fahrt, also unabhängig von einer vorausgehenden Befahrung des Niederrheins, sehr lohnend, auch als mehrtägige Gepäckfahrt.

Zeltmöglichkeit: das freie Zelten ist verboten. Es gibt jedoch mehrere ⛺ und Bootshäfen, meist in Altarmen oder Baggerseen mit Zugang zum Fluss.

Wasser: leidlich sauber.

Kilometrierung: als Fortsetzung der Kilometrierung des Niederrheins.

878,6 ➔ Ijssel aus dem Neder Rijn. EB- und Straßen-Ⅱ, Arnheim.
880,4 Gute ⬇ bei **Westervoort** (gegenüber Arnheim) am re Ufer. Die Pkw können hier abgestellt werden.
880,9 EB- und Straßen-Ⅱ, li **Arnheim**.
883,1 Straßen-Ⅱ A 12, danach re Yachthafen.
886,7 re hinterm Deich ⛺ De Mars, 6988 Lathum, www.campingdemars.nl.
887,1 Personen-Fähre, li **Rheden**.
888,4 re ⛺.
888,0 li **Rheden**.
889,2 → alter Ijsselarm. Einfahrt zum Naherholungsgebiet Rhederlaag. Nach 200 m li Yachthafen mit Slipsteg. Dahinter ⛺ „De Veerstal",🛒.
891,0 =
897,8 Korrektur durch Buchtabschneidung.
899,0 re **Bingerden**.
901,9 re ⇩ Altwasser Oude Ijssel. re **Doesburg**.
902,6 Straßen-Ⅱ N 317.
902,8 ➔ alter Ijsselarm, nach 500 m unterbrochen, keine Durchfahrtsmöglichkeit zu den ⛺.
904,7 ⇩ alter Ijsselarm mit mehreren Campingplätzen. Nur in 3,5 km beim 3. Platz, ⛺ IJsselstrand, 6984 Doesburg, re Ufer in Fließrichtung, gute ⬆, 🛒, 🍴.
910,7 Fähre,li **Dieren**.
911,6 ⬅ des Apeldoornsch-Kanal (für die Schifffahrt geschlossen).
925,2 Straßen-Ⅱ N 348.
927,0 re ⇩ Berkel (s. Seite 408).
928,2 Straßen- und EB-Ⅱ, re **Zutphen**.
931,1 ➔ Twente-Kanal nach Enschede.
942,1 Straßen-Ⅱ A 1.
943,6 re Hafen-Einfahrt.
943,7 re (2. Einfahrt) Deventer Kanuverein, Gashavenstraat 9, 7418 AL Deventer, www.canoepolodeventer.nl .
944,5 Straßen-Ⅱ N 344, re **Deventer**.
944,9 Fähre, danach li schöner ⛺, nicht vom Wasser zu sehen, geeignet zur Stadtbesichtigung Deventer.
945,6 EB-Ⅱ.
951,8 li ⛺ De Scherpenhof, 7396 Terwolde.
957,0 Fähre, li **Welsum**, re **Olst**.
959,8 re ⛺ 't Haasje, 8121 Olst.

962,3 li **Veesen**, Yachthafen und 🚐 De Ijsselhoeve, IJsseldijk 46, 8194 Veessen.
965,7 Fähre, re **Wijhe**.
972,8 li 🚐. Zeltmöglichkeit nur für 4 Zelte, Dauercamper, keine Versorgungsmöglichkeiten.
977,7 li ⇩ Apeldoornsch-Kanal.
978,5 2 EB-Ⅱ.
979,5 Straßen-Ⅱ, re **Zwolle**.
980,2 Straßen-Ⅱ A 28.
980,7 ➔ Zwolle-Ijssel-Kanal.
985,2 Fähre, re **Veecaten**.
993,0 Straßen-Ⅱ N 764.
994,6 li Yachthafen.
995,5 Straßen-Ⅱ, li **Kampen**, re **Ijsselmuiden**. Gute Gelegenheit zum ⬆. Möglichkeit zur Rückfahrt nach Westervoort mit Triebwagen nach Zwolle, Fernzug nach Arnheim und Bus nach Westervoort.
996,0 ➔ Ganzendiep. Dort nach der ⌘ li 🚐 Severingen, Frieseweg 7, 8267 Kampen.
1000,4 Straßen-Ⅱ N 50.
1001,7 Teilung der Ijssel in li Keteldiep und re Kattendiep.
1006,0 ⇩ des Keteldiep in das Ketelmeer (Seitenbucht des Ijsselmeeres). Nach 500 m **Kettelhaven**, ⬆ und 🚐 Camping Ketelhaven, Lindenlaan 39, 8253 AC Dronten.
Weiterfahrt bis Amsterdam nach Kartenmaterial, z.B. ANWB Waterkaarten Blatt C und E.
1015,5 Straßen-Ⅱ A 6, ⇩ in das Ijsselmeer.

3. Mündungsarm des Rheins

Waal

867,5 Aufteilung des Rheins, li Arm Waal = Hauptarm.
871,1 re **Hulhuizen**
871,2 🚐 Waalstrand, Waaldijk 23a, 6691 Gendt.
883,5 Straßen-Ⅱ N 325, **Nijmwegen**.
884,5 EB-Ⅱ.
887,0 ⬅ Maas-Waal-Kanal.
888,8 re 🚐 V.O.F. Camping De Grote Altena, 6678 Oosterhout.
890,8 re 🚐 De Steenoven, Waaldijk 22, 6677 MB Slijk-Ewijk, ✆ 0481 481391.
893,7 Straßen-Ⅱ A 50.
902,0 re Flussmeisterei Dodewaard, freundliche Aufnahme.
903,2 li **Druten**.
906,0 re **Ochten**.
909,2 li **Beneden-Leeuwen**.

910,8 Straßen-⌶ N 323.
913,4 ➔ Amsterdam-Rijn-Kanal.
914,8 Personenfähre, re **Thiel**, 🚆 in 1,5 km.
915,7 ➔ des Inundatiekanaal. In 3,3 km (3 ▬, ein Sperrwerk) zur Linge, km 48,6.
922,9 re **Varik**.
926,1 ➔ Kanal von Sint Andries (führt zur Maas km 54,6).
927,0 li **Rossum**.
933,6 Straßen-⌶ A 2 und EB-⌶.
934,3 li **Zaltbommel**, alte Stadt, ⌘, 🛒. Gute ⬆ vor dem Stadttor, Treppe, oben kleiner Parkplatz.
937,0 re **Haaften**.
942,6 li **Zuilichem**.
943,7 re markanter Bauernhof, kleiner ⛺ Camping "De Zwaan", Waaldijk 56, 4171 CG Herwijnen.
946,1 Fähre, li **Brakel**.
951,3 li Schloss Loevestein. Grenze der Gezeiten.
952,5 li ⇩ der Afgedamte Maas. Ab hier Stromname

Boven Merwede

952,6 Fähre, li ⛺ Kampeervereniging "De Mosterdpot", Stadshaven 1, 4285 AZ Woudrichem.
954,7 re **Gorinchen**.
955,5 ➔ des Merwede-Kanals, re Werft.
956,9 Straßen-⌶ A 27.
961,3 Flussteilung: ⬅ Nieuwe Merwede, re weiter als

Beneden Merwede

963,1 ➔ Steenenhoek-Kanal.
968,2 ⬅ Hel-Kanal.
969,2 re **Sliedrecht**.
971,3 EB-⌶.
973,8 Straßen-⌶ N 3, li **Dordrecht**, re **Papendrecht**.
975,7 Fähre, ⬅ des Wantij.
976,2 ⬅ Oude Maas,
➔ nach Rotterdam, Flusname jetzt

Noord

977,2 ⬅ des Rietbaan.
979,8 li ⇩ des Rietbaan.
980,6 Straßen-⌶ N 915, li Oostendam.
981,1 re **Alblasserdam**.

984,9 = 989,2 Nieuwe Maas, re ⇩ Lek, li **Slikkerveer**, re **Kinderdijk**. Weiterer Verlauf in Richtung Rotterdam über die

Nieuwe Maas

989,2 siehe Beschreibung des 1. Mündungsarmes des Rheins (s. Seite 398).

Überarbeitung des Rheindeltas nach WESKA (Europäischer Schifffahrts-und Hafenkalender) und Kartenmaterial.

Linge

Mündung in Waal bei Gorinchem

Die Linge sorgt für den Abfluss des Wassers des gesamten Poldergebietes zwischen Doorneburg und Gorinchem. Sie ist in ihrem Oberlauf, oberhalb Tiel, ein schon vor langer Zeit gebauter künstlicher Graben, im Unterlauf hat die Linge ein natürliches Flussbett. Sie verläuft mit geringer Strömung durch die Betuwe , mit vielen kleinen Wäldern, Schilfgürteln und einem regen Obstbau.

Befahrbarkeit: Oberlauf auf jeden Fall im Sommer Halbjahr gute Wasserführung. Der Unterlauf ist ganzjährig fahrbar, auch zu Zeiten der Trockenheit. Es wird dann Wasser über den Linge-Kanal aus dem Waal zugeführt.

Rastmöglichkeiten: da die Ufer durchweg in Privatbesitz sind, ist freies Lagern kaum möglich, jedenfalls nur mit Zustimmung der Eigentümer. Man wird daher vielfach die Anlegestellen der Motorboote benützen müssen. Motorboote können nur unterhalb von Geldermalsen fahren.

100,7 Ableitung aus dem Pannerdenschen Kanal bei km 870,2 mit Flutschutztor, ⏏. Eine Befahrung ab hier ist mit Kanus möglich, es folgen allerdings bis zum Amsterdam-Rijn-Kanal 10 mühsame ⏏-Stellen, dieser Oberlauf wird daher wohl nur selten befahren. Kaum lohnend, da stark begradigt.

99,9 Wege-Ⅱ.

99,2 Straßen-Ⅱ, li **Doornenburg**, li dahinter die sehenswerte mittelalterliche Doornenburg mit vollständige Vorburg.

98,8 Straßen-Ⅱ.

97,6 Straßen-Ⅱ N 838 mit dem ersten von 11 gleichartigen Wehren (nicht alle beschrieben).

97,1 Wege-Ⅱ.

95,5 Wege-Ⅱ.

94,7 Wege-Ⅱ.

93,9 Wege-Ⅱ.

93,1 EB-Ⅱ.

92,5 Die erste von 7 Krautsperren (nicht alle beschrieben). Bis auf eine alle aus schwimmenden Röhren, die man betreten kann, um das Boot hinüber zu ziehen.
92,0 Straßen-II N 839, re **Huissen**.
91,1 Straßen-II.
88,6 Krautsperre, dahinter Autobahn 325 mit ▬ am Tunnelausgang, **X**. Daher ⌓ ca. 500m über Brücke südlich der Linge. Ab hier gibt es bei allen Wehren Stege.
87,1 Straßen-II.
87,0 EB-II.
86,7 Wege-II.
86,3 Wege-II.
85,9 Straßen-II, re **Raayen**.
85,1 Straßen-II.
83,9 Straßen-II.
83,6 Wege-II.
82,9 Straßen-II.
81,0 Straßen-II A 50.
80,5 Straßen-II, li ⇩ Eldense Zeg.
78,9 Straßen-II.
78,2 Wege-II.
77,2 Straßen-II N 836, li **Zetten**.
75,7 Straßen-II.
75,3 ➔ eines Kanals. In 2,5 km zum Nederjrijn bei km 902. Dahinter II mit ▬, evtl. ≈.
74,0 Wege-II.
71,6 Straßen-II, re **Opheusden**, li ⩩.
71,4 EB-II, danach Straßen-II und ▬.
69,9 EB-II, danach Straßen-II A 15.
65,9 Straßen-II.
66,5 2 Straßen-II, li **Ochten**.
65,2 Straßen-II mit ▬, **X**.
65,0 Straßen-II A 15, danach EB-II.
64,0 EB-II, Wege-II.
61,1 Vogelenzang-II mit ✕ Cafeteria. Empfohlene ⬇ für die obere Linge.
60,0 Wege-II.
58,0 Straßen-II.
56,9 Straßen-II, re dahinter ⛺ De Lingebrug, Grote Brugse Grintweg 2, Zoelen, www.lingebrug.nl .
55,9 Kreuzung mit dem Amsterdam-Rijn-Kanal. Die Linge unterquert den Kanal per Düker, **X**. ⌓ über den Kanaldeich schwierig, aber möglich.
55,1 Straßen-II N 835.
54,7 Wege-II.
54,5 li ⇩ Dode Linge.

53,1 Straßen-II, re **Zoelen**.

52,2 Straßen-II, EB-II, Straßen-II A 15.

51,8 Straßen-II.

50,6 Straßen-II N 834, li **Tiel**.

50,5 Wege-II.

50,0 ■, **X**, danach li ⛺ Aan De Linge, Lingeweg 18b, 4006 MA Tiel, ✆ 0344 661 236, www.aandelinge.nl .

48,6 li ⇩ Inundatiekanaal. In 3,3 km (3 ■, ein Sperrwerk) zur Waal bei km 915,7.

47,8 Straßen-II, li **Wadenoijen**.

46,3 Straßen-II A 15, EB-II.

44,8 ■.

42,5 Krautsperre.

40,4 letztes ■, **X**, Straßen-II.

39,7 re ⇩ Korne. Es besteht die Möglichkeit, die Fahrt auch auf der Korne zu beginnen, und zwar entweder in Buren mit guter ⬇ und ⛺, 4 km bis ⇩ oder in Zoelmond, 12 km bis ⇩.
Ab hier ist die Linge ein richtiger Fluss, der auch mit Motorbooten befahren wird, die Strömung ist gering, zahlreiche Mäander, so dass man häufig einen Ort schon sehr lange sieht, bevor man ihn wirklich erreicht.

39,4 Krautsperre.

37,9 Straßen-II N 833, li **Geldermalsen**, weitere gute ⬇. Vielfach werden nur die folgenden 21 km bis Leerdam befahren..

36,7 re ⇩ Hooglandsche Wetering.

36,3 EB-II.

34,3 li **Deil**.

30,2 li **Enspijk**.

29,3 Straßen-II A 2.

29,0 re **Beesd**.

26,9 Straßen-II.

26,5 li **Rumpt**.

22,5 re **Rhenoy**.

22,1 Straßen-II N 327.

21,9 li **Gellicum**.

20,8 re Altarm.

18,3 Straßen-II, li **Asperen**.

17,2 re ⇩ Culemborgsche Vilet.

15,5 Straßen-II N 848, re **Leerdam**, gute ⬆.

13,3 li **Heukelum**.

9,1 re **Kedichem**.

6,1 Personen-Fähre.

5,2 re **Arkel**, re ⇩ Zedenikkamaal, dort re II und ⌘, gute ⬆. Ab hier ist die Linge kanalisiert und nicht mehr attraktiv.

3,1 Straßen-II, EB-II, Straßen-II A 15.

1,6 Straßen-II, **Gorinchen**.
1,4 Straßen-II.
Zur Beendigung der Fahrt rechtzeitig ⬆. Weiter ist infolge hoher Kaimauern das ⬆ mühsam.
0,5 ⯐ zur Merwede, Ausfahrt in Hafen.
0,0 ⇩ in Merwede, km 955,5.

Überarbeitung nach Kartenmaterial.

Oude Ijssel, Issel

Kleinfluss – Wanderfluss GKZ: DE: 928
Mündung in Ijssel

Die Issel, die in den Niederlanden „Oude Ijssel" heißt, ist ein Wiesenfluss, im oberen Teil begradigt und eingedeicht, im Sommer verkrautet, keine besonderen Schwierigkeiten.

Ursprung: (51.794222, 6.830694) in ca. 56 m Höhe.

Mündung: (52.009722, 6.128889) in ca. 9 m Höhe.

Länge: 82 km

Befahrbarkeit: Im beschriebenen Teil ganzjährig. Allerdings ist eine Befahrung nur bis Mitte Mai ratsam, da später Bewässerungswehre eingebaut sind.

Der deutsche Teil der Issel ist beschrieben im „Gewässerführer für Nordrhein-Westfalen".
30,9 Straßen-II L 459, re **Anholt** (D), letzte ⬍ in Deutschland direkt an der Straßen-II.
29,5 Ab hier li Ufer niederländisch.
27,4 Straßen-II, li nach Gendringen (NL), re nach Anholt (D).
26,6 ▬.
26,4 Ab hier auch re Ufer niederländisch. In den Niederlanden heißt der Fluss Oude Ijssel. Sie bietet eine landschaftlich schöne Fahrt in sehr ansprechender Umgebung.
26,1 Straßen-II, li **Gendringen** (NL).
25,7 Wege-II.
25,1 re ⇩ Aastrang(auf deutschem Gebiet Bocholter Aa, siehe „Gewässerführer für Nordrhein-Westfalen").
24,7 ▬ in Ulft, **X**.
24,4 Straßen-II, li **Ulft**.
24,0 Wege-II.
22,8 Wege-II.
22,1 Straßen-II N 317.
20,3 Straßen-II, li **Etten**, re **Terborg**.

17,5 ⯐ „De Pol" bei Gaanderen.
17,3 re ⇩ Bielheimerbeek.
17,0 Straßen-Ⅱ N 317.
15,0 Straßen-Ⅱ A 18.
14,2 Straßen-Ⅱ
13,4 EB-Ⅱ.
12,7 Straßen-Ⅱ, **Doetinchem**, danach li Yachthafen von Doetinchem.
12,6 Straßen-Ⅱ N 316.
11,6 Straßen-Ⅱ N 317.
7,1 Straßen-Ⅱ N 814, re **Laag-Keppel**.
6,5 re Yachthafen.
5,0 Straßen-Ⅱ **Hoog-Keppel**.
1,8 Straßen-Ⅱ N 338.
0,4 ⯐ Doesburg, ⌓ schwierig, Straßen-Ⅱ, li **Wemmersweerd**, re **Doesburg**.
0,0 ⇩ in einen Altarm der Geldersche Ijssel bei km 901,9.

Überarbeitung nach Kartenmaterial.

Berkel

Kleinfluss GKZ: DE: 9284
Mündung in Geldersche Ijssel (re Nebenfluss)

Die Berkel ist ein kleiner Wald- und Wiesenfluss. In den Niederlanden verläuft sie fast ausschließlich durch Weidegebiete, keine besonderen Schwierigkeiten.

Ursprung:	(51.953611, 7.310833) in ca. 131 m Höhe.
Mündung:	(52.132778, 6.192778).
Länge:	115 km
Befahrbarkeit:	im beschriebenen Teil meist ganzjährig.
Befahrungsregeln:	Zwischen Coesfeld (D) und Vreden (D) besteht ein ganzjähriges Befahrungsverbot. Für die Befahrung in den Niederlanden ist eine kostenpflichtige Genehmigung erforderlich. Sie ist zu beantragen bei: Waterschap Rijn en IJssel, Postbus 148, 7000 AC Doetinchem, ☎ (0314) 369 369, Fax: (0314) 343 258, Mail: info@wrij.nl , www.wrij.nl .

57,0 ⌂ Kanu-Sport-Verein 72 e.V. Vreden, Ausbachstraße, 48691 Vreden.
56,0 Turbinen-▬ Vreden, li ⌓.
55,8 Wege-Ⅱ, re Freiland-Museum (Bauernhäuser).
55,5 Straßen-Ⅱ, **Vreden** (D).
55,3 ▬.
55,0 Wege-Ⅱ.
54,3 Straßen-Ⅱ L 608.

53,4 Straßen-Ⅱ L 608.
53,2 ▬.
52,9 ▬.
50,6 ▬.
50,4 Straßen-Ⅱ.
47,9 Straßen-Ⅱ K 18, re **Ammeloe** (D).
47,7 ▬.
46,0 ▬.
45,3 Straßen-Ⅱ.
45,0 Staatsgrenze Deutschland-Niederlande in Flussmitte. Bei Weiterfahrt auf niederländischem Befahrungsregeln beachten (s.o.). In den Niederlanden verläuft die Berkel überwiegend durch Weidegebiete. Sie ist etwa 20 bis 30 m breit und durch Wehre reguliert. DieWehre müssen ⩯ werden. An einigen Wehren sind Anlegestege vorhanden. Es ist verboten, die Ufer zu betreten. Am Flusslauf befinden sich mehrere Campingplätze.
44,4 Ab hier sind beide Ufer niederländisch.
42,6 ▬.
42,2 Straßen-Ⅱ, re **Rekken** (NL), gute ⬇.
41,0 ▬.
38,8 Straßen-Ⅱ, re **Loo** (NL).
38,1 ▬ mit Wege-Ⅱ.
37,1 Straßen-Ⅱ N18, li **Eibergen**.
36,5 Wege-Ⅱ.
36,1 Wege-Ⅱ.
35,1 ▬, Straßen-Ⅱ Stokkersbrug.
32,8 li ▬ zur Berkel, ➔ Bolksbeek.
32,2 Wege-Ⅱ.
31,7 Straßen-Ⅱ, li **Haarlo**.
29,2 ▬ und Straßen-Ⅱ.
28,9 li ⇩ Leerinkbeek.
28,7 Straßen-Ⅱ N 315.
28,5 Wege-Ⅱ.
28,0 Straßen-Ⅱ.
27,6 Straßen-Ⅱ.
27,2 Straßen-Ⅱ, li **Borculo**.
26,6 ▬, danach li ⇩ eines Baches, der durch Borculo fließt.
24,8 ▬, davor li ⇩ Lebbinkbeek.
20,9 Straßen-Ⅱ.
19,5 Wege-Ⅱ, li Parkplatz und 🚐 V.O.F. Erve Harkink, Zwiepseweg 138, 7241 PV Lochem, 200 m vom Fluss entfernt, re Schloss.
19,4 Straßen-Ⅱ.
18,1 Straßen-Ⅱ N 312, li **Lochem**.
17,9 Wege-Ⅱ.
17,2 Wege-Ⅱ.

16,4 Straßen-II, danach Wege-II.
15,8 Straßen-II N 346.
14,3 ■.
12,5 Straßen-II.
11,2 Wege-II (Zugbrücke).
11,1 ■.
9,8 Straßen-II.
8,9 re **Almen**.
8,1 ■ mit Wege-II.
8,0 li ⛺ Groot Besselink, Lage Lochemseweg 31c, 7218 Almen.
6,3 ■, ➔ zum Ableitungskanal, eine Verbindung zum Twente-Kanal (Kanal Zutphen-Enschede).
6,2 EB-II.
4,3 ■.
4,2 Straßen-II.
3,2 Wege-II.
2,6 Straßen-II N 348.
2,1 Straßen-II.
1,7 Wasserturm.
1,6 Straßen-II, **Zutphen**.
1,5 Straßen-II, li Stadtzentrum.
1,1 Wege-II.
0,9 Straßen-II.
0,7 ■ mit Wege-II.
0,5 Straßen-II mit 50 m langem Tunnel.
0,2 Wege-II.
0,0 ⇩ in die Geldersche Ijssel bei km 927, ■ Sperrwerk, Parkmöglichkeit.

Überarbeitung nach Kartenmaterial.

Moselle

Wildfluss - Wanderfluss – Binnenschifffahrtsstraße GKZ: Fr: A---0060, LU: 1, DE: 26
Mündung in Rhein (li Nebenfluss)

Die Mosel ist in ihrem Oberlauf ein zumeist leichter und nur auf ganz kurzem Abschnitt mäßig schwerer Wildfluss, der bald zum ruhigen Wanderfluss wird. Dieser Abschnitt der Mosel in den Ausläufern der Vogesen ist landschaftlich recht reizvoll.

In Epinal wird dem Fluss bei NW ein Großteil des Wassers entzogen. Es fließt in einen schiffbaren Stichkanal, der Epinal an den Canal de l´Est anbindet. Dieser führt parallel zur Mosel bis er hinter Neuves-Maisons in die Mosel mündet. Die Mosel fließt in diesem Bereich in einem landschaftlich recht ansprechenden Tal. Die relativ wenigen Wehre sind unbefahrbar, umtragen oft schwer und langwierig. Die Mitnahme eines Bootswagens ist dringend anzuraten. Zwischen den Wehren liegen jedoch herrliche Flussabschnitte mit vielen Kiesbänken und flotter Strömung. Das

Wasser ist, im Gegensatz zum Kanal, sehr sauber. Ab Mündung des Kanals in die Mosel ist diese voll kanalisiert. Die Wehre werden in oft sehr langen, eintönigen Schleusenkanälen umgangen. Man kann in diesem Bereich, wenn möglich, im Fluss fahren. Die Schleusen können auch von Kleinschiffen benutzt werden. Es werden sowohl Einzelschleusungen als auch Schleusungen mit der Großschifffahrt durchgeführt; diese hat jedoch unbedingt Vorrang. Falls sich mehrere Schiffe vor einer Schleuse angesammelt haben, kann es recht lange dauern. Es ist dann besser, die Schleuse zu umtragen. Bootswagen von Vorteil. Von Sportbooten werden Schleusengebühren erhoben, Kleinsportboote unterliegen einer geringeren Schleusengebühr. Die Mosel-Schleusen in Luxemburg, Grevenmacher und Stadtbredimus, haben neben der Bootsrutsche eine Umtragerampe.

Ursprung: (47.889444, 6.892778) in ca. 715 m Höhe.

Mündung: (50.365556, 7.606278) in ca. 59 m Höhe.

Länge: 544 km

Befahrbarkeit: ab km 527,6 - Zeit der Schneeschmelze und nach Regenfällen.
ab km 514,7 - meist ganzjährig, zwischen Juni und September kann das Wasser etwas knapp werden, Treidelstrecken möglich.
ab km 387,3 - ganzjährig mit allen Bootstypen.

Schwierigkeiten: km 527,6 – 455 WW II I (IV-V), Zahmwasser.
km 455 – 387,3 Zahmwasser (WW I)
km 387,3 – ⇩ kanalisiert.

Kilometrierung: km 527,6 – 387,3 aus Kartenmaterial,
km 387,3 – 241,9 aus WESKA (Europäischer Schifffahrts-und Hafenkalender).

527,6 **Le Thillot**, mögliche ↓ unterhalb des ▬ (47.879252, 6.759046). Die Mosel ist hier ein schnellfließender, enger Fluss, WW – II.
525,9 Straßen-Ⅱ, li **L'État**.
525,0 Straßen-Ⅱ, **Ramonchamp**.
524,8 re 🚐 Le Clos Martin, 88160 Ramonchamp, am Fluss, gut geeignet als ↓.
524,6 ▬.
523,5 Straßen-Ⅱ.
522,9 ▬.
522,0 ▬.
521,4 ▬.
520,8 Schräg-▬.
520,7 Straßen-Ⅱ, **Ferdrupt**.
519,8 Straßen-Ⅱ N 86.
519,4 ▬, danach Straßen-Ⅱ, **Saulx**.
519,2 ▬.
519,0 Straßen-Ⅱ D 35B.
518,6 Wege-Ⅱ.

517,3 Wege-Ⅱ.
516,4 Straßen-Ⅱ, li Longchamp.
516,0 ▬.
515,7 Wege-Ⅱ.
515,1 ▬, **X**, teilweise Wasserableitung, li über Sägewerk etwa 400 m weit ⌓, ⬇ über Holztreppe im Werksgelände.
514,7 Straßen-Ⅱ D 35, re **Rupt-sur-Moselle**. Es folgen mehrere Wehre, zumeist ≋.
513,6 re ▬, li Mühlenarm.
512,9 Mühlenarm kreuzt über die Moselle.
511,8 ▬.
511,5 ▬.
511,4 Ⅱ.
511,1 Straßen-Ⅱ D 466, li **Maxonchamp**.
510,9 ▬, davor li ⛺ Leduc Olivier, 3 Bis Rue du Camping, 88360 Rupt-sur-Moselle, der Fluss wird ruhiger, ⬇, auch für Zweier.
510,2 Straßen-Ⅱ, li **Lépange**.
509,4 ▬.
508,8 ▬.
508,3 ▬.
507,2 Straßen-Ⅱ, danach ▬.
506,5 ▬.
506,1 ▬.
505,4 Straßen-Ⅱ D 35A.
503,8 Straßen-Ⅱ, danach ▬.
503,5 ▬.
502,8 ▬.
502,2 ▬.
502,1 Straßen-Ⅱ D 23 Remiremont-Pont.
502,0 Wege-Ⅱ.
501,6 re ⇩ Moselotte (s. Seite 447). Der Fluss wird breiter.
501,3 Straßen-Ⅱ D 417.
500,5 ▬.
500,0 Straßen-Ⅱ D 417A, li **Remiremont**, die Strömung wird langsamer.
496,8 Schräg-▬, gut ≋.
496,5 ▬ mit Tosbecken, **X**, li ⌓, schwierig.
Es folgt eine einsame Waldschlucht mit Zunahme der Schwierigkeiten, WW I – II, Vorsicht bei HW, das Anhalten vor den Wehren kann dann schwierig werden.
489,9 ▬, mit Wasserableitung, bei genügend Überwasser evtl. ≋, bei NW evtl. kurze Treidelstrecke bis zur Rückführung des abgeleiteten Wassers.
489,0 Straßen-Ⅱ D 42C, davor re Rückführung des abgeleiteten Wassers.
488,6 Wege-Ⅱ, re Eloyes, Ende der Waldschlucht.

488,3 ▬, mit Wasserableitung, bei genügend Überwasser evtl. ≋, bei NW evtl. kurze Treidelstrecke bis zur Rückführung des abgeleiteten Wassers.
488,1 Wege-Ⅱ.
487,6 li Rückführung des abgeleiteten Wassers.
485,6 ▬, mit Wasserableitung, bei genügend Überwasser evtl. ≋, bei NW evtl. kurze Treidelstrecke bis zur Rückführung des abgeleiteten Wassers.
484,7 re Rückführung des abgeleiteten Wassers.
484,4 Straßen-Ⅱ, li **Pouxeux**, re **Jarménil**.
483,4 re ⇩ Vologne (s. Seite 445), EB-Ⅱ.
483,1 ▬, **X**, li ⌓, danach folgt Saut du Broc, ein 3-4 m hoher Katarakt, WW IV – V, unbedingt besichtigen.
482,7 Wege-Ⅱ.
481,2 3 Felsstufen.
479,5 Straßen-Ⅱ D 42A, li **Arches**, re **Archeltes**.
477,9 Straßen-Ⅱ N 57.
471,3 Schützen-▬ am Stadtanfang von **Epinal**, hier gute ⬆. Es folgen mehrere Wehr, zumeist evtl. ≋.
470,5 Wege-Ⅱ.
470,0 ▬, li Kraftwerkskanal.
469,4 li Rückführung des abgeleiteten Wassers.
469,1 Straßen-Ⅱ.
468,9 ▬.
468,7 Wege-Ⅱ.
468,3 Flussteilung, re ▬, im li Arm Slalomstrecke.
468,1 Straßen-Ⅱ.
457,9 Straßen-Ⅱ.
457,8 Straßen-Ⅱ, Zentrum von **Epinal**.
467,6 ▬, **X**, Straßen-Ⅱ.
467,3 Wege-Ⅱ.
467,1 Zusammenfluss beider Arme.
466,9 ▬, evtl. ≋, teilweise Wasserableitung für den re beginnenden Stichkanal zum Canal de l´Est; li Epinal, kurzer Weg zum ▦.
466,7 Straßen-Ⅱ.
466,2 ▬ am Ortsende von **Epinal**, **X**, li ⌓; bei NW bis zur folgenden Ⅱ treideln, evtl. in den Mühlgraben einfahren und nach der folgenden Straßen-Ⅱ 100 m weit zum Fluss ⌓.
466,0 Wege-Ⅱ.
465,4 Straßen-Ⅱ D 46, li **Golbey**, mögliche ⬇.
463,7 ▬, kleine Naturstufe.
463,5 Kanal-Ⅱ über die Moselle, danach verblockte Strecke. Bei NW verliert sich das Wasser zwischen zahlreichen Blöcken.
461,6 Straßen-Ⅱ N 57.

460,1 ▬, X, re ⌓, sehr langwierig, li Werkskanal.
davor li ⨳⨳ des Canal de l'Est, ⌓ zum Kanal möglich, li **Chavolet**.

457,8 Straßen-II D 62, li **Thaon-les-Vosges**.

454,3 Steinwurf-▬, evtl. ≋, re ⌓ über große Betonblöcke sehr mühsam. Bei unzureichender Wasserführung re ⌓ in Mühlgraben, hier Weiterfahrt über einen See bis zum ϟ. Hier ⌓ gut möglich.

454,1 Röhren-II, X, rechtzeitig ↑ und ⌓.

453,5 li **Igney**.

448,4 Straßen-II D 6, re **Châtel-sur-Moselle**, li **Nomexy**.

444,9 ▬, X, bei NW li bis vor die Schützen des Mühlgrabens fahren und hier ⌓. Bei HW re ⌓, schwierig.
Links ist ein ⌓ zum Canal de l'Est möglich.

443,9 verfallenes ▬.

442,5 Straßen-II, li **Vincey**, re **Portieux**.

441,0 EB-II.

440,8 ▬, je nach Wasserstand evtl. ≋ oder re ⌓, schwierig.

438,4 ▬ Charmes, X, re ⌓, weitgehende Wasserableitung, evtl. längere Treidelstrecken.

437,5 Straßen-II D 55, **Charmes**, 🍴, kleiner Abfall, ≋.

437,5 li 🚐 Camping Les Iles, 48-52 Rue du Moulin, 88130 Charmes, ✆ 03 29 38 87 71.

427,9 ▬, X, re ⌓.

426,7 Straßen-II, li **Bainville-aux-Miroirs**.

419,2 Flussteilung, im re Arm ▬.

418,8 Straßen-II D 9, im li Arm unter der Brücke ▬, li **Les Vieux Fréres**, re **Bayon**. Danach im re Arm re 🚐 und Sportanlagen.

418,5 Zusammenfluss der beiden Arme.

414,7 verfallenes ▬.

411,6 Straßen-II D 116, re **Velle-sur-Moselle**, li **Crévéchamps**.

407,8 Straßen-II D 74, danach li 🚐 Camp Municipal Le Grand Vanne, 54210 Tonnoy, ✆ 03 83 26 63 95, re **Tonnoy**.

405,1 ▬, X, li ⌓, schwierig. Bei NW wird fast das ganze Wasser abgeleitet, Weiterfahrt mit Treidelstellen.

403,6 II des Canal de l'Est über die Moselle. Der Kanal verläuft jetzt re vom Fluss.

402,3 Straßen-II, große Felsbrocken im Fluss, li Flavigny-sur-Moselle.

402,0 von re Wasserzufuhr.

400,7 Straßen-II D 570.

400,4 Straßen-II A 330.

398,2 li **Méréville**.

397,1 ▬ darüber Straßen-II, X, li schwieriges ⌓, evtl. re ⌓ in Kanal, noch 2 ⨳⨳ bis zur ⇩ in die Mosel.

396,8 Straßen-II D 331.

394,0 Straßen-II.

393,8 ■.
393,0 li ⇩ Madon (s. Seite 445), EB-Ⅱ, darunter Stufe aus Spundwänden.
392,8 Straßen-Ⅱ, darunter Stufe aus Spundwänden, Neuves-Maisons, großes Industriegebiet.
392,0 Wege-Ⅱ.
392,7 Schwall, danach ehemaliges Wehr, wird re umfahren.
388,2 li **Sexey-aux-Forges**.
387,3 re ⇩ des Kanals; ab hier ist die Mosel Wasserstraße. Auf Grund eines internationalen Abkommens wurde die Mosel in den Jahren 1956 – 1978 von ihrer Mündung bis Neuves-Maisons zur modernen Binnenschifffahrtsstraße für 1500-Tonnen-Schiffe und 3000-Tonnen Schubverbände ausgebaut. Bis zur deutschen Grenze folgen auf diesem Wasserweg, der vielfach das Flussbett der Mosel benutzt, 16 Schleusen.
386,8 Straßen-Ⅱ, re **Maron**; bis Toul Verlauf durch ein landschaftlich sehr schönes Tal.
Wegen der zahlreichen Schleusen wird die Reststrecke bis zur ⇩ weniger befahren. Wer trotzdem weiterfahren will, sollte stets versuchen, bei den Schleusen nicht in den Kanal einzufahren, sondern in das alte Flussbett ⏏, allerdings ist dies nur selten möglich.
379,6 li zur Schleuse, re ■.
379,2 li ⯐ Villey-le-See, 7,2 m.
376,1 Straßen-Ⅱ, li **Pierre-la-Treiche**.
372,7 re zum ■, danach freier Mosellauf bis 361,0, Mitte zur Schleuse, li alte Kanal-Strecke. Darüber Straßen-Ⅱ A 31 und Straßen-Ⅱ D 77.
371,0 ⯐ Toul, 4,4 m, li davon kleine ⯐ in den Canal de l'Est.
Straßen-Ⅱ D 400, li **Toul**.
370,4 EB-Ⅱ.
369,5 Straßen-Ⅱ.
369,4 li über eine Verbindungs-⯐ Anschluß an den West-Teil des Rhein-Marne-Kanals.
369,1 Straßen-Ⅱ.
366,5 Straßen-Ⅱ.
364,0 ⯐ Fontenoy, 4,4 m, Straßen-Ⅱ.
363,8 EB-Ⅱ.
363,4 Straßen-Ⅱ D 191A.
361,0 re ⇩ des freien Mosellaufes, siehe km 372,7.
356,0 li ■, re ⯐ Aingeray, 7,3 m, Straßen-Ⅱ.
353,6 EB-Ⅱ.
352,1 Straßen-Ⅱ, li **Liverdun**.
351,7 EB-Ⅱ.
347,8 li ⯐ Frouard, 2,7 m, re ■.
346,9 Straßen-Ⅱ D 657, li **Pompey**, re **Frouard**.
346,7 EB-Ⅱ.
346,5 re ⇩ Zufahrtskanal zum Hafen Frouard.

345,6 Straßen-Ⅱ.
345,4 li zur Schleuse, re zum ▬, freier Mosellauf bis km 343,0, darin re ⇩ Meurthe.
345,2 EB- und Straßen-Ⅱ.
344,8 EB-Ⅱ.
344,6 Straßen-Ⅱ D 90.
343,7 ⧓ Custines, 3,85 m.
343,0 re ⇩ des freien Mosellaufes, siehe km 345,4, danach li **Marbache**.
341,5 Straßen-Ⅱ A 31.
341,0 Straßen-Ⅱ D 408, Flussteilung, im re Arm re **Millery**.
339,5 Zusammenfluss beider Arme, re **Autreville-sur-Moselle**.
338,4 Straßen-Ⅱ A 31.
336,4 li zur Schleuse, re ▬, freier Mosellauf bis 330,8, ein weiteres ▬.
336,1 Sperrtor mit Wege-Ⅱ.
334,1 Straßen-Ⅱ D 10, li **Dieulouard**.
332,3 Straßen-Ⅱ zum ϟ.
331,9 ← eines alten Kanals.
331,4 ⧓ Blenód, 5,65 m, Straßen-Ⅱ.
330,8 re ⇩ des freien Mosellaufes, siehe km 336,4.
328,6 li ⇩ Esch (s. Seite 440).
328,0 li ⇩ des alten Kanals.
327,6 Straßen-Ⅱ, li **Pont-à-Mousson**.
327,0 ← alter Kanal.
325,8 Straßen-Ⅱ D 910B.
325,6 li zur Schleuse, re ▬, freier Mosellauf bis 317,4.
325,4 Sperrtor mit Wege-Ⅱ.
323,7 Wege-Ⅱ.
321,4 Straßen-Ⅱ.
320,7 EB-Ⅱ.
318,1 ⧓ Pagny, 8,65 m, Straßen-Ⅱ, re **Pagny-sur-Moselle**.
317,4 re ⇩ des freien Mosellaufes, siehe km 325,6.
314,5 li ⇩ Rupt de Mad (s. Seite 439).
312,4 Straßen-Ⅱ D 66, li **Nouveant-sur-Moselle**, re **Corny-sur-Moselle**.
309,3 li **Ancy-sur-Moselle**.
308,6 li zur Schleuse, → Wehrarm.
307,1 Straßen-Ⅱ D 11, im re Arm darunter ▬.
306,7 im li Arm ⧓ Ars, 4,0 m.
306,1 Zusammenfluss beider Arme.
305,8 EB-Ⅱ.
304,7 Insel 500 m.
302,7 Straßen-Ⅱ D 157B, Beginn von **Metz**.
301,0 EB-Ⅱ, Insel.
299,0 Straßen-Ⅱ D 157A.

298,7 li Seitenkanal zur Schleuse, Mitte zum ▬, freier Mosellauf bis km 296,3, re Seitenarm durch **Metz**, mündet wieder in Moselle bei km 294,6, Wehre. Im Seitenarm großes ⌂, ⛺-Möglichkeit. Im Stadtgebiet, re ⇩ Seille (s. Seite 438). Bis Thionville viel Industrie, wenig ⛺-Möglichkeit.

298,5 Sperrtor mit Wege-Ⅱ.

297,7 Straßen-Ⅱ A 31.

297,4 Straßen-Ⅱ.

296,6 Doppel-⇄ Metz/Nord, 4,6 m.

296,7 Straßen-Ⅱ.

296,5 Straßen-Ⅱ D 953.

296,3 re ⇩ des freien Mosellaufes, siehe km 296,3.

296,1 EB- und Straßen-Ⅱ D 153Z.

294,6 re ⇩ des Seitenarmes durch Metz. Ende von **Metz**.

288,3 li Schleusenarm, re ▬-Arm, freier Mosellauf bis km 277,0.

288,0 Sperrtor mit Wege-Ⅱ.

287,3 EB-Ⅱ.

286,5 Straßen-Ⅱ A 4.

284,6 Straßen-Ⅱ D 52.

283,4 Doppel-⇄ Talange, 3,15 m.

283,2 Straßen-Ⅱ.

282,7 li Stichkanal zum Hafen.

281,9 Straßen-Ⅱ D 55, li **Talange**.

281,1 Wege-Ⅱ, li **Hagondange**.

279,7 Straßen-Ⅱ D 8, li **Mondelange**.

277,8 Wege-Ⅱ.

277,5 Doppel-⇄ Orne/Richemont, 4,35 m.

277,0 re ⇩ des freien Mosellaufes, siehe km 288,3.

276,8 li ⇩ Orne (s. Seite 437).

276,1 Straßen-Ⅱ A 31.

275,2 Straßen-Ⅱ D 60.

274,1 Rohr-Ⅱ, li **Ukange**.

273,3 li zur Schleuse, re ▬.

272,4 Sperrtor mit Wege-Ⅱ.

269,6 Doppel-⇄ Thionville, Straßen-Ⅱ.

269,2 Straßen-Ⅱ A 31, EB-Ⅱ, re ⇩ Wehrarm.

268,0 Straßen-Ⅱ N 1153, **Thionville**.

267,3 🚐 Municipal Thionville, 6 Rue du Parc, 57100 Thionville, vom Wasser aus über Stufen zu erreichen. Links ⌂ Kayak Club Thionville, 6 Rue du Parc, 57100 Thionville, ✆ +33 3 82 53 99 12.

267,0 EB-Ⅱ.

258,2 li ▬, re ⇄ Koenigsmacker, 3,9 m, re **Cattenom**.

254,2 Straßen-Ⅱ, **Malling**, am Ortsende

252,8 re großer und guter 🚐, 🛒, großer Badesee. Die Mosel ist ab hier landschaftlich recht reizvoll.

249,5 re **Rettel**.
246,8 Straßen-Ⅱ D 64, li **Contz-les-Bains**.
246,3 re 🚐 Camping des Tilleuls, 57480 Sierck-les-Bains.
245,5 re **Sierck-les-Bains**.
243,3 Grenze in Flussmitte, li Luxemburg, re Frankreich.
242,4 ⛝ und ▬ Staustufe Apach, 4,4 m, Boots-⛝ außer Betrieb.
242,2 Grenze weiterhin in Flussmitte, li Luxemburg, re Deutschland.
241,9 Straßen-Ⅱ B 407, re **Perl** (D), 🚆, li **Schengen** (L). Beginn der ersten Bootsgassenstrecke bis Trier.
241,1 Autobahn-Ⅱ A 8.
238,1 re **Besch** (D).
234,9 li **Kleinmacher**.
233,4 Straßen-Ⅱ, li **Remich** (L), Beginn des Engtales, re **Nenning** (D), 🚆, Schloss Bübingen und Schloss Burg, re vor der Brücke ⛺ Moselcamping Dreiländereck, www.mosel-camping.de .
232,0 re Schloss Thorn.
230,4 re **Palzem** (D), 🚐 Opa Schuler, Obermoselstraße 1, 54439 Palzem, ✆ 06583/678.
230,2 **Stadtbredimus** (L).
229,9 ▬ Staustufe Palzem. Boots-⛝ und Bootsgasse li vom Wehr. Bootsgasse wird vom Schleusen-Wärter bedient.
225,3 re **Wehr** (D).
223,7 li **Ehnen** (L).
222,2 Straßen-Ⅱ, **Wormeldange** (L).
221,9 re **Wincheringen** (D) auf der Höhe, schöner Ausblick.
216,5 re auf der Höhe Klosterkirche Nittel
216,1 re **Nittel** (D), danach scharfe Flussschleife.
215,2 li **Machtum** (L).
213,4 re **Wellen** (D), ✕ „Zum Bahnhof".
212,9 ▬ Staustufe Grevenmacher, Bootsgasse und Boots-⛝ li vom ▬.
212,3 Straßen-Ⅱ, li **Grevenmacher** (L), 🚐, etwas versteckt.
210,3 re **Temmels** (D), auf der Höhe herrlicher Ausblick.
208,5 li **Mertert** (L), Hafen.
206,1 Wagenfähre, re **Oberbillig** (D), li **Wasserbillig** (L).
205,9 re ⇩ der Sauer (s. Seite 425), ab hier beiderseits deutsche Ufer.
203,4 re **Wasserliesch** (D), Ende des Engtales.
202,7 li **Igel** (D), Igeler Säule, ⌘. 🚐 Igel, www.camping-igel.de .
202,6 re **Reinig** (D), Beginn des breiten Trierer Beckens.
200,8 re ⇩ Saar (s. dort), 🚐 Konz, ✆ 06501/2577, www.campingplatz-konz.de .

Die weiter verlaufende Strecke der Mosel bis zur Mündung in den Rhein ist beschrieben in „Deutsches Flusswanderbuch" und im „DKV-Gewässerführer Südwestdeutschland".

Überarbeitung nach Kartenmaterial.

Saare, Saar

Wanderfluss GKZ: Fr: A9--0100, DE: 264
Mündung in Mosel (re Nebenfluss)

Die Saare entsteht durch die Vereinigung de beiden Quellflüsse Rote und Weise Saar. Der Oberlauf, im Bereich der westlichen Ausläufer der Vogesen, ist landschaftlich reizvoll, sportlich mäßig interessant. Sie fließt in einem weitgehend naturbelassenem Bett mit zahlreichen Windungen, und von vielen, meist ≋ ▬ unterbrochen. Bei Hochwasser ist bei allen ▬ Vorsicht geboten.

Der Saarkohlekanal, der die Saar mit dem Rhein-Marne-Kanal und damit mit dem französischen Kanalnetz verbindet, verläuft im Oberlauf der Saare parallel zum Fluss. In Sarreguemines vereinigt sich der Kanal mit der ab hier kanalisierten Saar.

Ursprung: (48.67675, 7.0125) Zusammenfluss von Le Sarre Rouge und Le Sarre Blanche.

Mündung: (49.701389, 6.57) in ca. 130,3 m Höhe.

Länge: 235 km

Befahrbarkeit: ab km 178, Saaraltdorf mit Einern, ab Herbitzheim, km 126 auch mit Zweiern, ganzjährig, außer in extrem trockenen Sommern. Gute Wasserstände meist im Frühjahr oder Spätherbst und ausgiebigen Regenfällen.

Pegel: Ⅱ Gosselming km 67,3, 90-100 ideal.

Pkw: Begleitung möglich; aber nicht ganz einfach.

Ursprung der beiden Quellflüsse Weiße und Rote Saar (Sarre Blanche et Sarre Rouge) am Donnon in den Vogesen.

91,5 **Hermelange**, Vereinigung der beiden Quellflüsse zur Saar.

79,7 **Sarrebourg - Hoff**, mögliche ⬇ bei Kirche nach der ehemaligen Mühle, dort fließt die Saar unter Mühle und Straße hindurch.

76,8 re ⇩ Biévre.

74,9 **Saaraltdorf**, ▬, unmittelbar hinter einer niedrigen Straßen-Ⅱ. Vorsicht bei HW, besser li ⏢. Empfohlene ⬇

72,9 ▬ Schneymuehl, nicht im Betrieb (2003), ≋ im Mühlenkanal oder über zerfallenes ▬.

70,8 Wege-Ⅱ, re vorher Schloss Sarrreck.

70,5 ▬ Moulin Oberstinzel, evtl. ≋ oder re ⏢.

70,3 Wege-Ⅱ.

67,3 Straßen-Ⅱ mit ≣, li **Gosselming**.

64,3 EB-Ⅱ.

63,9 ▬ Bertelming, re evtl. ≋ oder re ⏢.

63,7 Straßen-Ⅱ D 43, li **Bertelming**.

60,6 ▬ Romelfing, li evtl. ≋ oder li ⏢.

60,5 Straßen-Ⅱ, li **Romelfing**.

58,4 Straßen-II D 38, unmittelbar dahinter ▬, re ≈ oder treideln, ⌓ über Insel zwischen Mühlenkanal und Saar, li **Fénétrange**.
55,5 Straßen-II, li **Niederstinzel**, danach ▬, zerfallen, nur noch Schwall.
51,9 re ⇩ Isch.
51,5 ▬ Wolfskirchen, re evtl. ≈ oder re ⌓.
51,3 Straßen-II D 8, li **Diedendorf**.
46,9 ▬ Bischtroff, li evtl. ≈ über Rutsche oder li ⌓.
46,7 Straßen-II, re **Bischtroff sur Sarre**.
45,2 Straßen-II **Zollingen**.
43,2 Straßen-II, re **Sarrewerden**.
43,1 ▬ Sarrewerden, evtl. ≈ oder li ⌓, gute ↕.
41,3 ▬ Sarre-Union, evtl. ≈ oder li ⌓.
41,2 Straßen-II D 23, **Sarre-Union**.
38,2 ▬ Moulin de Willer, li evtl. ≈ oder re ⌓, li **Harskirchen**.
36,7 ▬ Moulin de Honau, evtl. ≈ oder re ⌓.
31,0 ▬ **X**, 5 m hoch, an der Basis des Wehres ein 1,5 m breiter Stahlspundsockel ⚠, li ⌓.
30,6 Straßen-II D 1061, re **Keskastel**.
27,1 EB-II.
25,4 ▬ Saaralbe, re evtl. ≈ oder re ⌓.
25,1 Straßen-II D 28, li **Saaralbe**.
24,8 li ⇩ Albe, 300 m oberhalb in der Albe re gute ⬇.
24,4 EB-II.
21,8 ▬ Niederau, re evtl. ≈ oder re ⌓, li ⛺ La Niederau, 57430 Willerwald.
19,9 Straßen-II A 4.
18,9 Straßen-II D 919, re **Herbitzheim**, li ↕, ab hier ganzjährig ≈.
15,7 re ⇩ Eichel (s. Seite 424).
12,7 EB-II.
12,0 Strassen-II D 33, li **Wittring**.
11,5 Betonsteg Wittring, sehr niedrig, re ⌓, gute ↕.
10,1 EB-II.
8,5 ▬ Dieding, evtl. ≈ oder li ⌓.
6,6 EB-II.
6,0 Straßen-II, li **Zetting**.
3,1 ▬ Saareinsming, li evtl. ≈ oder li ⌓.
3,0 Straßen-II D 33B, **Saareinsming**.
0,7 ▬ Blochmühle, evtl. re ≈ oder re ⌓.
0,5 Straßen-II und EB-II.
0,0 li ⇩ des Saar-Kohlekanals (Canal de Houillères). Die Saar ist ab hier kanalisiert.Ab hier Kilometrierung des Kanals
-63,4 = 0,0
-63,5 Straßen-II D 662.
-64,4 Wege-II.
-64,6 Straßen-II D 82, **Sarreguemines**.

-64,8 unterste Straßen-Ⅱ Sarreguemines, darunter ■, re evtl. ≈ oder li am Ende des ■ ⌓.

-64,9 im li Arm ⇄ Sarreguemines.

-65,0 re ⇩ Blies (s. „Deutsches Flusswanderbuch" und „DKV-Gewässerführer Südwestdeutschland"), ab hier re Ufer deutsch.

-65,7 EB-Ⅱ Sarreguemines-Hanweiler.

-66,1 li Schleusenkanal, re zum ■ **Welferdingen**, li in den Schifffahrtskanal einfahren und re an einer Verbreiterung in die Saar ⌓ (ca. 40 m). Bei Betrieb der Mühle fällt das Wehr trocken.

-66,3 im Wehrarm re **Hanweiler**, ⬇.

-66,4 Wege-Ⅱ Rue de la Sarre.

-66,8 ⇄ Welferding.

-66,9 ⇩ Schleusenkanal.

-70,1 Straßen-Ⅱ.

-70,6 li Kohle-↯ Großblittersdorf.

-71,1 li Schleusenkanal, re zum Wehr.

-71,4 ■ Blittersdorf, li evtl. ≈ oder li ⌓ (Slalomstrecke des Saarbrücker Kanu-Clubs).

-71,5 li am Kanal ⌂ Canoë Kayak Val de Sarre, Moulin Fermé, 57520 Grosbliederstroff, ✆ +33 3 87 98 61 52 .

-71,6 Fußgänger-Ⅱ (Freundschaftsbrücke Blittersdorf), re **Kleinblittersdorf**, 🚆 re 100 m, li **Großblittersdorf** (F).

-72,6 ⇄ Nr. 30

-74,2 re **Bübingen**.

-75,3 li ⇩ Simbach.

-75,6 = 94,1

94,1 Ab hier beide Ufer deutsch. Beginn einer anderen Kilometrierung.

93,3 Straßen-Ⅱ, **Güdingen**, re 🚆 150 m.

93,2 Anlegen zum ⌓ des Wehres Güdingen re an Betonsteg, 200 m ⌓.

93,0 re Arm, ■ Güdingen, **X**,

92,9 li Arm, ⇄ Güdingen.

92,3 EB-Ⅱ.

91,6 Autobahn-Ⅱ A 6.

91,4 Autobahn-Ⅱ A 620.

91,0 Straßen-Ⅱ zu den St. Arnualer Wiesen (Im Volksmund Soda-Brücke, weil sie ungenutzt nur so da steht).

90,1 Straßen-Ⅱ Ostspange Saarbrücken, re davor Einfahrt zum Osthafen.

89,7 Fußgänger-Ⅱ (Daarler Brücke), re Fernheizwerk.

89,3 ➔ in den alten Saararm. 300 m aufwärts li Anlegestelle und ⌂ Rudergesellschaft Undine.
li Anlegestelle Saarbrücker KC, Elsässer Str. 2, 66119 Saarbrücken, zum Bootshaus durch Tunnel unter Stadtautobahn. ✆ 0681/51616, www.saarbruecker-kanu-club.de , kein ✂.

Reststrecke bis zur Mündung s. „Deutsches Flusswanderbuch“ und „DKV-Gewässerführer Südwestdeutschland“.

Überarbeitung nach Kartenmaterial.

Nied

Wiesenfluss – Wanderfluss Mündung in Saar (li Nebenfluss)	GKZ: Fr: A9--0120, DE: 2648

Die Nied, Name im Oberlauf Nied Française, ist ein ruhiger Wiesenfluss, keine besonderen Schwierigkeiten, ruhige Strömung, Zahmwasser.

Ursprung:	(48.921667, 6.5625) in ca. 273 m Höhe.
Mündung:	(49.394167, 6.666389) in ca. 182 m Höhe.
Länge:	114 km
Befahrbarkeit:	Oberlauf bis Frühsommer, ab Bouzonville ganzjährig. Mitführen von Grenzpapieren erforderlich.
Befahrungsregeln:	Befahrungsverbot vom 15.3. - 30.6. Für die Restzeit erforderlich 30 cm beim Pegel von Niedaltdorf.
Pegel:	Niiedaltdorf, km 14,1, ✆ 0 68 33/1 94 29, http://www.umweltserver.saarland.de/wasser_und_luft/wasser_templates/w1102220.htm.

82,5 Straßen-Ⅱ D 199B, **Rémilly**, empfohlener oberster ⬇ bei gutem Wasserstand.
80,7 Straßen-Ⅱ D 75, re **Ancerville**.
78,3 ▬.
76,3 Straßen-Ⅱ D 67, kurz danach Schräg-▬, etwa 1 m hoch, evtl. ≋..
72,9 ▬, li **Courcelles-sur-Nied**.
71,6 Wege-Ⅱ.
70,0 Straßen-Ⅱ D 67 bei Domangeville, auf den folgenden km Baum- und Strauchhindernisse.
68,5 Straßen-Ⅱ, **Pange**, Chateau de Pange.
67,9 Straßen-Ⅱ D 4, ▬?
64,6 Steil-▬, 0,5 m hoch, ≋, Steine im Unterwasser.
64,3 Wege-Ⅱ.
62,5 Straßen-Ⅱ D 603, li **Pont à Chaussy**.
59,8 Mühlen-▬, li **Bonfey**.
58,3 Straßen-Ⅱ D 71, re **Landonvillers**.
57,8 Mühlen-▬.
57,6 Straßen-Ⅱ A 4.
53,9 Straßen-Ⅱ D 954, li **Pontigny**.
51,3 Straßen-Ⅱ, re **Conde**, li **Northen**, ▬, evtl. ≋. Gute ⬍.
50,8 re ⇩ der Nied Allemande (s. Seite 424), ab hier Name des Flusses Nied.

50,5 Wege-Ⅱ, li **Northen**.

48,9 Straßen-Ⅱ, re **Volmérange-les-Boulay**.

46,5 Straßen-Ⅱ D 72, re **Brecklange**.

44,5 Straßen-Ⅱ D 53, re **Roupeldange**.

43,5 ▬ Moulin de Floßgarten.

41,9 Straßen-Ⅱ, li **Guirlange**.

38,9 Straßen-Ⅱ, re **Bettange**.

37,6 Straßen-Ⅱ D 55, li **Gomelange**, danach ▬.

34,6 ▬, re **Holling**.

31,7 Straßen-Ⅱ D 3, li **Freistroff**.

30,7 ▬, li **Diding**.

28,4 EB-Ⅱ.

28,0 ▬ Bouzonville, Mitte Bootsrutsche oder re ⏏.

27,0 Straßen-Ⅱ D 918, **Bouzonville**, Steine!
Ab hier ist die Nied ganzjährig ≈.

25,9 Straßen-Ⅱ.

22,0 ▬ Filstroff, re Bootsrutsche oder li ⏏.

21,9 Straßen-Ⅱ, **Filstroff**.

16,6 Straßen-Ⅱ, re **Guerstling**.

15,4 Staatsgrenze, Befahrungsregeln beachten (s.o.).

14,6 re ⇩ Ihner-Bach.

14,5 Schräg-▬ Niedaltdorf, re evtl. ≈ oder li ⏏.

14,3 Straßen-Ⅱ L171 Niedaltdorf.

14,1 li Pegel (s.o.).

11,9 li ⇩ Olig-Bach, danach kleine Schnelle.

10,1 Schräg-▬ Wackenmühle, re über Rutsche evtl. ≈ oder li ⏏. Danach Fußgänger-Steg. ⛺ und ✕ Wackenmühle.

8,9 Fußgänger-Ⅱ, re Spielplatz, schöner Rastplatz.

8,7 Straßen-Ⅱ L 356 Lothringer Straße, **Hemmersdorf**, Betonteile im Fluss!

4,5 li bis zum ▬ ⛺ Campingplatz Siersburg, Zum Niedwehr 1, Inh. Bernhard Treinen,66780 Rehlingen-Siersburg, ✆ 06835 2100, www.campingplatz-siersburg.de.

4,4 Ⅱ zum ⛺.

4,2 re Niedtalhalle, gute ⬆.

4,0 re ⛺ Conrad Manfred, Niedstraße 69, 66780 Rehlingen-Siersburg, 06835 2525.

3,9 ▬ Siersburg, im Knick evtl. ≈ oder li ⏏.

3,7 Straßen-Ⅱ L 172 Niedstraße, **Siersburg**, re Joch fahren.

2,7 ▬ Niedmühle, li über Rutsche ≈ oder li ⏏. re ✕ Niedmühle.

2,6 Straßen-Ⅱ L 357, li **Eimersdorf**.

1,0 Straßen-Ⅱ L 170, Moniereisen!

0,5 re Altwasser (abgetrennt).

0,3 Gefällbremse, Mitte ≈ (Steine!) oder li ⏏, davor li Treppe zum ⬆..

0,2 Straßen-Ⅱ A 8.

0,0 ⇩ in Saar bei km 50,6 (s. „Deutsches Flusswanderbuch“ und „DKV-Gewässerführer Südwestdeutschland“).

Überarbeitung nach Kartenmaterial

Nied Allemande

Wiesenfluss GKZ: Fr: A98-0200
Mündung in Nied (re Nebenfluss)

Die Nied Allemande ist ein recht reizvoller, einsamer Wald- und Wiesenfluss, einzelne Baum- und Strauchhindernisse, mäßige Strömung, keine besonderen Schwierigkeiten.

Ursprung: (49.095556, 6.805556) in ca. 280 m Höhe.

Mündung: (49.160556, 6.431111) in ca. 203 m Höhe.

Länge: 58 km

Befahrbarkeit: Frühjahr bis Frühsommer.

25,0 Straßen-Ⅱ bei **Faulquemont**, mögliche ⬇ bei sehr gutem Wasserstand.
20,0 Ⅱ in **Elvange**, ⬇ bei minder gutem Wasserstand.
17,5 In einem engen Tal mehrere Baumhindernisse.
13,9 Straßen-Ⅱ, re **Fouligny**.
12,7 ▬ bei Gutshof, **X**, re kurz ⌓.
11,9 Straßen-Ⅱ, li **Raville**, kurz danach Straßen-Ⅱ D 603.
10,2 Straßen-Ⅱ D 19, re **Bionville**.
7,6 Straßen-Ⅱ, re **Bannay**.
2,8 Autobahn-Ⅱ A 4.
1,3 Wege-Ⅱ.
0,3 Straßen-Ⅱ D 954, li **Condé**, empfehlenswerte ⬆.
0,0 ⇩ in die von li kommenden Nied Française, ab hier Name des Flusses „Nied“.

Unveränderte Übernahme

Eichel

Kleinfluss GKZ: Fr: A92-0200
Mündung in Sarre bei km 15,7 (re Nebenfluss).

Die Eichel hat ihren Ursprung im elsässischen Forst ,,La petite Pierre Nord“ in etwa 350 m Höhe. In dem für eine Befahrung in Frage kommenden Abschnitt verläuft sie allerdings schon außerhalb der Vogesen zwischen bewaldeten Hügeln.

Ursprung: (48.8675, 7.293889) in ca. 320 m Höhe.

Mündung: (49.0325, 7.113472) in ca. 200 m Höhe.

Länge: 58 km

Befahrbarkeit: Frühjahr bis Juni.

Fahrtstrecke: Diemeringen – ⇩ in Saar, 16 km. ⬆ an geeigneter Stelle an der D 33, die hier neben der Saar verläuft.

Unveränderte Übernahme

Sauer

(Sûre)
Ardennen

Gebirgsfluss (Wildfluss - Wanderfluss) GKZ: DE: 262
Mündung in Mosel (li Nebenfluss)

Die Sauer entspringt in Belgien, durchquert Luxemburg und ist ab Wallendorf Grenzfluss zwischen Luxemburg und Deutschland. Durch die Grenzverhältnisse entstehen keine Schwierigkeiten, das Mitführen eines Personalausweises ist jedoch erforderlich. Die Sauer durchfließt bis Ettelbrück landschaftlich hervorragend schöne, im Oberlauf völlig einsame Täler der Ardennen. Im Gebirgsbereich ist die Sauer ein leichter, bei Hochwasser auch mäßig schwerer Wildfluss, mit schneller Strömung, schönen Stromschnellen, keine wesentliche Verblockung. Der Unterlauf ist Zahmwasser. Durch den großen Stausee von Esch mit seiner unterschiedlichen Wasserabgabe ist eine durchgehende Befahrung der Sauer allerdings erheblich erschwert.

Die folgende Kilometrierung der Sauer erfolgt durchgehend von 0 – 161 von der ⇩ bis zur Quelle, außerdem besteht auch noch eine offizielle Kilometrierung, die bis Wallendorf ansteigt und dann wieder absteigt. Die Tafeln dieser letzteren, etwas verwirrenden Zählung fehlen vielfach oder sind nicht zu sehen, auf ihre Wiedergabe wird daher verzichtet.

Ursprung: östlich vom Planchipont in den Ardennen in ca. 510 m Höhe.

Mündung: (49.713589, 6.506686) in ca. 136 m Höhe.

Länge: 173 km

Schwierigkeiten: km 141,7 – 114,8 WW I.
km 114,8 – 97,5 Stausee.
km 97,5 – 137 WW I, bei HW bis WW II.
km 137 – ⇩ Zahmwasser.

Befahrbarkeit: km 141,7 – 114,8 siehe Befahrungsregeln.
km 97,5 – 79,9 abhängig von der Wasserabgabe des Stausees, jedoch Befahrungsregeln beachten.
km 79,9 - ⇩ stets Frühjahr, vielfach ganzjährig, jedoch Befahrungsregeln beachten.

Befahrungsregeln: Quelle bis km 141,7: Befahrung verboten.

km 141,7 (Einsetzstelle oberhalb der Brücke von Bodange) bis km 134,7 (Grenze zu Luxemburg) Befahrung bei einem Pegel kleiner 9,9 m³/s am Pegel Martelange nur vom 1. Oktober bis zum 15. März zwischen 10:00 und17:00 Uhr erlaubt, jedoch nicht am Tag der Eröffnung der Forellenfangzeit (dritter Samstag des Monats März), Uferbetretungsverbot. Information dazu unter http://kayak.environnement.wallonie.be/index_de.htm.

km 134,7 – 60,0 (Martelange – Ettelbrück) in der Zeit vom 01.10 – 31.03 Befahrung erlaubt.

km 60,0 – 0,0 (Ettelbrück – Wasserbillig) in der Zeit vom 01.10. – 15.07. Befahrung erlaubt

km 49,2 – 0,0 (Wallendorf – Wasserbillig) in der Zeit vom 16.07. – 30.09. Einzelfahrten erlaubt.

Pegel: Martelange, siehe http://voies-hydrauliques.wallonie.be/opencms/opencms/fr/hydro/Actuelle/crue/index.html.

Luxemburg www.inondations.lu

Pkw: oberhalb Stausee Zufahrt nur an wenigen Brücken, ab Esch verläuft die Straße neben dem Fluss.

141,7 Straßen-Ⅱ, re **Bodange** (B), oberhalb ↓, Befahrungsregeln beachten. Auf den folgenden 6 km 4 ▬, durchweg ≈, diese Strecke ist weniger ansprechend. Der Fluss ist eingedeicht, die Straße verläuft neben dem Fluss, mehrere ⛺.
140,2 Straßen-Ⅱ, re **Wisembach** (B).
138,9 Straßen-Ⅱ, re **Radelange** (B).
137,7 Straßen-Ⅱ N 848.
136,5 Wege-Ⅱ.
136,1 Wege-Ⅱ.
135,9 Wege-Ⅱ.
135,0 Straßen-Ⅱ.
134,7 Straßen-Ⅱ N 4, 50 m davor Pegel, **Martelange** (B). Ab hier ist die Sauer Grenzfluss zwischen Belgien und Luxemburg. Es beginnt der schönste Abschnitt der Sauer. Flotte Strömung, leichte Stromschnellen, 8 ▬, durchweg ≈. Bei starkem HW kann dieser Abschnitt recht sportlich werden.
133,8 ▬.
132,6 ▬.
132,0 Straßen-Ⅱ, li **Grumelange** (B).
127,3 ▬.
124,4 Wege-Ⅱ.
122,0 Ab hier gehören beide Ufer zu Luxemburg.

120,5 ▬ und Wege-Ⅱ.

119,0 ▬ Moulin de Bigonville.

118,8 Straßen-Ⅱ RN 310.

114,8 Straßen-Ⅱ RN 309, Beginn des Stausees von Esch.

113,8 ▬ der Vorsperre.

102,8 li ⇩ Beiweherbaach.

101,6 schwimmende Wege-Ⅱ re **Luitzhausen** (L).

97,5 ▬ Staudamm von Esch mit Straßen-Ⅱ 316. Weiterfahrt abhängig von Wasserablass (s. o.). Wegen der folgenden 4 **X** ▬ wird jedoch empfohlen, die Fahrt erst in Heiderscheidergrund zu beginnen.

96,7 ▬, **X**.

96,0 Straßen-Ⅱ **Esch-sur-Sûre** (L).

95,7 ▬, **X**.

95,6 Wege-Ⅱ.

95,3 Straßen-Ⅱ RN 27/316.

94,4 ▬, **X**.

92,9 ▬, **X**.

92,2 Straßen-Ⅱ RN 12/15.

91,7 ▬, davor re ⛺ Bissen, 11 Millewee, 9659 Heiderscheidergrund, ✆ +352 83 90 04, www.camping-bissen.lu.

91,5 Wege-Ⅱ, re **Heiderscheidergrund** (L). ⬇ bei gutem Wasserstand. Bis kurz vor Ettelbrück herrliches Ardennental, diese Strecke wird sehr viel befahren.

91,3 li ⛺ Le Moulin/High Chapparal, 5 Millewee, 9659 Heiderscheidergrund, ✆ +352 78 88 59, www.camping-moulin.eu.

90,7 Wege-Ⅱ, re Kläranlage, danach ▬, evtl. ≈ oder li übersetzen.

90,2 ▬.

89,2 ▬.

86,4 Straßen-Ⅱ RN 317, re **Toodlermillen** (L), li ⛺.

84,7 ▬ Bockholzermillen, evtl. ≈, li ⛺, li **Bockholz** (L).

82,3 Straßen-Ⅱ.

81,7 Wege-Ⅱ, danach ▬, nach Besichtigung meist ≈ oder re ⌓, re Dirbach Ab hier bis Goebelsmühle verschiedentlich verblockt, Schieferfelsen!

80,2 li ⛺ Camping du Nord, 1 Rue de Dirbach, 9153 Goebelsmühle.

80,0 Straßen-Ⅱ RN 348.

79,9 li ⇩ Wiltz (s. Seite 434). Durch deren Wasserzufuhr ab hier ≈ vielfach bis Frühsommer.

79,1 **Göbelsmühle** (L), im Talkessel gelegener romantischer Ort.

78,7 EB-Ⅱ.

72,9 ▬ Bourscheider Mühle, evtl. ≈ oder treideln.

72,7 Wege-Ⅱ, li und re ⛺, **Borscheid-Moulin** (L), Strandbad, re Burgruine Bourscheid.

72,4 Wege-Ⅱ, danach re ⛺.

71,0 EB-Ⅱ.

70,0 Straßen-II, li **Michelau** (L).
68,3 EB-II, danach Steine im Fluss!
64,6 Straßen-II RN 27.
64,3 Straßen-II RN 27.
62,5 ■ Erpeldingen, **X**. Am Anfang der Mauer ↱ und re 50 m weit ⛰.
61,8 li **Erpeldingen** (L).
60,4 Straßen-II RN 7, re **Ettelbruck** (L), 🚂.
60,2 EB-II.
60,1 Wege-II.
60,0 re ⇩ Alzette (s. Seite 432).
59,6 Straßen-II B7.
58,9 Wege-II.
58,4 Straßen-II, li **Ingeldorf** (L), re ⛺.
56,6 Nach Badeanstalt (li) ■, evtl. ≋, li Floßgasse, wenn geöffnet evtl. ≋. Links Ortsanfang **Diekirch** (L), li Kanuverleih; bis Echternach wird die Sauer sehr viel mit Booten befahren.
55,9 Straßen-II.
55,6 Straßen-II RN 14, Zentrum **Diekirch** (L), Touristenstadt, re ⛺ Camping de la Sûre, Diekirch und Op der Sauer, Diekirch.
54,1 Straßen-II, li und re **Gilsdorf** (L).
51,4 re ■, nicht li in Mühlkanal einfahren.
51,2 Straßen-II, li **Bettendorf** (L), re ⛺.
49,4 re ■, re überheben, nicht li in Mühlkanal einfahren.
49,1 Straßen-II, re **Moestroff** (L).
46,4 Straßen-II RN 10, re **Reisdorf** (L), danach re ⛺ Camping de la Rivière.
44,2 li ⇩ Our (s. Seite 430), li ⛺, günstige ⬇ an der ⇩ der Our. Ab hier bildet die Sauer die Grenze zwischen Luxemburg (re) und Deutschland (li).
43,9 Straßen-II RN 19/L 6, li **Wallendorf** (D), re **Wallendorf-Pont** (L), re ⛺. Keine Schwierigkeiten mehr.
43,4 ■, evtl. ≋.
39,6 Straßen-II, re **Dillingen** (L), re ⛺.
37,1 re Grundhof (L), Ausgangspunkt für Wanderungen in die luxemburgische Schweiz. re ⇩ Ernz noire.
38,3 li ⛺ Campingplatz Altschmiede, D-54669 Bollendorf, ☎ 06526/375, www.camping-altschmiede.de.
34,1 Straßen-II, li **Bollendorf** (D), re **Bollendorf-Pont** (L).
32,1 Schwall mit Insel in der Flussmitte, li Café „Am Laufenwehr“.
31,2 überdachte Wege-II, re **Weilerbach** (L).
28,4 Fußgänger-II, li **Folkenbach** (D), re Ortsbeginn **Echternach** (L), danach re großer Parkplatz mit Zugang zum Fluss.
27,1 Straßen-II, li Echternachbrück (D), re Echternach (L), reizendes Städtchen mit romanischer Basilika und Grab des hl. Willibrord. Bekannt durch die alljährlich stattfindende Springprozession (Pfingsten).

Danach li ⛺ Campingpark Echternachbrück, Mindener Straße 18, D-54668 Echternacherbrück, ✆ 06525/340, www.echternacherbrueck.de.

26,3 Straßen-Ⲡ E 29/B 257.

22,8 li ⇩ Prüm (siehe DKV-Gewässerführer SWD und Gewässerführer NRW).

22,6 Wege-Ⲡ, li **Minden** (D), re **Steinheim** (L).

21,0 li **Edingen** (D).

20,3 li **Godendorf** (D).

19,7 re ⛺ Camping du Barrage, Rosport.

19,3 Straßen-Ⲡ, re **Rosport** (L), gute Gelegenheit zur Beendigung der Fahrt, li ⛺.

18,2 re Wasserableitung, Befahrung des Kanals verboten und wegen teilweise unterirdischem Verlauf unmöglich.

18,4 ▬ Staumauer der Staustufe Rosport-Ralingen, li auf guter Straße etwa 200 m ⏢, Bootswagen ratsam, Weiterfahrt bis km 13,7 wegen Wassermangel und -verschmutzung nur wenig empfehlenswert. Links **Ralingen** (D). . Bis Wintersdorf 5 kleine▬ mit Höckersteinen, ⏢ leicht.

16,9 Ⲡ.

13,7 ▬, danach re ⇩ des abgeleiteten Wassers aus dem ϟ.

12,9 li **Wintersdorf** (D), ⛺.

12,3 re **Hinkel** (L).

8,8 re **Born** (L), ⛺.

7,9 li ⛺ Camping Alter Bahnhof, Uferstraße 42, D-54308 Langsur – Metzdorf.

7,1 Wege-Ⲡ, li **Metzdorf** (D), re **Moersdorf** (L).

5,5 Straßen-Ⲡ A 1/A 64.

5,0 re ▬, li Mühlenkanal.

4,5 ▬.

1,8 Straßen-Ⲡ li **Langsur** (D).

1,5 ▬, re evtl. ≈.

0,1 Straßen-Ⲡ, re **Wasserbillig** (L), li **Wasserbilligerbrück** (D), danach EB-Ⲡ.

0,0 ⇩ in Mosel bei km 205,9.

Überarbeitung nach Kartenmaterial.
Ergänzungen durch Ralf Wellens.

Ernz noire

Ardennen

Kleinfluss (Wildbach) – Gebirgsfluss
Mündung in Sauer (re Nebenfluss)

Die Ernz noir gehört zu den Gewässern Luxemburgs, die ganzjährig für jegliche Befahrung gesperrt sind. Auf eine Beschreibung wird verzichtet.

Our

Eifel - Ardennen

Wildfluss - Wanderfluss (Gebirgsfluss) GKZ: DE: 2626, LU: 4
Mündung in Sauer (li Nebenfluss)

Mit Ursprung auf belgischem Gebiet nahe der deutschen Grenze durchfließt sie mehrfach auf kurzen Strecken beide Länder oder bildet die Grenze zwischen ihnen. Ab Ouren ist sie Grenzfluss zwischen Deutschland und Luxemburg. Mitführen eines Personalausweises erforderlich.

Die Our ist landschaftlich hervorragend schön. Sie verläuft fast auf der gesamten Strecke durch tief eingeschnittene, weitgehend einsame Waldtäler der Eifel und Ardennen. Die Our ist in ihrem Oberlauf ein verhältnismäßig leichter Wildfluss, ab Ouren wird sie zum Wanderfluss, der auch für Zweier und Anfänger geeignet ist. Allerdings ist die insgesamt 81,5 km lange Fahrtenstrecke durch einen 9 km langen Stausee unterbrochen.

Ursprung:	beim Eichelsberg in den östlichen Ardennen im Gemeindegebiet von Büllingen, Ortsteil Manderfeld in ca. 640 m Höhe.
Mündung:	(49.875111, 6.286667) in ca. 177 m Höhe.
Länge:	96 km
Schwierigkeiten:	km 65,7 – 63,8 WW I – II (bei HW bis II+) km 63,8 – ⇩ WW I (9 km Stausee).
Befahrbarkeit:	Oberlauf bis Steffeshausen nur bei winterlichem HW; ab Steffeshausen bis 31.03. Unterhalb Vianden (Staudamm) abhängig von der Wasserabgabe, bei gefülltem Stausee bis Sommer.
Befahrungsregeln:	Auel – Ouren, Brücke „Tre Frontiers, bei einem Pegelstand am Pegel Reuland von max. 17 m³/s vom 1. Oktober bis zum 15. März zwischen 10:00 und17:00 Uhr Befahrung erlaubt, jedoch nicht am Tag der Eröffnung der Forellenfangzeit (dritter Samstag des Monats März), Uferbetretungsverbot. Amtliche Informationen (auf Deutsch) siehe http://kayak.environnement.wallonie.be/index_de.htm Ouren (L) – Vianden (L) ganzjährig verboten. Vianden (L) - Wallendorf (L) in der Zeit vom 01.10. – 31.03. Befahrung erlaubt. Roth a.d. Our -Wallendorf) - in der Zeit vom 01.04.-30.09. Einzelfahrten erlaubt.
Pegel:	Reuland, siehe http://voies-hydrauliques.wallonie.be/opencms/opencms/fr/hydro/Actuelle/crue/index.html.

Luxemburg www.inondations.lu

Wasser: sehr sauber.

Pkw: im Oberlauf Zufahrt nur an den angegebenen Brücken, ab Dasburg verläuft eine Straße neben dem Fluss.

65,7 Straßen-II, li Auel, re ⬇, Befahrungsregeln beachten, oberhalb Befahrungsverbot.

63,8 Straßen-II, Steffeshausen (B), li ⬇. Die Our ist ab hier ein bis 12 m breiter Wanderfluss, bis WW I, bei starkem HW auch darüber. Tiefes, enges und sehr einsames Waldtal der Ardennen.

63,2 ▬ Weweler.

62,1 Straßen-II N 693, re **Quart**.

60,8 Ab hier ist die Our Grenze zwischen zwischen Belgien (re) und Deutschland (li).

60,7 ▬, li Mühlgraben.

60,6 Straßen-II K 156.

57,5 Straßen-II, li **Welchenhausen** (D).

56,8 Furt, re **Oberhausen** (B).

55,3 Ab hier wieder beide Ufer belgisch.

54,5 Straßen-II, li ⛺ Camping International AG, Ouren 14, (B) 4790 Burg-Reuland, re ⬆. Die Fahrt muss hier beendet werden, da keine weitere Aussetzstelle folgt.

54,0 ▬.

53,8 Straßen-II, li **Ouren** (B).

52,4 Straßen-II Tre Frontieres, ab 50 m danach Grenzfluss zwischen Luxemburg und Deutschland. Befahrungsregeln beachten.
Aufgrund der zur Zeit bestehenden Befahrungsregelungen wird die Beschreibung hier unterbrochen und erst beim km 12,3 wieder fortgesetzt.

12,3 ▬ Staudamm Vianden. Weiterfahrt abhängig von der Wasserabgabe des Stausees, Einzelheiten sind nicht bekannt.

11,9 Straßen-II RN 10/355.

11,6 ▬.

11,3 Straßen-II RN 10/355, **Vianden** (L), Burgruine.

11,2 ▬.

10,7 ▬.

10,2 Straßen-II RN 10.

8,7 Straßen-II, li **Roth a. d. Our** (D), gute ⬇.

5,2 Wege-II, li Gentingen, li ⛺.

0,3 Straßen-II, li **Wallendorf** (D), li ⛺.

0,0 ⇩ in Sauer bei km 44,2.

Überarbeitung nach Kartenmaterial.
Ergänzungen von Ralf Wellens, Michael Marschewski.

Braunlauf

Wildfluss (Gebirgsfluss)
Mündung in Our (re Nebenfluss)

Eine Befahrung der Braunlauf ist entsprechend eines Erlasses der wallonischen Regierung nicht gestattet und wird deshalb nicht mehr beschrieben.

Alzette

Ardennen

Kleinfluss GKZ: FR: A89--0200, LU: 9
Mündung in Sauer (re Nebenfluss)

Die Alzette ist ein überwiegend ruhiger Kleinfluss in reizvoller Wald- und Parklandschaft.

Ursprung: (49.479722, 5.957778) in ca. 305 m Höhe.

Mündung: (49.848194, 6.111944) in ca. 192 m Höhe.

Länge: 73 km

Befahrbarkeit: Ab km 16,9 ist der Wasserstand meist ganzjährig für eine Befahrung ausreichend.

Befahrungsregeln: Ursprung der Alzette – Hesperange (km 46,6) ganzjährig verboten

Hesperange (km 46,6) – Einmündung in die Sauer ganzjährig erlaubt

Pegel www.inondations.lu

Oberhalb Hesperange ist die Befahrung der Alzette ganzjährig verboten. Da auch für den Abschnitt oberhalb Walferdange kein Befahrungsbericht vorliegt, wurde hier die alte Beschreibung unter Vorbehalt aufgenommen. So ist nicht richtig bekannt, ab wo die Befahrung in der Ortslage Hesperange erlaubt ist. Die Redaktion würde sich über einen neuen Befahrungsbericht freuen.

46,6 Straßen-Ⅱ RN 3 bei **Hesperange**, mögliche ⬇. Es folgt ein sehr schönes Waldtal mit einigen ▬, meist ≋.

40,5 Schleifmühle, steiles Schräg-▬, evtl. ≋ oder li ⌓.

39,5 Straßen-Ⅱ RN 225 Hamm – Bonneweg. Es beginnt die langgestreckte Stadtdurchfahrt durch Luxemburg, ein Befahrungsbericht ist nicht bekannt, mit Überbauungen, Wasserableitungen und Tunnelbauten ist zu rechnen. Die Fahrt sollte daher hier unterbrochen werden.

29,8 Straßen-Ⅱ RN 7, re **Walferdingen**, mögliche ⬇ für die Weiterfahrt, Einzelheiten sind nicht bekannt.

29,3 Ⅱ.

28,3 Straßen-Ⅱ.

27,9 Wege-Ⅱ.

27,1 Straßen-Ⅱ RN 124.

24,4 Straßen-Ⅱ RN 122, li **Hunsdorf**.

23,0 Straßen-Ⅱ A 7.

21,2 Straßen-Ⅱ RN 101, re **Lintgen**.

17,1 li ⇩ Mamer (Befahrung verboten).

17,0 li ⇩ Eisch (Befahrung verboten).

16,9 Straßen-Ⅱ RN 8 und EB-Ⅱ Luxemburg-Ettelbrück, ab hier zumeist ganzjährig ausreichender Wasserstand, li **Mersch**. Bevorzugte ⬇ für die Befahrung des Unterlaufs der Alzette, leichte Fahrt, auch für Anfänger.

16,3 Straßen-Ⅱ.

15,8 Straßen-Ⅱ re **Beringen**.

14,4 Straßen-Ⅱ.

14,3 Straßen-Ⅱ RN 306, li **Pettingen**.

12,6 Straßen-Ⅱ.

12,4 Steil-▬, 2 m hoch, **X**, re ⩏.

10,2 Straßen-Ⅱ, re **Oberglabach**.

9,2 Straßen-Ⅱ, re **Cruchten**.

8,0 EB-Ⅱ.

5,7 Straßen-Ⅱ A 7.

5,5 Straßen-Ⅱ.

5,4 Straßen-Ⅱ RN 7, li **Colmar-Berg**.

5,3 EB-Ⅱ, danach li ⇩ Attert (Befahrung verboten).

4,0 Steil-▬, **X**, re ⩏.

1,4 Straßen-Ⅱ, sofort danach Schräg-▬, 10 m lang, evtl. ≋.

1,3 Straßen-Ⅱ RN 15, **Ettelbrück**.

1,2 Wege-Ⅱ.

1,1 Straßen-Ⅱ RN 7.

0,7 EB-Ⅱ.

0,5 li ⇩ Wark.

0,0 ⇩ in Sauer bei km 60,0.

Überarbeitung nach Kartenmaterial.

Attert

Kleinfluss
Mündung in Alzette bei km 5,3 (re Nebenfluss)

Die Attert ist ganzjährig für eine Befahrung gesperrt. Auf eine Beschreibung wird verzichtet.

Eisch

Kleinfluss
Mündung in Alzette bei km 17,0 (li Nebenfluss)

Die Eisch ist ganzjährig für eine Befahrung gesperrt. Auf eine Beschreibung wird verzichtet.

Mamer

Kleinfluss
Mündung in Alzette bei km 17,1 (li Nebenfluss)

Die Mamer ist ganzjährig für eine Befahrung gesperrt. Auf eine Beschreibung wird verzichtet.

Wiltz

Ardennen

Wildfluss – Kleinfluss GKZ: LU: 6
Mündung in Sauer (li Nebenfluss)

Die Wiltz fließt als verhältnismäßig leichter Wildbach durch landschaftlich ansprechende Täler der Ardennen.

Ursprung:	in der Nähe von Bastogne in Belgien.
Mündung:	(49.923611, 6.049306).
Länge:	45 km
Schwierigkeiten:	durchweg WW I, bei HW bis II. Schnelle Strömung, scharfe Kurven, Baum- und Strauchhindernisse, jedoch keine nennenswerte Verblockung.
Befahrbarkeit:	meist bis Ende Mai.
Befahrungsregeln:	oberhalb km 16,2 ganzjährig verboten.
	km 16,2 – 0,0 in der Zeit vom 01.10.-31.03. erlaubt, übrige Zeit verboten.
Pegel:	km 5,0, empfohlener Mindestpegel 75 cm, www.inondations.lu
Pkw:	oberhalb Kautenbach verläuft die Straße neben dem Fluss, unterhalb Kautenbach Begleitung nicht möglich.

16,5 Ortsende von **Wiltz**, Straßen-Ⅱ RN 14, danach li übliche ↓ für eine Befahrung der Wiltz. Bei HW allerdings erhebliche Behinderungen durch Baum- und Strauchhindernisse, das Wasser ist verunreinigt. Bis Merkholtz 2 ▬, beide nach Besichtigung evtl. ≋. Weitere, zerfallene Wehre sind bei den empfohlenen Wasserständen nicht bemerkbar. Die Strecke bis zum Kirelbach führt durch eine urwüchsige Waldlandschaft.

16,0 Straßen-II.
15,1 ▬.
14,2 Kläranlage, danach Pfadfinder-Zentrum, Wege-II.
13,9 EB-II.
13,5 EB-II.
13,1 EB-II.
12,0 EB-II.
11,9 li ⇩ Himmelbach. Die Wasserführung nimmt zu, das Wasser wird sauberer, die Wiltz fließt durch ein sehr schönes, tiefes Tal.
11,8 Straßen-II.
11,5 Straßen-II nach Merkholtz.
11,4 EB-II.
10,8 EB-II.
10,4 EB-II.
10,1 Straßen-II.
9,4 EB-II.
9,2 Wege-II.
8,7 EB-II.
8,3 EB-II.
7,1 EB-II.
6,5 EB-II.
5,6 Wege-II nach **Kautenbach**.
5,5 li ⇩ Clerve (s. Seite 436), weitere Zunahme der Wasserführung. Ab hier oft ≋, wenn das Wasser für die vorausgehende Strecke nicht ausreicht. Die folgenden 6 km sind der landschaftliche Höhepunkt der Wiltz. Sie fließt durch ein sehr einsames Tal, die Schieferfelsen steigen teilweise senkrecht aus dem Fluss hoch. Lediglich die Bahn begleitet die Wiltz und kreuzt sie mit mehreren Brücken. Dieser Abschnitt ist auch für Anfänger und Zweiern geeignet. Vor der letzten EB-II ▬, gut ≋.
5,2 EB-II, re 🚉 Kautenbach.
5,0 neuer Pegel, empfohlener Mindestpegel 75 cm.
4,3 EB-II.
2,8 EB-II.
1,9 EB-II.
1,3 EB-II.
1,1 EB-II.
0,1 EB-II.
0,0 ⇩ in Sauer, km 79,9.

Überarbeitung nach Kartenmaterial.
Ergänzungen von Michael Marchewski.

Clerve

Ardennen

Wildfluss - Kleinfluss (Gebirgsfluss)
Mündung in Wiltz (li Nebenfluss)

Der Oberlauf der Clerve oberhalb Clervaux heißt zumeist Woltz. Die Clerfe, die „Perle von Luxemburg“ gehört zu den landschaftlich schönsten Flüssen des Landes. Sie ist ein leichter, bei HW mäßig schwerer Wildbach, mit leicht verblockten Schnellen, engen Kurven, gelegentlich niedrigen Stegen und Baumhindernissen sowie zahlreichen interessanten Wehren. Die Clerve wird sehr viel befahren und kann, bei nicht zu hohem Wasserstand, auch fortgeschrittenen Anfängern empfohlen werden.

Ursprung:	in der Nähe von Huldingen (Huldange) in 530 m Höhe.
Mündung:	(49.951396, 6.017107) in ca. 250 m Höhe.
Länge:	48 km
Schwierigkeit:	WW I - II, bei HW bis II+.
Befahrbarkeit:	durchweg im Winter, im Frühjahr je nach Regenfällen bis Ende Mai, im Sommer nach stärkeren Regenfällen.
Befahrungsregeln:	sind nicht bekannt. Bitte vor der Befahrung Informationen einholen.
Pegel:	Clervaux, empfohlener Pegel 60 cm, siehe www.inondations.lu .
Pkw:	Begleitung nur streckenweise möglich.

Oberhalb **Clervaux** heißt der Fluss Woltz, ab hier Name des Flusses Clerve.

25,3 re 500 m flussabwärts unterhalb Clervaux gute ⬇, 🅿, 🚐 Camping Officiel, 33 Klatzewee, 9714 Clervaux.

24,5 EB-Ⅱ.

24,0 EB-Ⅱ.

22,9 Straßen-Ⅱ.

19,2 EB-Ⅱ.

18,3 EB-Ⅱ.

17,6 Straßen-Ⅱ, re **Drauffelt**, re ⬇ und 🅿.

16,0 Wege-Ⅱ.

15,9 EB-Ⅱ.

15,2 EB-Ⅱ.

14,5 EB-Ⅱ.

13,9 Mühlen-▬, **X**, vorher li ⌓.

13,8 Straßen-Ⅱ RN 326, EB-Ⅱ, **Enscherange**.

13,7 Wege-Ⅱ, li und re 🚐.

13,3 Straßen-Ⅱ RN 326.

11,9 EB-II.
11,8 Straßen-II RN 324, **Wilwerwiltz**, danach re ⛟. Es folgt der landschaftlich schönste und sportlich interessanteste Teil der Klerf. Einsames, tief eingeschnittenes Waldtal, lediglich die Eisenbahn kreuzt den Fluss mehrfach. Neun interessante Wehre, die jedoch nicht alle beschrieben sind, bei gutem Wasserstand alle evtl. ≈. Vielfach wird nur dieser letzte Abschnitt der Klerf befahren und die Fahrt auf dem folgenden, 6 km langen schönsten Teil der Wiltz bis zur ⇩ in die Sauer fortgesetzt.
11,5 EB-II.
11,0 EB-II.
10,6 Straßen-II.
9,4 EB-II.
8,9 Wege-II.
8,6 EB-II.
7,1 Wege-II.
6,9 EB-II.
6,3 EB-II.
4,8 Wege-II, EB-II.
4,7 Wege-II.
4,3 EB-II.
3,8 Straßen-II.
3,0 EB-II.
2,2 EB-II.
1,8 EB-II, li Beginn ⛟.
1,4 Wege-II, jetzt auch re ⛟ Camping Kautenbach, An der Weierbach, 9663 Kautenbach, ✆ +35 2 95 03 03, www.campingkautenbach.lu, ⛟ Kautenbach, üblicher Standort für die Befahrung der Flüsse Luxemburgs.
0,4 Wege-II.
0,1 Straßen-II RN 322, **Kautenbach**.
0,0 ⇩ in Wiltz bei km 5,5.

Überarbeitung nach Kartenmaterial.
Ergänzungen von Michael Marchewski.

Orne (Mosel)

Kleinfluss GKZ: Fr: A8--0100
Mündung in Mosel bei km 278 (li Nebenfluss)

Von der Orne ist lediglich die Befahrung eines kurzen Teilstückes in der Mitte ihres langen Laufes bekannt. Sie ist hier ein ohne besondere Schwierigkeiten wohl ganzjährig zu befahrender Kleinfluss.

Der anschließende Unterlauf, bis zur ⇩ führt durch ein stark industrialisiertes Gebiet.

Im Oberlauf, oberhalb der empfohlenen ⬇, dürften sicher längere Abschnitte noch der Befahrung harren, eine Erkundung könnte reizvoll sein.

Ursprung: (49.255833, 5.452778) in ca. 270 m Höhe.

Mündung: (49.287778, 6.181944) in ca. 155 m Höhe.

Länge: 86 km

Empfohlene Teilstrecke: ⬇ bei Conflans-en-Jarnisy, ⬆ nach etwa 10 km bei Homécourt.

Unveränderte Übernahme

Longeau

Kleinfluss
Mündung in Orne (re Nebenfluss)

Der Longeau fließt in seinem Oberlauf als nur 2 - 4 m breiter Bach recht geradlinig durch ein offenes Wiesen- und Buschwaldtal. Weiter flussabwärts wird er interessanter, in einer Parklandschaft mit Schilfrohrbereichen. Bei leichter Strömung und nur einzelnen natürlichen Hindernissen leichte Fahrt. Wenige ▬, gut ≈.

Fahrtstrecke: ⬇ bei Harville, ⇩ in die Orne nach etwa 18 km bei Jarny. Eine Weiterfahrt auf der Orne ist möglich.

Unveränderte Übernahme

Seille

Kleinfluss – Wanderfluss GKZ: Fr: A7--0100
Mündung in Mosel im Stadtbereich von Metz bei km 298 (re Nebenfluss)

Die Seille entspringt im Naturpark Lothringen im Bereich des Westabfalls der Vogesen und mündet nach einem Lauf von etwa 75 km in die Mosel. Sie ist ein Fluss der Ebene; sie verläuft mit ruhiger Strömung durch ein wenig bewaldetes Feld- und Wiesengelände. Keine besonderen Schwierigkeiten, mehrere Wehre, die nur teilweise fahrbar sind. Lediglich in Metz, kurz vor der Mündung, findet sich bei höherem Wasserstand eine Schwallstrecke mit hohen Wellen. Auf der Seille ist mit zahlreichen Anglern zu rechnen.

Ursprung: (48.724722, 6.796111) in ca. 253 m Höhe.

Mündung: (49.125833, 6.185278) in ca. 160 m Höhe.

Länge: 138 km

Befahrbarkeit: Oberlauf im Frühjahr, Unterlauf ganzjährig.

Fahrtstrecke: Brin-sur-Seille – ⇩, 88 km.

Unveränderte Übernahme

Rupt de Mad

Kleinfluss GKZ: Fr: A73-0200
Mündung in Mosel (li Nebenfluss)

Die Rupt de Mad ist ein sehr interessanter und abwechslungsreicher Kleinfluss mit vielen Windungen und einer Anzahl von kleineren Baumhindernissen. Einige Stufen sind evtl. befahrbar, 2 nachfolgend nicht verzeichnete Mühlenwehre müssen umtragen werden.

Ursprung:	(48.78, 5.689167) in ca. 265 m Höhe.
Mündung:	(49.013056, 6.043889) in ca. 173 m Höhe.
Länge:	55 km
Befahrbarkeit:	abgesehen von sehr trockenen Sommern, meist ganzjährig.

21,1 **Thiaucourt**, empfohlene ⬇ am Ortsende, davor ▬.
20,2 Straßen-Ⅱ, EB-Ⅱ.
18,9 EB-Ⅱ.
18,7 EB-Ⅱ.
17,9 EB-Ⅱ.
16,4 Straßen-Ⅱ.
16,2 Straßen-Ⅱ D 28, re **Jaulny**.
15,5 ▬, **X**.
15,4 EB-Ⅱ.
14,7 re ▬, li Mühlgraben.
13,1 Straßen-Ⅱ D 28, **Rembercourt-sur-Mad**.
11,1 Wege-Ⅱ.
10,1 re ▬, li Mühlgraben.
9,5 EB-Ⅱ.
8,9 Wege-Ⅱ.
8,2 re ▬, li Mühlgraben.
7,9 Straßen-Ⅱ, **Villecey-sur-Mad**.
7,3 EB-Ⅱ.
6,3 Straßen-Ⅱ, li **Onville**.
5,9 Wege-Ⅱ.
5,4 re ▬, li Mühlgraben.
4,7 Straßen-Ⅱ, **Bayonville-sur-Mad**.
3,7 Beginn des Stausees von Arnaville, die Fahrt wird vielfach hier an geeigneter Stelle abgebrochen.
2,2 Stau-▬, **X**, li ⌓. Danach li **Arnaville**.
1,7 Wege-Ⅱ.
1,4 Wege-Ⅱ.
1,3 Wege-Ⅱ.
1,0 Straßen-Ⅱ D 952, gute ⬆.
0,9 EB-Ⅱ.

0,7 EB-Ⅱ.
0,5 Kanal-Ⅱ des Lateralkanals der Mosel.
0,0 ⇩ in Mosel bei km 314,5.

Überarbeitung nach Kartenmaterial.

Esch

Kleinfluss GKZ: Fr: A71-0200
Mündung in Mosel bei km 331,5 (li Nebenfluss)

Die Esch ist ein unterhaltsamer Kleinfluss in einem landschaftlich hübschen, engen Tal.

Ursprung:	(48.78, 5.689167) in ca. 252 m Höhe.
Mündung:	(48.893889, 6.060278) in ca. 180 m Höhe.
Länge:	46 km
Befahrbarkeit:	Frühjahr und nach Regenfällen.
Schwierigkeiten:	bei einer Breite von 5 – 8 m zahlreiche Kurven bei guter Strömung. 2 Mühlen-▬, X, kurz ⌓. Unterhalb Griscourt auf einer Strecke von 3-4 km zahlreiche Baum- und Strauchhindernisse, die eine Befahrung auf diesem Abschnitt recht mühsam machen.
Fahrtstrecke:	⬇ bei Martincourt, ⬆ nach etwa 20 km an der Ⅱ der D 657. Die kurze Reststrecke bis zur Mosel führt durch ein Fabrikgelände.

Unveränderte Übernahme

Meurthe

Vogesen

Kleinfluss GKZ: Fr: A6--0100
Mündung in Mosel (re Nebenfluss)

Die Meurthe ist auf weiten Strecken ein recht mühsam zu befahrender Kleinfluss, mit zahlreichen Baum- und Strauchhindernissen sowie mehreren Wehren, die nur teilweise zu befahren sind, in ihrem Oberlauf landschaftlich sehr reizvoll im Bereich der westlichen Ausläufer der Vogesen. Im Unterlauf wird die Meurthe, in eintöniger Landschaft zu einem trägen, mehrfach gestauten Wanderfluss.

Ursprung:	(48.056944, 7.013889) in ca. 1185 m Höhe.
Mündung:	(48.78, 6.141667) in ca. 189 m Höhe.
Länge:	160 km
Befahrbarkeit:	Oberlauf zur Zeit der Schneeschmelze und nach stärkeren Regenfällen, ab Thiaville ganzjährig.

135,6 Straßen-Ⅱ, **Saint-Léonard**, danach ■, ⬇ bei sehr gutem Wasserstand. Es folgen mehrere Wehre und Sohlschwellen.
135,4 ■.
134,9 Straßen-Ⅱ.
134,2 ■.
133,8 ■ Sohlschwelle.
133,1 ■ Sohlschwelle.
132,8 Straßen-Ⅱ D 58, ■ Sohlschwelle, **Saulcy-sur-Meurthe**.
132,4 ■ Sohlschwelle.
132,3 Wege-Ⅱ.
131,8 ■ 14 Sohlschwellen.
129,9 nach seeartiger Verbreitung auf 400 m Länge Wege-Ⅱ, darunter ■.
129,5 Straßen-Ⅱ N 59.
129,0 EB-Ⅱ, danach ■ Sohlschwelle.
128,8 ■.
128,4 Straßen-Ⅱ D 420, darunter ■, **Sainte-Marguerite**.
127,9 re ■, li Mühlgraben.
125,7 ■, re ⛺ Sites Vanne de Pierre, 5 Rue du Camping, 88100 Saint-Dié-des-Vosges.
125,5 Straßen-Ⅱ.
124,7 Straßen-Ⅱ.
124,5 Wege-Ⅱ.
124,2 Straßen-Ⅱ D 49, **Saint-Dié-des-Vosges**, weiterer möglicher ⬇-Ort. Auf der Folgestrecke mehrere Wehre, nach Besichtigung meist ≋. ⚠, Vorsicht bei HW, das Anhalten vor den Wehren kann dann sehr schwierig werden. Bei NW Wasserableitungen bei den Wehren mit nachfolgenden Treidelstrecken. Baum- und Strauchhindernisse.
123,9 Straßen-Ⅱ.
123,8 ■.
123,6 Straßen-Ⅱ.
123,1 Straßen-Ⅱ.
122,5 ■ 2 Sohlschwelle.
122,3 Wege-Ⅱ.
122,0 Straßen-Ⅱ N 59, Ende der Stadtdurchfahrt von Saint-Dié-des-Vosges.
121,8 ■ Sohlschwelle.
120,1 Wege-Ⅱ.
117,7 Straßen-Ⅱ.
117,2 Straßen-Ⅱ D 32, li **Saint-Michel-sur-Meurthe**, re **La Voivre**.
111,7 EB-Ⅱ.
111,5 ■.
111,4 Straßen-Ⅱ.
109,9 Straßen-Ⅱ D 424, **Etival-Clairefontaine**, danach ■.
107,8 Wege-Ⅱ.
106,5 re ■, li Mühlgraben.

105,5 Straßen-Ⅱ N 59.
105,4 li Wehr-Überlauf, Querströmung.
104,1 EB-Ⅱ.
104,0 ▬.
103,8 Wege-Ⅱ.
103,4 Straßen-Ⅱ D 9, **Raon-l´Etape**.
103,2 Wege-Ⅱ.
102,6 re ▬, li Mühlgraben.
99,7 li ⇩ Mühlgraben.
99,2 li **Thiaville-sur-Meurthe**.
98,4 ▬.
98,3 EB- und Straßen-Ⅱ.
97,2 re ▬, li Mühlgraben.
96,8 Straßen-Ⅱ N 59.
96,3 li ⇩ Mühlgraben.
90,3 ▬.
89,8 Wege-Ⅱ.
89,7 Straßen-Ⅱ D 935, **Baccarat**. Die Meurthe tritt in die Ebene aus, keine besonderen Schwierigkeiten mehr.
81,9 Straßen-Ⅱ D 22F, re **Azerailles**.
77,1 Straßen-Ⅱ D 151, li **Flin**, re **Ménil-Flin**.
72,6 li ▬, re Mühlgraben, am Mühlgraben re **Cheneviéres**.
72,2 Straßen-Ⅱ D 150.
71,7 re ⇩ Mühlgraben.
66,4 re Altarm.
60,6 Straßen-Ⅱ D 148.
54,1 Straßen-Ⅱ N 333.
53,7 Straßen-Ⅱ, re **Moncel-lès-Lunéville**.
51,6 ▬.
49,6 li ▬, re Mühlgraben, **Lunéville**, der Fluss ist ab hier weitgehend gestaut. Weiterfahrt nur wenig interessant.
49,0 EB-Ⅱ.
48,7 re ⇩ Mühlgraben, Straßen-Ⅱ D 914.
47,5 re ⇩ Vezouze (s. Seite 444), Straßen-Ⅱ N 333.
46,4 EB-Ⅱ.
45,3 re **Rehanviller**.
43,7 Straßen-Ⅱ, li **Mont-sur-Meuthe**, li ⇩ Mortagne (s. Seite 443).
40,6 re ▬, li Mühlgraben.
39,7 li ⇩ Mühlgraben, Straßen-Ⅱ D 1D, li **Blainville-sur-l'Eau**.
39,3 EB-Ⅱ.
38,9 EB-Ⅱ.
38,6 Straßen-Ⅱ D 110, li **Damelevières**.
38,1 ▬.
36,0 li ▬, re Mühlgraben.

32,8 ▬.
32,7 Straßen-Ⅱ.
31,9 Straßen-Ⅱ A 33.
31,8 Straßen-Ⅱ D 116, darunter ▬.
30,6 EB-Ⅱ.
29,1 li ein Überlaufwehr, re **Dombasle-sur-Meurthe**.
28,6 ▬.
26,0 re ▬, li Mühlgraben.
25,2 Straßen-Ⅱ D 400, li **Saint-Nicolas-de-Port**, re **Varrangéville**.
22,1 ▬.
22,0 EB-Ⅱ und Ⅱ des Canal de la Marne au Rhin.
19,9 Straßen-Ⅱ D 126.
17,9 Wege-Ⅱ.
15,4 li ▬, re Mühlgraben.
14,6 Straßen-Ⅱ D 674, **Nancy**.
13,5 Straßen-Ⅱ, davor re ⇩ Mühlgraben.
13,2 Straßen-Ⅱ.
12,2 Straßen-Ⅱ.
11,7 re ▬, li Mühlgraben.
11,3 li ⇩ Mühlgraben, Straßen-Ⅱ.
10,5 Straßen-Ⅱ D 32.
10,1 Straßen-Ⅱ.
5,7 ▬ mit Wege-Ⅱ.
4,6 Straßen-Ⅱ D 40.
3,8 Straßen-Ⅱ A 31.
0,6 Straßen-Ⅱ.
0,0 ⇩ in Mosel (siehe km 345,4).

Überarbeitung nach Kartenmaterial.

Mortagne

Wanderfluss GKZ: Fr: A6--0120
Mündung in Meurthe bei km 43,7 (li Nebenfluss)

Die Mortagne fließt in vielen Windungen durch eine ruhige Landschaft, 4 Wehre sind nach Besichtigung gut fahrbar, sonst keine Schwierigkeiten des durchweg etwa 6-10 m breiten Flusses.

Ursprung:	(48.213889, 6.873333) in ca. 550 m Höhe.
Mündung:	(48.557222, 6.446944) in ca. 220 m Höhe.
Länge:	75 km
Befahrbarkeit:	ganzjährig; es soll jedoch Vereinbarungen mit den Anglern geben, wonach am 3. Wochenende jedes Monats keine Befahrungen durchgeführt werden.

Fahrtstrecke: ⬇ Straßen-Ⅱ Magnières, ⬆ an der Ⅱ D 1 bei Mont sur Meurthe kurz vor der Mündung, 26 km.

Unveränderte Übernahme

Vezouze

Kleinfluss GKZ: Fr: A6--0110
Mündung in Meurthe bei km 47,5 (re Nebenfluss)

Die Vézouse ist ein recht unterhaltsamer Kleinfluss. Bei einer Breite von 5 – 8 m fließt sie in vielen Windungen durch Buschwald, Wiesen und Weidegelände, im Oberlauf sehr einsam, lediglich im Unterlauf stärkere Besiedlung. Mehrere Wehre sind fast durchweg gut befahrbar.

Ursprung: (48.503333, 7.016667) in ca. 520 m Höhe.

Mündung: (48.578611, 6.468611) in ca. 220 m Höhe.

Länge: 75 km

Befahrbarkeit: Frühjahr; je nach ⬇ bis Juni.

Fahrtstrecke: mögliche ⬇ bei Blâmont (49 km bis ⇩), St. Martin (38 km bis ⇩) oder Manonviller (24 km bis ⇩). ⬆ am besten am Ortsanfang von Lunéville.

Unveränderte Übernahme

Plaine

Kleinfluss GKZ: Fr: A62-0200
Mündung in Meurthe (re Nebenfluss)

Die Plaine ist ein unterhaltsamer Kleinfluss mit mehreren, zumeist fahrbaren Wehren und flotter Strömung. Als Fluss der waldreichen Südabdachung der Vogesen ist sie auch landschaftlich sehr lohnend.

Ursprung: (48.518333, 7.166944) in ca. 750 m Höhe.

Mündung: (48.4075, 6.839722) in ca. 280 m Höhe.

Länge: 34 km

Durch den Bau einer Talsperre unterhalb Celles-sur-Plaine ist die bisherige Beschreibung nicht mehr gültig. Eine neue Beschreibung liegt nicht vor.

Madon

Kleinfluss GKZ: Fr: A5--0100
Mündung in Mosel bei km 394 (li Nebenfluss)

Der Madon ist ein sehr empfehlenswerter Kleinfluss. Er verläuft westlich von der oberen Mosel und praktisch parallel zu ihr durch ein hübsches, einsames Wiesen- und Waldtal.

Der 6-10 m breite Fluss bietet, abgesehen von einigen, zumeist fahrbaren Wehren und guter Strömung kaum nennenswerte Schwierigkeiten.

Ursprung: (48.101111, 6.203056) in ca. 410 m Höhe.

Mündung: (48.606111, 6.102778) in ca. 220 m Höhe.

Länge: 97 km

Fahrtstrecke: ⬇ in Xirocourt, Beendigung der Fahrt nach 35 km II D 974, Pont St. Vincent, kurz nach der ⇩ in die hier kanalisierte Mosel. Fahrtbeginn bzw. -ende auch an verschiedenen anderen Stellen möglich, z. B. Haroué, Ceintrey oder Bainville.

Unveränderte Übernahme.

Vologne

Vogesen

Wildbach (Gebirgsbach) - Kleinfluss (Wiesen- und Waldfluss), GKZ: Fr: A43-0200
Mündung in Mosel (re Nebenfluss)

Die Vologne fließt in ihrem Oberlauf durch ein sehr reizvolles enges Waldtal der westlichen Vogesen; sie ist hier ein leichter spritziger Wildbach mit schneller Strömung, leichter Verblockung und schönen Schwällen. Mit Austritt aus den Vogesen wird die Vologne zum sportlich immer noch interessanten Kleinfluss. Bei guter Strömung ist hier mit zahlreichen Baum- und Buschhindernissen zwischen Wiesen und Wäldern zu rechnen. Einige Wehre sind nur teilweise fahrbar.

Ursprung: (48.050833, 7.012222) in ca. 1220 m Höhe.

Mündung: (48.113889, 6.566944) in ca. 350 m Höhe.

Länge: 50 km

Befahrbarkeit: Frühjahr.

Wasser: glasklar.

Pkw: Straße meist in Flussnähe.

Eine Befahrung des Oberlaufs ist bei gutem Wasserstand möglich, der Wasserfall von Cuves, **X**, muss ⩍ werden. Es besteht allerdings eine

Vereinbarung mit den Anglern, wonach dieser Oberlauf nicht befahren wird, Einzelheiten der folgenden Strecke sind nicht bekannt.

37,1 Straßen-Ⅱ D 423, **Kichompré** (unterhalb Gérardmer), mögliche ⬇. Fluss etwa 4 – 6 m breit, schnelle Strömung, enges Waldtal.

36,6 Schräg-▬, 0,5 m hoch, li evtl. ≋. Es folgt eine streckenweise verblockte Walddurchfahrt. Vorsicht Baumhindernisse!

35,8 Wege-Ⅱ.

35,6 ▬, 3stufig, 1,2 m hoch bei Ort **Le Kertoff**, evtl. ≋ oder re über Fabrikhof 40 m weit ⌓. Ende der Sperrstrecke. Es folgt eine leichte, spritzige WW-Fahrt.

35,1 Wege-Ⅱ.

33,6 Wege-Ⅱ.

33,2 Wege-Ⅱ.

33,0 Wege-Ⅱ.

31,6 Steil-▬, **X**, evtl. re „umrutschen“ oder re ⌓. Das Tal wird weiter, Ende der WW-Strecke. Ab hier sportlicher Wiesen- und Waldkleinfluss, 6 – 8 m breit.

30,9 Straßen-Ⅱ D 423, re **Les Aulnax**.

29,6 Steil-▬, 0,7 m hoch, re 1 m breite, offene Durchfahrt mit kräftigem Schwall, Hindernisse im Unterwasser.

28,4 Am Ortsanfang von Granges-sur-Vologne schräg zur Flussrichtung verlaufendes langgestrecktes ▬, li evtl. ≋.

27,9 Wege-Ⅱ. Kurz darauf eine 40 m lange Flussüberbauung, ≋. Im weiteren Verlauf schöne Waldstrecken mit vereinzelten Baum- und Strauchhindernissen.

27,5 Wege-Ⅱ.

27,1 Schräg-▬, 0,8 m hoch, evtl. ≋, re mit starkem Rücklauf, Hindernisse im Unterwasser, kräftige Schrägströmung, Straßen-Ⅱ D 423, **Granges-sur-Vologne**.

26,9 re ⛺ Les Peupliers, 88640 Granges-sur-Vologne.

26,4 Straßen-Ⅱ.

26,1 li ▬, re Mühlgraben.

25,0 Straßen-Ⅱ, **Frambénémil**.

23,9 li ▬, re Mühlgraben, Wasser wird bis Lespagnes abgeleitet, MW problematisch.

22,3 Straßen-Ⅱ D 50E, li **Jussarupt**.

21,2 Straßen-Ⅱ.

19,9 re ⇩ Neuné.

19,5 li ▬, re Mühlgraben.

19,1 li ▬, re Mühlgraben.

18,8 Wege-Ⅱ.

18,1 ▬, Straßen-Ⅱ D 50.

17,6 Straßen-Ⅱ, li **Fimenil**.

17,4 li ▬, re Mühlgraben.

16,1 re **Laval-sur-Vologne**.

15,3 Gute ⬆ unterhalb Laval re neben der Straße D 44, die hier ein EB-Gleis kreuzt.
Die folgenden Walddurchfahrten sind sehr stark durch Baum- und Strauchhindernisse verrammelt. Eine Weiterfahrt ist möglich, es ist jedoch davon abzuraten. Es folgen auch noch einige ▬, z. T. mit Wasserableitung.

0,0 ⇩ in Mosel bei km 483,4.

Überarbeitung nach Kartenmaterial.

Moselotte

Vogesen

Wildfluss (Gebirgsfluss) – Wiesenfluss GKZ: Fr: A41-0200
Mündung in Mosel (re Nebenfluss)

Die Moselotte verläuft in einem landschaftlich hervorragend schönen Tal des Westabfalls der Vogesen, teilweise mit engen Fels- und Waldschluchten von fast alpinem Charakter. Auf kurzen Teilstrecken ist die Moselotte hier ein recht sportlicher Wildbach, mit Schwierigkeiten bis WW IV+. Dazwischen liegen allerdings mehrere unfahrbare Steil-Wehre mit kurzen Wasserableitungen. Nach Austritt aus den Vogesen wird die Moselotte zum harmlosen Wiesenbach.

Ursprung: (48.030833, 7.008056) in ca. 1284 m Höhe.

Mündung: (48.0137, 6.6147) in ca. 384 m Höhe.

Länge: 48 km

Befahrbarkeit: Frühjahr bis Mitte Mai.

Pkw: Die Straße verläuft stets in Flussnähe.

40,0 Die D 34 wechselt von der li zur re Flussseite, mögliche ⬇. Bis La Bresse mehrere ▬, teils ≋. Zunächst schnelle Strömung mit Wellen, WW III-.

36,0 Ortsanfang von La Bresse. Zunahme des Gefälles, starke Verblockung. Höhepunkt dieser rassigen Strecke ist eine kleine Waldschlucht mit kräftigen Walzen, WW IV/IV+.

34,0 Stadtmitte **La Bresse**, re ⇩ Chajoux (eine kurze Teilstrecke bis zur ⇩ ist ≋), günstige ⬆. Die weitere Stadtdurchfahrt ist bei höherem Wasserstand wegen gemauerter Ufer und mehrerer ▬ mit starkem Rücklauf sehr gefährlich, auf 1 km umfahren.

33,0 Mögliche ⬇ für die Weiterfahrt, mehrere ▬, genauere Unterlagen liegen bis Cornimont nicht vor.

28,0 Ortsanfang von **Cornimont**, bei höherem Wasserstand unbedingt ⬆. In der Stadt mehrere ▬ mit gefährlichem Rücklauf.

26,0 Ortsende von Cornimont, ⬇ für die Weiterfahrt nach dem langgezogenen Schräg-▬.

24,7 Steil-▬, 3 m hoch, wegen seichten Unterwassers **X**, li über Kanal-Ⅱ ⏏. Nach scharfer li-Kurve stärkere Verblockung mit starkem Gefälle, unübersichtlicher Verlauf, auf 50 m WW II – III. Zur Besichtigung aussetzen oder re ⏏.

24,2 Straßen-Ⅱ D 43.

24,0 Steil-▬, 3,5 m hoch, **X**, li ⏏. Wasserableitung, li ausbooten und dann recht über die Insel ⏏. Hinter Ableitungskanal einsteigen. Auf den nächsten vier Kilometern folgen drei Schräg-▬, meist ≋.

21,9 re **Saulxures-sur-Moselotte**.

19,4 Steil-▬, 4 m hoch, **X**, re 60 m weit über Straße ⏏. Kurz danach Ⅱ in **Les Graviers**. Die Blockstrecke nach dem ▬ ist für Geübte ≋. Zu diesem Zwecke zwischen den beiden ersten Häusern den schmalen Fußweg benutzen und direkt unterhalb des ▬ einsetzen.

18,9 Beginn der ersten Schlucht mit Blockstufen, gut ≋.

18,5 Steil-▬, 4 m hoch, **X**, re ⏏. In landschaftlich sehr schöner Schluchtstrecke folgen weitere Stufen und Verblockungen.

17,1 Ⅱ bei **Thiéfosse**, kurz danach Steil-▬, 2 m hoch, kaum ≋, re ⏏. Es folgt eine weitere schöne Schluchtstrecke mit steilen Felswänden.

15,7 Steil-▬, 1 m hoch, starker Rücklauf! Ganz li über schmale Schräge ≋. Das Tal öffnet sich.

15,0 **Vagney**.

13,3 Schräg-▬, 1 m hoch, evtl. ≋.

11,0 re ⇩ Bouchot (s. Seite 448).

10,7 Steiles Schräg-▬, 1,5 m hoch, aus groben Blöcken errichtet, evtl. ganz re über Schrägabfall ≋ oder li ⏏. Ab hier offener Wiesenfluss.

8,1 Schräg-▬, 1 m hoch, gut ≋, kräftiger Schwall mit guter Übungsmöglichkeit.

6,8 re ⇩ Cleurie (s. Seite 449).

6,2 Schräg-▬ in weiter l-Kurve mit kräftigem Schwall und starkem Stromzug, am besten re ≋.

6,0 Straßen-Ⅱ **Saint-Amé-Dommartin**, gute ⬆.

0,0 ⇩ in Mosel, km 501,6.

Unveränderte Übernahme.

Bouchot

Vogesen

Wiesenfluss – Wildfluss
Mündung in Moselotte (re Nebenfluss)

Der Bouchot ist ein kleiner Wiesenfluss mit leichtem Wildwasser in einer engen Waldschlucht.

Befahrbarkeit: Frühjahr.

14,0 Ursprung bei Gerardmer in etwa 1000 m Höhe.
9,0 Mögliche ⬇ bei Les Truches. Zunächst Wiesenbach, WW I.
4,0 Saut de Bouchot, Wasserfall, **X**, ⩯. Beginn einer engen Waldschlucht mit leicht verblocktem Wildwasser, WW II+.
3,0 Ende der Waldschlucht, danach weiterhin WW I.
1,0 Vagney; auf der Reststrecke reguliertes Bachbett.
0,0 ⇩ in Moselotte bei km 11.

Unveränderte Übernahme

Cleurie

Wildbach
Mündung in Moselotte bei km 6,8 (re Nebenfluss)

Die nur auf kurzer Strecke fahrbare Cleurie ist ein interessanter Wildbach in einem schönen Tal des Westabfalls der Vogesen.

Befahrbarkeit: Zeit der Schneeschmelze und nach stärkeren Regenfällen.

Schwierigkeiten: sofort nach der ⬇ auf 500 m schwerer Katarakt, bis WW IV, danach leichter (WW III, abnehmend). Streckenweise erheblich verblockt, Baumhindernisse möglich. Mehrere der Bewässerung dienende ▬ sind zumeist ≋. Bei St. Amé, kurz vor der ⇩, befindet sich der 8 m hohe „Saut des Cuves“, **X**, ⩯.

Fahrtstrecke: ⬇ bei Le Toly, ⇩ in Moselotte nach 7 km. ⬆ kurz danach bei der Ⅱ zwischen St. Amé und Dommartin.

Unveränderte Übernahme

Sauer (Rhein)

Vogesen

Kleinfluss (Wiesen- und Auenfluss) GKZ: Fr: A3--0110, DE 2358.
Mündung in Rhein (li Nebenfluss)

Die oberrheinische Sauer (nicht zu verwechseln mit der in die Mosel mündenden Sauer) ist ein Fluss der Ostabdachung der Vogesen. In ihrem für eine Befahrung in Frage kommenden Oberlauf wird sie zur Linken von einer reizvollen Hügellandschaft, zur Rechten vom Hagenauer Wald begleitet. Sie ist in diesem Bereich ein verwilderter Kleinfluss mit Baum- und Strauchhindernissen sowie mehreren Mühlen-Wehren, die meist umtragen werden müssen. Wegen dieser Schwierigkeiten wird zumeist nur der Unterlauf ab Forstfeld befahren. Das Flussbett der Sauer ist hier zunächst noch eng, ab Seltz verläuft sie mit wenig Strömung durch den Auwald der Rheinniederungen und bildet hier z. T. seeartige Verbreiterungen.

Ursprung: (49.088126, 7.597129) in ca. 310 m Höhe.

Mündung: (48.916389, 8.1575) in ca. 106 m Höhe.

Länge:	70 km
Befahrbarkeit:	Oberlauf am besten bei HW (Schneeschmelze und nach starken Regenfällen); ab Forstfeld ganzjährig.
Pkw:	Begleitung nicht möglich.

Ursprung im südlichen Pfälzerwald an der Grenze zwischen der Pfalz und dem Elsaß, in etwa 400 m Höhe. Zunächst Verlauf durch die südlichen Vogesen, über eine Befahrbarkeit der Folgestrecke ist nichts bekannt.

48,4 Straßen-Ⅱ, **Wœrth**, mögliche ⬇ in Ortsmitte, nur bei sehr gutem Wasserstand.
45,8 Straßen-Ⅱ, ▬, li **Oberdorf-Spabach**.
45,5 Wege-Ⅱ, Durchfahrt durch einen Freizeitpark Fantasialand.
45,4 Wege-Ⅱ.
45,3 Straßen-Ⅱ D 250, **Gunstett**, Austritt in die Ebene.
45,5 ← des Bieberbachs.
44,3 Mühlen-▬.
43,7 Straßen-Ⅱ.
42,9 Wege-Ⅱ.
41,7 Straßen-Ⅱ, **Biblisheim**, weitere mögliche ⬇ für die Befahrung des Oberlaufs.
41,4 Straßen-Ⅱ.
41,2 Schräg-▬, 1 m hoch, enge Durchfahrt, evtl. ≋, bei HW starker Rücklauf, dann re ⌓.
39,6 EB-Ⅱ.
37,7 Straßen-Ⅱ D 264, darunter kleine Stufe, ≋, li **Surbourg**.
37,4 ▬, steil-schräg, 0,7 m hoch, Betonplatte im Unterwasser, evtl. ≋ oder 50 m vor der Mühle aussetzen und um das Gelände ⌓, der Besitzer ist wenig kanufreundlich.
37,0 Straßen-Ⅱ D 263.
34,8 Mühlen-▬, evtl. ≋ wenn offen oder re ⌓.
32,8 Straßen-Ⅱ, li **Betschdorf**.
32,2 Wege-Ⅱ (Straße gesperrt), wenig später Mühle mit verfallenem Schräg-▬, kurvige Durchfahrten, wegen möglicher Versperrungen vor evtl. Befahrung besichtigen oder re ⌓.
31,8 Wege-Ⅱ, in kurzem Abstand 2 Mühlen-▬, **X**, re kurz ⌓. Danach Beginn eines reizvollen Hochwaldes mit zahlreichen Windungen und bis zu 2 Dutzend querliegender Bäume, bei HW meist überfahrbar, sonst sehr mühsam und zeitaufwendig.
29,5 Straßen-Ⅱ D 344.
26,7 re ⇩ Halbmühlbach (s. Seite 453).
19,6 Steil-▬, **X**, re im Kanal weiterfahren, kurz vor Straßen-Ⅱ D 37bei **Koenigsbruck** (hier 🍴) ↱ und über die Straße zur Weiterfahrt zum li Ufer ⌓.

18,5 Wege-Ⅱ.
16,8 Straßen-Ⅱ D 197, **Forstfeld**, Mühle.
16,4 re ⇩ Eberbach (s. Seite). Ab hier weniger Hindernisse, übliche ⬇ für eine Befahrung des Unterlaufs der Sauer.
15,8 Straßen-Ⅱ A 35.
15,3 Straßen-Ⅱ D 4. Fahrt durch freies Gelände.
12,0 li **Kesseldorf**.
11,3 EB-Ⅱ.
10,2 Straßen-Ⅱ D 468, re **Beinheim**.
6,9 ➔ Kleinrhein.
5,6 Straßen-Ⅱ D 28, **Seltz**, Ⅱ, danach li ⇩ Seltzbach (s. Seite). Ab hier Auwald, seenartige Verbreiterungen, kaum mehr Strömung. Naturschutzgebiet.
0,7 Straßen-Ⅱ, li **Munchhausen**.
0,0 ⇩ der Sauer in Rhein mit Sperrtor bei km 343,9.

Überarbeitung nach Kartenmaterial.

Seltzbach

Elsaß

Kleinfluss GKZ: Fr: A37-0200.
Mündung in Sauer (li Nebenfluss)

Der Seltzbach fließt in seinem Oberlauf recht geradlinig durch eine offene Feld- und Wiesenlandschaft mit nur einzelnen Baum- und Strauchhindernissen. In seinem Unterlauf, nach dem Eintritt in ein großes Waldgebiet, wird er zu einem sehr mühsam zu befahrenden Kleinfluss mit zahlreichen Windungen und vielen natürlichen Hindernissen.

Ursprung:	(48.9649, 7.7905) in ca. 325 m Höhe.
Mündung:	(48.8916, 8.1112) in ca. 109 m Höhe.
Länge:	33 km
Befahrbarkeit:	Frühjahr.

20,9 Straßen-Ⅱ D 264 in **Soultz**, ⬇; mehrere kleine Stufen, einzelne Baum- und Strauchhindernisse.
20,4 EB-Ⅱ.
18,7 Straßen-Ⅱ D 263.
16,4 Schräg-▬, enge Durchfahrt,evtl. ≈, danach Straßen-Ⅱ D 52, li **Hoffen**.
15,4 Mühle, ▬, **X**, re ⌓.
15,5 Straßen-Ⅱ D 52, li **Leiterswiller**.
12,7 Straßen-Ⅱ D 245, kurz danach Schräg-▬, 0,5 m hoch, ≈.
11,8 Straßen-Ⅱ.

10,7 Ende des geradlinigen Verlaufs, bis zur ⇩ Fahrt durch eine reizvolle Waldlandschaft mit zahlreichen Baum- und Strauchhindernissen, je nach Wasserstand vereinzelt ⌓ bei querliegenden Bäumen erforderlich.
10,4 Steil-▬, 1,8 m hoch, evtl. sehr naß ≋, bei HW starker Rücklauf, dann ⌓.
8,7 ▬, ≋ wenn offen.
7,3 Straßen-Ⅱ D 34, li **Niederrödern**, ab hier wird der urwüchsige Eindruck des unberührten Waldes noch stärker.
2,7 Straßen-Ⅱ A 35.
1,8 EB-Ⅱ.
0,6 Straßen-Ⅱ D 468 in **Seltz**, davor re gute ⬆ zur Beendigung der Fahrt, Parkmöglichkeit.
0,0 ⇩ in Sauer bei km 5,6unterhalb der Straßen-Ⅱ D 28.

Überarbeitung nach Kartenmaterial.

Eberbach

Elsaß

Kleinfluss (Waldfluss)
Mündung in oberrheinische Sauer (re Nebenfluss)

Der Eberbach, mit Ursprung in den nördlichen Vogesen, durchfließt im Elsaß das große, geschlossene, urwaldähnliche Waldgebiet des „Forêt de Haguenau“. Entsprechend ist der Eberbach ein meist 4 – 6 m breiter „Urwaldbach“, der auf seinem schönsten Abschnitt bis Soufflenheim als urwüchsiger Bach mit geringem Gefälle durch eine fast unberührte Hochwaldlandschaft läuft. Dem Kanuten wird damit eine nur noch selten anzutreffende außergewöhnlich reizvolle Landschaft erschlossen, die man sich allerdings mühsam erarbeiten muss. Zahlreiche Baum-, Strauch- und Asthindernisse mit mindestens 20 kurzen Übertragungen bzw. Überhebungen sowie unzählige Kurven und Windungen sind die wesentlichen Kennzeichen der Fahrt; ein beachtliches Maß an Leistung und Einsatzbereitschaft zur Überwindung der Hindernisse ist unentbehrliche Voraussetzung. Die Benutzung eines Helmes sowie eines leichten, kurzen Kunststoffkajaks ist dringend zu empfehlen. Die Fahrtenplanung muss auf eine Fahrtendauer von mindestens 7 Stunden abgestellt werden.

Pkw: Begleitung unmöglich.

Ursprung des Eberbachs im Ostabfall der nördlichen Vogesen bei Reichshoffen.
40,0 Oberste mögliche ⬇ an der Ⅱ D 27 bei der kleinen Ortschaft **Hinterfeld**, zunächst offenes Wiesengelände.
38,0 Staßen-Ⅱ D 72 Eschbach-Walburg.
34,8 EB-Ⅱ Gagenau-Weißenburg, Beginn der landschaftlich reizvollen Waldstrecke.
34,0 Wege-Ⅱ.

33,0 Straßen-Ⅱ D 263, beste ⬇. Zunächst offene Fahrt, jedoch bald Beginn der zahlreichen natürlichen Hindernisse.
25,0 li größere offene Waldlichtung.
23,0 Wege-Ⅱ bei Forsthaus, ab hier auf 3 – 4 km parkähnliche Landschaft, Fluss von Hindernissen geräumt, freie Fahrt.
14,5 Betonwege-Ⅱ, re Forsthaus, vom Fluss aus nicht sichtbar.
13,0 li größere Waldlichtung, wieder vereinzelt Hindernisse.
12,0 Kleines ▬, leicht ≋, wenn nicht verlegt.
8,4 Kleines ▬, 0,4 m hoch, leicht ≋, wenn nicht verlegt.
7,8 Straßen-Ⅱ D 37 am Ortseingang von **Soufflenheim**, vor der Ⅱ li Parkplatz, gute ⬆.
2,8 Straßen-Ⅱ D 163 Leutenheim-Königsbruck.
1,0 re Kauffenheim.
0,0 ⇩ in oberrheinische Sauer bei Forstfeld, km 16,4, kurz danach Ⅱ Forstfeld-Roppenheim.

Unveränderte Übernahme

Halbmühlbach

Elsaß

Kleinfluss
Mündung in Sauer (re Nebenfluss)

Der Halbmühlbach ist ein weitgehend natürliches Gewässer im Bereich eines sehr schönen Hochwaldes. Bei gleichmäßiger Strömung gibt es keine Wehre, dafür sehr zahlreiche natürliche Hindernisse (querliegende Bäume, Sträucher, Äste). Seine Befahrung erfordert ein hohes Maß an Ausdauer und Kleinflusstechnik.

Befahrbarkeit: Zeit der Schneeschmelze und nach stärkeren Regenfällen. Bei niedrigerem Wasserstand häuft sich die Zahl der nicht mehr überfahrbaren Hindernisse.

22,5 ➔ des Bieberbachs aus der Sauer bei km 45,0. Man beginnt die Befahrung bei der Ⅱ D 250 über die Sauer bei Gunstett kurz oberhalb der Abzweigung. Fahrt durch offene Wiesen- und Feldlandschaft, einzelne Hindernisse. Der Bieberbach mündet in den Halbmühlenbach.
18,0 Straßen-Ⅱ in **Biblisheim**, gute ⬇. Kurz danach Eintritt in den Hagenauer Wald.
16,0 Niedrige Wege-Ⅱ, evtl. li ⌓. Sofort danach EB-Ⅱ mit 50 m langer Tunneldurchfahrt.
13,9 Straßen-Ⅱ D 263, bei HW evtl. ⌓.
9,5 Wege-Ⅱ einer für den Verkehr gesperrten Waldstraße.
5,8 Wege-Ⅱ, auch diese Zufahrt ist gesperrt.
1,3 Straßen-Ⅱ Niederbetschhofen-Soufflenheim.

0,0 ⇩ in Sauer bei km 26,7. Beendigung der Fahrt erst nach 7 km bei Koenigsbruck möglich.

Unveränderte Übernahme.

Moder

Vogesen - Elsaß

Kleinfluss (Gebirgsfluss - Flachlandfluss) GKZ: Fr: A3--0100.
Mündung in Rhein (li Nebenfluss)

Die Moder, ein Fluss des Elsaß, ist in ihrem Oberlauf ein Gebirgsfluss in einem landschaftlich sehr reizvollen Tal der nördlichen Vogesen. In ihrem Unterlauf, ab Hagenau, ist sie ein Fluss der oberrheinischen Ebene; urwüchsig, einsam und naturbelassen fließt die Moder mit mäßiger Strömung durch Auwälder.

Ursprung:	(48.895278, 7.315833) in ca. 330 m Höhe.
Mündung:	(48.837528, 8.103667) in den Rhein
Länge:	82 km
Befahrbarkeit:	ab Wimmenau nur bei sehr gutem Wasserstand (Frühjahr und nach Regenfällen); ab Obermodern meist ganzjährig, ab Hagenau ganzjährig, auch für Zweier. Wegen sommerlicher starker Verkrautung ist aber auch hier eine Befahrung im Frühjahr ratsam.
Zeltmöglichkeit:	⛟ in Wimmenau.
Pkw:	im Oberlauf, bis Hagenau, verläuft die D 919 stets neben dem Fluss, dadurch Beurteilung des Wasserstandes schon bei der Anfahrt möglich; ab Hagenau keine Straße in Flussnähe.

72,6 Straßen-⌶ D 157, **Wimmenau**, ⬇ nur bei sehr gutem Wasserstand. Über die folgenden Strecke bis Hagenau, ist nur wenig bekannt, also Vorsicht. Zahlreiche Windungen, Strauchhindernisse.
69,5 Straßen-⌶ D 181.
68,0 EB-⌶.
67,5 Straßen-⌶.
65,7 Wege-⌶.
65,5 Straßen-⌶ D 28, **Ingwiller**.
65,4 Mühlen-▬, **X**, ⌓.
65,1 Straßen-⌶ D 6.
Die Moder wird breiter. Es folgen aufgelassene Mühlen, die unterfahren werden. Vorsicht, vor allem bei höherem Wasserstand, evtl. ⌓.
63,0 Straßen-⌶, **Menchhoffen**.
61,8 re ⇩ Soultzbach.
61,5 Straßen-⌶ D 234.

59,6 Wege-Π.
58,9 Straßen-Π D 24, **Obermodern**, Mühlen-▬, **X**, danach gute ⬇. Keine Hindernisse.
58,5 Straßen-Π.
57,7 Straßen-Π.
55,0 Es folgen mehrere Stufen, je nach Wasserstand zwischen 0,5 – 1 m hoch, nach Besichtigung gut ≋.
53,6 Straßen-Π D 326.
53,4 Straßen-Π D 250, li **La Walck**, re **Pfaffenhoffen**.
53,1 Straßen-Π.
51,9 Straßen-Π D 72, li **Uberach**, re **Niedermodern**.
50,8 EB-Π.
49,7 Mühlen-▬, Moulin Rainmatt.
47,8 Straßen-Π, darunter ▬ Stufe.
45,9 Straßen-Π.
43,0 Straßen-Π, re **Schweighouse-sur-Moder**.
42,8 li ⇩ Zinsel du Nord (s. Seite 459), Straßen-Π D 85, ▬ Stufe.
41,6 Straßen-Π D 1063.
40,9 Straßen-Π, darunter ▬ Stufe.
39,7 EB-Π.
39,6 Straßen-Π N 63, **Hagenau**. mögliche ⬇, bis Kaltenhouse jedoch zahlreiche Baumhindernisse.
39,3 Wege-Π.
38,9 Straßen-Π D 263.
38,8 Straßen-Π.
38,6 Wege-Π.
38,3 Straßen-Π.
38,0 Straßen-Π D 29.
36,6 Straßen-Π, Ortsende Hagenau.
35,7 Wege-Π, ▬ Stufe.
34,9 Wege-Π.
33,5 Straßen-Π D 99, **Kaltenhouse**.
32,1 Straßen-Π, li **Oberhoffen-sur-Moder**.
30,2 Straßen-Π D 337, **Bischwiller**.
29,5 ▬, **X**, in das Fabrikgelände einfahren, 30 m vor dem ▬-Rechen an Betonstufe ausbooten und etwa 150 m weit bis zur Straßen-Π ⏏.
29,3 Straßen-Π D 37.
27,9 Straßen-Π.
27,3 Straßen-Π D 29.
26,5 Straßen-Π, li **Rohrwiller**, weitere mögliche ⬇.
25,5 re ⇩ Zorn (s. Seite 456).
25,2 Straßen-Π A 35.
24,2 EB-Π.
23,9 Mühlen-▬, **X**, re ⏏ einfach.

22,4 Straßen-Ⅱ D 468, **Drusenheim**, re Lagerplatz eines französischen Kanuclubs, übliche ⬇, ab hier hindernisfreie Fahrt, es beginnt der schönste Teil der Moder , Naturschutzgebiet.
20,1 ➔ Hellwasser (mit 1mal ⌓ kann darauf der Rhein erreicht werden, jedoch stark verkrautet).
17,5 Straßen-Ⅱ D 737, re **Dalhunden**.
13,8 Straßen-Ⅱ, li **Stattmatten**.
11,6 Straßen-Ⅱ, li **Auenheim**.
6,5 Straßen-Ⅱ D 319, re und li alte, verfallene, von Vauban errichtete Festungsbauwerke (Fort Louis, Fort Carré und Fort d´Alsace).
2,5 Straßen-Ⅱ, li **Neuhaeusel** (etwa 1 km abseits), ⇩ in Druckwasserkanal.
0,4 Straßen-Ⅱ D 4, Ausgleich-▬, Vorsicht, je nach Wasserstand ≈!
0,0 ⇩ in Rhein bei km 334,5.

Überarbeitung nach Kartenmaterial.

Zorn

Elsaß

Kleinfluss GKZ: Fr: A34-0200.
Mündung in Moder (re Nebenfluss)

Die Zorn ist ein aus den Vogesen kommender Kleinfluss des Elsaß. Sie fließt in zahlreichen Windungen mit mäßiger Strömung durch hügeliges Gelände, im Unterlauf reguliert, keine besonderen Schwierigkeiten. Die Zorn wird in ihrem Oberlauf bis Brumath weitgehend vom Rhein-Marne-Kanal, von der Eisenbahn und von einer Straße begleitet, im Unterlauf, in der oberrheinischen Tiefebene, ist sie einsam ohne Straßenbegleitung.

Ursprung: (48.565, 7.2225) in ca. 830 m Höhe.

Mündung: (48.751944, 7.915833) in ca. 120 m Höhe.

Länge: 97 km

Befahrbarkeit: ab Sparsbrod nur bei HW, ab Brumath Frühjahr und nach Regenfällen, im Sommer noch möglich, jedoch evtl. Treidelstellen. Ab Weyersheim ganzjährig, im Sommer jedoch Verkrautungen.

74,4 **Sparsbrod**, mögliche ⬇ bei HW, zahlreiche Windungen, mehrere ▬.
74,1 Mühlen-▬.
73,7 Straßen-Ⅱ D 97B.
73,3 Wege-Ⅱ. Ab hier paraleller Verlauf mit dem Canal de la Marne au Rhin. Links Schiffshebewerk Arzwiller, ⌘.
72,6 Straßen-Ⅱ D 98.
72,4 Wege-Ⅱ, li ⛺ Camping Piscine du Plan Incline, D98, 57820 Henridorff.
71,9 EB-Ⅱ.

69,9 Straßen-II.
69,8 Straßen-II.
69,4 Straßen-II D 38, li **Lutzelbourg**.
68,7 Mühlen-▬.
65,0 Straßen-II.
64,9 ▬, **X**, ⌓.
61,8 Kanal-II. Die Zorn unterquert den Canal de la Marne au Rhin.
61,5 EB-II.
61,1 Wege-II.
60,4 Straßen-II.
59,9 Wege-II.
59,5 Straßen-II.
59,4 Straßen-II D 1004, **Saverne**.
59,3 Straßen-II.
59,2 Wege-II.
59,1 Straßen-II.
58,8 Straßen-II, li #.
58,7 ▬.
58,4 EB-II, ⬇-Möglichkeit.
58,3 Straßen-II D 219.
57,5 Straßen-II.
57,1 Straßen-II D 719, **Monswiller**.
56,0 Straßen-II D 1404.
55,9 ▬.
54,5 Mühlen-▬.
54,2 Straßen-II D 16, li Steinbourg, gute ⬇.
53,6 li ⇩ Zinsel du Sud (s. Seite 458). Die Befahrung der Zorn kann auch auf der Zinsel begonnen werden. Verlauf durch Wiesen, kaum Hindernisse.
53,5 2 Wege-II.
49,5 Mühlen-▬.
49,0 Straßen-II D 521, li **Dettwiller**, re #.
48,8 EB-II.
48,3 ▬, Straßen-II D 421.
47,5 Wege-II.
45,0 li ▬, re Mühlgraben.
44,5 Straßen-II D 151, li **Wilwisheim**, #.
44,3 ➔ Schwarzgraben.
43,9 Straßen-II D 67.
43,8 Mühlen-▬.
43,2 re ⇩ Schwarzgraben.
37,0 Straßen-II D 25, li **Hochfelden**. Es folgen zahlreiche Windungen, einzelne Hindernisse.
36,6 Mühlen-▬.
34,2 Mühlen-▬.

33,8 Straßen-Ⅱ D 32, li **Schwindratzheim**, 🚆.

29,5 Mühlen-▬.

29,0 Straßen-Ⅱ D 332, re **Waltenheim-sur-Zorn**.

24,0 Straßen-Ⅱ D 58, Mühlen-▬, verdeckter Verlauf der Zorn, ⚠.

21,7 Wege-Ⅱ, Straßen-Ⅱ A 4, li **Krautwiller**.

21,0 re ▬, **X**, ⌓, li Mühlgraben.

20,4 Zusammenfluss von Wehrkanal und Mühlgraben bei Straßen-Ⅱ.

20,3 EB-Ⅱ.

19,3 Straßen-Ⅱ D 263, **Brumath**; übliche ⬇ zur Befahrung des Unterlaufs der Zorn. Zunächst enger Flussverlauf im Zuge der Ortsdurchfahrt, einige leichte Baum- und Strauchhindernisse.

17,4 ▬, kleine Stufe mit scharfkantigen Steinen, evtl. ≋.

16,0 Straßen-Ⅱ.

15,5 Mühlen-▬.

15,2 Wege-Ⅱ, li **Geudertheim**.

14,9 Straßen-Ⅱ.

14,5 Straßen-Ⅱ D 223, ab hier wird die Zorn breiter mit geringerer Strömung.

13,1 Straßen-Ⅱ, darunter Schnelle mit scharfkantigen Steinen.

12,7 Steil-▬, etwa 2,5 m hoch, **X**, re oder li ⌓.

11,9 EB-Ⅱ.

11,4 Mühlen-▬ Weyersheimer Mühle, wenn Schütz gezogen ≋, am Abschluß der Rutsche kleine Stufe.

11,2 Straßen-Ⅱ D 37, **Weyersheim**. Ab hier ist die Zorn reguliert.

10,8 Straßen-Ⅱ D 94.

8,7 Straßen-Ⅱ, Steil-▬, etwa 1 m hoch, mit mehreren Sandsteineinbauten, wenn nicht verlegt, alle Durchfahrten ≋.

3,3 Steil-▬ unter Beton-Ⅱ, etwa 0,5 m hoch, starker Rücklauf! Je nach Wasserstand evtl. ≋ oder li ⌓.

0,4 Straßen-Ⅱ D 29.

0,3 Straßen-Ⅱ D 2029.

0,0 ⇩ in Moder bei km 25,5.

Überarbeitung nach Kartenmaterial.

Zinsel du Sud

Kleinfluss
Mündung in Zorn bei km 53,6 (li Nebenfluss)

Die Zinsel du Sud, mit Ursprung mit mehreren Quellbächen in etwa 350 m Höhe, verläuft in ihrem fahrbaren Bereich nur auf kurzer Strecke durch ein enges Tal der Vogesen; im größten Teil ihres Laufes ist sie ein Kleinfluss des Vogesen-Vorlandes mit zahlreichen Windungen, mit Baum- und Strauchhindernissen ist zu rechnen.

Befahrbarkeit: Frühjahr; im Sommer findet sich oft nach Regenfällen ein ausreichender Wasserstand.

Fahrtstrecke: ⬇ oberhalb Dossenheim. Die D 133 verläuft hier neben dem Fluss. Durch Aufnahme mehrerer Seitenbäche nimmt die Wasserführung zu. Die ⬇ kann daher je nach Wasserstand frei gewählt werden. Je ein ▬ in Dossenheim und Steinbourg, X, ⌓. Beendigung der Fahrt entweder bei dem Sägewerk von Steinbourg oder Weiterfahrt auf der Zorn. Je nach ⬇ bis Steinbourg etwa 16 km.

Unveränderte Übernahme

Zinsel du Nord

Vogesen

Kleinfluss GKZ: Fr: A32-0200.
Mündung in Moder (li Nebenfluss)

Die Zinsel du Nord fließt in ihrem Oberlauf durch ein landschaftlich sehr reizvolles Tal der Vogesen. Sie ist hier ein extrem mühsamer Kleinfluss, mit zahllosen Baumversperrungen und Strauchhindernissen, niedrigen Brücken und Stacheldrähten. Einige kleine Wehre sind zumeist fahrbar. Man muss sich für die Befahrung dieser Strecke viel Zeit nehmen.

Im Unterlauf, ab Griesbach, nur noch geringe Hindernisse im Bereich des sehr schönen Hagenauer Forstes. Die Befahrung des Unterlaufes kann sehr empfohlen werden.

Ursprung: (48.9825, 7.3843) in ca. 285 m Höhe.

Mündung: (48.823611, 7.740278) in ca. 145 m Höhe.

Länge: 43 km

Befahrbarkeit: Oberlauf nur im Frühjahr und nach Regenfällen, Unterlauf ganzjährig.

38,0 Bärenthal, mögliche ⬇. Enges Waldtal.

24,0 Zinsweiler. In Ortsmitte unter Ⅱ tiefhängendes Rohr, X, ⌓ am Rohr wegen steiler Ufermauern unmöglich. Ausbooten etwa 100 m vor Ⅱ im Bereich der noch flachen Uferböschungen und 150 m weit ⌓. Beginn einer offenen Feld- und Wiesenlandschaft, nur noch geringe Behinderungen.

20,0 Mühlen-▬ am Ortsanfang von Gumbrechtshofen mit steilem Abfall auf Betonplatte, muss wohl befahren werden, da ⌓ kaum möglich. ⬆ kurz danach an einer breiten Treppe.

19,9 Ⅱ D 242, li ⬇ an einer breiten Treppe (Washhaus).

18,0 Ⅱ D742 nach Uttenhoffen, nach 50 m EB-Ⅱ.

16,0 ▬, li ⌓ bis hinter der D 250, ⩩ 200 m. Ⅱ nach Mietenheim, erreichbar von der N 62, gute ⬇ für die Befahrung des Unterlaufs. Schnelle Strömung, zahlreiche Windungen, nur noch einzelne Hindernisse, nach Regenfällen steigt das Wasser schnell an, dann sportlich.

13,0 EB-Ⅱ.

10,0 Ⅱ D 72, Mertswiller, ⬇, ⬆.

5,0 Ⅱ.

2,0 Ⅱ.

1,0 EB-Ⅱ, Steinschüttung, ≋.

0,0 ⇩ in Moder bei km 42,8.

Unveränderte Übernahme.

Ill (Rhein)

Wildfluss – Wanderfluss GKZ: Fr: A---0030.
Mündung in Rhein (li Nebenfluss)

Die Ill, mit Ursprung im nördlichen Jura, ist in ihrem Oberlauf auf kurzer Strecke ein leichter Wildfluss. Auf der gesamten Reststrecke fließt sie mit ruhiger Strömung als Wanderfluss parallel zum Rhein im Elsaß durch die oberrheinische Tiefebene.

Die Ill ist landschaftlich ansprechend, mit mehreren sehenswerten Orten und Städten an ihren Ufern. In ihrem Unterlauf durchquert sie Straßburg und gibt somit die Gelegenheit, diese sehenswerte, von mehreren Kanälen durchzogene Stadt, das „oberrheinische Venedig“, vom Boot aus zu erkunden. Die Freude an einer Befahrung der Ill wird allerdings durch mehrere Tatsachen beeinträchtigt. Mehrere Wehre, die zwar vielfach fahrbar sind, bei HW jedoch gefährlich werden können. Ab Colmar ist sie kanalisiert und somit nahezu strömungslos, mit zahlreichen Schleusen, die nur teilweise betriebsbereit sind, zum anderen Teil aber recht mühsames umtragen über steile, unkrautbewachsene Uferböschungen erfordern.

Ursprung: (47.461388, 7.266266) in ca. 560 m Höhe.

Mündung: (48.701111, 7.931111) in ca. 127 m Höhe.

Länge: 217 km

Befahrbarkeit: Oberlauf im Frühjahr und nach stärkeren Regenfällen, ab km 129,4 wahrscheinlich ganzjährig.

Pkw: Begleitung nur streckenweise möglich.

197,2 Straßen-Ⅱ D 463, **Waldighofen**, ⬇ für die Befahrung des Oberlaufs. Die Ill ist hier ein munterer Bach, WW I – II.

191,3 Straßen-Ⅱ D 9B4, re **Oberdorf**.

190,4 ■, Straßen-Ⅱ, re **Grentzingen**.

188,0 Wege-Ⅱ.

186,1 Straßen-Ⅱ D 9B, **Bettendorf**. Unterhalb Bettendorf folgt eine Reihe kleiner Stromschnellen, die, je nach Wasserstand, knapp WW III erreichen können.

184,5 Straßen-Ⅱ.

184,0 Straßen-II D 432, danach ▬, **Hirsingue**, mögliche ↑, falls nur die WW-Strecke befahren wird. Ab hier keine wesentlichen Schwierigkeiten mehr.
179,7 Straßen-II D 17, li **Hirtzbach**.
178,6 re ▬, li Mühlgraben.
178,0 Straßen-II D 25.2, li **Carspach**. Es folgen einige kleine Rutschen, gut ≋. Mehrere ⌓-Stellen.
177,6 Straßen-II.
177,5 ▬.
177,1 Furt.
175,6 Straßen-II D 16.
175,2 Straßen-II D 132, **Altkirch**.
173,7 ▬.
173,2 Straßen-II D 419.
172,8 li ▬, re Mühlgraben.
172,0 Wege-II.
171,6 re ▬, li Mühlgraben.
171,2 Straßen-II D 16, li **Walheim**.
169,2 Straßen-II, re **Tagolsheim**.
168,4 Straßen-II D 432.
168,3 EB-II.
167,5 Straßen-II D 18.
167,2 li ▬, re Mühlgraben.
166,5 ⇩ in Rhein-Rhône-Kanal.
166,0 ← der Ill aus dem Rhein-Rhône-Kanal über ein ▬, re **Illfurth**.
165,8 Wege-II.
165,7 li ⇩ Largue, danach Straßen-II D 181.
163,7 ▬.
161,4 ⇩ in Rhein-Rhône-Kanal, diesem nach re folgen.
160,6 Straßen-II D 18.5, re **Zillisheim**, danach ← der Ill aus dem Rhein-Rhône-Kanal über 2 ▬.
157,9 ▬.
156,6 Straßen-II D 8B1, li **Didenheim**.
156,5 ▬.
155,1 Wege-II.
154,7 Straßen-II D 433, li und re **Mulhouse**.
154,2 ↑ unter der II zum Ill-Stadion. Eine Weiterfahrt durch Mulhouse ist nicht möglich. Rechts ⛺ Camping de l'Ill, 1 Rue Pierre de Coubertin, 68100 Mulhouse.
150,5 li ⇩ Doller (s. Seite 475) im Stadtgebiet von Mulhouse.
149,0 Straßen-II D 203, **Illzach**.
148,3 Straßen-II.
147,6 Straßen-II D 38.
146,8 Wege-II, darunter ▬.
145,7 Straßen-II D 55.

144,5 Flussteilung.
142,4 Straßen-Ⅱ D 20.2, li **Ruelisheim**.
142,0 ▬.
138,7 ▬ Furt.
135,7 Straßen-Ⅱ D 101, **Ensisheim**.
135,5 Straßen-Ⅱ D 2.
135,0 ▬.
134,3 li ⇩ Thur (s. Seite 475).
131,3 Straßen-Ⅱ, **Réguisheim**, die Fahrt muss hier unterbrochen werden, es folgt in Meyenheim eine **X** Stelle.
129,4 Straßen-Ⅱ D 201, li **Meyenheim**, ⬇ für die Weiterfahrt am Fuß der **X** Stufe. Die folgende Strecke ist eingedeicht, etwas eintönige Fahrt zwischen Deichen, viele kleine Stufen. Befahrung der Strecke bis Colmar nur wenig zu empfehlen.
129,0 Straßen-Ⅱ A 35.
125,8 Straßen-Ⅱ, li **Oberentzen**.
124,8 Straßen-Ⅱ D 18Bis, li **Niederentzen**.
124,5 EB-Ⅱ.
123,9 Straßen-Ⅱ, li **Biltzheim**.
122,8 Straßen-Ⅱ D 8, li **Oberhergheim**.
122,5 Straßen-Ⅱ.
120,5 Straßen-Ⅱ D 1Bis, li **Niederhergheim**.
118,3 Straßen-Ⅱ, li **Saint-Croix-en-Plaine**.
115,8 Straßen-Ⅱ D 1, re **Logelheim**.
113,1 Straßen-Ⅱ D 13, **Sundhoffen**.
112,5 EB-Ⅱ.
110,0 Straßen-Ⅱ D 415.
109,0 Straßen-Ⅱ.
108,2 li ⇩ Thur.
107,7 Straßen-Ⅱ D 418, **Colmar-Horbourg**, mögliche ⬇. Die Ill ist ab hier kanalisiert mit Wehren, die evtl. nach Besichtigung ≋ sind, daher bis Straßburg wenig Strömung. Einige Wehre verfügen über Schleusen. Die Tore der mit Handbetrieb selbst zu bedienenden ⧓ sind teilweise verfallen, z. T. recht mühsames ⌓.
106,3 li ⇩ Lauch (s. Seite 474), ➔ Canal de Colmar. Die Fahrt geht geradeaus weiter.
106,2 ▬.
104,8 Straßen-Ⅱ D 4.
101,7 ehemaliges ▬, geöffnet.
100,0 ▬, li ⧓ (Funktion?).
98,4 Straßen-Ⅱ D 3, danach ▬, li ⧓ (Funktion?).
93,6 li ⇩ Fecht (s. Seite 471).
93,4 Straßen-Ⅱ D 106, **Illhaeusern**.
93,3 re ⧓, nicht schleusen, sondern geradeaus weiterfahren.

91,1 Straßen-II.
90,3 Straßen-II.
86,9 Straßen-II.
85,4 li ▬, der linke Arm führt direkt nach Schlettstadt, Straßen-II D 424, re Arm führt um Schlettstadt herum. Welcher Arm befahren wird, sollte erkundet werden.
84,3 im li Arm Straßen-II D 159, danach Slalomstrecke, **Schlettstadt** (Sélestat), sehenswerte Stadt. Sehr zu empfehlen ist ein Ausflug zur Hochkönigsburg, 755 m hoch gelegen, ⌘, mit herrlicher Aussicht über die Vogesen und das Rheintal.
im re Arm Straßen-II D 159, li **Maison Forestière de la Redoute**, li nach Schlettstadt 1 km.
83,3 Zusammenfluss beider Arme.
80,6 Straßen-II D 209, li **Rathsamhausen le Bas**.
79,5 re ▬, re ⩯, li nicht in den Mühlgraben einfahren.
78,8 Straßen-II D 21, **Muttersholtz**.
75,9 li ⇩ Gießen (s. Seite 471).
75,0 re ▬, re ⩯, li Mühlgraben.
73,0 Straßen-II D 210, **Ebersmunster**, Barockkirche, ⌘.
72,0 li ⇩ Mühlgraben.
70,8 re ▬ mit ✡ (Funktion?), li Mühlgraben.
69,1 Straßen-II, li ⇩ Mühlgraben, li **Kogenheim**.
67,7 Straßen-II, li **Sermersheim**.
65,4 Straßen-II, li **Huttenheim**.
65,2 re ▬; nicht in li Arm fahren!
62,8 re Hauptarm über ▬, li Mühlgraben, li **Benfeld**.
62,2 Straßen-II D 5.
61,3 re **Ehl**.
60,5 Straßen-II D 282, li **Sand**.
60,0 li ⇩ Mühlgraben.
59,4 Straßen-II.
58,1 ▬, li ✡ (Funktion?).
57,1 Straßen-II D 131, li **Osthouse** etwa 1 km entfernt.
56,0 ➔ mit ▬ in Canal de Décharge de l´Ill; in 3 km zum Rhein-Rhône-Kanal und weiter mit ⩯ in Plobsheimer See in etwa 8 km zum Rhein bei km 232; aus dem Plobsheimer Stausee besteht über den Krummen Rhein (s. Seite 466) die Möglichkeit, bei Straßburg zur Ill zurückzukommen.
Die Weiterfahrt auf der Ill folgt dem li Arm
55,7 re ▬, ⩯, li ✡ (Funktion?) führt in den Ort.
54,6 Straßen-II D 426, Beginn von **Erstein**.
54,3 ▬, li ✡ (Funktion?).
54,1 li halten, der re Arm führt zum Canal de Decharge de l'Ill.
53,8 ▬, **X**, re 100 m weit ⩯, re ✡ (Funktion?).
53,6 Straßen-II, Zentrum **Erstein**.

53,5 Straßen-Π.
53,0 Straßen-Π.
52,3 Straßen-Π D 988.
50,0 **Nordhouse**; re Arm unter Straßen-Π D 788, Ausgleich-■; li Arm unterhalb Straßen-Π li ✕. Im li Arm nach 1,5 km Ausgleichs-■, ≋, wenn nicht verlegt. Nach weiteren 200 m re über 300 m langen kleinen Arm zurück in Hauptfluss bei km 48,6. Geradeaus weiter Petite Ill mit Baumhindernissen und niedrigen Stegen zur Ill bei km 43,9. Die Petite Ill ist sehr flach, öfters treideln, ⌓-Stellen.
48,6 re Arm = Hauptarm, li ⇩ des kleinen Armes (s. km 50).
48,3 Straßen-Π.
47,4 re ⇩ Canal d´Alimentation de l'Ill (Verbindung zum Plobsheimer See, aber Gegenströmung).
45,0 Fabrik-■, **X**, ⌓.
44,9 Straßen-Π
43,9 Straßen-Π, li **Ohnheim**, kurz davor li ⇩ Petite Ill.
42,7 li ⇩ Andlau (s. Seite 470).
41,6 Straßen-Π N 353.
39,9 Straßen-Π D 222.
40,3 li ⇩ Ehn (s. Seite 470).
39,6 Straßen-Π; danach ■, **X**, li ⌓. Beginn **Illkirchen-Graffenstaden**.
39,3 Straßen-Π.
38,0 2 Straßen-Π D 884.
37,4 ■, 3 Arme. li kleiner Arm ist im Auslauf verblockt, vom Wasser aus nicht einzusehen. Im mittleren Arm ↱ auf Insel und 80 m weit ⌓.
37,0 Straßen-Π.
36,1 Straßen-Π A 35, li davor ✕.
31,0 Straßenbahn-Π.
30,8 EB-Π, li **Lingolsheim**, re Beginn von **Straßburg**.
30,6 li ⇩ Bruche (s. Seite 467).
30,3 Straßen-Π.
29,4 Straßen-Π.
29,0 mehrere Straßen-Π der A 35, ab hier einige Wassersportvereine mit ⌂, nicht bewirtschaftet, keine ▲-Möglichkeit.
28,9 re ⇩ des Krummen Rheins (s. Seite 466).
28,8 Ruderclub. Mögliche ⬇ für eine Stadtrundfahrt Straßburg. Abwärts bis km 26. Hier ⬅ in den Kanal „Fosse di Faux Rampart“ und aufwärts bis km 27,6 (Gegenströmung). ⯐ li ⌓ und zurück zur Einsatzstelle. 5 km, lohnend.
28,6 EB-Π.
28,5 re ⇩ des Rhein-Rhône-Kanal. Der Rhein-Rhône-Kanal zweigt sofort wieder nach re ab zur Spital-⯐ und weiter über Süd- oder Nord-⯐ zum Rhein.
Weiterfahrt auf der Ill li.

28,4 Straßen-II, Beginn der Altstadt Straßburg.
27,8 Brückengebäude mit Museum = Teil der alten Stadtmauer. Vauban-▬ (barrage Vauban). Von der Aussichtsterrasse schöner Blick auf Altstadt und Münster.
27,7 Straßen-II Pont Couvert, 14. Jahrhundert mit Wehrtürmen;
1. li Arm elektr. Schiffs-⇆, Einfahrt verboten.
2. Arm von li nehmen. Direkt hinter den gedeckten Brücken li Treppen und 🍴 mit Garten.
Alle re Arme führen durch Fabrik-Turbinen.
27,5 Straßen-II Rue des Moulins.
27,4 Kleine Dreh-II, dann ⇆ „la petite France", Fachwerkbauten, ⌘. In die ⇆ nur nach Aufforderung des ⇆-Wärters einfahren, Ausflugsschiffe haben Vorfahrt, es besteht keine ⇆-Pflicht. Zum ⌓: vor der Dreh-II aussetzen, über die ⇆ nach li ⌓ und unter der nächsten II ⬇. Altstadt von **Straßburg**. Von hier an viele Sehenswürdigkeiten am Fluss: Kirche St. Thomas, re Elsäss. Museum, li Schloss Rohan und schöne Bürgerhäuser.
27,3 Straßen-II.
27,1 Straßen-II.
26,8 Straßen-II.
26,7 Straßen-II.
26,4 Straßen-II.
26,3 Wege-II.
26,1 Straßen-II.
26,0 li ⇩ des von der elektrischen Schifffahrtsschleuse kommenden Armes (siehe km 27,7), Abzweig der Rundfahrt (siehe km 28,8), Springbrunnen.
25,9 Straßen-II mit Straßenbahnhaltestelle.
25,7 Straßen-II Pont d'Auvergne, dahinter 2-türmige Kirche (Paulskirche), ← Aar, nach 2 km von li ⇩ kleiner Kanal, nach 1 km nach re Querung des Rhein-Marne-Kanals. Dort ⌓ in Hauptarm der Ill bei km 22,6.
re Ill, Weiterfahrt zum Europa-Parlament.
25,5 Straßen-II.
25,0 Straßen-II.
24,7 Wege-II.
24,3 Wege-II, Europa-Parlament.
24,0 Querung des Rhein-Marne-Kanals. Bei der Weiterfahrt gibt es 3 Möglichkeiten:
1. nach li auf dem Rhein-Marne-Kanal 0,8 km bis zur ⌓-Stelle in die Ill bei km 22,6.
2. Unter der II hindurch zum Stangen-▬ (km 23,9), **X**, re ⌓; nach weiteren 800 m ▬ (km 23,1), evtl. 〰 oder ⌓.
3. nach re durch Ausgleich-⇆ zum Rhein bei km 295,6.
22,6 von li ▬ und ⇩ der Aar(siehe km 25,7).
21,4 Straßen-II, li **Bischheim**, re **Straßburg**.
20,9 Wege-II.

20,4 Wege-Ⅱ.
17,1 re **Fuchs am Buckel**, 🍴. Dort ➔ des Steingießen, nach 5 km mit ⏏-Stellen zum Rhein bei km 301,5.
14,8 ← eines Mühlkanals, re auf der Ill weiterfahren.
14,0 verfallenes ▬, ≋, wenn nicht verlegt (Auf der Karte nicht gefunden).
10,4 Straßen-Ⅱ D 223, li **La Wantzenau**, 🍴.
9,5 Ortsende La Wantzenau, li schöne Rastplätze, danach li 🍴, paddlerfreundlich.
5,5 von re ⇩ Druckwasser; die Ill fließt hier parallel zum Rhein unter dem Niveau der Staustufe Gambsheim.
2,2 Straßen-Ⅱ D 2, gute ⬆, re im Rhein Staustufe Gambsheim = Grenzübergang. li **Gambsheim** 1,5 km.
0,2 Ausgleich-▬ und ⇆ (Funktion?), meist ≋, manchmal starker Rücklauf.
0,0 ⇩ in Rhein bei km 311,3.

Überarbeitung nach Kartenmaterial.

Krummer Rhein, (Rhin Tortu)

Kleinfluss (Flachlandfluss)
Mündung in Ill (re Nebenfluss)

Der Krumme Rhein, der sein Wasser aus dem großen Stausee der Rhein-Staustufe Straßburg-Plobsheim bezieht, führt zunächst als hübscher Wanderfluss durch offenes Wiesengelände und durch Waldgebiet. Der Waldboden liegt z. T. unter dem Wasserspiegel, mächtige Eichen. In seinem Unterlauf, im Stadtgebiet von Straßburg, fließt er durch Gärten und Anlagen und vorbei an Bürgerhäusern. Leider liegt seit 1994 kein neuer Befahrungsbericht vor. Es ist mit Veränderungen zu rechnen.

Befahrbarkeit: ganzjährig.

28,0 Abfluss des Krummen Rheins aus der Staustufe, ⇆, meist defekt. Mögliche ⬇.
Man gelangt dorthin auf der D 468 von Plobsheim, Richtung Kraft, li zweigt eine Straße ab, die nach Überqueren einer Ⅱ zum Fuß des Staudammes führt.
25,5 li Arm fahren, der re Arm führt zur Mühle.
25,0 **Plobsheim**, übliche ⬇.
23,5 ▬, verfallen, meist ≋. Häufig Grundberührung, re ⏏ möglich, mühsam.
23,0 re ⇩ Mühlgießen, bringt sauberes Wasser.
22,5 Abzweig des Schwarzwassers.
9,0 ▬ mit ⇆, defekt (Stand 1994). ▬ bei höherem Wasserstand evtl. ≋, jedoch Achtung auf starken Rücklauf! li ⏏ auf schmalem Weg.
Nicht re in Mühlkanal einfahren! Im fahrbaren Mühlkanal li kommt manchmal starker Druckstrahl von re aus großem Rohr!

8,0 re Landungssteg vor Stein-Ⅱ, re ✂. Ab hier Fahrt durch Gärten von Straßburg.
3,0 li Stadion.
2,0 Straßen-Ⅱ Straßburg-Colmar, danach ■, X. li kleine Hand-⚒, defekt (Stand 1994). Danach Slalom-Strecke, ⌂.
0,0 ⇩ in Rhein-Rhône-Kanal bzw. Ill, km 28,9. Nach re Weiterfahrt bis zu den gedeckten Brücken.

Unveränderte Übernahme.

Zembs

Kleinfluss
Mündung in den Plobsheimer Stausee des Rhein-Seitenkanals.

Die Zembs ist ein reizvoller Kleinfluss der oberrheinischen Ebene zwischen Rhein und Ill. Um Schwierigkeiten mit den Anliegern zu vermeiden, wird empfohlen, die Zembs nur in kleinen Gruppen zu fahren und sich möglichst ruhig und unauffällig zu verhalten.

Befahrbarkeit: Frühjahr.

Fahrtstrecke: Von **Roßfeld**, Straßen-Ⅱ D 82 bis zur Straßen-Ⅱ D 131 bei **Gerstheim** etwa 10 km.
Ob eine Befahrung der Reststrecke bis zum Stausee möglich ist (weitere 8 km), ist nicht bekannt, ist jedoch anzunehmen.

Unveränderte Übernahme.

Bruche

Vogesen

Kleinfluss - Wanderfluss (Gebirgsfluss - Flachlandfluss) GKZ: Fr: A2--0110.
Mündung in Ill (li Nebenfluss)

Die Bruche fließt in ihrem Oberlauf durch ein landschaftlich sehr reizvolles Tal der Vogesen zwischen Wiesen und Wäldern. Sie ist hier ein recht sportlicher Kleinfluss, mit erheblichem Gefälle, schneller Strömung, natürlichen Hindernissen sowie mehreren, meist fahrbaren Wehren.

Auch in ihrem Unterlauf, ab Mutzig, ist sie als Wanderfluss sehr zu empfehlen, mit guter Strömung und einigen kleinen Schwällen.

Ursprung: (48.344444, 7.167083) in ca. 670 m Höhe.

Mündung: (48.5675, 7.7125) in ca. 130 m Höhe.

Länge: 77 km

Befahrbarkeit: Oberlauf im Frühjahr, ab Mutzig wahrscheinlich ganzjährig.

Hilfspegel:	der Wasserstand für eine Befahrung des Oberlaufs ist ausreichend, wenn das Wehr von Rothau überspült ist.
Pkw:	Die viel befahrene Straße N 392 verläuft im Flusstal.

64,6 Straßen-Ⅱ D 296, **Saint-Blaise-la-Roche**, mögliche ↓ für die Befahrung einer kurzen Strecke des Oberlaufs. 4 Stufen, ≋.

63,2 EB-Ⅱ.

62,4 ■ 100 m oberhalb der Straßen-Ⅱ der D 1420, ↑. Die folgenden 6 km sollten mit Pkw umfahren werden, da 4 ■ eine Weiterfahrt praktisch unmöglich machen.

56,0 Ⅱ der Straße zum 🚆 von **Rothau**, ↓ für die Weiterfahrt. Es folgt sehr schönes Wasser mit mehreren Stufen, gut ≋. Auf dieser Strecke werden Wildwasser-Rennen veranstaltet.

55,8 Wege-Ⅱ.

55,4 Straßen-Ⅱ.

54,8 EB-Ⅱ.

54,5 Straßen-Ⅱ D 2420.

54,4 ■.

54,0 Wege-Ⅱ.

53,7 Straßen-Ⅱ, **Schirmeck**.

53,6 Straßen-Ⅱ D 392.

53,5 ■, Straßen-Ⅱ.

53,2 ↓ an einer kleinen Ⅱ bei einem großen Parkplatz, ⛺. Die Folgestrecke ist landschaftlich weiterhin sehr reizvoll, der Fluss ist jedoch durch den Bau einer Schnellstraße erheblich in Mitleidenschaft gezogen. Die Bruche ist hier 5-7 m breit; es folgen 2 kleine ■, ≋, anschließend Wald- und Wiesenlandschaft.

53,0 Straßen-Ⅱ D 392.

51,5 Straßen-Ⅱ D 942004.

49,6 Straßen-Ⅱ,li **Hersbach**, re **Russ**.

49,1 Schräg-■, 1 m hoch, oft verlegt, evtl. re über Rutsche ≋, Vorsicht, Prallhang im Unterwasser, evtl. re ⌓. Ab hier hübscher, sportlicher Kleinfluss mit einigen natürlichen Hindernissen, 3 Wehr sind evtl. nach Besichtigung ≋.

48,1 Schräg-■ mit steilem Schlußabfall, etwa 1,5 m hoch, mehrere Durchfahrtsöffnungen, wenn nicht verlegt, am besten li ≋ oder re ⌓.

47,6 Straßen-Ⅱ D 804, li **Wisches**, re **Schwarzbach**.

45,5 Straßen-Ⅱ D 191, li **Lutzelhouse**.

44,9 Wege-Ⅱ.

44,1 ■.

42,4 Straßen-Ⅱ, danach Stufen, li **Urmatt**.

41,9 Straßen-Ⅱ D 1420.

39,2 Straßen-Ⅱ, li **Floessplatz**.

38,7 EB-Ⅱ.

38,5 ■.
37,5 Straßen-Ⅱ D 1420.
37,1 Straßen-Ⅱ D 704.
36,4 ■, li **Heiligenberg**.
33,8 Schräg-■ am Ortseingang von Dinsheim, kaum ≋, li ⌓. Die Fahrt wird am besten am li Ufer beendet; ab hier zunehmende Verbauung der Ufer und durch ■.
33,1 Straßen-Ⅱ D 717, li **Dinsheim-sur-Bruche**.
32,7 Straßen-Ⅱ D 1420.
32,8 Block-■ mit scharfkantigen Basaltsteinen, evtl. ≋.
32,2 Straßen-Ⅱ D 217, direkt darunter ■, **X**, ↱ vor der Ⅱ und vorsichtig über die stark befahrene Straße ⌓.
31,6 Steil-■, **X**, re ⌓.
30,7 Straßen-Ⅱ D 1420.
30,5 Steiles Schräg-■, 0,8 m hoch, re Wasserableitung, evtl. re ≋ oder li ⌓.
30,9 Straßen-Ⅱ D 392, **Mutzig**, gute ⬇ li beim Anglerverein, sehr freundlich, bitte anfragen, ob Pkw abgestellt werden kann.
27,8 ■ vor Molsheim, Mitte evtl. ≋ oder re ⌓, Steine im Unterwasser.
27,4 Straßen-Ⅱ.
26,6 Straßen-Ⅱ D 2422, **Molsheim**.
26,5 ■ unterhalb Molsheim, evtl. ≋ oder li ⌓.
26,3 Wege-Ⅱ, li 🚐 Camping de Molsheim, 6 Rue des Sports, 67120 Molsheim, ✆ 03 88 49 82 45.
25,6 EB-Ⅱ.
25,3 Steinwurf-■, li ≋, sonst re ⌓.
24,9 Straßen-Ⅱ D 422.
23,7 Straßen-Ⅱ D 127, **Avolsheim**.
23,2 Straßen-Ⅱ mit 13 Bogen, darunter ■, Steine im Unterwasser **X**, li ⌓, ⬇-Möglichkeit vom Canal de Bruche (s. Seite 470).
21,9 Straßen-Ⅱ D 727, danach ■, **Wolxheim**.
20,6 Straßen-Ⅱ D 30, darunter Steinschüttung, **Egersheim**.
17,2 Straßen-Ⅱ D 93, davor Stufe, **Ernolsheim-Bruche**.
15,3 Straßen-Ⅱ D 111, li **Kolbsheim**.
14,7 ■, starker Rücklauf, ≋ nur bei NW, sonst re ⌓. Bis zur ⇩ noch 3 weitere Stufen, 0,5 m hoch ≋.
11,8 Straßen-Ⅱ D 221, danach Stufe.
10,1 ■ vor Holtzheim.
9,8 Straßen-Ⅱ D 222, **Holtzheim**.
9,2 Straßen-Ⅱ.
6,0 Straßen-Ⅱ D 63.
2,6 Straßen-Ⅱ D 445, li **Eckbolsheim**, re **Lingolsheim**.
0,6 EB-Ⅱ.
0,5 EB-Ⅱ.
0,3 Straßen-Ⅱ

0,0 Straßen-II, ⇩ in Ill bei km 30,6.

Überarbeitung nach Kartenmaterial.

Canal de Bruche

Es handelt sich um einen aufgelassenen Kanal, praktisch ohne Strömung. Seine Befahrung bietet die Möglichkeit, auf dem Kanal in die Vogesen hinein zu paddeln, mit schönem Blick auf die Berge. Nach umtragen bei Avolsheim kann man dann auf der Bruche wieder zum Ausgangspunkt zurückfahren. Allerdings machen insgesamt 11 Schleusen, außer Betrieb, die alle umtragen werden müssen, die Befahrung recht mühsam. Ausgangspunkt der Fahrt ist Eckolsheim, Ill-km 30,3. Die Bruche und der Bruche-Kanal münden hier nur 300 m voneinander getrennt in die Ill.

Unveränderte Übernahme.

Ehn

Kleinfluss – Aulandfluss
Mündung in Ill bei km 41 (li Nebenfluss)

Die Ehn ähnelt weitgehend der benachbarten Andlau. Wie diese fließt sie mit ruhiger Strömung zwischen Wiesen und Feldern ohne besondere Schwierigkeiten durch eine einsame Aulandschaft der oberrheinischen Tiefebene.

Befahrbarkeit: Frühjahr.

Fahrtstrecke: II Meistratzheim – ⇩ in Ill 16 km. In Kräutergersheim Mühlen-▬, X, li ⌓, weiterhin einige gut ≋ Stufen. Die Ehn dürfte auch oberhalb Meistratzheim ≋ sein, müßte jedoch erst erkundet werden.

Unveränderte Übernahme.

Andlau

Wildfluss – Kleinfluss GKZ: Fr: A25-0200.
Mündung in Ill bei km 42,7 (li Nebenfluss)

Ursprung: (48.406389, 7.276667) in ca. 1010 m Höhe.

Mündung: (48.498611, 7.698333) in ca. 143 m Höhe.

Länge: 42 km

Von der Andlau ist die Befahrung von 2 Teilstrecken bekannt.

1. Oberlauf

Die Andlau bietet hier auf einer 6 km langen ⇄-Strecke eine rasante „Non-Stop-Fahrt“ bei einer Bachbreite von etwa 6 m, WW III - IV.

Fahrtstrecke: ⬇ Auberge Lilsbach, ⬆ nach 6 km bei Andlau.

2. Unterlauf

Die Andlau fließt hier mit mäßiger Strömung zwischen Wiesen, Feldern und Parkanlagen ohne besondere Schwierigkeiten und ohne Hindernisse mit etwa 4-6 m Breite durch eine sehr einsame Aulandschaft der oberrheinischen Ebene. Zunächst durch hohe Uferböschungen wenig Ausblick auf die Umgebung.

Fahrtstrecke: Ⅱ bei Zellwiller - Ⅱ bei Hindisheim, 20 km.

Unveränderte Übernahme.

Gießen

Wildfluss – Kleinfluss
Mündung in Ill bei km 75,9 (li Nebenfluss)

Über den Oberlauf des Gießen, oberhalb Chatenois, ist nichts bekannt, eine Erkundung könnte lohnend sein. Ab Chatenois ist der Gießen ein Kleinfluss, mit engen Kurven, Strauchhindernisse möglich. Bei höherem Wasserstand erhebliche Wasserwucht mit Stellen bis WW III.

Befahrbarkeit: ganzjährig.

Fahrtstrecke: Einsetzstelle Straßen-Ⅱ D 35, Chatenois, 10 km bis ⇩ in Ill. Auf dieser Weiterfahrt 4 km bis D 210, Ebersmünster.

Unveränderte Übernahme.

Fecht

Vogesen

Wildfluss – Kleinfluss GKZ: Fr: A2--0100.
Mündung in Ill (li Nebenfluss)

Die Fecht ist in ihrem Oberlauf einer der schönsten Wildbäche der Vogesen; in ihrem Unterlauf, nach Austritt aus den Bergen, wird sie zum gut fahrbaren Kleinfluss. Zwischen diesen beiden Abschnitten liegt eine fast 20 km lange Strecke, die so sehr mit Wehren, zum großen Teil unfahrbar, verbaut ist, dass von einer Befahrung dringend abgeraten werden muss.

Ursprung: (47.952778, 7.032778) in ca. 1240 m Höhe.

Mündung: (48.182778, 7.430278) in ca. 170 m Höhe.

Länge: 49 km

Befahrbarkeit: Oberlauf zur Zeit der Schneeschmelze (März – April) und nach starken Regenfällen; auch für den Unterlauf ist ein guter Wasserstand günstig.

43,0 Ⅱ, **Mittlach**, ⬇. Der folgende Abschnitt der Fecht wird, unter der Voraussetzung eines ausreichenden Wasserstandes, sehr viel befahren.

Zunächst auf 3 km WW II, leichte Verblockung, Strauchhindernisse möglich.

40,5 Gefährliche Stufe, Steckgefahr im Tosbecken, evtl. ganz seitlich ≋, besser ⌂.

40,0 II, **Metzeral**, deutliche Zunahme der Schwierigkeiten, besonders interessant eine 3-fach Stufe, durchweg WW III. Auf der Höhe des ⧻ von Mühlbach kurzer, sehr schwerer Abschnitt, bis WW IV.

36,0 **Breitenbach**, ↑ bei der Akkumulatorenfabrik Varta. Es wird dringend geraten, die Fahrt hier zu beenden. Bis Ingersheim folgen etwa 30 ▬, zumeist steil - hoch und **X**, ⌂ jeweils recht mühsam.

17,5 **Ingersheim**, II, 5 m hohes Steil-▬, **X**, Ende der total verbauten Flussstrecke, ↓ für eine Befahrung des Unterlaufs. Die Fecht ist hier ein schnell fließender kurvenreicher Buschwaldfluss, weitgehend naturbelassen mit Baumhindernissen und einigen Schräg-▬, gut ≋, jedoch Achtung auf Rücklauf bei HW! Das ▬ beim ⧻ von Bennwihr sollte wegen seines Rücklaufs besser ⌂ werden.

11,5 li ⇩ Weiss (s. Seite 472).

10,0 II Houssen-Sigolsheim.

0,0 ⇩ in Ill bei Illhäusern, km 93,6.

Unveränderte Übernahme.

Weiss

Vogesen

Wildfluss – Kleinfluss Mündung in Fecht (re Nebenfluss)	GKZ: Fr: A21-0200.

Die Weiss ist ein sehr interessanter, z. T. recht schwerer Wildfluss in einem landschaftlich sehr schönen Tal der Vogesen. Nur in ihrem Unterlauf, nach Austritt aus den Vogesen, wird sie zum leichten Kleinfluss.

Ursprung:	(48.090278, 7.120556) in ca. 850 m Höhe.
Mündung:	(48.124167, 7.336389) in ca. 188 m Höhe.
Länge:	24 km
Befahrbarkeit:	Oberlauf nur zur Zeit der Schneeschmelze und nach heftigen Regenfällen, ab Kaysersberg im Frühjahr und nach Regenfällen. Eine durchgehende Befahrbarkeit ist nicht möglich, da zwei kurze Teilstrecken unfahrbar bzw. nur sehr mühsam zu befahren sind.
Pegel:	Steg oberhalb der II der D 11 Richtung Freland; Minimum 70 cm.

16,0 **Orbey**, mögliche ⬇ bei der 1. Ⅱ. Enges Flussbett, zahlreiche Stufen und Stromschnellen, Erkundungen mehrfach erforderlich, WW III - IV, **X** bei einer Mühle zu Beginn der Strecke. Gefälle: 27 ‰.

13,0 **Hachimette**, ⬆ am Ortsanfang, die folgende Stelle ist **X**. li ⇩ Béhine (s. Seite 473).

12,5 ⬇ für die Weiterfahrt unterhalb der Kirche re. Es folgt eine sehr spritzige, erheblich verblockte WW-Strecke mit mehreren Stufen. Eine Stufe bei der Ⅱ der D 11 hat bei HW gefährlichen Rücklauf. Gefälle 20 ‰, WW II – III.

8,5 ⬆ bei dem 1. ▬ von **Kaysersberg**. Eine Weiterfahrt ist möglich, jedoch wegen mehrerer ▬, **X**, sehr mühsam.

8,0 ⬇ für die Weiterfahrt beim Friedhof von Kaysersberg. Es folgt eine sehr schöne, deutlich leichtere Fahrt. Einige Stufen, zumeist gut ≋, bei HW evtl. gefährlicher Rücklauf möglich.

4,0 Ⅱ, li **Sigolsheim**, Ende der Schwierigkeiten.

0,0 ⇩ in Fecht bei km 11,5.

Unveränderte Übernahme.

Béhine

Vogesen

Wildfluss
Mündung in Weiss bei km 13 (li Nebenfluss)

Die Béhine ist ein extrem schwerer Wildfluss, WW V - VI, nur für Extremfahrer. Absichern der Extremstellen sowie evtl. mehrfaches umtragen sind notwendig.

Befahrbarkeit: Zeit der Schneeschmelze und nach starken Regenfällen.

Gefälle: 33 ‰.

Fahrtstrecke: ⬇ bei **Bonhomme**, die ⬇ sollte erkundet werden; ⬆ nach 4 km bei **Lapoutroie**, die ⬆ sollte ebenfalls vor Befahrung festgelegt werden. Eine Weiterfahrt zur Weiss scheint nicht möglich zu sein, müßte auf alle Fälle erst erkundet werden.

Unveränderte Übernahme.

Lauch

Vogesen

Kleinfluss - Wiesen- und Aulandfluss GKZ: Fr: A15-0200.
Mündung in Ill (li Nebenfluss)

Die Lauch ist in ihrem Oberlauf ein schneller Kleinfluss, der mit erheblichem Gefälle durch die östlichen Ausläufer der Vogesen fließt. Nach Eintritt in die oberrheinische Ebene wird sie zum gemächlichen Wiesen- und Aulandfluss. Zahlreiche Wehre sind zumeist fahrbar, bei höherem Wasserstand kann jedoch erheblicher Rücklauf entstehen, daher Vorsicht bei der Annäherung an die Wehre bei schneller Strömung!

Ursprung:	(47.950556, 7.034722) in ca. 1229 m Höhe.
Mündung:	(48.093611, 7.383611) in ca. 180 m Höhe.
Länge:	47 km
Befahrbarkeit:	Frühjahr.
Gefälle:	Durchschnitt der Gesamtstrecke 2,8 ‰, im Oberlauf deutlich höher.
Pkw:	Begleitung nur streckenweise möglich.

49,0 **Lac de la Lauch**. Bei sehr gutem Wasserstand könnte wahrscheinlich die Befahrung der Lauch schon unterhalb des Sees begonnen werden, genaue Unterlagen darüber liegen jedoch nicht vor.

35,0 Ortseingang von **Guébwiller**. ⬇ unterhalb eines etwa 1 m hohen Steil-■, ≋. Der Fluss ist hier etwa 6 – 8 m breit. Die folgende Ortsdurchfahrt ist auf 3 km durch hohe Uferböschungen verbaut.

34,2 Steil-■, etwa 0,8 m hoch, li ≋.

33,5 Ⅱ, darunter Schräg-■, bei MW gut ≋.

32,9 Schräg-■, 2stufig, ≋.

32,4 4-stufiges Schräg-■, über 20 m lang, 4 m hoch, Mitte mit Grundberührung ≋, danach querliegender Baum.

31,8 Steil-■, etwa 1 m hoch, ≋. Bis Issenheim folgt etwa ein Dutzend kleiner Stufen, alle ≋.

30,7 Schützen-■ am Ortseingang von **Issenheim**, wenn gezogen ≋.

30,4 Steil-■, 2,5 m hoch, **X**, ↰ und über kleine Ⅱ nach re ⌓.

30,0 Ⅱ D 83 Colmar-Belfort, keine ⬍-Möglichkeit. Es folgt ein weiteres Dutzend kleiner Stufen, ≋.

25,3 Ⅱ **Merxheim**, danach 2 kleine Stufen, ≋.

23,5 Ⅱ, **Gundolsheim**. Die Lauch weist ab hier weitgehend Auland- und Wiesenflusscharakter auf.

21,2 Steil-■, 1,3 m hoch, Betonplatte im seichten Unterwasser, Befahrung nicht ratsam, re ⌓.

19,6 Ⅱ nach Rouffach.

14,4 Steil-▬ im Buschwaldgebiet, 1 m hoch.
9,8 EB-Ⅱ.
9,5 Schräg-▬ mit Schützen, wenn gezogen, gut ≈.
9,0 Straßen-Ⅱ D 1, **Herrlisheim-près-Colmar**, gute Stelle zur Beendigung der Fahrt. Über die Reststrecke liegen keine Unterlagen vor.
0,0 ⇩ in Ill in **Colmar**, km 106,3.

Unveränderte Übernahme.

Thur

Kleinfluss – Aulandfluss
Mündung in Ill bei km 134,3 (li Nebenfluss)

Der Oberlauf der Thur, in einem engen Vogesental, kommt auch bei guter Wasserführung für eine Befahrung wegen mehrerer nahezu totaler Wasserableitungen nicht in Frage. Nach Austritt aus den Vogesen verläuft sie auf etwa 40 km parallel zur Ill als ruhiger Aulandfluss durch die Oberrheinische Tiefebene. Baum- und Strauchhindernisse, einsam und weitgehend naturbelassen, mehrere Wehre und Sohlschwellen, teils evtl. befahrbar, teils leichtes umtragen. Mögliche Ein- und Aussetzstellen sind der Karte zu entnehmen.

Unveränderte Übernahme.

Doller

Vogesen

Wildfluss – Kleinfluss GKZ: Fr: A12-0200.
Mündung in Ill (li Nebenfluss)

Die Doller ist eine mitunter recht sportliche Mischung von Kleinfluss und leichtem Wildwasser. Sie verläuft mit zügiger Strömung durch eine weitgehend unberührte und streckenweise urwüchsige Landschaft. Stellenweise leichte Verblockung, mehrere Baumhindernisse. Zahlreiche Wehre sind zumeist, wenn auch mühsam, fahrbar.

Ursprung: (47.780833, 6.905833) in ca. 900 m Höhe.
Mündung: (47.766111, 7.331389) in ca. 235 m Höhe.
Länge: 47 km
Befahrbarkeit: Frühjahr.

Kirchberg, mögliche ⬇; es folgen jedoch eine Reihe von ▬, die nur teilweise zu befahren und stets sehr mühsam zu ⌓ sind. Von einer Befahrung bis km 25,9 ist daher abzuraten.
25,9 Straßen-Ⅱ, re **Sentheim**, gute ⬇.
25,6 ▬.

24,7 Straßen-Ⅱ D 35.
24,4 ■, li Wasserableitung.
24,1 ■.
23,4 ■.
22,7 Straßen-Ⅱ D 34, re **Guewenheim**, weitere ⬇ beim Sportplatz, der Fluss ist hier etwa 8 m breit, mehrere Baumhindernisse bei schneller Strömung und scharfen Kurven.
21,9 ⛺ La Doller, 68116 Guewenheim, www.campingdoller.com .
21,4 Steil-■, etwa 1,4 m hoch, wegen seichten Unterwassers sowie Eisenträgern kaum ≋, re oder li ⌓.
18,3 EB-Ⅱ, darunter 2 kleine Stufen, ≋.
17,2 Straßen-Ⅱ, Sohlschwelle.
16,9 Straßen-Ⅱ D 83.
15,2 ■.
15,0 ■.
14,2 ■, Sohlschwelle.
12,6 ■.
11,7 ■.
11,5 ■, Sohlschwelle.
8,9 Straßen-Ⅱ D 19, darunter Verblockung, ≋. Vorsicht, scharfkantige Steine, li **Reiningue**.
8,2 ■, 1,2 m hoch, steil-schräg, im Unterwasser Steine, li starker Rücklauf, je nach Wasserstand evtl. re ≋.
6,7 Schräg-■, 1 m hoch, ≋.
5,3 Straßen-Ⅱ Lutterbach – Morschwiller, empfohlene ⬆. Über die folgende Stadtdurchfahrt durch Mühlhausen liegen keine Unterlagen vor. Nach Ⅱ Steil-■, Befahrung wegen Hindernissen im Unterwasser nicht ratsam.
0,0 ⇩ in Ill bei km 150,5.

Überarbeitung nach Kartenmaterial.

Largue (Ill)

Kleinfluss GKZ: Fr: A11-0200.
Mündung in Ill bei km 165,7 (li Nebenfluss)

Die Largue ist ein unterhaltsamer Kleinfluss, einige Rutschen sind gut fahrbar, allerdings müssen auch einige Wehre umtragen werden.

Ursprung: (47.455556, 7.238889) in ca. 500 m Höhe.

Mündung: (47.676145, 7.258803) in ca. 258 m Höhe.

Länge: 51 km

Fahrtstrecke: ⬇ in **Manspach**, ⬆ kurz vor der ⇩ in die Ill bei Illfurth nach etwa 11 km.

Überarbeitung nach Kartenmaterial.

Saint-Nicolas, Bourbeuse

Elsaß

Kleinfluss
Mündung in Rhein-Rhône-Kanal

Der aus den südlichen Vogesen stammende St. Nicolas ist in seiner für eine Befahrung in Frage kommenden Strecke ein Kleinfluss, der mit mäßiger Strömung und geringem Gefälle zwischen Wiesen und Wäldern durch einsames Flachland läuft. Zahlreiche enge Kurven sowie vor allem im Oberlauf streckenweise urwaldartiger Buschwaldcharakter mit zahlreichen Strauch- und Baumhindernissen sowie niedrigen Brücken machen die Befahrung recht mühsam und zeitaufwendig. Nach Zusammenfluss mit Madelaine heißt der Fluss nun Bourbeuse. Beide Flüsse werden zusammen beschrieben.

Befahrbarkeit: Frühjahr.

Pkw: Begleitung kaum möglich.

Saint-Nicolas:

Ursprung am Bärenkopf (südl. Vogesen) in etwa 1000 m Höhe. Eine Befahrung oberhalb km 21,0 dürfte nur bei HW streckenweise möglich sein.

21,0 Straßen-II D 83, **Lachapelle-sous-Rougemont**, empfohlene ↓, der Bach ist etwa 4-6 m breit. Es folgen 3 kleine ■, ≋.
20,3 ■.
19,4 Wege-II.
18,4 Straßen-II D 27, re **Angeot**.
17,1 Lange Unterführung unter der Autobahn A 36, keine Behinderung.
15,4 Straßen-II D 11, re **Larivière**, Beginn einer besonders kurvenreichen Strecke.
15,0 Straßen-II D 60.
13,9 Straßen-II D 22, re **Fontaine**.
12,9 Wege-II.
12,4 Straßen-II D 11.
9,2 Straßen-II D 419, **Foussemagne**, danach dichte Buschwaldstrecken.
8,5 Straßen-II D 29.
6,4 Wege-II.
5,1 EB-II.
4,8 Straßen-II D 28, re **Montreux-Chateau**.
3,6 Straßen-II D 11.
0,0 li ⇩ Madeleine, ab hier

Bourbeuse:

10,0 Zunahme der Wasserführung, der Fluss wird breiter und tiefer.
7,9 Straßen-Ⅱ D 13.
7,6 ▬.
4,7 Straßen-Ⅱ D 23, li **Froidefontaine**.
3,0 Straßen-Ⅱ N 1019, anschließend offene und teilweise windungsreiche Fahrt durch ein weites Hügelland..
2,6 EB-Ⅱ.
2,0 Straßen-ⅡD 19, re **Bourogne**.
0,0 ⇩ in Rhein-Rhône-Kanal.

Überarbeitung nach Kartenmaterial.

Ischertbach

Wiesen- und Aulandbach
Mündung in Rheinseitenkanal (li Nebenfluss)

Der Ischert-Bach fließt mit ruhiger Strömung ohne Schwierigkeiten durch die völlig einsamen Wiesen und Auwälder des Elsaß zwischen Rhein-Rhône-Kanal und Rhein.

Befahrbarkeit: nur bei sehr gutem Wasserstand.

19,5 Straßen-Ⅱ, **Mackenheim**, übliche ⬇.
19,0 Straßen-Ⅱ.
18,3 Straßen-Ⅱ, **Bootzheim**, Verlauf durch Wiesen und Wälder.
14,7 2 Wege-Ⅱ.
13,4 Wege-Ⅱ.
11,5 Straßen-Ⅱ D 209, Richtolsheim – Schönau.
10,3 Straßen-Ⅱ D 611, Saasenheim – Schönau.
9,5 Wege-Ⅱ.
8,7 Wege-Ⅱ, Verlauf durch freies Wiesengelände.
7,8 Wege-Ⅱ.
7,0 Wege-Ⅱ.
6,6 Wege-Ⅱ.
3,9 Ischert biegt nach li ab , re Altwasser zum Rhein knapp oberhalb der Schleuse Rheinau-Sundhausen.
2,4 Wege-Ⅱ.
2,0 Straßen-Ⅱ.
1,8 Straßen-Ⅱ D 211, **Diebolsheim**.
0,0 Wege-Ⅱ, ⇩ in Rhein-Rhone-Kanal (48.298855, 7.677169), nach re 400 m zum Rhein, Unterwasser der Schleuse Rhinau.

Überarbeitung nach Kartenmaterial.

Weitere Gewässer, Städte- und Rundfahrten in den Niederlanden

Karten-Nr.	Gewässer	Wanderfluss	Maritimfluss	Kanal	Kleinfluss	WW I-II	WW III-IV	WW V-VI	Seite
1	Vechte, Overijsselse Vechte	o							480
1	Ruiten AaKanaal door Walcheren	o							481
1	Kanaal door Walcheren			o					482
1	Städtefahrt Utrecht	o							483
1	Städtefahrt Alkmaar	o							485
1	Städtefahrt Delft	o							486
1	Städtefahrt Haarlem	o							488
1	Städtefahrt Leiden	o							489
1	Städtefahrt Amsterdam	o							492
1	Rundtour über die Südholländischen und die Vechtseen	o							493
1	Wieden und Weerribben	o							495
1	De Biesbosch	o							498
1	Die holländischen Seen (Kagerplassen, Brassemer Meer, Westeinder Plas)	o							499
1	Nieuwkoopse Seen	o							501
1	Kanufahrten rund um Ter Aar	o							501
1	Das Maaren-Gebiet	o							502

Vechte
Overijsselse Vecht

Kleinfluss – Wanderfluss GKZ: DE: 9286.
Mündung in das Zwarte Water, einem Kanal, der nach 16 km im Zwarten Meer, einer Bucht des Ijsselmeeres endet.

Die in Deutschland verlaufende Strecke der Vechte ist ausführlich beschrieben im „Gewässerführer für NRW". Anschließend erfolgt ausschließlich eine Schilderung des Verlaufs in den Niederlanden; sie heißt hier „Overijsselse Vecht".

Ursprung:	(52.06226, 7.247468) in ca105 m Höhe.
Mündung:	(52.562734, 6.101274) in ca. 0 m Höhe.
Länge:	182 km
Kilometrierung:	Da uns eine amtliche Kilometrierung nicht bekannt ist, wurden Kartenkilometer zugrunde gelegt.
Befahrungsregeln:	Für die Befahrung ist eine kostenpflichtige Genehmigung erforderlich. Sie ist zu beantragen bei VVV Hardenberg, Badhuisweg 2, ✆ 0523/26200, VVV Ommen, Markt 1, ✆ 0529/451638 oder VVV Dalfsen, Prinsenstraat 18, ✆ 0529/451638.

0,0 Ende der amtlichen Kilometrierung in Deutschland =
60,3 Staatsgrenze Deutschland-Niederlande. Die Overijsselse Vecht, der Name des Flusses in den Niederlanden, durchfließt eine reizvolle Landschaft, von der man allerdings wegen hoher Dämme nicht allzuviel sieht.
58,0 Kreuzung mit dem Coervorden-Vechtkanaal, danach Straßen-Ⅱ, EB-Ⅱ.
57,7 ■ mit ⛓, re ⏏, gute ⬍.
54,7 Straßen-Ⅱ, li ⇩ Afwaterings-Kanaal, re **Gramsbergen**.
49,8 Straßen-Ⅱ.
49,0 Wege-Ⅱ, li ⌂ KV Hardenberg.
48,6 Straßen-Ⅱ; **Hardenberg**.
48,3 Straßen-Ⅱ.
47,6 ■ mit Wege-Ⅱ, li ⏏, gute ⬍, li Fischtreppe.
47,5 li ⇩ Molengoot.
47,3 re ⇩ Radewijkerbeek.
46,8 Straßen-Ⅱ N 343.
41,9 Flussteilung bis 41,4, re fahren, li gesperrt.
40,7 ■ und Straßen-Ⅱ, li Diffelen, re ⏏.
39,9 li ⇩ Marienberg-Vechtkanaal.
40,0 Straßen-Ⅱ N 36.
38,3 re ⛺ De Rolle, Grote Esweg 9b, Diffelen, 200 m vom Fluss entfernt.

35,5 li ⛺ Camping De Roos, Beerzerweg 10, 7736 PJ Beerze-Ommen, ✆ 0523/251234.
33,6 ▬ Junne mit Straßen-II.
27,7 Straßen-II N 347, re **Ommen**, 200 m vorher li gute ⇕.
27,0 li ⛺ Camping de Koeksebelt, Zwolseweg 13, 7731 BC Ommen.
25,7 re ⇩ Ommerkanaal.
25,3 Straßen-II N 348.
24,7 li ⇩ Beneden Regge, ≋ ab Nijverdal.
23,3 re ⛺ De Arendshorst, Arendhorsterweg 3a, 7731 Ommen.
21,2 ▬ mit ⌘ und Wege-II, re ⛺ De Bosvreugd, De Stuw 8, 7722 VJ Dalfsen, ✆ 0529 471 745.
15,0 Straßen-II N 757, re **Dalfsen**.
11,1 ▬ mit ⌘, Wege-II, re Broekhuisen.
7,5 EB-II.
5,3 Straßen-II, Straßen-II A 28, li **Zwolle**.
4,7 re ⛺ Terra-Nautic, Vechtdijk 1, 8035 Zwolle.
4,5 re Einfahrt in den Yachthafen.
3,6 Personen-Fähre, li 400 m landeinwärts ⛺ Agnietenberg mit See.
0,0 ⇩ in das Zwarte Water, auf dem Kanal noch 15 km bis zum Zwarten Meer.

Überarbeitung nach Kartenmaterial.

Ruiten Aa

Kleinfluss.
Mündung in den Ruiten Aa-Kanaal.

Die Ruiten Aa in der Provinz Groningen ist im Kanu Sportprogramm 2003 unter Befahrungsverbot aufgeführt. Es gibt aber keine Beschränkungen.

Die Ruiten Aa ist ein kleines, auf Abschnitten wunderschön renaturiertes Flüsschen in einem streckenweise sehr ansprechenden Tal mit Naturschutzgebieten und alten Dörfern. Empfehlenswert ist der Abschnitt zwischen Ter Wisch und Renneberg. Alle 11 ▬ sind leicht zu ⏏.

Befahrungsregeln: lt. Internetseite des DKV besteht ein Befahrungsverbot. Auf der offiziellen Karte des Provinziellen VVV (900 km Kanoplezier) ist sie enthalten. Ein Wegweiser an der ⇩ weist auf die Paddelmöglichkeit hin. Deshalb wurde die Beschreibung aus der vorigen Auflage übernommen.

17,5 1. ▬ an der N 976 (Vlagtwedde-Ter Appel) südlich von Ter Wisch. Nach 50 m 2 ▬. Straßen-II **Ter Wisch**. Von hier ca. 500 m zum Ruiten Aa-Kanaal.
15,7 3.▬.
14,5 Straßen-II Poststruikenweg bei Lande. Davor 4. ▬,. ⬇ für den attraktivsten Abschintt.

12,5 2. Straßen-Ⅱ westl. **Sellingen**, unterhalb 5. ■ , evtl. ≈. li Infozentrum für Naturschutzgebiet Noordmee mit Teestube und VVV. ⛺ „De Barkhorn" 500 m.
8,5 Straßen-Ⅱ **Jipsinghuizen** mit Picknickplatz.
4,0 Straßen-Ⅱ Renneborgweg bei **Renneborg**, davor 10. ■. ⬆ für den schönsten Abschnitt.
0,0 ⇩ in den Ruiten Aa-Kanaal. Davor 11. ■. Auf diesem 15 nicht sehr attraktive km incl 6 ⌘ bis Terswalslagerbrug. Von dort 500 m zur Ruiten Aa bei km 0,5, also fast Rundkurs. Unterwegs sehenswertes Festungsdorf Bourtange.

Unveränderte Übernahme

Kanaal door Walcheren

Der Kanaal door Walcheren isr der Verbindungskanal von Vlissingen an der Westerschelde nach Veere am Veersemeer.

Der Kanal ist von der ⌘ Vlissingen bis zur ⇩ ins Veersemeer 15 km lang. 2 Schleusen, eine in Vlissingen, die andere in Veere trennen Versemeer von Westerschelde. Das ⬇ im Hafen Vlissingen ist durch die hohen Kaimauern schwierig. Eine ⬇ nach dem Hafengebiet findet man an der Ⅱ des Prince Hendric Weges.

0,0 ⌘ **Vlissingen**, re zwei Hafenbecken, am Ende nach ca. 800 m re Abzweig zum Kanaal door Walcheren.
1,8 Ⅱ des Prince Hendric Weges, hinter der Ⅱ gute ⬇.
2,8 Ⅱ zum Rijksweg A 58.
3,6 Ⅱ von West Souburg nach Oost Souburg.
7,1 Ⅱ Schroerweg Middelburg.
7,6 EB-Ⅱ Middelburg, 🚂 100m.
8,1 Einfahrt Stadthafen **Middelburg**.
9,5 ➔ Arnekanaal nach Arnemuiden.
14,0 ⌘ Veere, hier die Fahrt beenden, wenn nicht das Veersemeer befahren wird. Gute ⬆ am Gerätehaus.
15,0 ⇩ im Veersemeer.

Unveränderte Übernahme

Städtefahrten

Nirgends in Europa - vielleicht mit der Ausnahme Venedig - ist es so gut wie in den Niederlanden möglich, sich auf dem Wasserweg die alten Städte zu erwandern, sich ein Bild zu machen von ihrer Geschichte und ihrer Kultur, die enge Verbundenheit von Wasser und Land zu erfühlen, die alten, meist liebevoll erhaltenen bzw. restaurierten Gebäude zu bewundern. Man fährt durch die meist strömungslosen Grachten (Stadtkanäle), hindurch unter alten Brücken, oft vorbei an den wichtigsten

Gebäuden der Stadt. Wassertechnische Schwierigkeiten, abgesehen von den Wellen vorbeigleitender Schiffe, gibt es nicht. Allerdings sollte man viel Zeit mitbringen, nicht nur zum Schauen und Verweilen, sondern auch, weil man sich in dem Gewirr von Grachten, die vielfach blind enden, auch leicht einmal verfahren kann.

Ein Tip für alle Städtefahrten: man sollte stets ein mehrere Meter langes Seil am Boot anbringen. Es erleichtert das Anlegen und evtl. das Hochziehen des Bootes über hohe Kanalwände.

Bei den Beschreibungen der Routen erfolgen jeweils Hinweise auf die wichtigsten, vom Wasser aus zu sehenden Sehenswürdigkeiten. Es ist im Rahmen dieses Führers jedoch unmöglich, auf den geschichtlichen Hintergrund sowie auf Details dieser Sehenswürdigkeiten einzugehen. Es wird daher dringend angeraten, sich vor Antritt einer Städtefahrt jeweils einen guten Reiseführer zu besorgen, in dem alles Wissenswerte über die erwähnten Besonderheiten der Touren nachgelesen werden kann.

Städtefahrt Utrecht

Kromme Rijn
Vecht
Mündung ins Ijsselmeer bei Muiden

Die Befahrung des Krommen Rijn (Krummer Rhein) und der anschließenden Vecht gibt die Möglichkeit, auf dem Wasserweg die alte Stadt Utrecht mit einer großen Anzahl ihrer baulichen Sehenswürdigkeiten zu besichtigen. Keine Schwierigkeiten, mäßige Strömung, die auch eine Befahrung in Gegenrichtung gestattet. Auf dem Kromme Rhin werden Renaturierungsarbeiten durchgeführt. Dabei werden Abgrenzungen aus Holzbalken eingebaut, die sich dicht unter der Wasseroberfläche befinden.

0,0 Abzweig aus dem Niederrhein (Lek) bei km 927,6 bei Wijk bij Duurstede. Der Krumme Rhein fließt hier mit mäßiger Strömung durch eine recht einsame Gegend, nur einzelne Ortschaften.

20,0 II, Odijk, kurz danach Autobahn- und EB-II.

28 II der Stadtautobahn, Beginn des Stadtgebietes von Utrecht. Die Stadt wird von mehreren Grachten (Stadtkanälen) durchzogen, die an zahlreichen sehenswerten Gebäuden vorbeiführen. Man sollte sich für die Besichtigung von Utrecht Zeit nehmen und sie sowohl vom Wasser her als auch zu Land erkunden, ein Städteführer ist sinnvoll.

29,5 Kreuzung mehrerer Wasserwege. Nach li geht der Vaartse Rijn ab, der über den Doorslag zur Holländischen Ijssel führt. Wenn man auf die lange Anfahrt über den Krummen Rhein verzichten und lediglich Utrecht auf dem Wasserweg erkunden will, ist es sinnvoll, die Fahrt auf dem Vaartsen Rijn zu beginnen. Gute ⬇ beim Sportzentrum Hoograven am Hoogravenseweg auf der Goylaan (Utrecht-Süd in Richtung Stadt). Bei der Sporthalle über den Parkplatz in Richtung Vaartse Rijn. Fahrt nach Nord etwa 1,5 km bis zu der Wasserwegskreuzung.

29,5 Geradeaus gelangt man in die blind endende Singelgracht. ➔ des Ringgrabens der Stadtrundfahrt (s. km 32). Die Hauptroute geht halbrechts in die Alte Gracht durch das Stadtzentrum von Utrecht. Man fährt unter zahlreichen Ⅱ. An den Grachten ist in letzter Zeit viel renoviert worden, so dass jetzt wieder der Zustand wie schon im 17. Jahrhundert besteht. Interessant die Kellerwerften mit Zufahrt zu den Häusern auf dem Wasserweg in deren Keller. An der Alten Gracht liegen zahlreiche Restaurants, Bistros, Pizzerien und Kaffees.

32,0 Weerds-✡. Man sollte sich unbedingt die Zeit nehmen, nicht sofort durch die ✡ weiterzufahren, sondern vor der ✡ re in die Singelgordel einbiegen. Man fährt darauf in großem Bogen zurück zur Wasserkreuzung bei km 29,5, vorbei an vornehmen alten Herrenhäusern, einem Gefängnis, dem städtischen Theater, prächtigen Parks im Stile englischer Gärten und einem Stück alter Stadtmauer. Die Fahrt geht dann auf dem Ringgraben noch weiter an der Malibaan vorbei, einem langgestreckten Sportplatz, weiter zum Eisenbahnmuseum, der Sternwarte und der Rückseite des Zentralmuseums. Es ist sehr empfehlenswert, nach passieren der Sternwarte nach re in die sehr interessante Nieuwe Gracht einzubiegen. Nach deren Ende fährt man nach li in den Singelgracht, bis man wieder zur Weerds-✡ gelangt. Von hier aus kann man entweder nach re die Hauptroute zur Vecht weiterfahren oder man fährt li zurück durch die Oude Gracht zur ⬇ am Vaatsen

Rijn. Man kann nach Passieren der Sternwarte auch über 5 km zurück zum Wasserkreuz fahren. Auch hier gibt es wieder 2 Möglichkeiten, nämlich zurück zur ⬇ am Vaatsen Rijn oder nochmals durch die Alte Gracht zur ✡ bei km 32.

Auf der Hauptroute gelangt man nach der WW In die Vecht, einem Wasserlauf, der bis zum Ijsselmeer führt.

Die Vecht verläuft zunächst durch die nördlichen Stadtteile von Utrecht mit weiteren Sehenswürdigkeiten. Am Ende der Stadt liegt ein Naturschutzgebiet.

36,0 Ⅱ Oud Zuilen, Schloss mit Park, ⌘.

39,0 Ⅱ, Maarssen, sehenswert die Langegracht hinter der Ter-Mer-Ⅱ rechts.

46,0 Ⅱ, Breukelen, mehrere Herrenhäuser und Schloss Niejenrode, ⌘.

49,5 Ⅱ, Nieuwersluis. ➔ kleiner Kanal zur Angstel.

50,5 ← mit ✡, Zugang zu dem großen Seengebiet „Loosdrechtse Seen", Befahrung sehr lohnend.

51,5 Ⅱ, Loenen.

54,5 Ⅱ, Vreeland, Klapp-Ⅱ, restaurierte Gebäude geben ein romantisches Bild.

61,5 Ⅱ, Nigtevecht, Kirche mit hölzernen Türmen. ➔ mit ✡ zum Amsterdam-Rijn-Kanal, die Weiterfahrt auf der Vecht geht nach re.

65,5 Hinderdam, man kann die Hochhäuser von Amsterdam sehen. ← mit ⨳, Zufahrt zu den Ankeveensen Seen.
Die Reststrecke der Vecht ist nur noch wenig interessant, die Fahrt wird vielfach hier beendet, eine Weiterfahrt ist jedoch ohne Schwierigkeiten möglich.

80,0 Muiden, mehrere Ⅱ.

81,0 ⇩ in Ijsselmeer.

Städtefahrt Alkmaar

Start zur Stadtrundfahrt beim Alkmaarschen Kanuverein Odysseus. Man erreicht ihn aus Richtung Amsterdam-Harlem über die A 9, bis zum Verkehrsknoten Alkmaar. Hier am Kreisel geradeaus Richtung Stadt weiterfahren. Nach Passieren einer Fußgängerampel bei der nächsten Ampelkreuzung li abbiegen; sofort nach 100 m den 1. Weg re einfahren. Man kommt zu einem Parkplatz. Direkt gegenüber liegt das ⌂.

Länge der Strecke: 8 oder 14 km.

Fahrtbeschreibung:

Fahrt in Richtung Stadt, die Ⅱ im Rücken. Bei der 1. Gabelung re abbiegen, bei der folgenden Gabelung li abbiegen. Die Fahrt geht jetzt in den Singel, einen Grachtengürtel, der im 80jährigen Krieg der Verteidigung der Stadt diente. Nach 500 m re „Molen van Piet“, eine noch in Betrieb befindliche Getreidemühle.

Nach der hölzernen Ⅱ re abbiegen und über die Lamoral-⨳ Fahrt hinein in die Stadt. li die „Grote Kerk“.

Über die Lindegracht kommt man nach der 1. Ⅱ in die Oude Gracht (Alte Gracht). Sie ist eine echte Wohngracht. Eine Anzahl der alten Panden (alt-holländische Wohnhäuser) existieren immer noch.

Nach der 2. Zug-Ⅱ macht man re einen Abstecher in die Baangracht mit einer hohen Stein-Ⅱ.

Nach der Rückkehr zur Ouden Gracht geht die Route weiter nach rechts. Kurz hinter der Nieuwland-Ⅱ re das Wildemanshofje, ⬆ und besichtigen lohnend. Vorbei an einigen Wohnbooten gelangt man auf den Noordhollands Kanaal. Hier oft reger Schiffsverkehr. Der Turm Accijnstoren, ⌘.

Nach 100 m li abbiegen. Man gelangt jetzt in das „Luttik Outdorp“ mit schönem Blick auf den Waagtoren (Waageturm). Nach der hölzernen Zug-Ⅱ li „Huis mit de Kogel“. Etwas weiter der Waageturm mit dem Waageplatz. In den Sommermonaten ist hier an Freitagen der bekannte Käsemarkt.

Links abbiegen, man kommt über die Mient zur „Gewelfde Stenenbrug“, die längste und älteste Ⅱ der Stadt. Über den Verdronken Ort gelangt man wieder zum Accijnstoren am Noord Holland Kanaal (Punkt A). Nach 100 m auf dem Kanal li abbiegen (Punkt B), unter einer kleinen Zug-Ⅱ hindurch. Bei der Gabelung nochmals li abbiegen, unter der Ⅱ hindurch den Noord Hollands Kanaal geradeaus queren. Jetzt sind wir wieder im Luttik Outdorp. Beim Waageturm re abbiegen. Hier li das Biermuseum, ⌘.

Bei der Weiterfahrt kommt man wieder auf den Noordhollands Kanaal, hier li abbiegen (Punkt B). Bei Fahrt entlang dem li Ufer kommt man über den Passantenhafen und 2 Ⅱ zurück zum Singel. li das Bolwerk, einst ein Verteidigungswall, jetzt ein Park. Dem Singel folgend, geht die Fahrt wieder vorbei an Piets Mühle. Hinter der Emma-Ⅱ re abbiegen und zurück zum Startplatz.

Die vorstehend beschriebene Route geht über etwa 8 km. Es besteht jedoch die Möglichkeit, die Tour um etwa 6 km zu verlängern. Man fährt dazu von Punkt A der vorstehenden Beschreibung geradeaus den Noord Holland Kanaal, bei der Schiffswerft li in ein unterschiedlich breites, ruhiges Gewässer einbiegen. Darauf Weiterfahrt bis zur Kreuzung. Hier li abbiegen in die Hoornse Vaart. Hinter der Steinernen Ⅱ sieht man li schon Alkmaar. Hier stehen vier Wassermühlen, einst unverzichtbar für den Wasserhaushalt der Poldergebiete. Hier gibt es sehr schöne Lagerplätze.

Bei der Weiterfahrt erreicht man wieder den Noord Holland Kanaal und biegt hier re ab. Man gelangt damit zurück zur Hauptroute bei Punkt B.

Städtefahrt Delft

Start zur Stadtrundfahrt am Rhein - Schie Kanal auf der Höhe der Kabelfabrik.

Anreise: Autobahn A 13 Den Haag-Rotterdam, Ausfahrt Delft-Süd, 2. Ausfahrt (direkt hinter der Schie-Ⅱ. Bei der Ampel re und dieser Straße entlang der Schie folgen. Hinter der Kabelfabrik 200 m vor der Dreh-Ⅱ re am Wasser parken.

Fahrtbeschreibung:

Fahrt zunächst in Richtung Delft-Zentrum. Es folgt zunächst ein Umschlags- und Industriegebiet. Nach einer Fahrrad-Ⅱ gelangt man in eine Verbreiterung des Kanals, „De Kolk“. Es ist der alte Hafen von Delft, wo früher die Schiffe der Flotte abfuhren. Weiterfahrt durch die re gelegene Bogen-Ⅱ. Man sieht das Waffenmuseum von Holland, ehemals Waffenmagazin der Flotte. Die Weiterfahrt geht li in die „Oude Delft“. Ein Stück weiter kurz vor der folgenden Ⅱ re die alten Gefängnisse von Delft. Beachtenswert der Pflanzenwuchs in den Wänden der Grachten. Links bei Haus-Nr. 77 ein im spanischen Stil erbautes Haus.

Die Weiterfahrt geht unter der St. Jans-Ⅱ hindurch. St. Jan ist der Schutzheilige der Bierbrauer. Es gab in Delft früher 120 Brauereien.

Nach re Fahrt unter der längsten Ⅱ von Delft, der „Boderbrug“ (100 m lang). Nach der Ⅱ li abbiegen und unter der folgenden Ⅱ Fahrt nach re, in die „Voldersgracht“, die in die „Vlamingstraat“ übergeht. Weiterfahrt bis zur Delftschen Schie. Hier geht es nach re bis zum Osttor. Es ist das einzige von ehemals 8 Toren der Stadt, das noch.erhalten ist. Beim Osttor re abbiegen, unter der Ost-Π hindurch und wieder zurück in die Stadt fahren.

Nach Einbiegen in die „Oosteinde" erneutes Einbiegen in die 2. Gracht li (Mooslan). Sie wird durchfahren. Am Ende geht die Fahrt unter dem „Brabantes Turfmarkt" (Brabantscher Torfmarkt) hindurch zum ,,Achterom". Die Straßen entlang der Anlegeplätze sind infolge des weichen Torfbodens bis fast auf die Höhe des Wasserspiegels abgesackt.

Nach erneutem Abbiegen re kommt man wieder am Waffenmagazin vorbei. Auf dem Kornmarkt passiert man re die jüdische Synagoge, heute als Musikschule benutzt. Im Haus Nr. 67 befindet sich das Museum „Paul Tetar van Elven". Nach Abbiegen li geht die Fahrt wieder unter der Butter-Π hindurch in die „Oude Delft". Es ist eine der ältesten Grachten Hollands, schon vor 2000 Jahren von den Römern erbaut.

Haus Nr. 116 re das alte Waisenhaus für Mädchen, gegenüber das Waisenhaus für Jungen. Daneben (Nr. 167) das Gemeindehaus von Delfland aus dem Beginn des 16. Jahrh. Seit 1645 tagt hier der Gemeinderat. Links am Haus Nr. 169 das Wappen von Savoyen, heute hier das Gemeindearchiv. Auf der li Seite befindet sich der „Princenhof", wo Willem von Oranje residierte, heute städtisches Museum. Dies ist der älteste Teil von Delft. Gegenüber liegt die „Oude Kerk" und der „Oude Jan". Etwas weiter li das Haus „Lambert van Meerten", heute ein Museum für Ziegel und Delfter Porzellanarbeiten. Danach gibt li ein spätgotisches Tor mit Relief den Zugang frei zum ,,Bagijnhof".

Bei Weiterfahrt nach re gelangt man in die „kleine Kolk", ein von den Spaniern errichteter kleiner Binnenhafen. Die Weiterfahrt geht in die 2. Gracht nach re, der „Verwersdeich". Die nächste Gracht führt re wieder auf die „Voldersgracht". Es wird empfohlen, hier auszusteigen und einen Rundgang über den Markt zu machen. Es stehen hier die „Nieuwe Kerk" und das Rathaus.

Bei der Weiterfahrt auf der Voldersgracht wird nach der niedrigen Brücke re abgebogen. Hier ist an jedem Donnerstag auf beiden Seiten der Gracht Blumenmarkt. Links wird die Rückseite der „Oude Kerk" und des „Oude Jan" passiert. Die nächste, weiße Brücke ist die „Visbrug", die einzige Brücke Delfts in venezianischem Stil.

Nach erneutem Passieren der kleinen Kolk geht es re ab in die „Kantoorgracht", an deren Ende gelangt man wieder in die Delftsche Schie. Ab hier gibt es 2 Möglichkeiten:

1. Wer nur die Stadt besichtigen will, kann hier re abbiegen und auf.der Delftschen Schie zurück zum Ausgangspunkt fahren (s. oben).
2. Wenn man hier li abbiegt, kommt man in die Umgebung von Delft. Diese Route ist landschaftlich wenig interessant, auf einer Teilstrecke hat man eine leichte Gegenströmung. Auf dieser 2. Route geht es nach den Passieren der Calve-Fabrik hinter dem Wehr re in die Kerstanjegracht. Man fährt längere Zeit an Gewächshäusern vorbei und biegt dann li in

die „Look“ ein. Am Ende dieses Wasserlaufs nach einer niedrigen Brücke, findet sich eine gute Gelegenheit, um Pause zu machen.

Bei der Weiterfahrt geht es hinter der Ⅱ li in die „Hoornsekade“, die in den „Buiterwaterkanaal“ übergeht. Die Fahrt geht darauf in Richtung Stadt bis zum Ende des Kanals. Nach Vorbeifahrt am Bahnhof gelangt man wieder auf den Rhein- und Schie-Kanal, auf dem es bis zum Ausgangspunkt der Fahrt zurückgeht.

Die gesamte gefahrene Strecke der 2. Route ist etwa 15 km lang. Mit den angeratenen Rast- und Besichtigungspausen vergeht dabei schnell ein ganzer Tag.

Städtefahrt Haarlem

Im 19. Jahrhundert wurde ein großer Teil der Grachten und Kanäle in Haarlem zugeschüttet, es gibt daher hier keinen Grachten- und Ringkanalgürtel wie in anderen Städten. Trotzdem kann man in Haarlem mehrere verschieden lange, nachfolgend beschriebene Fahrten machen.

1. Die Stadt-Runde

Der Start erfolgt südlich der ,,Buitenrust-Ⅱ“, ganz in der Nähe des Haarlemschen Kanu-Vereins (HKV).

Die Fahrt geht zunächst nach Norden auf der „Zuider Buiten Spaarne“. Es ist dies ein alter Fluss mit kurvigem Verlauf. Nach der „Lange Brug“ (lange Ⅱ) geht es nach li in den „Kamperkanaal“, der in den „Gasthuis- und Raamkanaal“ übergeht. Etwa in der Mitte des Gasthuis-Kanaals liegt re das Frans-Hals-Museum mit Exponaten dieses Malers.

Am Ende des Raamkanaals beim Theater re in die ,,Leidse Vaart“ (Verbindung zur Heemstede-Runde). Nach 300 m re abbiegen in die „Nieuwe Gracht“. Etwa 150 m vor der Spaarne re einbiegen in die „Bakeneser Gracht“. Bei der Haus-Nr. 42 sieht man eines der letzten noch erhaltenen Lagerhäuser aus dem 17. Jahrhundert.

Am Ende der Gracht Fahrt nach li in die „Binnen-Spaarne“. Voraus an der berühmten „Gravestenebrücke“ sind zwei einzigartige restaurierte Treppengiebelfassaden der ehemaligen Brauerei „De Olophant“ zu sehen. 40 der 54 Bierbrauereien, die es 1623 in Haarlem gab, lagen hier an der Spaarne.

Vor dem Hafenbüro geht es weiter in den stark geschlängelten „Klopperkanaal“ (Verbindung zur Mooie-Nel-Runde). Nach der EB-Brücke li der Kenau-Park. Bei der Kreuzung geht es nach li ab wieder in die Neue Gracht hinein. Es liegen hier folgende bemerkenswerte Gebäude:

Am Ende der Gracht li das „Hofje van Noblet“, ehemals Haus für 20 alte Jungfrauen aus Haarlem und Amsterdam.
Links das „Teylerhofje“.
Etwas weiter re das Teylermuseum (Spaarne 16). Es ist das älteste Museum Hollands.

Rechts „de Waag“ aus dem Ende des 16. Jahrh. Hier wurden die mit den Schiffen angelieferten Waren gewogen und danach die Steuern festgesetzt.

Am Ende der Neuen Gracht geht es re wieder auf die Spaarne und damit wieder zurück zum Ausgangspunkt der Fahrt.

2. Die Heemstede-Runde

Startplatz wie bei der Stadt-Runde. Die Fahrt geht jedoch nach Süden auf die Zuider Buiten Spaarne. Am Ende der Spaarne Fahrt nach re auf den Ringkanal. Gegenüber der Einmündung liegt das Cruqiusmuseum. Es war einst eine der Mühlen, mit deren Hilfe das Haarlemer Meer trockengelegt wurde.

Nach etwa 1,2 km re abbiegen in die „Merlenvaart“. Nach weiteren 700 m li abbiegen. Geradeaus geht es in eine Sackgasse.

Ungefähr auf der Hälfte der Merlenvaart muss man umtragen und dabei eine stark befahrene Straße queren. Am Ende der Merlenvaart re einbiegen in die „Leidse Vaart“. Links die Basilika St. Bavo, ein neugotisches Gebäude. Beim Theater re abbiegen in den Raamkanaal, der später Kamperkanaal heißt. An dessen Ende re auf die Spaarne und zurück zum Ausgangspunkt der Rundfahrt.

Man kann die Heemstede-Runde mit der Stadt-Runde verbinden. Man fährt dann beim Theater nicht re in den Raamkanaal, sondern geradeaus weiter zur Anschlußstelle der Stadtrunde (s. dort).

3. Die Mooie-Nel-Runde

Auch für diese Runde ist der Startplatz südlich der Buitenrustbrücke. Man fährt zunächst, wie bei der Stadtrunde, nach Norden auf der Spaarne. Nach der Langen Brücke geht es re ab in die „Zomer Vaart“. Umtragen erforderlich auf halbem Weg hinter dem Tunnel und nochmals 500 m weiter. Danach kommt man in die „Fuikvaart“. Bei der ,,Haarlemer Ringvaart“ muss li abgebogen werden.

Nach 500 m in der Kreuzung li in die „Buten Liede“. Diese geht über in die „Moie Nel“. In deren nördlichen Teil erst ein kurzes Stück nach re Richtung Spaardam. Es lohnt sich, diesem malerischen Hafenörtchen einen kurzen Besuch abzustatten.

Die Weiterfahrt geht über die „Noorder Buiten Spaarne“ wieder in Richtung Haarlem. Nach dem Hafenbüro re abbiegen in den Klopperkanaal und damit Anschluss an die Stadt-Runde.

Städtefahrt Leiden

Rijn

Leiden ist eine sehr alte Stadt, deren Gründung schon auf das 12. Jahrh. zurückgeht. Vor allem durch die blühende Tuchindustrie machte Leiden eine explosive Entwicklung durch. Um ihr gerecht zu werden, mussten immer neue Grachten gegraben werden. Sie dienten nicht nur dem Verkehr, sondern auch der Verteidigung im 80-jährigen Krieg. In neuerer Zeit wurden viele Grachten zugunsten des Verkehrs zugeschüttet. Trotzdem gibt es auch heute noch viele schöne

Grachten mit herrlichen Grachtenhäusern und schlängeln sich die Ringkanäle noch immer um die Innenstadt.

Die Gemeinde Leiden hat zwei Stadtrouten ausgearbeitet. Rot-weiße Schilder entlang den Routen weisen den Weg. Im Gegensatz zu den anderen beschriebenen Städtefahrten ist es daher in Leiden kein Problem, dem richtigen Weg zu folgen.

1. Die Singel-Route

Diese Route ist 6 km lang. Start beim Bootsverleih „t Galgewater" am Galgewater gleich neben dem Rembrandtpark.

Man sieht hier auf der gegenüberliegenden Seite des Parks eine wieder aufgebaute Bastion mit Getreidemühlen (De Put), daneben.steht das „Morspoort", eines der beiden heute noch bestehenden Stadttore.

Bei der Fahrt wird die Mühle re zurückgelassen, und es geht unter der Wittepoortsbrücke hindurch auf den „Witten Singel" (Weißer Kanal). Darauf weiterfahrend, passiert man das Universitätsgebäude, den Hortus Botanicus und die Sternwarte.

Hinter der Vreewijkbrücke liegt re die Vliet mit der Neksluisbrücke. Nach der Koepoortsbrücke liegt li der „Oostenrijk", der einzige noch erhaltene, aus dem Mittelalter stammende Turm Leidens.

Hinter dem Stadtpark wird nach Passieren der Utrechtse Brücke nach li unter der Singelbrücke hindurch und danach nach re in den Zijlsingel (Segelkanal) abgebogen. Die Weiterfahrt geht vorbei am Friedhof, dem Katoenpark, einer leerstehenden Mehlfabrik, und dem Ankerpark Richtung Segelhafen. Davor geht es li in den Hafen, danach geradeaus unter der „Kleine Havenbrücke" unter der Gepekten Brücke hindurch auf den Alten Rhein (Oude Rijn).

Hier sieht man re bei Haus Nr. 44-46 die Fassaden von zwei Lagerhäusern, inzwischen umgebaut zu Wohnungen. Etwas weiter li, bei dem Haus Nr. 33a, sieht man den Flügel des ehemaligen „Arme Wees - en Kinderhuis" (Waisen- und Kinderhaus). Sehenswert das aus Sandstein gebaute Tor.

Bei der St.-Jans-Brücke geht die Fahrt scharf nach li unter der Visbrücke hindurch. Zwischen diesen beiden Brücken sieht man eine Anzahl von Kellern, die unter der Straße hindurch bis zu den dahinter liegenden Häusern laufen. Dieser Platz war das Zentrum von Handel und Verkehr. Man sieht hier die „Waag", dahinter die „Boterhal" (Butterhalle), und etwas weiter das Rathaus und die Visbank (Bank für Fischverkäufer). Viele Brücken tragen den Namen der Waren, die auf ihnen gehandelt wurden, z. B. die folgende Koornbrücke und die „Karnemelksbrug" (Buttermilchbrücke). Unter dieser letzten Brücke biegt man re ab auf die „Steenschuur", die zusammen mit der „Rapenburg" die älteste Festungsgracht Leidens darstellt. re liegt die Lodewijskirche.

Die Weiterfahrt geht entlang dem „Van der Werfpark“, dann geradeaus weiter unter der Nieuwsteegbrücke hindurch auf den Rapenburgkanaal. Links bleibt die St. Jeroens-Brücke liegen, die den Zugang zur Vliet öffnet.

2 Gedenksteine auf der Brücke erinnern an die tapfere Verteidigung der Stadt gegen die Spanier im Jahre 1574. Bei der Weiterfahrt liegt li das „Academiegebouw (Universitätsgebäude). Hinter der Doelenbrücke liegen re das Museum „Van Oudheden“ und viele schöne Grachtenhäuser.

Hinter Haus Nr. 25 (Bibliotheca Thysiana) geht es nach li, unter der Groenhazenbrücke hindurch auf die Groenhazengracht. Weiter vorbei am Doelenpoort, der gekrönt wird von einem Standbild von St. Joris auf dem Pferd. Am Ende der Groenhazengracht geht es re ab auf den Witte Singel. Hinter der Wittepoortsbrücke nach re zurück zum Startplatz der Singeltour.

2. Die Grachten-Route

Diese Tour ist 4,5 km lang, Startplatz wie bei der Singel-Route. Die Fahrt geht auf den Galtewaterkanaal, die Mühle bleibt li zurück. li liegt die städt. Zimmermannswerft aus dem Jahr 1616. An der Bostelbrücke vorbei geht es dann geradeaus auf den Rhein. Nach Durchfahren der Klippenbrücke ist das Stadtzentrum von Leiden erreicht. Rechts die „Waag“, dahinter die „Boterhall“ (s. auch Singel-Route). Weiterfahrt unter der Visbrücke. Rechts das Rathaus mit dem Brunnen, davor die Visbank.

Bei der Weiterfahrt wird die Kornbrücke passiert. Jeden Mittwoch und Samstag werden hier auf beiden Seiten des Rheins Märkte abgehalten. Nach Vorbeifahrt an der Karnemelsbrücke, der Gansoordbrücke und der Kraaierbrücke gelangt man, li abbiegend, unter der Herrenbrücke hindurch in die Herrengracht. Am Ende der Herrengracht re abbiegen, unter der Kleinen Havenbrücke hindurch in den Hafen.

Nach Vorbeifahrt an dem li liegenden Segelhafen li abbiegen, unter der Zijlpoortsbrücke hindurch. Links liegt der katholische Friedhof. Nach der Heerenpoortsbrücke sofort li abbiegen auf die Oude Heerengracht, weiter unter der Verversbrücke hindurch re auf die Oude Vest. Nach Vorbeifahrt an der Pauwbrücke li Haus Nr. 159 das Gut Meermansbrücke mit einem Pfeifenkabinett in der Regentenkammer. Rechts Oude Singel 72, ein reich verzierter Treppengiebel aus dem Jahr 1615. Etwas weiter li, Haus Nr. 43, ist das Theater von Leiden. Rechts, Haus Nr. 28-32, befindet sich die Tuchhalle, in der früher die Tücher aus Wolle gefärbt und gehandelt wurden. Jetzt befindet sich hier das Museum „De Lakenhal“.

Am Ende der Oude Vest geht die Fahrt nach li, unter der Baluwpoortsbrücke hindurch. Bei Weiterfahrt nach re gelangt man wieder zurück zum Ausgangspunkt der Fahrt am Galgewaterkanaal.

3. Rijn

Der Rhijn ist ein alter Mündungsarm des Rheins; er kann als Vor- oder Abschlußfahrt zur Städtefahrt Leiden befahren werden. Die Fahrt begint am Galgewater, der Einsetz- bzw. Endstelle der Städtefahrt Leiden und führt über 11 km bis zur

Mündung in die Nordsee bei Katwijk. Die Mündung ist durch eine Schleuse verbaut. Es empfiehlt sich daher, am Ortseingang von Katwijk li in den Pr.-Hendri-Kanal einzufahren und die Fahrt im Binnenhafen von Katwijk zu beenden.

Städtefahrt Amsterdam

Die Fahrt durch Amsterdam ist wohl die interessanteste und vielseitigste Städtefahrt in Holland. Durch die zahlreichen Kanäle und Grachten gibt es eine Vielzahl an Fahrtmöglichkeiten Die Mitnahme eines Stadtplans und evtl. eines Reiseführers ist unerläßlich. Dabei muss beachtet werden, dass das Anlanden wegen hoher Ufermauern sehr schwierig ist.

Im Folgenden ist eine 17 Kilometer lange Route beschrieben, die an den wichtigsten Sehenswürdigkeiten vorbeiführt. Es wird empfohlen, das Auto auf einem bewachten Platz abzustellen. Einsetzstelle ist „de Wittekade", nordwestlich des Stadtzentrums. Hier kann man kostenlos parken und die Ufermauern sind niedrig.

Die Fahrt geht zunächst südlich auf die Kostverloren Vaart. Weiter südlich halten bis zur ersten nach links abzweigenden Gracht. Hier links fahren. An der Singelgracht links abbiegen und sofort wieder rechts einbiegen An der Prinsengracht links fahren. Am rechten Ufer befindet sich das Anne Frankhuis. An der nächsten Einfahrt rechts abbiegen An der Kreizersgracht wird links abgebogen. Am Ende der Keizersgracht rechts halten. An der Singelgracht links abbiegen udn geradeaus bis zur Afgesloten Ij fahren. Die Afgesloten Ij ist eine große Wasserfläche mit starkem Schiffsverkehr und Wellengang. Es wird etwa 1 km in östlicher Richtung weitergefahren, bis man rechts in das Oosterdok einbiegt. Hier liegen zahlreiche alte Segelschiffe vor Anker. Man fährt geradeaus und fährt rechts von dem Straßentunnel in die oude Schans ein. Die Fahrt.geht geradeaus bis man beim Stadhuis auf die Amstel, einem alten Fluss, trifft, wo man links weiterfährt. Nach der Magere Brug biegt man rechts in die Prinsengracht ein und fährt 3,5 Kilometer bis zu deren Ende. Dort biegt man nach der Eisenbahnbrücke wieder rechts in die Afgesloten Ij ein. Beim Hafengebouw fährt man rechts in die Singelgracht und biegt kurz darauf links in die Open Haven Front ein. Nach etwa 500 Metern wird beim Schreierstoren rechts in die erste Einfahrt abgebogen. Bei der nächsten Abzweigung hält man sich links. Die Fahrt geht auf knapp einem Kilometer durch das Amsterdamer Rotlichtviertel. Nach der Universität fährt man rechts und beim Allard-Pierson-Museum wieder links. Am Münzturm fährt man rechts in die Singelgracht. Auf dieser fährt man etwa 2 km, bis man links in die Kattensloot einbiegt. Diese führt nach kurzer Fahrt zur Wittenkade und damit zum Ausgangspunkt der Fahrt zurück.

Rundtouren

Es werden nachfolgend zwei große Rundtouren beschrieben. Sie führen jeweils durch landschaftlich besonders reizvolle Gegenden der Niederlande. An Hand genauer Karten, die ohnehin für die Fahrten unerläßlich sind, kann man auch noch Abstecher in benachbarte Gewässer machen und die Touren damit noch verlängern.

Die Durchführung der Rundfahrten ist nur sinnvoll, wenn sie als Gepäckfahrten durchgeführt werden. d. h. man läßt den Pkw an der Einsetzstelle stehen. Natürlich können beliebige Teilstrecken als Tagestouren auch ohne Gepäck befahren werden.

Rundtour über die Südholländischen und die Vechtseen

Die gesamte Rundtour führt über eine Strecke von etwa 130 km. Sie wird nachfolgend in 6 Tagesetappen aufgeteilt, mit jeweils einem 🚐 zum Übernachten. Es gibt auch die Möglichkeit, die Rundtour ab Breukelen so zu verkürzen, dass insgesamt nur 86 km befahren werden.

Zeltmöglichkeit: freies Zelten kaum möglich, es ist daher sinnvoll, die am Ende der Tagesetappen angegebenen Campingplätze zu benutzen. Bei einem SVR-Campingplatz muss man im Prinzip Mitglied der Stiftung „Vrie Recreatie“ sein (10 Gulden/Jahr); Broekseweg 75, 4231 VD Meerkerk, Tel. 0 18 37-27 41

Schleusen: es müssen mehrere Schleuse überwunden werden, Schleusengebühren sind unterschiedlich. Die Route ist so ausgerichtet, dass man entlang den Ufern der Seen fährt; so entgeht man bei starkem Wind dem oft recht unangenehm hohen Wellengang. Die Zeit für die einzelnen Etappen ist reichlich berechnet, es bleibt daher meist noch Zeit, am Abend noch kleine Touren über die Seen zu fahren.

0,0 ⬇ bei 🚐 Sol te Nieuwkoop. Es liegt am Südende von Nieuwkoop. Pkw kann evtl. hier abgestellt werden.
Die Fahrt geht nach S über de Ziendevaart und Ziendesluis, Altrhein, Aarkanaal und vorbei an dem Örtchen Ter Aar (s. Seite 501, Kanufahrten rund um Ter Aar) zur ⇄ bei Papenbrug mit Selbstbedienung. Über einige kleine Kanäle kommt man nach Nordplaas (Langeraarse Seen). Hier am Nord-Ostufer bleiben, hier liegt der 🚐 Mimosa, Ende der 1. Etappe.
Als Alternative kann auch nach Tollhiussluizen (Nieuwveen) gefahren werden, hier liegt gleich hinter der Winkel bei der ⇄ ein kleiner 🚐.

18,0 Zum Beginn der 2. Etappe fährt man vom 🚐 Mimosa zurück zu der ⇄ beim Aarkanaal, weiter auf dem Aarkanaal bis zu den Tollhuis-⇄. Hier schleusen (gratis). Weiterfahrt auf dem Amstel-Drecht-Kanaal, danach vorbei an der Waver und dem Winkel bis zur Proostdijer ⇄ bei den Vinkeveenser Seen fahren. Es gibt hier 3 Möglichkeiten:
1. hier schleusen und gleich nach der ⇄ am li Ufer ⛺-Möglichkeit beim Yachthafen Bon.
2. vor der ⇄ li in die Winkel hineinfahren, bei der 1. Ⅱ aussteigen und zur anderen Seite des Winkeldeichs gehen. Hier Yachthafen Winkeloord.
3. der Winkel folgen und nach 300 m von der Proostdijer-⇄ auf dem östlichen Ufer den 🚐 „Ons Ideaal“ des SVR anfahren. Ende der 2. Etappe.

43,0 Zum Beginn der 3. Etappe fährt man über die Winkel mit einigen sehr niedrigen Ⅱ (2 X ⌓) zur Angstel und folgt dieser bis nach Breukelen. Hier den Amsterdam-Rhein-Kanal überqueren, Achtung auf die Berufsschiffahrt mit hohen Wellen. Eine Weiterfahrt auf dem Kanal ist nicht erlaubt. Nach Queren des Kanals Fahrt nach Süden über die Vecht in Richtung Utrecht bis zur ⇌ de Weersluis, Vliegende Kraai, hier schleusen und danach Λ-Möglichkeit. Ende der 15 km langen 3. Etappe.
Als Alternative kann man auch über die Vineveensen Seen bis zur ⇌ Demmeriksen fahren. Über den Geuzenkanaal erreicht man dann die Angstel (s. oben). Diese Tagesetappe ist nur 11 km lang; sie ist nicht zu empfehlen bei starkem Wind.

58,0 Die Weiterfahrt der 4. Etappe folgt der Vecht und über Utrecht in die Alte Gracht, hier ⇌. Weiter zum Vaartse Rhein, hier wieder ⇌, zum Amsterdam-Rhein-Kanal, diesen erneut überqueren. Auf der anderen Seite erneut ⇌, danach über den Doorslag-Kanaal die Holländische Ijssel hinunterfahren bis 2 km nach Ijsselstein. Hier li der 🚐 „De Voormolen", Ende der 4. Etappe.

86,0 Zu Beginn der 5. Etappe folgt man der Holländischen Ijssel und über Oudewater auf die Lange Linschoten. 3 km nach Oudewater liegt am re Ufer der Natur-🚐 „De Boerderij" mit Steg und Schild am Wasser. Ende der 5. Etappe.

104,0 Zu Beginn der 6. Etappe folgt man zunächst der Langen Linschot, die in die Kromme Linschot übergeht. Danach folgt man dem Alten Rhein bis Zwammerdam. Hier geht der Kurs wieder hinein in die Ziende bis zu den Nieuwkoopsen Seen, Schleusen bei der Ziende-⇌. Weiterfahrt bis zum 🚐 Sol.

130,0 🚐 Sol, Ausgangs- und Endpunkt der Rundfahrt.

Rundtour 1, verkürzter Weg

Wie eingangs erwähnt, kann die große Rundtour soweit verkürzt werden, dass insgesamt nur 86 km befahren werden. Es werden dazu die ersten 3 Etappen wie geschildert befahren. Die 4. Etappe wird jedoch folgendermaßen gefahren:

58,0 Start beim Λ bei der ⇌ De Weersluis. Zunächst Fahrt, wie bei der 4. Etappe der Hauptroute geschildert. Bei Breukelen gibt es jedoch eine Abkürzung, die direkt zu den Nieuwkoopsen Seen führt. Die Route ist allerdings recht lästig, weil es nicht immer leicht ist, den richtigen Weg zu finden. Man sollte sich dazu Zeit nehmen und die nötige Ruhe mitbringen. Die Route geht über die Danne, Grote Jeijcop, Heinoomsvaart, ein Stückchen Kromme Mijdrecht bis zum Woerdense Verlaat. Hier ⇌ von Slikkendam. Beim Hinweisschild in Richtung Norden fahren und dann bei der großen Gabelung li abbiegen. Hier so lange wie möglich geradeaus fahren und bei der T-Gabelung re halten. Dann die 2. schmale Durchfahrt li entlang der Balken fahren. Nun zunächst li und dann ganz scharf re herum, dann geradeaus. beim Bauernhof-Camping Kampeerhoeve Koole.

76,0 Vom Start zur 5. Etappe der verkürzten Route kann man auf verschiedenen Wegen zum Ausgangspunkt der Rundtour zurückfahren:
a) über das romantische Flüßchen de Meije quer durch das Naturschutzgebiet.
b) über den Noordeinder See, vorbei an Nieuwkoop.

86,0 Sol, Ausgangs- und Endpunkt der beiden Rundstrecken.

Wieden und Weerribben

Noordwest-Overijssel dankt seine Bekanntheit seiner wasserreichen Schönheit. Die Landschaft besteht vorwiegend aus Moor- und Sumpfgebiet, die von einzelnen großen, durchlaufenden Kanälen und vielen kleineren Kanälchen durchschnitten wird. Durch Jahrhunderte lebten die Bewohner von der Torfgewinnung und der Schilfwirtschaft. Zum Abtransport dieser Produkte wurden die Kanäle angelegt. Durch das Ausbaggern des Torfbodens im Zusammenhang mit schweren Stürmen entstanden an mehreren Stellen kleine Seen, z. B. die Beulakerdijde, die Belterwijde, Schutsloterwijde und Bovenwijde. Bei der Entstehung dieser Seen sind ganze Ortschaften im Wasser verschwunden.

Die Bezeichnung „Wieden" und Weerribben gilt sowohl für bestimmte Formen von Kanälen wie auch für die Landschaft, in der sie liegen. Die früher gegrabenen Wieden sind besonders launisch und kurvenreich, die später entstandenen Weerribben sind fast alle als geradlinig verlaufende Kanäle angelegt.

Die beiden Gebiete sind weitgehend als Naturschutzgebiete ausgewiesen; es bestehen Nutzungsbeschränkungen: die Wasserwege können frei benutzt werden mit Ausnahme von deutlich gekennzeichneten Orten. Anlanden kann man jedoch nur an den dafür zur Verfügung gestellten Anlegeplätzen.

Im Bereich der Wieden gibt es ein Besucherzentrum etwas nördlich von St. Jans-Kloster „de Foeke"; in Ossenzijl steht das Besucherzentrum „de Weerribben".

Kanutouren im Bereich der beiden Gebiete:

Nachdem die Schilf- und Torfwirtschaft unrentabel wurde, stürzte man sich voll auf den Wassertourismus. In Giethoorn, dem ,,Venedig des Nordens", geht dies so weit, dass die große Zahl von Motorbooten im Einbahnverkehr geleitet werden muss. Kanufahren ist weder hier noch auf den großen Kanälen ein besonderes Vergnügen. Es gibt jedoch genügend kleine Seitenkanäle, die nicht mit Motorbooten überfüllt sind und auf denen man in Ruhe die Natur genießen kann. Es ist dazu sinnvoll, sich bei den örtlichen VVVs detaillierte Karten zu besorgen, auf denen diese Gewässer genau eingezeichnet sind.

Bei den VVVs ist außerdem zum Preis von 4 Gulden ein kleines Buch „Overijssel, Paddelbootprovinz" in deutscher Sprache erhältlich. Es finden sich darin Skizzen über Wasserwege von insgesamt etwa 400 km Länge, außerdem Angaben über ,

Kanuvermietungen usw. Ein mitgelieferter, am Boot anzubringender Sticker bedeutet zugleich Befahrungsgenehmigungen für die beschriebenen Gewässer.

Als „Rundfahrt Nr. 2“ wird eine groß angelegte Rundfahrt durch diese Gebiete beschrieben. Kleinere Fahrten kann man sich an Hand der erwähnten Karten nach Belieben selbst aussuchen.

Einsetzmöglichkeiten im Bereich der Wieden:

Um das südliche Gebiet der Wieden zu befahren, beginnt man am besten an der Aremberger Gracht (auf halbem Weg zwischen Belt-Schutsloot und Zwartsluis). In Belt-Schutsloot selbst kann man nur bei einem Café oder dem ⛺ einsetzen. Ferner kommen als ⬇ auch die Erholungsstrände am Blauwe-Handse-Weg oder am Veneweg in Frage. Das nördliche Gebiet der Wieden kann man am besten von der Tijssengracht oder von der Cornelisgracht aus befahren.

Im Gebiet der Weerribben startet man am besten in Wetering am Gewässer gleichen Namens, in der Ortschaft Nederland (hier wenig Parkmöglichkeit), in Ossenzijl oder beim Café „de Weerribben“.

Campingplätze: es gibt im ganzen Gebiet sehr viele ⛺, Einzelheiten findet man im TKBN-Campingführer. Auf den Plätzen können meist auch Kanus gemietet werden, desgleichen bei den Kanuverleihen.

Unterlagen: für dieses Gebiet ist, neben den erwähnten Detailkarten, gut zu gebrauchen die spezielle Wasserkarte „de Wieden“. Die ANWB-Wasserkarte C „Noordwest Overijssel“ zeigt meist nur die größeren Gewässer, erfüllt also für Kanuwanderer kaum ihren Zweck.

Rundtour 2 durch die Wieden und die Weerribben

Alles Wissenswerte über diese beiden Naturschutzgebiete findet sich in vorstehender Beschreibung „Wieden und Weerribben“. Nachfolgend wird eine über 105 km führende Rundtour durch diese Gebiete beschrieben.

0,0 **Steenwijk**, gute, niedrige ⬇ am Kopf des Hafens, in der Nähe befindet sich ein großer Parkplatz. Die Fahrt geht aus dem Hafen und bei der Kreuzung geradeaus.

1 li abbiegen in das Steenwijkerdiep; es handelt sich dabei um einen schönen Kanal mit sehr reinem Wasser. Hier werden alljährlich Anfang Juli internationale Schwimmwettkämpfe ausgetragen, der Kanal ist dann vorübergehend für den Bootsverkehr gesperrt.

8,2 Bei der scharfen Flussbiegung nach re fahren. Man gelangt hier in die Wetering, eine Verbindung zwischen Giethoorn und den Weerribben.

12,2 Es beginnen die Weerribben, kurze Fahrt nach re.

12,4 Nach li einbiegen in einen kleinen Flusslauf, unter drei Ⅱ hindurch und vorbei an einer Windmühle. Hier liegt der gemütliche, kleine ⛺ „De Weerribben“.

14;0 li einbiegen in die Lokkenvaart.

15,8 re einbiegen in die Kalenberggracht.

19;0 Die Kalenberggracht findet ihre Fortsetzung im Ossenzijlersloot. Ruhige Fahrt in schöner Landschaft.

21; 0 li einbiegen in die Linde, die zum alten Zuiderzee-Deich verläuft.

27,2 ⇄ Kuinre, sie ist geöffnet von 9-12 und 13-19 Uhr. Die Fahrt geht weiter nach Norden, zunächst auf der Tussen Linde.

29,6 Die Tussen Linde geht über in die Kuinder, ein herrliches breites Wasser mit schönen Schilfgürteln.

32,9 re das kleine Dorf Langelille mit Sandstrand.

32,0 ⛺ De Driesprong.

32,9 Weiterfahrt geradeaus in den Tjonger, vorbei an einer Mühle.

36,0 re abbiegen in den Kanal „Jonkers of Helomavaart", hier ruhige Fahrt, wenig Verkehr. Auf halbem Weg befindet sich eine wunderschöne Mühle.

42,6 re abbiegen zur ⇄ Linthorst-Homann, geöffnet von 9-12 und 13-19 Uhr. Achtung bei der Ausfahrt auf Wellengang. Die Fahrt geht auf der Linde nach W in wechselnder Landschaft.

45,7 li einbiegen in den Ossenzijlersloot. Nach der Ⅱ li das Besucherzentrum „De Kluft"; es wird hier viel gezeigt über die Entwicklung und Unterhaltung des Naturparks. Nächster ⛺ „De Weerribben".

47,0 re einbiegen in den Vaartsloot.

49,3 li Weiterfahrt auf der Harmsgracht.

55,3 re Weiterfahrt auf dem Roomslot. Während des Sommers ist die Ⅱ bei Muggenbeet gesperrt, kurz ⌓.

59,2 Die Fahrt geht nach re in das Noorderdiept.
Vor der ⇄ von Blokzijl li gute Anlegenstelle zur Besichtigung des Städtchens. Es war früher ein Meereshafen. Die Weiterfahrt geht nach Süden über das Vollenhover Meer, Vorsicht bei schlechter Wetterlage. Am Ende des Meeres li Vollenhove mit altem Fischerhafen und großer Kirche. Günstig der ⛺ „Yachthafen" inmitten der Deiche mit schöner Aussicht.

67,9 Die Fahrt geht nach li in das Kadoelmeer.

71,9 Ausfahrt in das Zwarte Meer, einen recht großen Binnensee. Die Fahrt geht nach SW über den Ostteil des Meeres. Die ausgeschilderte Route geht re am Vogeleiland vorbei. Bei starkem W-Wind ist es wahrscheinlich besser, die Insel li zu umfahren. Jedoch nicht zu nahe am Ufer fahren, da hier meist Fischernetze ausgelegt sind.

74,5 Einfahrt in das Zwolse Diep am Süd-Ost-Ende des Sees. Achtung auf Fähre. re der kleine Ort Genemuiden.

79,1 li abbiegen in die Aremberger Gracht. Die Aremberger WW Ist geöffnet von 9-12 und 13-19 Uhr.

80,9 re einbiegen in die Oostelijke Wetering. Es beginnt das Naturschutzgebiet „De Wieden" (s. Einleitung). Im Gegensatz zu „De Weerribben" gibt es hier nur sehr wenige Stellen zum Anlanden. Die Schutsloter Wijde wird durchfahren.

83,7 Schutslot. Der ⛺ „De Kleine Belter“ in der Südostecke des Sees ist nur wenig zu empfehlen. Wahrscheinlich ist es daher besser, bei km 79,1 auf der Aremberger Gracht geradeaus weiter zu fahren, hier besserer ⛺.

87,9 ⇩ der Aremberger Gracht in die Kleine Belter.
Wenn man bei km 80,9 in die Oostelijke Wetering eingefahren ist, kommt man entlang dem S-Ufer der Belter ebenfalls wieder auf die Route der weiteren Beschreibung zurück. Nach der II Ausfahrt in die „Beulaker Wijde Ronduite“, hier entlang dem S-Ufer nach W. In der S-W-Eckedes Sees befindet sich das Besucherzentrum „De Foeke“.
Die Weiterfahrt geht nach N, entlang dem W-Ufer.

91,3 li einbiegen in den Vaartsloot nach N.

95,7 In der Mitte des Giethoornse Meer nach re abbiegen in die Tijssengracht.

100,5 Auf dem Kanal Beulakerwijde-Stenwijk nach li fahren.

105,9 Stenwijk, Ende der Rundfahrt.

De Biesbosch

Das Biesbosch ist kein Gewässer, sondern eine der eigenartigsten Landschaften der Niederlande. Nach den schweren Sturmfluten des 15. Jahrhunderts sind die kleinen Polder unter Wasser gelaufen, die Gezeitenströmungen spielten mit dem Land, und es bildeten sich zahlreiche zopfartig verflochtene Wasseradern mit vielfach von den Hochwassern betroffenen Strominseln, dazwischen ein schwer durchdringbares Sumpfgelände. Für Jahrhunderte gingen hier nur schwer arbeitende Fischer und Rietbauern ihrem Gewerbe nach. Dies änderte sich erst 1970 mit der Absperrung von Haringvliet und Grevelingen. Dadurch wurde der Tidenhub auf maximal 0,5 m beschränkt. Jetzt ist das Biesbosch sehr interessant für den Tourismus, Teile sind als Naturschutzgebiet ausgewiesen, man hat auch mit gutem Erfolg wieder Biber angesiedelt. Weitere Teile des Gebietes sind durch Deiche abgeteilt und dienen mit den dadurch entstandenen Wasserbecken der Trinkwasserversorgung.

Für den Kanusportler ist das Biesbosch sehr interessant. Man kann hier herrlich und in Ruhe paddeln, es gibt kaum noch Strömung, wegen der Gezeiten und der Untiefen wird das Gebiet von größeren Booten gemieden. Es gibt allerdings auch keine vorgezeichnete und beschreibbare Kanuroute, man muss sich vielmehr an Hand guter Karten und mit viel Gefühl und auch Geduld selbst seinen Weg suchen, wobei man öfters in blind endende Kanäle einfahren wird, aber auch plötzlich den Durchgang zu größeren Gewässern findet. Frans Wickel bezeichnet das Gebiet als „ein Tollhaus von Fahrrinnen und Kanälchen“. Man kann sich an Hand der Karten mehrere Touren bis zu einer Länge von 35 km erplanen, wobei man bedenken muss, dass auf den topographischen Karten die abgeschlossenen und für den Tourismus gesperrten Naturschutzgebiete nicht ausgewiesen sind.

Zeltmöglichkeit: im Biesbosch gibt es nur 2 ⛺, die sehr schlecht ausgestattet sind, es fehlen sogar entsprechende sanitäre Einrichtungen: Im

Polder Visplaat beim Bauern Saarloos, Gruppen müssen sich eine Genehmigung bei der Gemeinde besorgen.

Der 2. ⛺ liegt neben dem Poldergebiet „de Dood" neben der Scheune an der Ruigt. Hier kann eine Scheune für Gruppenübernachtungen gemietet werden. (A. J. Bergeyk - van Drunnen, Noordplaat 7, 4924 AA Drimmelen, Tel. 0 18 35-23 30).

Es ist wahrscheinlich besser, den außerhalb des Biesboschs in Drimmelen liegenden guten ⛺ „Drima" zu benutzen.

Die holländischen Seen (Kagerplassen, Brassemer Meer, Westeinder Plas)

Wenn man sich die Seen auf der Waterkaart Nr. H ansieht, imponieren sie als großmächtige blaue Flecken. Tatsächlich sind sie jedoch, z. B. im Vergleich mit den deutschen Seen, recht klein. Der größte von ihnen, der Westeinder Plas, hat eine Länge von 6 km, die übrigen Seen sind deutlich kleiner. Trotzdem, für holländische Verhältnisse sind sie groß.

Wenn man zudem bedenkt, dass sie im Zentrum des Kreises großer Städte Rotterdam - Den Haag - Haarlem - Amsterdam - Utrecht liegen, ergibt sich vieles von selbst, nämlich, dass auf den Seen vor allem an den Wochenenden, mit einem sehr starken Verkehr von Motor- und Segelbooten zu rechnen ist, wobei deren Fahrverhalten vielfach von erheblicher Rücksichtslosigkeit geprägt ist. Das Kanufahren auf den Seen ist daher oft keine reine Freude.

Im Vergleich dazu sind das Vennemeer, Koppoel, Kleipoel, Hanepoel und die dahinter liegenden Seen auffallend ruhig. Einige andere Seen wie die Boerenbuurt und Hanepoel sind für den Motorbootverkehr ganz gesperrt.

Die Kagerseen sind entstanden nach einer schweren Sturmflut, bei dem die Wasser des Haarlemer Meeres so hoch aufgestaut wurden, dass die Deiche brachen. Nachdem das Haarlemer Meer eingepoldert wurde, ist diese Gefahr gebannt.

Ein wahres Dorado für Kanuten stellt jedoch das Gebiet zwischen den Seen, insbesondere zwischen den Kagerseen und dem Brassemer Meer dar. Wenn man die Karte anschaut, sieht man ein Netz von Wasserwegen, die wie ein Puzzle aussehen.

Eine auch nur einigermaßen erschöpfende und übersichtliche Beschreibung dieser Wasserwege ist nicht möglich. Wenn man hier Kanufahren will, muss man sich an Hand der Karte selbst eine Route zusammenstellen, wobei man sich je nach Lust und Laune Tagesetappen zwischen 10 und 35 km vornehmen kann. Die Landschaft ist reizvoll, viele Wassermühlen und kleine steinerne Mühlen (bouvenkruiers) stehen am Ufer. Die sich schlängelnden Fahrwasser bieten dank niedriger Deiche meist eine gute Aussicht über die Polderlandschaft.

Zeltmöglichkeit: es gibt im Bereich der Seen eine Reihe von ⛺, die allerdings in den deutschen Campingführern nicht angeführt sind. Erwähnt seien die Plätze in Kaageiland, Lisse, Oude Ade und Warmond.

Eine ausführliche Beschreibung findet man in den TKBN-Campingführern. Diese kann man hier: http://www.tkbn.nl/news.php?readmore=74 bzw http://www.tkbn.nl/articles.php?article_id=17 nach Anmeldung bestellen.

Touristische Besonderheiten: in Warmond findet man prächtige Landsitze mit Teehäuschen am Wasser. Gegenüber diesen fast monumentalen Häusern finden sich große Yachthäfen. Von Warmond aus kann man über die Leede nach Leiden und Oegstgeest fahren. Über die Hoflee kommt man nach Sassenheim. Die Hoflee ist ein sehr schmales und flaches Gewässer, nur für Kanus zu befahren.

Die Insel Kargdorp ist über eine Fähre über den Ringkanal des Haarlemmer Meeres zu erreichen. Die Westseite der Insel ist weitgehend mit Hotels, Restaurants, Cafés und Yachthäfen zugebaut. Es gibt hier auch eine Werft für Mammutyachten. Die meisten Zeltplätze auf der Insel haben nur Saisonplätze.

Das reizvolle Dörfchen Rijpwetering mit seinen zahlreichen Zug- und Drehbrücken ist von den Kagerseen aus auf verschiedenen Wasserwegen zu erreichen; bei Weiterfahrt über die Rijpweteringsvaart gelangt man zur Wijde Aa und weiter zum Brassemer Meer.

Startplatz für Kanufahrten: die Fahrten können an verschiedenen Stellen des Gebietes begonnen werden. Günstige Parkmöglichkeit in Wassernähe gibt es entlang der Zijl und in Oud Ade.

Entlang der Wijde Aa, östlich von Hoogmade, hat man ein Gebiet eigens für Tagesausflügler geschaffen.

Rundfahrt Kagerplassen:

Als Beispiel für die zahllosen Fahrtmöglichkeiten im Bereich der holländischen Seen wird nachfolgend eine besonders reizvolle Rundfahrt beschrieben. Sie führt über 22,5 km.

Die Fahrt beginnt in Hoogmade und geht zunächst auf der Does in westlicher Richtung bis man nördlich in die Zuidzijder vaart einbiegt. Man fährt weiter auf Stingsloot und Achtergat, vorbei an Watertuin. Am Vennemeer fährt man links in die Zijp. Bei der Mündung in die Kagerplassen geht die Fahrt nach links weiter. Man fährt in südwestlicher Richtung rechts am Leuchtfeuer vorbei in ´t Joppe, wo man in die Grote Sloot einfährt. Auf dieser erreicht man in Nordwestlicher Richtung Warmond, wo man rechts in die Leede einbiegt. Nach dem Yachthafen fährt man links in die Hoflee. über den gewundenen Lauf von Hoflee und Zandsloot erreicht man das Norre Meer, das in südöstlicher Richtung überquert wird. Zwischen den beiden Leuchtfeuern hindurch fährt man weiter südöstlich, überquert Zweiland und gelangt schließlich zur Einfahrt in die Zevenhuizener vaart, die nicht immer leicht zu finden ist. Die Fahrt geht durch Zevenhuizen. An der Zomersloot fährt man links und an deren Ende rechts in die Rijpwetering vaart. Die Fahrt geht durch das romantische Dorf Rijpwetering mit zahlreichen niedrigen Brücken, die umtragen werden müssen, falls nicht ein freundlicher Anwohner sie für die Paddler öffnet. An der Kromme Does fährt man rechts und kommt wieder zum Ausgangspunkt der Fahrt zurück.

Nieuwkoopse Seen

Es handelt sich dabei um ein weitgestrecktes Weide- und Moorgebiet, in dem als Folge von Ausbaggerungen zur Torfgewinnung und von Deichbauten das heutige Seengebiet um Nieuwkoop entstanden ist. Das Gebiet ist Naturschutzgebiet, Teile davon sind für den Tourismus gesperrt.

Zwischen den Seen liegt ein Labyrinth von Wasserwegen, in dem sich schon manche Wasserwanderer verirrt haben. Um dies zu verhindern und gleichzeitig um den Zugang zu den gesperrten Gebieten zu vermeiden, wurden von der „Naturmomumenten“ (holländische Naturschutzorganisation) 3 Kanurouten entworfen. Diese drei Routen sind farbig gekennzeichnet und haben verschiedene Startpunkte; sie sind jeweils etwa 10 km lang.

- Die rote Route startet bei der Kirche von Noorden.
- Die gelbe Route beim Yachthafen Plaszicht in Nieuwkoop.
- Die grüne Route beim Yachthafen de Ziende in der Nähe von Ziendevaart.

Es gibt zu diesen Routen eine Übersichtskarte sowie Streckenbeschreibungen; sie sind erhältlich auf Campingplätzen, bei den Bootsverleihern und beim VVV Nieuwkoop.

Am Süd-Ost-Rand des Gebietes verläuft mit vielen Windungen.das Flüsschen Meije. Dank seiner niedrigen Brücken kann es nur mit Kanus befahren werden. Die Meije verläuft vorbei an vielen alten Bauernhöfen.

Das gesamte Gebiet ist interessant durch seine reiche Pflanzen- und Vogelwelt, wie z. B. Fischreiher, die schwarze Seeschwalbe und den braunen Hühnergeier.

Campingplätze: in Nieuwkoop und Noorden.

Kanufahrten rund um Ter Aar

Bei Ter Aar ist eine Kanuroute mit einer Länge von etwa 13 km mit rot-gelben Schildern markiert. Sie führt über die sehr ruhigen Langeaarsen Seen, über den auch von Motorbooten benutzten Aarkanal und über verschiedene typische Poldergewässer (= Gewässer im Bereich von Land, das durch Eindeichungen dem Meer entrissen wurde) und auch über Außengewässer (also außerhalb der Eindeichungen). Der Unterschied im Wasserstand zwischen den beiden Gewässertypen wird durch Deiche, Dämme und Schleusen kontrolliert. Es muss daher einige Male über einen Deich umtragen werden. Bei Papenveer und in Aardam gibt es Schleusen zur Selbstbedienung. Es ist möglich, auch nur einen Teil der Route zu befahren. Hierzu kann man Gebrauch machen von der Zwischenverbindung I (Leise Vart) und II (dem Kanal längs dem Aardamsweg).

Die Landschaft ist sehr reizvoll, meist außerhalb von bebautem Gelände. Sehenswert die Kirchen in Langeraar und Aardam, das Museum am Aardamse Weg und die Poldermühle mit Schleuse.

Eine Besonderheit der Route sind die Bisamrattenfallen. Es handelt sich dabei um eine Art Käfig, die vor oder unterhalb von kleinen Brücken hängen. Durch Berührungen kann der Wirkungsmechanismus der Fallen gestört und gefährliche Situationen für die Menschen erzeugt werden, die die Fallen beaufsichtigen. Falls ein Vorbeifahren ohne Berührung der Fallen nicht möglich ist, müssen diese Brücken umtragen werden. Die Kanuroute um Ter Aar kann im Zusammenhang mit der Rundtour Nr. 1 befahren werden.

Das Maaren-Gebiet

Das Maaren-Gebiet liegt in der Provinz Noord-Friesland in der Umgebung von Groningen, ist also von Deutschland aus verhältnismäßig schnell zu erreichen. Die Gewässer der Maaren-Gebiete sind entstanden aus alten, natürlichen Prielen der Watten.

Nachdem durch Deiche die natürliche Verbindung zur Nordsee unterbrochen wurde, haben diese Maare noch die Funktion der Entwässerung des Gebietes. Entlang der Maare liegen viele kleine Dörfer, oft mit guten Anlegestellen für den Wassersport. Es ist im Rahmen dieses Führers nicht möglich, all die zahlreichen Möglichkeiten zu beschreiben, die sich im Maaren-Gebiet für Kanufahrten anbieten.

Unterlagen: man sollte sich unbedingt die wasserfeste Karte besorgen, die vom VVV-Groningen herausgegeben wird. An Hand dieser Karte, auf der alle für Kanufahrten wesentlichen Angaben vermerkt sind, kann man sich selbst Touren unterschiedlicher Länge zusammenstellen.

Es gibt in der Umgebung von Groningen etwa 850 km kanutaugliche Gewässer, es gibt auch mehrere günstig gelegene Campingplätze, die auf der Karte ebenfalls vermerkt sind.

Eine wesentliche Hilfe ist das Buch „Kanufahren in Groningen“. Es werden darin 15 Kanu-Tagestouren von 12-15 km Länge beschrieben. Es handelt sich dabei um Rundtouren, die stets wieder zum Ausgangspunkt zurückführen. Außerdem werden auch Touren über mehrere Tage geschildert. Dieses Buch ist zu beziehen bei den Camping-Betrieben „de Horizon“.

Verzeichnis der Mitarbeiter

Die Gestaltung der vorliegenden Neuauflage dieses DKV-Auslandsführers mit ihren Neubearbeitungen, Berichtigungen und Ergänzungen war nur möglich durch die aktive Unterstützung von

Wilhelm Beckert

Heiner Hoff

Franz-Josef Hüls

James Lichtenbreit

Michael Marschewski

Ralf Wellens

Es sei ausdrücklich darauf hingewiesen, dass die Namen der Mitarbeiter der vorausgehenden Auflagen hier nicht wiederholt werden.

Meldungen

Zum Schluss noch eine Bitte: Schimpfen Sie ruhig laut und deutlich, wenn Sie festgestellt haben, dass der Führer wieder einmal nicht stimmt. Bitte geben Sie aber anschließend Ihrem Herzen einen Stoß und teilen Sie uns mit, was im Führer falsch ist. Ohne diese Ihre Mitarbeit werden Fehler zwangsläufig noch viele Jahre weitergeschleppt. Wir tun diese Bitte um Ihre Mitarbeit im Interesse all der Sportfreundinnen und Sportfreunde, die nach Ihnen auf den Fluss gehen und ohne Ihre Mitarbeit Ihren eigenen Ärger wiederholen werden. Bitte denken Sie auch daran, dass Ihre Meldung vielleicht nicht nur helfen kann, Schwierigkeiten zu vermeiden, sondern auch Leben und Gesundheit zu bewahren.

Der Herausgeber und die Redaktion haften daher nicht für Schäden, die aufgrund der in diesem Gewässerführer enthaltenen Informationen entstehen können. Daraus folgt aber auch eine zweite Bitte: Notieren Sie sich bitte alles, was Ihnen an Unstimmigkeiten auffällt, und melden Sie es an die Bundesgeschäftsstelle des DKV (Anschrift: **Deutscher Kanu-Verband e.V.** – Bundesgeschäftsstelle – Bertaallee 8, 47055 Duisburg). Dazu können Sie das auf der nächsten Seite stehende Formular kopieren. Außerdem steht Ihnen auf der Internetseite des DKV eine Eingabemaske zur Verfügung (www.kanu.de > Schnellsuche > Flussführer > Korrekturmeldung). Damit ist seit 2011 auf digitaler Basis sichergestellt, dass alle Mitteilungen sorgfältig gesammelt und bei einer weiteren Neuauflage nutzbringend verwendet werden.

Ihr Name	
E-Mail	
Straße	
PLZ Ort	
Telefon	
Gewässer	
Flusskilometer	
DKV-Gewässerführer	
Auflage und Seite	
Wasserstand	
Ihre Nachricht	
Kontaktweitergabe	Ich bin damit einverstanden, dass mein Name und Ort in den Aktualisierungen und kommenden Auflagen der Gewässerführer genannt werden.

Alphabetisches Verzeichnis der Gewässer

Blattschnitt

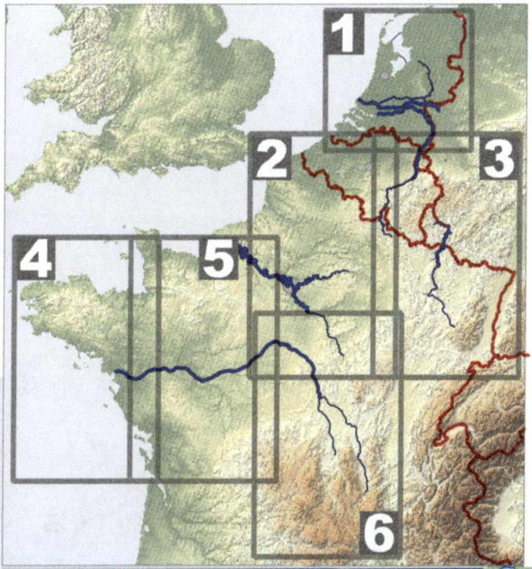

Zeichenerklärung

Maßstab = 1: 2.750.000

'Name' beschriebene Gewässer

502 Bezug zur Seitenzahl

Kartenerstellung:
Erhard Jübermann, Uelzen

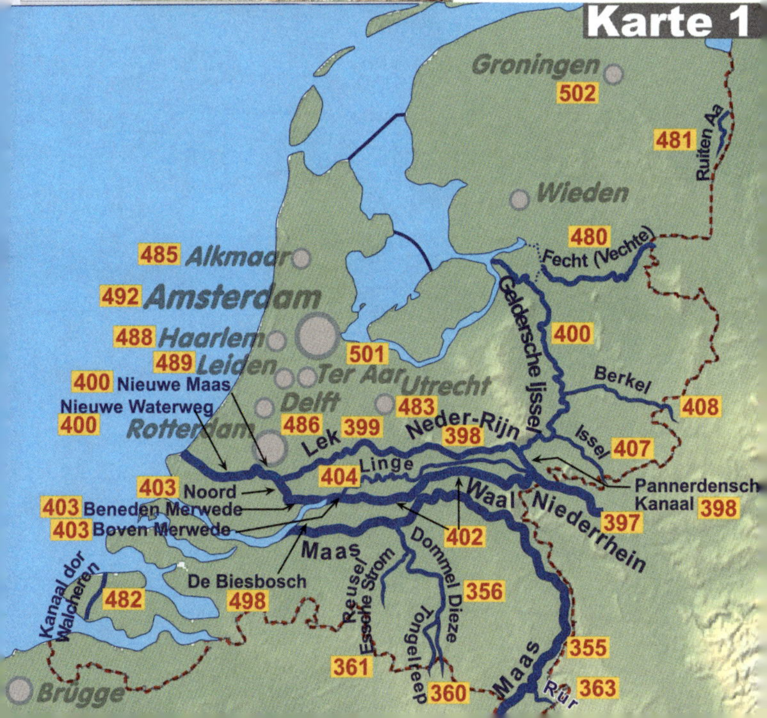

Karte 2

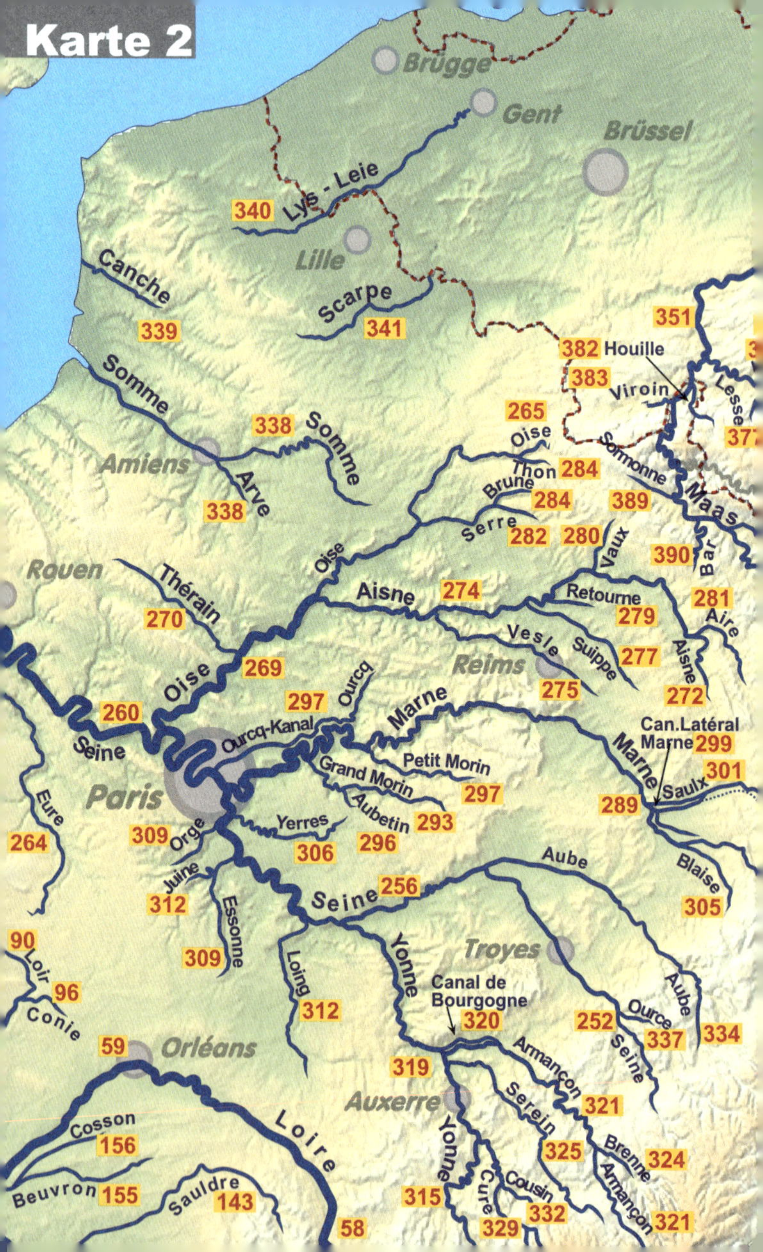
Brügge
Gent
Brüssel
Lys - Leie
340
Lille
Canche
339
Scarpe
341
Somme
338
Somme
Amiens
Arve
338
351
382 Houille
383
Viroin
Lesse
377
265
Oise
Thon 284
Brune
284
Somonne
389
Maas
Serre
282
280
Vaux
390
Bar
Rouen
Thérain
270
Oise
Aisne
274
Retourne
279
281
Aire
Oise
269
Vesle
Suippe
277
Aisne
272
Reims
275
260
Seine
Ourcq
297
Ourcq-Kanal
Marne
Can.Latéral
Marne 299
Marne
301
Saulx
Petit Morin
Grand Morin
297
Paris
Aubetin
293
289
Eure
264
309
Orge
Yerres
306
296
Aube
Blaise
Juine
312
Seine
256
305
Essonne
90
309
Loir
96
Conie
Loing
312
Yonne
Troyes
Canal de
Bourgogne
320
Aube
252
Ource
337
334
Seine
59
Orléans
319
Armançon
321
Auxerre
Serein
Cosson
156
Loire
325
Brenne
324
Beuvron 155
Sauldre
143
Yonne
Cure
Cousin
332
315
58
329
Armançon
321

Karte 3

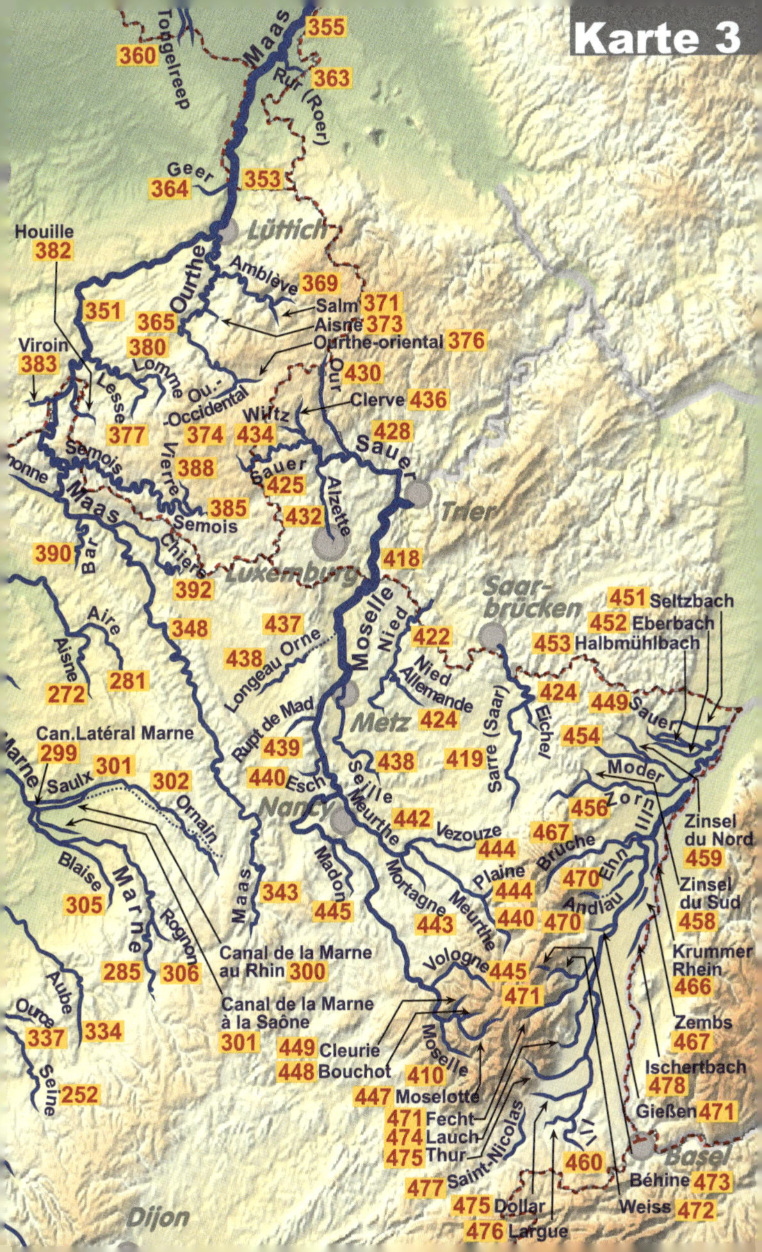
Maas 355
Toggelreep 360
Rur (Roer) 363
Geer 364
353
Lüttich
Houille 382
Amblève 369
Salm 371
Aisne 373
Ourthe-oriental 376
351
Ourthe 365
380
Viroin 383
Lesse
Lomme
Ou.-Occidental
377
374
Wiltz 434
Our 430
Clerve 436
428
Sauer
Semois
Vierre
388
Sauer 425
385
Semois
432
Alzette
Trier
Maas
Chiers
390
Bar
392
Luxemburg
418
Aire
Aisne
272
281
348
437
438
Longeau Orne
Moselle
Nied
422
Nied Allemande
424
Saar-brücken
451 Seltzbach
452 Eberbach
453 Halbmühlbach
424
449 Sauer
Eichel
Sarre (Saar)
419
Metz
Rupt de Mad
439
440 Esch
438
Seille
Can.Latéral Marne 299
Marne
Saulx 301
302
Ornain
Nancy
Meurthe
442
Vezouze
444
454
Moder
456
Zorn
Ill
467
Bruche
Zinsel du Nord 459
Zinsel du Sud 458
Blaise
305
Marne
Rognon
Maas
343
Madon
445
Mortagne
443
Meurthe
Plaine
444
440
470 Ehn
Andlau
470
Krummer Rhein 466
285
306
Canal de la Marne au Rhin 300
Vologne 445
471
Aube
Ource
337
334
Seine
252
Canal de la Marne à la Saône 301
449 Cleurie
448 Bouchot
Moselle
410
447 Moselotte
471 Fecht
474 Lauch
475 Thur
477 Saint-Nicolas
475 Dollar
476 Largue
460
Zembs 467
Ischertbach 478
Gießen 471
Basel
Béhine 473
Weiss 472
Dijon

Karte 4

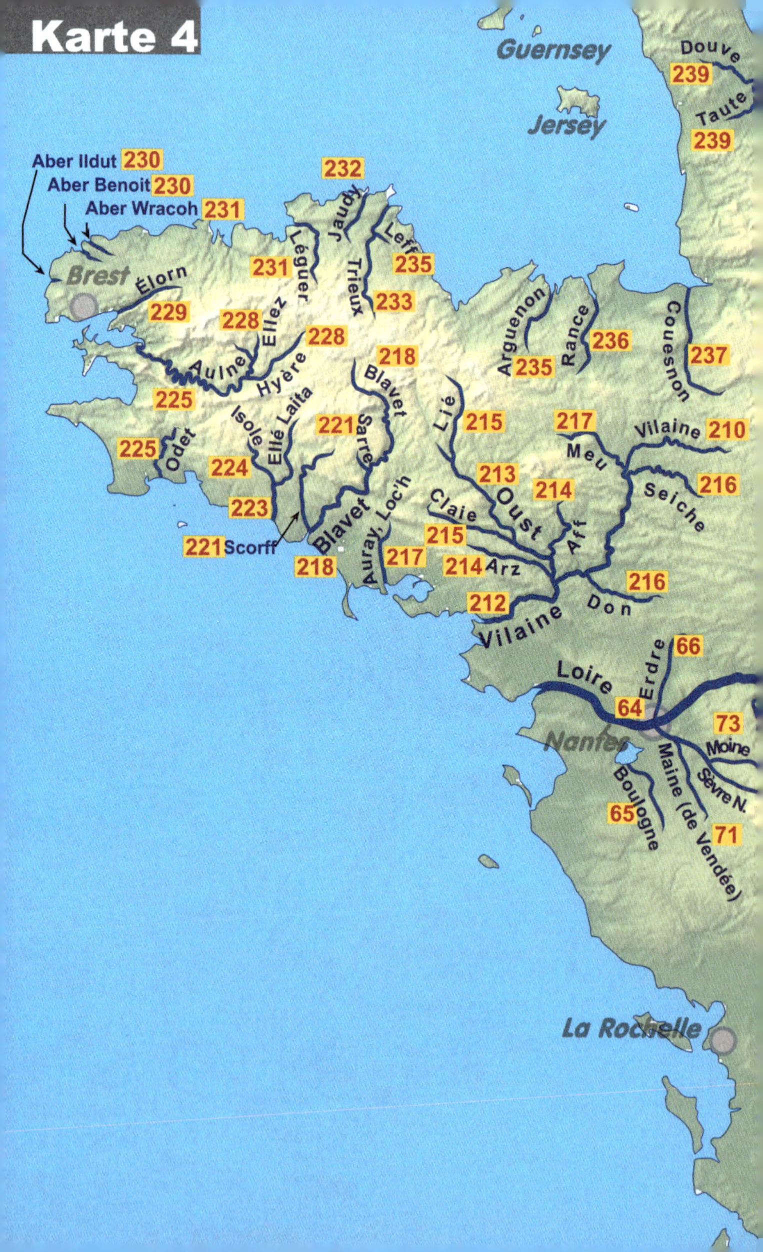
Guernsey
Jersey
Douve 239
Taute 239
Aber Ildut 230
Aber Benoit 230
Aber Wracoh 231
232
Jaudy
Léguer
Leff
235
Trieux
233
231
Brest
Élorn
229
228
Ellez
228
Aulne
Hyère
218
Blavet
225
Isole
Ellé Laita
221
Sarre
225
Odet
224
223
221 Scorff
Blavet
218
Auray, Loc'h
217
Arguenon
235
Rance
236
Couesnon
237
Lié
215
217
Meu
Vilaine 210
213
214
Seiche
216
Claie
Oust
215
Aff
214 Arz
216
212
Don
Vilaine
66
Erdre
Loire
64
73
Nantes
Moine
Sèvre N.
Maine (de Vendée)
Boulogne
65
71
La Rochelle

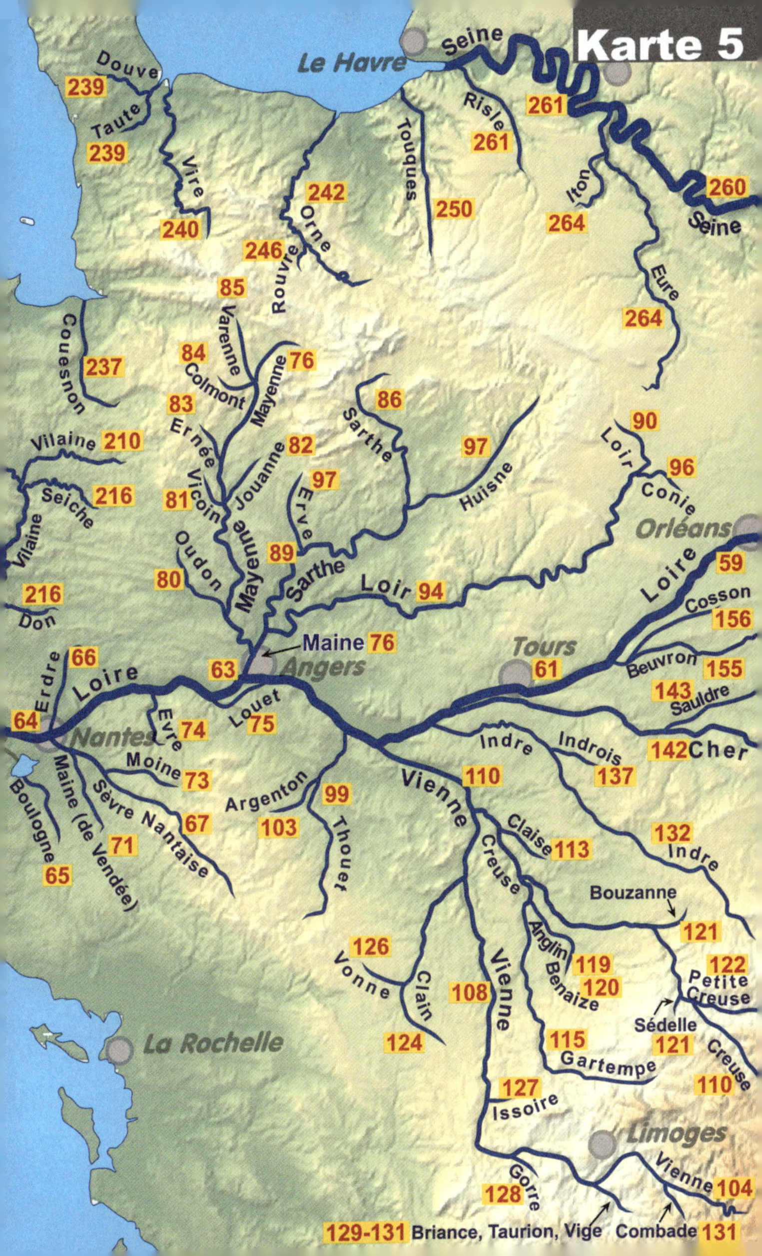
Karte 5
Le Havre
Seine 261
Douve 239
Taute 239
Vire 240
Risle 261
Touques 250
Orne 242
Rouvre 246
Iton 264
Seine 260
Eure 264
Couesnon 237
Varenne 85
Colmont 84
Mayenne 76
Ernée 83
Jouanne 82
Vicoin 81
Sarthe 86
Huisne 97
Erve 97
Loir 90
Conie 96
Vilaine 210
Seiche 216
Vilaine
Oudon 80
Mayenne
Sarthe 89
Loir 94
Orléans
Loire 59
Cosson 156
Don 216
Maine 76
Tours 61
Angers 63
Beuvron 155
Erdre 66
Loire
Sauldre 143
Nantes 64
Evre 74
Louet 75
Indre
Indrois 137
Cher 142
Moine 73
Vienne 110
Argenton 103
Thouet 99
Boulogne 65
Maine (de Vendée) 71
Sèvre Nantaise 67
Claise 113
Creuse
Indre 132
Bouzanne 121
Vonne 126
Clain 124
Vienne 108
Anglin 119
Benaize 120
Petite Creuse 122
Sédelle 121
Creuse 110
La Rochelle
Gartempe 115
Issoire 127
Limoges
Vienne 104
Gorre 128
129-131 Briance, Taurion, Vige
Combade 131

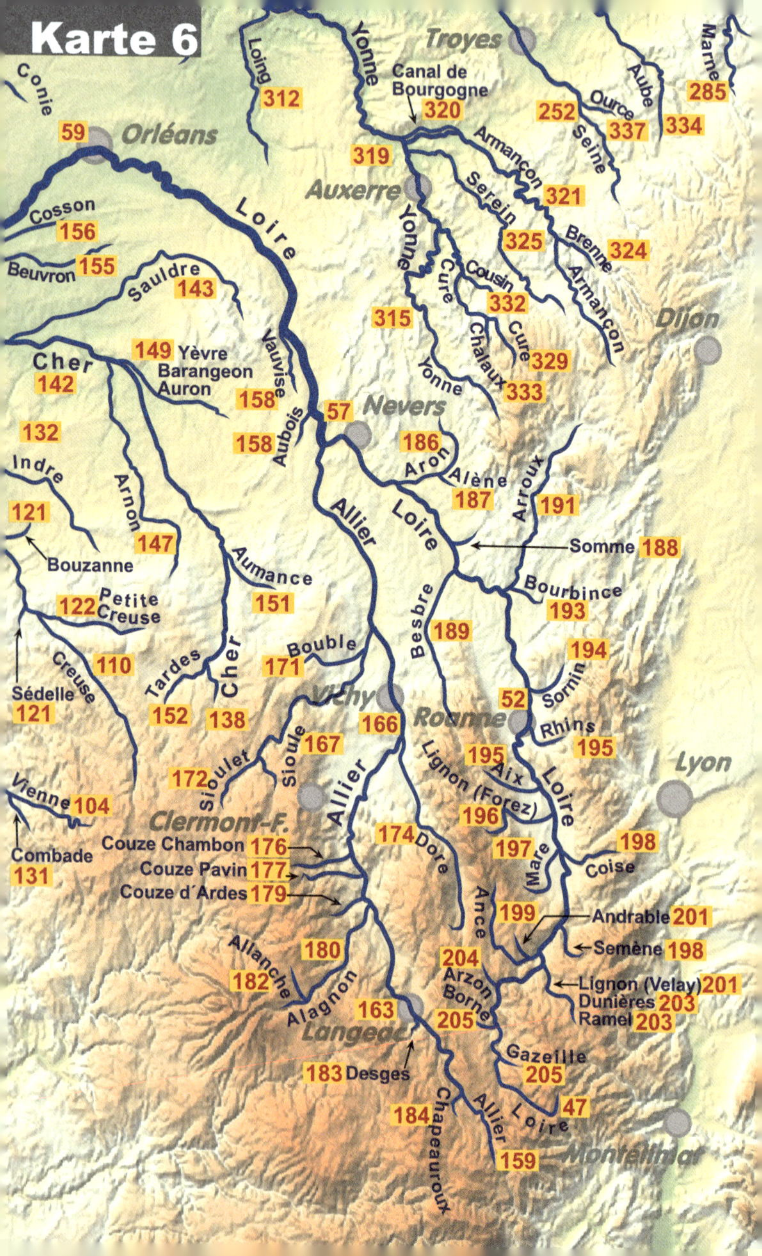
Karte 6
Conie
59
Orléans
Loing
312
Yonne
Troyes
Canal de Bourgogne
320
319
Aube
Marne
285
Ource
252
337
334
Seine
Armançon
321
Serein
325
Brenne
324
Auxerre
Yonne
Cure
Cousin
332
Armançon
Dijon
315
Chalaux
Cure
329
333
Yonne
Cosson
156
Loire
Beuvron
155
Sauldre
143
149
Yèvre
Barangeon
Auron
Vauvise
158
Cher
142
132
57
Nevers
158
Aubois
186
Aron
Alène
187
Arroux
191
Indre
121
Arnon
147
Allier
Loire
Somme
188
Bouzanne
Aumance
151
Bourbince
193
Petite Creuse
122
Besbre
189
Sédelle
121
Creuse
110
Tardes
Cher
152
138
Bouble
171
194
Sornin
52
Vichy
166
Roanne
Rhins
195
167
Sioule
Sioulet
172
Allier
Lignon (Forez)
195
Aix
Loire
Lyon
Vienne
104
196
Clermont-F.
Combade
131
Couze Chambon
176
Couze Pavin
177
Couze d´Ardes
179
174
Dore
197
Mare
198
Coise
Ance
199
Andrable
201
Semène
198
180
204
Arzon
Borne
Lignon (Velay)
201
Dunières
203
Ramel
203
Allanche
182
Alagnon
163
Langeac
205
Gazeille
205
183
Desges
184
Chapeauroux
Allier
Loire
47
159
Montélimar